J. A. KRONROD

DAS GELD IN DER SOZIALISTISCHEN GESELLSCHAFT

Theoretischer Grundriß

J. A. KRONROD

DAS GELD IN DER SOZIALISTISCHEN GESELLSCHAFT

Theoretischer Grundriß

AKADEMIE-VERLAG · BERLIN
1963

Я. А. Кронрод
Деньги в социалистическом обществе
Очерки теории
Второе, переработанное издание
Госфиниздат, 1960, Москва

Nach der zweiten überarbeiteten Auflage (Moskau 1960)
übersetzt von Amalie Höft und wissenschaftlich bearbeitet
von Dr. Wilhelm Schmidt

Erschienen im Akademie-Verlag GmbH, Berlin W 8, Leipziger Straße 3-4

Lizenznummer: 202 · 100/16/63
Gesamtherstellung: IV/2/14 · VEB Werkdruck Gräfenhainichen · 1945
Bestellnummer: 5329 · ES 5 B 2 · Preis DM 28,–

INHALTSVERZEICHNIS

VORWORT ZUR DEUTSCHEN AUSGABE

In der politischen Ökonomie des Sozialismus nimmt die Geldtheorie einen wichtigen Platz ein. Es gibt kein Gebiet innerhalb der sozialistischen ökonomischen Beziehungen, Prozesse und Formen, in das das Geld nicht mehr oder weniger durch seine Bewegung eingreift. Dies resultiert aus der Tatsache, daß die sozialistische Wirtschaft untrennbar mit Ware-Geld-Beziehungen verknüpft ist.

Die vorliegende Arbeit ist den grundlegenden, den Hauptproblemen der Geldtheorie unter den ökonomischen Bedingungen des Sozialismus gewidmet. Die Untersuchungen hierzu führte der Autor bereits in den Jahren 1946 bis 1950 durch; die erste Ausgabe des Buches erschien im Jahre 1954. Somit sind seit dem Abschluß der Untersuchungen schon über zehn Jahre und seit dem Erscheinen der ersten Ausgabe sieben Jahre vergangen. Diese Zeitspanne ist, insbesondere wenn das intensive Entwicklungstempo der sozialistischen Wirtschaft in Betracht gezogen wird, mehr als ausreichend, um die entwickelten theoretischen Leitsätze an den Fakten der Wirklichkeit zu überprüfen. Diese Überprüfung zeigte die Lebenskraft der in der vorliegenden Arbeit verfochtenen theoretischen Konzeption über das Geld und seine Funktionen. Doch im verflossenen Jahrzehnt hat sich natürlich die Wissenschaft in der UdSSR vorwärts bewegt. Zur Beschleunigung dieser Vorwärtsbewegung trug auch die Überwindung des Personenkultes und seiner Folgen in nicht geringem Maße bei. Das gestattete dem Verfasser, in der zweiten, 1960 erschienenen Ausgabe (auf der die vorliegende deutsche Ausgabe beruht) die Theorie der Warenproduktion, des Wertgesetzes und der Geldkategorien in einigen wesentlichen Richtungen weiter zu entwickeln.

Der Autor möchte die Aufmerksamkeit des deutschen Lesers auf einen Umstand lenken, der ihm besonders wichtig erscheint. Verständlicherweise erhält das vorliegende Buch seinen Wert durch die positiven Untersuchungen der theoretischen Probleme des Geldes und der Geldbeziehungen im Sozialismus. Darüber hinaus mißt der Autor — und er möchte dies stark unterstreichen — den *methodologischen* Grundlagen dieser Untersuchungen eine große Bedeutung bei, weil die gesamte Bewegung der Ware-Geld-Beziehungen in ihrer spezifisch sozialistischen Form als Bewegung und Lösung des Systems nichtantagonistischer Widersprüche dargestellt wird. Dies ist äußerst wichtig für die Erarbeitung einer Methodologie der gesamten politischen Ökonomie des Sozialismus. Das wissenschaftliche System der ökonomischen Beziehungen des Sozialismus und die sie zum Ausdruck bringenden Gesetze und Kategorien der politischen Ökonomie können nicht entwickelt werden, ohne sie als Formen der Bewegung und Lösung innerer nichtantagonistischer Widersprüche der sozialistischen Produktionsweise zu betrachten.

Der Autor begrüßt mit tiefer Befriedigung die Herausgabe seines Buches in deutscher Sprache, möchte aber zum Schluß noch auf folgendes hinweisen. Das der Aufmerksamkeit des Lesers empfohlene Buch gehört nicht zu der Kategorie leicht verständlicher Arbeiten. Doch der Autor neigt zu der Ansicht, daß dieses nicht nur und nicht in erster Linie seine Schuld ist. Die Ausarbeitung der politischen Ökonomie des Sozialismus auf jedem ihrer Gebiete ist ein Prozeß der Erarbeitung prinzipiell neuer wissenschaftlicher Erkenntnisse. Und gerade hierzu schrieb Marx: „Wirklich populär können *wissenschaftliche* Versuche zur Revolutionisierung einer Wissenschaft niemals sein. Ist aber einmal die wissenschaftliche Grundlage gelegt, so ist das Popularisieren leicht.“ (Aus dem Brief an Kugelmann vom 28. 12. 1862.)

Möge der Leser den Autor nicht für die Mühe schelten, die er aufwenden muß, um sich den Inhalt dieser Arbeit anzueignen. Wie der Autor annimmt, wird diese Mühe nicht umsonst sein.

Moskau, Januar 1962 *J. Kronrod*

VORWORT

Das Geld, dessen Notwendigkeit im Sozialismus durch das Vorhandensein einer Warenproduktion bedingt wird, ist eine der wesentlichen Formen der sozialistischen Produktionsverhältnisse. Vermittels des Geldes werden die ökonomischen Gesetze des Sozialismus wirksam. Geld ist mit dem gesamten Prozeß der sozialistischen erweiterten Reproduktion untrennbar verbunden. Es ist bei der Aufteilung des gesellschaftlichen Produkts auf Ersatz, Konsumtion und Akkumulation beteiligt, es vermittelt die Zirkulation der Waren, und mit seiner Hilfe wird das Nationaleinkommen verteilt und umverteilt. Die gesellschaftliche Berechnung der Produktionsaufwendungen und die Kontrolle über die Produktion durch den Rubel, die Einhaltung des Sparsamkeitsregimes, die Senkung der Produktionsselbstkosten und die Bildung von Akkumulationen, der materielle Anreiz zur Steigerung der Arbeitsproduktivität und die wirtschaftliche Rechnungsführung erfolgen ebenfalls mit Hilfe des Geldes.

Die UdSSR ist in die Etappe des entfalteten Aufbaus des Kommunismus eingetreten. Um die großartigen Pläne der Partei und der Regierung erfolgreich durchführen zu können, bedarf es der effektivsten Ausnutzung der Material-, Arbeitskraft- und Geldressourcen der Volkswirtschaft, der Festigung des Sparsamkeitsregimes und der wirtschaftlichen Rechnungsführung. Eben diesen Forderungen entsprechen die neuen, volkswirtschaftlich außerordentlich bedeutungsvollen Maßnahmen des Sowjetstaates auf dem Gebiete des Finanzwesens und der Geldzirkulation: die allmähliche Abschaffung der Lohnsteuer der Arbeiter und Angestellten, die Vergrößerung des Preismaßstabes und der Umtausch des zirkulierenden Geldes gegen neues Geld zu Beginn des Jahres 1961. Das Geld erhält somit im Sozialismus durch den Wirtschaftsaufschwung während des entfalteten Aufbaus des Kommunismus eine noch größere Bedeutung.

Es ist nicht möglich, die Rolle, die das Sowjetgeld bei der Festigung und Entwicklung der sozialistischen Wirtschaft und bei der Lösung der volkswirtschaftlichen Aufgaben spielt, zu verstehen, ohne sein Wesen und seine Funktionen zu untersuchen. Deshalb sind die Probleme der Geldtheorie in der sozialistischen Gesellschaft so aktuell und praktisch wie wissenschaftlich so bedeutungsvoll.

Nur die marxistisch-leninistische politische Ökonomie hat eine wirklich wissenschaftliche Geldtheorie aufgestellt und die spezifischen Besonderheiten des Geldes auf jeder historischen Entwicklungsstufe der Gesellschaft analysiert. Diese Theorie zeigt uns, daß das Geld eine Erscheinungsform der Produktionsverhältnisse ist, und sie erklärt das Wesen des Geldes aus dem Charakter dieser Verhältnisse.

Die bürgerliche politische Ökonomie mit ihrer pseudowissenschaftlichen Behandlung des Wesens des Geldes liefert uns ein Zerrbild seiner wirklichen Bedeutung. Und das ist kein Zufall: Der unter der Herrschaft des Privateigentums unvermeidliche Warenfetischismus erreicht in der Geldreform seinen Höhepunkt. In den Geldbeziehungen selbst scheinen, wie Marx darlegt, alle der bürgerlichen Gesellschaft immanenten Widersprüche ausgelöscht zu sein. Die bürgerliche Wirtschaftswissenschaft entstellt die realen Zusammenhänge in der Volkswirtschaft und erklärt, alle grundlegenden Prozesse der kapitalistischen Produktion seien von der einen oder anderen Erscheinung des Austausches und infolgedessen von der einen oder anderen Erscheinung auf dem Gebiete des Geldes und der Geldzirkulation abhängig.

In der Periode des monopolistischen Kapitalismus beschäftigt sich die bürgerliche Wirtschaftswissenschaft aus apologetischen Gründen besonders eifrig mit der Verbreitung nominalistischer Ansichten verschiedenster Art. Die bürgerlichen Ökonomen holen diesen altväterischen ideologischen Plunder hervor, um in allen Tonarten den Mythos von der „Befreiung" des Geldes vom Gold und von der Herrschaft der „regulierten" Währungen, von der Möglichkeit, mit Hilfe der Währungspolitik die Leiden des Kapitalismus zu heilen usw., in die Welt hinauszuposaunen.[1]

Der beste Beweis für die völlige Haltlosigkeit dieser bürgerlichen „Theorien" ist das Währungschaos während des ersten Weltkrieges und danach, während der Wirtschaftskrise der Jahre 1929 bis 1933 und der darauffolgenden Depression besonderer Art und schließlich während des zweiten Weltkrieges und der darauffolgenden Jahre. Die allgemeine Krise des Kapitalismus, die alle Widersprüche der kapitalistischen Produktionsweise verschärfte, erschütterte auch ihre Geld-

[1] Von Knapp, Bendixen und Elster bis Irving Fisher, Hawtry und Keynes zieht sich eine einheitliche Linie der imperialistischen Geldapologetik. Knapp und seine Schüler waren nominalistische Apologeten der ersten Versuche mit den nicht einlösbaren Währungen in der Periode des Imperialismus. Sie bemühten sich, diese Versuche als Beseitigung der Gesetze der Spontaneität darzustellen. Ein Abklatsch ihrer „Theorie" war der Nominalismus Hilferdings. Nach dem ersten Weltkrieg schossen die verschiedensten „Theorien" des regulierten Geldes wie Pilze aus der Erde („Währung in Papierlappen" von Keynes, „Hundertprozentiges Geld" von Fisher, „Neutrales Geld" von Hayek u. ä.). Aber der Grundgedanke all dieser zahlreichen „Theorien" ist immer der gleiche. Ihm liegen die Leugnung des substantiellen Geldwertes und die Behauptung zugrunde, der Wert des Geldes werde entweder vom Staat bestimmt oder bilde sich nach dem Verhältnis der Menge der zirkulierenden Geldscheine zur Warenmenge, deren Realisierung diese Geldscheine dienen. Die Tatsache, daß diese „Theorien" eine nach der anderen zusammengebrochen sind, hat sie nicht beseitigt. Sie vermehren sich auf dem Boden des Verfalls, des wahrhaft altersmäßigen Marasmus der bürgerlichen Wirtschaftswissenschaft nur noch intensiver.

zirkulation. Die Geldbeziehungen wurden noch widersprüchlicher, noch weniger stabil und kamen noch mehr unter den zerstörenden Einfluß der kapitalistischen Elementargewalt. In der Epoche der allgemeinen Krise des Kapitalismus nimmt die Inflation fast chronischen Charakter an, da sie sich in eines der wichtigsten Mittel, Monopolprofite zu erlangen, und in eine ergiebige Finanzierungsquelle der Militarisierung verwandelt hat.

Das Geld im Sozialismus unterscheidet sich dem Wesen nach grundlegend vom Geld im Kapitalismus; es nimmt in der Ökonomik des Sozialismus einen völlig anderen Platz ein als in der Ökonomik des Kapitalismus. Das Geldsystem der UdSSR stützt sich auf das sozialistische Eigentum an den Produktionsmitteln, und die Geldzirkulation wird auf der Grundlage des Wirkens der ökonomischen Gesetze des Sozialismus vom Staat planmäßig gelenkt. Die Stabilität des Sowjetgeldes ist vor allem durch die gewaltigen Warenmengen gesichert, die der Staat zu festen Preisen in die Zirkulation bringt. In der Festigkeit des Rubels, in der Stabilität und Planmäßigkeit der Geldzirkulation und in der ständigen Festigung der Finanz-, Kredit- und aller übrigen Geldbeziehungen kommen die Vorzüge des sozialistischen Geldsystems gegenüber den Geldsystemen des Kapitalismus zum Ausdruck.

Mit dem Entstehen und der Entwicklung der sozialistischen Ware-Geld-Beziehungen in der UdSSR wurde auch der Warenfetischismus beseitigt. Doch vereinfachen die gegenüber den kapitalistischen Produktionsverhältnissen bestehenden Vorzüge der sozialistischen Produktionsverhältnisse im allgemeinen und der Geldbeziehungen im besonderen in keiner Weise die Aufgabe, das Geld zu analysieren. Die sozialistischen Produktionsverhältnisse sind Verhältnisse einer ungleich höheren Stufe der gesellschaftlichen Entwicklung und infolgedessen viel komplizierter als die kapitalistischen. Dies ist sowohl der Grund für die Kompliziertheit der Geldtheorie des Sozialismus als auch für die Kompliziertheit der ökonomischen Theorie des Sozialismus überhaupt.

Das Studium des Geldes und der Geldzirkulation wie auch jeder anderen ökonomischen Kategorie erfordert in erster Linie die Aufdeckung ihrer objektiven Notwendigkeit, der objektiven Gesetzmäßigkeiten, die ihr Fungieren bestimmen. Die politische Ökonomie des Sozialismus geht bei der Erforschung des Geldes von den sozialistischen Produktionsverhältnissen aus, also von den sozialistischen Eigentumsverhältnissen.

Da das Geld dem sozialistischen Reproduktionsprozeß dient, der den Erfordernissen der ökonomischen Gesetze des Sozialismus unterworfen ist, ist auch das Fungieren des Geldes dem Wirken dieser Gesetze untergeordnet. Gleichzeitig sind der Geldzirkulation, da sie eine spezifische Seite des Reproduktionsprozesses darstellt, spezifische Gesetze, die Gesetze der Geldzirkulation, eigen.

Die Methodologie, nach der das Problem des Geldes in der sozialistischen Gesellschaft zu studieren ist, muß dem Charakter der Ware-Geld-Formen im Sozialismus entsprechen. Es könnte von größtem Schaden sein, wenn man die Kategorien des Kapitalismus, welche die Gesetzmäßigkeiten der bürgerlichen Geldbeziehungen ausdrücken, mechanisch auf die sowjetische Wirklichkeit übertrüge. Die wissenschaftliche Erforschung des Geldes im Sozialismus durch mechanische Analogien zum bürgerlichen Geld zu ersetzen, hat mit Marxismus nichts gemein.[2]

Es ist durchaus nicht so, daß der innere logische Zusammenhang der ökonomischen Kategorien der sozialistischen Gesellschaft einfach die Folgerichtigkeit ihrer historischen *Entwicklung* wiedergibt. Indessen ist aber die Dialektik der ökonomischen Kategorien des Sozialismus, insbesondere seiner Ware-Geld-Kategorien, nur durch das Studium *des historischen Prozesses ihres Werdens* zu verstehen. Daher sind der grundsätzliche Unterschied des Geldes unter den Bedingungen der sozialistischen Wirtschaft vom Geld im Kapitalismus und die Vorzüge der sozialistischen Geldzirkulation nur durch das Studium der Prozesse zu erfassen, in deren Verlauf der Sowjetstaat im erbitterten Klassenkampf der Übergangsperiode sich der Geldbeziehungen bemächtigte. Die konsequente Analyse der allmählichen Herausbildung eines neuen Inhalts des Geldes und seiner Funktionen ist eine der wichtigsten methodologischen Forderungen bei der Erforschung des Geldproblems im Sozialismus.

Widersprüche sind die Wurzel der Bewegung, lehrt Lenin. Die Lösung von Widersprüchen bildet die Grundlage auch für die Entwicklung der sozialistischen Gesellschaft. Folglich ist *die Feststellung derjenigen konkreten Widersprüche, die die Ausnutzung der Ware-Geld-Formen im sozialistischen Wirtschaftssystem notwendig machen,* eine wichtige methodologische Forderung beim Studium des Geldproblems. Daher mißt der Verfasser der Analyse des Systems der Geldkategorien — von den abstraktesten, wie das Wesen des Geldes, bis zu den äußerst konkreten und komplizierten, welche eine Reihe volkswirtschaftlicher Verhältnisse umfassen, wie beispielsweise die Geldbeziehungen in den verschiedenen Sphären der sozialistischen Reproduktion — so große Bedeutung bei; denn die Geldkategorien stellen bestimmte notwendige Formen der Äußerung und Lösung spezifischer nichtantagonistischer Widersprüche dar, wie sie der sozialistischen Ökonomik eigentümlich sind. Das Kriterium der Wahrheit ist bekanntlich die Praxis. Die Erforschung des Geldes muß sich somit auf die Verallgemeinerung der Praxis der Geldzirkulation in der sozialistischen Gesellschaft stützen.

Dies sind einige der methodologischen Grundlagen für die Erforschung des Geldproblems und der Geldzirkulation im Sozialismus, von denen der Verfasser dieser Monographie ausging.

[2] Von Revisionisten und bürgerlichen Ökonomen wurden pseudowissenschaftliche Theorien weit verbreitet, die das Geld in der sozialistischen Gesellschaft in mechanische Analogie zum Geld im Kapitalismus setzten. Kautsky verpflanzte unter Entstellung, Vulgarisierung und Revidierung der Lehre der Begründer des Marxismus die spontanen Goldpreise und das spontane Geldäquivalent in die sozialistische Gesellschaft; Tugan-Baranowski schuf die eklektizistische Konzeption des Papiergeldes für den Kapitalismus und Sozialismus; russische bürgerliche Wirtschaftler vom Schlage Shelesnows und deutsche Revisionisten, wie Neuroth, Leiter u. a., schufen die Rechen- und Verteilungsversion des Geldes nach dem Typ der bürgerlich-nominalistischen Quantitätstheorie usw.

Das Geld in der sozialistischen Gesellschaft stellt ein umfangreiches Problem dar. Das vorliegende Werk macht es sich zur Aufgabe, eine theoretische Analyse der wesentlichen, grundsätzlichen Seiten dieses Problems zu geben.

Der Analyse des Kampfes des sozialistischen Staates um die Beherrschung der Ware-Geld-Formen, der Geldzirkulation, die notwendig ist als Voraussetzung für die Betrachtung der Ware-Geld-Kategorien des Sozialismus, wurde ein verhältnismäßig breiter Raum eingeräumt. Trotzdem kommt dieser Analyse nur eine untergeordnete Bedeutung zu, und sie beansprucht nicht, alle Seiten des berührten Problems zu erfassen.

Die Entwicklung der Geldbeziehungen in den Ländern der Volksdemokratie wird in dieser Monographie nicht beleuchtet. Sie ist ein Forschungsthema für sich. Indessen muß erwähnt werden, daß das Verstehen der wesentlichsten Gesetzmäßigkeiten in der Entwicklung der Geldbeziehungen in der UdSSR auch für die Analyse des Entstehens sozialistischer Geldsysteme in den Ländern der Volksdemokratie wichtig ist.

Bei der Klärung des Wesens des Geldes im Sozialismus kommt der Lehre von der Warenproduktion und dem Wertgesetz eine grundlegende Bedeutung zu. Diese Probleme werden aber nur in dem Maße untersucht, wie es für das Verständnis der Natur des Geldes und der Gesetze der Geldzirkulation erforderlich ist.

Im Mittelpunkt der Arbeit steht die Frage nach dem Wesen des Geldes im Sozialismus und nach seinen Funktionen. Die sozialistische Geldzirkulation wird in einem organischen, untrennbaren Zusammenhang mit der erweiterten sozialistischen Reproduktion betrachtet. Dadurch wurde es notwendig, die Kreislaufformen des Wertes der Reproduktionsfonds und die mit diesen verbundenen Formen der Geldzirkulation in der sozialistischen Wirtschaft einer speziellen Analyse zu unterziehen.

Seit dem Erscheinen der ersten Ausgabe des Buches sind sechs Jahre vergangen. In dieser Zeit hat man bei der Bearbeitung vieler Probleme der politischen Ökonomie des Sozialismus, darunter auch des Problems der Ware-Geld-Beziehungen, Fortschritte erzielt. Bei der wissenschaftlichen Behandlung von Fragen, wie die Notwendigkeit der Warenproduktion im Sozialismus, der Warencharakter der Produktion von Produktionsmitteln, der Inhalt des Wertgesetzes und sein Platz im System der ökonomischen Gesetze des Sozialismus, hat man sich von manchem falschen Leitsatz losgesagt.

Die Theorie des Geldes als Kategorie der Warenwirtschaft ist von der Theorie der Warenproduktion nicht zu trennen. So ist es denn nur natürlich, daß eine Entwicklung und Veränderung der letzteren auch eine Entwicklung und Veränderung der ersteren nach sich zieht.

In der vorliegenden Ausgabe werden die Ware-Geld-Beziehungen unter zwei wesentlichen Gesichtspunkten behandelt: Erstens geht der Verfasser davon aus, daß die entscheidenden Ursachen für die Notwendigkeit einer Warenproduktion im Sozialismus in den Besonderheiten des sozialistischen staatlichen Eigentums liegen und daß deshalb die gesellschaftliche Produktion im Sozialismus einen Warencharakter besitzt und sowohl die Produktionsmittel als auch die Konsumtionsmittel als Waren erzeugt werden und ihren Wirtschaftskreislauf als Waren vollziehen. Zweitens geht der Verfasser auch davon aus, daß das Geld — als eine ökonomische Kategorie, die sozialistische Produktionsverhältnisse zum Ausdruck bringt — nicht nur seinem Wesen nach einheitlich ist (diese Ansicht hat der Verfasser auch in der ersten Ausgabe vertreten), sondern, daß auch die Funktionen des Geldes in allen Sphären der ökonomischen Beziehungen — da alle diese Sphären Sphären der Warenwirtschaft sind — sowohl dem Inhalt als auch der Form ihrer Verwirklichung nach ebenfalls einheitlich sind. Einheitlich sind sie aber auch auf Grund des Charakters ihres Zusammenhangs mit dem die Geldzirkulation bestimmenden Wertgesetz.

In Anbetracht dessen wurde das Kapitel II über die Warenproduktion und das Wertgesetz im Sozialismus überarbeitet. Ferner wurden am Kapitel III (über das Wesen des Geldes) und am Kapitel IV (über die Funktionen des Geldes) wesentliche Änderungen und Ergänzungen vorgenommen.

Die erste Ausgabe dieses Buches hat wissenschaftliche Diskussionen ausgelöst und bei den Wirtschaftswissenschaftlern sowohl der UdSSR als auch der Volksdemokratien Widerhall gefunden. Die Ergebnisse dieser wissenschaftlichen Darlegungen hat der Verfasser in der zweiten Ausgabe berücksichtigt. In einigen Fällen argumentiert er jedoch polemisch, da über viele Fragen der Ware-Geld-Beziehungen im Sozialismus weiterhin lebhafte Diskussionen im Gange sind.

Eine beachtliche Arbeit haben die sowjetischen Wirtschaftswissenschaftler bei der Analyse der verschiedenen Seiten des Problems des Geldes in der sozialistischen Gesellschaft bereits geleistet. Der Verfasser war bestrebt, diese Leistungen der sowjetischen Wissenschaft so vollständig wie möglich auszuwerten. Viel verdankt er dem Kollektiv der Sektion Politische Ökonomie des Sozialismus im Wirtschaftswissenschaftlichen Institut der Akademie der Wissenschaften der UdSSR, in dem das vorliegende Werk mehrfach besprochen wurde.

KAPITEL I

Die Ware-Geld-Beziehungen in der UdSSR während der Übergangsperiode

Hervorgerufen durch die Große Sozialistische Oktoberrevolution entstand *ein neuer, bis dahin in der Geschichte unbekannter Typ des Geldes.* Das hauptsächliche und entscheidende Charakteristikum dieses neuen Geldtyps war, daß er zu einer Ausdrucksform der neuen sozialistischen Produktionsverhältnisse wurde. Da die Sowjetunion nach der Revolution in eine Übergangsperiode vom Kapitalismus zum Sozialismus eingetreten war, hafteten dem Geld dieser Periode auch eine Reihe historisch vergänglicher Besonderheiten an. Die wesentlichste Besonderheit bestand darin, daß das Geld einen zwiespältigen sozial-ökonomischen Charakter trug, da es Produktionsverhältnisse der Übergangsperiode vermittelte.

Die revolutionäre, durch die sozialistische Oktoberrevolution vollzogene Umwälzung der Produktionsverhältnisse brachte die sozialistische Nationalisierung der Kommandohöhen der Volkswirtschaft durch den Staat der Diktatur der Arbeiterklasse. Diese Umwälzung führte zu einer neuen ökonomischen Form — der sozialistischen Wirtschaftsform —, die, neben anderen ökonomischen Formen bestehend, vom ersten Augenblick an richtungweisend für die gesamte wirtschaftliche Entwicklung der UdSSR wurde. Damit wurde auch die Natur der Ware und des Geldes durch einen revolutionären Sprung qualitativ verändert. Sie verwandelten sich in ökonomische Formen dieser Produktionsverhältnisse. Mit anderen Worten, Ware und Geld begannen gesellschaftliche Produktionsverhältnisse der Übergangsperiode auszudrücken, in der fünf Wirtschaftsformen wechselseitig miteinander verknüpft waren, wobei die bestimmende Rolle der sozialistischen Form zufiel.

Aus diesem Grunde war dem Geld — wie auch einigen anderen ökonomischen Kategorien — in der Übergangsperiode eine Zwiespältigkeit eigen. Diese Kategorien drückten sozialistische Verhältnisse aus — und darin bestand das *Wesentliche* ihrer ökonomischen Natur. Gleichzeitig aber brachten sie auch Verhältnisse der kleinen Warenwirtschaft und der kapitalistischen Wirtschaftsform zum Ausdruck — und darin bestand das *Untergeordnete*, das allmählich Absterbende ihres ökonomischen Wesens.

Von Anbeginn an hat die Diktatur des Proletariats, gestützt auf die führende sozialistische Wirtschaftsform, das Geld zur Lösung der revolutionären Aufgaben benutzt — zur Enteignung der Bourgeoisie, zur Entwicklung der neuen Produktionsverhältnisse, zur Deckung des Bedarfs für die Führung des Bürgerkrieges usw.

Im Kampf für den Sozialismus hat der Sowjetstaat dem Geld eine ungeheure Bedeutung beigemessen. „Wir ... dürfen jedoch nicht vergessen“, lehrte Lenin, „daß alle unsere radikalen Reformen zum Scheitern verurteilt sind, wenn wir in der Finanzpolitik keine Erfolge haben.“[1]

In der Übergangsperiode hat der sozialistische Staat das Geld für den ökonomischen Zusammenschluß der sozialistischen Industrie mit der kleinbäuerlichen Warenwirtschaft ausgenutzt, um die Entwicklung der kleinbäuerlichen Warenwirtschaft auf den sozialistischen Weg zu lenken, um das Problem „Wer — Wen?“ zur Entscheidung zu bringen und die kapitalistischen Elemente einzuengen und zu verdrängen.

Die Schaffung eines neuen Geldtyps — die Entwicklung eines neuen Inhalts und neuer ökonomischer Funktionen des Geldes — legte den Grund zu seinem allmählichen Übergang in eine Kategorie, die ungeteilt sozialistische Produktionsverhältnisse ausdrückt. Dieser Übergang umfaßt eine ganze geschichtliche Epoche: von der Großen Sozialistischen Oktoberrevolution bis zum Siege des Sozialismus in der UdSSR.

Aus diesem Grunde ist die Untersuchung des konkreten historischen Werdens und des Sieges der sozialistischen Produktion in Stadt und Land und der auf dieser Basis verlaufenden Entwicklung sozialistischer Formen der Zirkulation des gesellschaftlichen Produkts sowie der Verteilung und Umverteilung seines Wertes ein notwendiges Moment in der theoretischen Analyse des Geldes der sozialistischen Gesellschaft. Diese Untersuchung muß den komplizierten dialektischen Prozeß der Herausbildung eines neuen Wesens der Kategorien Ware und Geld und ihre Rolle im System der ökonomischen Beziehungen der sich entwickelnden neuen Produktionsweise enthüllen, mit anderen Worten, sie muß dazu verhelfen, die mit der Errichtung der Diktatur des Proletariats und der Besetzung der Kommandohöhen der Wirtschaft durch das Proletariat objektiv unvermeidliche Veränderung des Wesens und der Funktionen des Geldes aufzudecken, die weitere Entwicklung des neuen Inhalts der Geldfunktionen beim Aufbau des Sozialismus zu erklären und die Rolle zu kennzeichnen, die dem Kampf der Diktatur des Proletariats um die Beherrschung und Ausnutzung des Handels und des Geldes im Interesse des Sozialismus zukommt. Gleichzeitig ermöglicht uns eine solche Analyse, an Hand des konkreten historischen Materials zu verfolgen, wie im allgemeinen Verlauf des Kampfes der sozialistischen Elemente der Wirtschaft mit den kapitalistischen die Diktatur des Proletariats sich des Handels und des Geldes bemächtigte und diese im Interesse des Aufbaus des Sozialismus mit Erfolg gegen den Kapitalismus einsetzte.

Die Aufgabe besteht infolgedessen darin, darzulegen, wie in dem Maße, in dem die sozialistischen gesellschaftlichen Produktionsverhältnisse siegten und sich festigten, auch die Geldbeziehungen sich unausweichlich veränderten und sich in einer neuen, der sozialistischen Ökonomik eigenen Form weiterentwickelten.

[1] W. I. Lenin, Werke, Dietz Verlag, Berlin 1960, Bd. 27, S. 377.

Die Entwicklung des sozialistischen Inhalts und der sozialistischen Funktionen des Geldes und die Eroberung der Ware-Geld-Beziehungen durch die Diktatur des Proletariats sind durchaus keine spontanen Vorgänge. Die Analyse der Entwicklung des sozialistischen Inhalts der Ware-Geld-Formen erfordert das Studium der Methoden, mit deren Hilfe die Kommunistische Partei und der Sowjetstaat, gestützt auf die Ausnutzung der ihre Einflußsphäre erweiternden ökonomischen Gesetze des Sozialismus, die Ware-Geld-Beziehungen unter ihre Herrschaft brachten und die Entwicklung eines neuen planmäßigen Geldsystems und sozialistischer Formen der Geldzirkulation sicherten.

Das Studium der Prozesse, in deren Verlauf der Sowjetstaat sich der Ware-Geld-Beziehungen bemächtigte, hat für uns jedoch nicht den Zweck, die Geschichte der wirtschaftlichen Entwicklung der Übergangsperiode darzulegen. Es ist auch nicht der Sinn des vorliegenden Werkes, die Geschichte des Sowjetgeldes von allen Seiten her zu beleuchten. Die historischen Dokumente der Übergangsperiode im allgemeinen und der Entwicklung der Geldbeziehungen im besonderen werden lediglich in dem Maße behandelt, wie es zum Verständnis des Prozesses notwendig ist, in dessen Verlauf sich der neue Inhalt und die neuen Funktionen des Geldes herausbildeten.

Vom ersten Tage der Revolution an waren die Geldbeziehungen ein wichtiges Gebiet revolutionärer Umwälzungen, die von der Diktatur des Proletariats vollzogen wurden, eine der Sphären des verschärften Klassenkampfes.

Um die finanziellen Bedürfnisse der Revolution zu sichern und die ökonomische Herrschaft des Bürgertums zu untergraben, mußte die Diktatur des Proletariats sich des Kredit- und Geldsystems bemächtigen und die Geldzirkulation in ihren Dienst stellen. „Eine der ersten Maßnahmen", lehrte Lenin, „um nicht nur die Gutsbesitzer vom russischen Boden hinwegzufegen, sondern auch um die Herrschaft der Bourgeoisie an der Wurzel zu untergraben und die Unterdrückung von Millionen und aber Millionen Werktätiger durch das Kapital unmöglich zu machen, war der Übergang zur Nationalisierung der Banken."[2]

Unmittelbar nach der faktischen Inbesitznahme der Staatsbank und der Überwindung der Sabotage seitens des bürgerlichen Bankapparates wurden durch ein Dekret des Gesamtrussischen Zentralexekutivkomitees vom 27. Dezember 1917 die Privatbanken nationalisiert. Gleichzeitig wurden die In- und Auslandsschulden der zaristischen und der provisorischen Regierung annulliert, was nach den Worten Lenins das „Abschütteln des finanziellen Jochs" bedeutete.

Eine wichtige Maßnahme der Sowjetregierung zur Eroberung des Geld- und Kreditmechanismus des Landes war die Einführung des Staatsmonopols für den Handel mit Gold durch ein Dekret des Obersten Volkswirtschaftsrates vom 12. Januar 1918.

Alle diese Maßnahmen schufen die Voraussetzungen dafür, daß das Kreditwesen und die Geldzirkulation im Interesse der Revolution ausgenutzt werden konnten.

[2] W. I. Lenin, Werke. Berlin 1961, Bd. 26, S. 466.

Der Sowjetstaat, dem das vorrevolutionäre Rußland eine aufs äußerste zerrüttete Geldzirkulation hinterlassen hatte, leitete Maßnahmen ein, um die Währung schnellstmöglich zu stabilisieren und die Inflation zu überwinden. In seinem Werk „Über die nächsten Aufgaben der Sowjetmacht" hatte W. I. Lenin bereits ein großes finanzpolitisches Programm aufgestellt, das vorsah, die bisher von der Bourgeoisie zu leistenden Geldkontributionen in eine reguläre Einkommen- und Vermögenssteuer umzuwandeln, eine staatliche Kontrolle der Geldzirkulation einzuführen, ein nationalisiertes Kreditsystem zu organisieren usw.

Das zu jener Zeit bestehende Kreditsystem wurde in einer Volksbank vereinigt, die zum Emissions-, Kredit-, Verrechnungs- und Kassenapparat der jungen Sowjetrepublik wurde. Die Schaffung eines einheitlichen Kreditsystems war ein wichtiger Markstein auf dem Wege zu einem neuen, sowjetischen Mechanismus der Geldzirkulation und des Kredits. Dies wurde möglich, weil der proletarische Staat auf diesem wichtigen Gebiet der ökonomischen Beziehungen den Sieg über das Bürgertum davongetragen hatte.

Da es noch an ausreichenden regelmäßigen Einnahmen fehlte, war der proletarische Staat gezwungen, zur Emission von Papiergeld zu greifen, um seinen wirtschaftlichen und militärischen Bedarf zu decken. Das Bürgertum und die Kulaken unternahmen ihrerseits alles, um Geldmittel aufzuspeichern und auch auf diese Weise den Kampf um die Erhaltung ihrer wirtschaftlichen Positionen zu führen. Es sei nur erwähnt, daß nach vorhandenen Berechnungen von den 6,2 Mrd. Rbl., die in der Zeit vom 23. Oktober 1917 bis zum 1. Januar 1918 im Umlauf gesetzt wurden, 3 Mrd. Rbl. unter Umgehung der Organe der Sowjetmacht emittiert wurden.

Die Sowjetregierung, die seit Beginn des Jahres 1918 Maßnahmen zur allmählichen Einschränkung der Emission ergriffen hatte, bereitete eine Geldreform vor. Das von W. I. Lenin ausgearbeitete Projekt dieser Reform wurde von ihm selbst am 18. Mai 1918 in einer Rede vor dem Gesamtrussischen Kongreß der Vertreter des Finanzapparates erläutert. Die Reform sollte erstens zur Stabilisierung der Währung beitragen und zweitens dem Bürgertum und den Kulaken ihre gewaltigen gehorteten Geldbeträge entziehen. Indessen verhinderten der Bürgerkrieg und die durch diesen Krieg und die Zerrüttung erzwungene Politik des Kriegskommunismus die für das Jahr 1918 vorgesehene Geldreform.

Das Bündnis der Arbeiterklasse mit der Bauernschaft nahm im Kriegskommunismus militärpolitischen Charakter an. Die Beziehungen im staatlichen Sektor der Wirtschaft nahmen sehr bald Naturalform an. Das Kartensystem ersetzte bei der Versorgung der Arbeiter und Angestellten fast völlig die Verteilung mittels Geldlohn. Dienstleistungen waren kostenlos. Ein Ausdruck für die Naturalisierung der ökonomischen Beziehungen war vor allem die Umwandlung der Volksbank aus einem Kreditorgan in ein Organ der Haushalts-Voranschlagsfinanzierung des Volkskommissariats für Finanzen und schließlich ihre völlige Liquidierung.

So führte der Kriegskommunismus zur Abdrosselung der Warenzirkulation. Die Geldzirkulation befand sich infolge der erzwungenen und ständig anwachsenden Papiergeldemission in einem Zustand tiefer Zerrüttung. Ware-Geld-Beziehungen gab es nur noch in äußerst engen Grenzen und lediglich auf dem privaten Markt: beim Warenaustausch zwischen den Bauern und der Stadtbevölkerung.

Das Papiergeld, das die Bauern vom Staat für die Lebensmittel erhielten, die sie auf Grund der Ablieferungspflicht zu liefern hatten, diente lediglich als Quittung für eine von den Bauern ihrem Arbeiter-und-Bauern-Staat gewährte Anleihe.

Die von Monat zu Monat wachsende Geldemission bildete eine gewisse zusätzliche Finanzierungsquelle zur Bestreitung der Ausgaben für die Armee und zur Deckung des dringlichsten wirtschaftlichen Bedarfs. Hatte die Regierung im Jahre 1918 noch gewisse Limite für die Emission festgesetzt, so gestattete sie 1919 der Volksbank die Ausgabe von Geld im Rahmen „des Bedarfs der Volkswirtschaft an Banknoten". 1918 betrug die Geldemission 33,6 Mrd. Rbl., 1919 belief sie sich auf 163,9 Mrd. Rbl. und 1920 auf 943,5 Mrd. Rbl. Infolge dieser ungeheuren Erhöhung der Nominalsumme des emittierten Geldes sank die reale Einnahme aus der Emission. Sie betrug 1918 (in Gold) mehr als 500 Mill. Rbl., 1919 226 Mill. Rbl. und 1920 nur noch 122 Mill. Rbl.

Das gewaltige Ausmaß der Inflation und der Entwertung des in Umlauf gesetzten Geldes wird anhand folgender Zahlen sichtbar:

	1. VII. 1914	1. XI. 1917	1918	1. VII. 1919	1920	1921
In Umlauf befindliche Geldmenge (in Mrd. Rbl.)	1,6	22,4	43,2	100,3	511,8	2347
Wert der in Umlauf befindlichen Geldmenge (in Goldrubeln des Jahres 1913 in Mill. Rbl.)	1630	2200	486,5	152,9	62,9	29,1
Preisindex (lt. Angaben des Zentralbüros für Statistik, Jahresdurchschnitt)	1,0	6,3	62,0	605	1290	12900[3]

Die Emission diente den Bedürfnissen des proletarischen Staates, richtete sich aber in erster Linie gegen das Bürgertum und die Kulaken. Sie entwertete schnell deren gehortete gewaltige Geldvorräte und deren Einkünfte.
Zugleich aber erschwerten die sprunghaft steigenden Marktpreise, die den ununterbrochenen Entwertungsprozeß des Papiergeldes widerspiegelten, den Geldumlauf aufs äußerste. Die Warenbeziehungen nahmen immer mehr Naturalform an, die Zirkulationssphäre des Papiergeldes schrumpfte zusehends.

[3] Am 1. Januar

So wurde also durch den Kriegskommunismus das planmäßige Streben des Sowjetstaates, die Ware-Geld-Zirkulation in die Hand zu bekommen, um sie im Interesse des sozialistischen Aufbaus ausnutzen zu können, äußerst erschwert.

Doch die weitgehende Vergesellschaftung der entscheidenden Wirtschaftszweige und die Festigung des sozialistischen Sektors, die Schaffung eines sozialistischen Apparates zur Lenkung der Volkswirtschaft und des sowjetischen Verteilungs- und Versorgungssystems, die Ausnutzung des Finanzsystems und der Geldemission für die sozialistische Wirtschaftsform und gegen den Kapitalismus, die Ausarbeitung von Organisationsformen zur Kontrolle der Geldzirkulation durch den proletarischen Staat usw. bedeuteten zugleich die Entwicklung eines neuen sozialistischen Inhalts des Geldes, ungeachtet seines zwiespältigen Charakters.

Der organisierte und planmäßige Kampf des Sowjetstaates um die Beherrschung der Warenbeziehungen und damit auch des Geldes, der bald nach der Revolution in vollem Umfange beginnen sollte und durch den Kriegskommunismus unterbrochen worden war, wurde mit dem Übergang zur Neuen Ökonomischen Politik sofort wieder aufgenommen. In den ersten Jahren nach dem Bürgerkrieg wurde dieser Kampf infolge des wirtschaftlichen Verfalls und der weiter fortschreitenden Zerrüttung der Geldzirkulation äußerst erschwert. Mit der Stabilisierung der Geldzirkulation nahmen indessen die Beherrschung der Ware-Geld-Beziehungen durch den Staat und die Entwicklung eines neuen, sozialistischen Inhalts des Geldes schnell zu. In den Methoden der in den Jahren 1922 bis 1924 durchgeführten Geldreform selbst und in den Grundzügen des neuen Geldsystems kamen bereits die grundlegenden dem Geld in der Übergangsperiode eigentümlichen Besonderheiten zum Ausdruck.

Aus diesem Grunde ist es zweckmäßig, die Analyse des Prozesses, in dessen Verlauf sich der neue Inhalt der Ware-Geld-Formen herausbildete, mit der Zeit der Geldreform zu beginnen. Die folgenden Jahre der Übergangsperiode können ihrerseits in zwei große Etappen eingeteilt werden, von denen jede ebenfalls besondere Merkmale in dem zur Untersuchung stehenden Entwicklungsprozeß aufweist.

Die Periode der Wiederherstellung der Volkswirtschaft, in deren Verlauf die Geldreform (1922—1924) durchgeführt und ihre Ergebnisse gefestigt wurden (1925), bildet die erste Etappe in der Entwicklung stabiler Ware-Geld-Beziehungen in der Übergangswirtschaft.

Die zweite Etappe umfaßt die Jahre 1926 bis 1928. Während dieser Periode ging die UdSSR vom Wiederaufbau der Volkswirtschaft zu deren völliger Rekonstruktion über; es begann die sozialistische Industrialisierung des Landes. Auf dem Gebiete der Waren- und Geldzirkulation ist diese Periode durch eine ganze Reihe wesentlicher qualitativer Besonderheiten gekennzeichnet.

Die dritte Etappe umfaßt die Ware-Geld-Beziehungen in den Jahren 1929 bis 1935. Das sind die Jahre der Kollektivierung und des Sieges des Sozialismus in der gesamten Volkswirtschaft. In dieser Periode findet der Entwicklungsprozeß des sozialistischen Wesens des Geldes seinen Abschluß: Das Geld der Ökonomik der Übergangsperiode verwandelte sich in das Geld der Ökonomik des Sozialismus.

1. Die Ware-Geld-Beziehungen in der Periode von 1922 bis 1925

Die sozialökonomischen Verhältnisse der Übergangsperiode waren durch eine Vielfalt von Wirtschaftsformen gekennzeichnet. Für die Entwicklung der Volkswirtschaft war von den fünf vorkommenden Wirtschaftsformen die sozialistische maßgebend, die die Kommandohöhen der Wirtschaft besetzt hielt. In quantitativer Hinsicht herrschte jedoch die Form der kleinen Warenwirtschaft vor, die die überwiegende Masse der Bauernwirtschaften umfaßte. Der Hauptkampf vollzog sich zwischen der sozialistischen und der kapitalistischen Wirtschaftsform um die Frage „Wer — Wen?“. Als Voraussetzung für einen erfolgversprechenden sozialistischen Aufbau mußte als Grundlage des Bündnisses der Arbeiterklasse mit der Bauernschaft ein enger und fester wirtschaftlicher Zusammenschluß zwischen der sozialistischen Produktion und der kleinbäuerlichen Warenwirtschaft hergestellt werden. Bei diesem Zusammenschluß spielten in der ersten Etappe der NÖP die Warenbeziehungen — der Handel — die Hauptrolle.

Rolle und Inhalt der Ware-Geld-Beziehungen veränderten sich im Verlauf der Übergangsperiode wesentlich. Ihre Notwendigkeit aber war während der ganzen Periode durch die Gesamtheit der Produktionsverhältnisse der Übergangsperiode bedingt. Denn erstens waren Warenbeziehungen für die Entwicklung der neuen sozialistischen Wirtschaftsform an sich notwendig, und zweitens wurden sie durch das Vorhandensein der Form der kleinen Warenwirtschaft und der kapitalistischen Wirtschaftsform hervorgerufen. Dabei war für die Ausnutzung dieser Warenbeziehung durch die Diktatur des Proletariats der Umstand von besonderer Bedeutung, daß die Existenz des klein- und mittelbäuerlichen Eigentums an den Produktionsinstrumenten und Produktionsmitteln es erforderlich machte, die Verbindung zwischen Stadt und Land und das Bündnis der Arbeiterklasse mit der Bauernschaft durch Entwicklung der Warenzirkulation bei einer gewissen Freiheit des privaten Handels wieder zu normalisieren beziehungsweise zu festigen.

Die mit dem Übergang zur Neuen Ökonomischen Politik zugelassene Entfaltung von Marktbeziehungen führte zu einer Belebung und zu einem gewissen Wachstum der kapitalistischen Elemente, da die kleine Warenwirtschaft, wie Lenin sagt, „ständig, täglich und stündlich den Kapitalismus und die Bourgeoisie in Massen erzeugt“. Indessen wurde die Handelsfreiheit und ein gewisses Wachstum der kapitalistischen Elemente nur in gewissen, vom Staat regulierten Grenzen geduldet.

Die prinzipielle Bedeutung der regulierenden Maßnahmen des Staates wurde von der Partei besonders hervorgehoben. „Ohne sein Wesen zu ändern", schrieb Lenin, „kann der proletarische Staat die Freiheit des Handels und die Entwicklung des Kapitalismus nur bis zu einem bestimmten Grade zulassen und nur unter der Bedingung der staatlichen Regulierung (Aufsicht, Kontrolle, Festsetzung der Formen, der Ordnung usw.) des Privathandels und des privatwirtschaftlichen Kapitalismus."[4]

Die Partei entlarvte die Kulakeninteressen zum Ausdruck bringende „Theorie" der Rechten und unterstrich dabei gleichzeitig die grundlegenden Unterschiede zwischen dem Markt der Übergangsperiode und dem privatkapitalistischen Markt. Sie wies darauf hin, daß auf dem Sowjetmarkt die sozialistischen Elemente vorherrschen und daß allein schon diese Tatsache ein spontanes Spiel der Preise ausschließe, daß die Preise für Industriewaren in der Hauptsache planmäßig vom Staat festgesetzt würden, daß der Staat die Bildung der Getreidepreise wesentlich beeinflusse usw.

Die Möglichkeit, sich des Marktes zu bemächtigen und ihn immer planmäßiger zu regulieren, ergab sich aus den grundlegenden Besonderheiten der Produktionsverhältnisse in der Übergangsperiode und aus dem durch diese bedingten grundlegenden Unterschied zwischen der Natur der Warenbeziehungen der Übergangsperiode und der Natur der Warenbeziehungen im Kapitalismus.

Mit der Herausbildung und Entwicklung der sozialistischen Wirtschaftsform treten die ökonomischen Gesetze des Sozialismus in Funktion und erweitern ihre Wirkungssphäre. Dadurch werden bereits unmittelbar am Anfang der Übergangsperiode die Warenbeziehungen wesentlich verändert. Die auf dem sozialistischen Eigentum beruhende Produktion im staatlichen Sektor der Wirtschaft stellte, soweit hier für sozialistische Betriebe bestimmte Produktionsmittel erzeugt wurden, eine Sphäre der Warenproduktion besonderer Art dar, deren Wirtschaftskreislauf sich voll und ganz im Rahmen des allgemeinen Volkseigentums als eine in höchstem Maße planmäßige, organisierte Warenprodukt vollzog. Die andere Sphäre der Warenproduktion besonderer Art innerhalb des staatlichen Sektors der Produktion — die Produktion von Konsumgütern — stellte ebenfalls eine Sphäre planmäßiger Produktion dar, obgleich die Planmäßigkeit hier weniger entwickelt war, da die Waren aus dieser Sphäre über den Einzelhandel abgesetzt wurden. Gleichzeitig waren vom Beginn der NÖP an die Marktbeziehungen sowohl im Rahmen der kleinen Warenwirtschaft als auch in der kapitalistischen Wirtschaftsform ebenfalls kein Abklatsch der spontanen Marktbeziehungen vor der Revolution; sie vollzogen sich unter dem bestimmenden Einfluß, den die sozialistische Wirtschaftsform auf die Volkswirtschaft ausübte, und wurden damit zu einem Bestandteil der Beziehungen der Übergangswirtschaft.

Das waren die objektiven Bedingungen, unter denen Ware und Geld bei der sozialistischen Entwicklung der Übergangswirtschaft unbedingt vom Sowjetstaat ausgenutzt werden konnten und mußten.

[4] W. I. Lenin, Werke, Bd. 33, Dietz-Verlag, Berlin 1962, S. 170.

Die Belebung der Marktbeziehungen mit dem Ziel, das Bündnis der Arbeiterklasse mit der Bauernschaft zu festigen und sich in der Folge des Marktes zu bemächtigen, war das Hauptkettenglied der Wirtschaftspolitik des proletarischen Staates in der ersten Etappe der NÖP.

Die Politik der Partei, die darauf abzielte, die Ware-Geld-Beziehungen in der Übergangsperiode in ihre Gewalt zu bekommen, berücksichtigte hierbei, daß diese Beziehungen sowohl für alle Wirtschaftsformen dieser Periode als auch für die Verbindung des sozialistischen Wirtschaftssektors mit dem Sektor der kleinen Warenwirtschaft, für die Einflußnahme auf die Entwicklungsrichtung der kleinen Warenwirtschaft und für den Kampf mit den kapitalistischen Elementen objektiv notwendig waren.

Der Staat mußte bei der Entwicklung der Versorgung mit Produktionsmitteln und bei der Entwicklung des staatlichen und genossenschaftlichen Einzelhandels, also des organisierten sozialistischen Marktes, gleichzeitig mit den Gesetzen des nichtorganisierten Marktes rechnen und diesen seinem regulierenden Einfluß unterwerfen, um auf diese Weise die Marktbeziehungen für den Aufbau des Sozialismus auszunutzen. „Die Hauptaufgabe der KPR auf dem Gebiete der Wirtschaft", heißt es in den Beschlüssen der Parteikonferenz vom Dezember 1921, „besteht im Augenblick darin, die wirtschaftliche Tätigkeit der Sowjetmacht darauf zu orientieren, daß sie, von dem Vorhandensein eines Marktes ausgehend und mit dessen Gesetzen rechnend, sich seiner bemächtigt und durch systematische bis ins einzelne überlegte und den Marktprozeß genau berücksichtigende Wirtschaftsmaßnahmen die Regulierung des Marktes und der Geldzirkulation in ihre Hand nimmt." [5]

Die Aufgabe, sich des Marktes zu bemächtigen, wurde von der Partei als die Aufgabe bezeichnet, „Handel treiben zu lernen". In dieser Losung der Neuen Ökonomischen Politik kam die historische Besonderheit des ersten Stadiums der Übergangsperiode vom Kapitalismus zum Sozialismus zum Ausdruck. Einerseits duldete die Diktatur des Proletariats neben der Erweiterung des organisierten Warenumsatzes auch die Entwicklung eines nichtorganisierten Marktes, da die Notwendigkeit hierzu sich aus der Natur der kleinen Warenwirtschaft ergab. Andererseits stellte sie die Aufgabe, unter Beachtung der Marktgesetze und ihrer Ausnutzung durch den Staat sich auch des nichtorganisierten Marktes zu bemächtigen und ihn den Interessen des sozialistischen Aufbaus unterzuordnen.

Die entscheidenden sozialökonomischen Besonderheiten der Übergangsperiode bedingten den sozialistischen Inhalt der Ware und des Geldes, die ständige Weiterentwicklung dieses Inhalts, die allmähliche Überwindung des zwiespältigen Charakters dieser Kategorien, die immer stärkere Erweiterung der Sphäre der Warenproduktion besonderer Art, die allmähliche Umwandlung der gesamten Waren-

[5] Die KPdSU in Resolutionen und Entschließungen der Parteitage, Konferenzen und Plena des ZK (russ.) Gospolitisdat 1953, Teil I, S. 588. (Im weiteren wird auf diese Quelle verkürzt unter der Bezeichnung „Die KPdSU in Resolutionen . . ." Bezug genommen).

produktion in die dem Sozialismus eigentümliche Warenproduktion besonderer Art und dementsprechend eine fortschreitende Ablösung der Sphäre des spontanen Wirkens des Wertgesetzes durch eine Sphäre, in der das Wertgesetz planmäßig wirksam ist. Nur dadurch, daß die Staatsmacht der Arbeiterklasse sich auf die wachsende Macht der sozialistischen Produktion und die sich hieraus ergebende Möglichkeit einer immer stärkeren und planmäßigeren Ausnutzung der ökonomischen Gesetze durch den Sowjetstaat stützte, konnte eine dauerhafte materielle Basis für den Kampf um die Beherrschung des Marktes und die weitere Entwicklung des sozialistischen Inhalts der Ware-Geld-Form geschaffen werden.

Daher müssen zuerst die wesentlichsten Merkmale der ökonomischen Situation jener Zeit untersucht werden, ehe man die Besonderheiten der Marktverhältnisse in der Anfangsperiode der NÖP zu charakterisieren beginnt.

Die Neue Ökonomische Politik eröffnete eine Epoche schnellen wirtschaftlichen Wachstums der UdSSR. Der Austausch zwischen Stadt und Land entwickelte und festigte sich und regte den Wiederaufbau auf dem Lande an. Die Stadtbevölkerung wurde mit Lebensmitteln, die Industrie mit landwirtschaftlichen Rohstoffen versorgt; dadurch konnte die industrielle Produktion gesteigert werden. Die Steigerung der Produktion in der Leichtindustrie führte zu einer verhältnismäßig schnellen Befriedigung des dringendsten Bedarfs der Stadt- und Landbevölkerung an Massenbedarfsgütern. Damit hatte die Arbeiterklasse die notwendigen materiellen Voraussetzungen geschaffen, um an den Wiederaufbau und die Rekonstruktion der Schwerindustrie, vor allem der Eisenhütten- und Kohleindustrie, und an die Schaffung einer Energiebasis für die Entwicklung der Industrie auf der Grundlage des GOELRO-Planes heranzugehen.

Die Bruttoproduktion der sowjetischen Großindustrie, die im Jahre 1922 2,6 Mrd. Rbl. betrug (zu Preisen des Jahres 1926/27), stieg im Jahre 1925 auf 7,7 Mrd. Rbl. (im Jahre 1913=10,2 Mrd. Rbl.). Die Produktion von Produktionsmitteln stieg entsprechend von 1,2 Mrd. Rbl. auf 3,3 Mrd. Rbl. und die Produktion von Bedarfsgütern von 1,4 Mrd. Rbl. auf 4,4 Mrd. Rbl.[6]

Auch die Landwirtschaft hatte nach einigen Jahren den Tiefstand der Kriegs- und Bürgerkriegszeit in der Hauptsache überwunden. Die Brutto-Getreideernte, die in den Jahren 1919 bis 1923 (auf den vergleichbaren Territorien) auf 2,9 Mrd. Pud gegenüber 4,6 Mrd. Pud in den Jahren 1909 bis 1913 zurückgegangen war, stieg 1925 auf 94% des Vorkriegsstandes, der Rinderbestand übertraf um ein geringes den des Jahres 1916, der Bestand an Kühen erreichte 28,6 Millionen Stück (gegenüber 28,8 Millionen im Jahre 1916).[7]

Der Wiederaufbau der Volkswirtschaft ging in schnellem Tempo vor sich, obgleich er allein aus eigener ökonomischer Kraft und unter der Wirtschaftsblockade des Auslandes erfolgte.

6 Der sozialistische Aufbau der UdSSR (russ.). Herausgegeben vom Zentralinstitut für Volkswirtschaftsrechnung der Staatlichen Plankommission der UdSSR, Moskau 1936, S. 2.

7 P. I. Ljastschenko, Geschichte der Volkswirtschaft der UdSSR (russ.). Gospolitisdat 1946, Bd. III, S. 132, 134–135.

Die Industrie investierte in zwei Jahren (1923/24 und 1924/25) 836,0 Mill. Rbl. Die Produktionssteigerung der Großindustrie betrug in Prozenten zum vorangegangenen Jahr: 1923 — 52,9%, 1924 — 16,4%, 1925 — 66,1%.

Durch den ersten Weltkrieg, den Bürgerkrieg und die Intervention wurde die Volkswirtschaft der UdSSR unvergleichlich mehr geschädigt als die Wirtschaft Frankreichs, Deutschlands und anderer Länder durch den ersten Weltkrieg. Trotzdem ging in der UdSSR der Wiederaufbau viel intensiver als in diesen Ländern vor sich. Während die kapitalistischen Länder trotz ausgiebiger fremder Kredite 8 bis 10 Jahre brauchten, um den Vorkriegsstand zu erreichen, wurden im Sowjetland die Wiederaufbauarbeiten in 4 bis 5 Jahren abgeschlossen. Im Wirtschaftsjahr 1924/25 erreichte die landwirtschaftliche Produktion 87% und die Industrieproduktion 75% des Vorkriegsstandes. Im folgenden Wirtschaftsjahr, 1925/26, wurde er überschritten.

Der Wiederaufbau der industriellen und landwirtschaftlichen Produktion, die Entwicklung der Warenzirkulation und die daraus resultierende Festigung der staatlichen Finanzen schufen nicht nur die Voraussetzung für die Liquidierung der Folgen des Krieges und des wirtschaftlichen Zusammenbruchs in der Sphäre der Geldzirkulation, sondern sie forderten diese nachdrücklich. Außerdem forderten sie die Schaffung eines stabilen Geldsystems sozialistischen Typs. Dieser Forderung sollte die Geldreform 1922—1924 entsprechen. Die Entwertung des Geldes, dessen Emission für die Finanzierung des Bürgerkrieges große Bedeutung hatte, nahm ungeheure Ausmaße an. Besonders schnell ging die Entwertung der Sowjetnoten im Jahre 1922 vor sich, nachdem der Tscherwonez ausgegeben worden war und parallel zu den Sowjetnoten zirkulierte. Es sei nur daran erinnert, daß zu dem Zeitpunkt, als der neue, feste Sowjetrubel in Umlauf gesetzt wurde, also am 1. März 1924, 809,6 Quadrillionen Rubel in alten Geldscheinen (in denominierten Scheinen der Ausgabe 1922) zirkulierten, deren Wert in Tscherwonez insgesamt 16,2 Mill. Rbl. ausmachte.

Durch die Geldreform 1922—1924 wurde die Sowjetwährung stabilisiert. Die Volkswirtschaft der UdSSR erhielt einen vollwertigen Sowjetrubel und eine stabile Geldzirkulation, die im ökonomischen Aufbau des Sozialismus eine große Rolle spielte.

Die wirtschaftlichen Vorteile, die der Übergang zur festen Sowjetwährung brachte, zeigten sich unverzüglich:

1. Die stabile Geldzirkulation förderte die Entwicklung des Warenaustausches zwischen Stadt und Land und damit die Festigung des Bündnisses der Arbeiterklasse mit der Bauernschaft. Sie war ein wichtiger Faktor, um ein schnelles Tempo der Reproduktion zu sichern und um die Planmäßigkeit in der Entwicklung der Volkswirtschaft zu gewährleisten.

2. Es wurden die Voraussetzungen geschaffen, um die materielle Lage der Arbeiterklasse und der werktätigen Bauern zu verbessern. Diese feste Währung trug zur Senkung der Preise für Massenbedarfsgüter bei und bewahrte das in Geld bestehende Arbeitseinkommen vor Kursverlusten. Durch die feste Währung konnte der Sowjetstaat ein schnelles Ansteigen des Reallohnes garantieren. Wurde

der Monatslohn eines Arbeiters in der Großindustrie im I. Quartal des Jahres 1922 mit insgesamt 7,9 Haushaltsrubeln [8] angegeben, so vervierfachte er sich bis zum Ende des Jahres 1925 und betrug zu dieser Zeit 31,16 Haushaltsrubel. Das Ergebnis war eine außerordentliche Steigerung des Konsums. Die Verbrauchsnormen einer Arbeiterfamilie überschritten nun den Vorkriegsstand. Nicht nur der Verbrauch von Lebensmitteln, sondern auch von Industriewaren wuchs merklich. Der stabile Rubel wurde auch zu einem wichtigen Faktor, der das materielle Lebensniveau der werktätigen Landbevölkerung schnell hob und die Bauernschaft am Absatz ihrer Ware gegen Geld ökonomisch interessierte.

3. Die stabile Währung versetzte den Interessen des Bürgertums und der Kulaken einen Schlag, da sie diese der Quellen beraubte, aus denen sie sich durch die fortschreitenden Preiserhöhungen, Kursunterschiede usw. bereichern konnten. Das Bürgertum und die Kulaken, die sich im Laufe einiger Jahre dem Abwertungsprozeß des Rubels angepaßt und schließlich begonnen hatten, aus Währungsspekulationen Vorteile zu ziehen, kämpften mit allen Mitteln gegen die Stabilisierung des Rubels. Sie trieben die Preise auf dem privaten Markt in die Höhe, verschärften die Spekulationen, vertieften die Wechselgeldkrise, mit einem Wort, sie nutzten die Marktkonjunktur auf jede erdenkliche Weise aus, um die Stabilisierung des Rubels zu hintertreiben und dadurch dem Bündnis der Arbeiterklasse mit der werktätigen Bauernschaft Schaden zuzufügen. Aber der proletarische Staat, gestützt auf die Kommandohöhen der Wirtschaft, machte die Pläne der Feinde des Sozialismus zunichte. Der Rubel bezog in der Wirtschaft des Sowjetlandes feste Positionen.

4. Die feste Währung schuf die erforderlichen Voraussetzungen für die Festigung und Entwicklung der wirtschaftlichen Rechnungsführung auf allen Gebieten der staatlichen Wirtschaft und bewirkte damit eine wesentliche Festigung der Ökonomik der staatlichen Betriebe. Die Berechnung der Produktionsselbstkosten gewann durch den stabilen Rubel an Bedeutung und regte zum Kampf für die Senkung der Selbstkosten und für das Sparsamkeitsregime an. Der stabile Rubel festigte das Finanzwesen der Betriebe, sicherte die Stabilität ihrer Umlaufmittel und Einnahmen, trug zur Gesundung des Verrechnungswesens zwischen den Betrieben bei und erleichterte die Entwicklung der Kreditbeziehungen. Das Ergebnis war, daß die Position der staatlichen Betriebe gegenüber der privaten Produzenten wesentlich gestärkt wurde. Von ungeheurer Bedeutung für den Aufschwung der staatlichen Wirtschaft war auch der Umstand, daß die feste Währung die materielle Interessiertheit der Arbeiter und Angestellten an der Erhöhung der Arbeitsproduktivität erheblich steigerte.

5. Die feste Währung sanierte die gesamte Sphäre der Ware-Geld-Zirkulation, engte die Spekulationsmöglichkeiten der kapitalistischen und kulakischen Elemente ein (obgleich sie diese bei weitem nicht beseitigte) und erweiterte die

[8] Der Haushaltsrubel wurde auf Grund von Schätzungen der dem Existenzminimum einer Arbeiterfamilie nach den Vorkriegspreisen zugrunde liegenden Haushaltskosten festgesetzt.

Möglichkeiten des Staates, über das Geld und den Kredit die Zirkulationssphäre zu beeinflussen. Dadurch waren die Möglichkeiten für eine weit umfassendere Beherrschung des Warenmarktes gegeben.

6. Die stabile Währung trug mit dazu bei, daß das staatliche Finanzwesen sich festigte, die Kreditbeziehungen in der Volkswirtschaft sich schnell erweiterten und das Banksystem für kurz- und langfristige Kredite, vor allem aber die Staatsbank der UdSSR, sich entwickelte.

7. Die feste Währung stärkte die Position des Sowjetstaates im Außenhandel. Die Stabilisierung der sowjetischen Ökonomik als Resultat der Wiederherstellung der Volkswirtschaft schuf also alle erforderlichen Voraussetzungen für die Festigung der Ware-Geld-Beziehungen und stützte sich gleichzeitig auf diese.

Zur volkswirtschaftlichen Bedeutung der Geldreform 1922—1924 bemerkte die XIV. Parteikonferenz: „Der Übergang zu einer stabilen Währung und die erfolgreiche Festigung einer stabilen Geldzirkulation schlägt eine neue Seite in dem Buch über den wirtschaftlichen Aufbau der UdSSR auf, da hierdurch eine dauerhafte Basis für den weiteren ökonomischen Fortschritt geschaffen wurde.“[9]

Der Erfolg der Geldreform hing wesentlich von der Festigung und weiteren Entwicklung der gesamten Geldwirtschaft und besonders des staatlichen Finanzwesens, des Kreditwesens und der Finanzen der Volkswirtschaftszweige usw. ab.

Bereits während der Vorbereitung der Geldreform legte die Kommunistische Partei gemeinsam mit der Sowjetregierung die Grundlinien einer Haushalts- und Steuerreform fest, die einen defizitlosen Haushalt schaffen und diesem allmählich die führende Rolle bei der Akkumulation und Umverteilung der in immer größerem Maße für die Wiederherstellung der Volkswirtschaft und für den sozialen und kulturellen Aufbau einzusetzenden Mittel sichern sollten.

Der XI. Parteitag stellte die Aufgabe, das Haushaltsdefizit zu verringern und schließlich zu beseitigen und den Haushalt durch Einschränkung der staatlichen Ausgaben und Erhöhung der Einnahmen zu bilanzieren.

In dem Maße, in dem die Volkswirtschaft wieder aufgebaut wurde, stiegen auch schnell die Einnahmen des Haushalts. Nach Einführung des sowjetischen Steuersystems konnte er sich bereits auf eine Reihe fester Einnahmequellen stützen.

Die industrielle und landwirtschaftliche Produktion wuchs, der Binnen- und Außenhandel erweiterte sich, die Einnahmen der Betriebe des staatlichen sozialistischen Sektors sowie der Bauernwirtschaften stiegen rasch. So konnten dem Staatshaushalt durch die Steuerkanäle immer größere Mittel zugeführt werden. Die gesamten Steuereingänge erhöhten sich von 917,1 Mill. Rbl. im Jahre 1923/24 auf 1513,9 Mill. Rbl. im Jahre 1924/25 und 2079,4 Mill. Rbl. im Jahre 1925/26.[10]

Gleichzeitig wurde bei der Verausgabung der Mittel ein strenges Sparsamkeitsregime angewandt. Mit der Einführung der wirtschaftlichen Rechnungsführung wurde das System der Dotationen beseitigt. Die Verwaltungsausgaben wurden eingeschränkt, die Dienstleistungen gebührenpflichtig gemacht usw.

[9] Die KPdSU in Resolutionen . . ., Teil II, S. 25.

[10] Das Finanzwesen der UdSSR in 30 Jahren (russ.). Gosfinisdat 1947, S. 258.

Das Ergebnis all dieser Maßnahmen war ein stabiler, defizitloser Haushalt, der bereits zur damaligen Zeit bei der Finanzierung der sozialistischen Wirtschaft eine sehr große Rolle zu spielen begann.

Zu den Haushaltseinnahmen des Jahres 1923/24 gehörte noch eine verhältnismäßig geringe Emissionseinnahme von 126 Mill. Rbl., die aber bereits im nächsten Jahr wegfiel. Trotz des schnell wachsenden Anteils des Sowjethaushalts an der Finanzierung der Volkswirtschaft entstand kein Defizit. Die Ausgaben für die Volkswirtschaft erhöhten sich von 557,4 Mill. Rbl. im Jahre 1923/24, auf 916,4 Mill. Rbl. im Jahre 1924/25 und 1198,8 Mill. Rbl. im Jahre 1925/26 (ohne die Ausgaben für das Eisenbahntransport- und das Post- und Fernmeldewesen). Für den Wiederaufbau der Großindustrie wurden in den Jahren 1923/24 bis 1925/26 aus dem Haushalt mehr als 630 Mill. Rbl., für die Bedürfnisse der Landwirtschaft im gleichen Zeitraum mehr als 600 Mill. Rbl. angewiesen.

Der defizitlose, schnell wachsende Staatshaushalt war ein Spiegelbild der auf Grund der allgemeinen Erfolge der Wiederherstellungsperiode sich entwickelnden Geldwirtschaft. Er bildete eine der wichtigsten Voraussetzungen für die Stabilität der sowjetischen Geldzirkulation und die Entwicklung seiner neuen Formen.

Eine besonders große Bedeutung bei der Erweiterung der Geldwirtschaft und der Festigung der Geldzirkulation hatten das sowjetische Kreditsystem und die schnelle Entwicklung der Kreditbeziehungen in der Volkswirtschaft. Die Ursache hierfür war vor allem die Notwendigkeit, den Binnen- und Außenhandel zu erweitern. In der Resolution des XI. Parteitages wird hervorgehoben: „Die Entwicklung des Warenumsatzes zwischen Stadt und Land sowie die Warenzirkulation innerhalb der städtischen und ländlichen Märkte und in noch größerem Maße der Warenaustausch mit den Auslandsmärkten kann nicht erfolgreich und schnell vor sich gehen ohne die machtvolle Einwirkung des Kredits, dessen Regulierung in den Händen der Staatsbank liegen muß.“ [11]

Auf Vorschlag W. I. Lenins wurde die Staatsbank gegründet. Sie nahm ihre Geschäfte im November 1921 auf und trug zur Entwicklung der Industrie, der Landwirtschaft und des Warenumsatzes und zu einer geordneten Geldzirkulation bei.

In den folgenden Jahren wurden dann weitere Kreditinstitute errichtet. 1922 wurden die Industriebank, die Konsumgenossenschaftsbank und die Kommunalbanken gegründet, 1924 wurde die Landwirtschaftliche Zentralbank geschaffen. Die Kreditgeschäfte nahmen außerordentlich schnell zu. Die Gesamtbilanz des Kreditsystems (ohne die internen Verrechnungen zwischen den Banken) stieg von 838,1 Mill. Rbl. per 1. Oktober 1923 auf 1779,7 Mill. Rbl. für den gleichen Termin des Jahres 1924 und auf 3482 Mill. Rbl. per 1. Oktober 1925. Die Darlehnsgeschäfte erhöhten sich entsprechend von 541,1 Mill. Rbl. auf 1171,7 Mill. Rbl. und 2502,6 Mill. Rbl.

Bei den Aktivgeschäften des Kreditsystems spielte der sozialistische Sektor und in erster Linie die staatliche Wirtschaft von Anfang an die entscheidende Rolle. Am 1. Oktober 1923 entfielen von der Gesamtsumme der Kreditausreichungen auf

[11] Die KPdSU in Resolutionen . . ., Teil I, S. 617.

die staatlichen Betriebe 61 %, auf die genossenschaftlichen Betriebe 27,5 % und auf den privatkapitalistischen Sektor 11,5 %. Dieser Anteil des privatkapitalistischen Sektors sank im Jahre 1924 auf 2 %.

Die Bedeutung des sowjetischen Kredits im Kampf der sozialistischen Elemente der Wirtschaft gegen die kapitalistischen wuchs also unentwegt. Der wichtigste Kredithebel zur Förderung des sozialistischen Sektors war der kurzfristige Kredit. Am 1. Oktober 1925 entfielen von der gesamten Darlehnssumme von 2,5 Mrd. Rbl. 2,1 Mrd. Rbl. auf kurzfristige Darlehen. Die Grundlage des Kreditwesens war während dieser ganzen Periode der kommerzielle Kredit; die Wechselkredite machten 1925 44 % des Gesamtumfanges der Diskont- und Darlehnsgeschäfte aus.

Auch die Rolle, die der Kredit bei der Entwicklung der bäuerlichen Wirtschaft und bei der Vorbereitung ihrer Überleitung auf genossenschaftliche Bahnen in zunehmendem Maße spielte, muß erwähnt werden. Im Herbst 1925 bestanden auf dem Lande mehr als 10 000 Kreditgenossenschaften mit 3,7 Millionen Mitgliedern.[12]

Kredite an die Landwirtschaft wurden auch von der Landwirtschaftsbank ausgereicht. Am 1. Oktober 1925 betrug die Gesamtsumme dieser Kredite 237,7 Mill. Rbl.[13]

Die Herausbildung des sowjetischen Kredits und der Sowjetfinanzen bedeutete, da sie sozialistische Verteilungsbeziehungen zum Ausdruck bringen, das Entstehen grundsätzlich neuer Formen der Geldzirkulation.

Große Bedeutung bei der Schaffung neuer Formen der Geldzirkulation hatte auch die weitgehende Einführung der wirtschaftlichen Rechnungsführung. Die Stabilisierung der sowjetischen Wirtschaft und der Übergang zur festen Währung schufen die notwendigen Voraussetzungen dafür, daß die wirtschaftliche Rechnungsführung sich ausbilden und festen Fuß fassen konnte. Während der von uns untersuchten ersten Periode der NÖP trug die wirtschaftliche Rechnungsführung noch die Züge der sogenannten kommerziellen Rechnungsführung. In der Resolution des XII. Parteitages wurde darauf hingewiesen, daß der Staat, der die zentralisierte planmäßige Leitung der Betriebe beibehält, „verpflichtet ist, den einzelnen Betrieben die erforderliche Freiheit der wirtschaftlichen Tätigkeit auf dem Markt einzuräumen, ohne den Versuch zu machen, diese durch administrative Entscheidungen zu ersetzen“ [14]. In der Resolution wurde betont, daß die Industrie in Form von Vereinigungen mit „wirtschaftlicher Autonomie“ organisiert wird, die „auf dem Markt frei als Tauschwirtschaften auftreten“.

Die Betriebe der staatlichen Großindustrie wurden zu Trusts mit großer geschäftlicher und wirtschaftlicher Selbständigkeit vereinigt.

Die Grundlage für die Produktion waren die gesamtstaatlichen Pläne. Jeder Trust erhielt seine Auflagen vom Obersten Volkswirtschaftsrat und war diesem gegenüber abrechnungspflichtig. Der Absatz der Erzeugnisse und die gesamte

[12] W. P. Djatschenko, Das sowjetische Finanzwesen in der ersten Entwicklungsphase des sozialistischen Staates (russ.). Gosfinisdat 1947, S. 389.

[13] Ebenda, S. 407.

[14] Die KPdSU in Resolutionen ..., Teil I, S. 691.

materiell-technische Versorgung erfolgte in der ersten Zeit ohne feste Verteilungs- und Versorgungspläne. Der Umfang der von den Trusts zu liefernden Produkte und der Umfang der von ihnen benötigten Rohstoffe, Materialien und Brennstoffe, die Preise der abzusetzenden Produkte und der Rohstoffe usw. wurden von Fall zu Fall durch Verträge der Trusts mit ihren Kontrahenten festgesetzt und in der ersten Zeit nicht geplant, sondern nur gelenkt, und auch das nicht systematisch. Die Preisfestsetzung oder -regulierung durch Regierungsorgane erfolgte lediglich bei einzelnen Produktenarten.

Selbst Industriezweige wie das Eisenhüttenwesen und die Brennstoffgewinnung, die von vorrangiger gesamtstaatlicher Bedeutung waren, mußten auf Grund eines Dekrets des Rates der Volkskommissare vom 21. März 1922 auf kommerzielle Weise abrechnen. Für die Brennstoffindustrie wurde beispielsweise angeordnet, daß der Brennstoff für den verschiedenartigen staatlichen Bedarf in den im Gosplan festgesetzten Mengen zu bestimmten Terminen und zu festen Preisen zu liefern sei. Die größenmäßig überwiegende Restmenge wurde jedoch, wie aus einem Bericht des Obersten Volkswirtschaftsrates hervorgeht, auf Grund freiwilliger Abkommen und zu vertraglich festgesetzten Preisen verkauft. Die Hauptverwaltung Brennstoffe regulierte lediglich die Preise, zu denen die Trusts die Brennstoffe abzusetzen hatten.

Im Dekret über die staatlichen Industrietrusts wurde hervorgehoben, daß die Trusts auf der Grundlage der kommerziellen Rechnungsführung arbeiten und rentabel sein müßten.[15]

Die kommerziellen Züge der wirtschaftlichen Rechnungsführung rührten lediglich daher, daß es im Anfangsstadium der NÖP notwendig war, so schnell wie möglich von den Methoden des Kriegskommunismus zur weitgehenden Ausnutzung der Ware-Geld-Beziehungen überzugehen. Bereits kurze Zeit, nachdem dieser Übergang vollzogen war, gerieten diese kommerziellen Züge, wie wir später sehen werden, in Widerspruch zu den Erfordernissen der sich entwickelnden sozialistischen Wirtschaftsform und wurden beseitigt.[16]

Bereits im Anfangsstadium der NÖP machten es die objektiven Verhältnisse notwendig, die Bewegung der hauptsächlichen Produktionsmittel, die als Waren produziert wurden und deren Wirtschaftskreislauf sich in der Form der Warenzirkulation vollzog, planmäßig zu gestalten. Diese Planmäßigkeit war notwendig, weil diese Warenmengen im staatlichen Produktionssektor erzeugt und verbraucht wurden. Beim Hinüberwechseln der Produktionsmittel von dem einen staatlichen

15 Vgl. das Dekret über die staatlichen Industriebetriebe ... (Trusts) vom 10. 4. 1923, Art. 326 (russ.).

16 Die kommerzielle Rechnungsführung führte dazu, daß, wie im Rechenschaftsbericht des Obersten Volkswirtschaftsrates bemerkt wird, „in der ersten Zeit einzelne Vereinigungen selbständig auf dem Markt auftraten und miteinander konkurrierten, die Preise drückten und durch unvereinbarte Handlungen nicht den Gewinn erzielten, den sie in Wirklichkeit bei koordiniertem Handel hätten erreichen können". Vgl. Fünf Jahre Sowjetmacht, Oberstes Zentrales Informationskomitee (russ.). Moskau 1922, S. 323.

Betrieb zum anderen blieb der Staat der Eigentümer. Folglich war bereits vom Beginn der NÖP an der überwiegende Teil der Marktbeziehungen mit einer Warenproduktion besonderer Art verbunden.

Die Einführung der wirtschaftlichen Rechnungsführung in den Betrieben und die Ausnutzung der Ware-Geld-Formen in ihren Beziehungen bedeutete ebenfalls die Entwicklung eines neuen Inhalts dieser Formen.

Die Zunahme des Produktionsmittelumsatzes, die Einführung der wirtschaftlichen Rechnungsführung in der staatlichen Industrie und die Ausdehnung der zwischen den Betrieben bestehenden Ware-Geld-Beziehungen, das Wachstum des staatlichen und genossenschaftlichen Groß- und Einzelhandels, die beginnende Vergenossenschaftlichung der Bauernwirtschaften auf dem Gebiete der Versorgung und des Absatzes — all das kennzeichnete die Entwicklung des organisierten Marktes. Aber neben ihm entwickelte sich in dieser Zeit auch der nichtorganisierte Markt. Der heftige Kampf zwischen den sozialistischen und kapitalistischen Elementen in der Volkswirtschaft insgesamt ging auch an der Marktsphäre nicht vorüber.

Der organisierte Markt wurde zu einem machtvollen Instrument, mit dessen Hilfe der Staat den nichtorganisierten Markt seinem Einfluß unterwarf. Dieses Instrument bei der Lösung der Frage „Wer — wen?" klug anzuwenden, war in der Zirkulationssphäre eine der wichtigsten Aufgaben der ökonomischen Politik.

Vom Beginn der NÖP an spielten sowohl auf dem Produktionsmittelmarkt als auch im gesamten Großhandel der Industrieproduktion die staatlichen Betriebe die entscheidende Rolle. Der Markt war in der Hauptsache ein organisierter Markt. Im Jahre 1924/25 entfielen vom Gesamtvolumen der von der Großindustrie verkauften Waren im Werte von 5,9 Mrd. Rbl. auf die Privatindustrie lediglich 0,27 Mrd. Rbl. oder 4,6%. Im Großhandels-Vermittlungsgeschäft, das im selben Wirtschaftsjahr 1924/25 6,7 Mrd. Rbl. ausmachte, entfielen auf den nicht vergesellschafteten Sektor lediglich 0,6 Mrd. Rbl. oder weniger als 10%.[17]

Anders lagen die Dinge im Einzelhandel. Noch im Jahre 1923/24 war hier der Umsatz beim privaten Handel erheblich höher als beim staatlichen und genossenschaftlichen Handel. Vom gesamten Einzelhandelsumsatz von 5,4 Mrd. Rbl. enfielen auf den sozialistischen Sektor (staatlicher und genossenschaftlicher Handel) 2,3 Mrd. Rbl. oder 42,3 %. Aber bereits im nächsten Jahr (1924/25) sank der Anteil des privaten Handels von 57,7 auf 42,5 %, obgleich der privatkapitalistische Einzelhandel insgesamt auch weiterhin, wenn auch in verlangsamtem Tempo, zunahm (von 3,1 auf 3,3 Mrd. Rbl.).[18]

Den staatlichen Industrie- und Handelsbetrieben hafteten in der ersten Zeit sowohl in ökonomischer als auch in organisatorischer Hinsicht große Schwächen an. Die wieder erstarkten privatkapitalistischen Elemente aber besaßen die für den Handel nötigen Erfahrungen und nutzten die Spontaneität des kleinen Waren-

[17] Die Kontrollziffern der Volkswirtschaft der UdSSR für 1927/28 (russ.). Moskau 1928, S. 485.

[18] Der sozialistische Aufbau der UdSSR (russ.). A. a. O., S. 607.

marktes. Es blieb den Bolschewiki nichts anderes übrig, als ebenfalls „Handel treiben zu lernen", zu lernen, die kapitalistischen Elemente mit der Waffe der Marktkonkurrenz, durch bessere kommerzielle Organisation des Geschäfts, zu schlagen. Denn diese kapitalistischen Elemente drangen in der ersten Zeit der NÖP tief in alle Zirkulationsgebiete ein und stellten hier eine ernst zu nehmende wirtschaftliche Macht dar. Die organisatorischen und ökonomischen Schwächen des sozialistischen Handelsapparates ausnutzend, übernahmen sie sogar vielfach die Vermittlerrolle zwischen den staatlichen und den genossenschaftlichen Betrieben.

Die in den staatlichen Handelsapparat eingedrungenen NÖP-Leute störten mit allen möglichen Mitteln die sowjetische Preispolitik und nutzten ihre Stellung in der Zirkulationssphäre aus, um die Preise hochzutreiben und gewaltige Profite zu machen. Dies wurde auch durch die krämerhafte NÖP-Einstellung der Trotzkisten begünstigt, die die Marktkonjunktur zur Aufblähung der Gewinne ausnutzen wollten.

Alle diese Umstände waren der Grund dafür, daß auf der Basis einer gewissen Disproportionalität innerhalb der Volkswirtschaft, die durch das ungleiche Wiederaufbautempo in der Industrie und in der Landwirtschaft hervorgerufen wurde, gegen Ende 1923, Anfang 1924, eine „Absatzkrise" ausbrach. In der Resolution der XIII. Konferenz der RKP(B) wurde dazu vermerkt: „Infolge des Mißverhältnisses zwischen dem Wiederaufbautempo der Bauernwirtschaften einerseits und der staatlichen Industrie andererseits, bei Existenz einer freien Warenzirkulation, entstanden die Krisenerscheinungen der letzten Zeit. Diese sind gekennzeichnet durch eine Divergenz zwischen den unverhältnismäßig hohen Preisen für Industrieerzeugnisse und den niedrigen Preisen für landwirtschaftliche Produkte. Die auf dem städtischen Markt großgewordene Industrie, die imstande war, höhere Preise zu zahlen, hat es zum Zeitpunkt des Verkaufs der Ernte nicht vermocht, ihre Waren an die weniger zahlungskräftigen Massenverbraucher, die Bauernschaft, abzusetzen. Andererseits fand die Bauernschaft keinen ausreichend breiten Binnen- und Außenhandelsmarkt für einen vorteilhaften Verkauf des Getreides; hieraus resultiert auch der niedrige Preis desselben." [19]

Die „Absatzkrise" bewies, daß die zwingende Notwendigkeit herangereift war, den staatlichen Markt planmäßig zu organisieren und ein System von Maßnahmen zur ökonomischen Einwirkung des organisierten Marktes auf den nichtorganisierten einzuführen.[20] Nur auf diese Weise war eine völlige Beherrschung des Marktes zu erreichen, nur so konnte der Zusammenschluß zwischen Stadt und Land über den Handel weitgehend als Instrument zur Festigung des Bündnisses der Arbeiter und Bauern ausgenutzt, die Vorherrschaft und später auch der Sieg des staatlichen und

19 Die KPdSU in Resolutionen ..., Teil I, S. 787.

20 Siehe zu dieser Frage die Entschließung der XIII. Konferenz der RKP(B) „Über die nächsten Aufgaben der ökonomischen Politik", in der hierzu folgendes bemerkt wird: „Die Partei muß in noch weit höherem Maße als bisher lernen, die Elemente der staatlichen Wirtschaft in ihren Wechselwirkungen sowohl untereinander als auch mit dem Markt abzustimmen". Ebenda, S. 797.

genossenschaftlichen Marktes über den nichtorganisierten Markt gesichert und der Schaden, den die NÖP-Leute der Sowjetwirtschaft mit ihren Spekulationen zuzufügen beabsichtigten, rechtzeitig abgewendet werden.

Der Sowjetstaat nutzte die durch die erstarkende und wachsende Industrie und das stabilisierte Finanzwesen und Geldsystem sich bietenden Möglichkeiten und traf, ausgehend von der Notwendigkeit, eine planmäßige proportionale Entwicklung der Volkswirtschaft zu sichern, Maßnahmen zur verstärkten Lenkung des organisierten Marktes und zur ökonomischen Einwirkung auf den nichtorganisierten Markt.

Als zentrales ökonomisches Problem für die Beherrschung des Marktes erwies sich die Frage der Preise. Diese Frage war nach der „Absatzkrise" und auf Grund der Notwendigkeit, diese zu überwinden, zu einer Frage der Festigung des Bündnisses der Arbeiterklasse mit der Bauernschaft geworden, d. h., neben die ökonomische Seite dieses Problems war auch die politische in die erste Reihe gerückt; das Problem war nur durch eine Senkung der Preise zu lösen. „Die von der Partei durchgeführte Politik der Preissenkung und die Eroberung des Marktes der Millionen von Bauern durch die staatliche Industrie hat sich voll bewährt", heißt es in der Resolution der XIII. Parteikonferenz. „Grundlage dieser Politik muß eine aufmerksame und möglichst genaue Erforschung des Marktbedarfs und seine planmäßig vorbereitete Befriedigung sein." [21]

Die Preissenkungspolitik war der Ausdruck der durch das Wachstum der sozialistischen Industrie und die Festigung des staatlichen und genossenschaftlichen Handels schnell sich ausweitenden Möglichkeiten zur planmäßigen Ausnutzung der vom Wertgesetz ausgehenden Wirkungen.

Die staatliche Preispolitik mußte unter erbitterten Kämpfen zwischen den sozialistischen und kapitalistischen Elementen durchgeführt werden. Bei ihrer Verwirklichung prallten die grundlegenden Klasseninteressen aufeinander. Die Partei setzte angemessene Preise für industrielle und landwirtschaftliche Waren durch, die Spekulationspreise für landwirtschaftliche Produkte wurden beseitigt, das Steuerwesen wurde normalisiert, die Hauptsteuerlast den Kulaken auferlegt usw. Gerade die in erbitterten Kämpfen der Arbeiterklasse mit dem Kulakentum erreichte Beseitigung der Spekulationspreise auf dem Markt war eine der Methoden, die Ausbeutungsmöglichkeiten der Kulaken einzudämmen.

Der Staat bemächtigte sich des Marktes sowohl durch direkte Lenkung der Tätigkeit der staatlichen und genossenschaftlichen Betriebe und eine dementsprechende direkte Preisplanung als auch durch indirekte wirtschaftliche Regulierung des nichtorganisierten Marktes.

Beim Übergang zur NÖP war eine direkte Planung nicht nur der Einzelhandelspreise, sondern auch der Absatzpreise der staatlichen Industrie verhältnismäßig wenig angewandt worden. Aber die Lage änderte sich bald wesentlich.

Anfang 1924 erfolgte eine wichtige Maßnahme der Sowjetregierung auf dem Gebiete der Preisbildung. Das Recht, die Preise für alle auf dem Binnenmarkt der

[21] Die KPdSU in Resolutionen . . ., Teil I, S. 841.

UdSSR zirkulierenden Waren in allen Zirkulationsstadien zu regulieren, Höchstpreise für den Groß-, Zwischen- und Einzelhandel festzusetzen und Verzeichnisse von Waren anzulegen, deren Einkaufs- und Verkaufspreise nicht überschritten werden durften, wurde der Kommission für den Binnenhandel beim Rat für Arbeit und Verteidigung übertragen.[22] Später gingen diese Funktionen auf das neugeschaffene Volkskommissariat für Binnenhandel über.

Mit der Beendigung der Geldreform 1922—1924 wurde die Planung der Industrie-Abgabepreise ebenso wie die Planung der staatlichen und genossenschaftlichen Einzelhandelspreise stark ausgedehnt. Mit dem ständigen Wachstum des vergesellschafteten Handels wuchs in den Jahren 1924 und 1925 auch der Kreis der zu planenden Preise und umfaßte immer mehr Massenbedarfsgüter (Textilwaren, Lebensmittel usw.). Für einige Waren (Zucker, Salz, Petroleum) galten einheitliche feste Preise.

Diese immer mehr zunehmende direkte Preisplanung war ein gesetzmäßiger Vorgang, der sich objektiv aus dem Wesen der ökonomischen Beziehungen im Rahmen des sozialistischen Sektors ergab.

Große Bedeutung für die Beherrschung des Marktes gewann neben der Preisplanung auch die Planung der Streuung der Warenfonds. Als erstes wurde im Mai 1924 ein gesamtstaatlicher Plan für die Zuckerbereitstellung aufgestellt, der dazu beitrug, Stockungen auf dem Zuckermarkt zu überwinden. Bald wurden weitere Bereitstellungspläne aufgestellt, und zwar für Textil-, Leder- und Metallwaren.[23]

Eine nicht geringe Rolle bei der Beherrschung des Marktes spielten auch die hinsichtlich der Erfassung getroffenen Maßnahmen. Das weitverzweigte Netz kleiner Erfasser wurde beseitigt; an ihre Stelle wurden große Erfassungsorganisationen gesetzt. Das Betätigungsfeld der privatkapitalistischen Erfassungsagenturen für landwirtschaftliche Produkte wurde eingeengt und durch ein Netz unterer staatlicher und genossenschaftlicher Erfassungsorgane abgelöst. Hierzu trug besonders das schnelle Wachstum des genossenschaftlichen Zusammenschlusses in der Landwirtschaft in Gestalt von Absatz- und Liefergenossenschaften bei. Im Jahre 1925 waren 28 % aller Bauernwirtschaften in Genossenschaften zusammengeschlossen. In manchen Kreisen erfaßten die genossenschaftlichen Zusammenschlüsse schon im Jahre 1926 40 bis 80 % aller Wirtschaften.

Zu einem wichtigen Mittel für die Organisation des Erfassungsmarktes wurden die Vertragspreise. Das waren Preise, die zwischen allen Erfassungsorganisationen eines bestimmten Kreises im Rahmen der allgemeinen Direktiven des Volkskommissariats für Handel nach Vereinbarung festgesetzt wurden.

Indessen umfaßten die Maßnahmen für die planmäßige Organisation des Marktes und die direkte Preisplanung lediglich den staatlichen und den genossenschaftlichen Sektor der Wirtschaft. Ein erheblicher Teil der Zirkulationssphäre, der nichtorganisierte Markt, blieb außerhalb des direkten staatlichen Einflusses. Die Be-

22 Verordnung des Rates für Arbeit und Verteidigung vom 22. Februar 1924, in: Verordnungsblatt 1924, Nr. 35, Art. 332 (russ.).

23 A. Nikolin, Der Binnenhandel (russ.). GIS 1928, S. 178.

herrschung der nichtorganisierten Warenbeziehungen wurde durch die ökonomische Einwirkung des organisierten Marktes im Verein mit einer ganzen Reihe anderer den privaten Handel beeinflussender Maßnahmen erreicht (Verkauf von Waren durch staatliche Organisationen an Privathändler zu besonderen Verkaufsbedingungen, Regulierung der Kreditbedingungen, Besteuerung u. a.).

Das System der indirekten Marktbeeinflussung war außerordentlich wirksam und besonders für die Stabilität des Rubels während der Endphase der Geldreform von größter Bedeutung. Das drückte sich im Sinken der Preise aus. Die vom Sowjetstaat verfolgte Preissenkungspolitik für Waren, die in großen Mengen von staatlichen und genossenschaftlichen Organisationen auf den Markt geworfen wurden, hatte auch eine Senkung der Preise auf dem privaten Markt zur Folge. So verminderten sich durch die Senkung der staatlichen Großhandels- und Einzelhandelspreise die Preise auf dem privaten Markt vom Oktober 1923 bis zum September 1924 für den Großhandel um 25 bis 40 % und für den Einzelhandel um 22 bis 28 %.

Im ersten Stadium der NÖP fand also unter komplizierten Umständen ein Kampf zwischen den beiden Märkten statt, dem organisierten und dem nichtorganisierten, der nicht immer von direktem Erfolg für den organisierten Markt gekrönt war. Es gelang den damals noch starken spontanen Elementen häufig, die Plannormen zu brechen. Das war besonders auf dem Getreidemarkt zu beobachten. Die Erfassungskampagne im Herbst und Winter 1924/25 fand nach einer Mißernte (des Jahres 1924) statt. Der Getreideexport und die Getreidezufuhr in die von der Mißernte betroffenen Kreise erschöpften die staatlichen Vorräte, die Getreideerfassung wurde erschwert. Diese Situation nutzte das Privatkapital und kaufte Getreide zu Preisen auf, die höher lagen als diejenigen, die die staatlichen und genossenschaftlichen Erfasser zahlten. In den Notstandsgebieten stiegen die Marktpreise für Getreide um 30 bis 40 %. Es blieb nichts anderes übrig, als die Höchstpreise aufzuheben und die Erfassungspreise zu erhöhen.[24]

Die Partei, die in ihrer Politik den Charakter und die Gesetzmäßigkeiten der Marktbeziehungen dieser Periode berücksichtigte, war bestrebt, sich immer mehr des Marktes zu bemächtigen.

Der Grad, in dem der Staat in dieser Etappe der Neuen Ökonomischen Politik den Markt beherrschte, entsprach den sozialökonomischen Bedingungen der UdSSR zu jener Zeit, in der der sozialistische Sektor die entscheidende Stellung in der Wirtschaft einnahm, die kleinen Warenproduzenten einen bedeutenden Einfluß ausübten und das Privatkapital im Handel noch eine gewisse Rolle spielte.

Die Industrieproduktion, das Eisenbahntransportwesen, der Grund und Boden, das Finanz-, Kredit- und Geldwesen, der überwiegende Teil des Handelsapparates usw. waren ihrem sozialökonomischen Charakter nach sozialistisch und befanden sich in d Händen des Sowjetstaates. Die völlige Beherrschung der Kommandohöhen de Wirtschaft, der Kampf des Sozialismus gegen den Kapitalismus nach dem Prinzip „Wer — Wen?“ und das Übergewicht der sozialistischen Kräfte in diesem Kampf bedingten eine qualitative Veränderung der Warenproduktion.

[24] „Die Planwirtschaft“ (russ.), Nr. 7, 1929, S. 257.

Die entscheidende Sphäre der Warenproduktion in dieser Periode — die staatliche Produktion der Produktionsmittel und Konsumtionsgüter — war bereits damals eine Warenproduktion besonderer Art. Hinzu kam, daß sich die bäuerliche Produktion sowie die Produktion in anderen Sektoren unter dem bestimmenden Einfluß der sozialistischen Wirtschaftsform befanden.

Das war indessen lediglich die erste Etappe in der Entwicklung des neuen Inhalts der Warenproduktion, die erste Etappe der Einschränkung und Verdrängung der Sphäre des spontanen Wirkens des Wertgesetzes und der Herausbildung einer neuen Wirkungssphäre dieses Gesetzes — einer Sphäre, in der seine Wirkungsweise planmäßig genutzt wird; es war die erste Etappe der Entwicklung eines neuen sozialistischen Inhalts der Kategorien Ware und Geld.

Auf der Grundlage des sozialistischen Charakters der Industrieproduktion entstand und festigte sich der organisierte Markt, der damals den Großhandelsabsatz der Industriewaren fast vollständig umfaßte. Er eroberte sich auch im Einzelhandelsabsatz der Massenbedarfsgüter eine Position nach der anderen und stand unter der direkten planmäßigen Leitung des Staates. Zur gleichen Zeit traten aber auf dem nichtorganisierten Markt Millionen von Bauern, von kleinen Warenproduzenten auf, und der Einfluß der privatkapitalistischen Elemente war hier noch ziemlich groß. Durch die Hände der Privatkapitalisten, deren Handel der Staat nur indirekt ökonomisch beeinflußte, ging ein großer Teil der landwirtschaftlichen Produkte und ein gewisser Teil der Massenbedarfsgüter.

So ist die NÖP von Anfang an durch besondere Marktbeziehungen gekennzeichnet. Es gab zwei Märkte, den organisierten und den nichtorganisierten, wobei sich die führende Rolle des organisierten Marktes schnell herausschälte. Die Marktspontaneität war noch stark, und die Mittel des Staates zur ökonomischen Beeinflussung derselben waren noch verhältnismäßig begrenzt.

Dieses Kräfteverhältnis in der Zirkulationssphäre, das auch das Kräfteverhältnis zwischen dem sozialistischen und den übrigen Produktionssektoren ausdrückte, hat auch die Methoden bestimmt, deren sich der sozialistische Staat bediente, um sich des Marktes zu bemächtigen. Diese Methoden waren zwiespältig. Sie mußten einerseits die Bedingungen der auf sozialistischer Grundlage erfolgenden Warenproduktion besonderer Art und des organisierten Marktes, andererseits jedoch die Bedingungen der kleinen Warenproduzenten und der kapitalistischen Produktion sowie des nichtorganisierten Marktes berücksichtigen.

Die entscheidende Besonderheit der erwähnten Methoden bestand darin, die vorwiegend direkte, planmäßige Lenkung der Ware-Geld-Beziehungen innerhalb des sozialistischen Sektors mit der indirekten Einflußnahme sowohl auf die Ware-Geld-Beziehungen innerhalb der kleinen Warenproduktion und des kapitalistischen Sektors als auch auf die umfangreichen Beziehungen zwischen den Sektoren zu vereinigen. Mit diesen Methoden, die aus dem notwendigen Kampf der sozialistischen Elemente mit den kapitalistischen entsprangen, regulierte der Staat den nichtorganisierten Markt, trug so zur Einengung und Verdrängung der kapitalistischen Elemente bei und lenkte das Wirken des Wertgesetzes in dieser Sphäre in die notwendige Richtung.

Bei der Beherrschung der Ware-Geld-Beziehungen spielten die Methoden zur Ausnutzung des Geldes und zur Planung und Regulierung der Geldzirkulation eine große Rolle. Das Wesen dieser Methoden, ihre Wirksamkeit und ihre Übereinstimmung mit den Aufgaben des sozialistischen Aufbaus wurden vor allem durch die neuen Formen der Geldbeziehungen bestimmt, die zugleich mit den Produktionsverhältnissen der Übergangsperiode entstanden und sich entwickelten.

Gleichermaßen wie mit dem Entstehen des sozialistischen Sektors sich das Wesen der Warenbeziehungen grundlegend änderte (Entwicklung der Warenproduktion besonderer Art, Beschränkung der privaten Warenproduktion, Einwirkung des organisierten Marktes auf den nichtorganisierten usw.), änderte sich auch grundlegend der Charakter der Geldzirkulation.

Die Geldzirkulation, die im Kapitalismus dem spontanen Waren- und Zahlungsverkehr zwischen den privatkapitalistischen Betrieben, den kleinen Warenwirtschaften und anderen privaten Wirtschaften gedient hatte, machte einer Geldzirkulation Platz, die den Wirtschaftsverkehr zwischen den fünf Wirtschaftsformen und innerhalb derselben vermittelte, von denen die sozialistische Wirtschaftsform die beherrschende Stellung einnahm und einen bestimmenden Einfluß auf die kleine Warenproduktion ausübte. Das war es auch, was die Veränderung der Natur der Geldzirkulation bewirkte.

Mit der Herausbildung und Entwicklung der Warenproduktion und des Wirtschaftsverkehrs zwischen den Betrieben des staatlichen sozialistischen Sektors entstand eine zu ihrer Vermittlung notwendige völlig neue Sphäre des Geldumlaufs, die sich immer mehr festigte. Gleichzeitig bildete sich im Rahmen des sozialistischen Finanz- und Kreditwesens eine Sphäre der Geldbeziehungen zur Verteilung und Umverteilung der Mittel der staatlichen Wirtschaft und des von dieser geschaffenen Teil des Nationaleinkommens, wodurch ebenfalls eine vollkommen neue Sphäre der Geldzirkulation geschaffen wurde. Diese beiden Sphären der Geldzirkulation waren von Anfang an im wesentlichen planmäßiger Art.

Es entstanden ferner ihrem Inhalt nach neue Warenbeziehungen zwischen der sozialistischen Wirtschaftsform und der kleinen bäuerlichen Warenwirtschaft und anderen Wirtschaftsformen, und auf dieser Grundlage entstand und erstarkte die entsprechende Sphäre der Geldzirkulation. Da diese Warenbeziehungen und die ihnen entsprechende Geldzirkulation die ökonomischen Verbindungen zwischen dem sozialistischen und dem nichtsozialistischen Wirtschaftssektor der Übergangsperiode umfaßten, hatten sie ein zwiespältiges Wesen. Ihre Entwicklung wurde vorwiegend durch indirekte ökonomische Regulierungsmaßnahmen gelenkt.

Schließlich entstanden und entwickelten sich ihrem Charakter nach neue Beziehungen zwischen der staatlichen Wirtschaft und den Arbeitern und Angestellten und eine diesen Beziehungen gemäße neue Geldzirkulation.

Gleichzeitig änderte sich grundlegend das Wesen des Geldumlaufs, der sich auf die Umverteilung des Nationaleinkommens über den Staatshaushalt, die Umverteilung der Mittel durch den Kredit sowie auf alle anderen Sektoren neben dem staatlichen erstreckte. Der Staatshaushalt und die Banken waren bereits während der ganzen Übergangsperiode sozialistische Einrichtungen. Daher war die in dieser

Sphäre sich vollziehende Geldzirkulation von Anbeginn an ihrem Inhalt nach eine neue Sphäre, in der die Geldzirkulation im wesentlichen planmäßig gestaltet wurde.

Das nach der Geldreform 1922—1924 geschaffene Geldsystem entsprach diesem neuen Inhalt des Geldumlaufs, der sich auf der Grundlage der sozialen Vielschichtigkeit der Wirtschaft während dieser Periode herausgebildet und entwickelt hatte.

Der neuen Natur des Geldumlaufs, seinen neuen sozialökonomischen Formen entsprach auch die planmäßige Lenkung der Geldzirkulation durch den sozialistischen Staat. Da der sozialistische Sektor die führende Rolle in der Übergangsperiode spielt, wird die Entwicklung der Wirtschaft im wesentlichen von den Gesetzen des Sozialismus bestimmt. Hieraus ergibt sich die Möglichkeit und Notwendigkeit, die Entwicklung der Geldzirkulation in den entscheidenden Sphären planmäßig festzulegen — wohlgemerkt in den entscheidenden, nicht in allen Sphären, da infolge der Vielfalt der Wirtschaftsformen auch Sphären der Geldzirkulation erhalten bleiben (zum Beispiel der nichtorganisierte Markt), in denen die spontanen Elemente noch von großer Bedeutung sind und sich nur indirekt ökonomisch beeinflussen lassen.

Die sich entwickelnde Planmäßigkeit der Formen, in denen sich die Lenkung der Geldzirkulation vollzog, trat sowohl im Verlauf der Geldreform (1922—1924) als auch im Verlauf des Kampfes um die Festigung ihrer Ergebnisse deutlich zutage.

Nach der Reform wurde die Kaufkraft der sowjetischen Geldeinheit in erheblichem Maße durch Planung und Regulierung der Preise festgesetzt. Man begann auch die Menge des zirkulierenden Geldes im wesentlichen planmäßig festzulegen und seine Stabilität auf grundsätzlich neue Art zu sichern. Erstmalig in der Geschichte trat eine Entwicklung ein, deren Ergebnis darin bestand, daß die Stabilität des Geldes hauptsächlich und in entscheidendem Maße durch Waren gesichert wurde, d. h. dadurch, daß immer größere Warenmengen in den Händen des Staates konzentriert und zu festen Planpreisen in die Zirkulation gebracht wurden. Diese Sicherung konnte in jenen Jahren deshalb entscheidende Bedeutung erlangen, weil der Staat große Warenmengen auf den Markt warf und so die planmäßig festgesetzte Kaufkraft des Tscherwonez stützte. Die Emission wurde allmählich vom gesamtstaatlichen Emissionszentrum, der Staatsbank, immer planmäßiger reguliert, wobei die Bank gegen Ende der von uns betrachteten Periode ihre Emissionstätigkeit entsprechend den Emissionsdirektiven der Regierung ausübte.

Große Bedeutung für die Herausbildung einer planmäßigen Geldzirkulation hatte die sich entwickelnde Planmäßigkeit des kurzfristigen Kredits. Das äußerte sich in den Beschlüssen der XIII. Parteikonferenz im Jahre 1924, wonach die Staatsbank die einzelnen isolierten Kreditierungspläne der Behörden durch koordinierte Kreditpläne für die gesamte Volkswirtschaft ersetzte. Das Mitte 1924 bei der Verwaltung der Staatsbank errichtete Komitee für das Bankwesen, zu dem Vertreter aller Banken, Behörden und der Staatlichen Plankommission gehörten, koordinierte unter Berücksichtigung der Emissionsdirektiven die Kreditpläne der Staatsbank und der anderen Banken. Endgültig koordiniert wurden die Kreditpläne der einzelnen Behörden von der Staatlichen Plankommission der Union, worauf sie vom Rat für Arbeit und Verteidigung bestätigt wurden.

Die weitere Entwicklung der Planmäßigkeit in der Geldzirkulation fand ihren Ausdruck auch in der im Jahre 1925 erfolgten Einführung von Limiten für die Kreditierung der Wirtschaftsorgane durch die Bank. Von 1924 an ging die Staatsbank dazu über, die Kreditgeschäfte für den Bereich der Verwaltung und von 1925 an, die Kreditgeschäfte des gesamten Systems vierteljährlich zu planen. Die Planung der Kreditgeschäfte wurde schnell erweitert und vertieft.

Neben der Kreditplanung als einer Methode, die Geldzirkulation zu steuern, vollzog die Staatsbank auch eine operative Lenkung der Geldzirkulation durch die Regulierung des Bargeldumsatzes der Bankinstitute und ihrer Wechselbeziehungen mit den Reservefonds.

Selbstverständlich erschwerte die Tatsache, daß die kleine Warenwirtschaft und die kapitalistischen Elemente in der Wirtschaft quantitativ überwogen, die planmäßige Lenkung der Geldzirkulation und rief Verstöße gegen die Planauflagen hervor usw. Aber nicht allein das — der Sowjetstaat, der das Geld im Interesse des Aufbaus des Sozialismus aktiv ausnutzte, mußte, um die Geldzirkulation in der ersten Etappe der NÖP steuern zu können, notwendigerweise auch Marktmethoden zur Stützung der Stabilität des Tscherwonez und des Rubels anwenden. In diesen Jahren hatte die Geldpolitik des Staates, die im Interesse der sozialistischen Entwicklung der Volkswirtschaft auf eine Erhaltung der Kaufkraft der Sowjetwährung gerichtet war, noch zu berücksichtigen, daß die Preise auf einer bestimmten Höhe und in einem gewissen Einklang mit der Veränderung des Verhältnisses zwischen dem Warenwert und dem Goldwert zu halten waren.[25]

Der zwiespältige Charakter des Geldumlaufs, der den zwiespältigen Charakter der Wirtschaft in der Übergangsperiode widerspiegelte, machte es erforderlich, neben neuen Planungsmethoden zur Lenkung der Geldzirkulation als den hauptsächlichsten und entscheidenden Methoden auch eine Reihe indirekter Formen, Marktformen, anzuwenden, um auf die Geldzirkulation einzuwirken. Auch diese Formen, die nur eine untergeordnete Rolle spielten, verändern dabei ihren Inhalt.

Die Zwiespältigkeit der Formen der Geldzirkulation — bei bestimmender Rolle der neuen, planmäßigen Formen — kam deutlich in der Art zum Ausdruck, wie das durch die Reform 1922—1924 ins Leben gerufene Geldsystem funktionierte, insbesondere in der Art der Ausnutzung des Goldes als Geldware.

Durch die Geldreform 1922—1924 wurde das sowjetische Geldsystem geschaffen, dessen grundlegende Besonderheiten in folgendem bestanden:

1. Der Tscherwonez und der Rubel, die als Goldzeichen ausgegeben wurden, waren nicht Vertreter eines spontan wirkenden allgemeinen Äquivalents, sondern eines Äquivalents, das unter den objektiven Bedingungen der Übergangsperiode fungierte und im Grunde schon ein planmäßig fungierendes Geldäquivalent war. Anders ausgedrückt: Es handelte sich um ein Geldsystem, das erstmalig in der Geschichte in den Dienst einer planmäßigen Entwicklung der Volkswirtschaft, des Aufbaus der sozialistischen Wirtschaft, gestellt wurde.

[25] Hier wie auch fernerhin sind, wenn von Preisänderungen die Rede ist, die in der Sowjetwährung ausgedrückten Preise gemeint.

2. Der entscheidende ökonomische Faktor, der die Stabilität des neuen Geldsystems sicherte, war die in den Händen des Staates befindliche Warenmenge, die zu festen Preisen in die Zirkulation gebracht wurde.

3. Das neue Geldsystem stützte sich auf die Gesamtheit der ökonomischen Faktoren zur planmäßigen Sicherung der Kaufkraft des Geldes und seiner Vollwertigkeit. Dabei benutzte der Sowjetstaat gleichzeitig das Geld mit Erfolg dazu, den Lebensstandard des Volkes zu erhöhen, die sozialistische Wirtschaft zu entwickeln, die bäuerliche Wirtschaft durch die sozialistische Ökonomik zu beeinflussen, die kapitalistischen Wirtschaftsformen zu bekämpfen usw.

Die Übergangsökonomik rief also ein seiner Natur nach völlig neues Geldsystem ins Leben, dessen Charakter im Verlauf der Geldreform 1922—1924 deutlich wurde.[26]

Eine neue Geldeinheit, der Tscherwonez (mit einem Goldgehalt von 7,742 g), wurde in Umlauf gesetzt. Er war nicht nur durch Gold gedeckt, sondern zu drei Vierteln durch warenmäßig gesicherte Aktiva der Staatsbank. Die Kaufkraftstabilität des Tscherwonez beruhte vor allem auf dem organisierten Markt. Auch die Ausgabe stabiler Kassenscheine — als Abschluß der Geldreform — stützte sich im wesentlichen auf die planmäßige Lenkung des organisierten Marktes durch den Staat und auf die Möglichkeiten dieses Marktes, auf den nicht organisierten Markt stark einzuwirken (durch Wareninterventionen und auf dem Gebiet der Währung durch Währungsintervention). Zugleich berücksichtigte die Reform voll und ganz die Notwendigkeit, das sowjetische Geldsystem durch eine Goldbasis zu untermauern.

In der Resolution des XI. Parteitages „Über die Finanzpolitik" wurde bestimmt: „... ohne in irgendeiner Weise die Aufgabe zu stellen, unverzüglich zur Goldzirkulation zurückzukehren, ist streng festzulegen, daß unsere Wirtschafts- und

[26] Das wurde natürlich alles von den bürgerlichen Ökonomen entstellt ausgelegt, die bei der Bewertung des sowjetischen Geldsystems die üblichen bürgerlichen Normen zugrunde legten. L. N. Jurowski schrieb, es sei gerechtfertigt, „die Geldzirkulation nach der Reform von 1924 als eigenartige Abart des gold exchange currency oder der Papiergeldzirkulation mit Goldparität zu betrachten. Die Eigenart besteht in den Methoden der Stützung dieser Parität, in der möglichen (oder wirklichen) Spanne zwischen dem Kurs und der Kaufkraft, die sich aus diesen Methoden ergibt, in dem möglichen Auseinanderfallen der Kurse und der Preise. Die Eigenart besteht ferner darin, daß der Kredit und die Geldzirkulation nicht durch eine Variierung des Diskontsatzes reguliert werden. Dieses System könnte man in der Art, wie es in den letzten Jahren bestand, als System der geschlossenen Papiergeldzirkulation mit Goldparität oder mit offizieller Goldparität bezeichnen (je nachdem, ob nur der offizielle oder auch der inoffizielle Kurs gestützt wird)". L. N. Jurowski, Die Geldpolitik der Sowjetmacht (1917–1927) (russ.). Finisdat 1928, S. 325. – Jurowski zieht, wie alle bürgerlichen Ökonomen, als Grundlage der Bewertung des sowjetischen Geldsystems einige Tauschmerkmale heran und ignoriert die grundlegenden, entscheidenden gesellschaftlichen und ökonomischen Bedingungen der Übergangsperiode, welche das wirkliche Spezifikum der Geldzirkulation der UdSSR bestimmten.

Finanzpolitik sich entschieden auf die Wiederherstellung der Golddeckung des Geldes orientiert. Das ist notwendig, da das Gold unabänderlich Weltgeld bleibt und die Bedeutung des Goldes auf dem Weltmarkt sich unausbleiblich auch in den Beziehungen des Binnenmarktes ausdrückt, selbst in einem Lande, in dem infolge der Nationalisierung der grundlegenden Zweige der Industrie und des Transportwesens ein Teil der Wirtschaft planmäßig geleitet wird." [27]

Beim Tscherwonez selbst und bei den Methoden seiner Emission wurde diese Direktive der Partei voll verwirklicht. Die Verordnung des Rates der Volkskommissare vom 25. Juli 1922 über die Ausgabe von Banknoten lautete: „Die von der Staatsbank in Umlauf gesetzten Banknoten werden mindestens zu einem Viertel ihres Nominalwertes durch Edelmetalle und feste ausländische Valuta zum Goldkurs und zum anderen Teil durch leicht realisierbare Waren, kurzfristige Wechsel und andere kurzfristige Forderungen gedeckt."

Für die Ausgabe von Kassenscheinen war im Dekret ein fixierter Goldgehalt des Rubels nicht vorgesehen. De facto geschah das aber durch die Verordnungen der Sowjetorgane über das feste Verhältnis des Tscherwonez zum Rubel und durch eine Reihe gesetzgeberischer Akte, die alle volkswirtschaftlichen Verrechnungen (Handelsgeschäfte, Lohnzahlungen, Steuerzahlungen usw.) auf den Goldrubel umstellten, dessen Goldgehalt mit einem Zehntel des Goldgehalts des Tscherwonez bestätigt wurde.

Der zwiespältige Charakter des Geldes und der Geldzirkulation in der Übergangsperiode äußerte sich bei der Ausnutzung des Goldes als Geldäquivalent gerade darin, daß zu Beginn der NÖP der Entwicklungprozeß eines neuen Inhalts des Geldes mit der Einführung von Banknoten und Kassenscheinen verbunden war, die faktisch in einem gewissen Maße noch gegen Gold einlösbar waren. Die ökonomischen Beziehungen der in der Produktion und im Handel zahlenmäßig überwiegenden kleinen Warenwirtschaft beruhten auf dem verhüllten gesellschaftlichen Charakter der Arbeit privater Eigentümer und auf dem Widerspruch zwischen privater und gesellschaftlicher Arbeit.[28] Dieser Umstand war es auch, der in der ersten Zeit (bis die kleine Warenproduktion sich der Zirkulation des festen und vollwertigen Rubels angepaßt hatte) die Einlösung gegen Gold notwendig machte. Eine solche Einlösung gab dem nichtorganisierten Markt eine gewisse Garantie für die Festigkeit und Vollwertigkeit des neuen Geldes.[29]

[27] Die KPdSU in Resolutionen ..., Teil I, S. 614.

[28] Im Jahre 1923/24 betrug nach Berechnungen der Zentralverwaltung für Statistik der UdSSR der Anteil der kleinen Warenwirtschaften an der Bruttoproduktion der Volkswirtschaft 51%, der der sozialistischen Wirtschaft 38,5%, der privaten Wirtschaft 8,9%, der Auslandskonzessionen 1% und der Naturalwirtschaft 0,6%. Vgl. Die Volkswirtschaftsbilanz der Union der SSR für 1923/24 (russ.). Werke der Zentralverwaltung für Statistik, Bd. XXIX, 1926, S. 43.

[29] Dieses Problem ist von verschiedenen Wirtschaftswissenschaftlern untersucht worden. S. W. Atlas schreibt „Es entstand die Gefahr, daß die Geldzirkulation von der *kapitalistischen Währung, dem Gold*, überschwemmt wurde. Indessen durfte mit der Einführung der festen Sowjetwährung nicht gezögert werden. Unter diesen Umständen mußte die

Das Geld war seit seinem Bestehen als Geld der Wirtschaft der Übergangsperiode kein spontan fungierendes Geld.[30]* Das erklärt sich daraus, daß der Sowjetstaat, gestützt auf die Macht der sozialistischen Wirtschaftsform und auf das dieser Form immanente Gesetz der planmäßigen, proportionalen Entwicklung, mit der Leitung der Ökonomik des Landes gleichzeitig auch die Geldzirkulation planmäßig lenkte und regulierte.

* Fußnote siehe Seite 43

Sowjetmacht eine feste Währung schaffen, die imstande war, das Gold aus dem Verkehr zu drängen. Hieraus ergab sich *notwendig in der ersten Zeit die Golddeckung und die Stützung des Goldkurses — der neuen festen Währung — auf dem Markt*". S. Atlas, Grundriß der Geschichte der Geldzirkulation in der UdSSR (1917–1925) (russ.). Gosfinisdat 1940, S. 153/154. (Hervorhebungen vom Autor).
Eine solche Erklärung beschränkt sich lediglich auf die äußere Seite der Dinge. In Wirklichkeit aber stellte sich die Sowjetmacht, als sie die feste Währung wiederherstellte, vor allem die Aufgabe, Geld in Umlauf zu bringen, das, den objektiven Bedingungen des Warenmarktes Anfangsstadium der NÖP entsprechend, als zuverlässiges Instrument für den Aufbau des Sozialismus benutzt werden konnte. Die Aufgabe jedoch, das Gold effektiv aus der Zirkulation zu ziehen, wurde als Nebenaufgabe zugleich mit der Schaffung der festen Sowjetwährung gelöst.
Besser wird dieses Problem von G. A. Koslow beleuchtet „Das Gold war nicht die Verkörperung der Spontaneität, *hätte* aber dazu *werden können*, wenn die Diktatur der Arbeiterklasse im Kampf gegen den Kapitalismus nicht das Übergewicht gehabt hätte. Gerade deshalb waren dem Sowjetstaat besonders die Goldgeschäfte der NÖP-Leute und der Goldkurs auf dem Privatmarkt durchaus nicht gleichgültig. Der Sowjetstaat mußte auch hier, wie bei anderen Geschäften des Privatmarktes, die *Marktfreiheit einschränken*. Er durfte nicht dulden, daß der Goldkurs auf dem privaten Markt sich ohne die entscheidende Einwirkung des Staates gestaltete und die Preise der Waren in der privaten Zirkulation beeinflußte. Außerdem war der Sowjetstaat daran interessiert, das Gold aus dem Privatmarkt in die Gewölbe der Staatsbank zu ziehen, daran interessiert, daß sich in den Händen von Privatleuten keine Goldressourcen konzentrierten". G. A. Koslow, Das Sowjetgeld (russ.). Gosfinisdat 1939, S. 67.
Hier ist viel Richtiges mit Falschem verflochten. Zu jener Zeit fungierte das Gold noch in nicht geringem Maße spontan. Die Aufgabe bestand eben darin, es völlig der Spontaneität zu entreißen. Zahlenmäßig überwogen auf dem Markt die einfachen Warenproduzenten und die privatkapitalistischen Elemente. Der organisierte Markt war noch schwach. Gerade deshalb konnte eine stabile Währung zur Beherrschung des Marktes durch den Sowjetstaat nur geschaffen werden, indem man das Instrument dieses Marktes, das faktisch gegen Gold einlösbare Geld, dazu ausnutzte. Wenn G. A. Koslow von der Notwendigkeit spricht, „den Goldkurs der Währung" zu beherrschen, so hat er völlig recht. Aber er vergißt das Spezifische an dieser Beherrschung.
Die Notwendigkeit der faktischen Einlösbarkeit gegen Gold zu Beginn der NÖP ergab sich nicht aus der Gefahr der Überschwemmung des Geldumlaufs durch kapitalistische Währungen (obgleich auch eine solche Gefahr in gewissem Maße bestand), nicht aus der Gefahr, daß das Gold sich in ein Instrument der Spontaneität verwandeln könnte, sondern aus den objektiven Bedingungen der Ökonomik in der Anfangsperiode der NÖP und aus der für den Sowjetstaat bestehenden Notwendigkeit, sich des Goldes als eines

All das bedeutete, daß der alte spontane Mechanismus, der die Waren und das Gold als Geldware verband, die spontane Verkettung des Goldpreises mit den Warenpreisen, im Grunde genommen bereits zerfallen war. Ein neuer Verbindungsmechanismus von Ware und Gold war entstanden. Er bestand darin, daß der sozialistische Staat erstens die Preise des organisierten Marktes immer planmäßiger festlegte, wobei er das Wertgesetz planmäßig ausnutzte und die Notwendigkeit beachtete, die Proportionalität des Reproduktionsprozesses zu sichern; er berücksichtigte dabei bewußt das reale Wechselverhältnis zwischen dem Wert des Goldes und der Waren; zweitens übte der sozialistische Staat einen immer größeren Einfluß auf die Preisbildung des nichtorganisierten Marktes aus, und drittens berücksichtigte er die Veränderungen der für die Zirkulation erforderlichen Geldmenge, hielt die tatsächliche Menge der in Zirkulation gebrachten Tscherwonzen und Rubel im wesentlichen innerhalb der hierfür erforderlichen Grenzen und sicherte auf diese Weise die feste Goldparität und den Währungskurs dieses Geldes.

Die Warenpreise drückten in dieser Periode bereits die Proportionen der sich sozialistisch entwickelnden Reproduktion aus. Die Preisbewegung auf dem Binnenmarkt war den Interessen des sozialistischen Aufbaus untergeordnet. Das Verhältnis zwischen der Kaufkraft des Sowjetgeldes und seinem Währungskurs wurde vom Staat kontrolliert und reguliert. So äußerten sich die Besonderheiten des Charakters und der Funktionen des Geldäquivalents (des Goldes) in der ersten Etappe der NÖP.

Die Einführung der Tscherwonez (des wertbeständigen Vertreters des Wertmaßes) mehr als anderthalb Jahre vor Beendigung der Geldreform sollte sich auf die Festsetzung der Preise und folglich der Wertproportionen in der Volkswirtschaft im Einklang mit den neuen Reproduktionsbedingungen fördernd auswirken.

der wichtigsten Marktinstrumente zu bemächtigen. Sobald das Gold ebenso vom sozialistischen Staat beherrscht wird wie das Geld, hört es auf, ein spontan fungierendes Äquivalent zu sein, und verwandelt sich im wesentlichen in ein planmäßig ausnutzbares Äquivalent.

[30] Fußnote zu Seite 42

Gerade die mangelnde Berücksichtigung dieser Tatsache rief die Auseinandersetzung über den Sowjetrubel hervor. Akademiemitglied Strumilin hat in einer Reihe von Werken, die in den Jahren 1924 und 1925 veröffentlicht wurden, betont, daß unsere Währung nur durch die Bezeichnung „Gold"rubel mit diesem Metall verbunden ist, daß wir, strenggenommen, in unserer Geldzirkulation einen echten „Warenrubel" haben und daß Eisen, Stahl, Messing, Kattun, Leder usw. dazu berufen sind, die Rolle des Goldes zu spielen. Das war der Standpunkt, den die Anhänger der „Theorie" des „Warenrubels" einnahmen. Die Planmäßigkeit, mit der man das Goldäquivalent zu Beginn der NÖP ausnutzte, wurde für die Liquidierung des Goldes als Geld gehalten. Einige Anhänger dieser Version entwickelten alle möglichen Projekte zur Regulierung der Sowjetwährung durch Stützung der Kaufkraft des Rubels mittels „Aufkauf" und „Verkauf" der sowjetischen Geldzeichen gegen Waren. Die Anhänger einer anderen Version, eine Gruppe bürgerlicher Ökonomen, stellten, unter Entstellung der Klassenbesonderheiten der Übergangsökonomik, den Sowjetrubel als spontane Goldwährung dar.

Da die Preise und Wertproportionen während der langen Periode der fortschreitenden Geldentwertung stark in Unordnung geraten waren und nicht die realen Reproduktionsbedingungen widerspiegelten, erforderte es eine gewisse Zeit, bis mit Hilfe der festen Währung Preise festgelegt werden konnten, die den neuen Reproduktionsbedingungen entsprachen. Das konnte nicht plötzlich und mit einem Schlage geschehen. Nicht nur die Zirkulation mußte beherrscht werden, sondern nach der Periode der ökonomischen Zerrüttung, des ungeheuren Warenmangels, des Wirtschaftens unter den Bedingungen des Kriegskommunismus usw. mußte vor allem die Produktion wiederhergestellt und erweitert werden.

In welchem Umfange alle Wertproportionen in der Volkswirtschaft verschoben waren, davon zeugt besonders die Bewegung der Kaufkraft des Goldes. Diese Kaufkraft sank während des Kriegskommunismus infolge des großen Warenmangels, aber auch weil das Gold aus der legalen Zirkulation herausgezogen war, im Vergleich zu den Warenwerten um das Mehrfache. Beweis dafür ist, daß die „Preise" für Gold in Sowjetnoten erheblich hinter den Preisen für Waren zurückblieben.

In Papierrubeln wurde gezahlt:[31]

Jahr		für einen Goldrubel in Moskau	für eine Auswahl von Waren, die 1913 (lt. Index der Arbeitsstatistik) einen Rubel gekostet hatten
1918	I. Halbjahr	7,8	56,8
	II. Halbjahr	20,2	139,2
1919	I. Halbjahr	105,0	468,0
	II. Halbjahr	523,0	1896,0
1920	I. Halbjahr	1633,0	6983,0
	II. Halbjahr	4083,0	13963,0
1921	I. Halbjahr	11300,0	48758,0

Kennzeichnend ist (und das ist vom Standpunkt der Charakteristik des durch die Geldreform eingeführten Systems der Geldzirkulation wichtig), daß sofort

31 Siehe: Unsere Geldzirkulation (russ.), Sammelband des Materials über die Geschichte der Geldzirkulation von 1914—1925. Finisdat 1926, S. 16. Darin ist vermerkt, daß man an Hand des aus verschiedenen Quellen stammenden wenigen Materials nur feststellen kann, daß die Entwertung des Rubels im Verhältnis zu den Valuten ebenfalls merklich geringer war als seine Entwertung im Verhältnis zu den Waren.
Es muß erwähnt werden, daß die relative Entwertung des Goldes in dieser Periode auf dem russischen Binnenmarkt die höchste in der Geschichte der Goldentwertung überhaupt war. Tatsächlich fiel die Kaufkraft des Goldes in einigen Monaten des Jahres 1918 um 89% der Vorkriegskaufkraft. In Schweden überschritt im Jahre 1919 das Absinken des Goldwertes nicht 80%. In der Epoche der Revolution der Preise (14. bis 15. Jahrhundert) war das Gold in Deutschland um 70%, in Frankreich um 60% und in England um 70% im Wert gesunken.

nach dem Übergang zur NÖP und nach der Belebung des Marktes die Wiederherstellung der Kaufkraft des Goldes beginnt.

Als Beweis dafür sollen die folgenden sehr anschaulichen Daten dienen:

Die Kaufkraft des Goldes (in % der Kaufkraft von 1913)[32]

Jahr	Monat											
	1.	2.	3.	4.	5.	6.	7.	8.	9.	10.	11.	12.
1920	27,4	24,1	23,3	26,0	23,9	19,2	16,5	16,1	20,7	27,8	40,2	43,5
1921	35,3	23,7	19,9	21,2	23,9	20,1	22,5	27,7	41,0	50,9	57,2	74,3
1922	47,7	49,7	55,8	49,9	51,3	43,7	42,1	40,1	60,9	78,3	85,3	101,1
1923	103,5	97,9	98,3	144,2	137,4	104,0	—	—	—	—	—	—

Selbstverständlich konnte die Wiederherstellung der Kaufkraft des Goldes nicht gleichmäßig verlaufen. Sie wurde durch den Einfluß vielfältiger Faktoren der Marktkonjunktur erschwert. Wichtig ist jedoch, daß von dem Zeitpunkt an, in dem der Markt sich durch die NÖP belebte und wuchs, der relative Wert des Goldes zu steigen begann und sich nach und nach immer mehr seinem wirklichen Wert näherte. Am intensivsten verlief dieser Prozeß, nachdem man den Tscherwonez in Umlauf gesetzt hatte.

Bis zum Beginn der Geldreform drang das Gold ziemlich schnell in die Zirkulation ein. Im Jahre 1922 zirkulierte es in Transkaukasien, in einer Reihe von Hafenstädten und in den Kreisen der Pravobereshnaja Ukraina. Es erschien auf dem privaten Markt und wurde in manchen Fällen sogar bei Zahlungen der staatlichen Betriebe und Organisationen verwandt.[33] Das Auftauchen des Goldes in der Zirkulation verursachte ein Agio für die goldenen Zehnrubelstücke, da diese als Zirkulations- und Thesaurierungsmittel bequemer waren als Barren. Im August 1922 betrug dieses Agio 22,5 %, im September 47,5 % usw.

Die Annäherung des relativen Goldwertes an den realen bedeutete durchaus nicht die Wiederherstellung seiner Rolle als Geldäquivalent. Da die Produktion und Zirkulation von Waren weiterging und unter diesen Umständen eine wenn auch abgewertete Geldzirkulation bestand, hatte das Gold seine Rolle als Geldäquivalent nicht verloren. Aber sein Fungieren als Wertmaß war durch die ökonomischen Bedingungen des Kriegskommunismus und durch die gesamte fortschreitende Entwertung des Papiergeldes äußerst erschwert worden.

[32] Siehe L. K. Soldatow, Die Revolution des Goldwertes auf dem Weltmarkt und in Rußland (russ.). Verlag des Obersten Volkswirtschaftsrates 1924, S. 47.

[33] Durch Verordnung des Rates für Arbeit und Verteidigung vom 27. Juli 1922 war es den staatlichen und genossenschaftlichen Institutionen freigestellt, Edelmetalle (in Barren und Münzen) und ausländische Valuta in Zahlung zu nehmen. Sie waren verpflichtet, die eingehenden Valutawerte auf ihr Konto bei der Staatsbank abzuführen (Verordnungsblatt 1922, russ., Nr. 28, S. 318; Nr. 48, S. 604).

Die Erhöhung des relativen Goldwertes war die Folge der Wiederherstellung und des Wachstums der Volkswirtschaft und der Sättigung des Marktes mit Waren. Sie wurde durch die Normalisierung des Warenmarktes hervorgerufen, der bei Beibehaltung des stark entwerteten Papiergeldes funktionsunfähig geworden wäre und ein reales Geldäquivalent forderte. In die gleiche Richtung wirkte auch der „Goldhunger" der NÖP-Bourgeoisie. Das alles führte dazu, daß das Gold im Jahre 1923 auf dem nichtorganisierten Markt einige Monate lang überbewertet wurde. Gegen Ende des Jahres 1922 standen die Warenpreise, in goldenen Zehnrubelstücken ausgedrückt, auf dem nichtorganisierten Markt auf dem Niveau des Jahres 1913, während der Index des Goldpreises auf dem Weltmarkt um 45 bis 50 % darüber lag.

Die Überhöhung des relativen Goldwertes entsprach nicht den neuen Reproduktionsbedingungen. Es kam hierin folgendes zum Ausdruck: 1. daß der nichtorganisierte Markt, der die realen Preise sondierte, eine gewisse Zeit hindurch unausweichlich das Beharrungsvermögen der bereits veralteten Goldpreise verspüren mußte; 2. daß das Gold bei fehlender fester Währung als Mittel der Schatzbildung zu erhöhten Preisen gehandelt wurde; 3. daß die bürgerlichen Elemente das Gold, das sie als Waffe im Kampf gegen die Sowjetwährung, als Kampfmittel gegen die sowjetische ökonomische Politik nutzten, auf jede nur mögliche Weise in ihre Taschen zogen.

Mit der Einführung der neuen, festen Tscherwonezwährung änderte sich die Situation grundlegend. Untersuchen wir einige Kennziffern, die das Fungieren der vollwertigen Tscherwonezwährung charakterisieren.

Im Verlauf des Jahres 1923 sank die Kaufkraft des Tscherwonez. Sie betrug im Januar nach dem Großhandelsindex der Staatlichen Plankommission (zu Vorkriegspreisen) 11 Rbl. 8 Kop., im Dezember des gleichen Jahres jedoch 8 Rbl. 20 Kop. Im März 1924, als die Währungsreform abgeschlossen war, betrug die Kaufkraft des Tscherwonez 7 Rbl. 64 Kop.[34]

Dieser Prozeß war, wie wir weiter sehen werden, die Folge verschiedener Maßnahmen des Sowjetstaates auf dem Gebiet der Preisbildung. Zu diesen Maßnahmen gehörte in erster Linie die Hebung des Preisniveaus der landwirtschaftlichen Produkte auf das der Industriewaren. Das geschah auch, um die Kaufkraft des Goldes in größere Übereinstimmung mit seinem wirklichen Wert zu bringen.

Der Reproduktionswert der Waren erhöhte sich gegenüber 1913 merklich. Davon zeugen folgende Daten: Im Jahre 1924 betrug die Bruttoproduktion der Industrie (zu Preisen des Jahres 1926/27) 4660 Mill. Rbl. (in den Industriezweigen, die im Jahre 1913 erfaßt wurden) gegenüber 10 251 Mill. Rbl. im Jahre 1913 (zu den gleichen Preisen). Die Zahl der durchschnittlich im Jahr beschäftigten Arbeiter betrug entsprechend 1,698 beziehungsweise 2,592 Millionen. Der physische Umfang der Produktion betrug also im Jahre 1924 im Vergleich zu 1913 46,1 %, die Zahl

34 Die nach dem Einzelhandelsindex des Konjunkturinstituts festgestellten Kennziffern für die Kaufkraft betrugen für die entsprechenden Zeiten 8 Rbl. 94 Kop., 6 Rbl. 2 Kop., 5 Rbl. 41 Kop.

der Arbeiter 65,5%. Wenn man hiervon ausgeht, kann man annehmen, daß die Arbeitsproduktivität eines Arbeiters in der Industrie etwas mehr als drei Fünftel von der des Jahres 1913 betrug (46,1 : 65,5 × 100). Auch die Materialkosten der Produktion stiegen merklich, so daß der Wert der Industriewaren im Jahre 1924 bedeutend über dem des Jahres 1913 lag. Wesentlich gestiegen war der Wert einer landwirtschaftlichen Produktionseinheit (Getreide, technische Kulturen usw.). Die Getreideproduktion betrug im Jahre 1924 514 Mill. dz oder 64 % der Produktion des Jahres 1913, die Zuckerrübenernte 34,9 Mill. dz oder 32 %, die Baumwollernte 3,4 Mill. dz oder 45,9 % usw. Durch die steigenden Kosten für landwirtschaftliche Rohstoffe erhöhte sich der Wert der Industriewaren ebenfalls.

Der Gesamtwert einer landwirtschaftlichen oder industriellen Produktionseinheit war also merklich höher als im Jahre 1913. Der Goldwert aber verharrte ungefähr auf dem Stande von 1913. Diese Situation ist im großen und ganzen damit zu erklären, daß die Goldförderung im Vergleich zu den Gesamtgoldvorräten des Landes auf ein ganz geringfügiges Maß gesunken war. Dadurch war ihre Einwirkung auf die Wertminderung der akkumulierten Vorräte dieses Metalls stark abgeschwächt. Hinzu kam, daß die Goldförderungskosten sich gegenüber 1913 kaum verändert hatten, da die Goldförderung auch vor der Revolution und in der ersten Periode der NÖP unter technisch primitiven Bedingungen vor sich ging (mit einem großen Anteil der Goldsucher). Die stark eingeschränkte Goldförderung der Jahre 1921 bis 1924 erfolgte bei erhöhten Materialkosten. Dem stand indes gegenüber, daß die Goldförderung dieser Jahre sich an verhältnismäßig ertragreichen Fundorten konzentrierte.

Das entstandene Verhältnis des wirklichen Wertes der Waren zu dem des Goldes in der ersten Periode der NÖP bedeutete also im Vergleich zu 1913 ein Sinken der Kaufkraft des Goldes (das heißt ein Steigen der Preise in Gold). Daneben ist zu berücksichtigen, daß der Wert der Goldproduktion auf dem Weltmarkt in den Jahren 1921 bis 1924 gegenüber der Vorkriegszeit gesunken, der Wert der Warenproduktion dagegen gestiegen, das heißt, daß also auch der relative Wert des Goldes gesunken war.[35] Damit wirkten sowohl die inneren als auch die äußeren Faktoren auf eine Senkung des relativen Wertes des Goldes in der UdSSR gegenüber der Periode vor dem ersten Weltkrieg hin. Hieraus ergibt sich, daß das Sinken der Kaufkraft des Tscherwonez nicht eine Verringerung seines Goldgehalts widerspiegelte, sondern lediglich daraus resultierte, daß der Sowjetstaat bei der planmäßigen Preisbildung (für Industriewaren) und bei seiner Einwirkung auf die Preise des nichtorganisierten Marktes (Nachziehen der Preise für landwirtschaftliche Waren) die Tatsache berücksichtigte, daß der relative Wert des im Tscherwonez enthaltenen Goldes gesunken war. Dies ist der Grund dafür, weshalb bei sinkender Kaufkraft des Tscherwonez sich sein Valutakurs viel weniger

[35] Dies ist besonders aus der Bewegung der Großhandelspreise zu entnehmen. In den USA blieb der Goldgehalt des Dollar nach dem ersten Weltkrieg unverändert, und der Dollar wurde nach wie vor in Gold eingelöst. Trotzdem betrug der Index der Großhandelspreise in den USA gegen Ende des Jahres (1910–1914 = 100) 1921–136, 1922–147, 1923–143, 1924–148, 1925–151. Vgl. Weltwirtschaftskrisen (russ.). Moskau 1937, Bd. I, S. 709.

veränderte. Im März 1923 wurde der Dollar offiziell mit 1 Rbl. 92 Kop. bewertet, auf dem freien Valutamarkt mit 1 Rbl. 93 Kop.; im Dezember lautete der offizielle Kurs 2 Rbl. 18 Kop., der freie Kurs 2 Rbl. 20 Kop.; schließlich standen im März 1924 sowohl der offizielle als auch der freie Kurs auf 2 Rbl. 11 Kop. Folglich war der Kursrückgang des Tscherwonez in Dollar erheblich geringer als die Abnahme seiner Kaufkraft. Das Ergebnis war eine gewisse Annäherung der Kaufkraft des Goldes auf dem Binnen- und auf dem Außenhandelsmarkt. Den Beweis dafür liefert die Tatsache, daß, obgleich die Indizes der Groß- und Einzelhandelspreise nach Beendigung der Geldreform den Stand des Jahres 1913 um 65 bis 90 % überstiegen, ein fester Kurs für die in Gold einlösbaren Währungen festgesetzt wurde und der Preis des goldenen Zehnrubelstückes nur geringe Abweichungen von der Parität aufwies, wie aus folgenden Angaben hervorgeht:

	Dollarkurs im Jahre 1924[36]		Preis des goldenen Zehnrubelstücks in Moskau im Jahre 1924
	an der Moskauer Warenbörse	auf dem freien Markt	
1. Januar	2,20	2,24	14,05
1. April	1,94	1,91	10,65
1. Juni	1,94	1,93	9,47
1. Oktober	1,94	1,94	9,60

Daß der feste Kurs und die Kaufkraft des Tscherwonez auf dem Stand seiner offiziellen Goldparität gehalten wurde, bedeutete durchaus keine passive Anpassung der Warenpreise an das Verhältnis zwischen ihrem Wert und dem Wert des Goldes. Der Staat, der mit diesem Verhältnis rechnete, betrieb eine aktive Preispolitik, indem er Geld und Preise für die sozialistische Umgestaltung der Wirtschaft ausnutzte.

Bezeichnend ist vor allem die Bewegung der staatlichen Großhandels-Abgabepreise. Mit dem Übergang zum Tscherwonez und zu den wertbeständigen Kassenscheinen begann die staatliche Industrie, Großhandels-Abgabepreise in Tscherwonez festzusetzen. Sie benutzte dabei als Ausgangsmaterial alte Preiskataloge aus der Vorkriegszeit.[37] Selbstverständlich wurden dabei in keiner Weise die alten Preise und Wertverhältnisse übernommen.

Selbst ein flüchtiger Blick auf den Index der Großhandels-Abgabepreise der Industrie in den Jahren 1923 und 1924 genügt, um zu begreifen, welch tiefgreifende strukturelle Veränderungen auf dem Gebiete sämtlicher Preisbeziehungen im Vergleich zu 1913 vor sich gegangen waren. Bei der Verdopplung des allgemeinen Preisindexes schwankten die Indizes für einzelne Warengruppen von 1 bis 3 usw. Diese Veränderungen spiegelten erstens neue Reproduktionsbedingungen und zweitens bestimmte Aufgaben der ökonomischen Politik des Sowjetstaates wider.

36 Kursnotierungen der Moskauer Warenbörse (russ.). Moskau 1924.

37 „Die Planwirtschaft" (russ.), Nr. 6, 1930, S. 57.

Kennzeichnend ist in dieser Hinsicht die Bewegung der staatlichen Abgabepreise für Industriewaren. 1923 trieb das vom Staat noch nicht ausreichend regulierte Verhältnis zwischen Angebot und Nachfrage die Preise für Industriewaren in die Höhe und trennte sie stark von den Preisen für landwirtschaftliche Produkte. Die „Preisschere" zwischen den Industrie- und den landwirtschaftlichen Preisen nahm gefährliche Ausmaße an. Eine „Absatzkrise" reifte heran. Aber der Staat überwand diese Preisbewegung schnell. Es wurde Kurs auf eine planmäßige Senkung der Industriepreise bei gleichzeitigem Anheben der Landwirtschaftspreise genommen, um die kaufkräftige Nachfrage der Bauernschaft zu erhöhen. Im Februar 1924 hatten sich die Großhandelspreise für landwirtschaftliche Waren gegenüber denen vom Januar des Jahres 1923 verdoppelt. Die Folge war ein Ansteigen auch des allgemeinen Preisindexes.

Das bessere Verhältnis zwischen Industrie- und Landwirtschaftspreisen, das für die Festigung des Bündnisses der Arbeiterklasse mit der Bauernschaft notwendig war, wurde vom Sowjetstaat planmäßig herbeigeführt. Im Jahre 1924 stieg der Index der Landwirtschaftspreise von 1,57 am 1. April 1924 (1923 = 1,00) auf 1,98 am 1. April 1925, während der Index der Industriepreise in der gleichen Zeit von 2,09 auf 1,91 sank. Wenn also am 1. April 1924 die Industriepreise sich zu den Landwirtschaftspreisen wie 1,33 : 1 verhielten, so lautete dieses Verhältnis am 1. April 1925 0,96 : 1.[38]

Es muß jedoch bemerkt werden, daß die Festlegung eines Preisverhältnisses für Industrie- und Landwirtschaftswaren, das im ganzen dem Verhältnis des Jahres 1913 entsprach, durchaus nicht bedeutete, daß die alten Wert- und Preisverhältnisse wiederhergestellt wurden. Die Struktur der industriellen und landwirtschaftlichen Produktion hatte sich wesentlich verändert. Verändert hatte sich auch der Reproduktionswert der einzelnen Waren. Unter diesen Bedingungen reflektierte das Verhältnis zwischen dem Preisindex der industriellen und der landwirtschaftlichen Waren, das nahezu gleich eins war, das stark veränderte Verhältnis der Preise für bestimmte Waren und folglich die veränderten Wertproportionen zwischen verschiedenen Zweigen der industriellen und der landwirtschaftlichen Produktion.

Es hat in der Folgezeit noch erhebliche Schwankungen in den Wertverhältnissen gegeben. Wesentlich ist aber — und das muß betont werden —, daß bereits 1923 bis 1925, als der Tscherwonez und die Kassenscheine faktisch (in gewissem beschränktem Maße) gegen Gold zur offiziellen Parität einlösbar waren,[39] die Preisverhält-

38 Vgl. „Finanzwesen und Volkswirtschaft" (russ.), Nr. 2, 1926.

39 Wir sprechen von einer faktischen Einlösbarkeit des Tscherwonez und der Kassenscheine gegen Gold, da nach dem Gesetz weder die Staatsbank noch das Volkskommissariat für Finanzen zu dieser Einlösung verpflichtet waren. Indes erfolgte bis zum Jahre 1926 faktisch eine solche Einlösung zur offiziellen Goldparität des Tscherwonez (1 Tscherwonez = 7,742 g Gold). Diese Einlösung wurde vor Beendigung der Geldreform durch eine von Zeit zu Zeit erfolgende Währungsintervention der Staatsbank, danach durch regulären Verkauf (und dementsprechenden Ankauf) von Gold und ausländischer Valuta an Institutionen und Betriebe sowie Privatpersonen durch die Staatsbank vorgenommen.

nisse sich erheblich verändert hatten und sich gegenüber den Preisverhältnissen vor der Revolution auch weiterhin veränderten und damit den neuen Reproduktionsbedingungen entsprachen.

Der Preismechanismus wurde in dieser Periode bei weitem nicht völlig vom Staat beherrscht. Der Einfluß spontaner Elemente war noch groß. Aber die Grundrichtung der Preisbewegung, das heißt die entscheidenden Preisproportionen, wurde bereits entsprechend den Erfordernissen der ökonomischen Gesetze des Sozialismus vom Sowjetstaat bestimmt.

Mit dem Abschluß der Geldreform war die Kaufkraft des Tscherwonez stabilisiert und wurde mit geringen Veränderungen während der ganzen Periode, in der die Ergebnisse der Geldreform gefestigt wurden, auf der gleichen Höhe gehalten. Hierzu folgende Angaben:

Bewegung des Indexes der Groß- und Einzelhandelspreise

	Preisindex in Tscherwonez (1913 = 100)	
	Großhandelsindex der Staatlichen Plankomission	Einzelhandelsindex des Konjunkturinstitutes
1. Januar 1923	96,0	114,0
1. April 1924	181,0	207,0
1. April 1925	195,0	217,0
Differenz in %		
1924 gegenüber 1923	+ 88,5	+ 81,6
1925 gegenüber 1924	+ 7,7	+ 4,8

Die Kaufkraft des Tscherwonez wurde auf dem Stand der Goldparität gehalten, das heißt, die Vollwertigkeit des Tscherwonez und des Rubels war gewährleistet. Es ist bezeichnend, daß ungeachtet der Mißernte im Jahre 1924 und der dadurch hervorgerufenen angespannten Lage auf dem landwirtschaftlichen Markt die Kaufkraft des Tscherwonez im Herbst 1924 und im Frühjahr 1925 stabil blieb. Das war ein großer Erfolg der ökonomischen Politik des Sowjetstaates und ein eindrucksvolles Zeugnis für die Beherrschung des Marktes.[40]

[40] „Die Staatsbank verkaufte ohne Einschränkung Valuta und Gold zur Parität an jedermann. Tatsächlich hatten wir in dieser Periode (bis 1926 — J. K.) eine freie Umwechslung des Tscherwonez gegen Gold und ausländischer Valuta". D. Loewezki, Geldzirkulation und Währungspolitik (russ.), in „Finanzwesen und Volkswirtschaft", Nr. 7 (119), 1929. — Es ist zu beachten, daß Marx zur Konvertibilität folgendes gesagt hat „. . . die Konvertibilität der Note in Gold [bleibt] ein ökonomisches Gesetz für sie, es mag *politisch* existieren oder nicht". — „Konvertibilität in Gold und Silber ist also praktisches Maß des Werts jeden Papiergeldes, das seine Denomination vom Gold oder Silber erhält, das Papier sei legal konvertibel oder nicht". Karl Marx, Grundrisse der politischen Ökonomie. Berlin 1953, S. 50 u. 51/52.
Eine wichtige Rolle bei der Festigung der Währung spielte der staatliche Kredit. Hierauf hat Prof. W. Djatschenko sehr richtig hingewiesen. Aus seinen Berechnungen geht hervor, daß vom II. Quartal 1923/24 bis zum III. Quartal 1924/25 die Summe der unter-

Die bürgerlichen Wirtschaftswissenschaftler bemühten sich, die Bewegung der Kaufkraft des Tscherwonez als spontanen Prozeß hinzustellen. Die eine Gruppe sah in dem Steigen des Preisindexes einen Ausdruck der „Inflation", eine andere, die davon ausging, daß der Kurs des Tscherwonez ungeachtet des steigenden Preisindexes der Goldparität entsprach, verneinte eine Inflation, betrachtete aber die Veränderung der Kaufkraft als Folge der „spontanen Angleichung" der Inlandspreise in Gold und der Weltmarktpreise. Beide Standpunkte, die die Lage der Sowjetökonomik vom bürgerlich-restaurativen Blickwinkel aus bewerteten, hatten nichts mit der Wirklichkeit gemein.

Alle Erfahrungen mit den stabilen Preisen und den stabilen Kursen in den Jahren 1924 und 1925 sprachen gegen eine „Inflation" des Tscherwonez. Es fehlten selbst die geringsten Anzeichen für eine künstliche Erhöhung des Kurses. Die Marktkurse entsprachen fast völlig den offiziellen Notierungen, die auf dem Goldgehalt des Tscherwonez beruhten.

Obgleich der Staatshaushalt schnell anwuchs, blieb er, wie wir gesehen haben, defizitlos. Die steigenden Haushaltseinnahmen stützten sich auf das allgemeine schnelle Wachstum der Volkswirtschaft. Die in Umlauf gesetzten Geldmengen waren durch Gold, Devisen und diskontierte Wechsel voll gedeckt. Der nicht ausgenutzte Betrag der festgesetzten Emission belief sich im 1. Oktober 1924 auf 24,1 Mill. Rbl. und am 1. Oktober 1925 auf 33,4 Mill. Rbl.[41] Alle Erörterungen über eine „Inflation" in den Jahren 1924 und 1925 waren also nichts anderes als bourgeoise Verleumdungen der Finanzpolitik der Sowjetmacht.

Eine ebenso grobe Entstellung der Tatsachen waren die Erklärungen, daß die Preisveränderungen angeblich eine unausweichliche spontane Anpassung der Sowjetpreise an den Preisstand des Weltmarktes bedeuteten. Das Steigen des Preisindexes in der Tscherwonezwährung und folglich auch (bedingt durch den stabilen Goldgehalt des Tscherwonez) das Sinken der Kaufkraft des Goldes ist, wie wir gesehen haben, damit zu erklären, daß sich die Reproduktionsbedingungen der Waren in den Jahren 1923 und 1924 geändert hatten und die Voraussetzungen für einen überhöhten relativen Goldwert, wie in der Periode der Geldentwertung, nicht mehr vorhanden waren. Nicht eine zusätzliche Emission trieb die Preise in die Höhe, sondern umgekehrt: Die entsprechend den Produktionskosten gestiegenen Preise erweiterten das Fassungsvermögen der Zirkulation und forderten neben der Erweiterung des Warenumsatzes eine Erhöhung der Emission, die über den Kredit vor sich ging.

Nachdem der Tscherwonez in den Verkehr gebracht und das Preissystem auf dieser Basis festgelegt worden war, erklärten die bürgerlichen Restauratoren mit noch mehr Nachdruck als vorher, die Wiederherstellung der Preisverhältnisse von vor der Revolution sei unvermeidlich. Da diese Preisverhältnisse Ausdruck der

gebrachten Anleihen vierteljährlich 21,5 bis 25% der gesamten zirkulierenden Geldmenge betrug. Vgl. W. P. Djatschenko, Das sowjetische Finanzwesen in der ersten Entwicklungsphase des sozialistischen Staates (russ.). A. a. O., S. 279.

[41] Vgl. Statistisches Handbuch der UdSSR für 1928 (russ.). Statisdat 1929, S. 601.

kapitalistischen Reproduktion waren, handelte es sich bei diesen Behauptungen in Wahrheit um eine schlecht bemäntelte restaurative Orientierung.[42]

Die von der Kommunistischen Partei und dem Sowjetstaat durchgeführte Umgestaltung der sowjetischen Wirtschaft hatte vom Beginn der NÖP an nichts mit einer Wiederherstellung der vor der Revolution gültigen Preisproportionen gemein. Im Gegenteil, der Sowjetstaat wirkte mit seiner gesamten Wirtschaftspolitik, welche die objektive Notwendigkeit der sozialistischen Umgestaltung der überkommenen volkswirtschaftlichen Proportionen widerspiegelte, auf die grundlegende Änderung dieser Preisproportionen hin.

Diese Aufgabe war besonders schwierig, da die kleine Warenwirtschaft ständig Kapitalismus erzeugte, woraus auch insbesondere die Tendenz entsprang, die alten spontanen Preisproportionen wiederherzustellen. Unter diesen Umständen kam die entscheidende Rolle der sozialistischen Wirtschaftsform, auf die sich der Staat stützte, auch darin zum Ausdruck, daß bereits in dieser von uns betrachteten Etappe die Preisproportionen im Interesse des sozialistischen Aufbaus festgelegt wurden.

Gewiß übten in den Jahren 1923 und 1924 — sowohl bei Industriewaren als auch bei landwirtschaftlichen Produkten — die spontanen Kräfte noch einen ernst zu nehmenden Einfluß auf die Preisentwicklung aus. Aber die allgemeine Richtung der Preisentwicklung und ihre Grenzen wurden von den ökonomischen Gesetzen des Sozialismus bestimmt, die der Staat planmäßig ausnutzte.

Der Staat beseitigte die „Preisschere" zwischen den Industrie- und Landwirtschaftspreisen. Er stabilisierte den Tscherwonez, das heißt seinen Valutakurs und seine Kaufkraft, auf dem Binnenmarkt. Völlig neue Züge der sowjetischen Geldzirkulation begannen sich abzuzeichnen, wodurch das Geld in großem Umfang aktiv als eines der wichtigsten Werkzeuge zur Regulierung der Preise, zur planmäßigen Festsetzung neuer Preisproportionen entsprechend den Erfordernissen der immer mehr sich durchsetzenden ökonomischen Gesetze des Sozialismus ausgenutzt werden konnte.

Der Grad, in dem der Staat sich der einzelnen Teile des Marktes bemächtigte, war unterschiedlich. Das am besten organisierte Kettenglied des Handels war der bereits im Jahre 1924 unmittelbar vom Staat gelenkte staatliche Großhandel. Er war das Kettenglied, auf das der Staat sich zur Beeinflussung der Marktbeziehungen stützte. Im Jahre 1924 senkte der Staat die Großhandels-Abgabepreise und erreichte damit ein Sinken der Preise auch in anderen Zirkulationssphären. Doch ging das durchaus nicht automatisch vor sich. Es entstanden Preisunterschiede, und das Privatkapital, in dessen Händen sich ein erheblicher Teil des Einzelhandels befand, bemühte sich, daran zu verdienen. Erscheinungen des Warenmangels wur-

42 Die Idee der Wiedergeburt der vorrevolutionären Goldgeldproportionen entwickelten die bürgerlichen Ökonomen mit der Begründung, daß angeblich die „Erinnerung" an das Vorkriegssystem der Geldzirkulation noch lebendig sei. Die seinerzeit bekannten, von Groman entwickelten pseudowissenschaftlichen „empirischen Koeffizienten" beruhten auf der gleichen fehlerhaften Idee von der „Vererbung" der vor der Revolution gültigen Preisproportionen.

den von ihm zu Spekulationen ausgenutzt. Aber dem Staat gelang es, Schritt für Schritt seine Positionen in der Zirkulationssphäre zu verstärken, das Privatkapital zu verdrängen und damit dessen Möglichkeiten, die Marktregulierung zu stören, einzuengen.

Die wütenden Angriffe der Ideologen der NÖP-Bourgeoisie gegen die systematisch sich festigende Beherrschung des Marktes durch den Sowjetstaat und gegen dessen Preissenkungspolitik wurden gewöhnlich unter dem Vorwand des Kampfes gegen „Verletzungen" des Gesetzes von Angebot und Nachfrage und gegen Erscheinungen des Warenmangels vorgetragen.[43]

Natürlich stieß die staatliche Marktregulierung infolge der noch starken Positionen des Privatkapitals im Einzelhandel und im Zwischenhandel auf erhebliche Schwierigkeiten. Trotzdem trug diese Regulierung in der damaligen Periode zur Lösung der wichtigsten Aufgabe bei: das gesamte System der Ware-Geld-Beziehungen der Entwicklung des Sozialismus unterzuordnen.

Die Organisation der Geldzirkulation, zu der auch die Marktmethoden zur Stützung der Goldparität des Tscherwonez gehörten, entsprach der Aufgabe des Sowjetstaates, das Geld mit Erfolg für den planmäßigen Aufbau des Sozialismus einzusetzen.

Die oben angeführten Tatsachen zeigen, daß der Tscherwonez dazu beitrug, die Hindernisse, die sich dem Fungieren des Geldes als Wertmaß entgegenstellten, zu beseitigen und Preise und Preisproportionen so festzusetzen, daß sie den jeweiligen Bedingungen der Reproduktion entsprachen. Aus dem Dargelegten ist auch zu ersehen, daß der Kurs des Tscherwonez keineswegs durch eine angebliche Orientierung auf das Pfund Sterling oder den Dollar bestimmt wurde, wie bürgerliche Wirtschaftswissenschaftler es darzustellen versuchten. Tatsächlich spielte die Aufrechterhaltung eines bestimmten Kurses des Tscherwonez zu ausländischen Währungen eine gewisse Rolle, aber das war nicht das Entscheidende. Der Valutakurs des Tscherwonez spiegelte lediglich seinen Goldgehalt wider, der unter Berücksichtigung der Bedingungen des *Binnenmarktes*, der *inneren Zirkulation*, festgesetzt worden war.

Die Goldparität des Tscherwonez wurde durch die Gesamtheit der Maßnahmen zur Regulierung und Planung des Warenmarktes aufrechterhalten. Folglich war die feste Sowjetwährung von Anfang an ihrer Natur nach eine neue Währung, und ihr Goldgehalt war auf andere Weise festgesetzt worden als der Goldgehalt der kapitalistischen Währungen.

Die grundsätzlich neuen Funktionsbedingungen der neuen Geldware bestimmten auch die technischen Methoden zur Festsetzung des realen Gehalts des Tscherwonez. Vom Beginn seiner Einführung in die Zirkulation bis zur Vollendung der Geldreform wurde der Gehalt des Tscherwonez faktisch dadurch festgesetzt, daß die in Papiergeld ausgedrückten Warenpreise zum Index der Vorkriegs-Goldpreise — mit entsprechenden, durch die veränderten Reproduktionsbedingungen nötigen

[43] Siehe beispielsweise den Artikel von W. W. Nowoshilow in der Zeitschrift „Mitteilungsblatt des Finanzwesens" (russ.), Nr. 2, 1925.

Korrekturen — ins Verhältnis gesetzt wurden.[44] Der Valutakurs des Tscherwonez diente also als Hilfsmittel zur Regulierung des Goldgehaltes der neuen Währung.

Der Kurs des harten Rubels wurde im Jahre 1923 von der Effektenabteilung der Moskauer Warenbörse auf ein Zehntel der Geldkursnotierung des Tscherwonez festgesetzt. Dieser auf dem Index der Warenpreise in Papierscheinen beruhende Kurs unterschied sich bis zum September des Jahres 1923 vom Kurs des „Gold-

[44] Die Tatsache, daß die Beziehung des Tscherwonez zum Gold durch die Bewertung des Tscherwonez in den in ihrem Wert sinkenden Papierrubeln festgelegt wurde, veranlaßte eine Anzahl von Ökonomen, den Tscherwonez als Abart einer „Index"währung zu erklären. D. Kusowkow behauptete beispielsweise, daß das Verhältnis, das zwischen der Banknote und dem Gold bestand, eher einen arithmetischen Charakter gehabt hätte – nach der Art der Formel, daß, wenn zwei Größen (der Tscherwonez und das Gold) einer dritten gleich sind (der entsprechenden Anzahl Papierrubel), diese beiden Größen auch untereinander gleich sind, d. h., daß die Banknote dem Gold gleich käme. Die Banknote, so meinte D. Kusowkow, die ursprünglich auf eine bestimmte konkrete Ware ausgestellt war, verwandelt sich am Ende unausbleiblich in eine Indexbanknote, deren Kurs sich nicht parallel zum Wert dieser konkreten Ware bewegt, sondern parallel zur allgemeinen Bewegung des Preisniveaus der Waren. Er bezog sich dabei darauf, daß unsere „goldene" Banknote, wenn ihr Kurs den Goldpreisen folgte, beträchtlich von der Bewegung des allgemeinen Preisstandes abweichen müßte, da die Preisbewegung für Gold in allen seinen Arten nicht mit der allgemeinen Preisbewegung zusammenfällt. Vgl. D. Kusowkow, Die Hauptmomente für den Zerfall und die Wiederherstellung des Geldsystems (russ.), in: Die Kommunistische Akademie, 1925, S. 266 u. 275.
Die Argumentation Kusowkows gegen den Goldgehalt des Tscherwonez beruht erstens darauf, daß er die Stellvertretung des Goldes durch das Papiergeld (wenn auch eine „schlechte" Vertretung, die durch den fortschreitenden Inflationsprozeß kompliziert wird) verneint. Denn, wenn man anerkennt, daß das Papiergeld ein Goldzeichen ist, so muß man auch anerkennen, daß der Tscherwonez, der mit einer bestimmten Menge dieser Zeichen bewertet wird, genauso Gold darstellt. Zweitens beruht Kusowkows Argumentation auf der Tatsache, daß zu der Zeit, als der Tscherwonez eingeführt wurde, der „Preis" der Goldbarren und des goldenen Zehnrubelstücks der Vorrevolutionsprägung in festen Rubeln stark schwankte und nicht dem Index der Warenpreise entsprach. Aber dieser letzte Umstand spricht ebensowenig gegen den Goldgehalt des Tscherwonez wie das Agio auf Gold in der Inflationszeit gegen den Goldgehalt des Papiergeldes überhaupt spricht. Das Agio auf Gold in der Inflationszeit beweist lediglich, daß ein Teil der Goldvorräte, die im Umlauf zurückgehalten werden (danach wird eben der besondere Preis in Papiergeld festgesetzt), aufhört, allgemeines Äquivalent zu sein, und nur einfache Ware ist, die allen Zufälligkeiten einer stürmischen Spontaneität des spekulativen Umsatzes unterworfen ist. Das wirkliche Wertmaß aber bleibt das Gold, dessen Wert den tatsächlichen Reproduktionsbedingungen entspricht. Die horrenden Preise für Gold im Jahre 1923 bezogen sich gerade auf dieses im Umlauf zurückgehaltene, spekulativ zirkulierende Gold auf dem „freien Markt". Der Tscherwonez aber drückte das Gold zu Preisen aus, die den tatsächlichen Reproduktionsbedingungen entsprachen. Das war durch das gesamte Preissystem gewährleistet, daß sich in der Periode der Einführung des Tscherwonez allmählich herausbildete. Nachdem diese Preise sich gebildet hatten und der Tscherwonez eingeführt worden war, wurde auch das Gold des „freien Marktes" zu einem einfachen Teil des als Wertmaß fungierenden Goldes.

rubels", der von einer besonderen Quotierungskommission festgesetzt wurde. Der letztgenannte Kurs war der Goldpreis in Papiergeld auf dem „freien Markt", oder anders ausgedrückt, er war das Resultat der Korrektur des Preisindexes von 1913 in bezug auf die veränderte Kaufkraft des Goldes auf dem Markt. Vom September 1923 bis zum Ende der Geldreform stimmten beide Kurse überein.

Die Kurspolitik berücksichtigte mit der Erweiterung der Außenhandelsbeziehungen und der Normalisierung des Valutamarktes in erhöhtem Maße die Kursschwankungen des Tscherwonez zu den Auslandswährungen.[45]

Der Tscherwonez vertrat das Gold als Geldware. Er entstand und festigte sich in Einklang mit den Reproduktionsbedingungen der UdSSR in jener Periode; diese Reproduktionsbedingungen bestimmten auch ausschließlich den Goldgehalt des Tscherwonez und seine Stabilität. Selbstverständlich hat auch der Weltmarkt auf diese Bedingungen einen gewissen Einfluß ausgeübt, aber dieser Einfluß konnte sich nicht mehr wesentlich und unmittelbar auf die Sowjetwährung auswirken, die sich auf den organisierten Markt stützte und durch das Außenhandelsmonopol geschützt war.

Nach Abschluß der Wiederherstellungsperiode und mit dem Übergang zur Rekonstruktion des Landes widersprach die Anwendung von Marktmethoden zur Stützung der Valutaparität immer mehr den Erfordernissen der sozialistischen Umgestaltung der Volkswirtschaft der UdSSR. Diese Widersprüche wuchsen und riefen eine Reihe spezifischer Schwierigkeiten hervor.

Die erste Gruppe dieser Schwierigkeiten trat gegen Ende der von uns betrachteten Periode auf, im Herbst 1925. Dieses Jahr zeichnete sich durch eine Rekordsteigerung der Industrieproduktion aus (gegenüber dem vorangegangenen Jahr um 66,1 %; die Produktion von Produktionsmitteln stieg um 59 %, die Produktion

[45] Die Frage, welches Gold der Tscherwonez seit seiner Einführung darstellte: das Gold des Weltmarktes oder das Gold des Binnenmarktes, und welches Binnenmarktes, wurde von den bürgerlichen Wirtschaftswissenschaftlern in der wirtschaftswissenschaftlichen Literatur absichtlich isoliert vom Problem der allgemeinen Entwicklung des Sowjetgeldes und seiner Besonderheiten in der Anfangsetappe der NÖP gestellt. Die Lösung dieser Fragen wurde von Interessen bestimmt, die mit Wissenschaft so gut wie gar nichts zu tun hatten. Nach der einen Version orientierte sich der Tscherwonez nach dem Kurs des Goldrubels auf dem „freien Markt". Diese Ansicht der NÖP-Leute ist leicht durch die Tatsachen zu widerlegen. Der „Kurs der Tscherwonez" und der Kurs des sogenannten „Goldrubels" bewegten sich bis zum September 1923 in verschiedenen Bahnen. Von dem Augenblick an, als diese beiden Kurse zusammenfielen, spielten sie überhaupt keine Rolle in der Preisbildung, da das Preissystem auf dem Tscherwonez aufgebaut war und die Verrechnungen in Tscherwonzen vor sich gingen. Vollkommen irrig war auch die entgegengesetzte Ansicht, die ebenfalls bürgerlich restaurativen Charakter trug und nach der angeblich eine „Evolution des sowjetischen Geldsystems" und ein „Übergang zu einer Kurspolitik" stattgefunden hatte, die auf das „Gold des Iljinka" (d. h. das Gold des „freien Marktes") und auf eine Annäherung des allgemeinen Preisstandes an die Politik der Kurse gerichtet war und den Preis des Auslandsgeldes auf dem Währungsmarkt widerzuspiegeln versuchte. Vgl. T. N. Engejew, Zur Charakteristik des Geldsystems der UdSSR (russ.) in: „Kredit und Wirtschaft", Nr. 19, 128.

von Bedarfsgütern um 72 %) [46], ferner durch einen besonderen Elan in den Investitionsarbeiten und durch eine höhere Ernte als im Vorjahre. Trotzdem gab es im Herbst 1925 einen starken Preisanstieg und Erscheinungen eines recht beträchtlichen Warenmangels. Die Getreideerfassungspreise waren im Erntejahr 1925 um 20 bis 30 % höher als 1924, die Marktkonjunktur war angespannt, die Preise auf dem nichtorganisierten Markt zogen in der zweiten Hälfte des Jahres 1925 merklich an.

Die Ursache dieser Erscheinungen darf nicht nur in der Zirkulationssphäre gesucht werden. Sie lag tiefer. Die Beendigung der Wiederherstellungsperiode und die gewaltige Zunahme der Rekonstruktionsarbeiten riefen auch wesentliche Verschiebungen in den Proportionen des Reproduktionsprozesses hervor.

Die ständig steigenden Investitionen erforderten hohe Aufwendungen, die jedoch anfänglich nicht so schnell zu einer zusätzlichen Produktion von Massenbedarfsgütern führten. Das war eine der wichtigsten Ursachen dafür, daß in der zweiten Hälfte des Jahres 1925 zwischen dem Warenangebot und der zahlungsfähigen Nachfrage der Bevölkerung eine gewisse Unausgeglichenheit entstand. In der gleichen Richtung wirkte sich auch der schnell wachsende materielle Wohlstand der Werktätigen in Stadt und Land aus: Die erhöhte Kaufkraft der Arbeiterklasse und der Bauernschaft überflügelte das Wachstum der Produktion.

Die Steigerung der Produktion von Produktionsmitteln und die gewaltigen Investitionen rissen bereits im zweiten Halbjahr 1925 eine gewisse Kluft auf zwischen dem Finanzbedarf der Industrie und des Bauwesens und den Möglichkeiten, diesen Finanzbedarf aus eigenen Mitteln zu decken. Das erforderte eine recht hohe Geldemission. Die Gesamtsumme des zu Beginn des Jahres 1925 zirkulierenden Geldes betrug 742,7 Mill. Rbl., am Ende des Jahres aber waren es 1269,3 Mill. Rbl.[47] Fast der gesamte Geldzuwachs fiel in die zweite Hälfte des Jahres: Am 1. Juli war die Geldmenge gegenüber dem Anfang des Jahres um 13,8 % gestiegen, am Jahresende um 70,8 %.[48] Auf die angespannte Marktkonjunktur und die steigenden Preise im zweiten Halbjahr 1925 hatte zweifellos auch diese erhöhte Geldemission eingewirkt, aber diese Wirkung war nicht das Entscheidende.

Die Verhältnisse im Herbst 1925 waren für die bürgerlich-restaurative Gruppe von Wirtschaftswissenschaftlern der Anlaß, erneut wegen der „drohenden Inflation" Lärm zu schlagen. Das Schreckgespenst der „Inflation" mußte herhalten, um zu „beweisen", daß es notwendig sei, die Entwicklung der sozialistischen Industrie um der angeblichen Stützung der Goldparität des Rubels willen zu bremsen. Diese Gruppe strebte nach spontanen Marktmethoden, um die Emission zu regulieren, bestand darauf, daß auf eine Planung verzichtet würde usw.[49]

[46] Der sozialistische Aufbau der UdSSR (russ.). A. a. O., S. 2.

[47] Die sozialistische Wirtschaft (russ.). 1925, Buch V, S. 29.

[48] Statistisches Jahrbuch des Volkskommissariats für Finanzen der UdSSR für 1924/25 und 1925/26 (russ.), S. 173/174.

[49] Siehe A. Weinstein in der „Rundschau", Wirtschaftsbulletin des Konjunkturinstitutes (russ.), Nr. 11/12, 1926; Ergebnisse der Bearbeitung der Frage der Emissionsmöglichkeiten (russ.), in: „Mitteilungsblatt für das Finanzwesen", Nr. 7, 1925, S. 3–12; „Die

Doch der Sowjetstaat schlug einen ganz anderen Weg ein, um die Stabilität der Sowjetwährung zu sichern. Zwar wurden im Jahre 1925 besondere Maßnahmen getroffen, um die Stabilität des Tscherwonez durch Marktmethoden zu stützen, da die Voraussetzungen, auf diese Methoden völlig zu verzichten, noch nicht gegeben waren. Aber das geschah nicht etwa durch Entfesselung spontaner Marktelemente, wie es die bürgerlichen Restauratoren forderten, sondern mit Hilfe einer Politik, die auf die weitere Beherrschung des Marktes und die Verdrängung der kapitalistischen Elemente durch die Entwicklung der sozialistischen Industrie gerichtet war.

Mit allen finanzökonomischen Hebeln elastisch manövrierend, wandte der Staat insbesondere die Mittel der Emissionspolitik in verstärktem Maße an.[50] Ende 1925 und Anfang 1926 wurden Maßnahmen zur Einschränkung der Emission getroffen. Am 1. Januar 1926 befanden sich, wie bereits erwähnt, 1269 Mill. Rbl. in Umlauf. Während der ersten 8 Monate des Jahres 1926 betrug die zirkulierende Geldmenge 92 bis 97 % derjenigen zu Beginn des Jahres, stieg lediglich im zweiten Halbjahr etwas an und hatte am 1. Januar 1927 den Stand von 1354,3 Mill. Rbl. erreicht, war also in einem Jahr um 6,7 % gewachsen.[51]

Die Entwicklung der Industrie, der Angriff auf das Privatkapital und seine Verdrängung hatten die Voraussetzungen dafür geschaffen, die Regulierung der Geldzirkulation und die Erhaltung und Festigung der Stabilität des Rubels und seiner Kaufkraft unmittelbar mit den Aufgaben zur Umgestaltung der UdSSR in Übereinstimmung zu bringen, ohne diese Übereinstimmung durch Marktmethoden zur Stützung der Goldparität zu komplizieren, das heißt, sie hatten die Möglichkeiten geschaffen, auf solche Methoden zu verzichten. Um aber diese Möglichkeit in die Wirklichkeit umzuwandeln, war noch ein großer Schritt vorwärts auf dem Wege der sozialistischen Entwicklung der Sowjetökonomik notwendig. Bis dahin stützte der Staat die Tscherwonez- und Rubelparität (sowohl die innere als die äußere) auch durch Anwendung von Marktmethoden. Dies war eine wichtige Besonderheit der sowjetischen Geldzirkulation dieser Periode.

Von der Einführung des Tscherwonez an und während der gesamten Dauer der Geldreform bis zur Festigung ihrer Ergebnisse (1924—1925) fand, wie bereits er-

Wirtschaftsrundschau" (russ.), Nr. 2, 1926, S. 30—41; „Mitteilungsblatt für das Finanzwesen" (russ.), Nr. 1, 1926, S. 197—200; W. Shelesnow, Das Problem der Feststellung der Emissionsmöglichkeiten (russ.), in: „Mitteilungsblatt für das Finanzwesen", Nr. 3, 1925.

50 „Das stürmische Wachstum der Geldzirkulation während der ersten 15 Monate nach der Reform rief übertriebene Vorstellungen von dem Umfang der Umlaufmittel hervor, die unsere Wirtschaft, sowohl die staatliche als auch die private, brauchte. Wir haben die Volkswirtschaft mit einer größeren Summe bevorschußt, als es der Zustand unseres Warenumsatzes zuließ." Hieraus ergab sich auch, wie der Verfasser betont, „die allervorsichtigste Emissionspolitik". S. Kusnezow, Einige Ergebnisse und Perspektiven der Finanzarbeit (russ.), in: „Das Finanzwesen und die Volkswirtschaft", Nr. 1, 1926, S. 4.

51 Vgl. Statistisches Jahrbuch des Volkskommissariats für Finanzen der UdSSR für 1926/27 (russ.), S. 137.

wähnt wurde, eine Umwechslung des Tscherwonez gegen ausländische Zahlungsmittel und Gold statt. Diese Umwechslung wurde nicht nur auf dem legalen „freien Markt“ vorgenommen, sondern auch von der Staatsbank, die die Valutakurse durch An- und Verkauf von Devisen und Gold gegen Tscherwonez nach der Parität regulierte.

Es stellte sich eine aktive Handelsbilanz ein, und die Devisen wurden bei der Staatsbank (auf Grund des Außenhandelsmonopols) konzentriert. Dadurch konnte diese an ihrer strengen Politik bei der Emission von Tscherwonzen festhalten und Zurückhaltung beim Ankauf ausländischer Devisen üben. Gleichzeitig verdrängte der Tscherwonez in dem Maße, in dem er in den Verkehr gelangte, die Devisen und das Gold aus der Zirkulation und aus der Schatzbildung. Die Folge war, daß der Kurs des Tscherwonez schnell stieg und im April des Jahres 1924 die offizielle Goldparität erreichte. Von diesem Zeitpunkt an war die Politik der Staatsbank darauf gerichtet, weitere Kurssteigerungen des Tscherwonez abzuwenden. Die Stützung des paritätischen Kurses war auch nötig, um die sowjetischen Exportorganisationen nicht in eine schwierige Lage zu versetzen.

Die Staatsbank überwachte mit ihrer aktiven Währungs- und Devisenpolitik die Stabilität des Kurses und verhinderte eine Erhöhung über pari oder Senkung unter pari. Wenn bei Schwankungen der Kurs unter pari fiel, zog die Staatsbank Tscherwonzen gegen Gold und ausländische Devisen aus dem Umlauf, wirkte also mit Methoden der Valuta- und Goldintervention auf den Kurs ein. Stieg der Kurs des Tscherwonez über pari, dann zog die Staatsbank Valuta ein, die sie für Tscherwonzen kaufte. Mit solchen Methoden der Kursregulierung erzielte man zur damaligen Zeit eine ausreichende Wirkung. Die zur Kursstützung aufgewandte Valuta wurde durch Zustrom von Devisen aus Privatbesitz in die Kassen der Staatsbank gedeckt.[52]

Zu dieser Zeit wurde der Tscherwonez an vielen Börsen des Auslandes zu Kursen notiert, die entweder der offiziellen Parität nahekamen oder gar höher lagen.[53]

Der Erfolg dieser kursregulierenden Politik war aber weder auf diese Methoden noch auf die „Kunst“ ihrer Anwendung zurückzuführen. Er ergab sich auf Grund der allgemeinen ökonomischen Verhältnisse, der Erfolge der ökonomischen Politik

52 Man muß daran denken, daß die Valutaregulierung auf dem organisierten Markt auf Außenhandels- und Devisenplänen beruhte. „Wenn auch die Kursbewegungen des Goldes und der Devisen auf dem privaten Devisenmarkt spontanen Marktschwankungen ausgesetzt waren und der Sowjetstaat mit Hilfe der ‚Gold- und Devisenintervention‘ eingriff, so wurden doch der Umfang der Valutaoperationen und die Bewegung des Kurses der Devisen und des Goldes auf dem organisierten Markt planmäßig reguliert.“ I. Eisenberg, Fragen des Valutakurses des Rubels (russ.). Gosfinisdat 1958, S. 24.

53 Siehe „Die Wirtschaftswissenschaftliche Umschau“ (russ.), Nr. 4, 1925, S. 218–228. – Der Tscherwonez wurde als feste, das Gold vertretende Währung an den Börsen der USA (an der New-Yorker Börse), Deutschlands, Italiens, der baltischen Länder und des Nahen und Fernen Ostens notiert. Von April 1924 bis Januar 1925 stand der Kurs des Tscherwonez an der New-Yorker Börse etwas über pari, in Riga schwankte er während der Jahre 1923 bis 1925 um pari, an der Charbinsker Börse stand er über pari usw.

des Sowjetstaates während der Durchführung der Geldreform und der Stabilisierung ihrer Ergebnisse, die in der festen Kaufkraft des Rubels auf dem Binnenmarkt, in der Aktivierung der Handelsbilanz usw. zutage traten.

Gleichzeitig darf aber auch die ökonomische Bedeutung der Methoden, die bei der Währungspolitik in dieser Etappe angewandt wurden, nicht unterschätzt werden. Sie entsprachen der objektiven Aufgabe, die Stabilität der Tscherwonezwährung zu stützen. Ihre Anwendung war also notwendig.[54]

Die Stützung der Valutaparität des Tscherwonez durch eine aktive Devisenpolitik, wobei gleichzeitig die Übereinstimmung der Kaufkraft des Tscherwonez (des Rubels) mit dem relativen Goldwert auf dem Binnenmarkt aufrechterhalten wurde, ist für die sowjetische Geldzirkulation jener Periode (neben all ihren übrigen Merkmalen) kennzeichnend.

Sowohl die Methode der Währungsregulierung als auch die Methode der Stützung des Tscherwonez auf dem Binnenmarkt enthielt also alte Marktformen, um die Übereinstimmung der Kaufkraft des Tscherwonez mit seiner nominellen Goldparität zu sichern. Die eine wie die andere zeugte vom Vorhandensein starker Elemente auf dem spontanen Markt. Gleichzeitig wurden aber gerade diese Methoden vom sozialistischen Staat dazu benutzt, die spontanen Elemente zu überwinden und den Markt planmäßig zu beherrschen. Aber zwischen den Marktmethoden der Währungsregulierung und Stützung der Kaufkraft des Tscherwonez, die nur eine Hilfsrolle spielten, und den objektiven Notwendigkeiten einer planmäßigen Entwicklung der Geldzirkulation entstanden bereits in dieser Periode immer mehr Widersprüche, die besonders deutlich in der grundlegenden Veränderung der gesamten Währungskonjunktur, vor allem von der zweiten Hälfte des Jahres 1925 an, zutage traten. Diese Widersprüche waren durch tiefgreifende sozialökonomische Verschiebungen in der UdSSR bedingt.

Das Jahr 1925, das Jahr, in dem die Wiederherstellungsperiode abgeschlossen wurde, brachte auf Grund des Wachstums der sozialistischen Produktion ein wesentliches Erstarken des organisierten staatlichen und genossenschaftlichen Marktes auf Kosten des nichtorganisierten Marktes. Der Anteil des staatlichen und genossenschaftlichen Handels hatte sich bei allgemein erheblich gestiegenem Warenumsatz stark erhöht, wie aus folgenden Angaben hervorgeht:

[54] Auf diese Seite der Angelegenheit hat W. Djatschenko mit Recht hingewiesen, wobei er erwähnt, daß es falsch gewesen wäre, anzunehmen, das Volkskommissariat für Finanzen und die Staatsbank hätten sich mit der „Goldintervention" im Jahre 1924/25 „geirrt", da ja damals die Geldreform durchgeführt wurde und die Aufgabe darin bestand, den Kurs unserer Währung (des Tscherwonez) an das Gold und an in Gold konvertierbare ausländische Währungen zu binden. Siehe W. Djatschenko, Die Geld- und Kredittheorie der UdSSR (russ.). Gosfinisdat 1933, S. 151.
S. Atlas hebt richtig hervor, daß die Stabilität des Kurses durch sämtliche Maßnahmen der ökonomischen Politik des Sowjetstaates bedingt war, unterschätzt aber zugleich die Notwendigkeit der Währungsintervention. — S. Atlas, Grundriß der Geschichte der Geldzirkulation in der UdSSR (1917–1925) (russ.). A. a. O., S. 230.

Warenumsatz der Handels- und Industriebetriebe zu laufenden Preisen (Berechnungen des Volkskommissariats für Handel)

Jahr	Warenumsatz insgesamt (in Mill. Rbl.)	davon (in %)		
		staatlicher Sektor	genossenschaftlicher Sektor	privater Sektor
1923/24	14435,6	45,0	19,7	35,3
1924/25	20384,0	50,0	26,7	23,3

Das Privatkapital wurde bald sowohl aus der Klein- und Heimindustrie als auch aus der Zirkulationssphäre verdrängt. Es verlegte sich nun auf Währungsspekulationen und verwandte alle Energie auf den Aufkauf von Devisen und Gold. Diese Devisenspekulation wurde dadurch entfacht, daß in der zweiten Hälfte des Jahres 1925 die Preise auf dem Binnenmarkt etwas angezogen und das Verhältnis zwischen der Kaufkraft des Rubels und seinem Valutakurs zum Schmuggel von Massenbedarfsgütern reizte.

Ein ziemlich hohes Defizit in der Zahlungsbilanz komplizierte die Währungsverhältnisse. Dieses Defizit war durch den umfangreichen Import von Waren entstanden, die für die Entwicklung der Industrie benötigt wurden. Im Jahre 1924/25 betrug das Defizit 129 Mill. Rbl., und 1925/26 belief es sich auf 64,2 Mill. Rbl.[55] All das erschwerte die Stützung des Valutakurses durch Marktmethoden ganz wesentlich.

Trotzdem setzten das Volkskommissariat für Finanzen und die Staatsbank den faktischen Umtausch der Tscherwonezwährung gegen Devisen und Gold bis zum Jahresende fort, und der Kurs zur Auslandswährung blieb sowohl auf dem staatlichen Sektor als auch auf dem Privatmarkt stabil.[56] Indessen entsprach nach den radikal veränderten Verhältnissen Ende 1925 der faktische Umtausch schon nicht mehr den Interessen des Sowjetstaates.[57]

Diese gespannte Lage auf dem Devisenmarkt versuchten die bürgerlich-restaurativen Elemente auszunutzen, die zu jener Zeit im Volkskommissariat für Finanzen und in der Staatsbank tätig waren. Eine kleine Gruppe schlug eine „Devalvation" des Rubels vor, eine andere jedoch, die angeblich unerwünschte Folgen einer

55 „Die Wirtschaftswissenschaftliche Umschau" (russ.), Nr. 8, 1928, S. 60.

56 „Der Kurs zur Auslandswährung blieb sowohl auf dem staatlichen Sektor als auch auf dem privaten Markt stabil, da die Staatsbank unbeschränkt Devisen und Gold zu pari an jedermann verkaufte, der dies wünschte. De facto hatten wir in dieser Periode einen freien Umtausch des Tscherwonez gegen Gold und Devisen." — „Das Finanzwesen und die Volkswirtschaft" (russ.), Nr. 7, 1929, S. 6.

57 „Während in der Periode der Geldreform", schreibt G. A. Koslow, „die regulierenden Maßnahmen der Staatsbank zu einem Zustrom des Goldes aus Privathand in die Staatsbank führten, konnten die Goldgeschäfte der Staatsbank 1925/26 lediglich zu einer Versorgung des Privatmannes mit Gold führen und hatten für eine planmäßige Preisregulierung bereits keine Bedeutung mehr." — G. A. Koslow, Das Sowjetgeld (russ.). A. a. O., S. 141.

Devalvation fürchtete, trat für eine allmähliche Angleichung des Preisstandes an den bestehenden Rubelkurs ein.[58] Sie setzte sich für eine Stärkung der Marktmethoden zur Stützung des Wertes des harten Rubels auf dem Binnen- und Außenhandelsmarkt ein und versuchte, die Entwicklung neuer Formen der Geldzirkulation, deren objektive Notwendigkeit durch die Bedürfnisse der fortschreitenden Entwicklung des Sozialismus hervorgerufen wurde, aufzuhalten. Die theoretischen Anschauungen der bürgerlichen Restauratoren ergaben sich aus der Vorstellung, daß das sowjetische Geldsystem „von Prinzipien der kapitalistischen Ökonomik durchdrungen" sei.

Die Partei versetzte all diesen bürgerlich-restaurativen „Theorien" einen vernichtenden Schlag und zeigte, daß die Ökonomik der Übergangsperiode alle Möglichkeiten zur Ausnutzung der Ware-Geld-Beziehungen im Interesse des Aufbaus des Sozialismus schafft.

Die Partei entlarvte die restaurativen „Theorien" und ließ sich von der marxistisch-leninistischen Lehre von den Gesetzmäßigkeiten der Übergangsperiode leiten, insbesondere von der Unterordnung eines in der Vergangenheit so bürgerlichen Instruments, wie es das Geld war, unter die Interessen des Sozialismus; sie fand neue Methoden zur Regulierung der Geldzirkulation, neue Methoden zur Stützung der Stabilität des Tscherwonez und löste diese Methoden endgültig von der Bindung an die alten Marktmethoden.

Der Prozeß der Entwicklung dieser neuen Formen der Geldzirkulation und der Methoden zu ihrer Regulierung, der mit der Entwicklung eines neuen, sozialistischen Inhalts des Geldes und seiner Funktionen einhergeht, ist Gegenstand unserer weiteren Analyse in Verbindung mit den ökonomischen Verhältnissen der folgenden Etappe.

2. Die Ware-Geld-Beziehungen in der Periode von 1926 bis 1928

Der Entwicklung des sozialistischen Inhalts der Ware-Geld-Beziehungen in der Periode von 1926 bis 1928 lag die stürmische sozialistische Industrialisierung der UdSSR zugrunde. Den Kurs auf diese Industrialisierung hatte der XIV. Parteitag beschlossen. Infolge der machtvollen Entwicklung der sozialistischen Elemente in der Volkswirtschaft wurde auch der Markt immer vollständiger vom Staat beherrscht.

Die Besonderheit der zu betrachtenden Periode besteht darin, daß die schnelle Entwicklung neuer, den Bedürfnissen der wachsenden sozialistischen Ökonomik entsprechender Formen der Geldzirkulation mit der Ausmerzung alter Formen und mit den Vorbereitungen hierzu einherging.

Das Jahr 1926 eröffnete die zweite Periode der NÖP, in der sich der Schwerpunkt der Volkswirtschaft auf die Entwicklung der Industrie, vor allem der Schwerindustrie, verlagerte.

[58] „Mitteilungsblatt für das Finanzwesen" (russ.), Nr. 4, 1926, S. 24.

Die Bruttoproduktion der Großindustrie erreichte im Jahre 1926 11,1 Mrd. Rbl. (zu Preisen des Jahres 1926/27) und hatte sich im Vergleich zu 1925 um 43,2 % erhöht. Sie übertraf damit den Stand des Jahres 1913 um 8,1 %. Die Industrieproduktion wuchs im Jahre 1927 um 14,4 % und im Jahre 1928 um 24,8 %. Der Index der mengenmäßigen Industrieproduktion stand im Jahre 1928 bereits auf 154,3 (1913 = 100). In dem schnell gestiegenen Index der Produktion von Produktionsmitteln, der im Jahre 1928 bereits 163 erreicht hatte, spiegelte sich die industrielle Umgestaltung der UdSSR wider.[59] Die sozialistische Industrie wuchs auf Kosten des privaten Sektors. Der Anteil dieses Sektors sank von 19 % im Jahre 1924/25 auf 13 % im Jahre 1927/28. Die Industrialisierung hatte einen ausgeprägt sozialistischen Charakter, und die Frage „Wer — wen?“ war auf dem Gebiete der Industrie durch die Erfolge der industriellen Entwicklung auf sozialistischer Grundlage im voraus zugunsten des Sozialismus entschieden worden.

Damit waren die Voraussetzungen geschaffen, auf Grund derer sich künftig die Wirkungssphäre der Gesetze des Sozialismus erweitern und die Planung in der sozialistischen Industrie wachsen und erstarken konnte. So wurde nach den Direktiven des XV. Parteitages mit der Ausarbeitung des ersten Fünfjahrplanes begonnen.

Das schnelle Wachstum der sozialistischen Industrie, ihre steigende Bedeutung in der Volkswirtschaft und die Festigung der Volkswirtschaftsplanung waren die entscheidenden Faktoren für die weitere Entwicklung der sozialistischen Warenproduktion und für die planmäßige Ausnutzung der Wirkung des Wertgesetzes.

Als Folge der Industrialisierung des Landes entwickelte und festigte sich in der zweiten Etappe der NÖP das System der planmäßigen Zirkulation der für die Industrie bestimmten Produktionsmittel. Gleichzeitig wurde das Privatkapital in erfolgreichem Kampf weiter aus der Industrieproduktion und dem Großhandel verdrängt; damit wurden die spontanen Elemente der Warenproduktion und Zirkulation der Produktionsmittel noch mehr eingeengt.

Die Marktbeziehungen, die sich auf die landwirtschaftlichen Produkte und die Bedarfsgüter erstreckten, gestalteten sich in der betrachteten Periode zum größten Teil ebenfalls immer planmäßiger. Die Proportionen der gesellschaftlichen Reproduktion bildeten sich immer vollständiger und unmittelbarer auf der Grundlage der Erfordernisse der ökonomischen Gesetze des Sozialismus aus.

Obgleich es hauptsächlich die Leichtindustrie war, die die inneren Akkumulationen der Industrie dieser Periode hervorbrachte, berücksichtigte der sozialistische Staat bei der planmäßigen Umverteilung dieser Akkumulationen immer stärker die Entwicklung der Schwerindustrie und verwirklichte so die Industrialisierung der UdSSR. Die inneren Akkumulationen der Industrie, die zum überwiegenden Teil in der Leichtindustrie erzielt wurden, betrugen im Jahre 1925/26 1012 Mill. Rbl., im Jahre 1926/27 1040 Mill. Rbl. und im Jahre 1927/28 1223 Mill. Rbl.[60] In den gleichen Zeitabschnitten betrugen die Investitionen allein für die

59 Der sozialistische Aufbau der UdSSR (russ.). A. a. O., S. 2.

60 Die Erfüllung des Fünfjahrplanes der Industrie (russ.). Material zum Bericht von W. Kuibyschew auf dem XVI. Parteitag. GIS 1930, S. 132, 133.

Anlagefonds der planmäßig geleiteten Industrie (einschließlich des Wohnungsfonds der Industrie) 809 Mill. Rbl., 1098 Mill. Rbl. bzw. 1367 Mill. Rbl.[61], wobei der größere Teil dieser Mittel in die Industriezweige gelenkt wurde, die Produktionsmittel herstellten (im Jahre 1925/26 58,6 %, 1926/27 66,6 % usw.).[62]

Wie das Wirken des Wertgesetzes planmäßig ausgenutzt wurde, trat vor allem darin klar zutage, daß die inneren Akkumulationen der Industrie entsprechend den Erfordernissen der ökonomischen Gesetze des Sozialismus in großem Umfang planmäßig für Investitionen der Schwerindustrie umverteilt wurden und deren Reineinnahmen immer stärker überstiegen. Wie die angeführten Daten zeigen, waren allein die Investitionen für die Anlagefonds höher als das von der Industrie erzielte Reineinkommen. Dabei sind aber auch noch die Investitionen für die Umlauffonds zu berücksichtigen. Jahraus, jahrein erhielt die Industrie aus dem Staatshaushalt bedeutend größere Mittel, als sie an diesen abführte. So betrugen im Jahre 1925/26 die Ausgaben des einheitlichen Staatshaushalts für die Bedürfnisse der Industrie (einschließlich der Elektrifizierung) 230,2 Mill. Rbl. und im Jahre 1926/27 615 Mill. Rbl.[63]

Die Planmäßigkeit bei der Ausnutzung des Wirkens des Wertgesetzes und der Wertformen im Interesse der sozialistischen Umgestaltung der Ökonomik drückte sich auch in der Verteilungsstruktur des Nationaleinkommens aus. Der Einkommensanteil des Proletariats, der im Jahre 1924/25 27,5 % des Nationaleinkommens betragen hatte, erhöhte sich im Jahre 1927/28 auf 34,1 %, während das Einkommen der Bourgeoisie und der Kulaken infolge der Einengung und Verdrängung der ausbeuterischen Elemente schnell zurückging.

Auf der Grundlage des stürmischen Wachstums der sozialistischen Industrie wurde die Warenproduktion besonderer Art und besonders die Zirkulation der Produktionsmittel innerhalb des staatlichen Sektors stetig erweitert. Auch der Konsumtionsmittelmarkt gestaltete sich planmäßiger. Das bezieht sich nicht nur auf die Verbindungen innerhalb der Industrie. Auch auf dem Gebiete des Einzelhandels-Warenumsatzes festigte sich der organisierte Markt erheblich auf Kosten des nichtorganisierten, was durch folgende Angaben bestätigt wird:

Einzelhandels-Warenumsatz (ohne Gaststätten und Speisebetriebe)[64]

Jahr	in Mrd. Rbl. Einzelhandel insgesamt	davon staatlicher und genossenschaftlicher Handel	davon privater Handel	in % der Gesamtsumme Einzelhandel insgesamt	davon staatlicher u. genossenschaftlicher Handel	davon privater Handel
1925/26	*11,7*	6,7	5,0	*100*	57,7	42,3
1926/27	*13,7*	8,6	5,1	*100*	63,1	36,9
1928	*15,2*	11,8	3,4	*100*	77,5	22,5

61 Die Kontrollziffern der Volkswirtschaft der UdSSR für 1929/30 (russ.). Moskau 1930, S. 446.

62 Ebenda, S. 447.

63 Statistisches Handbuch der UdSSR für 1928 (russ.). A. a. O., S. 574.

Wie in der Resolution des Oktoberplenums des ZK der Partei (1927) vermerkt wird, wurde mehr als die Hälfte der gesamten für das Dorf bestimmten Warenmenge unmittelbar über die Genossenschaften und die staatlichen Organe verteilt.[65]

Die von uns betrachtete Periode war also durch ein schnelles Wachstum des sozialistischen Sektors sowohl auf dem Gebiete der Produktion als auch auf dem Gebiete der Distribution und Zirkulation gekennzeichnet.

Trotzdem wäre es falsch, die Bedeutung der spontanen Elemente, die sich durch die Planung des Staates nicht beeinflussen ließen, zu unterschätzen.

Die ökonomischen Verhältnisse dieser Jahre standen im ganzen unter dem Zeichen des zunehmenden Widerspruchs zwischen der voranschreitenden sozialistischen Industrie und der zurückgebliebenen, auf der kleinen Warenproduktion basierenden Landwirtschaft.

Obgleich die Bruttoproduktion der Landwirtschaft den Vorkriegsstand erreicht hatte, war die Menge der als Waren auftretenden landwirtschaftlichen Produkte infolge der Veränderung der sozialen Struktur auf dem Lande (erhöhter Anteil der bäuerlichen Mittelschicht) und des im Verhältnis zu jener Zeit gestiegenen Lebensstandards der Bauern stark zurückgegangen. Die Versorgung der wachsenden Industriestädte mit Lebensmitteln und der Industrie mit landwirtschaftlichen Rohstoffen wurde immer schwieriger. In diesen Schwierigkeiten kamen die Widersprüche des Reproduktionsprozesses zum Ausdruck, der sich auf zwei unterschiedlichen sozialen Grundlagen vollzog: auf der Grundlage der sozialistischen Großindustrie, die von Jahr zu Jahr erweitert reproduzierte, und auf der Grundlage der zersplitterten kleinen Warenwirtschaft der Bauern, die häufig nicht einmal zur einfachen Reproduktion imstande war.

Diese Kluft zwischen der Dynamik des Reproduktionsprozesses in der Industrie und in der Landwirtschaft wird durch folgende Angaben gekennzeichnet:[66]

	Produktionsvolumen in % zum Vorjahre		
	1925/26	1926/27	1927/28
Produktion der Großindustrie	147,3	111,2	108,3
davon: Produktionsmittel	149,6	121,3	109,0
Konsumtionsmittel	146,1	105,7	107,9
Bauwesen	136,1	117,2	109,5
Landwirtschaftliche Produktion	122,2	97,7	98,6

64 Der sozialistische Aufbau der UdSSR (russ.). A. a. O., S. 607.
65 Die KPdSU in Resolutionen . . ., Teil II, S. 299.
66 Die Kontrollziffern der Volkswirtschaft der UdSSR für 1927/28 (russ.). A. a. O., S. 465.

Auch die besonderen Umstände, unter denen sich in der ersten Periode die Industrialisierung vollzog, machten sich bemerkbar. Für die Investitionsbauten der Industrie wurden gewaltige Mittel bereitgestellt; die Produktion von Bedarfsgütern konnte jedoch erst nach einer Reihe von Jahren erheblich gesteigert werden. Andererseits wurde die Kaufkraft der Bevölkerung durch das Wachstum der Städte, die Zunahme der Stadtbevölkerung und die steigende Zahl der Arbeiter sowie infolge des höheren Lebensstandards der Arbeiterklasse wie auch der Bauernschaft schnell gehoben. Das Ergebnis war, daß die Nachfrage nach Waren das Angebot beträchtlich überstieg.

Nach ungefähren Berechnungen waren im ersten Halbjahr 1925/26 die Kauffonds der Bevölkerung im Vergleich zum ersten Halbjahr 1924/25 um 1240 Mill. Rbl. gestiegen, die Produktion von Konsumtionsmitteln aber nur um 750 Mill. Rbl.[67] Auf dem Markt fehlte eine ganze Reihe von industriellen und landwirtschaftlichen Massenbedarfsgütern.

Die kapitalistischen Elemente in Stadt und Land versuchten diese Schwierigkeiten in ihrem Interesse auszunutzen. Das Kulakentum ging zur aktiven Sabotage der Getreideerfassung und zur Getreidespekulation über.

Diese Schwierigkeiten der Übergangsperiode von Grund auf zu beseitigen war nur durch die Politik der sozialistischen Industrialisierung des Landes und Kollektivierung der Landwirtschaft möglich. Vorbereitende Maßnahmen zur völligen Beseitigung der kapitalistischen Elemente mußten getroffen werden, um die kleinen Bauernwirtschaften in sozialistische Bahnen zu lenken und das Kulakentum zu liquidieren. Gerade in der Periode, die wir hier betrachten, wurde der Plan der Industrialisierung des Landes verwirklicht und wurden die Voraussetzungen zur Kollektivierung der Landwirtschaft geschaffen.

Die erstarkende sozialistische industrielle Produktion und die Entwicklung des sozialistischen Handels schufen die erforderlichen objektiven Bedingungen, durch die der Sowjetstaat in die Lage versetzt wurde, zu einer neuen, höheren Stufe der Beherrschung der Ware-Geld-Beziehungen überzugehen.

Das schnelle Wachstum der sozialistischen Elemente in der Industrie ging einher mit der Weiterentwicklung der Beziehungen auf der Grundlage der wirtschaftlichen Rechnungsführung. Auf dieser Grundlage entwickelten sich, ausgehend von den Erfordernissen der ökonomischen Gesetze des Sozialismus und der planmäßigen Ausnutzung des Wertgesetzes, alle Formen der Betriebsarbeit der staatlichen Betriebe. Die Merkmale der sogenannten kommerziellen Rechnungsführung verwischten sich immer mehr. Das kam vor allem in der neuen Verordnung über die Trusts vom Jahre 1927 zum Ausdruck, wonach die Trusts „nach Planauflagen" zu arbeiten hatten. Die Trusts sollten die Produkte in erster Linie auf Grund von Lieferverträgen entsprechend den Planauflagen abgeben. Große ökonomische Bedeutung hatte auch die Festsetzung von Richtpreisen für die durch die Trusts abzusetzenden Produkte.[68]

67 Siehe „Die Wirtschaftsumschau" (russ.), Nr. 7, 1926, S. 1–2.
68 „Gesetzblatt der UdSSR" (russ.), 1927, Nr. 39, S. 392.

So wurde die Verteilung der Produktionsmittel auf dem Wege der materiell-technischen Versorgung immer besser organisiert. Gleichzeitig beteiligten sich die staatlichen Betriebe auch immer planmäßiger am Warenumsatz des Einzelhandels.

In dieser Periode spielte die Syndizierung der Industrie, vor allem der Leicht- und Lebensmittelindustrie, bei der planmäßigen Organisierung der Produktionsmittelverteilung, bei der Festigung der Plangrundsätze im staatlichen Großhandel, bei der Stärkung der staatlichen Wirtschaft im Kampf mit dem Privatkapital sowie bei der indirekten ökonomischen Einflußnahme auf den nichtorganisierten Markt eine wichtige Rolle.

Die Syndikate planten und organisierten den Absatz der Fertigprodukte, versorgten die Industrie mit Rohstoffen und trugen zur Beseitigung der Konkurrenz zwischen den staatlichen Betrieben bei. Die Syndizierung war infolgedessen ein wirksames Mittel, um die wirtschaftlichen Beziehungen zwischen den staatlichen Betrieben planmäßig zu gestalten. Sie nahm im Jahre 1926/27 einen beträchtlichen Umfang an. Der Absatz war in der Erdöl- und Salzindustrie zu 100 % syndiziert, in der Textilindustrie zu 94,5 %, in der Lederindustrie zu 87,5 %, in der Metallindustrie zu 77,5 %, in den Ölmühlen zu 82,5 %, in der Fettproduktion zu 48,5 %, in der Glasindustrie zu 91 %, in der Porzellan- und Steingutindustrie zu 98 %, in der Streichholzindustrie zu 93,1 % usw.

Eine recht große Bedeutung auf dem Gebiete des Großhandels und des Vermittlungsgeschäfts fiel in dieser Periode den Börsen zu, die ebenfalls für die planmäßige Lenkung der Zirkulationssphäre ausgenutzt wurden.[69]

Außerordentlich wichtig für die weitere Beherrschung des Marktes sowie für die stärkere Beeinflussung des nichtorganisierten Marktes durch den organisierten war auch die bedeutende Erhöhung der planmäßigen Erfassung der landwirtschaftlichen Erzeugnisse durch den Staat und die Genossenschaften. In den Jahren 1926/27 und 1927/28 wurde die Warenproduktion an Getreide zu etwa zwei Dritteln und die Warenproduktion einer Reihe technischer Kulturen (Rohbaumwolle, Zuckerrüben) in voller Höhe planmäßig erfaßt. Auch die planmäßige staatliche Erfassung des Fleisches nahm schnell zu. Im Jahre 1925/26 betrug die Fleischerfassung noch nicht einmal 20 % der Warenproduktion, 1927/28 wurde bereits die Hälfte erfaßt.[70] Auch die staatliche und genossenschaftliche Erfassung einer Reihe anderer, besonders wichtiger landwirtschaftlicher Produkte, wie Wolle, Leder usw., erhöhte sich.

Durch das Wachstum der sozialistischen Produktion und ihre zunehmende Planmäßigkeit, durch die erhöhte Bedeutung des organisierten Marktes sowie durch

69 „Die sowjetische Börse ist ihrer Natur nach hauptsächlich ein handelstechnischer Apparat, der zur Regulierung, d. h. zur Regelung des Handels durch Organisation einer gesunden, kommerziell notwendigen Vermittlung beiträgt." — K. A. Schmidt, Organisation und Praxis des Börsenhandels in der UdSSR (russ.), in: „Das Wirtschaftsleben", 1927, S. 54.

70 Statistisches Handbuch der UdSSR für 1928 (russ.). A. a. O., S. 280/281.

dessen stärkeren Einfluß auf den nichtorganisierten Markt vertiefte sich der Nutzeffekt der direkten Planung und der indirekten Regulierung der Preise. Die direkte Preisplanung des organisierten Marktes und die Schritt für Schritt vorgenommenen Preissenkungen, die ihrerseits Preissenkungen auf dem mehr und mehr schrumpfenden nichtorganisierten Markt auslösten, nahmen im Jahre 1926/27 immer größeren Umfang an.

Die Politik der Preissenkungen für Industriewaren wurde vor allem deshalb eingeschlagen, weil sinkende Preise zur Senkung der Produktionskosten anregten und dadurch zur industriellen Entwicklung beitrugen. Gleichzeitig erweiterten die Preissenkungen die Aufnahmefähigkeit des Binnenmarktes und gewährleisteten damit den Arbeitern einen steigenden Reallohn. Beide Umstände trugen zur Festigung des Bündnisses der Arbeiterklasse mit der Bauernschaft bei.

Das Ziel der Preispolitik des Sowjetstaates war, das Wachstum der sozialistischen Akkumulation zu gewährleisten und die Bildung von Akkumulationen in den Händen des Privatkapitals zu verhindern. Hierzu war die Annäherung der Großhandelspreise an die Einzelhandelspreise notwendig. Dies wurde dadurch erreicht, daß die Einzelhandelspreise für industrielle wie für landwirtschaftliche Produkte gesenkt wurden.

In der Verordnung des Rates für Arbeit und Verteidigung vom 2. Juli 1926 [71] wurde die Aufgabe gestellt, die Preise um 10 % zu senken. Dies war keine leichte Aufgabe, und es gelang nicht gleich, sie zu lösen. In den Kampf um die Preissenkung schalteten sich die breiten Massen der Arbeiter, Angestellten und Bauern ein. Die Preissenkungskommissionen bei den Exekutivkomitees wirkten aktiv mit. Das Ergebnis war, daß der Index der Einzelhandelspreise im staatlichen und genossenschaftlichen Handel am 1. Juli 1927 im Vergleich zum 1. Januar 1927 um 9,1% gesunken war, und zwar auch für Mangelwaren.

Die planmäßige Senkung der staatlichen und genossenschaftlichen Preise zog auch im Privathandel eine beträchtliche Preissenkung für viele Waren nach sich. In der Zeit vom 1. Januar bis 1. Juli 1927 sanken die Preise für Kattun im genossenschaftlichen Handel um 14,6 % und im Privathandel um 22,9 %, die Preise für Petroleum um 6,5 bzw. um 8,5 % usw.[72]

Die Staatliche Plankommission beurteilte den Einfluß des organisierten Marktes auf den nichtorganisierten Markt folgendermaßen: „... im Jahre 1926/27 vollzog sich eine einschneidende Wende, die von einem solchen Einfluß des vergesellschafteten Handels auf den Privathandel zeugte, daß dieser gezwungen war, zurückzuweichen und sich den Preisen des staatlichen und genossenschaftlichen Handels anzugleichen“.[73]

Diese Wende, die sich im ersten Halbjahr 1927 in einer Preissenkung für Industriewaren widerspiegelte, die im Privathandel durchschnittlich 5,5 % betrug,

[71] „Gesetzblatt der UdSSR“ (russ.), 1926, Nr. 51, S. 374.

[72] Die Kontrollziffern der Volkswirtschaft der UdSSR für 1927/28 (russ.). A. a. O., S. 270.

[73] Ebenda.

war um so wesentlicher, als in den vorangegangenen Jahren die Preise auf dem Privatmarkt ständig gestiegen waren.

Die planmäßige zehnprozentige Preissenkung im staatlichen und genossenschaftlichen Handel und der starke Einfluß, den diese Senkung auf die Preisentwicklung des Privatmarktes ausübte, war ein Ausdruck dafür, welche Bedeutung die in der sozialistischen Industrie bestehenden neuen Möglichkeiten für die planmäßige Ausnutzung der Wirkungsweise des Wertgesetzes hatten.

Für die von uns betrachtete Periode ist ein ganzes System direkter Preisregulierungen und Preisplanungen typisch. Die Großhandelspreise der staatlichen Industrie wurden nach bestätigten Preislisten festgesetzt und außerdem in vielen Fällen die Absatzpreise nach Direktiven des Volkskommissariats für Handel durch Verträge der Absatzorganisationen reguliert. Das bezieht sich insbesondere auf die Getreidepreise, die für alle Organisationen des staatlichen und genossenschaftlichen Handels verbindlich waren. Einige Großhandelspreise waren als Höchstpreise bestätigt, die nach Kreisen und Verbrauchern variierten.[74] Die Regulierung der Einzelhandelspreise erfolgte durch die Festsetzung von Endverbraucherpreisen oder von begrenzten Handelsspannen. Sehr wichtig war die Arbeit der örtlichen paritätischen Kommissionen, die sich aus Vertretern der staatlichen Industrie und des staatlichen und genossenschaftlichen Handels zusammensetzten. Diese Kommissionen, die die Einzelhandelsspannen festlegten, übten ebenfalls einen regulierenden Einfluß auf die Preise aus.

Die direkte Preisregulierung griff zum Teil auch auf den Privathandel über. Für diesen waren Endverbraucherpreise verbindlich. Auch in anderer Form wurde in dieser Periode auf den Privathandel eingewirkt: Es wurden besondere Abgabepreise an Privathändler eingeführt und zwischen den staatlichen Großhandelsorganisationen und den Privathändlern spezielle Kauf- und Verkaufsverträge abgeschlossen, in denen die Absatzbedingungen, die Handelsspannen usw. festgesetzt waren. Mit Erfolg wurde auch der kommerzielle Kredit angewandt, um das Preisniveau im privaten Handel zu beeinflussen. Die Privathändler erhielten nur dann einen solchen Kredit, wenn sie sich beim Verkauf der Produkte an bestimmte Preise hielten; sobald sie gegen diese Bedingungen verstießen, wurde ihnen der Kredit gesperrt.

Auf Grund der in jeder Beziehung gefestigten Stellung des staatlichen und genossenschaftlichen Handels und mit Hilfe eines ganzen Systems ökonomischer Maßnahmen des Staates konnte ein regulierender Einfluß auf die gesamte nichtorganisierte Sphäre der Warenzirkulation ausgeübt werden.

Die Wirkungsweise des Wertgesetzes wurde also vom Sowjetstaat mit Erfolg für den Aufbau des Sozialismus ausgenutzt. Dies äußerte sich in der Zirkulationssphäre besonders darin, daß das Verhältnis zwischen den staatlichen Industriepreisen und den Landwirtschaftspreisen planmäßig so gestaltet wurde, daß es als Quelle sozialistischer Akkumulationen dienen konnte. Auf dem Juliplenum des ZK der KPdSU (B) (1928) wurde erwähnt, daß die Bauernschaft dem Staat nicht nur

[74] J. Rapoport, Die Warenpreise und der Markt (russ.). Moskau 1927, S. 53–54.

die üblichen Steuern zahlt, sondern daß sie außerdem noch infolge der verhältnismäßig hohen Preise für Industriewaren zuzahlt und daß sie auf Grund der niedrigen Preise für landwirtschaftliche Produkte mehr oder weniger unterbezahlt wird. Legt man die Preise von 1913 mit 100 zugrunde, dann stand der Index der Industrie-Großhandelspreise im Jahre 1927/28 auf 187,9 und der der Landwirtschaftspreise auf 148,6.[75] Diese eigenartige zusätzliche Besteuerung der Bauernschaft war zeitweilig notwendig, um die Industrie, die dem ganzen Lande, auch der Bauernschaft, diente, zu heben.

Ein ganzes System ökonomischer und außerökonomischer Maßnahmen wurde zu jener Zeit eingesetzt, um auf den nichtorganisierten Markt einzuwirken. Bezeichnend sind in dieser Hinsicht die Methoden, die zur Beherrschung des Getreidemarktes mit seinen vielen Millionen kleinen Produzenten angewandt wurden.

Der Herbst 1925 brachte ein starkes Ansteigen der Preise für Getreideprodukte, was ihren Absatz sehr verminderte. Der Staat traf Maßnahmen, um die Lage auf dem Getreidemarkt zu normalisieren. In die Erfassungskreise wurden Industriewaren geworfen, um das Angebot von Getreide zu stimulieren, die Eisenbahntransporte für Getreide wurden reguliert, der Export wurde gedrosselt, und die Bedingungen für die Kreditierung der Getreideerfassung wurden erschwert, wodurch die staatlichen und genossenschaftlichen Erfassungsorganisationen veranlaßt werden sollten, sich unbegründeten Erhöhungen der Erfassungspreise zu widersetzen. Damit wurde die ungesunde Konkurrenz zwischen den Erfassungsorganisationen stark abgeschwächt.

Alle diese Maßnahmen bewirkten, daß im Herbst 1926 das Ansteigen der Preise für landwirtschaftliche Produkte gestoppt und der Getreidemarkt planmäßig gestaltet werden konnte. Die Stabilisierung des Getreidemarktes, die ein großer ökonomischer Erfolg des Sowjetstaates war, wirkte sich im Herbst 1926 auch günstig auf die Brotpreise aus, denn diese sanken mit der gesteigerten Getreideproduktion und verharrten auf diesem Stand während des ganzen Jahres 1926/27.

Aber das folgende Jahr, 1927/28, riß die erste tiefe Kluft auf zwischen dem schnell steigenden Getreidebedarf der Städte und den zurückbleibenden Möglichkeiten der kleinen Bauernwirtschaften, entsprechende Warenmengen zu liefern. Diese Kluft wurde durch das ungünstige Verhältnis zwischen den Preisen für Getreide und denen für tierische Produkte noch vertieft. Das Kulakentum und die privatkapitalistischen Elemente versuchten, die entstandene Lage für sich auszunutzen und den Getreidemarkt zu desorganisieren, die staatliche und genossenschaftliche Erfassung zum Scheitern zu bringen und für spekulative Zwecke Vorräte anzusammeln. Im Herbst 1927 nahmen die erfaßten Getreidemengen stark ab, im letzten Quartal 1927 betrugen sie nur noch 2 118 700 t, das heißt 48,9 % der im entsprechenden Quartal des Jahres 1926 erfaßten Menge.[76] Die übrigen landwirtschaftlichen Produkte und Rohstoffe wurden zwar in größeren Mengen erfaßt, aber auch diese blieben hinter der Planauflage zurück.

[75] Die Kontrollziffern der Volkswirtschaft der UdSSR für 1927/28 (russ.). A. a. O., S. 471.
[76] „Finanzwesen und Volkswirtschaft" (russ.), Nr. 5, 1928, S. 25.

Um die Getreideerfassung voranzutreiben, wurde ein ganzes System ökonomischer Maßnahmen eingesetzt. Vom Januar 1928 an wurde die Zufuhr von Industriewaren in die Getreide produzierenden Kreise stark erhöht. Auch finanzielle Mittel, wie freiwillige Abgaben der ländlichen Bevölkerung, die Beseitigung der aus Darlehen und aus der Landwirtschaftssteuer herrührenden Schulden usw., wurden angewandt. Gleichzeitig sah sich der Staat genötigt, eine Reihe außerordentlicher außerökonomischer Maßnahmen gegenüber dem Kulakentum und dem privaten Getreidehandel zu ergreifen, um mit der Sabotage der Kulaken und der NÖP-Leute fertig zu werden, die Brotversorgungspläne der Städte zu erfüllen und den Getreidemarkt zu normalisieren.

Alle diese Maßnahmen regten die Produzenten zur schnelleren Realisierung ihres Getreides an, und bereits in der Zeit von Januar bis März 1928 waren 4 172 000 t Getreide — oder 168,2 % der Menge des gleichen Zeitraumes des Jahres 1927 — erfaßt. Die Struktur des Getreidemarktes veränderte sich, der Anteil der planmäßigen Erfasser stieg von 60 % im Jahre 1925/26 auf 90 % im Jahre 1927/28, der Anteil der nicht planmäßigen Erfasser sank hingegen von 40 % auf 10 %.

Aber trotz dieser günstigen Veränderung wies der Gesamtumfang der Erfassungen in den Jahren 1926/27 und 1927/28 nicht nur keine Steigerung auf, sondern sank sogar. Der Bedarf an Brotgetreide aber wuchs schnell. Unter diesen Umständen konnte nur die Konzentration entscheidender Mengen des erfaßten Getreides in den Händen der planmäßigen Erfasser die Befriedigung des Bedarfs in den wachsenden Industriestädten gewährleisten.

Trotz der allgemeinen Verschärfung des Getreideproblems wurden von der zweiten Hälfte des Jahres 1928 an die außerordentlichen Maßnahmen aufgehoben. Sie hatten ihren Zweck erfüllt. Gleichzeitig entschloß man sich, die Erfassungspreise für Getreide wesentlich heraufzusetzen. Im September 1928 überstiegen sie den Stand des vorangegangenen Jahres um 20 bis 30 %, lagen aber trotzdem noch erheblich unter den Marktpreisen.[77]

So wurde der Getreidemarkt zum Schauplatz härtester Kämpfe zwischen dem Planpreis und dem spontan gebildeten Preis. In dieser Getreideerfassungskrise kam der erste ernste Angriff der ländlichen kapitalistischen Elemente auf die Sowjetmacht während der NÖP zum Ausdruck, und zwar auf einem der wichtigsten Gebiete des sozialistischen Aufbaus, dem der Getreideerfassung.

Die Entwicklung des Getreidemarktes in den Jahren 1926 bis 1928 zeugte davon, wie außerordentlich kompliziert die Verflechtung der Wertbeziehungen war und welch starken Einfluß die spontanen Elemente zur damaligen Zeit noch ausübten, die in einem harten ökonomischen und politischen Kampf allmählich den Erfordernissen der Entwicklung des sozialistischen Sektors der Volkswirtschaft untergeordnet werden mußten.

In der Periode von 1926 bis 1928 wurde aber zugleich auch die Wirkungssphäre der ökonomischen Gesetze des Sozialismus erweitert und wurden die Plangrund-

[77] Ebenda, Nr. 46, 1928, S. 27.

lagen in der Volkswirtschaft gefestigt. Das Wachstum der sozialistischen Industrie und das allgemeine schnelle Vorwärtsschreiten auf dem Wege zum Sozialismus engte die Sphäre des spontanen Wirkens des Wertgesetzes immer mehr ein und erweiterte in immer größerem Maße die Sphäre seiner planmäßigen Anwendung. In der Zirkulation drückte sich das in der Festigung der Planmäßigkeit des organisierten Marktes und in der Erhöhung seines Einflusses auf den nichtorganisierten Markt aus.

In der von uns betrachteten Periode begann der Staat damit, die Preise im großen volkswirtschaftlichen Rahmen direkt zu planen und damit einen entscheidenden Einfluß auf die Erfassungspreise und auf die Preisbewegung des privaten Marktes auszuüben.

Die Bedeutung der Preispolitik wurde in diesen Jahren noch dadurch erhöht, daß die Marktbeziehungen bereits in hohem Maße zu Marktbeziehungen des organisierten Marktes geworden waren. Infolgedessen wirkte die Preispolitik bedeutend stärker auf die gesamte Preisentwicklung und damit auch auf die Entwicklungsbedingungen der vielfältigen ökonomischen Beziehungen ein, als das in der voraufgegangenen Etappe der Fall gewesen war.

Diese große Bedeutung des Preisproblems für die betrachtete Periode wurde in den Beschlüssen des Februarplenums (1927) des Zentralkomitees der Partei hervorgehoben. „Im Preisproblem", heißt es in der Resolution des Plenums, „kreuzen sich alle wesentlichen ökonomischen und folglich auch politischen Probleme des Sowjetstaates. Die Fragen der Herstellung richtiger gegenseitiger Beziehungen zwischen den Bauern und der Arbeiterklasse, die Fragen der Gewährleistung der wechselseitig verbundenen und wechselseitig bedingten Entwicklung der Landwirtschaft und der Industrie, die Fragen der Verteilung des Nationaleinkommens und die damit verbundenen Fragen der Industrialisierung der UdSSR und der Festigung der Arbeiterklasse sowohl in ökonomischer als auch in politischer Beziehung, die Fragen der Sicherung des Reallohnes, der Stabilisierung des Tscherwonez und schließlich die planmäßige Stärkung der sozialistischen Elemente unserer Wirtschaft und die weitere Einengung der privatkapitalistischen Elemente der Volkswirtschaft — all dies stützt sich auf das Preisproblem." [78]

In der Resolution des Plenums wurde auch darauf hingewiesen, daß es die wichtigste Aufgabe des die Bauernschaft führenden Proletariats sei, auf eine Senkung der Preise für Industriewaren hinzuarbeiten.

Auch im Kampf um die Senkung der Selbstkosten, die Rationalisierung der Produktion und die Vermehrung der sozialistischen Akkumulationsquellen kam der Preissenkung große Bedeutung zu. Schließlich spielte sie auch eine erstrangige Rolle in den Außenhandelsbeziehungen der UdSSR, die im Hinblick auf eine beschleunigte Industrialisierung des Landes wichtig waren.

Der Kampf zwischen den beiden Märkten und Preisniveaus hatte von 1926 bis 1929 im Vergleich zur Ökonomik der vorangegangenen Etappe der Übergangsperiode wesentliche Besonderheiten aufzuweisen. Die erste Periode der NÖP war

[78] Die KPdSU in Resolutionen ..., Teil II, S. 225.

dadurch gekennzeichnet, daß zunächst die materiellen Voraussetzungen für den entscheidenden Angriff auf die spontanen Marktbeziehungen geschaffen werden mußten. Der Staat wandte noch weitgehend indirekte regulierende Mittel an, um auf den mengenmäßig überwiegenden nichtorganisierten Markt einzuwirken. In der zweiten Periode der NÖP waren die wechselseitigen Beziehungen und der Kampf der beiden Märkte und Preisniveaus anders geartet. Das Kräfteverhältnis hatte sich entscheidend zugunsten des Sozialismus verändert. Das Privatkapital war durch den staatlichen Handel und die Genossenschaften in eine zweitrangige Position gedrängt worden, sein Anteil betrug im Jahre 1927 22 % des gesamten Warenumsatzes und etwa 40 % des Einzelhandels.[79] Gewiß, dieser Anteil war noch recht bedeutend und durfte nicht ignoriert werden. Aber nachdem die Plangrundlagen der Volkswirtschaft gefestigt waren, konnte der Sowjetstaat die Preise des gewachsenen organisierten Marktes direkt und allseitig planen und hatte in viel geringerem Maße mit der Konjunktur des nichtorganisierten Marktes zu rechnen. Die Mittel zur Einwirkung auf diesen Markt waren, wie wir oben gesehen haben, machtvoller geworden, so daß der nichtorganisierte Markt gezwungen war, im wesentlichen dem organisierten Markt zu folgen. Indessen veränderten sich gegen Ende des von uns betrachteten Zeitabschnittes die gegenseitigen Beziehungen. Ausschlaggebend für die gesamte ökonomische Lage in jener Periode war, daß die Industrialisierung in ständig wachsendem Tempo vor sich ging und Wachstumsschwierigkeiten hervorgerufen wurden, die sich auch auf den Zustand des Marktes auswirkten.

Solange der organisierte Markt mehr oder weniger mit Waren gesättigt war, wurden die Preise auf dem nichtorganisierten Markt von den Planpreisen bestimmt. Doch führten die einen „Warenhunger" erzeugenden Schwierigkeiten der ersten Industrialisierungsperiode dazu, daß die Preise des nichtorganisierten Marktes sich von den Planpreisen, die der Staat auf unveränderter Höhe hielt, zu lösen begannen. Aber auch in dem im ersten Stadium erreichten verstärkten Einfluß der Planpreise des organisierten Marktes auf die Preise des nichtorganisierten Marktes wie auch in der Loslösung der Preisbewegung des nichtorganisierten Marktes von der Entwicklung der Planpreise im folgenden Stadium kam die weiter zunehmende Rolle des organisierten Marktes zum Ausdruck.

Und in der Tat: Wenn der Sowjetstaat in der vorangegangenen Etappe infolge der objektiven ökonomischen Bedingungen keine wesentliche Kluft zwischen den Preisen des organisierten Marktes und denen des nichtorganisierten dulden konnte, so beherrschte er jetzt, da er sich nun auf die Macht der sozialistischen Industrie stützte und über die in seinen Händen konzentrierten Warenmassen verfügte, die gesamte Zirkulationssphäre bereits in einem solchen Maße, daß er im staatlichen und genossenschaftlichen Handel die Preise auf einem Stand zu halten vermochte, daß sie sich wesentlich von den unter dem Einfluß des spontanen Spiels von Angebot und Nachfrage auf dem nichtorganisierten Markt entstandenen Preisen unterschieden. Gleichzeitig bedeutete diese Loslösung der Preise des nichtorganisierten

[79] Ebenda, S. 234.

Marktes von denen des organisierten Marktes „den Anfang vom Ende" des spontanen Marktes in der Ökonomik der Übergangsperiode. Die Preissprünge des nichtorganisierten Marktes offenbarten seine immer enger werdenden Grenzen, seine große Empfindlichkeit gegenüber allen Zufälligkeiten der Nachfrage.

Hieraus folgt, daß der Zustand sowohl des organisierten als auch des nichtorganisierten Marktes gegen Ende der betrachteten Periode ein Beweis dafür war, daß der Sowjetstaat sich immer mehr der Ware-Geld-Beziehungen bemächtigte, immer größere Erfolge bei der Einengung der Sphäre des spontanen Wirkens des Wertgesetzes und bei dessen planmäßiger Ausnutzung errang. All dies zeigte sich deutlich an den in entgegengesetzten Richtungen sich bewegenden Preisen des organisierten und des nichtorganisierten Marktes.

Im Verlauf der Jahre 1926 bis 1928 sanken die Groß- und Einzelhandelspreise im vergesellschafteten Handel, und die Kaufkraft des Tscherwonezrubels stieg wie folgt:

Die Bewegung des Indexes der Warenpreise im vergesellschafteten Handel[80]
(1913 = 100)

	1. Okt. 1925	1. Apr. 1926	1. Okt. 1926	1. Apr. 1927	1. Okt. 1927	1. Apr. 1928	1. Okt. 1928
Indizes des Großhandels (Statistische Zentralverwaltung)							
Allgemeiner Index	174	196	179	177	170	171	176
Index der Industriewaren	195	202	204	196	188	188	187
Index der Landwirtschaftswaren	156	191	157	160	154	156	166
Indizes des Einzelhandels (Konjunktur-Institut)							
Allgemeiner Index	—	—	198	190	183	185	185
Index der Industriewaren	—	—	209	198	189	189	188
Index der Landwirtschaftswaren	—	—	180	175	173	177	180

Die Groß- und Einzelhandelspreise wurden entsprechend den Direktiven des Plenums des ZK der Partei (Februar 1927) planmäßig gesenkt. Die geringe Erhöhung der Großhandelspreise für landwirtschaftliche Waren hing mit der Notwendigkeit zusammen, die Erfassungspreise für Getreide heraufzusetzen.

Völlig anders bewegten sich die Einzelhandelspreise im Privathandel, wie aus den Angaben der nächsten Tabelle hervorgeht.

80 „Finanzwesen und Volkswirtschaft" (russ.), Nr. 47, 1928, S. 26.

Die Bewegung des Indexes der Warenpreise im privaten Einzelhandel[81]
(1913 = 100)

	1. Oktober 1926	1. April 1927	1. Oktober 1927	1. April 1928	1. Oktober 1928
Allgemeiner Index	224	227	226	239	263
Index der Industriewaren	247	242	235	242	247
Index der Landwirtschaftswaren	196	208	215	233	285

Die Preise im privaten Handel sanken zwar im Jahre 1927 in beschränktem Maße, stiegen jedoch vom Jahresende 1927 an unentwegt, besonders die Preise für landwirtschaftliche Waren.

Wie umfangreich aber die Preissteigerungen auf dem privaten Markt auch sein mochten, sie übten nur einen geringen Einfluß auf die allgemeine Preisbewegung aus, da der private Markt immer mehr eingeengt wurde. Der allgemeine Index der Einzelhandelspreise (des organisierten und des nichtorganisierten Marktes) veränderte sich nur wenig, wie aus den Angaben sowohl des Konjunkturinstituts als auch des Zentralbüros für Arbeitsstatistik hervorgeht. Er betrug am 1. April 1927 nach den Angaben des Konjunkturinstituts 203 (1913 = 100) und nach den Angaben des Zentralbüros für Arbeitsstatistik 202. Am 1. April 1928 standen beide Indizes auf 203, am 1. Oktober 1928 auf 211 bzw. 208.

In der Bewegung des allgemeinen Preisindexes des organisierten und des nichtorganisierten Marktes drückte sich also eine starke Einschränkung der Sphäre des spontanen Wirkens des Wertgesetzes in der sozialistischen Wirtschaft aus. Die Preise des organisierten Marktes, die vom Staat in planmäßiger Ausnutzung des Wertgesetzes festgesetzt wurden, entwickelten sich in einer ganz anderen Richtung, als wenn sie der spontanen Wirkung dieses Gesetzes unterworfen gewesen wären; im letzteren Falle hätten sie steigen müssen, in Wirklichkeit aber sanken sie, wie wir gesehen haben.

Noch viel anschaulicher wirkte sich die Einschränkung der Sphäre des spontanen Wirkens des Wertgesetzes in der Bewegung der Industrie-Abgabepreise aus. Die Bewegung dieser Preise hing voll und ganz vom Stand der staatlichen sozialistischen Produktion ab, in der das Wertgesetz bei der planmäßigen Preisbildung ausgenutzt wurde.

Die Produktionsselbstkosten in den Produktionsmittel erzeugenden Industriezweigen überstiegen im Jahre 1927/28 den Stand von 1913 um mehr als das Doppelte. Trotzdem hielt der Staat die entsprechenden Preise im Interesse der Industrialisierung der UdSSR auf einem bedeutend niedrigeren Stand. Der Preisindex für Produktionsmittel war im Jahre 1927/28 um das 1,7fache höher als im Jahre 1913. Gleichzeitig wurden aber die Preise für Konsumtionsmittel, deren Produktionsselbstkosten gegenüber 1913 um das 1,7fache bis 1,8fache gestiegen

[81] Ebenda.

waren, auf einen Stand gebracht, der die Vorkriegspreise um mehr als das Doppelte übertraf.[82] Der verhältnismäßig hohe Preis für Konsumtionsgüter bot die Möglichkeit, einen zusätzlichen Akkumulationsfonds für die Industrialisierung der UdSSR zu bilden und umzuverteilen.

Kennzeichnend für die planmäßige Lenkung der gesamten Großhandels-Abgabepreise war die Einführung zweier Preislisten für eine Reihe der wichtigsten Industriezweige: einer „differenzierten Verrechnungs-Preisliste" und einer „einheitlichen Handels-Preisliste". Die differenzierte Preisliste diente als Grundlage für die Verrechnungen zwischen Syndikaten und der Industrie und berücksichtigte die unterschiedlichen Produktionsbedingungen der einzelnen Betriebe, Trusts und Vereinigungen; die Einheitspreisliste wurde bei den Verrechnungen zwischen den Syndikaten und dem Einzelhandel auf Grund einheitlicher Kreis- und Zonenpreise angewandt.[83] So wurde dank der sozialistischen Vergesellschaftung der Produktion und Zirkulation die Möglichkeit des Ausgleichs der Abgabepreise geschaffen, wobei die Werthebel durch Festlegung differenzierter Preise für die Verrechnungen der Betriebe und Handelsstufen ausgenutzt wurden.

Die planmäßige Aufrechterhaltung fester Großhandels-Abgabepreise wurde mit der planmäßigen Aufrechterhaltung fester Einzelhandelspreise im staatlichen und genossenschaftlichen Handel verbunden.

Anders ging die Preisbewegung auf dem nichtorganisierten Markt vor sich. Die Tendenzen der Spontaneität, verstärkt durch die Krise der kleinen Warenproduktion, die nicht imstande war, die Bedürfnisse der stürmisch wachsenden Industriestädte zu befriedigen, durch den Widerstand und die Sabotage des Kulakentums und der städtischen Bourgeoisie sowie durch Versuche dieser dem Sozialismus feindlich gegenüberstehenden Elemente, die Spekulation zu entfachen, wirkten auf eine weitere Loslösung der Preise des nichtorganisierten von denen des organisierten Marktes hin. Setzt man die genossenschaftlichen Preise gleich 100, so waren die Preise des nichtorganisierten Marktes im Jahre 1925/26 gleich 114, im Jahre 1926/27 gleich 123 und im Jahre 1927/28 gleich 141.[84] Infolge der weiteren Preissteigerungen im privaten Einzelhandel öffnete sich die „Preisschere" zwischen den Groß- und Einzelhandelspreisen immer mehr. Die Aufschläge des Privathandels auf die Großhandels-Abgabepreise erreichten einige Dutzend Prozent und stiegen weiter.[85] Das Privatkapital war bestrebt, die angespannte Konjunktur auf dem Warenmarkt zur spekulativen Bereicherung auszunutzen, doch gelang ihm das immer weniger, da der Wirkungsbereich des Privatkapitals schnell zusammenschrumpfte. Vor allem hatte der Abschluß von Verträgen mit den Bauern über das Kreditierungssystem der Landwirtschaft keine geringe Bedeutung für die Verstärkung der Plangrundlagen in der Landwirtschaft. Durch diese Ver-

[82] „Die Planwirtschaft" (russ.), Nr. 12, 1928, S. 125.

[83] S. Turezki, Die Selbstkosten und die Probleme der Preisbildung (russ.). Gosplanisdat 1940, S. 192.

[84] „Kredit und Wirtschaft" (russ.), Nr. 10, 1928, S. 2.

[85] Die sozialistische Wirtschaft (russ.). 1926, Buch III, S. 260.

träge wurden Menge, Ablieferungstermin und Preise für die an den Staat zu liefernden landwirtschaftlichen Produkte festgesetzt. Der Abschluß von Verträgen dieser Art wurde durch die Vergabe von Vorschußkrediten an die Bauern angeregt. Diese Vertragsabschlüsse waren ein wichtiger Faktor der planmäßigen Einwirkung auf viele Millionen von Bauernwirtschaften. Aber selbst unter diesen Umständen wurden die Unterschiede zwischen dem organisierten und dem nichtorganisierten Markt immer größer.

Von großer Bedeutung für das Wachsen der allgemeinen Kluft zwischen den Preisen des organisierten und des nichtorganisierten Marktes war die starke Divergenz zwischen den Erfassungspreisen und den freien Marktpreisen für die hauptsächlichsten Getreidearten. So betrugen im Durchschnitt in der UdSSR die Erfassungspreise für Roggen im Juni 1928 4 Rbl. 50 Kop. je dz, die durchschnittlichen freien Marktpreise aber 9 Rbl. 34 Kop., für Weizen entsprechend 6 Rbl. 19 Kop. bzw. 10 Rbl. 44 Kop. usw.[86]

Vor allem bei landwirtschaftlichen Waren wurden die Preise von den Privatunternehmern hochgetrieben. Nach den Angaben des Konjunkturinstituts stand der allgemeine Index der Einzelhandelspreise (1926/27 = 100) im Jahre 1927/28 im vergesellschafteten Handel auf 101,3, im privaten Handel auf 116,2. Der Preisindex für landwirtschaftliche Waren stieg im Privathandel auf 132,9 gegenüber 103,9 im vergesellschafteten Handel. Besonders stark stiegen in diesem Jahr die Preise für Getreideprodukte, und zwar im privaten Handel um 62,4 % gegenüber nur 4,9 % im vergesellschafteten Handel.[87]

Diese Zahlen veranschaulichen die starke Einschränkung der Sphäre des spontanen Wirkens des Wertgesetzes und die planmäßige Ausnutzung dieses Gesetzes im vergesellschafteten Sektor. Sie sprechen aber auch von dem sich verstärkenden spontanen Wirken dieses Gesetzes auf dem eingeengten, seinem Ende entgegengehenden nichtorganisierten Markt in der Wirtschaft der Übergangsperiode.

Die Marktlage war in der von uns betrachteten Periode durch eine stark angespannte Nachfrage gekennzeichnet. Da die zahlungsfähige Nachfrage der Bevölkerung das Warenangebot überstieg, mußte es nach dem Wertgesetz, das als Gesetz von Angebot und Nachfrage spontan wirkte, unausbleiblich zu steigenden Preisen kommen. Eine solche Preissteigerung fand auch im Privathandel statt. Aber nichts dergleichen geschah auf dem organisierten Markt. Die staatlichen und genossenschaftlichen Preise blieben stabil, die Kluft zwischen den Preisen der beiden Märkte vertiefte sich. In dieser Etappe war der organisierte Markt, der den überwiegenden Teil der als Waren abzusetzenden Erzeugnisse umfaßte, der ökonomisch entscheidende, der herrschende Markt. Der private Markt aber war bereits auf zweitrangige Positionen abgedrängt.

Die direkte Preisplanung auf dem organisierten Markt spielte in den Jahren 1926 bis 1928 eine viel größere Rolle als vorher. Diese von den objektiven Grundlagen, den Produktionskosten, ausgehende Planung war den allgemeinen Auf-

[86] „Finanzwesen und Volkswirtschaft“ (russ.), Nr. 31, 1928, S. 26.
[87] Ebenda, Nr. 46, 1928, S. 29.

gaben der sozialökonomischen Rekonstruktion der UdSSR untergeordnet und ließ weitgehend die Wirksamkeit der äußerst zeitgebundenen Faktoren des Verhältnisses zwischen Angebot und Nachfrage außer acht. In der Zirkulationssphäre, in der in diesen Jahren die Preise im organisierten Handel planmäßig reguliert werden mußten, war also eine gewisse Unausgeglichenheit der Waren- und Geldelemente vorhanden.

So wurde in dem schwierigen Kampf der Planpreise gegen die Preise des privaten Marktes das planmäßige Wirken des Wertgesetzes durchgesetzt. Der Sieg über das spontane Wirken des Wertgesetzes wurde auf Grund des Erstarkens der sozialistischen Wirtschaftsform in der Volkswirtschaft, vor allem in der Produktion, errungen.

Aber trotz aller Einschränkung des spontanen Wirkens des Wertgesetzes und trotz der Beherrschung des Marktes war es für diese Periode charakteristisch, daß die volkswirtschaftlichen Proportionen noch nicht völlig im sozialistischen Sinne verändert worden waren.

Die UdSSR war trotz größter sozialökonomischer Verschiebungen noch immer ein Agrarland. Der Anteil der Industrie am Nationaleinkommen betrug im Jahre 1913 25,5 %, im Jahre 1928 34,8 %. Der größte Teil des Nationaleinkommens wurde in der Landwirtschaft geschaffen, an deren Erzeugnissen der sozialistische Sektor jedoch erst mit wenigen Prozent beteiligt war.

Die Schaffung neuer Proportionen in der sozialistischen Reproduktion, die grundlegende Veränderungen in der Volkswirtschaft voraussetzte, war noch längst nicht abgeschlossen. Das bedeutete auf dem Gebiete der Zirkulation, daß auch das neue Planpreissystem sich noch nicht herausgebildet hatte. Eine breite Basis für Erscheinungen der spontanen Preisbildung in der Volkswirtschaft erhielt sich in der kleinbäuerlichen Warenproduktion. Auf die Staatsgüter und Kollektivwirtschaften entfielen im Jahre 1926/27 insgesamt 1,7 % der Bruttogetreideproduktion und 6 % der Getreide-Warenproduktion, auf die kleine Warenproduktion aber

Verhältnis der dem Weizen äquivalenten Warenmenge in den Jahren 1926–1928 zu derjenigen im Jahre 1913 (in %)[88]

	Im I. Quartal 1926/27	Im IV. Quartal 1926/27	Im IV. Quartal 1927/28
Kattun	49,9	63,5	77,7
Streuzucker	51,7	57,3	72,1
Salz	50,2	81,3	98,0
Pfeifentabak	53,9	63,8	78,2
Petroleum	96,9	116,3	141,3
Seife	56,3	59,7	83,0
Nägel	63,4	75,8	92,9
Streichhölzer	72,7	82,6	102,3

[88] Errechnet von L. M. Gatowski in „Die Planwirtschaft" (russ.), Nr. 12, 1928, S. 56.

85,3 bzw. 74 %. Die Kulaken produzierten 13 % der Bruttogetreidemengen und 20 % des Warengetreides.

Es versteht sich von selbst, daß die Preisstruktur verschiedener Waren in der von uns betrachteten Periode von der Preisstruktur vor der Revolution erheblich abwich. Setzt man eine bestimmte Warenmenge zu Preisen des vergesellschafteten Einzelhandels, die man im Austausch gegen Weizen zu staatlichen Erfassungspreisen von 1926/27 bis 1927/28 erhielt, ins Verhältnis zu der Warenmenge, die der gleichen Weizenmenge in den Jahren 1909 bis 1913 adäquat war, so erhält man folgendes Bild:

An diesen Einzelbeispielen sind mit ausreichender Deutlichkeit die großen Preisveränderungen zu erkennen, die in erster Linie die grundsätzlichen Veränderungen in den Reproduktionsbedingungen der Industrie, daneben aber auch die Marktschwankungen widerspiegeln.

In dieser Periode waren die Voraussetzungen für eine Festsetzung neuer Preisverhältnisse für landwirtschaftliche Waren noch nicht gegeben, da diese in der Hauptsache Erzeugnisse der kleinbäuerlichen Wirtschaft geblieben waren. Das bestätigt das Verhältnis der Preise für landwirtschaftliche Waren in der UdSSR in der Zeit von 1926 bis 1927 und im Rußland vor der Revolution (1913), jeweils gleich 100 gesetzt, zu den Weltmarktpreisen (Durchschnittspreise in einigen der größten kapitalistischen Länder), das sich für die entsprechenden Zeiten wie folgt gestaltete: 1913 = 147, 1. September 1926 = 129, 1. Juli 1927 = 146.

Wie bedingt solche Gegenüberstellungen auch sein mögen, sie bieten doch gewisse Anhaltspunkte dafür, daß das Verhältnis zwischen den Preisen für landwirtschaftliche Produkte auf dem Weltmarkt und denen innerhalb der UdSSR im Jahre 1927 fast das gleiche war wie im Rußland vor der Revolution. Das ist damit zu erklären, daß der Reproduktionsprozeß in der Landwirtschaft noch auf der kleinen Warenwirtschaft beruhte und die sozialistische Umgestaltung und damit die unausbleibliche Veränderung der Preisrelationen erst bevorstand.

In der von uns betrachteten Etappe trat also die Erweiterung der Sphäre des planmäßigen Wirkens des Wertgesetzes vor allem in der Form in Erscheinung, daß die Proportionen in der Industrie als Proportionen der erweiterten sozialistischen Reproduktion planmäßig festgelegt wurden. Mit der sozialistischen Industrialisierung der UdSSR veränderten sich die Proportionen der Volkswirtschaft insgesamt. In der Zirkulationssphäre äußerte sich die Einschränkung der Sphäre des spontanen Wirkens des Wertgesetzes im schnellen und stetigen Wachstum des organisierten Marktes und in der immer mehr zunehmenden volkswirtschaftlichen Bedeutung der Preisplanung dieses Marktes. Da aber gleichzeitig die landwirtschaftliche Produktion noch kleine Warenproduktion blieb, wurden die Reproduktion in der Landwirtschaft und die in ihr sich gestaltenden Preisbeziehungen ebenfalls durch die kleine Warenproduktion bestimmt. In der Zirkulationssphäre äußerte sich das in den spontanen Tendenzen des nichtorganisierten Marktes und in den hier ansteigenden Preisen.

Es war noch ein weiter und mühsamer Weg zurückzulegen, um die Sphäre des planmäßigen Wirkens des Wertgesetzes sowohl in der Produktion als auch in der

Zirkulation zu erweitern, insbesondere aber um sein spontanes Einwirken auf die Struktur und die Bewegung der Preise für landwirtschaftliche Waren zu beseitigen und sein Wirken auf diesem Gebiete der ökonomischen Beziehungen planmäßig zu gestalten. All das konnte nur durch eine sozialistische Vergesellschaftung der Landwirtschaft, durch die Umwandlung derselben in eine kollektivwirtschaftliche Produktion erreicht werden; und es wurde auf diesem Wege erreicht.

Das Wachstum des sozialistischen Sektors der Volkswirtschaft, die großen Erfolge bei der Industrialisierung der UdSSR, die zunehmende Planmäßigkeit des gesamten Reproduktionsprozesses und die erhöhte Bedeutung, die der organisierte Markt auf Kosten des nichtorganisierten gewann, das waren die Grundlagen, auf denen sich die weitere Entwicklung und Festigung der neuen Formen der Geldzirkulation vollzog. Hierzu hatten die steigende Produktion im sozialistischen Sektor, der erhöhte staatliche und genossenschaftliche Anteil an der Erfassung der bäuerlichen Warenproduktion und die Verdrängung der kapitalistischen Elemente aus Produktion und Zirkulation ebenso beigetragen wie die bei der Entwicklung des sozialistischen Finanzsystems errungenen Erfolge.

In den Jahren 1925 bis 1928 nahm das Volumen des Staatshaushaltes erheblich zu. Die Einnahmen erhöhten sich von 4188 Mill. Rbl. im Jahre 1925/26 auf 5611 Mill. Rbl. im Jahre 1926/27 und 6629 Mill. Rbl. im Jahre 1927/28. Dabei war charakteristisch, daß der Staatshaushalt ungeachtet der gewaltigen Mittel, die zur Finanzierung der Industrialisierung der UdSSR verwandt wurden, stets mit einem Einnahmeüberschuß abschloß. Dieser betrug im Jahre 1925/26 15,9 Mill. Rbl., im Jahre 1926/27 55 Mill. Rbl. und im Jahre 1927/28 112,5 Mill. Rbl.[89] *

Die Ausgeglichenheit des Haushalts war einer der wichtigsten Faktoren für die Stabilität der Geldzirkulation.

Die Einnahmen des Haushalts erhöhten sich vorwiegend durch die dem Staat zufließenden Akkumulationen der sozialistischen Wirtschaft. Bereits im Jahre 1925/26 betrug der Anteil der Eingänge aus den Einkommen-, Gewerbe- und sonstigen Steuern der vergesellschafteten Wirtschaft, also der Eingänge aus der sozialistischen Akkumulation, 58 % der gesamten Steuereingänge.

In dieser Periode wurde die Steuerpolitik dazu benutzt, die Ausbeuterklassen einzuengen. 1926 wurde die Progression in der Einkommensteuer erhöht, wodurch ein großer Teil der kleinbäuerlichen Wirtschaften völlig von Steuern befreit wurde, während die Besteuerung der Kulaken stark anstieg.

Die durchschnittliche Besteuerung der Wirtschaften der verschiedenen sozialen Gruppen betrug (in Rubel und Kopeken): [90] *

	1925/26	1926/27
Kleinbauern	1–83	0–90
Mittelbauern	13–25	17–77
Kulaken	63–60	100–77

* Fußnoten siehe Seite 80

Das staatliche Finanzwesen hatte sich gefestigt, der Rubel hatte sich stabilisiert, die Einnahmen der Bevölkerung wuchsen. Auf dieser Grundlage war es möglich, staatliche Anleihen aufzulegen und hieraus zusätzliche Einnahmequellen für den Haushalt zu erschließen. Schnell entwickelte sich auch das Sparkassenwesen.

Für den Ausgabenteil des Haushalts waren die stürmisch wachsenden Zuweisungen für die Entwicklung der Volkswirtschaft kennzeichnend, die sich innerhalb von zwei Jahren mehr als verdoppelten, nämlich von 807 Mill. Rbl. im Jahre 1925/26 auf 1922 Mill. Rbl. im Jahre 1927/28. Die Investitionen für die Industrie einschließlich des Baues von Kraftwerken stiegen in dieser Zeit um das 2,8fache, von 271 Mill. Rbl. auf 787 Mill. Rbl., und die Investitionen für das Transportwesen von 176 Mill. Rbl. auf 557 Mill. Rbl.

Auch die Haushaltsaufwendungen für soziale und kulturelle Zwecke erhöhten sich in schnellem Tempo.

Die Umverteilung eines immer größeren Anteils des Nationaleinkommens über den Staatshaushalt bedeutete, daß die neue Sphäre der Geldzirkulation, die Geldzirkulation innerhalb des gesamten sozialistischen Finanzwesens, sich besonders intensiv entwickelte.

Wesentliche Bedeutung für die weitere Entwicklung und Festigung der neuen Formen der Geldzirkulation hatte auch das stetige und schnelle Wachstum des sowjetischen Kreditwesens. Am 1. Oktober 1924 zählte das gesamte Kreditnetz einschließlich der Kreditgenossenschaften 5473 Niederlassungen, am 1. Oktober 1928 waren es bereits 16887.[91]* Entsprechend schnell nahmen sowohl die kurzfristigen als auch die langfristigen Bankgeschäfte zu.

Höhe der an die Volkswirtschaft ausgereichten Kredite[92]*
(in Mill. Rbl.)

	per 1. Oktober 1925	1926	1927
Kurzfristige Kredite insgesamt	*1162,1*	*1571,1*	*2010,7*
Davon: an den staatlichen Sektor	732,1	1154,2	1575,1
an den genossenschaftlichen Sektor	385,6	419,2	538,1
an den privaten Sektor	89,4	60,6	6,4

* Fußnoten siehe Seite 81

Fußnoten zu Seite 79

89 Die Kontrollziffern der Volkswirtschaft der UdSSR für 1928/29 (russ.). Moskau 1929, S. 506, 507.

90 Das Finanzwesen der UdSSR in 30 Jahren (russ.). A. a. O., S. 262.

	per 1. Oktober 1925	1926	1927
Langfristige Kredite insgesamt	*408,1*	*847,9*	*1771,0*
Davon:			
an den staatlichen Sektor	303,1	589,8	1312,4
an den genossenschaftlichen Sektor	81,2	199,9	325,9
an den privaten Sektor	18,6	44,7	104,6

Die zusammengefaßte Bilanz des gesamten Kreditsystems, die im Herbst 1925 mit 3417 Mill. Rbl. abschloß, erhöhte sich zum Herbst 1927 auf 6269 Mill. Rbl. Laut Angaben per 1. Oktober 1926 entfielen im Umsatz der Industrie auf 1 Rubel eigener Mittel 75 Kopeken entliehener Mittel.[93] Das Kreditsystem wurde zu einem mächtigen Hebel, durch den der Staat den gesamten sozialistischen Reproduktionsprozeß beeinflußte.

In dieser Periode wurde der Bankkredit noch mit dem kommerziellen Kredit verbunden. Das entsprach sowohl den Erfordernissen der in der Entwicklung stehenden staatlichen Betriebe als auch der Notwendigkeit, mittels des Kredits die privatkapitalistischen Elemente einzuengen. Aber in dem Maße, in dem die sozialistische Wirtschaft wuchs und sich auf dieser Basis die Planmäßigkeit des gesamten Reproduktionsprozesses verstärkte, gerieten einige Formen der Organisation des Kreditsystems und des Kreditverkehrs in Widerspruch zu den Forderungen, die der sozialistische Aufbau stellte.

Vor allem entsprach es nicht den Erfordernissen der sozialistischen Wirtschaft, daß viele Kreditinstitute mit gleichem Geschäftsbereich nebeneinander bestanden. Neben der Staatsbank und den Spezialbanken (Industriebank, Elektrobank, Außenhandelsbank, Genossenschaftsbanken) bestanden noch die zentralen und örtlichen Kommunalbanken, die Privatbanken (sog. Kreditgesellschaften auf Gegenseitigkeit), die regionalen Staatsbanken (Mittelasiatische Bank und Fernostbank) usw. Das Kreditsystem bestand also aus einer viel zu großen Zahl von Einzelgliedern.

Die Trusts, Vereinigungen und Betriebe erhielten vielfach zur gleichen Zeit Kredite von verschiedenen Banken. Dadurch wurde die Planmäßigkeit bei der

Fußnoten zu Seite 80

91 Statistisches Handbuch der UdSSR für 1928 (russ.). A. a. O., S. 602.

92 Ebenda, S. 606, 610. — Die Summe der kurzfristigen Kredite in den einzelnen Sektoren ist größer als die Gesamtsumme, da das Kreditsystem einige Verpflichtungen gegenüber gesellschaftlichen Organisationen hatte.

93 Siehe J. Rubinstein, Grundriß der Entwicklung des sowjetischen Kredits (russ.). Gosfinisdat 1958, S. 31. — In dieser Abhandlung über die Kreditentwicklung in der UdSSR wurde vor allem die Rolle des Kredits im sozialistischen Reproduktionsprozeß in den verschiedenen Etappen der ökonomischen Entwicklung der UdSSR untersucht.

Ausnutzung der Kreditquellen gestört. Auch entwickelte sich bei den Banken eine ungesunde Konkurrenz um die Einlagen der Kunden. Um Kunden zu gewinnen, wurden die Zinsen ohne jeden realen Grund künstlich heraufgesetzt.[94]

Die Notwendigkeit, die Kreditausnutzung elastischer zu gestalten, um mittels des Kredits auf die Wirtschaftsbeziehungen einwirken zu können, erforderte eine Neuordnung des kurzfristigen Kredits. Auf Grund einer Verordnung des Rates der Volkskommissare der UdSSR vom 15. Juni 1927 „Über die Grundsätze für den Aufbau des Kreditsystems" wurde eine genaue Abgrenzung der Kundschaft nach dem Prinzip „Ein Kunde — eine Bank" vorgenommen. Diese Abgrenzung sollte die Zweigleisigkeit und die Konkurrenz beseitigen, die die Ausnutzung des Kredits zur planmäßigen Entwicklung der sozialistischen Betriebe erschwerte. Außerdem wurden die einzelnen Banken stärker spezialisiert. Jede Bank beschränkte sich auf den Geschäftsverkehr mit einem entsprechenden Kundenkreis. Der Staatsbank oblag die Leitung des gesamten Kreditsystems. Durch diese Maßnahmen konnte der Kredit viel stärker als bisher für die Beherrschung des Marktes und für den Kampf gegen das Privatkapital ausgenutzt werden.

Der steigende sozialistische Anteil der Produktion, der Distribution und des Austauschs am ökonomischen Gesamtumsatz des Landes sowie die Entwicklung des sozialistischen Finanz- und Kreditwesens veränderten dadurch, daß sie den Anteil des sozialistischen Wirtschaftssektors am Zahlungsverkehr erhöhten, ganz außerordentlich die Struktur der Geldzirkulation. Der gesamte Zahlungsverkehr betrug im Jahre 1926/27 etwa 68 Mrd. Rbl. Davon entfielen auf den Warenumsatz auf den städtischen Märkten und innerhalb des Dorfes 6,3 Mrd. Rbl., auf den privaten Einzel- und Zwischenhandel 5,7 Mrd. Rbl., auf sonstige kapitalistische Elemente 0,2 Mrd. Rbl. Der auf den nichtorganisierten Markt (die kleine Warenwirtschaft und die kapitalistischen Elemente) entfallende Anteil betrug somit 12,2 Mrd. Rbl., also weniger als ein Fünftel. Danach entfielen bereits über 80 % des gesamten Zahlungsverkehrs der UdSSR auf den sozialistischen Sektor der Volkswirtschaft und die in diesem Sektor unmittelbar tätige Bevölkerung, deren Anteil am Zahlungsverkehr etwa 10 % ausmachte. Der überwiegende Teil des Zahlungsverkehrs (mehr als 70 %) vollzog sich also innerhalb der sozialistischen Wirtschaft und wurde direkt geplant.[95] Diese Planmäßigkeit erhöhte sich auch noch dadurch, daß der Anteil des bargeldlosen Zahlungsverkehrs zu Lasten des Bargeldumlaufs allmählich stieg.

Sehr wichtig für die Planmäßigkeit in der Geldzirkulation war, daß im Jahre 1927/28 die Kassengeschäfte des Haushalts der Staatsbank übertragen wurden, was den Zahlungsverkehr noch stärker zentralisierte.

[94] Im Werk von M. Atlas, Die Kreditform in der UdSSR (russ.). Gosfinisdat 1952, sind verschiedene Tatsachen über den Kampf um die Einlagen der Kundschaft („Der Kampf um die Passiva") angeführt. Die Filiale der Prombank (Industriebank) in Stavropol erhöhte beispielsweise zu diesem Zweck im Jahre 1926 die Einlagezinsen von 6 auf 10% und das Charkower Kontor der Ukrainischen Bank im gleichen Jahr von 6 auf 9 bis 15% usw.

[95] „Mitteilungsblatt für das Finanzwesen" (russ.), Nr. 5, 1929, S. 76—81.

In der von uns betrachteten Etappe waren also die Voraussetzungen dafür geschaffen worden, die Planmäßigkeit der Geldzirkulation zu erhöhen und die Methoden ihrer planmäßigen Lenkung durch den Staat zu festigen.

Infolge der Erweiterung der Kreditplanung war es bereits von Mitte 1926 an nicht mehr notwendig, den Kredit und die Emission mit Hilfe von Limiten nach den sogenannten „drei Kapitalen“ [96] zu regulieren.

Im Jahre 1926/27 wurde damit begonnen, Bilanzen der Geldeinnahmen und -ausgaben der Bevölkerung auszuarbeiten. Dadurch war die Planung der Geldzirkulation ökonomisch besser fundiert. Ein weiterer Schritt zur Verbesserung der Planmethoden für die Lenkung der Geldzirkulation war der Beschluß des Rates der Volkskommissare der UdSSR vom 8. September 1928. In diesem Beschluß wurde das Komitee für das Bankwesen beauftragt, Direktiven für die Ausreichung kurzfristiger Kredite zu entwerfen, mit deren Hilfe die Kreditierung der wichtigsten Zweige der Volkswirtschaft, die Höhe der Emission, die gegenseitigen Verrechnungen des Finanz- und Kreditsystems usw. koordiniert werden konnten. Hierdurch wurde die ökonomische Grundlage für die Emissionsdirektiven und folglich auch die Planmäßigkeit der operativen Lenkung der Geldzirkulation wesentlich verbessert.

Die Entwicklung neuer, planmäßiger Formen der Geldzirkulation und neuer Methoden zu ihrer Lenkung ging einher mit der Beseitigung einer Reihe alter Marktformen zur Regulierung der Geldzirkulation.

Gegen Ende 1925 und Anfang 1926 entstand auf dem Valutamarkt infolge der oben geschilderten ökonomischen Ursachen eine höchst angespannte Lage. Das Privatkapital begann zu spekulativen Zwecken in großem Umfange Gold und Valuta aufzukaufen. Die Spekulation in Valuta wurde durch die Differenz zwischen den Preisen auf dem Binnenmarkt und auf dem Weltmarkt angeregt. Die Kaufkraft des Tscherwonez blieb auf dem Binnenmarkt stabil. Aber angesichts des auf dem Weltmarkt allmählich steigenden relativen Goldwertes sank die Kaufkraft des Tscherwonez etwas (prozentual zur entsprechenden Kaufkraft des Goldes). Sie betrug (im Vergleich zur Kaufkraft der gleichen Goldmenge, errechnet in Dollar nach dem allgemeinen Index in den USA) im Oktober 1925 90,2 und im Januar 1928 83,3 %.

Die Diskrepanz zwischen der Bewegung des Valutakurses des Tscherwonez und seiner inneren Kaufkraft spiegelte die starken Verschiebungen in der sowjetischen Wirtschaft und die Umstellung aller Wertverhältnisse wider. Das immer mehr aus dem Binnenhandel verdrängte Privatkapital bediente sich des für Spekulationen

96 „Kapital“ A — das Limit zur Kreditierung des Warenumsatzes der örtlichen Industrie und der Genossenschaften; „Kapital“ B — das Limit zur Kreditierung von Rohstoffvorräten, Getreideerfassungen und zur Hergabe von Darlehen für die Landwirtschaft; „Kapital“ C — das Limit für zweckgebundene Darlehen an die Industrie, die Genossenschaften und für andere Kredite. Diese Limite, die die Höhe der über die Passiva der Staatsbankinstitute hinausgehenden Kreditausreichungen bestimmten, setzten damit die Höhe der Emission fest.

günstigen Valutamarktes. Durch die Spanne zwischen der Kaufkraft des Rubels auf dem privaten Markt und dem Valutakurs war der Handel mit geschmuggelter Importware für den Privatunternehmer lohnend geworden. Die Valutakurse und der Gold„preis" in sowjetischer Währung begannen auf dem Privatmarkt zu steigen.

Die Bewegung der Binnenhandelspreise, die vom Staat gelenkt wurde, um die volkswirtschaftlichen Proportionen zu verändern, die sozialistische Industrialisierung zu forcieren und den Lebensstandard des Volkes zu erhöhen, berücksichtigte in immer geringerem Maße die Veränderung des relativen Goldwertes. Aus diesem Grunde konnte der Sowjetstaat sich bei der Stützung des Rubelkurses nicht mehr der Marktmethoden der Währungsregulierung bedienen. Es erwies sich als notwendig, mit Hilfe planmäßiger Methoden über die Valutareserven des Landes zu verfügen. 1926 bis 1928 wurden daher Maßnahmen eingeleitet, das Valutamonopol de facto zu sichern.

Bereits zu Beginn des Jahres 1926 stellte die Staatsbank angesichts der verstärkten spekulativen Nachfrage nach Valuta und des umfangreichen Schmuggels [97] den freien Verkauf von Valuta an das Privatkapital faktisch ein. In dieser Periode wurden von Zeit zu Zeit Valuten in kleinen Posten verkauft, um einem übermäßigen Agio auf Valuta auf dem Privatmarkt entgegenzuwirken. Aber das genügte nicht, um die Valutareserven der UdSSR zuverlässig zu schützen. Das Privatkapital begann mit Devisenspekulationen im großen Umfang, indem es den Tscherwonez ausführte und im Ausland gegen Devisen einwechselte. Da die Ausfuhr des Tscherwonez ins Ausland zugelassen war, mußten die sowjetischen Exportorganisationen ihn als Zahlungsmittel für Exportwaren annehmen.

Zur Wahrung der Interessen des Staates wurde am 9. Juli 1926 eine Verordnung des Zentralen Exekutivkomitees und des Rates der Volkskommissare der UdSSR erlassen, die die Ausfuhr des Tscherwonez ins Ausland verbot. Bald darauf stellte die Staatsbank auch den Ankauf von Tscherwonez gegen Valuta ein.

Mit dem völligen Ausfuhrverbot beabsichtigte man nicht nur, die Valutareserven der Staatsbank zu schützen, sondern auch, den Tscherwonez auf den Verkehr auf dem Binnenmarkt zu beschränken. Andernfalls hätte einfach eine Ausfuhrbeschränkung des Tscherwonez analog der bestehenden Ausfuhrbeschränkung für Valuta eingeführt werden können. Das völlige Ausfuhrverbot kennzeichnete den spezifischen Charakter der Sowjetwährung als Inlandswährung.

Aber die Maßnahmen, durch welche die Ausfuhr des Tscherwonez verboten und der Ankauf durch die Staatsbank verweigert wurde, erwiesen sich als unzureichend. Die Spekulanten verkauften weiterhin unter Umgehung der sowjetischen Gesetze den Tscherwonez an ausländische Kapitalisten, die die Sowjetwährung aufkauften,

[97] Nach ungefähren Berechnungen betrug der Wert des geschmuggelten Imports in den beiden Jahren 1925/26 und 1926/27 120 Mill. Rbl. Wenn auch die Handelsbilanz in diesen Jahren ein Aktivsaldo von 23,7 Mill. Rbl. aufwies, so wies der Saldo des illegalen Handels ein Passivum von 52,2 Mill. Rbl auf. — Vgl. I. A. Eisenberg, Fragen des Valutakurses des Rubels (russ.). A. a. O., S. 88 u. 91.

um damit auf dem sowjetischen Binnenmarkt Geschäfte zu machen. Da auf diese Weise ausländische Valuta in ihren Besitz gelangte, befaßten sich die Spekulanten mit dem Import von Schmugglerwaren in die UdSSR. Die Spanne zwischen dem Valutakurs und der Kaufkraft des Rubels machte diese „Geschäfte" für sie zur Quelle spekulativer Bereicherung.

So wurde es notwendig, weitere Maßnahmen zu treffen, die auf die völlige Sicherung des Valutamonopols gerichtet waren. Diese Maßnahmen wurden vom Rat der Volkskommissare der UdSSR am 8. Januar 1928 bestätigt. Es wurde verboten, direkte und indirekte Überweisungen ins Ausland und aus dem Ausland auf anderen Wegen vorzunehmen als über die sowjetischen Kreditanstalten. Am 21. März des gleichen Jahres wurde durch Verordnung des Zentralen Exekutivkomitees und des Rates der Volkskommissare auch die Einfuhr des Tscherwonez in die UdSSR verboten.

Die sowjetische Tscherwonezwährung wurde also offiziell zur Währung des sowjetischen Binnenmarktes erklärt und durch die Vereinigung des Außenhandelsmonopols mit dem unter den Bedingungen der Planwirtschaft wirkenden Valutamonopol völlig dem Einfluß der Spontaneität des kapitalistischen Valutamarktes entzogen. Damit war der Währungsmechanismus, der die Währung des Sowjetmarktes mit dem Weltmarkt verband, mit dem neuen Wesen der Ware-Geld-Beziehungen in der UdSSR in Einklang gebracht.

Gegen die Einführung des neuen Währungsmechanismus führten die bürgerlich-restaurativen Elemente einen erbitterten Kampf, da sie bestrebt waren, die faktische Umwechslung des Rubels gegen Gold, das heißt die alten, überlebten Marktmethoden zur Regulierung der Geldzirkulation, beizubehalten.

Der Sowjetstaat ging beim Aufbau seiner Währungspolitik von dem objektiven Bedürfnis der Wirtschaft nach einer Währung aus, die von allen durch die Schwankungen des relativen Goldwertes hervorgerufenen Zufälligkeiten frei war. Seine Politik berücksichtigte die objektive Notwendigkeit, einen grundsätzlich neuen Mechanismus für die Valutabeziehungen der UdSSR mit den Auslandsmärkten zu schaffen, einen Mechanismus, der den Erfordernissen der sich entwickelnden sozialistischen Ökonomik entsprach. Er war bestrebt, Formen der Geldzirkulation zu entwickeln, die sich den Änderungen der Wertverhältnisse in der Volkswirtschaft elastisch anpaßten, ohne an die Marktmethoden zur Stützung des Kurses gebunden zu sein; die also von Preisänderungen als Folge von Wertveränderungen des Goldes frei waren. Das äußerte sich in der von uns betrachteten Periode auf die Weise, daß die innere Geldzirkulation durch die Einführung des Valutamonopols völlig vom Valutaweltmarkt getrennt wurde, nachdem bereits in den vorangegangenen Etappen durch das Außenhandelsmonopol eine Trennung der Warenzirkulation auf dem Binnenmarkt von der Warenzirkulation auf dem Weltmarkt stattgefunden hatte.

Die Stützung der nominellen Goldparität der Währung und der Übereinstimmung ihres Kurses mit der inneren Kaufkraft durch Marktmethoden hätte sich in einer Reihe ökonomischer Erscheinungen ausdrücken müssen: 1. in der Änderung der Warenpreise als Folge der Veränderung des relativen Goldwertes, d. h. in der durch diesen Faktor bedingten veränderten Kaufkraft der Währung; 2. in der Veränderung der sich im Umlauf befindenden Geldmenge gemäß dem „Goldminimum“ der Zirkulation; 3. in der Übereinstimmung des Marktkurses der Währung mit der Parität. Die genannten Erscheinungen konnten indes nicht eintreten, da sie nicht den Bedingungen der planmäßigen Entwicklung der sozialistischen Ökonomik entsprachen.

Obwohl der relative Goldwert auf dem Weltmarkt anstieg (nachdem er vorher stark gesunken war), blieben in der UdSSR die Warenpreise stabil. Mit anderen Worten, die Kaufkraft des Sowjetgeldes folgte nicht den Schwankungen des relativen Goldwertes.

Genauso kennzeichnend ist noch etwas anderes: Das zeitweilige Einströmen sogar überschüssiger Geldmengen in die Zirkulationskanäle war schon nicht mehr imstande, Preisänderungen auf dem organisierten Warenmarkt hervorzurufen.[98] In den Jahren 1926/27 und 1927/28 stieg die Geldmenge etwas schneller an, als dies für den Umlauf notwendig gewesen wäre, wie aus folgenden Zahlen hervorgeht (in % zum vorangegangenen Jahr):[99]

	1926/27	1927/28
Erhöhung der Warenerzeugung in der Landwirtschaft	5,3	8,9
in der Industrie	13,9	16,9
in der gesamten Volkswirtschaft	11,9	15,2
Erhöhung des Einzelhandelsumsatzes	7,2	6,3
Erhöhung der in Zirkulation befindlichen Geldmenge	16,6	20,8

Jedoch wurden die Preise auf dem regulierten, organisierten Markt auf unveränderter Höhe gehalten, wie die oben angeführten Indizes für diese Jahre deutlich beweisen. Da aber der organisierte Markt die führende Rolle spielte, veränderten sich, wie wir gesehen haben, die Preise in der Volkswirtschaft insgesamt

[98] Dieser Umstand war sehr auffallend. Im Leitartikel der Zeitschrift „Das Finanzwesen und die Volkswirtschaft“ (russ.), Nr. 40, 1927, lesen wir: „Wenn die Konjunktur im Handel als lebhaft anzusprechen ist und durch verschärften Warenmangel gekennzeichnet wird, ... dann müßte dieser Umstand, so meint man, sich in einer Aufwärtsbewegung der Preise äußern. Die Wirklichkeit paßt nicht in dieses Schema: Die Warenpreise haben, ungeachtet des wachsenden Mißverhältnisses zwischen der zahlungskräftigen Nachfrage und dem Angebot, nicht die Tendenz zu steigen, sondern im Gegenteil, sie sinken. ... Die Indizes als Kennziffern für Konjunkturkurven versagen.“

[99] „Kredit und Wirtschaft“ (russ.), Nr. 10, 1928, S. 2.

nur geringfügig. Das Gesetz, das die zur Zirkulation notwendige Geldmenge bestimmt, wirkte also offensichtlich nicht mehr spontan.

Schließlich wurde der Zusammenhang zwischen dem Valutakurs und der inneren Kaufkraft der Tscherwonezwährung durch spezifisch neue Methoden hergestellt, wie sie nur der Planwirtschaft eigentümlich sind.

Wie aus den angeführten Tatsachen hervorgeht, war die Periode von 1926 bis 1928 in der Geldsphäre durch die weitere Entwicklung neuer Planformen der Geldzirkulation gekennzeichnet, die dem sich entwickelnden neuen Inhalt der Ware-Geld-Beziehungen entsprachen. Die neuen Formen der Geldzirkulation enthielten alle nötigen Voraussetzungen, durch die das Geld in den Händen des sozialistischen Staates zu einem immer aktiveren Instrument der planmäßigen sozialistischen Rekonstruktion der Wirtschaft wurde.

In der Produktion benutzte der Staat das Geld dazu, um die wirtschaftliche Rechnungsführung und das Sparsamkeitsregime zu festigen und das sozialistische Prinzip der Verteilung nach der Leistung, den Kampf um die Steigerung der Arbeitsproduktivität und die Vermehrung der sozialistischen Akkumulation durchzusetzen.

In der Distribution und Zirkulation hielt der Staat das notwendige Verhältnis zwischen den Preisen für landwirtschaftliche und industrielle Waren aufrecht und benutzte das Geld als ein Instrument, um das Interesse der werktätigen Bevölkerung in Stadt und Land an einer erhöhten Konsumtion mit den Interessen der sozialistischen Akkumulation in Einklang zu bringen. Auch diente das Geld als Werkzeug zur Festigung des Bündnisses der Arbeiterklasse mit der Bauernschaft.

In der Steuerpolitik wurde das Geld dazu benutzt, die Akkumulationen der Kulaken und NÖP-Leute einzuschränken und den ökonomischen Angriff auf diese Elemente voranzutragen; es war eine der wirksamsten Waffen zur Einengung und späteren völligen Beseitigung der Ausbeutung.

Dies alles bedingte auch die weitere Entwicklung und Festigung der neuen Formen der Geldzirkulation, die dadurch gekennzeichnet waren, daß die planmäßige Lenkung verstärkt und eine Reihe von Methoden der Marktregulierung beseitigt wurde. Hierdurch wurde erstens die für den Privatmarkt erforderliche faktische Umwechslung des Tscherwonez und des Rubels gegen Gold völlig eingestellt; zweitens wurde die Zirkulation des Tscherwonez und des Rubels auf dem Binnenmarkt endgültig vom internationalen Geldmarkt getrennt, ein faktisches Valutamonopol aufgestellt und die Sowjetwährung im Ausland nicht mehr notiert[100]; drittens wurde jeder Einfluß der Kursentwicklung der kapitalistischen

[100] Wir sprechen von einem faktischen Valutamonopol, da dieses erst durch die Verordnung des Zentralen Exekutivkomitees und des Rates der Volkskommissare vom 7. Januar 1937 gesetzlich fixiert wurde. Sie übertrug der Staatsbank der UdSSR das ausschließliche Recht, auf dem Territorium der UdSSR Geschäfte mit ausländischer Valuta und sonstigen Devisenwerten zu tätigen. Hierzu muß bemerkt werden, daß die von manchen Ökonomen vertretene These von der „Untrennbarkeit" des Valutamonopols und des Außenhandelsmonopols (siehe: Internationale Wirtschaftsbeziehungen,

Währungen auf die Sowjetwährung unterbunden; viertens wurde der Einfluß, den Veränderungen des Gold- und Warenwertes auf die Preisbewegung und die Geldzirkulation ausübten, in erheblichem Maße abgeschwächt.

Die neuen Formen der Geldzirkulation, die dem Charakter und dem Grade der Beherrschung der Ware-Geld-Beziehungen entsprachen, wurden zu einer Zeit ausgenutzt, in der die Preisverhältnisse in der Volkswirtschaft sich durch die entwickelte Industrialisierung bereits verändert hatten. Doch die grundlegende Änderung dieser Preisverhältnisse, die erst mit der völligen sozialistischen Rekonstruktion der Volkswirtschaft, mit der Umwandlung der Sowjetunion aus einem Agrarland in ein Industrieland, mit der Kollektivierung der Landwirtschaft erfolgte, stand noch bevor. Hieraus ergab sich auch, daß die neuen Methoden der Organisation der Geldzirkulation, obgleich sie mit den alten Marktformen zur Regulierung des Valutakurses und der Kaufkraft des Geldes nicht mehr verknüpft waren, bei der Preisbildung doch noch (wenn auch in bedeutend geringerem Maße als früher) die Veränderungen des relativen Goldwertes berücksichtigen mußten.[101]

3. Die Ware-Geld-Beziehungen in der Periode von 1929 bis 1935

Die letzte Periode der NÖP war durch erhebliche Veränderungen in der ökonomischen Struktur des Sowjetlandes gekennzeichnet. Die kapitalistischen Elemente waren in allen Sphären der Volkswirtschaft liquidiert. Mit der Verwirklichung des ersten und zweiten Fünfjahrplanes verwandelte sich die Sowjetunion in eine Industriemacht. Auf dem Lande vollzog sich die sozialistische Umgestaltung und verwandelte die Landwirtschaft in einen Wirtschaftszweig, in dem die sozialistischen Formen der mechanisierten Großproduktion — die Staatsgüter und Kollektivwirtschaften — ungeteilt herrschten. Das Ergebnis der Kollektivierung war die Ausmerzung der zahlenmäßig größten Ausbeuterklasse der UdSSR, des Kulakentums; die Bauernschaft löste sich von der Einzelwirtschaft, die den Kapitalismus ständig neu erzeugte, und stellte sich fest auf den Boden der sozialistischen Wirtschaft.

(russ.). Moskau 1957, S. 296) den historischen Tatsachen der Entwicklung des Währungssystems der UdSSR in der Übergangsperiode widerspricht.

101 Daraus erklärt es sich auch, daß in jener Periode die Aufgabe, ein möglichst nahes Verhältnis zwischen der Kaufkraft des Rubels und seinem Kurs aufrechtzuerhalten, noch aktuell war. Der Stellvertreter des Volkskommissars für das Finanzwesen der UdSSR, S. M. Kusnezow, schrieb Ende 1927: „Vor uns steht eine zwiespältige Aufgabe: Die Kaufkraft unserer Währung der Kaufkraft des Weltgeldes, d. h. des Goldes, anzugleichen, andererseits die recht starke Divergenz der Preisindizes für industrielle und landwirtschaftliche Waren innerhalb des Landes zu beseitigen. S. M. Kusnezow, Die Preispolitik des Sowjetstaates – eine Politik der Festigung der Währung (russ.), in: „Finanzen und Volkswirtschaft“, Nr. 42, 1927, S. 4.

Mit dem Sieg in allen Produktionszweigen errang der Sozialismus nun auch den Sieg in der Zirkulationssphäre, in der nach Beseitigung des Privatkapitals der sowjetische Handel ungeteilt herrschte.

Die Verschiebungen, die in den Produktionsverhältnissen der sowjetischen Gesellschaft von 1928 bis 1935 vor sich gingen, spiegeln sich in folgenden Hauptkennzahlen über das Wachstum des sozialistischen Sektors der Volkswirtschaft wider:

Anteil der sozialistischen Wirtschaftsformen (in %)[102]

	1928	1935
Produktionsgrundfonds	54,6	97,6
Nationaleinkommen	44,0	97,8
Zahl der Arbeiter und Angestellten	84,5	99,96
Bruttoproduktion der Industrie	89,5	99,7
Bruttoproduktion der Landwirtschaft	3,3	94,2
Einzelhandelswarenumsatz	77,5	100,0

Der Sieg der sozialistischen Wirtschaftsformen auf allen Gebieten der sowjetischen Ökonomik war durch das gewaltige Anwachsen der Produktivkräfte und vor allem der sozialistischen Industrie gewährleistet worden. Im Jahre 1928 betrug die Bruttoproduktion der Großindustrie 16,9 Mrd. Rbl., im Jahre 1935 war sie auf 61,6 Mrd. Rbl. gestiegen (Preise von 1926/27). Besonders stark wuchs die Produktion der Produktionsmittel erzeugenden Industriezweige. Der Wert der Maschinenbauproduktion stieg von 1,7 Mrd. Rbl. auf 15 Mrd. Rbl. In der gleichen Zeit hatten die Grundfonds der Großindustrie sich (nach dem Bilanzwert) fast vervierfacht. Die Bruttoproduktion der Landwirtschaft, die in der Periode der Kollektivierung infolge der Sabotage der Kulaken und der Schwierigkeiten, die sich in der ersten Zeit bei der Durchsetzung der genossenschaftlichen Produktion eingestellt hatten, etwas gesunken war, begann zu steigen und betrug im Jahr 1935 (zu Preisen von 1926/27) 15,8 Mrd. Rbl., überstieg also die Produktion von 1929 um 1,1 Mrd. Rbl. und die Produktion von 1913 um 3,2 Mrd. Rbl.

Die Folge der steigenden Produktion war ein steigendes Nationaleinkommen der UdSSR. Es betrug im Jahre 1935 66,5 Mrd. Rbl. gegenüber 25 Mrd. Rbl. im Jahre 1928.

Die Errungenschaften der sowjetischen Ökonomik und ihre Vorzüge gegenüber der kapitalistischen treten besonders klar zutage, wenn man die Entwicklung der Produktion in der Sowjetunion mit derjenigen in den kapitalistischen Ländern

[102] Die UdSSR — das Land des Sozialismus (russ.). Moskau 1936, S. 1—5.

vergleicht. Die Weltwirtschaftskrise 1929—1933 warf die kapitalistische Produktion um einige Jahrzehnte zurück. Die Industrieproduktion der UdSSR übertraf im Jahre 1932 den Stand des Jahres 1928 um das 2,3fache, der Umfang der Industrieproduktion der kapitalistischen Welt war dagegen im Vergleich zu 1928 um 33,2 % gesunken (in den USA um 42,3 %, in England um 17,2 %, in Deutschland um 42 % usw.). Der Index der Industrieproduktion in der UdSSR stand im Jahre 1935 auf 376,9 (1928 = 100), der entsprechende Index der kapitalistischen Welt jedoch auf 88,8 (USA 81,0, England 105,8, Deutschland 97,7, Frankreich 74 usw.).

Während der letzten Periode der NÖP wurde der Übergang von den Produktionsverhältnissen der Übergangsperiode zu den Produktionsverhältnissen des siegreichen Sozialismus vollzogen. Anders ausgedrückt, es kam zu einer eigenartigen „Übergangsperiode in der Übergangsperiode", in welcher der durch alle vorhergegangenen tiefgreifenden Veränderungen vorbereitete Sprung aus dem einen qualitativen Zustand, dem der Übergangsökonomik, in einen anderen qualitativen Zustand, den der sozialistischen Ökonomik, stattfand. Dieser sprunghafte Übergang wurde als breit angelegter Angriff des Sozialismus auf der ganzen Front vollzogen.

Qualitative Veränderungen gingen sowohl in der Produktionssphäre als auch in der Zirkulationssphäre vor sich. In der Produktion äußerten sie sich in der Weise, daß — abgesehen von der schnellen Entwicklung der sozialistischen Industrie — an die Stelle der kleinen Warenproduktion die sozialistische kollektive Großlandwirtschaft trat und die kapitalistischen Elemente völlig liquidiert wurden. Die sozialistische Produktion setzte sich also sowohl in der Stadt als auch auf dem Lande vollkommen durch und bildete zwei Hauptsektoren — den staatlichen und den genossenschaftlich-kollektivwirtschaftlichen Sektor.

Entsprechende Veränderungen gab es auch in der Zirkulation, deren sozialistische Umgestaltung in der Hauptsache abgeschlossen war. Eine wichtige Rolle bei der Entwicklung des Wirtschaftsverkehrs spielte der auch in der Produktion immer fester werdende Zusammenschluß von Stadt und Land. In den vorangegangenen Etappen wurden über den Handel hauptsächlich Konsumgüter in das Dorf geleitet. Die sozialistische Vergesellschaftung der landwirtschaftlichen Produktion änderte diese Situation. Der sozialistischen Industrie oblag es, einen dauerhaften Produktionszusammenschluß mit der Landwirtschaft herbeizuführen, indem sie das Land mit Traktoren und anderen landwirtschaftlichen Maschinen versorgte. Die Festigung der wirtschaftlichen Bande zwischen Stadt und Land fand auch in den tiefgreifenden Veränderungen des Marktes für landwirtschaftliche Waren ihren Ausdruck. Auf diesem Markt nahmen die landwirtschaftlichen Artels den ersten Platz ein, deren Beteiligung am Warenumsatz zwischen dem Dorf und der Stadt im wesentlichen vom gesamtstaatlichen Plan exakt erfaßt wurde.

Bereits in der Periode vor der Massenkollektivierung des sowjetischen Dorfes und der Bildung von Kollektivwirtschaften erhielten, wie schon erwähnt wurde, neue Planformen des Warenumsatzes auf der Basis von Vertragsabschlüssen große

Bedeutung. Jetzt nahmen diese Vertragsabschlüsse Massencharakter an. Im Jahre 1928/29 wurde die Getreideernte von mehr als 24 Mill. ha, die Sonnenblumensamenernte von 1,1 Mill. ha, die Zuckerrübenernte von 630 000 ha, die Baumwollernte von 1 250 000 ha usw. vertraglich gebunden. Diese Kontrakte wurden durch Produktenaustausch ergänzt, d. h., die abgelieferten Erzeugnisse wurden sowohl mit Geld als auch mit Waren zu festen Preisen bezahlt.

Die Partei entwickelte dieses Vertragssystem gegen den Widerstand der Rechten. Sie ging dabei von dem Gesichtspunkt aus, daß diese neue Form des Warenaustausches zwischen Stadt und Land einen großen Schritt vorwärts in der verstärkten planmäßigen Lenkung der sozialistischen Volkswirtschaft bedeutete.

Durch die weitere Entwicklung des Warenaustausches zwischen der sozialistischen Industrie und der sozialistischen Landwirtschaft konnte die planmäßige Organisation des landwirtschaftlichen Warenmarktes verstärkt werden. Der entscheidende Teil der landwirtschaftlichen Warenproduktion wurde planmäßig gelenkt und durch direkte Planung erfaßt.

In der Periode von 1929 bis 1935 besteht also der organisierte Markt sowohl aus dem Markt für Industriewaren als auch aus dem Markt, der die Hauptmasse der landwirtschaftlichen Waren umfaßt. Daneben existiert der eine untergeordnete Rolle spielende nichtorganisierte kollektivwirtschaftliche Markt. Der nichtorganisierte Markt hat seinen Charakter verändert; hier spielen nun nicht mehr die kleinen Warenproduzenten eine Rolle, sondern die Kollektivbauern, die die Erzeugnisse ihrer Nebenwirtschaft und den überschüssigen Teil der Produkte, die sie für ihre Arbeitseinheiten erhalten, absetzen, sowie die Kollektivwirtschaften, die hier einen gewissen Teil ihrer Waren verkaufen. Der Kolchosmarkt steht dabei unter dem entscheidenden Einfluß des organisierten Marktes.

Auf Grund der sozialistischen Aufbauerfolge konnte auch in der staatlichen sozialistischen Wirtschaft die Planmäßigkeit der Ware-Geld-Beziehungen gefestigt werden. Ende 1929 wurde die Leitung der staatlichen Industrie reorganisiert. In den nunmehr mit eigenen Umlaufmitteln ausgestatteten Betrieben wurde die wirtschaftliche Rechnungsführung eingeführt. Damit hatten sich diejenigen Formen der wirtschaftlichen Rechnungsführung herausgebildet, die im wesentlichen auch für den Sozialismus typisch sind.

Die Umstellung der staatlichen Betriebe auf die wirtschaftliche Rechnungsführung führte zu großen Veränderungen sowohl in der planmäßigen Verteilung der Produktionsmittel als auch in der Organisation des Großhandelsmarktes für Konsumgüter. Die Syndikate, deren Aufgaben den Absatz und die materiell-technische Versorgung ganzer Industriezweige umfaßten, spielten seinerzeit bei der Festigung der Ökonomik der sozialistischen Betriebe eine positive Rolle. Nachdem die Betriebe sich aber in mächtige und selbständige Organisationen verwandelt hatten, wurden die Syndikate überflüssig. Sie wurden aufgelöst und ihre Funktionen, die Regulierung des allgemeinen Absatzes und der Versorgung, wurden den auf der Grundlage der wirtschaftlichen Rechnungsführung arbeitenden Industrievereinigungen übertragen.

Große Bedeutung für die Warenzirkulation gewannen, sowohl in der Industrie als auch in anderen Volkswirtschaftszweigen, die Absatzplanung der Erzeugnisse durch die Betriebe sowie die Globalverträge zwischen Lieferanten und Verbrauchern.

Die Notwendigkeit, die planmäßige Organisation der sozialistischen Produktion, Distribution und Zirkulation zu vollenden und im Zusammenhang damit die Landwirtschaft zu kollektivieren, das Privatkapital in Produktion und Handel zu beseitigen und die wirtschaftliche Rechnungsführung in den staatlichen Betrieben einzuführen, bedingte auch große Veränderungen im Kreditwesen.

Mit der Zusammenfassung der kurzfristigen Kreditierung bei der Staatsbank wurde, wie wir gesehen haben, bereits in der vorangegangenen Etappe begonnen. Hierfür wurden immer rationellere Formen gefunden. Schon im Jahre 1928 wurde die Funktion der kurzfristigen Kreditierung von der Industriebank und der Elektrobank auf die Staatsbank übertragen; diese Banken selbst aber wurden zu einer Bank für langfristige Kreditierung der Industrie vereinigt, welche die Investitionen finanzierte. Zu Beginn des Jahres 1930 wurde die kurzfristige Kreditierung, die die Banken zur Kreditierung der Genossenschaftsorganisationen (Unions-Kommunalbank, Bank der Ukraine und Zentrale Kommunalbank) ausführten, ebenfalls der Staatsbank übertragen. Endlich wurde im Laufe der Jahre 1930 und 1931 das selbständige System der landwirtschaftlichen Kreditinstitute reorganisiert und schließlich aufgelöst; auch die Kreditierung der kollektivwirtschaftlichen Produktion und des Absatzes der Erzeugnisse der Kollektivwirtschaften ging auf die Staatsbank über, so daß nach der Umgestaltung im Jahre 1931 die Staatsbank zum alleinigen zentralisierten Organ für die kurzfristige Kreditierung der Volkswirtschaft geworden war.

Gleichzeitig wurden sehr umfangreiche grundsätzliche Veränderungen im Charakter der kurzfristigen Kreditierung selbst vorbereitet und durchgeführt.

In dem Maße, in dem der sozialistische Sektor wuchs und erstarkte und zu vollkommeneren Formen der planmäßigen Führung der Volkswirtschaft überging, geriet der kommerzielle Kredit und die auf diesem basierende Wechselumlaufkreditierung in Widerspruch zu den neuen ökonomischen Bedingungen. Das drückte sich im sinkenden Anteil der Wechselkredite aus. Am 1. Oktober 1925 machten bei einer Gesamtsumme der der Volkswirtschaft gewährten kurzfristigen Kredite von 2,1 Mrd. Rbl. die Wechselkredite 1,1 Mrd. Rbl. oder 52,3 % aus, am 1. Oktober 1929 jedoch entfielen bei einem Gesamtkredit von 5,1 Mrd. Rbl. auf die Wechselkredite 2,4 Mrd. Rbl. oder 47,8 %; dementsprechend stieg der Anteil der direkten Bankkredite von 39 auf 47 %. Trotzdem nahm der kommerzielle Kredit immer noch eine beachtliche Stellung ein. Das bedeutete, daß sich noch Möglichkeiten für eine außerplanmäßige Umverteilung der Mittel durch den Wechselkredit erhalten hatten und ein erheblicher Teil der in der Volkswirtschaft zur Umverteilung gelangenden Geldmittel der direkten Planung entzogen war.

Für eine gewisse Zeit wurde dieser Widerspruch durch eine Kreditierung der Syndikate, die ganze Industriezweige vereinigten, gelöst. Aber erstens blieb die außerplanmäßige Umverteilung der Mittel über den Wechselkredit in den Beziehungen zwischen den Syndikaten erhalten, und zweitens standen die Betriebe und Trusts innerhalb der Syndikate, mit denen sie durch ein System innerer, planmäßiger Verrechnungen verbunden waren, faktisch außerhalb des Einflusses dieses mächtigen ökonomischen Hebels, wie ihn der Bankkredit darstellte. Die Aufgabe bestand also darin, jeden Betrieb mit wirtschaftlicher Rechnungsführung der Beeinflussung durch den Bankkredit zu unterstellen und die außerplanmäßige Umverteilung der Mittel über den Wechselkredit endgültig zu beseitigen. Die Organisation des gesamten Kreditwesens auf der Plangrundlage und die Festigung der Kreditplanung sollten die planmäßige Lenkung der Volkswirtschaft verstärken.

Diese Aufgaben wurden in den Jahren 1930 und 1931 gelöst, als eine Kreditreform durchgeführt und die schädlichen Verzerrungen in der Praxis beseitigt wurden. Der kommerzielle Kredit und der Wechselumlauf wurden abgeschafft und durch die neue, sozialistische Form des planmäßigen, direkten, zweckgebundenen, befristeten und rückzahlbaren kurzfristigen Kredits ersetzt.

Zugleich mit der Kreditreform und mit der Festigung der wirtschaftlichen Rechnungsführung wurde auf Grund der Verordnung des Rates für Arbeit und Verteidigung vom 23. Juli 1931 eine strenge Abgrenzung zwischen den eigenen und den Fremdmitteln der Wirtschaftsorganisationen vorgenommen.

Die Eigenmittel wurden den staatlichen Organisationen mit wirtschaftlicher Rechnungsführung im Rahmen der erforderlichen Mindestvorräte (sog. Normative) an Material zugeteilt. Jeder zeitweilige Bedarf an Umlaufmitteln sollte durch Kredite gedeckt werden. Die große Bedeutung dieser Maßnahme wurde im Aufruf des ZK der KPdSU (B) und des Rates der Volkskommissare der UdSSR vom 21. Oktober 1931 hervorgehoben, in dem es hieß: „Die Versorgung der Vereinigungen, Trusts und Betriebe mit eigenen Umlaufmitteln, der Übergang zum Bankkredit für streng begrenzte Bedürfnisse der Produktion und Warenzirkulation und ausschließlich auf der Grundlage der Rückzahlbarkeit der Kredite innerhalb bestimmter Fristen soll ein weiterer großer Schritt vorwärts sein in der Festigung der wirtschaftlichen Rechnungsführung und gleichzeitig in der Festigung der Vertragsdisziplin und der Erfüllung der Wirtschaftspläne.“

Die Kreditreform hatte für die Festigung der planmäßigen Organisation der sozialistischen Produktion und Zirkulation und insbesondere für die verstärkte planmäßige Lenkung der gesamten Geldwirtschaft wesentliche Bedeutung. Sie vollendete die Umwandlung der Staatsbank in das einheitliche Emissions-, Kredit- und Verrechnungszentrum der UdSSR als objektiv notwendiges ökonomisches Instrument für die allseitige planmäßige Organisation der Geldzirkulation und des Kredits in der sozialistischen Gesellschaft.

Eine wesentliche Rolle bei der Verstärkung der Planungsgrundlage in der Distributions- und Zirkulationssphäre spielte auch die Steuerreform von 1930, durch die einige Dutzend verschiedener Steuern durch zwei Abgaben der sozialistischen Betriebe und Organisationen an den Haushalt ersetzt wurden — durch die einheitliche Umsatzsteuer und die Gewinnabführung.

Die Notwendigkeit der Steuerreform ergab sich aus der Gesamtheit der sozialistischen Umgestaltungen in der Volkswirtschaft. Sie hing engstens zusammen mit der Umstellung der Betriebe auf die wirtschaftliche Rechnungsführung und mit der neuen, durch die Kreditreform geschaffenen Form der Kredit- und Verrechnungsbeziehungen.

In der Verordnung des Zentralen Exekutivkomitees und des Rates der Volkskommissare der UdSSR vom 2. September 1930 wurde auf folgende ökonomische Voraussetzungen für die Reform hingewiesen:

„Mit dem Wachstum und der Festigung des vergesellschafteten Sektors der Volkswirtschaft und mit der starken Einengung des privaten Sektors, mit der Verstärkung der Planungsgrundlagen sowohl in der gesamten Volkswirtschaft als auch in ihren einzelnen Betrieben wurde ein Stand und eine Organisation der Volkswirtschaft erreicht, denen das geltende Steuersystem nicht mehr entsprach.

Die Vielfalt der Steuern und sonstigen Abgaben an den Haushalt führt, abgesehen von der großen Kompliziertheit ihrer Errechnung und Einziehung, bei der Regulierung der Produktion und des Austausches und insbesondere bei der Preispolitik zu Schwierigkeiten. Die komplizierten wechselseitigen Beziehungen der vergesellschafteten Industrie und des vergesellschafteten Handels zum Haushalt erschweren die Planung sowohl der einzelnen Wirtschaftszweige als auch der gesamten Volkswirtschaft.

Die Notwendigkeit grundlegender Veränderungen im Steuersystem wurde durch die Reorganisation der Verwaltung der staatlichen Industrie und durch die Kreditreform noch dringender.“ [103]

Umsatzsteuer und Gewinnabführung, diese beiden Formen der Verteilung desjenigen Teils des Nationaleinkommens, der das Mehrprodukt oder die Reineinnahme darstellt, gaben dem Staat ein neues, anpassungsfähiges Werkzeug zur Akkumulation und planmäßigen Ausnutzung der innerbetrieblichen Akkumulationen in die Hand, ein Werkzeug also, mit dem auf den gesamten Ablauf der erweiterten sozialistischen Reproduktion, die Durchsetzung ihrer Proportionen und die planmäßige Gestaltung des staatlichen Preissystems im Groß- und Einzelhandel eingewirkt werden konnte.[104]

Die Reorganisation der staatlichen Industrieverwaltung und die Umstellung der Betriebe auf das Prinzip der wirtschaftlichen Rechnungsführung, die Kredit- und Steuerreform, die Entwicklung der wirtschaftlichen Beziehungen zwischen den Betrieben auf der Grundlage der direkten Planung und Regulierung in Form von Globalverträgen zwischen den Lieferanten und den Verbrauchern, all das festigte

[103] „Gesetzblatt der UdSSR“ (russ.), 1930, Nr. 46, S. 476.

[104] In der Umsatzsteuer waren einbegriffen: die Verbrauchssteuer, die Gewerbesteuer und eine Reihe anderer Abgaben. Insgesamt ersetzte die Umsatzsteuer 53 verschiedene Abgaben. Die Gewinnabführung vereinigte in sich 10 verschiedene Abgaben aus den Akkumulationen der Wirtschaftsorgane. „Die Beibehaltung zweier Arten von Abgaben an den Haushalt trug zur Festigung der wirtschaftlichen Rechnungsführung bei, schuf eine feste Einnahmequelle für den Haushalt, beschleunigte die Umverteilung der Akkumulationen und gewährleistete günstige Voraussetzungen für die Finanzkontrolle der qualitativen und quantitativen Erfüllung des Volkswirtschaftsplanes.“ K. Plotnikow, Der Haushalt des sozialistischen Staates (russ.). Gosfinisdat 1948, S. 24.

die sozialistischen Formen der Zirkulation des im staatlichen Produktionssektor geschaffenen gesellschaftlichen Produkts. Dementsprechend entwickelten und festigten sich neue Formen der Geldzirkulation.

Wichtig für die Entwicklung der Geldwirtschaft und für die Festigung der neuen Formen der Geldzirkulation war die Entwicklung des staatlichen Finanzwesens, vor allem des Staatshaushalts. Im ersten Fünfjahrplan betrug die Höhe der planmäßig erfaßten finanziellen Mittel 120 Mrd. Rbl., im zweiten Fünfjahrplan waren es bereits 355,5 Mrd. Rbl. Der Anteil der Akkumulationen der sozialistischen Wirtschaft und der Amortisationen betrug in den entsprechenden Zeiträumen 74,9 und 85,5 %. Der größte Teil der akkumulierten Mittel (66,8 % im ersten und 64,8 % im zweiten Fünfjahrplan) wurde für die Finanzierung der Volkswirtschaft benutzt, und mehr als ein Fünftel zur Finanzierung sozialer und kultureller Maßnahmen eingesetzt.

Über den Staatshaushalt erfolgte die Umverteilung des überwiegenden Teiles der finanziellen Mittel, die während des ersten und zweiten Fünfjahrplanes mobilisiert wurden. Der Anteil der Haushaltseinnahmen an den gesamten, entsprechend dem zusammengefaßten Finanzplan eingegangenen Einnahmen betrug 1932 76 %. Alle diese Umstände waren ein Beweis für die wachsende Bedeutung des Staatshaushalts in der erweiterten sozialistischen Reproduktion. Die Methoden der Haushaltseinwirkung auf den Ablauf dieses Prozesses änderten sich dabei vielfach und paßten sich den sozialökonomischen Verschiebungen in der UdSSR an. Auch der Charakter der Einnahmequellen des Haushalts hatte sich wesentlich verändert. Nach der Steuerreform begann die Umsatzsteuer die entscheidende Rolle zu spielen. Im Jahre 1932 entfielen von der Gesamtsumme der Haushaltseinnahmen in Höhe von 38 Mrd. Rbl. auf die Umsatzsteuer 19,6 Mrd. Rbl., und 1935 waren es 52,2 Mrd. Rbl. von insgesamt 75 Mrd. Rbl. Zugleich verloren durch die Verdrängung der kapitalistischen Elemente die Landwirtschaftssteuer und die Einkommensteuer der Bevölkerung beträchtlich an Bedeutung. Die Steuern der Bevölkerung wurden für den Staatshaushalt zu einer zweitrangigen Einnahmequelle. 1928/29 betrugen die Eingänge aus der Landwirtschaftssteuer 449 Mill. Rbl., 1932 sanken sie auf 337 Mill. Rbl. In den gleichen Jahren stiegen die Eingänge aus der Einkommensteuer der Bevölkerung in weit geringerem Maße als die Geldeinnahmen der Arbeiter und Angestellten.

Der größte Teil der Haushaltsmittel wurde unmittelbar für die Entwicklung der Volkswirtschaft verwandt. 1928/29 wurden hierfür aus dem Haushalt 3,7 Mrd. Rbl. bereitgestellt, 1932 24,8 Mrd. Rbl., und 1935 waren es bereits 58,7 Mrd. Rbl. Auch die für soziale kulturelle Maßnahmen im Haushalt vorgesehenen Mittel wurden beträchtlich erhöht.

Die Veränderungen, die infolge des Sieges der sozialistischen Elemente und der hierdurch gefestigten Planung der Distributions- und Zirkulationssphäre im Charakter der Produktion vor sich gingen, und die erhöhte Bedeutung des sozialistischen Kredits und des staatlichen Finanzwesens in der Reproduktion trugen dazu bei, daß sich die neuen Formen der Planung und Geldzirkulation durchsetzten.

Insbesondere waren bereits im Jahre 1930 die objektiven Voraussetzungen für die direkte Planung des Bargeldumlaufs (also für die Bargeldumsatzplanung) gegeben, einmal bei der Ausgabe von Bargeld durch die Staatsbank an die Volkswirtschaft, zum anderen beim Eingang des von der Volkswirtschaft her in die Kassen der Staatsbank zurückfließenden Bargeldes. Seit Ende 1930 mußte die Staatsbank der Regierung vierteljährlich, monatlich gegliederte Bargeldumsatzpläne vorlegen. Später wurden auch die Betriebe und Wirtschaftsorganisationen zur Bargeldumsatzplanung herangezogen. Die Bargeldumsatzplanung erhielt eine immer größere operative Bedeutung, besonders während des dritten Fünfjahrplanes, als die Bargeldumsatzplanung zur Regierungsdirektive für die Geldzirkulation wurde.

Um die Entwicklung der Ware-Geld-Formen in jener Periode richtig einschätzen zu können, müssen die auf Grund der schnellen qualitativen Veränderungen in den sozialökonomischen Beziehungen jener Jahre auftauchenden großen Schwierigkeiten berücksichtigt werden. Diese Schwierigkeiten waren Wachstumsschwierigkeiten, Schwierigkeiten des Aufstiegs. Sie ergaben sich vor allem aus der Erfüllung der gewaltigen Aufgaben der Rekonstruktionsperiode und bargen daher die Möglichkeiten zu ihrer Überwindung in sich.

Diese Schwierigkeiten bestanden erstens darin, daß eine intensive sozialistische Akkumulation sicherzustellen war.[105] Die Großindustrie, nach dem Siege des Sozialismus die Hauptquelle gewaltiger Akkumulationen, wurde damals erst geschaffen. Also mußte aus der laufenden Reproduktion ein verhältnismäßig großer Teil des Materials und der Arbeitskräfte herausgezogen und für Investitionsbauten eingesetzt werden. Das konnte natürlich erst einige Jahre später Früchte tragen. Damals aber war es nicht zu vermeiden, daß die wachsende Nachfrage der Bevölkerung in beträchtlichem Umfange die Möglichkeiten, sie zu befriedigen, überstieg.

Zweitens erwuchsen aus der Kollektivierung der Landwirtschaft Schwierigkeiten. Der Widerstand des Kulakentums und die Unmöglichkeit, sofort eine hochproduktive kollektivwirtschaftliche Produktion in Gang zu bringen und die Kolchosen organisatorisch und wirtschaftlich zu festigen, erschwerten die Aufgabe, die Städte mit Lebensmitteln und die Industrie mit landwirtschaftlichen Rohstoffen zu versorgen. Gleichzeitig wuchs der Bedarf der Stadt und der Industrie an diesen Erzeugnissen von Jahr zu Jahr ganz erheblich, so daß zeitweilig eine Kluft entstand zwischen diesem Bedarf und der Möglichkeit, ihn zu befriedigen. Erst mit dem Abschluß der Kollektivierung und dem Ansteigen der genossenschaftlichen Produktion konnte diese Kluft überwunden werden; ihre Überwindung gehörte zu den größten Schwierigkeiten dieser Periode.

Drittens ergaben sich Schwierigkeiten auf Grund der kapitalistischen Umkreisung. Ein Krieg gegen das Land des Sozialismus wurde vorbereitet. Das Sowjet-

[105] Betrug der Anteil des Akkumulationsfonds 1925/26 15,9% des Nationaleinkommens, so stieg er 1927/28 auf 21,3% und 1932 auf 26,9%.

volk mußte große Materialwesen mobilisieren, um schnell die ökonomische Basis für die Errichtung einer modernen Rüstungsindustrie zu schaffen.

Viertens riefen die immer noch beträchtlichen spontanen Elemente in der bäuerlichen Wirtschaft ernste ökonomische Schwierigkeiten hervor. Gewisse Teile der Bauernschaft versuchten die Marktkonjunktur für Spekulationen, Preistreibereien usw. auszunutzen.

Die sozialistische Umgestaltung der Volkswirtschaft stieß auf den verzweifelten Widerstand der Ausbeuterklassen in Stadt und Land. Das Kulakentum widersetzte sich erbittert der Kollektivierung. Der Widerstand der feindlichen Elemente innerhalb des Landes vereinigte sich mit den Umtrieben der kapitalistischen Umwelt. Doch die Partei überwand erfolgreich alle Schwierigkeiten, die sich ihr bei der Schaffung der sozialistischen Ökonomik in den Weg stellten. Sie zerschlug die Trotzkisten und die Rechten und führte die Politik der Kollektivierung und der Liquidierung des Kulakentums als Klasse siegreich durch.

Das Jahr 1929 war das Jahr des großen Umschwungs. Es war durch gewaltige Fortschritte in der Industrialisierung und Kollektivierung und durch die erfolgreiche Ausmerzung des Kulakentums als Klasse gekennzeichnet, brachte aber auch, wie bereits erwähnt wurde, eine neuerliche Anspannung auf dem Warenmarkt. „Die Ernährungsschwierigkeiten des Jahres 1928/29 bei verschärftem Klassenkampf auf dem Lande und Wiederaufleben von Elementen des Kulakentums und der Spekulation auf Grund dieser Schwierigkeiten führten zu erheblichen Preissteigerungen für landwirtschaftliche Waren und zu einer gewissen Preiserhöhung für Industriewaren.“ [106]

Es ist kennzeichnend, daß der Großhandelsindex des Statistischen Zentralamtes am 1. Oktober 1929 insgesamt um 3,2 % gegenüber dem gleichen Stichtag des Jahres 1928 gestiegen war, während der vom Konjunktur-Institut berechnete Index der Einzelhandelspreise im Privathandel sich im gleichen Zeitraum um 38,9 % erhöht hatte. Das rapide Steigen der Preise auf dem nichtorganisierten Markt begann bereits Ende 1928 bis Anfang 1929. Vom Oktober 1928 bis März 1929 erhöhten sich die Preise im privaten Einzelhandel gegenüber dem entsprechenden Zeitraum des Vorjahres für Getreideprodukte um 48,8 %, für Gemüse um 59,4 %, für Fleischprodukte um 12,8 % und für Milchprodukte um 19,5 %.[107]

Die Preise im privaten Handel verwandelten sich immer mehr in Spekulationspreise. Es entstand eine Kluft zwischen diesen und den staatlichen Preisen. Am 1. Oktober 1929 verhielten sich die Preise im privaten Handel zu denen des vergesellschafteten Handels wie 1,88 : 1, zum 1. November des gleichen Jahres aber veränderte sich dieses Verhältnis bis auf 1,95 : 1.[108] Die Aufschläge des privaten Handels auf die Abgabepreise der staatlichen Industrie überstiegen dabei 100 %.

106 Die Kontrollziffern der Volkswirtschaft der UdSSR für 1929/30 (russ.). A. a. O., S. 209.
107 „Finanzwesen und Volkswirtschaft“ (russ.), Nr. 19, 1929, S. 25.
108 Ebenda, Nr. 49, 1929, S. 32.

Die Hauptursache für die Spekulationen, die den privaten Handel überfluteten, bestand darin, daß die Kulaken die Schwierigkeiten der Landwirtschaft ausnutzten, die gerade in die Periode des stürmischen Aufbaus der Kollektivwirtschaften getreten war. Diese Schwierigkeiten verschärften sich besonders 1928/29 durch Mißernten in einigen Kreisen und durch spekulatives Hamstern, zu dem die großen Preisunterschiede bei Brotgetreide in den verschiedenen Kreisen Anlaß gaben. Die Marktpreise für Brotgetreide überstiegen beispielsweise im III. Quartal 1928/29 in verschiedenen Kreisen die Erfassungspreise um das 4- bis 4,5fache. Der Preisunterschied in den produzierenden und in den konsumierenden Zonen überstieg 100 %.[109]

Die Kulaken, die noch über recht erhebliche Vorräte an Warengetreide verfügten, versuchten auf jede nur mögliche Weise, die statistische Erfassung zu stören. Dabei nutzten sie jede kleinste Schwierigkeit bei den staatlichen und genossenschaftlichen Erfassungsorganisationen und setzten alles daran, das Preisniveau zu erhöhen, auf dem Markt Spekulationspreise zu erhalten und Versorgungsstockungen hervorzurufen.

Alle diese Marktschwierigkeiten führten schließlich im Jahre 1929 dazu, daß der Sowjetstaat sich zu einer gewissen Erhöhung der Erfassungspreise gegenüber den Planpreisen entschließen mußte, obgleich er den Getreidemarkt und den Markt für landwirtschaftliche Waren im großen und ganzen fest in der Hand hatte. Gegenüber dem Vorjahr betrug diese Erhöhung der Preise für Getreidekulturen 19,6 % und für tierische Produkte 13 %.[110]

Die Preiserhöhung wurde im Rahmen der planmäßigen Einwirkung des organisierten Marktes auf den nichtorganisierten vorgenommen, also im Rahmen der staatlichen Regulierung des Warenumsatzes. Sie hatte mit den systematischen Preissteigerungen, die die rechten Restauratoren im Interesse des Kulakentums der Partei aufzudrängen versuchten, nichts gemein.

Die Partei lehnte es entschieden ab, einen Weg zu beschreiten, der die Marktspontaneität entfesselt hätte. Unter erschwerten Bedingungen, gegen den erbitterten Widerstand der Bourgeoisie und der Kulaken, regulierte der Staat planmäßig die entscheidende Sphäre der Warenbeziehungen — den organisierten Markt — sowohl in bezug auf die Zirkulation der Produktionsmittel und den vergesellschafteten Einzelhandel als auch in bezug auf den Verkauf von Rohstoffen und Lebensmitteln durch die Bauernschaft an den Staat. Hier, auf dem zuletzt genannten Gebiet, wurde die Organisation des Marktes durch Absatzgenossenschaften und Lieferverträge, durch feste Planung der Preise für die Waren, die gegen Produkte der Bauernwirtschaften ausgetauscht wurden, durch Regulierung der Erfassungspreise usw. erreicht. Dabei war es für die ökonomischen Beziehungen auf dem jeweiligen Gebiet von Bedeutung, daß der sozialistische Staat den ökonomischen Maßnahmen, bei denen er sich auf die bewußte Anwendung der

109 „Die Planwirtschaft" (russ.), Nr. 8, 1929, S. 36.
110 Die Kontrollziffern der Volkswirtschaft der UdSSR für 1929/30 (russ.). A. a. O., S. 215.

ökonomischen Gesetze stützte, nötigenfalls durch außergewöhnliche Einwirkungen auf das Kulakentum Nachdruck verlieh.

Gegen die Anwendung außerordentlicher Maßnahmen bei der Getreideerfassung und gegen den Angriff auf das Kulakentum wandte sich die gleiche Gruppe der Rechten. Die Partei enthüllte den wahren Sinn der bürgerlichen Politik und machte diese Politik zunichte. Sie kämpfte gegen Spekulation und Sabotage der Kulaken und bereitete die Massen immer stärker darauf vor, durch die völlige Kollektivierung der Landwirtschaft das Kulakentum als Klasse zu beseitigen.

Andererseits waren im vergesellschafteten Handel alle Voraussetzungen vorhanden, um im Warenumsatz bei der großen Masse der Waren den spontanen Tendenzen des Marktes zu begegnen und sowohl für den Großhandel als auch für den Einzelhandel eine Politik direkter Preisplanung zu betreiben. Im Moskauer genossenschaftlichen Handel beispielsweise wurden in dieser Zeit 77 % aller Waren zu regulierten Preisen verkauft.[111] Ähnlich war die Lage in anderen Kreisen.

Die Liquidierung des Kulakentums als Klasse und die Verdrängung der Reste der städtischen Bourgeoisie, die Schwierigkeiten, die die Reorganisationsperiode in der Landwirtschaft mit sich brachte, sowie die Schwierigkeiten, die durch die stürmische Industrialisierung in der Anfangsperiode hervorgerufen wurden, verstärkten auch gleichzeitig den Warenmangel. Die Preise des nichtorganisierten Marktes wichen immer mehr von denen des organisierten Marktes ab, die unbefriedigte Nachfrage nach einer ganzen Reihe von Industriewaren und Lebensmitteln wuchs. Schließlich mußte die Versorgung der städtischen Bevölkerung rationiert werden, indem man Karten ausgab. Die Versorgung der Landbevölkerung erfolgte durch Austausch von Lebensmitteln und landwirtschaftlichen Rohstoffen gegen Industriewaren zu festen Preisen („Erfassung gegen Warenlieferung").

Durch das Kartensystem ging die Versorgung der Bevölkerung reibungslos vonstatten. Ihre materiellen Interessen und ihre Realeinkünfte konnten ungeachtet der unvermeidlichen großen Veränderungen der Preisproportionen in der Volkswirtschaft gewahrt werden. Mit anderen Worten, die Verteilung über das Kartensystem stellte unter den starken ökonomischen Veränderungen in der Volkswirtschaft während „der Übergangsperiode in der Übergangsperiode" eine besondere Form der Zirkulation dar.

Der rationierte Handel (gegen Karten) von Lebensmitteln und Massenbedarfsgütern wurde im Verlauf des Jahres 1929 überall eingeführt. Im Jahre 1930 hatte er sich bereits zu einem vollendeten System einer differenzierten Versorgung der städtischen und bestimmter Gruppen der ländlichen Bevölkerung entwickelt. 1930 wurden 26 Millionen Menschen, 1934 bereits 40,3 Millionen Menschen auf Karten versorgt.

Das Kartensystem wurde auch dazu benutzt, um den Privatunternehmern den letzten Schlag zu versetzen, da durch das Kartensystem die durch die Spekulation hervorgerufenen Marktschwierigkeiten erfolgreich bekämpft werden konnten.

[111] „Die Planwirtschaft" (russ.), Nr. 6, 1930, S. 68.

Dieses System war ein Instrument, mit dem der Sowjetstaat unter zeitweiligen größten Marktschwierigkeiten die Warenbeziehungen auf dem Gebiete der Massenbedarfsgüter und der landwirtschaftlichen Waren beherrschte und planmäßig lenkte.[112]

Im Verlauf der hier behandelten Jahre wurden die Formen der Preisplanung und Preisregulierung vervollkommnet. Es entstand ein Planungssystem, das den Bedürfnissen der gesamten sozialistischen Zirkulationssphäre entsprach. Im April 1932 wurde beim Rat für Arbeit und Verteidigung ein Komitee für Warenfonds und zur Regulierung des Handels geschaffen, das seine Tätigkeit über örtliche Bevollmächtigte ausübte. Später, im Jahre 1934, oblag die Regulierung der Preise und des gesamten Handels dem neugegründeten Volkskommissariat für den Binnenhandel der UdSSR.

Von 1929 bis 1935 zeigte sich die Macht des sozialistischen Sektors der Volkswirtschaft nicht nur in der Produktionssphäre, sondern auch in der Zirkulationssphäre besonders deutlich. Es war eine Periode der stürmischen Umgestaltung aller Wertproportionen in der Volkswirtschaft, der starken Veränderungen der preisbildenden Faktoren, denen die qualitativen Verschiebungen in der Sowjetökonomik zugrunde lagen.

1. Die Errichtung einer mächtigen Industrie veränderte alle Reproduktionsbedingungen dieses Wirtschaftszweiges. Entfielen im Jahre 1929 auf die Industrie 54,5 % der industriellen und landwirtschaftlichen Bruttoproduktion, so war dieser Anteil im Jahre 1935 bereits auf 74,9 % gestiegen.[113] Die Produktion der Großindustrie überstieg im Jahre 1935 den Stand des Jahres 1928 um das 3,7fache, die Arbeitsproduktivität stieg auf das 1,9fache.[114] Grundlegende Veränderungen gingen in der Struktur der Industrie vor sich. Der Anteil der Produktion von Produktionsmitteln stieg von 45 % im Jahre 1929 auf 59 % im Jahre 1935. Diese Verschiebungen lagen den wesentlichen Veränderungen in den relativen Werten der Industriewaren und letztlich auch im Verhältnis der Warenpreise zueinander zugrunde.

2. Der Übergang des sowjetischen Dorfes zu sozialistischen Produktionsformen veränderte alle Reproduktionsbedingungen in der Landwirtschaft. Am 1. Juli 1929 waren insgesamt erst 3,9 % der Bauernwirtschaften kollektiviert, am 1. Juli 1935 hatte die Kollektivierung bereits 89,4 % aller Wirtschaften erfaßt. Die technische Ausrüstung hatte sich in schnellem Tempo verbessert. Die Grundfonds der sozialistischen Landwirtschaft erhöhten sich von 1928 bis 1935 um mehr als das 10fache, nämlich von 1,7 Mrd. Rbl. auf 18,6 Mrd. Rbl., die Zahl der Traktoren

112 „Das System der rationierten Versorgung brachte wesentliche Verbesserungen in die Preisbewegungen. Ohne Anwendung dieses Systems hätten die Preisbewegungen zu einer Umverteilung der Einnahmen geführt, die mit dem bereits eingeschlagenen Industrialisierungstempo nicht mehr zu vereinbaren gewesen wäre und eine allgemeine Wirtschaftskrise hervorgerufen hätte." L. Gatowski, Zum Problem der Verteilung in der UdSSR (russ.), in: „Die Planwirtschaft", Nr. 8, 1929, S. 44.

113 Der sozialistische Aufbau der UdSSR (russ.). A. a. O., S. XXXIII.

114 Ebenda, S. XXIII.

stieg von 26 700 im Jahre 1928 auf 380 000 im Jahre 1935, Kombines gab es 1928 noch keine, 1935 zählte man aber bereits mehr als 50 000 Stück usw.[115] Die grundlegende Veränderung der Reproduktionsbedingungen verlangte unweigerlich auch die Festsetzung neuer Preise für landwirtschaftliche Produkte.

3. Mit der Umstellung der gesamten Volkswirtschaft auf sozialistische Verhältnisse im letzten Stadium der NÖP gestalteten sich die Verbindungen zwischen Stadt und Land auf ganz neue Art. Die sozialistische Industrie begann damit, das Dorf in einem in der Geschichte der sowjetischen Volkswirtschaft bis dahin nicht gekannten Ausmaß mit Maschinen zu versorgen. Das Land wiederum versorgte die Stadt mit großen Mengen von Lebensmitteln und Rohstoffen. Auch das mußte sich natürlich auf die Preisbildung auswirken.

4. Um die Industrialisierung des Landes und die Kollektivierung der Landwirtschaft durchführen zu können, mußte in kurzer Frist ein großer Teil des Nationaleinkommens, der für die erweiterte Reproduktion eingesetzt werden konnte, in den Händen des Staates konzentriert werden. Auch das erforderte entsprechende Veränderungen in den Preisbeziehungen und eine aktivere Ausnutzung des Preises als Mittel zur Umverteilung der innerbetrieblichen Akkumulationsfonds. Aber gerade das kam neben dem infolge der erweiterten Reproduktion wachsenden Umfang der Akkumulationen in einem schnellen Steigen der Umsatzsteuer zum Ausdruck, die zu einem großen Teil dazu diente, innerbetriebliche Akkumulationen im Haushalt für gesamtstaatliche Bedürfnisse anzusammeln.

5. Die Periode des Übergangs zu sozialistischen Produktionsverhältnissen war eine Periode wesentlicher Fortschritte im Lebensstandard der Arbeiterklasse und der Bauernschaft. Die Arbeitslosigkeit in den Städten wurde beseitigt, die Arbeiterklasse wuchs zahlenmäßig. 1928 waren in der Volkswirtschaft 11,6 Millionen Arbeiter und Angestellte beschäftigt, 1935 hatte diese Zahl sich mehr als verdoppelt und 24,8 Millionen erreicht. Gleichzeitig war der Geldlohn gestiegen: von 1928 bis 1935 im Jahresdurchschnitt um mehr als das 3,2fache. Der Lohnfonds aber war infolge der schnell gewachsenen Zahl der Arbeiter und Angestellten noch schneller gestiegen als der Durchschnittslohn: von 8159 Mill. Rbl. im Jahre 1928 auf 56 200 Mill. Rbl. im Jahre 1935. Daneben erhöhten sich stetig die Aufwendungen des Staates für die sozialen und kulturellen Bedürfnisse des Sowjetvolkes. Der Lebensstandard der Landbevölkerung hob sich, und die Konsumtion aller werktätigen Schichten der Bauernschaft stieg. Alle diese Umstände übten auf den Markt einen starken Einfluß aus.

Dies waren die Tatsachen, die unweigerlich erhebliche Veränderungen der relativen Werte der einzelnen Industrie- und Landwirtschaftserzeugnisse verursachten und an sich schon Veränderungen im gesamten Preissystem hätten nach sich ziehen müssen.

Auf der anderen Seite drückte sich in den Preisen die faktische Veränderung des Preismaßstabes aus, die vor allem durch zwei Faktoren ausgelöst wurde. Erstens bot eine gewisse Senkung des Preismaßstabes dem Staat die Möglichkeit, die

[115] Ebenda, S. XXV.

Warenpreise für die Umverteilung eines Teiles des Nationaleinkommens zugunsten des Akkumulationsfonds auszunutzen, zweitens mußte bei Verringerung des Preismaßstabes der Einfluß steigender Preise auf den nichtorganisierten Markt berücksichtigt werden.

In den Jahren 1929 bis 1935 konnte ein gewisser Teil der wachsenden Einnahmen der Bevölkerung nicht im staatlichen Handel über das Kartensystem realisiert werden und wurde so auf den nichtorganisierten Markt gelenkt, der bei der Versorgung der Bevölkerung noch eine verhältnismäßig große Rolle spielte (besonders in den ersten Jahren dieser Periode) und dessen Preise stiegen. Anders ausgedrückt, die durch die gestiegene Kaufkraft bedingte erhöhte Nachfrage der Bevölkerung, die nicht auf dem organisierten Markt befriedigt werden konnte, wandte sich dem stark eingeengten nichtorganisierten Markt zu und begünstigte ein aktiveres Hervortreten der spekulativen Elemente, der Überreste des Kulakentums, der Bourgeoisie usw. Bis zum März 1933 stiegen die Marktpreise. Für landwirtschaftliche Produkte übertrafen sie 1931 den Stand von 1928 um das 6,3fache. Zu Beginn des Jahres 1933 waren die Marktpreise 12- bis 15mal so hoch wie die Preise für rationierte Waren, und da diese unverändert auf dem Stande von 1928/29 verharrten, bedeutete dies, daß sich die Marktpreise von 1931 bis 1933 etwa verdoppelt hatten.

Diese Angaben beweisen, daß damals die Kaufkraft des Sowjetgeldes auf dem nichtorganisierten Markt sank. Daher kann man die zu jener Zeit in der Wirtschaftsliteratur anzutreffende Behauptung, „das Kartensystem habe die Kaufkraft des Rubels garantiert", nicht als richtig anerkennen.[116] Das Kartensystem garantierte einen bestimmten realen Stand des Verbrauchs zu einer Zeit, in der die großen Veränderungen in allen Reproduktionsbedingungen unweigerlich zu Veränderungen in der Kaufkraft des Rubels führen mußten.

Die Stabilität des Rubels blieb im auf dem Kartensystem basierenden organisierten Handel, bei der staatlichen Verteilung der Produktionsmittel und im staatlichen Großhandel für Bedarfsgüter weiterhin erhalten. Da aber in der betrachteten Periode auf dem nichtorganisierten Markt die Preise stiegen und die Kaufkraft des Rubels sank, verringerte sich diese Kaufkraft dementsprechend im Durchschnitt der gesamten Volkswirtschaft.

In dem Maße, in dem der erste Fünfjahrplan erfüllt und die Kollektivierung vollendet wurde, erwuchsen dem Staat immer größere Möglichkeiten, die Preise des kollektivwirtschaftlichen Marktes zu beeinflussen. 1932 wurde durch eine Verordnung der Partei und der Regierung ein kollektivwirtschaftlicher Handel geschaffen. Die Kollektivwirtschaften und die Kollektivbauern erhielten das Recht, die nach Erfüllung des Ablieferungssolls für Getreide und nach Bildung der Saatgutfonds erzielten Überschüsse an Getreide sowohl auf den Märkten als auch in ihren Kolchosläden ungehindert zu verkaufen. Die Verordnung verpflichtete die örtlichen Behörden, die Kollektivbauern und Kollektivwirtschaften dabei zu unterstützen und Maßnahmen zur Ausschaltung der Privatunternehmer, Aufkäufer

[116] Siehe G. A. Koslow, Das Sowjetgeld (russ.). A. a. O., S. 150.

und Spekulanten, die sich am Kolchoshandel bereichern wollten, zu treffen. Um den Kolchoshandel anzuregen, wurden die Erfassungspläne für Getreide und Fleisch gekürzt. Der Umsatz auf dem Kolchosmarkt stieg schnell, von 7 bis 8 Mrd. Rbl. im Jahre 1932 auf 11,5 Mrd. Rbl. im Jahre 1933 und 14,5 Mrd. Rbl. im Jahre 1935.

Die Partei führte einen konsequenten Kampf gegen die schädlichen Umtriebe der Kulaken, die den Versuch machten, den kollektivwirtschaftlichen Handel in einen Handel privater Spekulanten zu verwandeln oder der Entwicklung des kollektivwirtschaftlichen Handels Hindernisse in den Weg zu legen. Diese Versuche wurden entlarvt, und der kollektivwirtschaftliche Handel konnte sich im Interesse der breiten Massen der Bevölkerung entwickeln.

Die Entfaltung des Sowjethandels wurde durch die Beseitigung der Monopolstellung, die die Konsumgenossenschaften im Einzelhandels-Warenumsatz praktisch besaßen, sowie durch den schonungslosen Kampf der Partei gegen den Geist der NÖP-Leute gefördert, der von den hier eingedrungenen bourgeoisen Elementen in die Konsumgenossenschaften hineingetragen wurde.

Die Arbeit der Konsumgenossenschaften wurde verbessert und daneben der staatliche Einzelhandel großzügig entwickelt. Im Jahre 1933 schuf der Staat eine neue Art des Handels, den sogenannten kommerziellen Handel ohne Karten zu erhöhten Preisen, die jedoch immerhin erheblich niedriger lagen als die Marktpreise. Dieser Handel ermöglichte es der Bevölkerung, das nach ihren Einkäufen auf Karten erübrigte Geld umzusetzen, gleichzeitig aber die Preise des nichtorganisierten Marktes zu beeinflussen. Über den kommerziellen Handel liefen im Jahre 1934 24 % des Gesamtumsatzes des staatlichen und genossenschaftlichen Handels.

Die wachsende Produktion der Nahrungsmittel- und Leichtindustrie sättigte den Markt immer mehr mit Lebensmitteln und Industriewaren. Der Ausstoß von Industriewaren für den Massenbedarf stieg von 9 Mrd. Rbl. im Jahre 1928 (zu Preisen des Jahres 1926/27) auf 17,97 Mrd. Rbl. im Jahre 1933 und 24,1 Mrd. Rbl. im Jahre 1935.[117] Auch die Erzeugung landwirtschaftlicher Produkte wuchs. Bedeutung hatte in dieser Hinsicht auch die steigende Produktion der Vorstadtwirtschaften der Industrie- und Handelsbetriebe. Wesentlich war auch, daß der Export von landwirtschaftlichen Produkten und Produkten der Lebensmittel- und Leichtindustrie von 625 Mill. Rbl. im Jahre 1930 auf 177 Mill. Rbl. im Jahre 1935 gedrosselt wurde. Das Ergebnis all dieser Maßnahmen war die von März 1933 an vor sich gehende systematische Senkung der Marktpreise.

Die Senkung der kommerziellen Preise für Brot trug dazu bei, daß die Marktpreise im Jahre 1933 um 60 % und in den ersten 10 Monaten des Jahres 1934 nochmals um 18 % sanken.[118] Unter dem Einfluß des sich entwickelnden staatlichen (und auch des kommerziellen) Handels und infolge der steigenden Umsätze des kollektivwirtschaftlichen Marktes wurden auch alle übrigen Lebensmittel von der Preissenkung berührt.

[117] Der sozialistische Aufbau der UdSSR (russ.). A. a. O., S. 2.

[118] Die Ergebnisse der Entwicklung des Sowjethandels von der VI. bis zur VII. Tagung der Sowjets der UdSSR (russ.). Volkskommissariat für Binnenhandel 1935, S. 54.

Die Marktpreise waren gegen Ende des Jahres 1935 gegenüber dem I. Quartal 1933 (als die Marktpreise ihren höchsten Stand in der gesamten Periode von 1929 bis 1935 erreicht hatten) fast auf ein Drittel gesunken; im Dezember 1935 stand der Index für acht verschiedene Lebensmittel in 10 Städten auf 37,9 (1933 = 100).[119] Das war ein Spiegelbild der weiteren Erfolge in der Beherrschung des Marktes, der sich auf die wachsende industrielle und landwirtschaftliche sozialistische Produktion stützte.

Die Einbeziehung von Millionen neuer Arbeiter in die Industrieproduktion, der Anreiz zur schnellen Qualifizierung der Arbeiter und die Erhöhung der Arbeitsproduktivität, die Festsetzung richtiger Lohnverhältnisse für die Werktätigen der verschiedenen Industriezweige im Einklang mit der schnellen industriellen Strukturveränderung der Volkswirtschaft — das waren Faktoren, die zur schnellen Erhöhung sowohl des Durchschnittslohnes als auch des gesamten Lohnfonds beitrugen. Um den Werktätigen ein festes Realeinkommen zu gewährleisten und die steigenden Marktpreise auszugleichen, war auch eine Erhöhung der Löhne und der anderen Einkünfte der Bevölkerung erforderlich.

Die Anwendung von Werthebeln als Anreiz zur Erweiterung der sozialistischen Reproduktion führte also bei den starken Strukturveränderungen der Volkswirtschaft und ihrer Proportionen zu erheblichen Lohnerhöhungen. In der gleichen Richtung wirkte auch der Einfluß der spontanen Marktelemente auf den sozialistischen Sektor. Durch die auf dem nichtorganisierten Markt steigenden Preise wurde ebenfalls eine Erhöhung des Geldlohnes notwendig. Dadurch stiegen die in Geld ausgedrückten Produktionskosten der Industrie, obwohl der Produktionswert einer Produktionseinheit gesenkt wurde.[120]

Diese Preisentwicklung war zusammen mit anderen Reproduktionsfaktoren die Ursache der faktischen Änderung des Preismaßstabes. Der Maßstab der Preise sank, das heißt, der tatsächliche Goldgehalt des Rubels verringerte sich. Aber trotz all dieser angeführten wesentlichen Faktoren, die sowohl auf die Wert- als auch auf die Preisverhältnisse in der Volkswirtschaft zerstörend wirkten, konnte der sozialistische Staat den produktiven Bedarf der Industrieproduktion, des Transportwesens und der Landwirtschaft sichern und die Bevölkerung mit Massenbedarfsgütern zu festen Preisen versehen. Das gelang, weil der sozialistische Staat sich auf die sich in seinen Händen befindenden großen Warenmengen, auf die staatliche Planung des Warenumsatzes und der Preise, auf die planmäßige Verteilung der für die produktive Konsumtion bestimmten Waren und auf die Versorgung der Bevölkerung nach dem Kartensystem stützte.

Die Tatsache, daß die Festsetzung des Verhältnisses zwischen dem faktisch veränderten Preismaßstab, den neuen Reproduktionsbedingungen und dem Preissystem des organisierten Marktes an das Ende der von uns betrachteten Periode oder gar darüber hinaus verschoben werden konnte, machte die großen ökonomischen Möglichkeiten des sozialistischen Staates sichtbar. Zugleich lag darin aber

[119] Der Handel der Kollektivwirtschaften und der individuellen Bauernwirtschaften (russ). Moskau 1936, S. 164.

ein gewisser Verstoß gegen die Erfordernisse des Wertgesetzes, wodurch die wirtschaftliche Rechnungsführung geschwächt wurde und die Bedeutung des Geldlohnes sank, da nur ein Teil desselben gegen Waren zu festen Preisen umgesetzt werden konnte. Das trug natürlich zur Stärkung der spontanen Elemente auf dem nichtorganisierten Markt bei. Doch da der nichtorganisierte Markt nur noch zweitrangige Bedeutung hatte, konnten sich die spontanen Elemente schon nicht mehr breit entfalten. Von entscheidender Bedeutung war, daß der Staat in dieser Periode bereits den organisierten Markt und die Warenbeziehungen im Interesse der planmäßigen Entwicklung der Volkswirtschaft umfassend ausnutzen konnte.

Die bei der Erweiterung der Sphäre des planmäßigen Wirkens des Wertgesetzes erzielten Erfolge kamen insbesondere in der planmäßigen Entwicklung der Industrie-Abgabepreise zum Ausdruck.

Da in den Jahren 1931 und 1932 in sehr großer Zahl neue Betriebe anliefen, die noch nicht genügend eingearbeitet waren, stiegen die Selbstkosten für die Erzeugnisse der Schwerindustrie. Auch das Ansteigen des durchschnittlichen Jahreslohnes, das schneller vor sich ging, als die von den Arbeitern erzeugte Produktenmenge zunahm, war hierbei ein wesentlicher Faktor. Der durchschnittliche Jahreslohn in der Großindustrie lag im Jahre 1932 beispielsweise um 69,3 % über dem Lohn des Jahres 1928, während die auf einen Arbeiter entfallende Produktion sich nur um 36,8 % erhöht hatte.[121] Die Abgabepreise der Schwerindustrie aber stiegen nicht, im Gegenteil, sie sanken, da der Staat bei seiner Industrialisierungspolitik die verhältnismäßig niedrigen Preise für die Erzeugnisse der Schwerindustrie beibehielt.

Die Preise für Produktionsmittel sanken beispielsweise in den Jahren 1928/29 bis 1932: im allgemeinen Maschinenbau um 9,5 %, in der Traktorenindustrie um 35 %, in der elektrotechnischen Industrie um 25,5 % usw.[122]

Wie planmäßig die Lenkung der Zirkulationssphäre vor sich ging, drückte sich am deutlichsten darin aus, daß ungeachtet des starken Überwiegens der zahlungsfähigen Nachfrage der Bevölkerung gegenüber dem Warenangebot, die Preise für die rationierten Produkte in den Jahren 1930 bis 1934 stabil blieben, obgleich in diesen Jahren Faktoren wirksam waren, welche die Reproduktionsbedingungen der Industrie und Landwirtschaft veränderten und auch eine Änderung der Wertbeziehungen verlangten.

Die Beibehaltung unveränderter Industrie-Abgabepreise und unveränderter Einzelhandelspreise für die auf Karten zu beziehenden Produkte zeigte, wie stark das spontane Wirken des Wertgesetzes eingeschränkt war. Diese Einschränkung hatte es auch ermöglicht, die Festsetzung der Relation zwischen dem geltenden

120 Hierauf kann vor allem aus dem Verhältnis des Wachstumstempos der Arbeitsproduktivität und der Löhne geschlossen werden. Von 1928 bis 1935 stieg die Erzeugung pro Kopf um 91%, der Durchschnittslohn aber um 173%. Vgl. Der sozialistische Aufbau der UdSSR (russ.). 1936, S. XXXV, 513.

121 Vgl. Der sozialistische Aufbau der UdSSR (russ.). A. a. O., S. 512, und Die UdSSR — das Land des Sozialismus (russ.). A. a. O., S. 17.

122 Vgl. „Die Planwirtschaft" (russ.), Nr. 4, 1934, S. 161.

Preissystem, dem faktisch veränderten Preismaßstab und den Reproduktionsbedingungen planmäßig auf einen späteren Zeitpunkt zu verschieben.

Mit dem Abschluß der Übergangsperiode ergaben sich für den Staat neue große Möglichkeiten, alle Wertbeziehungen in der sozialistischen Wirtschaft zu lenken. Diese Möglichkeiten wurden durch die Festlegung eines neuen Systems der Großhandels-Abgabe- und Einzelhandelspreise, also durch neue volkswirtschaftliche Preisproportionen, in die Tat umgesetzt. Damit wurde der offizielle Preismaßstab in Übereinstimmung mit den Reproduktionsbedingungen gebracht. Bei diesem neuen Preismaßstab wurde berücksichtigt, daß die Einnahmen der Bevölkerung mit der Masse an Waren und Dienstleistungen in Einklang zu bringen waren, für die diese Einnahmen verwendet wurden.

Diese Maßnahmen wurden folgendermaßen vorbereitet und durchgeführt: In dem Maße, in dem die Produktion der kollektiven Landwirtschaft wuchs und die Produktion der Massenbedarfsartikel anstieg, konzentrierten sich in den Händen des Staates immer größere Warenmengen. Das Kartensystem erübrigte sich und wurde im Laufe des Jahres 1935 abgeschafft. Zu Beginn des Jahres 1935 hörte die Brotversorgung auf Karten auf, am 1. Oktober die Rationierung aller übrigen Nahrungsmittel und Ende des Jahres auch die aller industrieller Massenbedarfsgüter. Das Ergebnis war der freie sowjetische Handel zu einheitlichen staatlichen Planpreisen.

Der Übergang zu einheitlichen staatlichen Einzelhandelspreisen war durch den Abschluß der einschneidenden Veränderungen aller Preisproportionen in der Volkswirtschaft vorbereitet worden. Hierdurch konnte die erforderliche Übereinstimmung zwischen dem Wert und dem Preis der erzeugten Produkte hergestellt werden. Die neuen Preise entsprachen dem faktisch veränderten Preismaßstab. Die Übereinstimmung wurde dadurch erreicht, daß die Preise für die rationierten Produkte erhöht, die kommerziellen Preise gesenkt und einheitliche Einzelhandelspreise im Mittel der niedrigen Markenpreise und der verhältnismäßig hohen kommerziellen Preise festgesetzt wurden. Die höheren Preise für die bis dahin rationiert gewesenen Waren wurden den Arbeitern und Angestellten durch Zuschläge zum Lohn und durch die nach Abschaffung der Karten erheblich gesenkten Marktpreise kompensiert.

Die Festsetzung eines neuen Preismaßstabes, das heißt eines neuen Goldgehalts des Rubels, führte im Jahre 1936 zu einer Änderung des offiziellen Valutakurses des Rubels.

In den ersten Jahren der Periode von 1929 bis 1933 nahm zunächst die Unausgeglichenheit der Waren- und Geldzirkulation zu. In den darauffolgenden Jahren aber vollzog sich infolge des durch die Industrialisierung des Landes und die Kollektivierung der Landwirtschaft ausgelösten stürmischen wirtschaftlichen Aufschwungs der UdSSR ein umgekehrter Prozeß, ein Prozeß des allmählichen Ausgleichs aller Elemente der Zirkulation. Das hatte einen positiven Einfluß auf die Geldzirkulation. Im Jahre 1933 „trat ein entscheidender Umschwung ein", wie es im Rechenschaftsbericht der Staatsbank heißt. „Die Geldzirkulation sank um 1552 Mill. Rbl. ... Im Jahre 1934 wuchs die Geldzirkulation bei weiter starkem

Anstieg des Warenumsatzes (um 23 %) ... um eine verhältnismäßig geringe Summe. Der gewaltige Wirtschaftskreislauf dieses Jahres bedurfte nur einer Geldmenge, deren durchschnittliche Jahreshöhe sich kaum veränderte."[123] Die durchschnittlich in Umlauf befindliche Geldmenge betrug im Jahre 1933 7228 Mill. Rbl., im Jahre 1934 7255 Mill. Rbl. Während der gleichen Zeit stieg der Bargeldumsatz zwischen der Staatsbank und der Volkswirtschaft von 94,2 Mrd. Rbl. auf 117,2 Mrd. Rbl. Das bedeutete, daß die Umschlagsgeschwindigkeit des Geldes über die Kassen der Staatsbank von 6,63 auf 8,05 gestiegen war.

Durch die Änderung des staatlichen Preissystems und die Abschaffung der rationierten Versorgung wurde die in der Zirkulation befindliche Waren- und Geldmenge bilanziert, da die Preise in Einklang mit den neuen Reproduktionsbedingungen und dem faktisch neu entstandenen Preismaßstab festgesetzt waren. Von jetzt an bestand die objektive Möglichkeit, alle Geldeinkünfte zu staatlichen Planpreisen zu realisieren. Dadurch wurde die Stabilität der sowjetischen Geldzirkulation gefestigt.

Betrachtet man die Bedingungen und die Faktoren für die Preisbildung in der UdSSR, so zeigt es sich, daß die in den vorausgegangenen Etappen entstandene Möglichkeit, die Bewegung der Preise immer mehr von dem Verhältnis des Goldwertes zum Wert der Waren zu lösen, die Preisentwicklung auf dem Binnenmarkt von den Schwankungen des Goldwertes unabhängig machte. Das wird durch die starke Divergenz zwischen der Preisentwicklung in der Sowjetunion und auf dem Weltmarkt, besonders in der Periode von 1929 bis 1935, bestätigt, sowohl in der Sphäre des organisierten als auch des nichtorganisierten Marktes.[124] Dabei war die Differenz zur Preisentwicklung auf dem Weltmarkt bei einzelnen Gruppen von Produktionsmitteln und einigen Arten von Bedarfsgütern besonders groß.

Die letzte Periode der NÖP war also durch eine weitere Entwicklung des sozialistischen Inhalts der Ware-Geld-Beziehungen und dementsprechend durch eine umfassendere Beherrschung des Marktes gekennzeichnet. Das kam in folgendem zum Ausdruck: 1. in einer völlig neuen Art des Handels, dem Sowjethandel, dessen

[123] Die Staatsbank der UdSSR zum VII. Unionskongreß der Sowjets (russ.). Moskau 1935 S. 17.

[124] Obgleich die Entwicklung der Warenpreise im Kapitalismus sich auf Grund innerer Verhältnisse gestaltet, folgt sie doch sehr stark der Bewegung der Weltmarktpreise. Wenn die Währung nicht konvertierbar und der Kurs „überhöht" oder „zu niedrig" ist, dann ist die Abweichung der Preisentwicklung auf dem Binnenmarkt von der des Auslandsmarktes bedeutender. Aber ein für längere Zeit stabil bleibender Unterschied in der Entwicklung der Binnen- und Außenhandelspreise ist auf Grund des spontan wirkenden Wertgesetzes nicht möglich. Letztlich gelangen die Inlandspreise doch in Übereinstimmung mit den Auslandspreisen, da sie den Veränderungen des relativen Goldwertes folgen. Sogar bei einer Inflation, die selbst zu einem Faktor starker Preisschwankungen wird, die deren Bewegung von der Bewegung der Weltmarktpreise abweichen lassen, gelangen die Binnenpreise schließlich infolge der Spontaneität der kapitalistischen Wirtschaftsverbindungen in Übereinstimmung mit der Entwicklung der Weltmarktpreise.

Teilnehmer die sozialistischen Betriebe sind; 2. in dem anfänglichen planmäßigen Abweichen der Preise des organisierten Marktes von denen des nichtorganisierten Marktes und in der nachfolgenden Überwindung der dem nichtorganisierten Markt eigenen Tendenzen zu schnellen Preissteigerungen sowie in der indirekten Regulierung dieses Marktes durch den Staat; 3. darin, a) daß die Preise im vergesellschafteten Handel für eine gewisse Zeit auf einem Niveau gehalten wurden, das dem Reproduktionswert bei faktisch verändertem Preismaßstab nicht entsprach (das jedoch durch das Ziel einer möglichst schnellen Industrialisierung des Landes und der Kollektivierung der Landwirtschaft verursacht wurde), und b) daß bei der späteren Festsetzung einheitlicher, staatlicher Einzelhandelspreise dem veränderten Preismaßstab und den neuen Wertverhältnissen in der sozialistisch umgestalteten Volkswirtschaft Rechnung getragen wurde; 4. in der planmäßigen Veränderung der Kaufkraft des Rubels, die der Staat in Anbetracht des Kampfes zweier Märkte und zweier Preisniveaus vornahm, um die Stabilität des Sowjetgeldes zu sichern.

Die zunehmende ökonomische Macht des staatlichen sozialistischen Wirtschaftssektors, die sich in der Entwicklung neuer Formen der Waren- und Geldzirkulation und in der Beherrschung des Marktes ausdrückte, führte dazu, daß der überwiegende Teil der Waren auf dem organisierten Markt verkauft wurde. Das herrschende staatliche Planpreissystem erstreckte sich also auf den ausschlaggebenden Teil der zu verkaufenden Waren. Hierin wie auch in der planmäßigen Festsetzung der Proportionen der erweiterten Reproduktion drückte sich deutlich die Ausweitung der Sphäre des planmäßigen Wirkens des Wertgesetzes und die radikale Einschränkung der Sphäre seines spontanen Wirkens aus.

Der Sieg des Sozialismus schuf die materielle Grundlage für die Vollendung des endgültigen staatlichen Systems der Planpreise, dessen bestimmende Rolle im Gesamtsystem der Warenpreise gefestigt wurde [125], in dem auch die Preise des kollektivwirtschaftlichen Marktes, also des nichtorganisierten Marktes, auf dem die Kollektivwirtschaften und die Kollektivbauern ihre Produkte absetzen, eine gewisse Bedeutung haben.

Die von den genossenschaftlich-kollektivwirtschaftlichen Betrieben produzierten Waren werden sowohl auf dem nichtorganisierten als auch auf dem organisierten staatlichen Markt verkauft, da die Kollektivwirtschaften einen bestimmten Teil ihrer Warenerzeugnisse an den Staat abzusetzen haben. Diese Produkte werden auf dem organisierten staatlichen Markt zu festen, staatlichen Planpreisen ver-

[125] „Im Jahre 1930 gab es nur für 10% der Waren einheitliche Preise (außerdem feste Höchstpreise für 12% der Waren), für drei Viertel der Waren bestand kein einheitlicher Preis, wobei 23% der Warenpreise nicht vom Staat reguliert wurden. Im Jahre 1932 und danach in den Jahren 1938 und 1939 wurde eine Preisbildungsreform durchgeführt. Der Kreis der Waren, für die der Staat einheitliche Preise festsetzte, wurde bedeutend erweitert. Ende 1939 wurden die Einzelhandelspreise für drei Viertel aller Waren von der Regierung bestätigt. „W. Lopatkin, Der sowjetische Handel — die Hauptform für die Verteilung von Konsumtionsgütern im Sozialismus (russ.), in: „Fragen der Wirtschaft“, Nr. 3, 1954, S. 79.

kauft. Einen anderen Teil ihrer Warenproduktion verkaufen die Kollektivwirtschaften an die Genossenschaften und an die Bevölkerung. Auf die gleiche Weise werden die Produkte der Nebenwirtschaften der Kollektivbauern verkauft. Der Absatz dieser kollektivwirtschaftlichen Erzeugnisse wird nicht durch direkte Planung erfaßt. Das Wertgesetz wirkt auf dem nichtorganisierten Markt über das Verhältnis zwischen Angebot und Nachfrage, die Preisbildung ist noch dem Einfluß spontaner Elemente unterworfen. Aber auch hier übt der organisierte Markt seinen bestimmenden Einfluß aus, so daß sich am Ende der Preis auf einer Höhe bewegt, die etwa dem Niveau der Planpreise des organisierten Marktes entspricht. Nach dem Sieg des Sozialismus in der Sowjetunion und nach der Schaffung einer einheitlichen sozialistischen Grundlage für die gesamte Volkswirtschaft wurde der Geldumlauf völlig in den Dienst der erweiterten sozialistischen Reproduktion gestellt. Darin besteht der Unterschied zwischen der Geldzirkulation im Sozialismus und in der Übergangsperiode, in der die Geldzirkulation nicht nur der Reproduktion im sozialistischen Sektor der Volkswirtschaft, sondern auch der Reproduktion in den anderen, den nichtsozialistischen Formationen diente.

Die Veränderung des Charakters der Geldzirkulation bedeutet, daß sich entwickelte sozialistische Formen der Geldzirkulation herausgebildet haben, die einer Reihe spezifisch sozialistischer Sphären des Wirtschaftskreislaufs der Waren — der Produktionsmittel und der Konsumtionsmittel — dienen.

Die neu entwickelten sozialistischen Formen des Geldumlaufs dienen der Verteilung und Umverteilung des Nationaleinkommens (der Bildung der hauptsächlichsten Teile der Geldeinnahmen der Bevölkerung, der Verteilung und Umverteilung der Einnahmen der sozialistischen Wirtschaft und der Bevölkerung über das Finanzsystem usw.) sowie der Umverteilung der Mittel der sozialistischen Wirtschaft und der Bevölkerung über den rückzahlbaren Kredit, also dem Kreditverkehr. In allen diesen neuen Formen verläuft der einheitliche Geldumlauf der sozialistischen Volkswirtschaft; diese Formen selbst aber entstanden und entwickelten sich infolge der Entstehung und Entwicklung neuer ökonomischer Prozesse. Die neuen Formen der Geldzirkulation erforderten auch neue Organisationsformen für sie. Die Geldzirkulation im Sozialismus ist eine Geldzirkulation neuen Typs. Sie besitzt ein einheitliches Organ in der Staatsbank, die die Funktionen des Kredit-, Emissions- und Verrechnungszentrums der gesamten Volkswirtschaft in sich vereinigt. Die Sphäre des Bargeldumlaufs (in der Hauptsache die Bewegung der Einnahmen der Bevölkerung) und die Sphäre des bargeldlosen Verkehrs (die überwiegend die Bewegung der Mittel und Einnahmen der Betriebe und Institutionen umfaßt) sind streng voneinander getrennt. Der Geldumlauf aller Sphären der Volkswirtschaft vollzieht sich planmäßig (mit Ausnahme verhältnismäßig geringer Geldumsätze auf den kollektivwirtschaftlichen Märkten, die unter dem indirekten ökonomischen Einfluß des Staates stehen).

Die neuen sozialistischen Formen der Geldzirkulation und die Methoden ihrer Lenkung haben sich während ihrer Entwicklung allmählich von den Bindungen an die Marktmethoden zur Stützung der Stabilität des Geldes befreit.[126] *

* Fußnote siehe Seite 110

Die Einführung sozialistischer Produktionsformen in der gesamten Volkswirtschaft bedeutete, daß der Wirtschaftsverkehr in der UdSSR sich völlig auf sozialistischen Produktionsbeziehungen zu gründen begann. Sie bewies vor allem auch, daß trotz Beibehaltung des Goldes als Geldäquivalent in der Ökonomik der UdSSR die unmittelbare Verbindung zwischen der Veränderung des Goldwertes und der Entwicklung der Planpreise beseitigt war. Das trug zur weiteren Festigung des Sowjetgeldes bei.

Die Formen der Geldzirkulation und der Mechanismus zur Sicherung der Stabilität des Geldes sind untrennbar miteinander verbunden. Die Geldzirkulation in der UdSSR, die der sozialistischen Reproduktion dient, verläuft in neuen Formen. Das setzt insbesondere voraus, daß die Stabilität des Sowjetgeldes vor allem durch Waren gesichert wird, die vom Sowjetstaat zu festen Preisen in den Verkehr gebracht werden.

Diese besondere Sicherung der Stabilität des Sowjetgeldes entwickelte sich gleichzeitig mit den neuen Formen der Geldzirkulation. Die Sicherung durch Waren gewann dabei immer größere Bedeutung. Bereits während der Geldreform und der Periode der Festigung ihrer Ergebnisse (1922—1925) wurde die Stabilität des Tscherwonez und des Rubels, wie wir bereits oben erklärten, in der Hauptsache durch die vom Staat zu festen Preisen in den Verkehr gebrachten Waren gesichert. Gleichzeitig spielte aber die Sicherung des Geldes durch Gold- und Devisenbestände sowohl als staatliche Wertreserve, die auf den Auslandsmärkten ausgenutzt werden kann (was auch für die folgenden Perioden bis auf den heutigen Tag von Bedeutung ist), als auch als Mittel, die faktische Konvertierbarkeit des Tscherwonez und Rubels gegen Gold (in gewissem Rahmen) zu gewährleisten, eine wichtige Rolle. Damit hing zusammen, daß es notwendig war, bei der planmäßigen Preisbildung die Veränderungen des relativen Goldwertes zu berücksichtigen.

In der folgenden Etappe der NÖP erhöhte sich mit der Ausweitung des organisierten Marktes die Bedeutung der Sicherung des Geldes durch Waren. Der

[126] Fußnote zu Seite 109

Außerordentlich bezeichnend ist, daß dieser Abschluß in der Schaffung neuer Formen der Geldzirkulation von den bürgerlichen Ökonomen als „Tod des Geldes" in der UdSSR aufgenommen wurde. „Jetzt stirbt der ... Tscherwonez und mit ihm der Begriff des Geldes überhaupt. Das ist indes das Bemerkenswerteste an der modernen russischen ökonomischen Entwicklung", schrieb das führende Organ der österreichischen Finanzkreise „Neue Freie Presse" (zitiert aus: „Finanzwesen und Volkswirtschaft" (russ.), Nr. 34/35, 1930, S. 3). Im Lichte der Entwicklungsgeschichte des neuen, sozialistischen Inhalts der Ware-Geld-Beziehungen tritt die Haltlosigkeit der Theorie der sogenannten Transformation, d. h. der Umwandlung des Geldes aus wirklichem Geld in Verrechnungszeichen, zutage. Diese „Theorie", die seinerzeit vom Trotzkisten Preobrashenski entwickelt wurde, widersprach dem Wesen des Werdegangs des neuen Inhalts der Ware-Geld-Beziehungen, der sich entsprechend dem erfolgreichen Aufbau des Sozialismus entwickelte. Diese „Theorie" wurde rechtzeitig entlarvt. Andernfalls hätte sie dem um die vollkommenste und effektivste Ausnutzung dieser Beziehungen im Interesse der Entwicklung der sozialistischen Wirtschaft geführten Kampf der Partei schaden können.

Sowjetstaat bedurfte der tatsächlichen Konvertierbarkeit des Rubels gegen Gold und Valutaintervention als zusätzliche Mittel nicht mehr, um die Stabilität des Geldes zu stützen. Aber die Preise des organisierten Marktes waren noch recht fest mit den Preisen des nichtorganisierten Marktes verknüpft. Also mußten bei der Preisbildung die Veränderungen des Goldwertes berücksichtigt werden, was auch der Geldzirkulation, der Sicherung ihrer Stabilität, den Stempel aufdrückte.

Die Beendigung der Übergangsperiode und der Eintritt der UdSSR in die Periode des Sozialismus bedeutet die Schaffung und Festigung entwickelter sozialistischer Formen der Geldzirkulation. Sie setzen zwar die Verwendung einer besonderen Ware, des Goldes, als Wertmaß voraus, lösen aber gleichzeitig die planmäßige Preisbewegung aus der unmittelbaren Abhängigkeit von den Veränderungen des relativen Goldwertes.[127] Diese Periode ist gekennzeichnet durch die Schaffung eines vollendeten Mechanismus zur Sicherung der Stabilität des Geldes (in der Hauptsache) durch Waren.

In allen diesen Dingen drückt sich das neue Wesen des Geldes der sozialistischen Gesellschaft aus.

[127] Die der sozialistischen Ökonomik eigene Besonderheit bei der Verwendung des Goldes als Wertmaß — wobei die Notwendigkeit entfällt, die Preise bei der Veränderung des relativen Goldwertes zu ändern — wird ausführlich in den Kapiteln III und IV behandelt.

KAPITEL II

Warenproduktion und Wertgesetz im Sozialismus

Die materielle Reproduktion wird von der sozialistischen Gesellschaft planmäßig gelenkt.[1] Die im Reproduktionsprozeß aufgewandte Arbeit ist durch die gesellschaftlichen Eigentumsbeziehungen im Bereich der gesamten UdSSR vereinigt, d. h., sie ist eine *unmittelbar* gesellschaftliche Arbeit. Trotzdem sind der sozialistischen Ökonomik Ware, Wertgesetz und Geld eigentümlich. Ihre objektive Notwendigkeit ist an die Grundlagen der sozialistischen Produktion gebunden. Es steht der sozialistischen Gesellschaft nicht frei, die Ware-Geld-Verbindungen auszunutzen oder nicht. Sie ist durch die ihr zuinnerst eigentümlichen sozialökonomischen Beziehungen gezwungen, dies zu tun.

Die Erforschung des Geldes in der sozialistischen Gesellschaft erschöpft sich daher nicht darin, seine Rolle in der Ökonomik der UdSSR zu untersuchen. Diese Rolle kann nur durch die Erklärung der *Notwendigkeit* der Ware-Geld-Beziehungen in den sozialistischen gesellschaftlichen Produktionsverhältnissen aufgedeckt werden. Die Analyse des Wesens und der Funktionen des Geldes in der sozialistischen Gesellschaft macht es jedoch notwendig, vorher die Frage zu untersuchen, weshalb das Produkt zur Ware wird und infolgedessen die im Produkt vergegenständlichte unmittelbar gesellschaftliche Arbeit die Wertform annimmt[2*], und endlich, weshalb für den Austausch von Waren Geld erforderlich ist, d. h., weshalb dieser Austausch als Warenzirkulation vor sich geht.

1. Die Klassiker des Marxismus-Leninismus über die Warenproduktion und das Wertgesetz im Sozialismus

In der marxistisch-leninistischen politischen Ökonomie nimmt das Problem der Warenproduktion und des Wertgesetzes einen breiten Raum ein. Die Arbeitswerttheorie hat stets eine Rolle als revolutionäres Mittel zur Erkenntnis und zur Veränderung der Gesellschaft gespielt und spielt sie auch heute noch.

[1] Der Sozialismus ist nach der Definition von Marx eine Ordnung der „gemeinschaftlichen, gesellschaftlichen Produktivität"; daher ist dem Sozialismus eine spontane gegenseitige Abhängigkeit der Produzenten fremd. – Karl Marx, Grundrisse der Kritik der politischen Ökonomie. Berlin 1953, S. 75.

* Fußnote siehe Seite 113

Über die Lösung des Problems der Warenproduktion und des Wertgesetzes der Übergangsperiode unterrichten uns die Werke der Klassiker des Marxismus-Leninismus. Sie bieten auch ausgearbeitete methodologische Thesen, die beim Studium dieses Problems, bezogen auf die Periode des Sozialismus, zu berücksichtigen sind.

Lenin stützte sich bei der Untersuchung des Problems der Warenproduktion der Übergangsperiode auf die Arbeiten von Marx und Engels und verallgemeinerte die in den ersten Jahren des Aufbaus der sozialistischen Ökonomik gesammelten Erfahrungen. Gerade Lenin stellte eine Reihe von Thesen auf, deren Weiterentwicklung für die Lösung der Frage der Warenproduktion im Sozialismus von größter Bedeutung war.

Die marxistisch-leninistische Lehre von der Warenproduktion in der Übergangsperiode vom Kapitalismus zum Sozialismus und im Sozialismus selbst bildet einen besonderen Abschnitt der marxistischen Werttheorie.

Betrachten wir zunächst, wie das Problem der Warenproduktion im Zusammenhang mit der Ablösung der kapitalistischen Produktionsweise durch die sozialistische in den Werken der Klassiker des Marxismus-Leninismus dargestellt ist.

Der auf der Basis des Gemeineigentums entstandene Austausch verband getrennt bestehende Gemeinwesen, die einander als unabhängige, isolierte Produzenten und Eigentümer gegenübertraten. Der einmal entstandene Austausch wurde aber zu einem mächtigen Faktor, der zur Auflösung des Gemeineigentums beitrug. Nun schuf die auf dem Privateigentum beruhende Produktion ihrerseits alle Voraussetzungen für eine breite Entfaltung der Warenproduktion und des Warenaustausches.

Ihre höchste Entwicklung erfahren Warenproduktion und Warenaustausch im Kapitalismus. Hier wird neben den Produktions- und Konsumtionsmitteln auch die Arbeitskraft zur Ware.

„Die Wertform des Arbeitsprodukts", sagt Marx, „ist die abstrakteste, aber auch allgemeinste Form der bürgerlichen Produktionsweise, die hierdurch als eine besondere Art gesellschaftlicher Produktion und damit zugleich historisch charakterisiert wird." [3]

Marx und Engels verallgemeinerten die historischen Erfahrungen. Sie stellten die Wertbeziehungen als Form der ökonomischen Beziehungen in der privaten Warenproduktion und den Wert als Ausdrucksform der Arbeit der privaten Warenproduzenten dar, deren gesellschaftliche Beziehungen zueinander sich in spontanen, durch eine gegenständliche Hülle verborgenen Marktbeziehungen äußern. Die Analyse des Wertes diente als Grundlage für die Erforschung des Mehrwerts und, nach einem Ausspruch von Engels, als Schlüssel zum Verständnis der gesamten kapitalistischen Produktion.

[2] Fußnote zu Seite 112
Die Analyse der Warenbeziehungen erfordert, wie Marx betont, die Klärung der Frage, „... warum sich also die Arbeit *im Wert* und das Maß der Arbeit durch ihre Zeitdauer in der *Wertgröße* des Arbeitsprodukts darstellt". Karl Marx, Das Kapital. Berlin 1953, Bd. I, S. 86. – Diese Frage muß auch in bezug auf die ökonomischen Verhältnisse des Sozialismus geklärt werden. [3] Ebenda.

Als die Begründer des wissenschaftlichen Kommunismus das historische Schicksal der Warenproduktion klärten, hielten sie die Beseitigung dieser Warenproduktion mit dem Übergang zum Sozialismus für unvermeidlich. Marx und Engels meinten, wenn das Privateigentum durch das sozialistische gesellschaftliche Eigentum abgelöst wäre und die Arbeit einen unmittelbar gesellschaftlichen Charakter angenommen hätte, entfiele für den Wert die notwendige Grundlage. Die gesellschaftliche Arbeit würde durch das ihr immanente Maß, die Arbeitszeit, berechnet und verteilt werden.[4]

Marx und Engels haben bei ihren Untersuchungen über die Berechnung und Verteilung der Arbeitszeit mehrfach betont, daß im Sozialismus für diesen Zweck die Wertform und der Wertmechanismus nicht mehr erforderlich sein würden, denn: „Die Gesellschaft schreibt also unter obigen Voraussetzungen den Produkten auch keine Werte zu.“ [5]

In einer Kritik der vulgär-naturalistischen Ansicht Storchs, derzufolge in der gesellschaftlichen Reproduktion innerhalb einer nationalen Wirtschaft die entscheidende Rolle nicht dem Wert, sondern dem Gebrauchswert zukomme, betont Marx, daß selbst nach Aufhebung der kapitalistischen Produktionsweise „... die Wertbestimmung vorherrschend in dem Sinn (bleibt), daß die Regelung der Arbeitszeit und die Verteilung der gesellschaftlichen Arbeit unter die verschiedenen Produktionsgruppen, endlich die Buchführung hierüber, wesentlicher denn je wird“.[6] Aber selbstverständlich meint Marx hier mit der „Wertbestimmung“ nichts anderes als die gesellschaftliche Definition der Arbeit, die ihre Wertform abgelegt hat und, nachdem es keine Warenproduktion mehr gibt, unmittelbar verteilt wird.[7] *

[4] „... der Gebrauchswert würde auch nicht zum Tauschwert, das Produkt würde nicht zur Ware ...“, wenn der Arbeitszeit ein unmittelbar gesellschaftlicher Charakter eigentümlich wäre. „Nur Produkte selbständiger und von *einander unabhängiger Privatarbeiten* treten einander *als Waren* gegenüber.“ Karl Marx, Zur Kritik der politischen Ökonomie. Berlin 1951, S. 85; derselbe, Das Kapital. A. a. O., Bd. I, S. 46. – Sowohl Engels als auch Marx haben auf die Unvereinbarkeit des Sozialismus mit Warenbeziehungen hingewiesen „Mit der Besitzergreifung der Produktionsmittel durch die Gesellschaft“, schreibt Engels, „ist die Warenproduktion beseitigt ...“ Friedrich Engels, Herrn Eugen Dührings Umwälzung der Wissenschaft. Berlin 1955, S. 351. Diese Ansichten von Marx und Engels über die Aufhebung der Warenbeziehungen mit dem Übergang zum Sozialismus teilte auch Lenin: „Bedarf es doch um eine Großproduktion ohne Unternehmer zu organisieren, erstens der Aufhebung der warenwirtschaftlichen Organisation der Volkswirtschaft und ihrer Ersetzung durch eine gemeinschaftliche, kommunistische Organisation, in der nicht mehr wie jetzt der Markt, sondern die Produzenten selbst, die Gemeinschaft der Arbeiter, Regulator der Produktion ist, in der die Produktionsmittel nicht Privatpersonen, sondern der gesamten Gesellschaft gehören.“ W. I. Lenin, Werke. Berlin 1961, Bd. 1, S. 246.

[5] Friedrich Engels, Herrn Eugen Dührings Umwälzung der Wissenschaft. A. a. O., S. 386.

[6] Karl Marx, Das Kapital. Berlin 1953, Bd. III, S. 907.

* Fußnote siehe Seite 115.

Marx und Engels betrachteten also die Ware-Geld-Beziehungen lediglich in den Formen ihrer historischen Entwicklung, in denen sie der Ausdruck des verhüllt gesellschaftlichen Charakters der Arbeit privater Warenproduzenten waren und in denen sie, mit der Verwandlung der Arbeitskraft in Ware vollständig entwickelt, zur spezifischen Besonderheit der bürgerlichen Produktionsweise geworden waren.

Auf Grund der Analyse der historischen Entwicklungstendenzen haben Marx und Engels die allgemeinen, grundlegenden Züge des Sozialismus wissenschaftlich begründet. Sie verfügten jedoch damals nicht über das Material, um solche, durch das gesellschaftliche Eigentum objektiv bedingte Besonderheiten der Produktions-

[7] Fußnote zu Seite 114.

Ebenso wie Marx hat das auch mehrfach Engels unterstrichen. Er schreibt im „Anti-Dühring“:

„Allerdings wird auch dann die Gesellschaft wissen müssen, wieviel Arbeit jeder Gebrauchsgegenstand zu seiner Herstellung bedarf. Sie wird den Produktionsplan einzurichten haben nach den Produktionsmitteln, wozu besonders auch die Arbeitskräfte gehören. Die Nutzeffekte der verschiedenen Gebrauchsgegenstände, abgewogen untereinander und gegenüber den zu ihrer Herstellung nötigen Arbeitsmengen, werden den Plan schließlich bestimmen. Die Leute machen alles sehr einfach ab ohne Dazwischenkunft des vielberühmten ‚Werts‘.“ Friedrich Engels, Herrn Eugen Dührings Umwälzung der Wissenschaft. A. a. O., S. 386.

Obgleich ganz offensichtlich ist, daß Marx und Engels die Möglichkeit, den Wert und das Wertgesetz im Sozialismus beizubehalten, ausgeschlossen haben, waren einige Ökonomen hierüber gegenteiliger Ansicht. Siehe dazu: Einige Fragen des Unterrichts der politischen Ökonomie (russ.), in: Unter dem Banner des Marxismus, Nr. 7–8, 1943. In dem Artikel wird darauf hingewiesen, daß Marx und Engels, wenn sie vom Sozialismus sprachen, die Frage der Wirksamkeit des Wertgesetzes in allgemeiner Form stellten und angeblich positiv lösten, wenn sie auch die wirkliche Rolle des Wertgesetzes nicht voraussehen konnten. Es ist jedoch nicht klar, wie Marx und Engels sich „den Wert im Sozialismus“ vorgestellt haben, obwohl sie, wie auch der Verfasser des Artikels meint, die Ausnutzung der Ware und des Geldes durch die sozialistische Gesellschaft entschieden ablehnten. Eine eigenartige Idee wird den Begründern des Marxismus zugeschrieben: der Wert außerhalb von Ware und Geld! Im gleichen Artikel wird behauptet: „Den Begründern des Marxismus lag der Gedanke fern, daß das Wertgesetz automatisch, mechanisch aufgehoben wird, nach dem Übergang vom Kapitalismus zum Sozialismus sofort verschwindet.“ Nach Marx liegt erstens zwischen dem Kapitalismus und dem Sozialismus eine *Übergangsperiode*, in der die kapitalistischen Verhältnisse aufgehoben werden und die sozialistischen Verhältnisse heranreifen. Marx und Engels gingen also, wenn sie sich den Sozialismus ohne den Wert vorstellten, nicht davon aus, daß das Wertgesetz „automatisch“, „mechanisch“ abstirbt. Zweitens haben sie tatsächlich die Möglichkeit der Beibehaltung des Wertes im Sozialismus scharf abgelehnt. Von ihrem Standpunkt aus betrachtet, der durch die Verhältnisse bestimmt wurde, unter denen sie dieses Urteil abgaben, und davon, wie man sich damals den Sozialismus nur vorstellen konnte, war es die einzig mögliche wissenschaftliche Hypothese. Drittens sieht es nach dem zitierten Bruchstück so aus, als ob Marx und Engels gemeint hätten, daß der Wert für eine gewisse Zeit im Sozialismus beibehalten werde und dann bei demselben Sozialismus abstürbe und nicht mehr wirksam sei. Das ist ebenfalls eine völlig falsche Beleuchtung der Ansichten der Klassiker des Marxismus.

verhältnisse im Sozialismus festzustellen, wie die soziale Ungleichartigkeit der Arbeit und, untrennbar damit verbunden, die Notwendigkeit des äquivalenten Austausches aller Teile des gesellschaftlichen Produkts und das Bestehen nichtantagonistischer Widersprüche in der unmittelbar gesellschaftlichen Arbeit. Dies aber sind gerade die Besonderheiten der ökonomischen Beziehungen des Sozialismus. Sie sind erst sichtbar geworden, als die realen Erfahrungen aus ihrer Entwicklung vorlagen, und sie erfordern, wie wir weiter sehen werden, die Ausnutzung der Ware, des Wertgesetzes und des Geldes.

Lenins Lehre von der Übergangsperiode enthält eine neue Behandlung des gesamten Problems der Ware-Geld-Beziehungen, die von ungeheurer methodologischer Bedeutung ist. Lenin beantwortet darin die Frage, ob es möglich und notwendig ist, in der Übergangsperiode Warenbeziehungen auszunutzen, und in welchen Formen dies zu erfolgen hat.

Marx lehrt: „... das Produkt erscheint als Ware in den verschiedensten gesellschaftlichen Produktionsorganismen.“ [8] Er geht also in seiner Theorie davon aus, daß Warenbeziehungen mit den verschiedensten Typen gesellschaftlicher Produktionsverhältnisse, einschließlich derjenigen der Übergangsperiode vom Kapitalismus zum Sozialismus, vereinbar sind. Diese These ist die methodologische Voraussetzung für die von Lenin aufgeworfene Frage, ob in der Übergangsperiode eine Warenproduktion und Ware-Geld-Beziehungen, ihre Ausnutzung als Werkzeug zum Aufbau des Sozialismus notwendig sind.

Lenin betont, Ware und Geld seien als Verbindungsformen zwischen der staatlichen sozialistischen Großindustrie und der kleinen Warenwirtschaft auf dem Lande notwendig. Aber nicht darin liegt das Neue. Bereits Marx und Engels haben in allgemeiner Form darauf hingewiesen, daß in der Übergangsperiode der Markt, die Warenzirkulation und das Geld nötig seien. Das Neue bei dem von Lenin in diesem Zusammenhang Gesagten besteht vor allem in der These von der Notwendigkeit, Warenbeziehungen zwischen der bäuerlichen Wirtschaft und der staatlichen sozialistischen Industrie herzustellen und sie als einzig möglichen und gangbaren Weg zu benutzen, um allmählich den Übergang von der kleinen Warenproduktion zur sozialistischen Produktion vorzubereiten. Sie seien die einzige, für die Bauern objektiv annehmbare Form, die ökonomischen Beziehungen mit der Stadt aufrechtzuerhalten.[9]

Lenin hat ferner als erster die Frage der Beherrschung und Regulierung der Warenbeziehungen in der Übergangsperiode aufgeworfen. Um in der Übergangsperiode unter den Bedingungen des erbitterten Kampfes der sozialistischen Ele-

[8] Karl Marx, Das Kapital. Berlin 1953, Bd. II, S. 111.

[9] Im Referat vor dem III. Kongreß der Komintern hat Lenin die Notwendigkeit des Austausches zwischen Stadt und Land als einzig mögliche Form des sozialistischen Aufbaus begründet. „Die sozialisierte Fabrik liefert dem Bauern ihre Erzeugnisse, und der Bauer gibt dafür Getreide. Das ist die einzig mögliche Existenzform der sozialistischen Gesellschaft, die einzige Form des sozialistischen Aufbaus in einem Lande, in dem der Kleinbauer die Mehrheit oder zumindest eine sehr starke Minderheit bildet.“ W. I. Lenin, Werke. A. a. O., Bd. 32, S. 513.

mente gegen die kapitalistischen die sozialistischen Verhältnisse entwickeln zu können, hat er die Aufgabe, den Handel, den Warenverkehr und das Geld zu beherrschen, theoretisch ausgearbeitet und als eine der Hauptaufgaben der praktischen Arbeit der Kommunistischen Partei in den Vordergrund gerückt. „Den Handel zu meistern, ihm eine bestimmte Richtung zu geben, ihm gewisse Schranken zu setzen, das vermag die proletarische Staatsmacht", so formuliert W. I. Lenin diese neue revolutionäre Aufgabe. „Das sieht danach aus, als ob wir ... *anfangen* würden, den *Umsatz* zwischen Industrie und Landwirtschaft zu meistern, den Großhandel zu meistern ..." [10] Das war eine ganz neue Art, das Problem der Warenproduktion zu behandeln. Weshalb aber konnte die Frage gerade so gestellt werden?

Bekanntlich waren die Warenbeziehungen in den vorsozialistischen Formationen Beziehungen zwischen isolierten, privaten Produzenten, also spontane Beziehungen. Von einer planmäßigen Beherrschung dieser Beziehungen konnte daher nicht die Rede sein. Die neue Leninsche Fragestellung ging von den Veränderungen im Charakter der Warenproduktion aus, die im Zusammenhang mit den grundlegenden Veränderungen der sozialökonomischen Verhältnisse entstanden waren und vor allem in der machtvollen Grundlage für die Diktatur des Proletariats — der in der Volkswirtschaft vorherrschenden staatlichen sozialistischen Wirtschaftsform — zum Ausdruck kamen. Die Diktatur des Proletariats, die sich auf diese ökonomische Basis stützte, war in der Lage, sich des Handels zu bemächtigen, ihn zu regulieren und die kleine Warenwirtschaft durch Ausnutzung des Handels in der für den Sozialismus notwendigen Richtung zu entwickeln.

Wenn die Kategorien Ware und Geld in der Übergangswirtschaft ihrem Inhalt nach die gleichen geblieben wären wie im Kapitalismus, dann wäre es unmöglich gewesen, sie zu beherrschen. Die Aufgabe, den Markt und die Geldzirkulation zu beherrschen, war nur zu realisieren, weil die Produktionsverhältnisse und infolgedessen auch das Wesen der Ware und des Geldes sich grundlegend geändert hatten. Sie hatten sich in ökonomische Formen verwandelt, die Beziehungen der Übergangsperiode zum Ausdruck brachten. Gerade dies hat Lenin besonders betont: „... das Produkt der sozialistischen Fabrik, das gegen bäuerliche Lebensmittelprodukte ausgetauscht wird, ist keine Ware im Sinne der politischen Ökonomie, jedenfalls nicht nur Ware, nicht mehr Ware, hört auf, Ware zu sein ..." [11]

Hier ist die Dialektik der Veränderung im Inhalt der Ware als Kategorie der Übergangsökonomik zutiefst aufgedeckt. Diese Leninsche Definition ist auch in methodologischer Hinsicht außerordentlich wichtig, da sie die Wege zur Analyse der Kategorie Ware im Sozialismus ins rechte Licht rückt. Das Produkt des sozialistischen Betriebes wird auf dem Markt gegen die Waren der Millionen kleiner privater Produzenten ausgetauscht. Daher hat es die Form der Ware. Aber als das von einem sozialistischen Betrieb erzeugte Produkt, das der Staat auf dem Markt austauscht, ist es bereits nicht mehr Ware im alten Sinne des Wortes, hört

[10] W. I. Lenin, Werke, Bd. 33. Berlin 1962, S. 95/96.
[11] W. I. Lenin, Werke. A. a. O., Bd. 32, S. 401.

es auf, im alten Sinne Ware zu sein, in dem unter dem Begriff Ware das Erzeugnis eines privaten Produzenten verstanden wurde; es ist bereits nicht mehr nur Ware.

In der Definition Lenins war der Gedanke von der Veränderung des Wesens der Kategorie Ware enthalten. Damals hatten sich entwickelte sozialistische Beziehungen, die den in der alten Form der Ware enthaltenen Inhalt völlig verändert hätten, noch nicht herausgebildet. Das Produkt eines sozialistischen Betriebes konnte daher noch nicht als Ware der sozialistischen Gesellschaft definiert werden. Aber diese Kategorie entwickelte sich in dieser Richtung.

Die Leninsche These von der Möglichkeit und Notwendigkeit, den Handel zu beherrschen (als Folge der Veränderung der Produktionsverhältnisse und gleichzeitig des inneren Wesens der Kategorie Ware), war ein wichtiger Meilenstein auf dem Wege, die alte These von der Unvereinbarkeit der Warenproduktion mit sozialistischen Verhältnissen durch die neue These von der Ausnutzung der Warenproduktion und des Wertgesetzes in der sozialistischen Wirtschaft zu ersetzen. Sie diente als Basis für die theoretische Begründung der auf die praktische Beherrschung des Marktes und auf die Regulierung des Waren- und Geldverkehrs gerichteten Politik der Kommunistischen Partei und der Sowjetregierung.

Von großer Bedeutung für die neue Problemstellung der gesamten Ware-Geld-Beziehungen waren auch die von Lenin ausgearbeiteten Fragen der wirtschaftlichen Rechnungsführung. Es sei für jeden Betrieb eine ökonomische Notwendigkeit, stellte Lenin fest, rentabel zu wirtschaften und die Kosten aus den eigenen Einnahmen zu decken. Er erwähnte die große Bedeutung des Geldumlaufs für die Überprüfung des rationellen Wirtschaftens der sozialistischen Betriebe.

Sowohl in bezug auf die Beherrschung des Warenverkehrs als auch in bezug auf die wirtschaftliche Rechnungsführung betrachtet Lenin die Ware-Geld-Beziehungen nicht allein vom Gesichtspunkt ihrer Bedeutung für die Verbindung der sozialistischen Industrie in der Stadt mit der kleinen Warenwirtschaft auf dem Lande, wenn auch diese Seite, wie Lenin immer wieder betont, im ersten Stadium der NÖP die wichtigste ist. Er betrachtet das Problem Ware — Geld auch von einer anderen Seite: Er sieht die Ware-Geld-Beziehungen im Zusammenhang mit der Ökonomik der staatlichen sozialistischen Betriebe als solche.

Bei der Klärung des Wesens der wirtschaftlichen Rechnungsführung verweist Lenin darauf, daß diese ökonomische Form deshalb unbedingt ausgenutzt werden muß, weil es beim Aufbau des Sozialismus notwendig ist, sich auf das persönliche Interesse als Anreiz für die Produktion zu stützen. „Nicht auf Grund des Enthusiasmus unmittelbar, sondern mit Hilfe des aus der großen Revolution geborenen Enthusiasmus, auf Grund des persönlichen Interesses, der persönlichen Interessiertheit, der wirtschaftlichen Rechnungsführung bemüht euch, zuerst feste Stege zu bauen, die in einem kleinbäuerlichen Land ... zum Sozialismus führen; sonst werdet ihr nicht zum Kommunismus gelangen, sonst werdet ihr die Millionen und aber Millionen Menschen nicht zum Kommunismus führen. So hat es uns das Leben gelehrt. So hat es uns der objektive Entwicklungsgang der Revolution gelehrt.“ [12]

[12] W. I. Lenin, Werke. A. a. O., Bd. 33, S. 38.

So liegt den Leninschen Anschauungen über die Verbindung der Warenbeziehungen mit den Besonderheiten der Ökonomik der staatlichen sozialistischen Produktion selbst bereits die *neue* Behandlungsweise des Problems der Ware-Geld-Beziehungen zugrunde.

In die gleiche Richtung zielen auch die Hinweise Lenins, daß das Geld so lange ausgenutzt werden muß, bis die kommunistische Produktion und Distribution in der gesamten Gesellschaft organisiert ist. Das von Lenin aufgestellte und vom VIII. Parteitag der KPR (B) im März 1919 bestätigte Programm geht von den Erfahrungen der Revolution aus. In dem Programm wird besonders hervorgehoben, daß, „... solange noch keine völlig kommunistische Produktion und Distribution der Produkte erreicht ist, das Geld noch nicht beseitigt werden kann".[13] Lenin hat mehrfach davon gesprochen, daß die Beseitigung des Geldes gewaltige organisatorische Errungenschaften voraussetzt. „Kann man es (das Geld — J. K.) irgendwie sofort beseitigen? Nein... Es sind noch sehr viele technische und — was weitaus schwieriger und wichtiger ist — organisatorische Errungenschaften notwendig, um das Geld zu beseitigen..."[14] — „Die Gewohnheit ändert man nicht, das Geld kann man nicht auf Anhieb abschaffen", sagt Lenin. „Um es zu beseitigen, gilt es, die Organisation der Verteilung der Produkte für Hunderte Millionen Menschen in Gang zu bringen — eine Sache vieler Jahre."[15]

Etwas prinzipiell Neues ist es also, womit die Notwendigkeit, die Ware-Geld-Beziehungen auszunutzen, begründet wird. Lenin beschränkt sich nicht auf den Hinweis, Ware und Geld seien für die Verbindung der staatlichen sozialistischen Formation mit der kleinen Warenwirtschaft notwendig. Er stellt die Frage der Ware-Geld-Beziehungen beim Aufbau des Sozialismus auf eine breitere Grundlage. Er begründet ihre Notwendigkeit für die Entwicklung der staatlichen sozialistischen Betriebe bis zu der Zeit, in der die Gesellschaft solche organisatorischen Errungenschaften auf dem Gebiete der Produktion und Distribution erreicht haben wird, daß sie diese auf kommunistischer Grundlage durchführen kann. Lenin verbindet also die Notwendigkeit der Ware-Geld-Beziehungen in der Übergangsperiode sowohl mit dem Prozeß der Überleitung der bäuerlichen kleinen Warenwirtschaft zum Sozialismus als auch mit der Entwicklung der gesellschaftlichen Produktionsverhältnisse des Sozialismus selbst bis zu einer bestimmten Reife.

Das Neue, was Lenin zur Klärung der Frage beigetragen hat, warum Ware-Geld-Beziehungen in der Übergangsperiode vom Kapitalismus zum Sozialismus notwendig sind, besteht also in folgenden Hauptthesen:

a) Der Staat der Diktatur des Proletariats muß sich der Ware-Geld-Beziehungen bemächtigen.

b) Die Ware-Geld-Beziehungen sind die einzig annehmbare Form der ökonomischen Verbindung zwischen der staatlichen sozialistischen Produktion und der kleinen Warenproduktion.

[13] Die KPdSU in Resolutionen ..., Teil I, S. 427.
[14] W. I. Lenin, Werke. A. a. O., Bd. 29, S. 346.
[15] Ebenda, S. 356.

c) Das Wesen der Kategorien der Ware, soweit sie die gesellschaftlichen Produktionsverhältnisse der Übergangsperiode ausdrücken, verändert sich.

d) Die Ware-Geld-Formen der ökonomischen Beziehungen sind für die staatlichen sozialistischen Betriebe selbst notwendig, da ihre Ökonomik auf der Ausnutzung der materiellen Interessiertheit beruhen muß.

e) Das Geld ist so lange notwendig, bis die sozialistischen Produktionsverhältnisse einen Reifegrad erreicht haben, der es gestattet, die „völlig kommunistische Produktion und Distribution der Produkte" zu organisieren.

Auf diese Leninschen Thesen und auf die Verallgemeinerung der Erfahrungen bei der Entwicklung der sozialistischen Ökonomik stützt sich die marxistisch-leninistische politische Ökonomie bei der Lösung der Frage, weshalb die Warenproduktion im Sozialismus notwendig ist. Mit anderen Worten, sie ersetzt die alte marxistische These von der Unvereinbarkeit der Ware-Geld-Beziehungen mit der Ökonomik des Sozialismus durch die neue These, daß diese Beziehungen im Sozialismus notwendig sind, daß der Sieg des Sozialismus nicht die Beseitigung der Warenproduktion, sondern eine völlige Veränderung der Natur der Warenbeziehungen bedeutet, die Umwandlung der auf dem Privateigentum beruhenden Warenproduktion in eine Warenproduktion besonderer Art, die auf dem gesellschaftlichen, sozialistischen Eigentum aufgebaut ist.[16]

Die marxistisch-leninistische Theorie der Warenproduktion und von der Ausnutzung des Wertes und seiner Formen in der Übergangsperiode und in der sozialistischen Gesellschaft ist ein Kampfinstrument der Partei gegen die dem Marxismus feindlichen Theorien. Die restaurative Einstellung der Trotzkisten, die den sowjetischen Handel, das sowjetische Geld und den sowjetischen Kredit als bürgerliche Kategorien hinzustellen und der UdSSR einen auf die Restauration des Kapitalismus abzielenden Kurs aufzudrängen versuchten, wurde von der Partei restlos entlarvt. Sie ließ von den trotzkistischen Pseudotheorien der sogenannten „ursprünglichen sozialistischen Akkumulation", die von der angeblich spontanen Wirksamkeit des Wertgesetzes in der sozialistischen Ökonomik ausging, keinen Stein auf dem anderen. Sie zerschlug das Geschwätz der ultralinken „Theorien" vom Absterben der Ware und des Geldes, die verhindern sollten, daß die Ware-Geld-Formen im Interesse des Aufbaus des Sozialismus ausgenutzt wurden. Die Partei entlarvte konsequent die Versuche der Rechten, den Sowjethandel durch spontane Marktbeziehungen zu ersetzen, die im Interesse der Kulaken und der bürgerlichen NÖP-Leute lagen.

Die Theorie der Warenproduktion besonderer Art und der Wirksamkeit des Wertgesetzes im Sozialismus zeigt, welch große Bedeutung Ware, Wertformen, Geld usw. im System der Kategorien der politischen Ökonomie des Sozialismus haben.

[16] Die These, daß dem Sozialismus eine Warenproduktion von besonderem Charakter eigentümlich ist, sowie die These von der Wirksamkeit des Wertgesetzes in der Ökonomik des Sozialismus, solange die Warenproduktion beibehalten wird, sind von J. W. Stalin formuliert worden. Vgl. J. W. Stalin, Ökonomische Probleme des Sozialismus in der UdSSR. Berlin 1952.

In der Sowjetliteratur sind seinerzeit falsche Ansichten über die Ware-Geld-Beziehungen verbreitet worden. Einige Ökonomen bestritten die Notwendigkeit der Warenproduktion. Sie betrachteten Ware und Geld als ökonomische Kategorien ohne Wertinhalt. Das führte zu einer Unterschätzung der Ware und des Geldes. Andere Ökonomen überschätzten die Bedeutung der Warenproduktion und des Wertgesetzes und verwischten so faktisch den Unterschied zwischen dem Charakter der auf dem Privateigentum beruhenden und spontan wirkenden Warenproduktion im Kapitalismus und dem Charakter der Warenproduktion im Sozialismus — einer Warenproduktion besonderer Art, die hauptsächlich planmäßig fungiert.

Im Sozialismus sind Ware-Geld-Beziehungen ökonomische Kategorien, die sozialistische Produktionsverhältnisse ausdrücken. Dadurch wird auch die spezifische Rolle bestimmt, die die Ware-Geld-Formen in der Ökonomik des Sozialismus spielen und die einen grundsätzlich anderen Charakter trägt als die in der Ökonomik des Kapitalismus.

Ware und Geld sind die Ausgangspunkte für die Analyse der kapitalistischen Verhältnisse, da, wie bereits bemerkt, die Wertform des Arbeitsprodukts erstens die abstrakteste und umfassendste Form der bürgerlichen Produktion darstellt und zweitens die kapitalistischen Verhältnisse gerade durch sie als spezifisch historische gesellschaftliche Verhältnise gekennzeichnet werden.

Im Sozialismus ist die Wertform weder die vorherrschende Ausgangsform noch die unmittelbar allgemeinste ökonomische Form. Sie besteht hier zusätzlich zu den vorherrschenden spezifisch sozialistischen Ausgangsformen. Außerdem besitzt ihre Wirkungssphäre unmittelbar keine allgemeine Gültigkeit (die gegenständlichen und persönlichen Elemente der Produktivkräfte — die Produktionsgrundfonds, der Boden, die Arbeitskraft — sind keine Ware).

Um den Platz der Ware und des Geldes in der sozialistischen Ökonomik, ihre Notwendigkeit, ihr Wesen und ihre Bestimmung zu verstehen, muß von der Grundlage der sozialistischen Produktionsverhältnisse, vom sozialistischen Eigentum an den Produktionsmitteln ausgegangen werden. Um den Inhalt der Kategorie Ware in der sozialistischen Gesellschaft zu enthüllen, muß gezeigt werden, daß es objektiv unumgänglich ist, das Produkt, das durch die unmittelbar gesellschaftliche Arbeit erzeugt wird, gerade in dieser ökonomischen Form (in der Form der Ware) auszudrücken. Da sich gleichzeitig aber das Wesen der Ware unter sozialistischen Verhältnissen grundlegend vom Wesen der Ware im Kapitalismus unterscheidet, genügt es nicht, einfach die Notwendigkeit der Ware festzustellen, um damit auch die Notwendigkeit des Geldes zu beweisen. Da uns nun einmal Ware und Geld mit neuem Inhalt gegenübertreten, gestaltet sich auch die Verbindung zwischen der Ware und dem Geld auf eine neue Art.

Infolgedessen muß bei einer theoretischen Analyse des Geldes der sozialistischen Gesellschaft zuvor der Zusammenhang zwischen dem sozialistischen Eigentum und der Warenform der Produkte der Arbeit und zwischen dieser Warenform und dem Geld betrachtet werden.

2. Die Notwendigkeit der Warenproduktion besonderer Art im Sozialismus

Die Warenbeziehungen sind, wie alle anderen Formen der Produktionsverhältnisse, durch einen historisch bestimmten Eigentumscharakter bedingt. Also muß man sich bei der Erforschung der Frage, warum im Sozialismus eine Warenproduktion notwendig ist, den Besonderheiten des sozialistischen Eigentums zuwenden. Hierüber besteht bei den Wirtschaftswissenschaftlern Einigkeit. Erhebliche Meinungsverschiedenheiten treten aber bei der Frage auf, welche Besonderheiten des sozialistischen Eigentums die Notwendigkeit der Warenproduktion hervorrufen.

In unserer wirtschaftswissenschaftlichen Literatur war eine Zeitlang die Ansicht weit verbreitet, im Sozialismus seien die beiden grundlegenden Voraussetzungen der Warenproduktion beibehalten worden, die den vorsozialistischen ökonomischen Beziehungen eigentümlich waren, nämlich nicht nur die gesellschaftliche Teilung der Arbeit (was richtig ist),[17] sondern auch die durch die Eigentumsverhältnisse bedingte Isolierung der Produzenten (was falsch ist), mit dem Unterschied, daß unter den vorsozialistischen Bedingungen die Isoliertheit der Produzenten das Resultat der privaten Eigentumsverhältnisse war, im Sozialismus aber angeblich das Resultat sozialistischer Eigentumsverhältnisse ist, genauer gesagt, das Resultat der Existenz des genossenschaftlich-kollektivwirtschaftlichen Eigentums neben dem gesamtstaatlichen.[18]

Es ist indessen nicht schwer nachzuweisen, daß es methodologisch unhaltbar ist, die Notwendigkeit der Warenproduktion im Sozialismus im Grunde aus einer mechanischen Analogie zu ihrer Notwendigkeit als Folge des Privateigentums zu erklären.

Das Privateigentum trennt die durch die gesellschaftliche Arbeitsteilung miteinander verbundenen Produzenten. Ihre Arbeit erhält einen verhüllt gesellschaftlichen Charakter, aber unmittelbar wird sie als private Arbeit durchgeführt. Gerade der Widerspruch zwischen der privaten und der gesellschaftlichen Arbeit führt notwendigerweise zur Warenproduktion — der Form der Bewegung und Lösung dieses Widerspruchs. Und nun wird auf Grund eines Analogieschlusses

17 Hierzu muß bemerkt werden, daß eine gesellschaftliche Arbeitsteilung durchaus nicht mit der Arbeitsteilung der Warenproduzenten zu identifizieren ist, wie dies von manchen Ökonomen getan wird. Vgl. beispielsweise M. F. Makarowa, Warenproduktion und Wertgesetz im Sozialismus (russ.). Gospolitisdat 1958, S. 11—12.
Marx hat besonders betont, die gesellschaftliche Arbeitsteilung „... ist Existenzbedingung der Warenproduktion, obgleich Warenproduktion nicht umgekehrt die Existenzbedingung gesellschaftlicher Arbeitsteilung". Karl Marx, Das Kapital. A. a. O., Bd. I, S. 46.

18 Diese Konzeption liegt der Betrachtung der Warenproduktion als Folge des Vorhandenseins zweier Produktionssektoren im Sozialismus, des staatlichen und des genossenschaftlich-kollektivwirtschaftlichen zugrunde, wie sie von J. W. Stalin in seinem Werk „Ökonomische Probleme des Sozialismus in der UdSSR" vertreten wurde und wie sie später in der Literatur weit verbreitet war. In der ersten Ausgabe hatten wir diese Ansicht über die Warenproduktion ebenfalls entwickelt.

angenommen, daß die beiden Formen des sozialistischen Eigentums auch eine Isoliertheit der Produzenten bedingen und daß diese Isoliertheit unter den Bedingungen der gesellschaftlichen Arbeitsteilung zur Produktion und zum Austausch der Produkte als Waren führt, also im Sozialismus die Notwendigkeit der Warenproduktion gebiert.

In Wirklichkeit aber werden die Produzenten durch das gesellschaftliche sozialistische Eigentum im Rahmen der gesamten Volkswirtschaft durchaus nicht ökonomisch voneinander getrennt (wenn seine genossenschaftlich-kollektivwirtschaftliche Form auch die genossenschaftlichen Betriebe isoliert), sondern im Gegenteil, sie werden vereinigt. Das ergibt sich aus der Natur des allgemeinen Volkseigentums selbst.

Das staatliche (dem gesamten Volke gehörende) Eigentum umfaßt im Sozialismus die Kommandohöhen der Wirtschaft — den Grund und Boden, die Bodenschätze, die Großindustrie, das Transportwesen, das Bankwesen, den entscheidenden Teil des Handelsnetzes usw. Mehr als 91 % sämtlicher Produktionsfonds der UdSSR sind allgemeines Volkseigentum. Das staatliche Eigentum herrscht in allen Zweigen der Volkswirtschaft. Neben den Produktionsmitteln der Industrie und neben dem Transportwesen ist auch das entscheidende Produktionsmittel der Landwirtschaft, der Boden, staatliches Eigentum.[19]

Allgemeines Volkseigentum bedeutet, daß die Produktionsinstrumente und die Produktionsmittel nicht einzelnen Mitgliedern der Gesellschaft oder einzelnen Kollektiven gehören, sondern Eigentum des gesamten, im sozialistischen Staat vereinigten Volkes sind. Bei Übergabe der Produktionsmittel an einen Betrieb bleibt das Eigentumsrecht des Staates an ihnen voll gewahrt.[20]

In welcher konkreten Form auch immer die staatlichen sozialistischen Betriebe organisiert und die Beziehungen zwischen den leitenden und untergeordneten Gliedern der Wirtschaft aufgebaut sein mögen, unverrückbar und unverbrüchlich bleibt die Einheit des staatlichen sozialistischen Eigentums. Diese Einheit des Eigentums drückt sich in der vereinigten Arbeit aus, über die Lenin bereits zu Beginn der Revolution schrieb: „Die Arbeit ist in Rußland insofern kommunistisch

[19] Herrscht privatkapitalistisches Eigentum vor, so ist das genossenschaftliche Eigentum, selbst wenn der genossenschaftliche Zusammenschluß nicht nur im Handel, sondern auch in der Produktion erfolgt (landwirtschaftliche Produktionsgenossenschaft, Produktionsgenossenschaft der Handwerker usw.), lediglich, wie Lenin lehrte, „eine kapitalistische Kollektiveinrichtung". Das genossenschaftliche Eigentum kann die Ausbeutung von sich aus nicht ausschließen. Nur auf Grund der Herrschaft des staatlichen sozialistischen Eigentums (des allgemeinen Volkseigentums) ist seine sozialistische Entwicklung gewährleistet.

[20] Dem widerspricht nicht die ökonomische Selbständigkeit des Betriebes, in der die sowjetischen Ökonomen und Juristen mit Recht die Äußerung der Besonderheiten der gesellschaftlichen Produktionsverhältnisse auf der Basis des staatlichen Eigentums sehen. Die vermögensrechtliche Selbständigkeit der staatlichen, auf der Basis der wirtschaftlichen Rechnungsführung arbeitenden Betriebe ist ein Rechtsausdruck für ihre ökonomische Isoliertheit.

vereint, als erstens das Privateigentum an den Produktionsmitteln abgeschafft ist und zweitens die proletarische Staatsmacht in gesamtnationalem Maßstab die Großproduktion auf staatlichem Grund und Boden und in staatlichen Betrieben organisiert, die Arbeitskräfte auf die verschiedenen Wirtschaftszweige und Betriebe aufteilt und die dem Staat gehörenden Konsumtionsmittel im großen Rahmen unter die Werktätigen verteilt." [21]

Charakteristisch für den allgemeinen Charakter des sozialistischen Volkseigentums ist es, daß alle Mitglieder der Gesellschaft gegenüber den Produktionsbedingungen und den sich im Eigentum des Volkes befindenden Produktionsmitteln gleichgestellt sind. Da die staatliche Produktion die entscheidende ist, gehört die führende Rolle im gesamten System der gesellschaftlichen Produktionsverhältnisse des Sozialismus der Arbeiterklasse, die in untrennbarem Bündnis mit der Bauernschaft den Kommunismus aufbaut. Als führende Kraft der sozialistischen Gesellschaft lenkt die Arbeiterklasse die gesamte Entwicklung der Produktionsverhältnisse.

Weiter ist für das allgemeine Volkseigentum und die diesem Eigentum entsprechenden Produktionsverhältnisse kennzeichnend, daß nicht einzelne Personen oder Kollektive sich die erzeugten Produkte aneignen, sondern daß diese ausschließlich vom Staat übernommen werden, der über ihre Verteilung im Interesse der gesamten Gesellschaft auf Grund der Erfordernisse der ökonomischen Gesetze des Sozialismus verfügt. Der Staat, der von den objektiven Gesetzen der gesellschaftlichen Entwicklung ausgeht, gewährleistet die Deckung der Kosten, bildet den Akkumulationsfonds, legt den individuellen Konsumtionsfonds fest und organisiert dessen Verteilung nach dem Prinzip: „Jedem nach seiner Leistung". In all diesen Dingen offenbart sich der konsequent sozialistische Charakter der Aneignung.

Das sind einige der wichtigsten Züge der sozialistischen Form des allgemeinen Volkseigentums. Sie sind die Basis dafür, daß das sozialistische Eigentum die Arbeit im Maßstab der gesamten Gesellschaft auf der Plangrundlage vereinigt, ihr also einen unmittelbar gesellschaftlichen Charakter verleiht.

Es kann jedoch die Frage auftauchen, ob nicht das Vorhandensein des kollektivwirtschaftlichen Gruppeneigentums neben dem allgemeinen Volkseigentum ein Faktor ist, der zu dem unmittelbar gesellschaftlichen Charakter der Arbeit in Gegensatz steht. Denn die genossenschaftlich-kollektivwirtschaftliche Form des sozialistischen Eigentums ist ein Gruppeneigentum, die Produktionsinstrumente und die anderen Produktionsmittel gehören hier einem Produzentenkollektiv (den Kollektivbauern usw.). Aber das kollektivwirtschaftliche Gruppeneigentum wird in der Produktion unbedingt gemeinsam mit dem staatlichen Eigentum, dem allgemeinen Volkseigentum, genutzt. Und diese Verbindung spielt im Reproduktionsprozeß innerhalb der genossenschaftlichen sozialistischen Betriebe die entscheidende Rolle. Diese grundlegende Besonderheit des genossenschaftlichen Eigentums und der hierauf basierenden genossenschaftlichen Betriebe hob Lenin

[21] W. I. Lenin, Werke. A. a. O., Bd. 30, S. 92/93.

hervor, als er sagte: „In der bei uns bestehenden Gesellschaftsordnung unterscheiden sich genossenschaftliche Betriebe von privatkapitalistischen als kollektive Betriebe, aber sie unterscheiden sich nicht von sozialistischen Betrieben, wenn sie auf dem Grund und Boden errichtet und mit Produktionsmitteln ausgerüstet sind, die dem Staat, d. h. der Arbeiterklasse, gehören."[22] Dies ist auch die Grundlage dafür, daß die genossenschaftlich-kollektivwirtschaftlichen Betriebe dank der entscheidenden Rolle des allgemeinen Volkseigentums auch innerhalb der kollektivwirtschaftlichen Produktion mit der gesamten Volkswirtschaft planmäßig verbunden werden.

Das allgemeine Volkseigentum vereinigt die Arbeit innerhalb der gesamten gesellschaftlichen sozialistischen Produktion unter Einschluß des genossenschaftlich-kollektivwirtschaftlichen Sektors, weil diesem Eigentum die bestimmende Rolle in der gesamten Ökonomik zukommt und weil es den für die gesamte Gesellschaft entscheidenden Prozeß der Reproduktion der Produktionsmittel umfaßt. Eben deshalb ist nicht nur die Arbeit der Arbeiter und Angestellten im staatlichen Sektor der Wirtschaft, sondern auch die Arbeit der Bauern im kollektivwirtschaftlichen Sektor eine *unmittelbar gesellschaftliche* Arbeit der vereinigten Produzenten.

Die Arbeit ist im Sozialismus nicht mehr Privatarbeit. Es besteht kein Widerspruch zwischen der privaten und der gesellschaftlichen Arbeit. Also ist im Sozialismus auch nicht mehr die Ursache vorhanden, die beim Privateigentum die Notwendigkeit der Warenproduktion hervorruft (der Widerspruch zwischen privater und gesellschaftlicher Arbeit).

Die Ansicht, das genossenschaftlich-kollektivwirtschaftliche Eigentum an sich sei die Hauptursache und, mehr noch, sei die einzige Ursache der Warenproduktion, ist also unhaltbar, weil sie mechanisch ein Moment herausgreift — die Isolierung der kollektivwirtschaftlichen Betriebe — und die andere, entscheidende Seite der sozialistischen Produktionsverhältnisse — die Vereinigung aller Produzenten und aller Betriebe durch das allgemeine Volkseigentum — außer acht läßt.

Manche Wirtschaftswissenschaftler versuchen in Anbetracht der offenkundig unsicheren theoretischen Konstruktion „zwei Eigentumsformen — Isoliertheit der Produzenten — Warenproduktion" diese (offen oder versteckt) durch Verneinung des unmittelbar gesellschaftlichen Charakters der Arbeit zu stützen.

In der wirtschaftswissenschaftlichen Literatur hat die Ansicht eine gewisse Verbreitung gefunden, die Arbeit der in den staatlichen Betrieben Beschäftigten sei nur innerhalb des staatlichen Produktionssektors unmittelbar gesellschaftliche Arbeit, die Arbeit der Kollektivbauern aber sei nur innerhalb einer jeden einzelnen Kollektivwirtschaft unmittelbar gesellschaftlich.[23]

[22] W. I. Lenin, Werke. A. a. O., Bd. 33, S. 459.

[23] W. P. Kornijenko schreibt in seinem Artikel „Über den Charakter der warenproduzierenden Arbeit im Sozialismus": „Im Sozialismus tritt die unmittelbar gesellschaftliche Arbeit in zwei konkreten Formen auf. In der kollektivwirtschaftlichen Produktion wird die Arbeit als gesellschaftliche Arbeit verrichtet, sie beschränkt sich jedoch auf den

Daß dieser Standpunkt wissenschaftlich unhaltbar ist, braucht wohl nicht bewiesen zu werden. Unmittelbar gesellschaftlichen Charakter hat die Arbeit nur im Rahmen des *gesamten* gesellschaftlichen Reproduktionsprozesses. Das ist der ökonomische Inhalt dieser Kategorie. Eine Beschränkung auf eine Kollektivwirtschaft oder einen staatlichen Wirtschaftssektor ist in Wirklichkeit eine Negation dieses ihres Charakters.

In Anbetracht dessen, daß im Sozialismus zwei Formen des sozialistischen Eigentums bestehen, bestreiten manche Wirtschaftswissenschaftler den unmittelbar gesellschaftlichen Charakter der sozialistischen Arbeit überhaupt. Doch besteht gerade in diesem Charakter der grundlegende Unterschied der sozialistischen Arbeit von der Arbeit unter den Bedingungen des Privateigentums; er drückt diejenigen Eigenschaften der Arbeit aus, die der Planmäßigkeit der sozialistischen Produktion zugrunde liegen. Ihn zu negieren ist gleichbedeutend mit einer Negation der Planmäßigkeit, einer der grundlegendsten und wichtigsten Besonderheiten der sozialistischen Ökonomik.[24]

Die Entwicklung der sozialistischen Ökonomik hat also eine Situation geschaffen, welche die Klassiker des Marxismus-Leninismus nicht voraussehen konnten: Obgleich die sozialistische Vergesellschaftung der Produktion stattgefunden hat und die Arbeit eine unmittelbar gesellschaftliche geworden ist, sind Warenproduktion und Warentausch erhalten geblieben.

Aus welchem Grunde sind der sozialistischen Ökonomik Warenbeziehungen eigentümlich?

Um dieses Problem zu klären, bedarf es der Untersuchung zweier Fragen: 1. Aus welchem Grunde werden im Sozialismus die Arbeitsprodukte notwendigerweise für den Tausch produziert? 2. Aus welchem Grunde muß sich dieser Tausch unbedingt als Warentausch vollziehen? — Bei der Erforschung dieser Fragen muß man vor allem die Untersuchung der Form des allgemeinen Volkseigentums zum

einzelnen Kolchos . . . Aus diesem Grund handelt es sich hier um *unmittelbare Gruppenarbeit* (непосредственно групповой труд). Im allgemeinen volkseigenen Produktionssektor wird die Arbeit durch den Rahmen eben dieses Sektors begrenzt . . . Folglich ist die Arbeit im allgemeinen volkseigenen Produktionssektor *unmittelbar staatliche Arbeit* (непосредственно государственный труд). „Sowjetwissenschaft", Gesellschaftswissenschaftliche Beiträge, Heft 4, 1957, S. 465.

24 M. F. Makarowa meint beispielsweise: „Sofern im Rahmen des gesellschaftlichen Eigentums wirtschaftlich *selbständige* Betriebe bestehen und die gesellschaftliche Arbeit innerhalb eines jeden einzelnen Betriebes aufgewandt wird, ist sie noch nicht *völlig* unmittelbar gesellschaftliche Arbeit . . ." Sie erkennt aber, daß ein Abstreiten der unmittelbar gesellschaftlichen Arbeit zur Negation der Planmäßigkeit führt, und fügt eine Ergänzung zu der oben angeführten These ein, die lautet: „ . . . sofern die Arbeit geplant wird, erlangt sie auch *unmittelbar gesellschaftlichen* Charakter." M. F. Makarowa, Warenproduktion und Wertgesetz im Sozialismus (russ.). A. a. O., S. 76 – So stellt M. F. Makarowa die realen Beziehungen auf den Kopf: Anstatt den Charakter der Tätigkeit der Menschen, hier im besonderen die Planung, durch den Charakter der Produktionsverhältnisse zu erklären, u. a. durch den Charakter der Arbeit, erklärt sie die letzteren als durch die Beziehungen des Überbaus bestimmbar.

Ausgangspunkt machen, da diese Form wesentlich die sozialistischen Produktionsverhältnisse und infolgedessen auch die Warenbeziehungen bestimmt.[25]

Das gesellschaftliche allgemeine Volkseigentum bedingt, sofern es der sozialistischen Entwicklungsstufe der Produktivkräfte entspricht, auch die erste Entwicklungsstufe des unmittelbar gesellschaftlichen Charakters der Arbeit. Auf dieser Stufe ist, wie Lenin lehrt, die Arbeit infolge der tatsächlich vorhandenen Unterschiede in der Lage der Werktätigen im gesellschaftlichen Produktionsprozeß durch eine soziale Ungleichartigkeit gekennzeichnet (geistige Arbeit und physische Arbeit, qualifizierte und nicht qualifizierte, komplizierte und einfache, schwere und leichte Arbeit).[26] Die soziale Ungleichartigkeit der Arbeit erzeugt letzten Endes auch die Notwendigkeit, ihre Produkte *äquivalent auszutauschen.*

Das ist so zu erklären: Die gesellschaftliche Ungleichwertigkeit der Arbeit in der sozialistischen Produktion macht solche ökonomische Beziehungen objektiv notwendig, die eine allgemeine Arbeitsbeteiligung gewährleisten, die Möglichkeit ausschließen, daß einige ihren Teil der Arbeit auf andere abwälzen, und die einen materiellen Anreiz für die Steigerung der Arbeitsproduktivität jedes einzelnen Produzenten und Kollektivs sichern. Das bedeutet nichts anderes als die Notwendigkeit, eine äquivalente Abhängigkeit herbeizuführen zwischen dem, was jeder in der Produktion Beschäftigte von den Ergebnissen dieser Produktion erhält, und seiner tatsächlichen Beteiligung an der Schaffung dieser Ergebnisse. Anders ausgedrückt, hier offenbart sich die Notwendigkeit, im Reproduktionsprozeß äquivalent auszutauschen, die Notwendigkeit, daß der äquivalente Austausch aller Elemente des *gesellschaftlichen Produkts* — sowohl der Produktionsmittel als auch der Konsumtionsmittel — zur allgemeinen Form wird.

Diese Notwendigkeit des äquivalenten Austausches für das gesellschaftliche Gesamtprodukt ist eben dadurch bedingt, daß die sozial ungleichartige Arbeit im Sozialismus als gesellschaftlich geteilte, in einzelne Betriebe spezialisierte und

25 Einige Wirtschaftswissenschaftler meinen, es sei falsch, die Notwendigkeit der Ware-Geld-Beziehungen gestützt auf die Besonderheiten des staatlichen sozialistischen Eigentums zu erklären. Man müsse ihrer Ansicht nach vor allem von den Beziehungen zwischen den beiden Formen des sozialistischen Eigentums ausgehen. Diese These wird häufig durch den Hinweis bekräftigt, daß das staatliche Eigentum dem künftigen kommunistischen Eigentum am nächsten steht und in seiner Entwicklung die Tendenz zum Absterben der Waren erzeugt. Aber die Tatsache, daß die Entwicklung des sozialistischen allgemeinen Volkseigentums die Bedingungen für das künftige Absterben der Warenbeziehungen vorbereitet, spricht in keiner Weise dagegen, daß gerade in seinen Besonderheiten die Notwendigkeit der Ware-Geld-Beziehungen begründet ist. Ja, die Ablehnung, im allgemeinen Volkseigentum als der führenden, bestimmenden sozialistischen Eigentumsform die Notwendigkeit der Warenbeziehungen zu sehen, bedeutet, diese Beziehungen nicht als dem Sozialismus zuinnerst notwendige Beziehungen anzuerkennen, und verurteilt dazu, sie als von außen hereingetragene und der Ökonomik des Sozialismus fremde Beziehungen zu behandeln.

26 Unter *sozialer Ungleichartigkeit der Arbeit* verstehen wir einen solchen Zustand der Produktion, bei dem jede bestimmte Art der Arbeit (physische Arbeit, geistige Arbeit, qualifizierte und nicht qualifizierte Arbeit, komplizierte und einfache Arbeit usw.) vor-

kooperierte Arbeit aufgewandt wird. Jedes von einem solchen Betrieb erzeugte Produkt ist die Verkörperung verschiedener, sozial ungleicher Arten der Arbeit. Daher die erwähnte materielle Abhängigkeit, denn äquivalente Beziehungen sind nur dann möglich, wenn sie für die *gesamte* gesellschaftliche Arbeit gelten. Sie sind also möglich und notwendig für die gesamte kombinierte Arbeit in jedem sozialistischen Betrieb, und das eben bedeutet, daß die Gesamtarbeit in jedem Betrieb, die eine Kooperation der verschiedensten Arten von sozial ungleichartiger Arbeit ist, der materiellen Stimulierung bedarf.[27]

Die durch die Besonderheiten des sozialistischen allgemeinen Volkseigentums bedingten äquivalenten Beziehungen äußern sich in folgenden spezifisch-historischen Merkmalen:

Erstens verkörpert sich das allgemeine Volkseigentum in solchen Beziehungen zwischen den Produzenten, in denen die Produktionsmittel als Eigentum der Gesellschaft in den auf Kosten der gesamten Gesellschaft unterhaltenen Betrieben fungieren, jedoch in einer *besonderen ökonomischen Form:* Über das hergestellte Produkt verfügt der Betrieb. Es dient als Quelle für die Bildung des Fonds zum Ersatz der Aufwendungen und des Fonds des Mehrprodukts. Das bedeutet, daß die Produktionsmittel eines jeden Betriebes als Elemente des sozialistischen Eigentums systematisch im *ökonomischen Kreislauf* gerade dieses Betriebes fungieren und aus seinen Mitteln reproduziert werden.

Zweitens tritt das sozialistische allgemeine Volkseigentum in solchen Beziehungen zwischen den Produzenten in Erscheinung, in denen die Einbeziehung eines jeden einzelnen Beschäftigten in den unmittelbaren Arbeitsprozeß, der sich auf

wiegend von einer bestimmten Gruppe Werktätiger geleistet wird, wobei deren Verrichtung die hauptsächliche Arbeitsfunktion dieser Gruppe ist.

[27] Marx hat die Beibehaltung des Prinzips des äquivalenten Austausches im Sozialismus berücksichtigt. Aber er beschränkte die Wirksamkeit dieses Prinzips lediglich auf die Sphäre der Verteilung der Produkte des individuellen Bedarfs. „Es herrscht hier offenbar dasselbe Prinzip, das den Warenaustausch regelt, soweit der Austausch gleichwertiger ist. Inhalt und Form sind verändert, weil unter den veränderten Umständen niemand etwas geben kann außer seiner Arbeit und weil andererseits nichts in das Eigentum der einzelnen übergehn kann außer individuellen Konsumtionsmitteln. Was aber die Verteilung der letzteren unter die einzelnen Produzenten betrifft, herrscht dasselbe Prinzip wie beim Austausch von Warenäquivalenten, es wird gleich viel Arbeit in einer Form gegen gleich viel Arbeit in einer andern umgetauscht." Karl Marx, Kritik des Gothaer Programms. Berlin 1955, S. 23.

Aber gerade weil das Prinzip des äquivalenten Austausches nach Marx sich im Sozialismus lediglich auf die Gebrauchsgegenstände und die Arbeit der an der Produktion Beteiligten erstreckt und nicht auf *alle* Teile des hergestellten Produkts, d. h. auch auf die Produktionsmittel, hört der ökonomische Verkehr insgesamt auf, wie Marx meint, Austausch im ökonomischen Sinne zu sein, da der letztere ein allgemeiner Äquivalentenaustausch ist. Aber die Erfahrungen des Sozialismus haben gezeigt, daß der äquivalente Austausch infolge der sozialen Ungleichartigkeit der Arbeit als allgemeine Form für die Bewegung der Arbeitsprodukte und nicht nur als Form zur Verteilung der Bedarfsgegenstände notwendig ist.

Kosten der Gesellschaft und auf der Grundlage von der Gesellschaft gehörenden Produktionsmitteln vollzieht, unbedingt mit äquivalenten Beziehungen zwischen der Gesellschaft und dem einzelnen Werktätigen verbunden ist. Diese Einbeziehung hat jedoch eine *besondere ökonomische Form:* Die in dem betreffenden Betrieb aufgewandte Arbeit wird aus den Mitteln bezahlt, die eben durch diesen Betrieb reproduziert werden.

Beide Merkmale des allgemeinen sozialistischen Volkseigentums ergeben die besondere, den sozialistischen Betrieben immanente ökonomische Form, *die Form ihrer ökonomischen Selbständigkeit.*

Diese ökonomische Selbständigkeit der Betriebe, in der die Notwendigkeit zum Ausdruck kommt, die Beziehungen zwischen den Betrieben und zwischen diesen und den Werktätigen auf der Grundlage des unmittelbaren äquivalenten Ersatzes der Aufwendungen zu gestalten, führt objektiv zur Produktion für *den Austausch,* da der unmittelbare äquivalente Ersatz der Aufwendungen eben *nur* in der Form des Austausches der hergestellten Produkte verwirklicht werden kann.

Es ergibt sich nun die Frage, weshalb der Austausch zwischen sozialistischen, ökonomisch selbständigen Betrieben die Warenform erhält, d. h., weshalb die Produkte, obgleich sie Produkte der unmittelbar gesellschaftlichen Arbeit sind, dennoch als Waren erzeugt und ausgetauscht werden.

Ganz gleich, ob wir die historisch unentwickelten Formen der gesellschaftlichen Arbeitsteilung betrachten oder die vollkommensten Formen, die der Kommunismus hervorbringen wird, stets fand bzw. findet eine Verlagerung der materiellen Werte von einem Glied des Systems der gesellschaftlichen Arbeitsteilung zum anderen statt, von einem Betrieb zum anderen. Aber die ökonomischen Formen dieser Bewegung der Arbeitsprodukte zwischen den Betrieben, d. h. die Formen des Austausches der Tätigkeit, sind historisch veränderlich: es ist nicht immer ein Warenaustausch. Das Vorhandensein oder das Fehlen des Warenaustausches wird durch die Art des Eigentums an den Produktionsinstrumenten und Produktionsmitteln bestimmt.

Nur auf bestimmten historischen Entwicklungsstufen der gesellschaftlichen Arbeitsteilung und der Formen des Eigentums an den Produktionsmitteln nimmt der Austausch von Arbeitsprodukten die Form des Warenaustausches an, d. h., die an der Produktion Beteiligten tauschen ihre Arbeitsprodukte als Waren auf der Grundlage des in der Ware enthaltenen Wertes aus.

„Das Gesetz des Austausches“, sagt Marx, „bedingt Gleichheit nur für die Tauschwerte der gegeneinander weggegebenen Waren.“ [28] Der Wert ist die gegenständliche Form der Produktionsverhältnisse zwischen Warenproduzenten, der gegenständliche Ausdruck der von ihnen aufgewandten Arbeit durch Gleichsetzung der Arbeitsprodukte, der Waren, miteinander und, bei entwickelterem Tauschcharakter, mit dem Geld. Der Austausch entsprechend dem Wert, die Warenzirkulation, ist eben ein solcher Austausch auf Grund der Gleichsetzung jedes einzelnen Arbeitsproduktes mit dem Geld.

[28] Karl Marx, Das Kapital. A. a. O., Bd. I, S. 614.

Der Warencharakter der Produktion und des Austausches im Sozialismus steht in ursächlichem Zusammenhang damit, daß die durch das sozialistische Eigentum und den diesem entsprechenden sozial ungleichartigen Charakter der Arbeit bedingte Notwendigkeit, Produkte für den Austausch herzustellen und sie auf der Grundlage des gegenseitigen äquivalenten Ersatzes in der sozialistischen Gesellschaft auszutauschen, unausbleiblich einen inneren, nichtantagonistischen, aber sehr wesentlichen Widerspruch in der unmittelbar gesellschaftlichen Arbeit erzeugt und entwickelt; eben den Widerspruch zwischen der Gesamtarbeit, die für die Produktion des gesellschaftlichen Gesamtprodukts aufgewandt wird, einerseits und der für die Produktion von Erzeugnissen in den einzelnen sozialistischen Betrieben aufgewandten individuellen und kollektiven Arbeit andererseits.

Die im Gesamtprodukt vergegenständlichte Arbeit und jeder ihrer in den einzelnen Gebrauchswerten enthaltenen Teile stellen eine sozial gleichgesetzte, unmittelbar gesellschaftliche Arbeit dar. Die soziale Ungleichartigkeit der in der Produktion des gesellschaftlichen Produkts insgesamt und in seinen einzelnen Teilen aufgewandten Arbeit wird ausgelöscht. Das gesellschaftliche Produkt verkörpert gleiche gesellschaftliche Arbeit, die in allen ihren Teilen für die Gesellschaft gleicherweise notwendig ist.

Aber als individuelle und kollektive, im Produkt jedes gegebenen Betriebes vergegenständlichte Arbeit ist sie die eine oder andere Abart der sozial ungleichartigen Arbeit oder vielfältiger individueller Vereinigungen einer Reihe von Arten der sozial ungleichartigen Arbeit. Obwohl diese Arbeit ebenfalls unmittelbar gesellschaftliche Arbeit ist, stellt sie doch keine sozial gleichgesetzte gesellschaftliche Arbeit dar. Der Grad ihrer Notwendigkeit für die Gesellschaft ist verschieden.[29]

Der Widerspruch in der unmittelbar gesellschaftlichen Arbeit im Sozialismus besteht also darin, daß sie in der für die Produktion des gesellschaftlichen Gesamt-

[29] Aus der Tatsache, daß eine ungleiche Arbeit verschiedener Arbeiter gesellschaftlich gleichgesetzt wird, ziehen manche Ökonomen den Schluß, daß diese keine unmittelbar gesellschaftliche Arbeit ist. N. Zagolow beispielsweise bemerkt, daß eine planmäßige Vereinigung konkreter Arten der Arbeit dieser einen unmittelbar gesellschaftlichen Charakter verleiht, entwickelt aber trotzdem folgende These: „Indessen wird das Quantum derjenigen Arbeit, die jedem Arbeiter der sozialistischen Produktion angerechnet wird, nicht als unmittelbare, von ihm aufgewandte Arbeitszeit bestimmt ... Verschiedene Größen der aufgewandten Arbeit aber können gesellschaftlich gleichgesetzt werden. In diesem Sinne ist die Arbeit keine unmittelbar gesellschaftliche Arbeit." — „Fragen der Wirtschaft" (russ.), Nr. 4, 1958, S. 122. — Die spezifisch historische Besonderheit der unmittelbar gesellschaftlichen Arbeit im Stadium des Sozialismus — die Notwendigkeit der gesellschaftlichen Gleichsetzung ihrer individuellen Aufwendungen — betrachtet er als Zeichen dafür, daß die Arbeit im Sozialismus noch keine unmittelbar gesellschaftliche Arbeit ist (oder wenigstens noch keine völlig unmittelbar gesellschaftliche). Aber das Problem der unmittelbar gesellschaftlichen Arbeit ist ein Problem ihrer gesellschaftlichen Qualität und durchaus nicht ihrer Quantität. Daher berührt die quantitative Ungleichheit der individuellen Arbeitsaufwendungen nicht ihre gesellschaftliche Natur.

produkts aufgewandten Gesamtarbeit *allgemeine*, gleichgesetzte, durchschnittliche Arbeit ist; als individuelle und kollektive, für die Schaffung des Produkts des betreffenden Betriebes aufgewandte Arbeit aber ist sie eine *besondere*, sozial ungleichartige Arbeit.

Damit ein Produkt in den Wirtschaftskreislauf eintreten und gegen ein anderes Produkt ausgetauscht werden kann, muß es nicht nur unmittelbar gesellschaftliche, sondern auch allgemeine, durchschnittliche Arbeit verkörpern, Arbeit, die in gleicher Weise für die Gesellschaft notwendig ist. Aber als Produkt der sozial ungleichartigen Arbeit, d. h. einer Arbeit, die nicht allgemein und durchschnittlich und deren Aufwand für die Gesellschaft nicht in gleicher Weise notwendig ist, kann es nicht unmittelbar in den Wirtschaftskreislauf einbezogen werden. Folglich äußert sich der erwähnte Widerspruch darin, daß jedes Produkt, das einerseits die Verkörperung unmittelbar gesellschaftlicher Arbeit ist, die Eigenschaft unmittelbarer Austauschbarkeit besitzen müßte, andererseits aber besitzt es als Produkt einer sozial ungleichartigen Arbeit diese Eigenschaft nicht.

Dieser nichtantagonistische Widerspruch, der der unmittelbar gesellschaftlichen Arbeit eigentümlich ist, führt auf der ersten, der sozialistischen Stufe der Entwicklung, auf der ein äquivalenter Ersatz erforderlich ist, dazu, daß die Produkte als Ware hergestellt und ausgetauscht werden. Die Produktion, die Gleichsetzung und der Austausch der Produkte als Waren, d. h. als Werte, sind Formen, in denen sich der genannte Widerspruch bewegt und in denen er gelöst wird. In diesem Prozeß wird die sozial ungleichartige, ungleiche Arbeit, für die in der Gesellschaft eine unterschiedliche Notwendigkeit besteht, auf gleiche, durchschnittliche gesellschaftliche Arbeit reduziert.[30]

So ist also die Warenproduktion den sozialistischen Produktionsverhältnissen immanent. Sie wird nicht von außen hereingetragen, nicht durch die „Unentwickeltheit" der Beziehungen im Sozialismus erzeugt. Sie hat ihre Wurzel vielmehr in den historischen Besonderheiten des gesellschaftlichen Eigentums, die ihr als allgemeinem sozialistischem Volkseigentum eigentümlich sind. Diese Besonderheiten sind es, die die Notwendigkeit bedingen, für den Austausch zu produzieren,

30 Der polnische Ökonom S. Albinowski bemerkt in seinem Artikel „Streit um die Ware" im Zusammenhang mit der von uns vorgeschlagenen Ausdeutung der Notwendigkeit der Warenproduktion: „Wenn ich Kronrod recht verstanden habe, bedeutet die Ungleichartigkeit der gesellschaftlichen Arbeit für ihn einen Unterschied in der Kompliziertheit, in der Intensität und im Charakter ... Wenn es so wäre, wie Kronrod behauptet, dann würde die Warenwirtschaft zur Notwendigkeit für die Dauer der menschlichen Existenz" (polnische Zeitung „Politika" vom 8. März 1958). Diese kritische Bemerkung entbehrt jeder Grundlage. Es ist doch unserer Ansicht nach so, daß durchaus nicht *jeder* Unterschied in der gesellschaftlichen Arbeit die Ursache der Warenproduktion sein kann, sondern nur ihre *soziale* Ungleichartigkeit, welche die Notwendigkeit des äquivalenten Austausches mit Arbeitsprodukten und nichtantagonistische Widersprüche in der gesellschaftlichen Arbeit hervorruft. Eine solche Ungleichartigkeit der Arbeit ist lediglich der Phase des Sozialismus eigentümlich; sie wird gleichzeitig mit dem Übergang zur zweiten Phase des Kommunismus beseitigt.

und darüber hinaus, infolge des durch die Produktion für den Austausch erzeugten Widerspruchs in der unmittelbar gesellschaftlichen, sozial ungleichartigen Arbeit, die Notwendigkeit, die Produkte als Waren herzustellen und als Waren auszutauschen.

Auf welche Weise ist denn nun das kollektivwirtschaftliche Eigentum mit der Notwendigkeit der Warenproduktion verbunden?

Es tritt als selbständige Ursache auf und erfordert die Herstellung von Produkten für den Austausch: Die Kollektivwirtschaften erzeugen Produkte und geben sie weg, um im Austausch dafür Produkte des staatlichen Produktionssektors zu erhalten. Die genossenschaftlich-kollektivwirtschaftliche Eigentumsform ist ebenfalls ein Faktor, der die soziale Ungleichartigkeit der Arbeit bestimmt (die Arbeit der Kollektivbauern im Unterschied zu der Arbeit der Arbeiter und Angestellten). Sowohl die Notwendigkeit des Austausches, die in der Existenz des genossenschaftlich-kollektivwirtschaftlichen Eigentums wurzelt, als auch die soziale Ungleichartigkeit der Arbeit erzeugen, ähnlich wie das auf der Basis des Staatseigentums geschieht, einen Widerspruch in der unmittelbar gesellschaftlichen Arbeit, zwischen der Gesamtarbeit der Gesellschaft und der in jeder einzelnen Kollektivwirtschaft aufgewandten Arbeit. Dadurch wird das genossenschaftlich-kollektivwirtschaftliche Eigentum, das sich unter den vom staatlichen Eigentum bestimmten ökonomischen Bedingungen entwickelt, d. h. unter Bedingungen, die mit Notwendigkeit die Warenproduktion hervorufen, zu einer zusätzlichen Ursache für die Notwendigkeit der Warenbeziehungen.

Es ist also hervorzuheben, daß das genossenschaftlich-kollektivwirtschaftliche Eigentum nur eine *zusätzliche* Ursache für die Existenz der Warenproduktion in einer Reihe von Ländern ist, neben der Hauptursache, die unbedingt allen sozialistischen Ländern gemeinsam ist und in den Besonderheiten des allgemeinen sozialistischen Volkseigentums besteht. Dadurch wird die Warenproduktion beibehalten und bleibt wirksam, solange das gesellschaftliche Eigentum sozialistisches Eigentum ist, also während der ganzen Phase des Sozialismus.

Da die Erklärung, daß die Warenproduktion lediglich wegen der gegenseitigen Verbindungen des kollektivwirtschaftlichen Eigentums mit dem staatlichen Eigentum notwendig sei, offensichtlich nicht befriedigt, sind Versuche zur „Vervollkommnung“ dieser Konzeption gemacht worden. Diese Versuche gehen in zwei Richtungen. Erstens schlägt man vor, bei der Analyse dieses Problems die Gesamtheit der Eigentumsbeziehungen an den Produktionsmitteln und den Arbeitsprodukten in der sozialistischen Gesellschaft zu berücksichtigen. Hierbei solle jedoch vor allem von den Beziehungen zwischen den beiden Formen des sozialistischen Eigentums, der staatlichen und der genossenschaftlich-kollektivwirtschaftlichen Form, ausgegangen werden. Zweitens entwickelt man die These, daß die Warenbeziehungen im Rahmen des staatlichen Produktionssektors *nicht nur* durch die gegenseitigen Verbindungen der beiden Eigentumsformen bestimmt werden, sondern daß sie sich aus den Besonderheiten und den inneren Bedürfnissen der Entwicklung des staatlichen Eigentums im Stadium des Sozialismus selbst ergeben.

Die Erklärung, Warenbeziehungen seien der entscheidenden Form der sozialistischen Produktion, dem staatlichen Eigentum, immanent, ergab sich gesetzmäßig; die Behandlung dieses Problems in der oben dargestellten Form befriedigt jedoch methodologisch nicht. In der Tat, wenn anerkannt wird, daß Warenbeziehungen der staatlichen sozialistischen Eigentumsform selbst eigentümlich sind, dann ist völlig klar, daß gerade sie, die herrschende Eigentumsform, die entscheidende, hauptsächliche Ursache für die Beibehaltung der Warenproduktion im Sozialismus ist. Man erkennt also an, daß die Ursache der Warenproduktion im staatlichen Eigentum selbst beschlossen liegt, stellt aber gleichzeitig die These auf, daß diese Ursache hauptsächlich in den gegenseitigen Verbindungen der beiden Eigentumsformen besteht. Das aber ist ein methodologisch ungerechtfertigter, dualistischer Standpunkt. Daher wird auch bei einer Analyse der Notwendigkeit der Warenproduktion von dieser fehlerhaften Position aus oft die These, der Warencharakter der Produktionsmittel ergäbe sich aus den Besonderheiten und inneren Bedürfnissen der Entwicklung des staatlichen Eigentums selbst, so ausgelegt, daß sie jeden Sinn verliert. Man geht letztlich bei der Erklärung der Warenformen im staatlichen Wirtschaftssektor faktisch davon aus, daß in dieser Ökonomik Ware-Geld-Beziehungen herrschen, die außerhalb dieses Wirtschaftssektors erzeugt werden. Damit betrachtet man sie aber als Beziehungen, die dem staatlichen sozialistischen Produktionssektor nicht zuinnerst eigentümlich sind.

Erklärt man die Notwendigkeit der Warenproduktion nur oder in erster Linie durch das kollektivwirtschaftliche Eigentum, dann kommt man zu einer Reihe ernster Fehler.

Erstens bedeutet dies, daß man die Warenproduktion in der entscheidenden Sphäre der sozialistischen Volkswirtschaft (in der staatlichen) nicht als eine ihr immanente, sondern als eine ihr von außen aufgezwungene und dazu noch angeblich des realen ökonomischen Inhalts beraubte Produktionsform behandelt (Leugnung des Warencharakters der Produktionsmittel [31] und häufig auch des Wirkens des Wertgesetzes in der staatlichen sozialistischen Produktion).

Zweitens wird die Notwendigkeit der Warenbeziehungen, soweit sie innerhalb der staatlichen Wirtschaft anerkannt wird, nicht mit den inneren Besonderheiten der Produktion selbst, dem Spezifikum der konsequent sozialistischen Produktionsverhältnisse in Zusammenhang gebracht, sondern mit dem Austausch zwischen zwei Sektoren. Das hat zum Ergebnis, daß die Notwendigkeit des Austausches

[31] I. A. Antschischkin, der die Notwendigkeit der Warenproduktion lediglich mit den beiden Eigentumsformen verbindet, schreibt beispielsweise: „In der sozialistischen Gesellschaft spiegelt die zahllose Vielfalt der Arbeitsprodukte die kompliziertesten Übergänge von der Ware zum Produkt ohne jede Wareneigenschaft wider ... Die Arbeitsprodukte, die in den sozialistischen Betrieben hergestellt werden, können insgesamt in zwei Gruppen eingeteilt werden: in Produkte, die aufgehört haben, Waren zu sein, und in Produkte, die Waren sind ... Die in den staatlichen Betrieben erzeugten Produktionsmittel sind, wenn sie nicht verkauft, sondern verteilt werden, keine Waren." – Warenproduktion und Wertgesetz im Sozialismus (russ.), in: Wissenschaftliche Werke, Ausg. 10, Moskau 1957, S. 159–160.

nicht von den Besonderheiten der sozialistischen, auf dem allgemeinen Volkseigentum basierenden Produktion als Warenproduktion abgeleitet wird, sondern im Gegenteil, diese Besonderheiten und die durch sie erzeugte Warenproduktion werden aus dem Austausch erklärt. Mit anderen Worten, es wird stillschweigend das Primat des Austausches anerkannt. Die marxistische Formel: wie die Organisation der Produktion, so die Tauschformen, wird faktisch durch die umgekehrte These ersetzt: wie die Tauschformen, so die Organisation der Produktion.

Drittens sprengt die Konzeption, die lediglich den Teil der Produktion als Warenproduktion anerkennt, der in den Austausch zwischen verschiedenen Eigentümern (zwischen dem staatlichen und dem kollektivwirtschaftlichen Sektor) einbezogen wird, und die den Warencharakter des Teiles der Produktion, dessen Erzeugnisse nicht in einen solchen Austausch eingehen, bestreitet, die Einheitlichkeit des sozialistischen Reproduktionsprozesses. Diese Konzeption verwischt die Tatsache, daß der Charakter des Reproduktionsprozesses im ganzen von der höchsten Form des sozialistischen Eigentums, dem allgemeinen Volkseigentum, bestimmt wird.

Viertens beraubt diese Konzeption die Wertbeziehungen und Wertformen in der Ökonomik des Sozialismus (Ware, Wert, Tauschwert, Handel, Geld, Preis, Kredit, Finanzen usw.) ihres realen Inhalts und kann in der Wirtschaftspraxis nur zu einer Unterschätzung der Ausnutzung des Wertgesetzes, der Wertbeziehungen und Wertformen führen. Diese Konzeption steht folglich in direktem Widerspruch zu der Hauptforderung, die Methoden des sozialistischen Wirtschaftens zu festigen. Sie hat die Grundfehler der alten und, wie es schien, bereits überwundenen Anschauungen über die Notwendigkeit der Warenproduktion in sich aufgenommen, die sich in unserer Literatur als „Berechnungs"- und „Verteilungs"-versionen offenbart hatten.

Nach der „Berechnungs"version wurden Warenproduktion und Wertgesetz im Sozialismus für notwendig erklärt, weil die soziale Ungleichartigkeit der Arbeit es noch nicht gestatte, die Arbeit unmittelbar nach Arbeitszeiteinheiten zu berechnen, während doch der Sozialismus eine gesellschaftliche Berechnung der Arbeit erfordere. Angeblich habe sich eben deshalb die Warenproduktion als Instrument der gesellschaftlichen Berechnung der Arbeit erhalten, als ein Instrument, um ungleichartige Arbeit auf „einen Nenner" zu bringen.

Nach der „Verteilungs"version wurden Warenproduktion und Wertgesetz für notwendig erklärt, weil der Sozialismus eine Verteilung nach der Leistung erfordere. Eine solche Verteilung sei nur bei einheitlicher gesellschaftlicher Berechnung der aufgewandten Arbeit möglich. Jedoch sei die Arbeit im Sozialismus sozial ungleichartig und könne deshalb nicht unmittelbar in Arbeitszeit gemessen werden. Hieraus ergäbe sich angeblich die Notwendigkeit der Warenproduktion als eines Instruments, das der Berechnung der Arbeit diene. Diese Anschauung ist eine Abart der „Berechnungs"version.

Nach allen diesen Ansichten ist die Warenproduktion nicht eine Form der Produktionsverhältnisse, sondern ein technisches Rechenmittel. Es ist indes wohl klar, daß nicht die gegenständliche Wertform der gesellschaftlichen Berechnung der Arbeit die Warenproduktion ins Leben ruft. Im Gegenteil, die Notwendigkeit der Warenproduktion macht die Wertform zur Berechnung der Arbeit erforderlich.

Die „Berechnungs"- und die „Verteilungs"version gehören faktisch zu der Konzeption, die die Notwendigkeit der Warenproduktion allein von der genossenschaftlich-kollektivwirtschaftlichen Eigentumsform her begründet. Tatsächlich werden nach dieser Konzeption die Formen Ware und Wert bei der Produktion der Produktionsmittel lediglich als Rechenformen behandelt, als „Formen für die Kalkulation", für die „Bezahlung der Arbeit" usw. Der Zusammenhang zwischen dem Wertgesetz und der staatlichen sozialistischen Produktion wird nicht darin gesehen, daß Waren produziert werden, sondern darin, daß die Arbeiter und Angestellten Löhne erhalten, die sie für den Erwerb von Waren benötigen, d. h., die Verteilungsform wird als Ursache für die Warenform der Produktion betrachtet.

Die Klärung der wirklichen Ursache für die Unumgänglichkeit der Warenproduktion im Sozialismus, der Ursache, die in den Besonderheiten des allgemeinen Volkseigentums selbst begründet ist, gestattet es, den Platz und die Besonderheiten der Warenproduktion im sozialistischen Wirtschaftssystem zu bestimmen und den Inhalt der Wertbeziehungen und Wertformen im Sozialismus klarzulegen. Für die Erforschung der Notwendigkeit des Wesens und der Funktionen des Geldes in der sozialistischen Ökonomik ist die Untersuchung dieser Besonderheiten unbedingte Voraussetzung.

3. Die Besonderheiten der Warenproduktion im Sozialismus

„Die Warenproduktion ist ein System von gesellschaftlichen Verhältnissen" schreibt Lenin.[32] Während jedoch die Grundlage aller vorsozialistischen Typen der Warenproduktion die verschiedenen Formen des Privateigentums waren, besteht demgegenüber der grundlegende und grundsätzliche Unterschied der Warenproduktion im Sozialismus darin, daß sie auf dem gesellschaftlichen sozialistischen Eigentum basiert. Deshalb muß auch von einem sozialistischen Typ der Warenproduktion oder von einer Warenproduktion *besonderer Art* gesprochen werden.

Da die Warenbeziehungen der sozialistischen Produktion insgesamt immanent sind, umfassen sie auch alle Sphären der Ökonomik: die Produktion von Produktionsmitteln ebenso wie die Produktion von Konsumtionsmitteln, die staatliche wie die genossenschaftlich-kollektive Wirtschaft. Das sozialistische Gesamtprodukt (mit Ausnahme des in den Kollektivwirtschaften und Nebenwirtschaften der Bevölkerung in natura verbrauchten Teils) wird als Ware erzeugt und im Wirtschaftsverkehr als Ware umgesetzt. Hieraus folgt, daß die sozialistische Produktion insgesamt einen historisch besonderen Typ der Warenproduktion darstellt. Aber es wäre völlig falsch, sich einfach mit dieser Feststellung zu begnügen.

Die sozialistische Produktion ist eine Warenproduktion besonderer Art, weil

[32] W. I. Lenin, Werke. Berlin 1960, Bd. 21, S. 49.

sie auf dem sozialistischen Eigentum an den Produktionsmitteln beruht. Sie unterscheidet sich grundsätzlich von jeder Art der vorsozialistischen Warenproduktion und ist durch die folgenden wichtigsten Besonderheiten gekennzeichnet:

Objekt der Warenproduktion ist das gesellschaftliche Produkt, dessen Elemente als Waren produziert werden und als Waren zirkulieren; die Produktivkräfte jedoch, sowohl deren gegenständliche (Grundfonds, Boden) als auch deren subjektive Elemente (Arbeitskraft), sind keine Waren.

Die Warenbeziehungen dienen als Hilfsform, als zusätzliche Form der ökonomischen Verbindung zwischen den sozialistischen Produzenten, neben der direkten und hauptsächlichen Verbindungsform, die auf der Basis des allgemeinen sozialistischen Volkseigentums entsteht und die die Produzenten im Rahmen der gesamten Volkswirtschaft vereinigt.

Der Mechanismus, mit dessen Hilfe die Warenproduktion fungiert, sind die planmäßigen gegenseitigen ökonomischen Beziehungen zwischen den sozialistischen Produzenten bei ihrer Beteiligung an der Produktion und Zirkulation der Waren.

Das Wirken der Warenproduktion dient der Reproduktion der sozialistischen Produktionsverhältnisse.

Betrachten wir jeden der genannten spezifisch historischen Züge der Warenproduktion im Sozialismus genauer.

Das Objekt der Warenproduktion besonderer Art

In der kapitalistischen Warenproduktion sind die beteiligten gegenständlichen Elemente der Produktivkräfte (Fabriken, Grund und Boden usw.) und die Arbeitskraft in gleichem Maße Waren wie das gesellschaftliche Produkt. In diesem Sinne ist die Sphäre der kapitalistischen Warenproduktion umfassend. Ganz anders die Sphäre der Warenproduktion im Sozialismus. Objekt der Warenproduktion und der Warenzirkulation ist das gesellschaftliche Produkt. Da die Produzenten aber gleichzeitig durch die Beziehungen des allgemeinen sozialistischen Volkseigentums verbunden sind, stellen weder die subjektiven noch die gegenständlichen Elemente der Produktivkräfte, weder die Arbeitskraft noch die Fonds der sozialistischen Betriebe noch der Boden Waren dar.

Es wird manchmal darauf hingewiesen, daß die gegenständlichen Elemente der Produktivkräfte als Objekte des allgemeinen Volkseigentums nicht in eine andere Eigentumsform übergehen können und deshalb keine Waren seien. Aber das Produkt in der Form des Produktionsmittels ist in seiner Hauptmasse ebenfalls ein Objekt des allgemeinen Volkseigentums; es geht auch im Wirtschaftskreislauf nicht über die Grenzen dieses Eigentums hinaus. Doch wird es dadurch nicht daran gehindert, Ware zu sein.

Daß es unmöglich ist, die Fonds, den Boden, mit einem Wort alle wirkenden gegenständlichen Elemente der Produktivkräfte im Sozialismus in Waren zu verwandeln, hängt durchaus nicht damit zusammen, daß sie lediglich innerhalb des allgemeinen Volkseigentums zirkulieren. Daß sie nicht die Natur einer Ware haben, ist durch die ökonomische Form bedingt, in der diese Zirkulation vor sich geht. Sie werden nicht verkauft und nicht gekauft, vollziehen also keinen äquivalenten Umlauf. Auch hierin unterscheidet sich die Zirkulation der gegenständlichen Elemente der Produktivkräfte von der aller anderen Elemente des gesellschaftlichen Produkts. Daraus folgt jedoch keineswegs, daß die in den gegenständlichen Elementen der Produktivkräfte, also in den Produktionsgrundfonds verkörperte Arbeit überhaupt keinen Wirtschaftskreislauf vollzieht. Sie vollzieht ihn, weil ja ein Verschleiß und ein Ersatz der Grundfonds stattfindet. Da hierbei die gesamte Bewegung der vergangenen Arbeit durch die Bewegung des Wertes des Warenprodukts vermittelt wird, erhält die Bewegung der in den Produktionsgrundfonds enthaltenen vergangenen Arbeit ebenfalls einen Wertcharakter: Diese Fonds haben einen Wert, der nach Maßgabe des Verschleißes auf das Produkt übertragen wird.

Im Wertcharakter der Reproduktion der Fonds und in den Wertfaktoren der Reproduktion der Arbeitskraft (im Wertcharakter des Lohnes, der Preise für die Konsumtionsmittel und anderer Ersatzelemente des Arbeitskraftaufwandes usw.) drückt sich der Einfluß des Warencharakters der sozialistischen Produktion des gesellschaftlichen Produkts auf den gesamten sozialistischen Reproduktionsprozeß aus. Deshalb sprechen wir auch von einer Beschränktheit der Sphäre der sozialistischen Warenproduktion auf das unmittelbar gesellschaftliche Produkt. Mittelbar, über das Warenprodukt, beeinflußt die Warenproduktion in der einen oder anderen Form den Charakter der Reproduktion aller Faktoren der sozialistischen Produktion.

Der sozialistische Charakter der Warenproduktion und insbesondere die Beschränktheit ihrer Sphäre schließen die Möglichkeit aus, daß die Warenbeziehungen sich zu Ausbeutungsbeziehungen entwickeln. Wesentlich sind auch die anderen prinzipiellen Besonderheiten der Warenproduktion im Sozialismus: 1. In der Produktionssphäre bestehen Warenbeziehungen hauptsächlich zwischen sozialistischen Produzenten, den staatlichen und den genossenschaftlich-kollektivwirtschaftlichen Betrieben. 2. Die Beziehungen, die im Sozialismus der Verbindung von Produktion und Konsumtion dienen, gestalten sich als Warenbeziehungen zwischen sozialistischen Produzenten und Konsumenten, wobei die Einkünfte der letzteren in der sozialistischen Produktion gebildet werden. 3. Nur ein geringer Teil des Warenaustausches vermittelt Beziehungen zwischen verschiedenen Bevölkerungsgruppen über den Kauf und Verkauf von Produkten der Nebenwirtschaften.

Die sozialistische Warenproduktion umfaßt somit: Warenbeziehungen innerhalb der Form des allgemeinen Volkseigentums (Austausch von Produktions- und Konsumtionsmitteln); Warenbeziehungen im Rahmen der staatlichen und der genossenschaftlich-kollektivwirtschaftlichen Eigentumsform (Austausch von Produktionsmitteln und teilweise auch von Konsumtionsmitteln); Warenbeziehungen, bei denen Konsumtionsmittel aus dem gesellschaftlichen sozialistischen Eigentum (in seinen beiden Formen) in das individuelle Eigentum übergehen; Warenbeziehungen zur Bewegung der Konsumtionsmittel im Rahmen des persönlichen Eigentums (aus der individuellen Nebenwirtschaft zu den Verbrauchern). Jedes dieser Gebiete der Warenproduktion und Warenzirkulation weist seine Besonderheiten auf.

Im staatlichen Sektor der Volkswirtschaft vollziehen sich die Warenproduktion und der Austausch der Produktionsmittel (der Arbeitsmittel, der Rohstoffe, Materialien usw.) zwischen den produzierenden und den konsumierenden Betrieben und der Konsumtionsmittel zwischen dem Groß- und Einzelhandel. Die Besonderheit dieses Gebietes der Warenbeziehungen besteht darin, daß beim Übergang der Ware vom Verkäufer zum Käufer sich die Eigentumsverhältnisse nicht ändern. Die Warenzirkulation stellt hier eine Metamorphose des Wertes dar, die der Bewegung des Gebrauchswertes zwischen ökonomisch selbständigen staatlichen Betrieben dient.

Es taucht die Frage auf, weshalb ein Produkt, das im Zirkulationsprozeß nicht den Eigentümer wechselt, eine Ware ist.

Die verbreitete Definition der Ware als Produkt, bei dessen Kauf und Verkauf der Verkäufer das Eigentumsrecht an ihr verliert, der Käufer aber zum Eigentümer der Ware wird, entspricht völlig den Bedingungen der auf dem privaten Eigentum beruhenden Warenbeziehungen. Aber auch in diesem Falle enthüllt die Definition nicht den ökonomischen Inhalt der Kategorie Ware, sondern fixiert lediglich den Rechtsausdruck für die Warenbeziehungen.

Eine Definition der Kategorie Ware, welche den ökonomischen Inhalt der Warenbeziehungen widerspiegelt, gibt Marx: „Um Ware zu produzieren, muß er (der Produzent — J. K.) nicht nur Gebrauchswert produzieren, sondern *Gebrauchswert für andre, gesellschaftlichen Gebrauchswert*.“ [33] Und Engels hat bekanntlich diese Definition ergänzt: „Und nicht nur für andre schlechthin ... Um Ware zu werden, muß das Produkt dem andern, dem es als Gebrauchswert dient, durch den Austausch übertragen werden.“ [34]

Diese Ergänzung ist außerordentlich wichtig. Man sollte meinen, daß es für Engels einfacher gewesen wäre, sich der bekannten These von Marx zu bedienen: „Um diese Dinge als Waren aufeinanderzubeziehn, müssen die Warenhüter sich zueinander als *Personen* verhalten, deren *Willen* in jenen Dingen haust ... Sie müssen sich daher wechselseitig als *Privateigentümer* anerkennen.“ [35] Daß Engels sich dieser These nicht bedient hat, ist kein Zufall. Die gegenseitige Anerkennung als Privateigentümer stellt, wie Marx unterstreicht, eine Willensbeziehung, eine juristische Beziehung dar, deren Inhalt „durch das ökonomische Verhältnis selbst“ gegeben ist. Daher hat Engels auch die Definition der Ware durch die Formel ergänzt, welche das innerste Wesen der *ökonomischen Beziehung* widerspiegelt, nämlich, daß Ware nur das Produkt ist, welches durch den *Austausch* vom Produzenten zum Konsumenten übergeht, d. h. auf der Grundlage eines *äquivalenten Ersatzes* der in diesem Produkt enthaltenen Arbeit durch den Käufer an den Verkäufer.[36]

[33] Karl Marx, Das Kapital. A. a. O., Bd. I, S. 45.

[34] Ebenda. [35] Ebenda, S. 90.

[36] Der Austausch im allgemeinen ist als natürlicher Stoffwechsel zwischen den Gliedern der gesellschaftlichen Produktion eine in allen Gesellschaftsordnungen auftretende Erscheinung. Er ist sowohl dem Sozialismus als auch dem Kommunismus in der zweiten Phase seiner Entwicklung eigen. Wenn jedoch der gegenseitige Austausch zwischen den einzelnen, ihre Arbeitsprodukte austauschenden Gliedern auf der Basis des *unmittel-*

Auch im Sozialismus wird das Produkt zur Ware, wenn es seinen ökonomischen Umlauf auf der Grundlage eines unmittelbaren äquivalenten Ersatzes der in ihm enthaltenen Arbeit vollzieht. Wenn der gegenseitige äquivalente Ersatz von verschiedenen Eigentümern vorgenommen wird, dann vermittelt der Austausch einen Wechsel des Eigentums an der Ware, wenn er aber durch Betriebe erfolgt, die sich in allgemeinem Volkseigentum befinden, vermittelt der Austausch lediglich eine Eigentumsbewegung zwischen verschiedenen ökonomisch selbständigen Elementen im System der Arbeitsteilung (den Betrieben), ohne dabei den Eigentümer zu wechseln.[37]

Auch im Sozialismus verläuft die durch den Austausch vollzogene Eigentumsbewegung als Bewegung des Gebrauchswertes.[38] Wichtig ist es, dabei zu beachten, daß der reale Stoffwechsel sich in der Form eines unmittelbaren äquivalenten Ersatzes der auszutauschenden Arbeitsprodukte vollzieht. Eben deshalb ist auch der Austausch in der sozialistischen Gesellschaft ein Warenaustausch.

baren äquivalenten Ersatzes verläuft, dann haben wir eine besondere historische Austauschform, den Warenaustausch, vor uns.

37 Trotzdem lehnt man es gegenwärtig ab, den Austausch in der sozialistischen Gesellschaft als einen Austausch im politisch-ökonomischen Sinne anzuerkennen, wenn dabei kein Eigentumswechsel stattfindet. Gewiß, wenn man unter dem Austausch lediglich die Form der Bewegung des privaten Eigentums versteht, den Warenaustausch zwischen privaten Eigentümern, dann gibt es auf der Basis des gesellschaftlichen Eigentums keinen Austausch. Aber mechanische Analogien zum Kapitalismus sind für eine Analyse sozialistischer Beziehungen, auch der Warenbeziehungen, untauglich. Sie führen zu einer fehlerhaften Behandlung der Warenproduktion im Sozialismus. Eine solche fehlerhafte Behandlung ist z. B. die rechtliche: „Im Sozialismus ist daher eine besonders gestaltete, spezifische Form der Trennung des Besitzes vom Eigentum innerhalb des staatlichen Sektors zu finden, die durch die teilweise Aneignung der hergestellten Erzeugnisse zugunsten der Belegschaft des Betriebes hervorgerufen wird. Sofern aber von einem vom Eigentum getrennten, wenn auch eingeschränkten und nicht umfassenden Besitz im staatlichen Sektor zu sprechen ist, müssen Ware-Geld-Beziehungen zwischen den staatlichen Betrieben bestehen und die Produktionsmittel Waren sein.“ – P. Saostrowzew, Über den Warencharakter der Produktionsmittel im Sozialismus, in: „Sowjetwissenschaft“, Gesellschaftswissenschaftliche Beiträge, Heft 6, 1958, S. 748. – Es ist völlig klar, daß auf der Basis des gesellschaftlichen allgemeinen Volkseigentums Eigentümer und Besitzer des Betriebes die gleichen sind. Es handelt sich nicht um zwei Subjekte – das ist unmöglich –, Eigentümer und Besitzer sind eins – die Gesellschaft. Das Kollektiv des Betriebes ist durchaus nicht der Gesellschaft gegenübergestellt. Daher ist der volkseigene Betrieb auch ein konsequent sozialistischer Betrieb. Ferner: Von den Beziehungen „des Besitzes“ her auf Warenbeziehungen zu schließen bedeutet, im Gegensatz zur Wirklichkeit die Produktionsverhältnisse aus den Rechtsverhältnissen abzuleisten.

38 „Was wird beim gewöhnlichen Verkauf veräußert? Nicht der Wert der verkauften Ware, denn dieser ändert nur die Form ... Was wirklich vom Verkäufer veräußert wird, und daher auch in die individuelle oder produktive Konsumtion des Käufers übergeht, ist der Gebrauchswert der Ware, die Ware als Gebrauchswert.“ Karl Marx, Das Kapital. A. a. O., Bd. III, S. 384.

Ob also beim Austausch ein Eigentumswechsel stattfindet oder nicht, er ist in der sozialistischen Ökonomik ein Austausch von Gegenständen im Reproduktionsprozeß auf der Basis eines äquivalenten Ersatzes der auszutauschenden Produkte, der Waren. Folglich stellt er eine Form der Eigentumsbewegung dar. Darin besteht die Bedeutung des Austausches als Form der ökonomischen Verbindung in der sozialistischen Gesellschaft und sein Inhalt als bestimmte gesellschaftliche Produktionsbeziehung.

Im Rahmen der Warenzirkulation zwischen volkseigenen Betrieben vollziehen sich die Warenbeziehungen, die sozialistisch am stärksten entwickelt sind. Der Absatz- und Versorgungsverkehr der Betriebe im staatlichen Wirtschaftssektor (der Austausch von Produktionsmitteln unter den staatlichen Betrieben) und die Konsumtionsmittellieferungen an das Handelsnetz (an das Groß- und Einzelhandelsnetz) sind die hauptsächlichen Warenflüsse auf diesem Gebiet der Warenzirkulation. Sie verlaufen in veränderlichen konkreten Formen (zentralisierte Verteilung, Fondsbildung, dezentralisierte Erfassungen, direkte Vertragslieferungen usw.). Aber als sozialistisch am stärksten entwickelte Warenbeziehungen verlaufen sie auch am planmäßigsten.

Bei den Warenbeziehungen zwischen den staatlichen und den genossenschaftlich-kollektivwirtschaftlichen Betrieben sowie zwischen den letztgenannten untereinander werden Produktionsmittel und zum Teil auch Konsumtionsmittel industrieller Herkunft an die Kollektivwirtschaften geliefert; die Kollektivwirtschaften liefern Rohstoffe und Lebensmittel an die staatlichen Produktions- und Handelsbetriebe; schließlich liefern die Kollektivwirtschaften und anderen Genossenschaften einander einige Produktionsmittel (Saatgut, Futtermittel usw.). Diese Beziehungen dienen dazu, Stadt und Land, die Arbeiterklasse und die Bauernschaft gegenseitig ökonomisch zu verbinden und umfassen alle Produktionsbeziehungen zwischen dem staatlichen und dem kollektivwirtschaftlichen Produktionssektor. Da die Warenbeziehungen zwischen den staatlichen und den kollektivwirtschaftlichen Betrieben konsequent sozialistische und sozialistische Betriebe miteinander verbinden, also auf zwei Eigentumsformen beruhen, sind sie nicht in dem Grade sozialistisch entwickelt wie die Beziehungen, die sich ausschließlich innerhalb des gesamtstaatlichen Eigentums herausbilden. Daher wird erstens in diesem Bereich eine weniger vollständige Planmäßigkeit der Warenbeziehungen erreicht als im zuerst betrachteten, weshalb auch hier besondere Organisationsformen erforderlich sind (beispielsweise die gesamtstaatliche Planung der vom Staat aufzukaufenden kollektivwirtschaftlichen Warenproduktion, das Kontraktsystem usw.). Zweitens zeigt sich in diesen Beziehungen in stärkerem Maße der Zusammenhang mit dem nichtorganisierten Markt (Preisbewegung). Drittens hat der äquivalente Ersatz in diesem Bereich der ökonomischen Beziehungen für den reibungslosen Verlauf des Reproduktionsprozesses eine besonders große Bedeutung.

In den Warenbeziehungen zwischen den sozialistischen Betrieben und den individuellen Verbrauchern, den Kontrahenten der Kauf- und Verkaufsgeschäfte, treten auf der einen Seite die Betriebe, auf der anderen Seite aber viele Millionen Verbraucher auf. Die individuellen Kaufakte der letzteren werden nicht unmittelbar geplant; sie lassen sich nur indirekt regulieren: durch planmäßige Festsetzung der Einkommenshöhe, durch Einflußnahme auf die Nachfrage seitens der Produktion und durch Berechnung der kaufkräftigen Nachfrage. Dieser Bereich der Warenbeziehungen ist jedoch noch eng mit dem nichtorganisierten Markt verbunden. Er übt zwar den bestimmenden Einfluß auf jenen aus, steht aber selbst in gewissem Grade unter dessen Einfluß.

Daher ist auch der Grad der Planmäßigkeit in den Warenbeziehungen, die die sozialistischen Betriebe und die Bevölkerung, d. h. die Sphären des gesellschaftlichen und des persönlichen Eigentums, miteinander verbinden, nicht so weit entwickelt wie in den beiden ersten Bereichen.

Der vierte Bereich der Warenbeziehungen endlich umfaßt die Verbindungen der Nebenwirtschaften der Bevölkerung (und auch der Kollektivwirtschaften in bezug auf einen gewissen Teil ihrer Warenproduktion) mit den individuellen Verbrauchern. Bei diesen Beziehungen, die über den kollektivwirtschaftlichen Markt laufen, sind die spontanen Elemente noch recht bedeutend; eine Beeinflussung ist nur durch indirekte ökonomische Regulierungsmaßnahmen möglich.

Das Spezifische an der Sphäre der Warenproduktion im Sozialismus besteht also darin, daß erstens das Objekt dieser Sphäre sich auf das sich als die Gesamtheit der Waren reproduzierende gesellschaftliche Produkt beschränkt und daß zweitens diese Sphäre sich aus vier Bereichen zusammensetzt, die sich durch den Charakter der Warenproduktion und -zirkulation und den Grad der Planmäßigkeit der Warenbeziehungen unterscheiden.

Die Funktionen der Warenproduktion besonderer Art

Die Warenform der sozialistischen Produktion stellt eben dadurch, daß sie eine *Waren*produktion ist, eine *gegenständliche, indirekte Form* der ökonomischen Verbindung dar. Da es sich um eine Warenproduktion besonderer Art handelt, ist sie schon nicht mehr die einzige, die Hauptform dieser Verbindung. Das gesellschaftliche Eigentum vereinigt die Produktion im Maßstabe der gesamten sozialistischen Volkswirtschaft. Das heißt, zwischen den Betrieben besteht eine direkte, unmittelbare Verbindung. Diese drückt sich vor allem darin aus, daß die Mittel für die Bildung der Grund- und Umlauffonds der sozialistischen Betriebe auf dem Wege einer direkten, gesamtstaatlichen, planmäßigen Verteilung aus dem einheitlichen staatlichen Fonds bereitgestellt werden. Die neu aufgebauten Betriebe, die die Produktion aufgenommen haben, werden von einem Glied im System der gesellschaftlichen Arbeitsteilung an ein anderes weitergegeben, und zwar ebenfalls hauptsächlich auf der Grundlage der direkten Verteilung. Ferner tritt die Arbeitskraft, die keine Ware ist, durch direkte, planmäßige Verteilung und Bezahlung nach der Leistung in den Arbeitsprozeß ein. Schließlich vermittelt der Warenaustausch hier nur die im voraus festgesetzte, planmäßige Verteilung des Produkts, die zumindest die Hauptproportionen seiner Ausnutzung erfaßt, auch wenn sich die laufende, als Austausch von Tätigkeiten der Produzenten erscheinende Reproduktion des gesellschaftlichen Produkts — die Verteilung der für die Herstellung der Produkte notwendigen materiellen Mittel und die Verwendung der erzeugten Gegenstände (der Produktions- und Konsumtionsmittel) — in der Warenform vollzieht.

Welche Funktion erfüllt nun die Warenform als Form der gegenständlichen, indirekten Verbindung der Warenproduzenten, wenn unter den Bedingungen der sozialistischen Produktion eine direkte, planmäßige Verbindung entstanden ist, sich entwickelt hat und zur *hauptsächlichen und entscheidenden* Verbindung zwischen den Gliedern im System der gesellschaftlichen Arbeitsteilung geworden ist? Diese Funktion ist doppelter Art.

Eine direkte, planmäßige ökonomische Verbindung wurde bereits durch die Vergesellschaftung der Produktion geschaffen. Da aber die sozialistische Produktion eine Produktion unmittelbar im äquivalenten Austausch stehender Betriebe darstellt und die im Produktionsprozeß aufgewandte Arbeit durch einen inneren Widerspruch gekennzeichnet ist, bedarf sie *noch* der gegenständlichen, indirekten Warenverbindung zwischen den Produzenten. Aber diese Form der indirekten Verbindung existiert *zusätzlich* zur direkten. Ihre Funktion besteht darin, die Verteilung der Arbeit entsprechend den Bedürfnissen der Gesellschaft auf der Grundlage eines äquivalenten Ersatzes der Aufwendungen zu vermitteln und dabei einen materiellen Anreiz für die Entwicklung der Produktion zu schaffen sowie die Übereinstimmung der Produktion mit den Bedürfnissen der Gesellschaft zu kontrollieren.

Die Warenform reguliert, da es die direkte, planmäßige Form der ökonomischen Verbindung zwischen den Produzenten gibt, schon nicht mehr die Proportionen der Reproduktion. Diese Proportionen werden von der Gesellschaft in Einklang mit den Erfordernissen der ökonomischen Gesetze des Sozialismus unmittelbar und planmäßig reguliert. Ist jedoch die Proportionalität in der Reproduktion gestört, dann äußert sich das auch in Waren- und Wertdisproportionen. Die Tatsache, daß solche Disproportionen entstehen, erfordert aber von sich aus objektiv ihre Beseitigung.

Gleichzeitig erfüllt die Warenform auch noch eine andere wichtige volkswirtschaftliche Funktion. Sie ist nicht die einzige und nicht die Hauptform der ökonomischen Verbindung. Trotzdem stellt sie die allgemeine Form dar, in der sowohl die direkte, planmäßige ökonomische Verbindung als auch die ihr eigene gegenständliche Verbindung hergestellt wird. In der Tat, die planmäßige volkswirtschaftliche Verteilung der Produktionsmittel für Neubauten und für den laufenden Reproduktionsprozeß und die Bezahlung der Arbeit erfolgen nicht in der naturalgegenständlichen oder in der direkten Arbeitsform, sondern über den Wert; sie werden nicht formal, sondern real durch die Produktion und den Austausch von Waren vermittelt.

Warenbeziehungen als einzige Form der ökonomischen Verbindung gibt es nur auf dem Gebiete der vorwiegend von der ländlichen Bevölkerung betriebenen Nebenwirtschaften. Die Warenform stützt sich hier nicht auf eine direkte, planmäßige ökonomische Verbindung und schließt, wie von uns bereits bemerkt wurde, gewisse spontane Elemente ein.

Die Warenproduktion besonderer Art nimmt also einen wesentlichen Raum im System der Formen sozialistischer Produktionsverhältnisse ein. Sie ist eine zusätzliche, eine Hilfsform der ökonomischen Verbindung zwischen den Produzenten, neben der Hauptform, der direkten Verbindung in der Form der planmäßigen Verteilung der Produktivkräfte und der sich reproduzierenden Produkte durch die Gesellschaft. Als solche stellt sie erstens diese indirekte, gegenständliche Form, die auch die direkte Verbindungsform vermittelt, eine Form der ökonomischen Verbindung zwischen den sozialistischen Betrieben sowohl des staatlichen als auch des genossenschaftlich-kollektivwirtschaftlichen Sektors sowie innerhalb dieser Bereiche dar, d. h., sie bringt die ökonomischen Beziehungen zwischen Stadt und Land zum Ausdruck, das ökonomische Bündnis der Arbeiterklasse und der Bauernschaft, und vermittelt sie. Zweitens ist sie die Form der ökonomischen Verbindung zwischen der Produktion und der Konsumtion und drittens die Form der ökonomischen Beziehungen, die dem gesamten komplizierten Prozeß der Verteilung und Umverteilung des Nationaleinkommens und der in früheren Perioden akkumulierten und in der Volkswirtschaft fungierenden Mittel zugrunde liegen.

Die Besonderheiten des Fungierens der Warenproduktion besonderer Art

Die Warenproduktion im Sozialismus ist durch spezifische Funktionsformen gekennzeichnet, deren hauptsächlichste sind: die wirtschaftliche Rechnungsführung, die Planpreisbildung, die planmäßige Gestaltung des Warenverkehrs, der Geldzirkulation, des Finanzwesens, des Kreditwesens, und andere ökonomische Formen der planmäßigen Produktion, Zirkulation und Distribution. Demnach ist die grundlegende Besonderheit des Funktionsmechanismus der Warenproduktion im Sozialismus — ihre Planmäßigkeit. Das ist eine Folge der ihr zugrunde liegenden sozialistischen Produktionsverhältnisse. Die Revisionisten entstellen die wirkliche Natur der Warenproduktion, wenn sie diese in Analogie zu der auf dem Privateigentum beruhenden Warenproduktion setzen. Sie betrachten die Warenproduktion im Sozialismus als spontane Produktion und stellen die Warenbeziehungen im Sozialismus der planmäßigen sozialistischen Wirtschaft gegenüber. Hieraus ergibt sich die dualistische Betrachtung der sozialistischen Ökonomik als eines mechanischen Aggregats spontaner Warenbeziehungen und planmäßiger Nichtwarenbeziehungen, wobei in diesem Aggregat der Vorrang eben der Spontaneität gehört.

Es ist nicht notwendig, die völlige wissenschaftliche Gegenstandslosigkeit dieser revisionistischen Entstellungen des Wesens der Warenproduktion und ihres Funktionsmechanismus im Sozialismus zu beweisen. Als Produktion von Betrieben, die durch sozialistische Eigentumsbeziehungen verbunden sind, vollzieht sich die Warenproduktion im Sozialismus planmäßig: Alle Elemente ihres Mechanismus fungieren nur als Elemente des planmäßigen sozialistischen Reproduktionsprozesses.

Die Ergebnisse des Wirkens der Warenproduktion besonderer Art

Da der sozialistischen Produktion Warenbeziehungen immanent sind, entwickeln sich diese zugleich mit der sozialistischen Ökonomik und dienen der erweiterten Reproduktion der sozialistischen Produktionsverhältnisse. Die Erfolge der Vergesellschaftung der Arbeit, die Entwicklung der Verbindungen zwischen der staatlichen und der genossenschaftlich-kollektiven Wirtschaft, die allmähliche Erhöhung des sozialistischen Reifegrades der letzteren — alles dies führt nicht zu einem Abbau, sondern zu einer weiteren Entwicklung der Warenbeziehungen. Ein Beweis dafür sind die in den letzten Jahren von der Partei und der Regierung getroffenen Maßnahmen. Die Einsetzung der Volkswirtschaftsräte und die Erweiterung der Rechte der sozialistischen Betriebe bedeuten einen wesentlichen Fortschritt in der Entwicklung der direkten Warenbeziehungen zwischen allen Gliedern im System der sozialistischen Arbeitsteilung. Die Reorganisation der MTS fördert die Warenbeziehungen zwischen der sozialistischen Industrie und der Landwirtschaft sowohl in bezug auf die technische als auch die landwirtschaftliche Produktion. Der als Ware abzusetzende Teil der landwirtschaftlichen Produktion wird auch in Zukunft ständig wachsen, da in den Kollektivwirtschaften ein immer geringerer Teil durch den innerwirtschaftlichen Naturalumsatz verbraucht wird. Ebenso wird in den staatlichen Betrieben mit zunehmender Spezialisierung und Kooperierung der Verbrauch der Rohstoffe, Materialien und Halbfabrikate eigener Fertigung durch den Verbrauch fremdbezogener Teile ersetzt werden.

Die sozialistische Warenproduktion steht im Dienste der erweiterten Reproduktion und entfaltet und festigt sich zugleich mit der gesamten Volkswirtschaft. Bei dieser Entwicklung trägt sie jedoch zur allmählichen Herausbildung derjenigen Wirtschaftsformen bei, die mit der Umwandlung der sozialistischen Ökonomik in eine entwickelte kommunistische Ökonomik Warenbeziehungen überflüssig machen. Die historische Tendenz der Warenproduktion besteht also darin, ein notwendiger Faktor beim Aufbau des Kommunismus zu sein, sich in diesem Prozeß zu entwickeln, der erweiterten Reproduktion der Beziehungen des Sozialismus [39], ihrer allmählichen Umwandlung in Beziehungen des Kommunismus zu dienen und auf diese Weise die Bedingungen zu ihrer eigenen Beseitigung zu schaffen.

4. Die Kategorien der Warenproduktion besonderer Art

Der besondere Charakter der Warenproduktion im Sozialismus drückt alle Formen der Warenwirtschaft seinen Stempel auf. Betrachten wir die wichtigsten dieser Formen.[40] *

[39] Es ist daher nicht richtig, sich auf die Behauptung zu beschränken, daß das staatliche Eigentum in seiner Entwicklung „die Tendenz für das Absterben der Ware" erzeuge, wie das einige Ökonomen tun, oder die These aufzustellen, daß die Periode des allmählichen Übergangs vom Sozialismus zum Kommunismus angeblich durch ein allmähliches „Verlöschen", ein „Einengen" der Warenproduktion gekennzeichnet sei.

* Fußnote siehe Seite 145

Die Erfahrungen beim Aufbau des Sozialismus haben gezeigt, daß die Ware eine ökonomische Form des Arbeitsprodukts ist, die nicht nur der privaten, unabhängigen Arbeit adäquat ist, sondern auch dem neuen Inhalt, der sozialistisch vereinigten Arbeit, entspricht.

Das Produkt des sozialistischen Betriebes, das durch Austausch in die Sphäre des Verbrauchs eintritt, ist eine Ware. Aber das Produkt wird nicht deshalb zur Ware, weil es ausgetauscht wird. Es wird als Ware erzeugt und ausgetauscht, weil in ihm als einem durch die gesellschaftliche Arbeit geschaffenen Gegenstand bestimmte Produktionsverhältnisse verkörpert sind.

Die Ware als Gegenstand zur Befriedigung eines gesellschaftlichen Bedürfnisses — ist ein Gebrauchswert. Gebrauchswerte werden im Sozialismus zur Befriedigung der im Plansystem koordinierten gesellschaftlichen und persönlichen Bedürfnisse hergestellt. Das bedeutet aber, daß sie unmittelbar gesellschaftliche Gebrauchswerte sind.[41] In dieser Eigenschaft bilden sie die Voraussetzung für die spezifisch sozialistischen Züge der zu ihrer Produktion aufgewandten gesellschaftlichen Arbeit.

Die Entwicklung der gesellschaftlichen Bedürfnisse innerhalb der sozialistischen Produktionsweise spiegelt die Wirksamkeit der ökonomischen Gesetze des Sozialismus wider. Diese Entwicklung ist ein komplizierter sozialökonomischer Prozeß. Neben der objektiven Notwendigkeit der Vervollkommnung und des Wachstums der Produktion auf der Basis der höchstentwickelten Technik und der systematischen Erhöhung des materiellen und kulturellen Lebensstandards des Volkes sind die diesen Prozeß bestimmenden Faktoren der Entwicklungsstand der Produktiv-

40 Fußnote zu Seite 144
Die klassische Analyse der Warenbeziehungen überhaupt, die von Marx vorgenommen und von Lenin weitergeführt wurde, ist der Ausgangspunkt für die Erforschung der Warenkategorien in der sozialistischen Gesellschaft. Unsere Aufgabe besteht darin, diejenigen Züge dieser Kategorien aufzudecken, die mit der Beseitigung des Privateigentums verschwinden, und diejenigen Züge auszusondern, die in der sozialistischen Wirtschaft besonders wichtig sind.

41 A. Paschkow bemerkt dazu sehr richtig, daß „der Gebrauchswert der Ware nicht einen einfach gesellschaftlichen, sondern einen spezifisch gesellschaftlichen Charakter hat ... Eben deshalb ist der Gebrauchswert, wie ihn Marx in der politischen Ökonomie darstellt, ein spezifisch historischer Gebrauchswert ... Der Gebrauchswert der Sowjetware, des Produkts der sozialistisch vergesellschafteten Arbeit, hat unmittelbar gesellschaftlichen Nutzen; er ist bei uns von gewaltiger Bedeutung, aber seine Rolle bei der Bestimmung der gesellschaftlichen Form des Arbeitsprodukts ist eine ganz andere als die Rolle des Gebrauchswertes in der kapitalistischen Gesellschaft." — „Probleme der Wirtschaft" (russ.), Nr. 4, 1935, S. 82. — Aber manche Ökonomen ignorieren die gesellschaftshistorische Bestimmtheit des Gebrauchswertes. G. A. Koslow schreibt z. B.: „Der Gebrauchswert, welcher die notwendige Eigenschaft der Produkte des Arbeitsprozesses schlechthin und unabhängig von seinen gesellschaftlichen Formen ist, spiegelt folglich keinerlei historisch bestimmte Verhältnisse wider." G. A. Koslow, Die Warenproduktion in ihren Anfangsstadien. Berlin 1960, S. 23. — Man beachte den Hinweis von Marx, daß „... der Gebrauchswert — als Gebrauchswert der ‚Ware' — selbst einen historisch-spezifischen Charakter" besitzt. Karl Marx, Das Kapital. A. a. O., Bd. I, S. 848.

kräfte, der Stand und der Charakter des Verbrauchs der Arbeiterklasse, der Bauernschaft und der Intelligenz, die historischen und nationalen Traditionen des Verbrauchs, der Grad ihrer Veränderung usw.

Die Geschichte der Entwicklung des Sozialismus enthüllt anschaulich die Besonderheiten der gesellschaftlichen Bedürfnisse. Ihrer Entwicklung werden weder durch den parasitären Bedarf der Bourgeoisie noch durch die Verwertungsbedingungen des Kapitals Schranken gesetzt, wie das im Kapitalismus der Fall ist, denn sowohl die Bourgeoisie als auch das Kapital sind beseitigt. Die Bedürfnisse der sozialistischen Gesellschaft sind Bedürfnisse der von der Ausbeutung befreiten Menschen, deren Lebensbedingungen ständig besser werden und deren Lebensbedürfnisse wachsen.

Da aber unter den gegenwärtigen Entwicklungsbedingungen der sozialistischen Ökonomik die Bedürfnisse der Gesellschaft sich unter dem Einfluß zweier Hauptsektoren der gesellschaftlichen Produktion entwickeln — des staatlichen und des genossenschaftlich-kollektivwirtschaftlichen Sektors — und jeder dieser Sektoren Gebrauchswerte herstellt, bedingt das auch die Eigenart im gesellschaftlichen Charakter der letzteren.

Die in der Kollektivwirtschaft erzeugten Gebrauchswerte sind auf die Befriedigung der Bedürfnisse der Kollektivwirtschaft selbst, der staatlichen Wirtschaft und zum Teil der Bevölkerung (die auf dem kollektivwirtschaftlichen Markt einkauft) berechnet. Da die Kollektivwirtschaft Eigentümerin der erzeugten Produkte ist, ist der unmittelbar gesellschaftliche Charakter der hier erzeugten Gebrauchswerte weniger entwickelt als im staatlichen Produktionssektor, wo die Gebrauchswerte in völliger Übereinstimmung mit den volkswirtschaftlichen Bedürfnissen hergestellt werden. Der spezifisch gesellschaftliche Charakter des Gebrauchswertes wie des gesamten Systems der gesellschaftlichen Bedürfnisse im Sozialismus ist untrennbar verbunden mit dem Charakter der konkreten Arbeit.

Konkrete Arbeit ist eine Arbeit, die, nach einem Ausdruck von Marx, im Zusammenhang mit ihrem Nutzeffekt zu beurteilen ist. Die nützliche Arbeit ist eine notwendige Voraussetzung für den Stoffwechsel zwischen Mensch und Natur, der ihm das Leben erst ermöglicht. Nützliche Arbeit wird in verschiedenen, historisch bestimmten gesellschaftlichen Formen durchgeführt. Der Kapitalismus setzt voraus, daß nützliche Arbeit unmittelbar private Arbeit ist. Die Arbeitsteilung in der kapitalistischen Gesellschaft erfolgt spontan, hinter dem Rücken der Produzenten. Der Sozialismus bedingt notwendigerweise eine gesellschaftliche Einheit der nützlichen Arbeiten; daher ist die gesamte Arbeit unmittelbar gesellschaftliche Arbeit. Die durch die Erfordernisse der ökonomischen Gesetze des Sozialismus bestimmte sozialistische Arbeitsteilung drückt den unmittelbar gesellschaftlichen Charakter des konkreten Arbeitsaufwandes aus. Im Sozialismus wird die gesellschaftliche Vereinigung der nützlichen Arbeiten, die Verteilung der konkreten Arbeit auf alle Glieder der Volkswirtschaft planmäßig durchgeführt.[42] Der sozialistische Staat

[42] Marx schreibt: „Nur wo die Produktion unter wirklicher vorherbestimmender Kontrolle der Gesellschaft steht, schafft die Gesellschaft den Zusammenhang zwischen dem Umfang

verändert planmäßig das Verhältnis zwischen der in der Industrie, in der Landwirtschaft und in den anderen Volkswirtschaftszweigen sowie in der sozialen und kulturellen Sphäre eingesetzten Arbeit. Die Besonderheit der konkreten Arbeit im Sozialismus besteht also in ihrem unmittelbar gesellschaftlichen Charakter.[43] Das bedeutet, daß der private Charakter der individuellen konkreten Arbeit und damit auch der Widerspruch zwischen der privaten und der gesellschaftlichen Arbeit aufgehört hat zu bestehen.

Der Reifegrad des unmittelbar gesellschaftlichen Charakters der konkreten Arbeit ist jedoch unterschiedlich; er hängt von der Sphäre ab, in der diese Arbeit geleistet wird.

Wir haben oben festgestellt, daß die Warenproduktion und der Warenaustausch aus einer Reihe von Sphären bestehen, die sich durch den sozialistischen Reifegrad der Warenbeziehungen und den Grad der Planmäßigkeit unterscheiden. Dementsprechend unterscheidet sich auch der Reifegrad des unmittelbar gesellschaftlichen Charakters der Arbeit. Am höchsten ist er in der Sphäre des staatlichen sozialistischen Produktionssektors und des sozialistischen Austausches innerhalb des allgemeinen Volkseigentums. Weniger ausgeprägt ist der unmittelbar gesellschaftliche Charakter der Arbeit in der Produktion und im Austausch in der genossenschaftlich-kollektivwirtschaftlichen Produktionssphäre und im Austausch zwischen den Betrieben der beiden Formen des sozialistischen Eigentums. Schließlich verleiht die Notwendigkeit, die von den sozialistischen Betrieben erzeugten Konsumtionsmittel als Waren an die individuellen Verbraucher abzusetzen, wodurch sie in deren persönliches Eigentum übergehen, der bei der Herstellung dieses Teiles der Waren aufgewandten Arbeit einen noch weniger ausgeprägten unmittelbar gesellschaftlichen Charakter. In den individuellen Nebenwirtschaften und beim Austausch auf dem nichtorganisierten Markt ist die Arbeit überhaupt nicht unmittelbar gesellschaftliche, sondern private Arbeit.

Somit wird die konkrete Arbeit durch das sozialistische Eigentum historisch bestimmt. Die auf der Basis des sozialistischen Eigentums geleistete individuelle konkrete Arbeit ist keine private Arbeit; sie ist eine unmittelbar gesellschaftliche Arbeit, wenn auch der Reifegrad dieses ihres Charakters in den verschiedenen Bereichen der sozialistischen Wirtschaft unterschiedlich ist. Welcher Art diese Unterschiede auch sein mögen, die allgemeine Besonderheit der Form der unmittelbar gesellschaftlichen Arbeit im Sozialismus besteht darin, daß sie in *wirtschaftlich selbständigen* sozialistischen Betrieben aufgewandt wird, die ihre Produkte auf der Grundlage des Warentausches an die gesellschaftliche Konsumtion

der gesellschaftlichen Arbeitszeit, verwandt auf die Produktion bestimmter Artikel, und dem Umfang des durch diese Artikel zu befriedigenden gesellschaftlichen Bedürfnisses." Karl Marx, Das Kapital. A. a. O., Bd. III, S. 213.

[43] „Sobald die Gesellschaft sich in den Besitz der Produktionsmittel setzt und sie in unmittelbarer Vergesellschaftung zur Produktion verwendet, wird die Arbeit eines jeden, wie verschieden auch ihr spezifisch nützlicher Charakter sei, von vornherein und direkt gesellschaftliche Arbeit." Friedrich Engels, Herrn Eugen Dührings Umwälzung der Wissenschaft. A. a. O., S. 385.

abgeben. Also drückt sich die unmittelbar gesellschaftliche Arbeit im Stadium des Sozialismus in einem Gebrauchswert aus, der Träger von Wert ist.

Was ist aber der Wert der sozialistisch erzeugten Ware?

Im Produkt vergegenständlichen sich bestimmte Mengen unmittelbar gesellschaftlicher Arbeit. Aber die Tatsache allein, daß die Arbeit vergegenständlicht ist, verleiht ihr nicht die Wertform.[44] Die sozialistische Produktion ist eine Produktion von Waren, und deshalb wird das Produkt zum Wertträger und die Arbeit zur Wertsubstanz. Der Wert der sozialistisch erzeugten Ware ist ein gegenständliches Produktionsverhältnis, d. h. eine gesellschaftliche Verbindung der Menschen vermittels der Sachen — der Produkte der Arbeit.[45]

Die Arbeit im Sozialismus kann nicht einfach in einer Anzahl von Stunden durchschnittlicher gesellschaftlicher Arbeit ausgedrückt werden. Sie wird nicht mit ihrem natürlichen Maß, d. h. nicht unmittelbar in Arbeitszeit gemessen. Das kommt daher, daß der Warencharakter der sozialistischen Produktion den Ausdruck, die Gleichsetzung und die Bewegung der Waren als vergegenständlichte Massen der in ihnen enthaltenen gesellschaftlich notwendigen Arbeit als *Werte* bedingt.[46]

[44] Die Pseudonachfolger des Marxismus wie auch seine offenen Feinde betrachten den Wert nicht als vergegenständlichte Form der Produktionsverhältnisse, sondern als Aufwand an Arbeit, unabhängig von ihrem gesellschaftlichen Charakter. Bogdanow, der die Lehre Marx' über den Wert grob entstellte, behauptete beispielsweise, daß „das Gesetz des Arbeitsaufwandes" in allen Stadien der gesellschaftlichen Entwicklung als angeblich objektiver Wertinhalt wirke. — Siehe „Mitteilungsblatt der Kommunistischen Akademie" (russ.), Nr. 14 und 15.
Den unhistorischen Charakter des Wertes versuchte auch Finn-Jenotajewski zu begründen. Wenn eine wirtschaftliche Tätigkeit entstehe, nimmt er an, sei eine „Bewertung" notwendig. Diese Bewertung des Arbeitsprodukts durch den Arbeitsaufwand bilde eben den „Wert". Er hält den Wert für eine subjektive Kategorie. „Dem wirtschaftenden Subjekt ist eine Bewertung des wirtschaftlichen Effekts" eigentümlich. — Siehe A. Finn-Jenotajewski, Die sozialistische Wirtschaft (russ.). 1930, Buch 1 u. 2.
Eine Abart dieser unhistorischen Wertkonzeption ist auch die von Tugan-Baranowski entwickelte Variante. — Vgl. „Der Sozialismus als positive Lehre (russ.). Petrograd 1918, S. 104.
Die unhistorische, unsoziale Behandlung des Wertes drückt sich auch in der Unterbewertung des *gegenständlichen* Charakters der Wertbeziehungen aus. „Den Prozeß der Versachlichung in die erste Reihe stellen", behauptet Posnjakow, „heißt, an die Stelle des Wertes den Tauschwert setzen." — W. Posnjakow, Der Marktwert und sein Platz im ökonomischen System von Marx (russ.), in: Unter dem Banner des Marxismus, Nr. 12, 1929, S. 121. — Posnjakow verwechselt die Wertsubstanz mit dem Wert und nimmt an, daß „die Arbeit ja der Wert ist".

[45] „Der Wert ist ein Verhältnis zwischen Personen, wie ein alter Ökonom gesagt hat; er hätte bloß hinzusetzen müssen: ein unter dinglicher Hülle verstecktes Verhältnis." W. I. Lenin, Werke. A. a. O., Bd. 21, S. 49.

[46] Daher ist es völlig falsch, den Wert daraus abzuleiten, daß es unmöglich sei, die Arbeit infolge ihrer qualitativen Ungleichartigkeit unmittelbar in Arbeitszeit zu messen, oder daraus, daß die Verteilung nach der Leistung notwendig sei, die eine Messung der Arbeit

Weder die Kristallisierung der gesellschaftlichen Arbeit im Produkt noch die Unmöglichkeit, sie in Arbeitsstunden zu messen, sondern vielmehr die Realisierung bestimmter Produktionsverhältnisse in der Bewegung der Ware macht es im Sozialismus erforderlich, die Arbeit im Wert als der ökonomischen Form dieser Verhältnisse auszudrücken.

Wir haben oben gesehen, daß die durch das sozialistische Eigentum bedingte soziale Ungleichartigkeit der Arbeit einen äquivalenten Austausch ihrer Produkte erfordert und daß dieselbe Ungleichartigkeit der Arbeit unter den Bedingungen des äquivalenten Austausches einen inneren Widerspruch in der unmittelbar gesellschaftlichen Arbeit hervorruft: zwischen der gesamtgesellschaftlichen Arbeit und ihren Teilen, der individuellen und der kollektiven Arbeit. Dieser Widerspruch wird durch die gegenseitige Gleichsetzung der Arbeitsprodukte als Waren und ihre Bewegung als Waren, d. h. als Werte, gelöst.

Die ökonomischen Beziehungen zwischen den Teilnehmern der sozialistischen Produktion, die eine sozial ungleichartige, wenngleich unmittelbar gesellschaftliche Arbeit leisten, kommen also in der Wertform ihres Arbeitsprodukts zum Ausdruck.

Der Wert einer unter sozialistischen Bedingungen erzeugten Ware ist eben deshalb ein Wert, weil er erstens eine Form der indirekten gegenständlichen Einbeziehung der individuellen und kollektiven Arbeit in die gesellschaftliche Arbeit und folglich eine Form des indirekten gegenständlichen Ausdrucks und der Bewegung der unmittelbar gesellschaftlichen Arbeit ist;[47] zweitens, weil die Waren auf der Grundlage der Äquivalenz der in ihnen enthaltenen Menge an gesellschaftlicher Arbeit ausgetauscht werden und die Verteilung der Arbeit zwischen den Gliedern der gesellschaftlichen Produktion in dieser besonderen Form vor sich geht. Die Gegenständlichkeit der Einbeziehung der Arbeitsteile in die Gesamtarbeit, der dingliche Ausdruck der Arbeit als gesellschaftliche Arbeit, die Bewegung der Arbeit in dieser Form und die Äquivalenz im Warenaustausch sind es, die der in den Waren enthaltenen Arbeit die Wertform verleihen.

Zugleich besitzt der Wert als gegenständliche Form der sozialistischen Produktionsverhältnisse spezifische Züge, die ihm durch die Warenproduktion besonderer Art verliehen werden: 1. Der Wert wird nicht durch eine verhüllt gesellschaftliche Arbeit, sondern durch die unmittelbar gesellschaftliche Arbeit geschaffen. 2. In der Wertform wird die individuelle und kollektive Arbeit in die gesellschaftliche Arbeit nicht als ihr Gegensatz (die private Arbeit), sondern als Teil der unmittel-

erforderte, usw. Der Wert ist eine bestimmte, und zwar die gegenständliche Form der Produktionsverhältnisse. Die Notwendigkeit der Warenproduktion, und damit auch die Notwendigkeit des Wertes, ist durch die Besonderheiten der Produktionsverhältnisse des Sozialismus gegeben. Die Behauptung, der Wert würde im Sozialismus durch die Notwendigkeit hervorgerufen, ungleichartige Arbeit zu berechnen, verwandelt den Wert aus einer Form der Produktionsverhältnisse in ein technisches Rechenmittel. Diese Ansicht hat mit der marxistisch-leninistischen Werttheorie im Sozialismus nichts gemein.

47 Nach einer Definition von Marx ist die Ware als Träger von Wert „... nur *sachliche Hülle* der auf sie verausgabten menschlichen Arbeit". Karl Marx, Das Kapital. A. a. O., Bd. I, S. 96/97.

bar gesellschaftlichen Arbeit einbezogen. 3. Der gegenständliche, der Wertausdruck der Arbeit trägt keinen spontanen, sondern einen planmäßigen Charakter. 4. Die Wertäquivalenz wird nicht spontan, anarchisch herbeigeführt, sondern planmäßig, d. h., die Bewegung der Arbeit in der vergegenständlichten Form steht in Einklang mit der erreichten materiellen Struktur der gesellschaftlichen Reproduktion und ist den jeweiligen Entwicklungsbedürfnissen der sozialistischen Gesellschaft planmäßig untergeordnet.

Das alles bedeutet, daß die Wertform in der sozialistischen Gesellschaft nicht die Hauptform, sondern eine *zusätzliche Form* der ökonomischen Beziehung ist. Obgleich die gesamte gesellschaftliche Arbeit auf der Basis des allgemeinen Volkseigentums *bereits* von vornherein planmäßig zu einer *einheitlichen gesellschaftlichen* Arbeit verbunden wurde und diese Verbindung die Hauptrolle, ja die entscheidende Rolle spielt, kann die Gesellschaft *noch* nicht auf die Wertbeziehungen, auf sachliche Beziehungen verzichten — die eine *zusätzliche* Form der ökonomischen Beziehungen sind —, weil die unmittelbar gesellschaftliche Arbeit noch sozial ungleichartig ist und ihr ein innerer Widerspruch zwischen der Gesamtarbeit und ihren Teilen (der individuellen und der kollektiven Arbeit) innewohnt.

Die sozialistischen Beziehungen, die durch Sachen vermittelt werden, gestalten sich nicht spontan, sondern planmäßig. Sie schließen einen anarchischen Markt und die Herrschaft der Dinge über die Menschen aus. Damit schließen sie auch den Warenfetischismus aus. Die Wertformen, die im Reproduktionsprozeß der staatlichen und der genossenschaftlich-kollektiven Wirtschaft angewandt werden, entstellen im Sozialismus nicht mehr die realen Beziehungen. Diese Formen sind rationeller Natur; sie sind den sozialistischen Produktionsverhältnissen adäquat und werden von der sozialistischen Gesellschaft planmäßig ausgenutzt. Einige spontane Elemente haben sich lediglich in den Nebenwirtschaften der Kollektivbauern und auf dem kollektivwirtschaftlichen Markt erhalten.

Die Ware der sozialistischen Produktion ist als Wert betrachtet geronnene abstrakte Arbeit. Der Wert ist ein Produkt der abstrakten Arbeit. Wo es einen Wert gibt, gibt es auch abstrakte Arbeit, oder genauer gesagt: Dort, wo abstrakte Arbeit existiert, wird Wert geschaffen. Das Gleichsetzen und Ersetzen der Waren im Tauschverkehr ist nur deshalb möglich, weil die Waren gleiche Quantitäten geronnener abstrakter Arbeit sind.

Die abstrakte Arbeit ist unter den Bedingungen der Warenproduktion besonderer Art eine zusätzliche gesellschaftliche Ausdrucksform für die Arbeit, eine Form, in der die individuelle als gesellschaftliche Arbeit erscheint. Sie unterscheidet sich prinzipiell von der abstrakten Arbeit der privatkapitalistischen Produktion.

In der sozialistischen Wirtschaft sind alle nützlichen Arbeiten unmittelbar zu einem einheitlichen gesellschaftlichen System der Arbeit koordiniert. Darin vor allem besteht der unmittelbar gesellschaftliche Charakter der sozialistischen Arbeit. Gleichzeitig kristallisiert sich jedes Teilchen der in den Betrieben aufgewandten konkreten Arbeit in der Ware.

Damit ein Warentausch zustande kommen kann, müssen diese Waren nach der Menge der in ihnen enthaltenen abstrakten Arbeit einander gleichgesetzt werden, es muß ihnen also die Wertform verliehen werden. Diese Notwendigkeit ergibt sich bereits im Produktionsprozeß, da jeder sozialistische Betrieb, der Waren erzeugt, ein Glied der gesellschaftlichen Reproduktion ist.[48]

Die Berechnung der Produktionsselbstkosten, die Planung der Produktionsaufwendungen, die Planung des Wertes des gesellschaftlichen Produkts in der gesamten Volkswirtschaft usw. sind die konkreten Formen, in denen der Aufwand an vergangener und lebendiger Arbeit in der indirekten Form, der Wertform, verglichen und auf deren Grundlage das Produkt verteilt wird.

Bei der gesellschaftlichen Messung und Verteilung der Arbeitsprodukte, der Waren, abstrahiert man objektiv von den konkreten Eigenschaften der Arbeit. Die Arbeit erscheint hier als geronnene Arbeit an sich, als Aufwand an menschlicher Energie, Muskeln und Nerven. Das eben ist die Form der abstrakten Arbeit, da im Sozialismus die Arbeit noch gegenständlich, durch Gegenüberstellung ihrer Produkte als Waren ausgedrückt wird.

Die unmittelbar gesellschaftliche Arbeit bedarf also notwendigerweise zweier *sich gegenseitig ergänzender* Verbindungsformen, um die individuellen Arbeiten mit ihrem gesellschaftlichen System zu verbinden: die planmäßige Verbindung als *konkrete* und die planmäßige Verbindung als *abstrakte* Form der Arbeit.

Die sozialistische Gesellschaft hat gegenüber der kapitalistischen *bereits* einen qualitativen Sprung in der Vergesellschaftung der Arbeit vollzogen. Sie hat die Elemente der gesellschaftlichen Arbeit *unmittelbar* als konkrete Arbeiten miteinander verbunden, während im Kapitalismus diese Elemente der gesellschaftlichen Arbeit nur indirekt in Form der abstrakten Arbeit miteinander verknüpft sind. Aber die sozialistische Gesellschaft kann *noch* nicht auf die Verbindungsform der Elemente der gesellschaftlichen Arbeit als abstrakte Arbeit verzichten.

Diesem Doppelcharakter der unmittelbar gesellschaftlichen Arbeit als konkreter und abstrakter Arbeit liegt der nichtantagonistische Widerspruch zugrunde, der der sozialistischen Arbeit eigentümlich ist — der Widerspruch zwischen der Form der sozial ungleichartigen, individuellen und kollektiven Arbeit einerseits und der Form der gleichgesetzten, durchschnittlichen, gesamtgesellschaftlichen Arbeit andererseits. Dieser Widerspruch wird durch die Messung und die Bewegung der Arbeitsprodukte als Warenwerte gelöst.

Der abstrakten Arbeit sind im Sozialismus historische Besonderheiten eigentümlich:

1. Sie wird durch die sozialistischen Eigentumsverhältnisse bestimmt, die ökonomische Verbindungen zwischen den Betrieben auf der Grundlage des direkten

[48] Manchmal wird fälschlich angenommen, daß die gesellschaftliche Messung der Arbeit durch die direkte Messung innerhalb des Betriebes erreicht wird. Man stößt in der ökonomischen Literatur auf die Behauptung, daß die Reduzierung komplizierter Arbeit auf einfache durch die bestehenden Lohngruppenkataloge und Produktionsnormen vorgenommen wird. Indessen ist eine solche Reduktion komplizierter Arbeit auf einfache auf die einzelnen Werksabteilungen, Betriebe, Berufe, beschränkt, ist also nicht allgemein volkswirtschaftlicher Natur. Die gesellschaftliche Rückführung komplizierter Arbeit auf einfache kann in der Warenproduktion nur in der Form abstrakter Arbeit vor sich gehen, also in der Wertform.

äquivalenten Ersatzes der Aufwendungen voraussetzen. Die abstrakte Arbeit bildet die Wertsubstanz der auf sozialistischer Grundlage hergestellten Waren.

2. Die abstrakte Arbeit ist ein Ausdruck der unmittelbar gesellschaftlichen Arbeit. Folglich widerspricht die besondere Form der gesellschaftlichen Arbeit als abstrakter Arbeit nicht ihrem Inhalt als unmittelbar gesellschaftlicher Arbeit; im Gegenteil, sie ist ihrem Wesen adäquat. (Im Kapitalismus aber ist die abstrakte Arbeit eine antagonistisch-widersprüchliche Wesensäußerung der verhüllt gesellschaftlichen Arbeit.) [49]

3. Die abstrakte Arbeit im Sozialismus ist eine *zusätzliche* und planmäßige Form, um die Arbeiten der sozialistischen Gesellschaft zu einem gesellschaftlichen, wechselseitig verknüpften System von Arbeiten zu vereinigen, und zwar eine Form, die *neben* der unmittelbaren Vereinigung der konkreten Arbeiten zu einem solchen gesellschaftlichen System existiert.

4. Zwischen der abstrakten und der konkreten Arbeit besteht ein nichtantagonistischer Widerspruch. Das äußert sich in einer gewissen Selbständigkeit der Bewegung der abstrakten und der konkreten Arbeit und dementsprechend in der Selbständigkeit der Bewegung des Wertes und des Gebrauchswertes.

Die der Warenproduktion besonderer Art eigentümlichen Widersprüche sind nichtantagonistische Widersprüche zwischen dem Gebrauchswert und dem Wert, zwischen der konkreten und der abstrakten Arbeit. Sie treten in allen ökonomischen Beziehungen der sozialistischen Betriebe mit der Volkswirtschaft zutage: auf dem Gebiet der Reproduktion der Produktionsfonds wie auf dem Gebiet des Ersatzes der laufenden Produktionskosten, auf dem Gebiet der Zirkulation des zu reproduzierenden Produkts usw.

Die Produktionsfonds der staatlichen Betriebe sind Eigentum des Staates. Dadurch ist ihre *Einheit* als gesellschaftlicher Reproduktionsfonds bedingt. Daneben sind die Produktionsfonds eines jeden einzelnen staatlichen Betriebes diesem Reproduktionsfonds zugeordnet; die ökonomische Verfügung des Betriebes beschränkt sich auf die ihm zugeteilten Fonds. Das bedeutet, daß es zwischen den Betrieben keine Beziehungen gibt, die nicht auf der Grundlage des gegenseitigen Ersatzes aufgebaut sind. Sie erhalten Maschinen, Rohstoffe, Brennstoffe, Elektroenergie usw., also alle von ihnen benutzten Arbeits- und Produktionsmittel, nicht unentgeltlich, sondern auf der Grundlage der äquivalenten Vergütung der erhaltenen Produkte. So erscheint also in Wirklichkeit der *innerlich einheitliche*

49 Die Behandlung des Charakters der gesellschaftlichen Arbeit im Sozialismus analog zu ihrem Charakter auf der Basis des Privateigentums verstellt den Weg zum Verständnis der Besonderheiten der Kategorie der abstrakten Arbeit, die der Warenproduktion im Sozialismus eigentümlich sind. W. Kornijenko behauptet beispielsweise: „... die abstrakte Arbeit kann keine unmittelbar gesellschaftliche Arbeit sein, ebenso wie die unmittelbar gesellschaftliche keine abstrakte Arbeit sein kann." — Siehe „Mitteilungsblatt der Leningrader Universität" (russ.), Nr. 23, 1956, (Serie Ökonomik, Philosophie und Recht), Ausgabe 4, S. 41. — Diese These, die die abstrakte Arbeit in der Warenwirtschaft auf der Basis des Privateigentums charakterisiert, dehnt W. Kornijenko auch auf den Sozialismus aus.

staatliche Reproduktionsfonds in der Form äußerlich voneinander relativ *isolierter*, den einzelnen Betrieben zugewiesener Teile dieses Reproduktionsfonds. Hierin liegt ein gewisser nichtantagonistischer Widerspruch, der in der ökonomischen Tätigkeit ständig zutage tritt. Beispielsweise sammeln sich manchmal die erzeugten Arbeitsmittel, Rohstoffe, Brennstoffe, die die Verbraucherbetriebe benötigen, bei den Lieferbetrieben an, weil die ersteren aus irgendeinem Grunde nicht in der Lage sind, die Produktionselemente zu bezahlen.

Die Aufwendungen des staatlichen Betriebes gehen auf Rechnung des Staates, da sie in Wirklichkeit Produktionskosten der Gesellschaft sind. Aber im Kreislauf der ihm zur Verfügung gestellten Mittel muß der Betrieb diese Ausgaben ersetzen. Deshalb erscheinen die gesellschaftlichen Kosten als Ausgaben der einzelnen Betriebe. Auch hierin liegt ein relativer Widerspruch, der sich in der sozialistischen Ökonomik sehr empfindlich bemerkbar machen kann. Wenn der Betrieb beispielsweise überplanmäßige Ausgaben hat, fällt er unter die Verlustbetriebe und unterliegt den besonderen Bestimmungen für solche Betriebe. Dieser Widerspruch wird ständig durch ein System planmäßiger Maßnahmen gelöst, die die Verbesserung der Betriebsarbeit, die Senkung der Kosten und die Beseitigung von Verlusten zum Ziel haben.

Das Produkt jedes einzelnen Betriebes ist ein Teil des gesellschaftlichen Gesamtprodukts. Das Verfügungsrecht darüber hat der Staat. Er plant seine Verwendung und verteilt es. Aber in den volkswirtschaftlichen Verkehr gelangt das Produkt jedes einzelnen Betriebes nur auf der Grundlage seines Ersatzes. Folglich erhält das innerlich *einheitliche* staatliche Gesamtprodukt die Form einer äußerlichen *Isolierung* seiner Teile — der Waren der einzelnen Betriebe. Auch hierin äußert sich ein bestimmter Widerspruch, der von der sozialistischen Ökonomik gelöst wird.

Um Waren verkaufen zu können, müssen sie produziert und den Verbrauchern entsprechend den gesellschaftlichen Bedürfnissen geliefert werden. Wird gegen diese Bedingung verstoßen, dann wird die Ware nicht vollständig abgesetzt. Die vom Betrieb aufgewandten Mittel bleiben in den nicht abgesetzten Warenvorräten gebunden. Der normale Prozeß des Ersatzes ist gestört. — Oder ein anderes Beispiel: Der Lieferbetrieb hat die Ware dem Verbraucher gemäß dem planmäßig ermittelten Bedarf geliefert. Aber der Verbraucher bezahlt die Lieferung aus irgendeinem Grunde nicht. In diesem Falle ist der Kreislauf des Wertes ebenfalls gestört, obgleich die Bewegung des Gebrauchswertes normal vor sich gegangen ist.

Alle diese im Prozeß der sozialistischen Reproduktion auftauchenden Widersprüche haben nichtantagonistischen Charakter und werden vom sozialistischen Staat unter Anwendung aller ökonomischen Hebel gelöst.[50] Insbesondere sind die

[50] Bei der Beseitigung der Widersprüche zwischen der Bewegung des Wertes und des Gebrauchswertes, also zwischen der abstrakten und der konkreten Arbeit, spielt vor allem das Sanktionssystem auf der Basis der wirtschaftlichen Rechnungsführung eine wichtige Rolle. Zu diesen Sanktionen, die von den nach der wirtschaftlichen Rechnungsführung arbeitenden Betrieben und der Staatsbank angewandt werden, gehören die verantwortliche Aufbewahrung der Waren, die Einstellung der Warenlieferungen an säumige Zahler,

richtige, koordinierte Planung der materiellen und finanziellen Vorgänge in der Wirtschaft und der Kampf für die Planerfüllung Mittel zur Lösung dieser Widersprüche.

Der schnelle ökonomische Aufschwung der Industrieproduktion in den Nachkriegs-Planjahrfünften ermöglichte erhebliche Kostensenkungen und Rentabilitätssteigerungen der staatlichen Betriebe. Die Gewinne wuchsen von Jahr zu Jahr bedeutend. 1950 betrugen sie 65,5 Mrd. Rbl., 1955 123,38 Mrd. Rbl., 1960 285 Mrd. Rbl.[51]

Diese steigenden Gewinne sind das Ergebnis eines ganzen Systems planmäßiger ökonomischer Maßnahmen des Sowjetstaates. Mit ihrer Hilfe werden die tatsächlichen Ausgaben der Betriebe den gesellschaftlich notwendigen angeglichen. Das ist eine der Formen, in denen der relative Widerspruch zwischen den individuellen Aufwendungen an konkreter Arbeit in den einzelnen Betrieben und den Aufwendungen an gesellschaftlicher Gesamtarbeit gelöst wird.

Im Sozialismus bedarf das Produkt nicht des Beweises, daß es Gebrauchswert oder Wert allgemein besitzt (wie unter den Produktionsbedingungen auf der Basis des Privateigentums). Seine gesellschaftliche Nützlichkeit ist dank der Planmäßigkeit der sozialistischen Produktion im voraus bestimmt.

Daher ist der Austausch, die Realisierung, kein Prozeß der gesellschaftlichen Anerkennung der Ware überhaupt. Es ist ein Prozeß der Überprüfung, ob der Gebrauchswert der Ware auch völlig dem gesellschaftlichen Bedarf an ihm entspricht, ob die auf ihn verwandte Arbeit auch völlig als gesellschaftliche aufgewendet wurde und im gesellschaftlich notwendigen Umfang.

Die sozialistischen Produktionsverhältnisse bedingen also die Notwendigkeit der Warenproduktion und damit auch die Ausnutzung ihrer Formen zur planmäßigen Verteilung der Arbeit. Diese ist auf Grund des Entwicklungsstandes der sozialistischen Gesellschaft (der Produktivkräfte und der Produktionsverhältnisse) dem koordinierten System der gesellschaftlichen Bedürfnisse untergeordnet. Der Staat benutzt die Warenbeziehungen, um die vergegenständlichte und lebendige Arbeit im Reproduktionsprozeß auf die rationellste Weise verteilen zu können.

Selbstverständlich wird dies nicht automatisch durch Entfachung einer Marktspontaneität erreicht. Ganz im Gegenteil: Die Natur der sozialistischen Warenproduktion selbst erfordert ihre planmäßige Ausnutzung durch die Gesellschaft im Prozeß der sozialistischen Reproduktion. Die Warenproduktion besonderer Art und ihre Formen sind also ein Instrument der planmäßigen Entwicklung der sozialistischen Ökonomik.

die Akkreditivform der Verrechnung für die Käufer, das besondere Kreditierungsverfahren, Geldstrafen, Verzugszinsen, Standgelder und in außerordentlichen Fällen die Erklärung der Zahlungsunfähigkeit des Betriebes usw.

[51] Laut Plan.

5. Der Inhalt des Wertgesetzes und die Besonderheiten seines Wirkens im Sozialismus

Die Ökonomik des Sozialismus bedingt gegenüber der Ökonomik des Kapitalismus wesentliche, prinzipielle Unterschiede im Wirken des Wertgesetzes.

Vor allem unterscheiden sich die Objektive, auf die sich die Wirkung des Wertgesetzes erstreckt. In der sozialistischen Gesellschaft sind im Gegensatz zur kapitalistischen weder die gegenständlichen Elemente der Produktivkräfte — die wirkenden Arbeitsmittel, darunter auch der Boden — noch das subjektive Element — die Arbeitskraft — Waren. Ist im Kapitalismus das Wirkungsobjekt des Wertgesetzes umfassend, so beschränkt sich im Sozialismus sein unmittelbares Wirken auf das gesellschaftliche Produkt.

Ferner sind die Wirkungsformen des Wertgesetzes unterschiedlich. Im Kapitalismus ist das Wertgesetz ein spontan wirkendes Gesetz, das sich seinen Weg blindlings bahnt. Im Sozialismus ist ihm vor allem der spontane Charakter genommen: es fungiert ebenso wie die anderen ökonomischen Gesetze des Sozialismus als planmäßig angewandtes Gesetz. Im Kapitalismus ist der Wirkungsmechanismus des Wertgesetzes die spontane Marktkonkurrenz, im Sozialismus ist er die planmäßige Zusammenarbeit der an der sozialistischen Produktion und am sozialistischen Warenverkehr Beteiligten.

Grundsätzlich verschieden ist auch die Funktion des Wertgesetzes. Im Kapitalismus ist das Wertgesetz die hauptsächliche und entscheidende Kraft, durch welche die Verteilung der gesellschaftlichen Arbeit gelenkt wird (Regulator der Produktion); im Sozialismus spielt es diese Rolle nicht; seine Funktion besteht darin, bei der planmäßigen Bewegung der Arbeit entsprechend den Bedürfnissen der sozialistischen Ökonomik mitzuwirken.

Schließlich unterscheiden sich auch grundsätzlich die Resultate des Wirkens des Wertgesetzes: Im Kapitalismus dient es der Reproduktion der Ausbeutungsbeziehungen, im Sozialismus dagegen der Reproduktion sozialistischer Beziehungen.

Aber das Wertgesetz ist bekanntlich ein Gesetz der Warenproduktion. Sein Inhalt weist daher gemeinsame Züge in allen Produktionsweisen auf, in denen Ware-Geld-Beziehungen bestehen.

Nach dem Wertgesetz wird der Wert der Ware durch die bei ihrer Herstellung aufgewandte gesellschaftliche Arbeit bestimmt. Sein Inhalt drückt die Notwendigkeit aus, erstens den tatsächlichen Arbeitsaufwand zur Herstellung einer Ware auf den für die Gesellschaft insgesamt notwendigen Arbeitsaufwand zu reduzieren, d. h. auf den gesellschaftlichen Arbeitsaufwand [52]; zweitens die Waren zu den

[52] „... das *Wertgesetz* der Waren bestimmt, wieviel die Gesellschaft von ihrer ganzen disponiblen Arbeitszeit auf die Produktion jeder besondren Warenart verausgaben kann." Karl Marx, Das Kapital. A. a. O., Bd. I, S. 373.
„Es ist in der Tat das Gesetz des Werts, wie es sich geltend macht, ... in bezug ... auf die jedesmaligen Gesamtprodukte der besonderen, durch die Teilung der Arbeit verselbständigten gesellschaftlichen Produktionssphären; so daß nicht nur auf jede einzelne Ware nur die notwendige Arbeitszeit verwandt ist, sondern daß von der gesellschaft-

gleichen Mengen der in ihnen enthaltenen gesellschaftlichen Arbeit auszutauschen; drittens die tatsächlich bei der Herstellung der Waren aufgewandte Arbeit nach einem gesellschaftlichen Maßstab zu berechnen: qualitativ als abstrakte Arbeit, quantitativ als gesellschaftlich notwendige Arbeit, durch Vergleich der Arbeitsprodukte als Waren, also in der Wertform.

Der Inhalt des Wertgesetzes wird durch das Wesen der Wertbeziehungen selbst bestimmt. Marx lehrte: „In der Wertbestimmung handelt es sich um die gesellschaftliche Arbeitszeit überhaupt, das Quantum Arbeit, worüber die Gesellschaft überhaupt zu verfügen hat, und dessen relative Absorption durch die verschiednen Produkte gewissermaßen deren respektives gesellschaftliches Gewicht bestimmt.“ [53]

Der Wert ist die gegenständliche Form der Produktionsverhältnisse zwischen den Warenproduzenten, die Form ihrer Teilnahme am gesellschaftlichen Reproduktionsprozeß auf der Basis gleicher Aufwendungen abstrakter, Wertsubstanz bildender Arbeit. Wenn Arbeit für die Herstellung bestimmter Waren aufgewandt wird und diese auf dem Markt dem Wert entsprechend verkauft werden, dann ersetzen die Warenproduzenten die von ihnen aufgewandte Arbeit durch äquivalente Arbeitsmengen, die in anderen Waren verkörpert sind.[54] Aber ein äquivalenter Ersatz der Arbeitsaufwendungen ist nur dann möglich, wenn die für die Produktion bestimmter Waren aufgewandte Arbeit dem in der Gesellschaft entstandenen Bedarf an diesen Waren entspricht.

Tatsächlich setzt jeder historisch bestimmte Entwicklungsstand der Produktivkräfte und Produktionsverhältnisse ein gewisses Quantum und eine gewisse Struktur gesellschaftlicher Bedürfnisse voraus und bedingt einen Aufwand bestimmter Quanten an (vergangener und lebendiger) Arbeit, um die zur Befriedigung dieser Bedürfnisse erforderliche Produktenmenge zu produzieren. Wenn die tatsächlichen Arbeitsaufwendungen für die Herstellung der einzelnen Waren im Maßstabe der gesamten Volkswirtschaft den Bedürfnissen der Gesellschaft entsprechen, dann wird ein äquivalenter Ersatz des Arbeitsaufwandes stattfinden. Besteht aber eine solche Übereinstimmung nicht, dann ist ein Ersatz des Arbeitsaufwandes unmöglich. In diesem Fall wird der Wert als Form der Produktionsverhältnisse zwischen den Warenproduzenten auf der Basis gleicher Arbeitsaufwendungen nicht völlig realisiert.

Das Wertgesetz ist ein objektives Gesetz der sozialistischen Produktion. Diese Tatsache muß hervorgehoben werden: Ausgehend von der richtigen These, daß das Wertgesetz im Sozialismus der hauptsächlichen und entscheidenden, die Proportionen der Reproduktion bestimmenden Kraft beraubt ist, also nicht die Rolle

lichen Gesamtarbeitszeit nur das nötige proportionelle Quantum in den verschiedenen Gruppen verwandt ist.“ Ebenda, Bd. III, S. 685.

[53] Ebenda, S. 938.

[54] „... die Austauschbarkeit von Produkten gleicher gesellschaftlicher Arbeit gegeneinander, also das Wertgesetz, ist das Grundgesetz grade der Warenproduktion ...“ Friedrich Engels, Herrn Eugen Dührings Umwälzung der Wissenschaft. A. a. O., S. 389.

des Regulators der Produktion spielt, wird oftmals der völlig falsche Schluß gezogen, daß es in der sozialistischen Produktion nicht wirksam sei.

Die Funktion des Wertgesetzes als Regulator der Produktion entspricht gewissen Entwicklungsbedingungen der Warenproduktion (hauptsächlich der kapitalistischen) und besteht in der Lenkung der spontanen Verteilung des Kapitals und der Arbeit innerhalb und außerhalb der einzelnen Wirtschaftszweige. Marx lehrt (wobei er kapitalistische Bedingungen ins Auge faßt): „Nur als inneres Gesetz, den einzelnen Agenten gegenüber als blindes Naturgesetz, wirkt hier das Gesetz des Werts und setzt das gesellschaftliche Gleichgewicht der Produktion inmitten ihrer zufälligen Fluktuationen durch.“ [55] Marx schrieb von der Regulierung der kapitalistischen Produktion durch den Wert, und auch Engels unterstrich, daß das Wertgesetz der einzige Regulator der kapitalistischen Wirtschaft sei.[56] Diese Funktion des Wertgesetzes ergibt sich aus den spontanen kapitalistischen Bedingungen seiner Wirkungsweise, die die spontane Marktverbindung als einzige Form, den gesellschaftlichen Charakter der Produktion zu realisieren, zuläßt. Unter diesen Verhältnissen bewirkt das Wertgesetz, daß die Aufwendungen an gesellschaftlicher Arbeit für die Produktion und den Absatz der Waren dem Wert entsprechen, und ruft damit auch das spontane Fließen von Arbeit und Kapital zwischen den Wirtschaftszweigen und innerhalb derselben hervor. (Im Kapitalismus wirkt es in der Form des Gesetzes der Produktionspreise und der Monopolpreise.)

In der sozialistischen, durch das gesellschaftliche sozialistische Eigentum an den Produktionsmitteln vereinigten Ökonomik ist das Wertgesetz nicht die Hauptkraft, nicht die entscheidende Kraft, durch welche die Reproduktionsproportionen gelenkt werden, d. h., es fungiert nicht als Regulator der Produktion. Diese Rolle haben hier die spezifischen ökonomischen Gesetze des Sozialismus übernommen.

Aber wenn auch das spontane Wirken des Wertgesetzes entfällt, so bedingt es doch weiterhin die Notwendigkeit, die Arbeit als gesellschaftliche Arbeit zu leisten. Und das ist nur dann möglich, wenn die Arbeit entsprechend den gesellschaftlichen Bedürfnissen eingesetzt wird. Natürlich bedeutet das nicht, daß im Sozialismus das Wertgesetz auch die volkswirtschaftlichen Proportionen der Verteilung der Arbeit bestimmt. Im Kapitalismus ist das Wertgesetz nicht deshalb Regulator der Produktion, weil es den Aufwand an Arbeit als gesellschaftliche Arbeit voraussetzt (das ist sein allgemeiner Inhalt in allen Stadien der historischen Entwicklung der Warenproduktion), sondern weil es unter den Bedingungen der Isoliertheit der Produzenten als spontane Kraft danach strebt, die Arbeit entsprechend den gesellschaftlichen Bedürfnissen zu verteilen.

Anders liegen die Verhältnisse im Sozialismus. Hier sind die Produzenten durch das gesellschaftliche Eigentum vereinigt. Die proportionale Verteilung der Arbeit entsprechend dem System der gesellschaftlichen Bedürfnisse wird hier von der Gesellschaft unter Berücksichtigung der ökonomischen Gesetze des Sozialismus vorher planmäßig festgesetzt und nicht vom Wertgesetz diktiert. Gleichzeitig sind

[55] Karl Marx, Das Kapital. A. a. O., Bd. III, S. 937.

[56] Siehe Karl Marx, Das Elend der Philosophie. Berlin 1952, S. 34.

im Sozialismus durch die planmäßige Verteilung der Arbeit die Voraussetzungen geschaffen, um die Erfordernisse des Wertgesetzes hinsichtlich des Aufwands an gesellschaftlicher Arbeit bei der Herstellung der Produkte zu erfüllen. Das eben Gesagte erklärt, weshalb das Wertgesetz im Sozialismus bereits kein Regulator der Produktion mehr ist. Wenn jedoch die Proportionalität gestört ist, dann äußert sich das vor allem in der einen oder anderen Wertdisproportion. Die Tatsache, daß eine solche Wertdisproportion entstehen kann, birgt in sich, wie bereits oben bemerkt wurde, die Notwendigkeit ihrer Beseitigung. Folglich fungiert das Wertgesetz in untrennbarer Einheit mit dem Grundmechanismus zur Aufrechterhaltung der volkswirtschaftlichen Proportionalität im Sozialismus — dem Gesetz der planmäßigen proportionalen Entwicklung.

Alle Zweige der sozialistischen Wirtschaft, die Produkte als Waren herstellen, sind durch die Produktion, d. h. durch die Verwendung von Arbeitsmitteln, Rohstoffen und Konsumtionsmitteln, untrennbar miteinander verbunden. Wenn in irgendeinem Produktionszweig mehr Produkte erzeugt werden, als notwendig sind, um den gesellschaftlichen Bedarf zu befriedigen, oder mehr Arbeit aufgewandt wird, als nach den gesellschaftlich notwendigen Normen erforderlich ist, dann ist es in anderen Wirtschaftszweigen nicht möglich, Waren in der für die Gesellschaft nötigen Menge und mit dem gesellschaftlichen Normenaufwand an Arbeit zu produzieren. Der normale Reproduktionsprozeß ist gestört. Folglich wird die Notwendigkeit, für die Herstellung der Produkte gesellschaftliche Arbeit aufzuwenden, welche die gesellschaftlich notwendigen Normen nicht überschreitet, über die vom Wertgesetz widergespiegelten Reproduktionsbeziehungen in der gesamten materiellen Produktion verwirklicht. Eine Besonderheit im Sozialismus ist dabei, daß die Gesellschaft auf Grund des gesellschaftlichen Eigentums in der Lage ist, zeitweilig auch solche Betriebe zu unterhalten und zu entwickeln, in denen der Arbeitsaufwand für die Herstellung der Produkte höher ist als der gesellschaftlich notwendige.

Ist in irgendeinem Produktionszweig oder in irgendeinem Betrieb der Produktionsaufwand noch zu hoch, und wird kein Mehrprodukt in ausreichender Menge erzeugt, oder werden gar die materiellen Aufwendungen und die Arbeitslöhne nicht gedeckt, so gewährleistet die Gesellschaft das Fungieren und die Entwicklung dieser Wirtschaftszweige und Betriebe, indem sie einen Teil des in anderen Zweigen geschaffenen Mehrprodukts hierfür verwendet. Aber gerade die Tatsache, daß es notwendig ist, zur Deckung des Defizits, das sich durch den über die gesellschaftliche Norm hinausgehenden Arbeitsaufwand bildet, einen Teil des Mehrprodukts zu verwenden, ist ein materieller Anreiz dafür, den Arbeitsaufwand zu senken, und erfordert in solchen Betrieben und Wirtschaftszweigen eine Normalisierung des Reproduktionsprozesses.

So wird also die im Wertgesetz widergespiegelte Notwendigkeit, gesellschaftliche Arbeit aufzuwenden, im Sozialismus modifiziert, da diese Notwendigkeit bereits nicht mehr als bestimmende Kraft die Produktionsproportionen reguliert. Sie tritt jedoch wie jede andere objektive Notwendigkeit auf.

Der vom Wertgesetz bestimmte Austausch der Produkte nach dem Quantum der dafür aufgewandten gesellschaftlichen Arbeit wird seinerseits, da er eine objektive Notwendigkeit darstellt, ebenfalls auf einem spezifischen Wege vorgenommen. Im Sozialismus wird diese Notwendigkeit planmäßig realisiert, jedoch nicht auf der Basis der Umwandlung des Wertgesetzes in ein Gesetz der Produktionspreise, Monopolpreise usw., sondern auf der Basis des unmittelbar wirkenden Wertgesetzes.[57]

Das Wirken des Wertgesetzes in der Produktionssphäre und in der Zirkulationssphäre ist mit Prozessen und Wirtschaftsformen verbunden, wie sie der sozialistischen Ökonomik eigentümlich sind. Dazu gehört insbesondere als objektive ökonomische Form sozialistischer Produktionsverhältnisse die wirtschaftliche Rechnungsführung. Sie ist eine spezifisch sozialistische Form, welche die ökonomische Isoliertheit der Betriebe ausdrückt und eine materielle Stimulierung der Produktion durch Ersatz der Kosten und Bildung von Akkumulationen aus dem Wert des reproduzierten Produkts eines jeden gegebenen Betriebes voraussetzt. In ihr kommt das Wirken des Wertgesetzes in der Produktion und die von diesem Gesetz widergespiegelte Notwendigkeit zum Ausdruck, die Arbeit als gesellschaftlich notwendige Arbeit und nach den gesellschaftlich notwendigen und vorgesehenen Normen aufzuwenden, den Austausch nach der Menge der aufgewandten Arbeit vorzunehmen und die Arbeit mit Hilfe des Wertes und seiner Formen zu berechnen. Der Wert und die Selbstkosten der Produktion, die Preise für die Fertigprodukte und für die Elemente der materiellen Versorgung, die Menge der Grund- und Umlaufmittel, der Kredit usw. — das sind diejenigen konkreten Wertformen, durch die das Wertgesetz in der Sphäre der sozialistischen Produktion wirkt und zu Einsparungen an lebendiger und vergegenständlichter Arbeit, zur Senkung der Produktionskosten und zur vermehrten Erzeugung von Mehrprodukt anregt.

Das Wirken des Wertgesetzes ist untrennbar verbunden mit der Preisbildung, d. h. mit einem gewissen Preissystem. Und das ist verständlich, da die Preisbildung ein spezifischer Mechanismus ist, in dem sich das Wertgesetz äußert. Eine klassische Definition der Beziehung zwischen dem Wertgesetz und den Preisen hat Lenin gegeben: „Der Preis ist die Form, in der das Wertgesetz in Erscheinung tritt. Der Wert ist das Gesetz der Preise, d. h. die verallgemeinerte Ausdrucksform der Erscheinung des Preises.“ [58] Mit anderen Worten, das Wertgesetz stellt an die Preisbildung bestimmte Forderungen, es ist der Regulator der Preise. Die Negation

[57] Im Sozialismus gibt es kein Kapital und keine Konkurrenz des Kapitals. Daher verwandelt sich der Wert nicht in den Produktionspreis. Zugleich erfordert der planmäßige Charakter der Verteilung der gesamten gesellschaftlichen Arbeit im Sozialismus den Ausdruck, die Berechnung und die Verteilung der Arbeit in der Wertform, die zur Erreichung der Proportionalität in der Verteilung der Arbeit beiträgt, während der Produktionspreis eine solche Proportionalität radikal zerstört. Die Sache so darzustellen, als werde der Wert auch im Sozialismus in den Produktionspreis modifiziert, heißt, auf die sozialistische Ökonomik mechanisch die Wirksamkeit der ihr wesensfremden spezifisch kapitalistischen Gesetzmäßigkeit auszudehnen.

[58] W. I. Lenin, Werke. Berlin 1961, Bd. 20, S. 196.

dieser Rolle des Wertgesetzes, wie sie in der wirtschaftswissenschaftlichen Literatur anzutreffen ist, beruht auf einer Verwechselung der Funktionen des Wertgesetzes als der wichtigsten und entscheidenden, die volkswirtschaftliche Verteilung der Arbeit lenkenden Kraft mit seinem Inhalt. In Wirklichkeit erfüllt das Wertgesetz, wie bereits oben erwähnt wurde, die Funktion eines Regulators der gesamten gesellschaftlichen Produktion nur unter bestimmten historischen Bedingungen der Warenproduktion — den Bedingungen des kapitalistischen Eigentums.

Der Inhalt des Wertgesetzes aber, der darin besteht, daß die Arbeit, genauer die gesellschaftliche abstrakte Arbeit, mit Notwendigkeit gerade in der Wertform bei der Produktion von Waren aufgewandt, im Austausch ersetzt und folglich berechnet wird, ist allgemeingültig und tritt in jeder Warenproduktion auf. Wenn aber die Berechnung der Arbeit und ihrer Bewegung in der Wertform eine vom Wertgesetz widergespiegelte Notwendigkeit ist, dann ist es begreiflich, daß dieses Gesetz objektiv auch die Preisbildung bestimmt. Die Arbeit wird als gesellschaftliche Arbeit durch den Wert berechnet, der sich in den Preisen ausdrückt. Das bedeutet, daß eben der Wert die Grundlage des Preises, sein Inhalt ist. Anders ausgedrückt: Der Wert als Gesetz reguliert die Preise.

Man darf die Regulierung der Preise, eine vom Wertgesetz im Sozialismus ausgeübte Funktion, nicht mit der Funktion, die lenkende Hauptkraft, d. h. der Regulator der Produktion zu sein, identifizieren — einer Funktion, die dem Wertgesetz im Sozialismus nicht eigentümlich ist. In Anbetracht dessen, daß hier die entscheidenden Warenmengen — die Produktionsmittel — ihren ökonomischen Umlauf innerhalb des sozialistischen Eigentums vollziehen, ist die Bildung der Preise auf der Grundlage des Wertes durchaus nicht die entscheidende Kraft, die die volkswirtschaftlichen Proportionen reguliert.

Hier wird neben der Verteilung des Wertes über die Preise die gesamtstaatliche finanzielle Umverteilung des Wertes des Mehrprodukts vorgenommen. Beide Prozesse dienen der Entwicklung der Reproduktionsproportionen im Einklang mit den Erfordernissen der ökonomischen Gesetze des Sozialismus. Folglich schließen das gesellschaftliche Eigentum und die planmäßige Umverteilung des Wertes des Mehrprodukts im Verlauf der erweiterten Reproduktion die Bestimmung der Proportionen der Reproduktion durch das Wertgesetz aus, obgleich dieses Gesetz die Preisbildung reguliert und damit großen Einfluß auf die Entwicklung der Produktion in vielen wichtigen Richtungen ausübt.

Die Regulierung der Preisbildung durch den Wert wird erstens dadurch bestimmt, daß das Verhältnis zwischen der Menge der im einzelnen Produkt enthaltenen notwendigen Arbeitszeit und der im gesellschaftlichen Gesamtprodukt enthaltenen Arbeitszeit von wesentlicher Bedeutung für die ökonomischen Verbindungen zwischen allen Gliedern der gesellschaftlichen Arbeitsteilung ist;[59]

59 Methodologisch wichtig ist der Hinweis von Marx, daß die Ware als bloß *Gesetztes* erscheint, bestimmt „... durch ihr Verhältnis zur gesellschaftlich notwendigen, gleichen, einfachen Arbeitszeit. So sehr relativ, daß wenn die zur Reproduktion erheischte Arbeitszeit sich ändert, ihr Wert sich ändert, obgleich die in ihr wirklich enthaltene Arbeitszeit

zweitens dadurch, daß jeder sozialistische Betrieb die für die abzusetzenden materiellen Werte aufgewandte vergegenständlichte und lebendige Arbeit unmittelbar durch Verkauf der Waren (der Produktionsmittel oder der Konsumtionsmittel) ersetzen muß.

Das ist der Grund, weshalb die Preispolitik die Ausnutzung des Wertgesetzes voraussetzt. Die Reform der Großhandelspreise war beispielsweise ökonomisch bedingt durch die große Kluft zwischen den Preisen und den Produktionskosten, dem Wert. Diese Kluft stand im Gegensatz zu der Aufgabe, die Arbeit über den Wert gesellschaftlich zu berechnen und die Produktion zu stimulieren, wodurch die Rolle der wirtschaftlichen Rechnungsführung abgeschwächt wurde.

Im Sozialismus äußert sich also der Inhalt des Wertgesetzes in einer Reihe historisch objektiv notwendiger, spezifischer Funktionen. Die erste dieser Funktionen besteht darin, die individuelle und kollektive Arbeit in die gesellschaftliche einzubeziehen und die lebendige und vergegenständlichte Arbeit auf die Volkswirtschaftszweige und die Betriebe entsprechend dem durch die Gesamtheit der ökonomischen Gesetze des Sozialismus bestimmten Planbedarf der Volkswirtschaft zu verteilen. Diese Funktion des Wertgesetzes wird über den Mechanismus der Preisbildung verwirklicht.

Die zweite Funktion des Wertgesetzes besteht im materiellen Anreiz zu Einsparungen gesellschaftlicher Arbeit, also in der Senkung der Produktionskosten bei gleichzeitiger Steigerung der Produktion. Diese Funktion des Wertgesetzes offenbart sich in der wirtschaftlichen Rechnungsführung und im gesamten System der Wertbeziehungen, die darauf abzielen, durch eine Stimulierung der systematischen Senkung der individuellen Aufwendungen im Vergleich zu den gesellschaftlich notwendigen Aufwendungen einen materiellen Anreiz für die Senkung der gesellschaftlich notwendigen Aufwendungen zu bieten.

Die dritte Funktion des Wertgesetzes besteht darin, ein Instrument der gesellschaftlichen Berechnung der Arbeit und der Kontrolle der Gesellschaft über das Maß der Arbeit und das Maß des Verbrauchs zu sein. Das wird erreicht durch das gemeinsame Wirken aller Wertformen der sozialistischen Ökonomik.

Nicht nur die Rolle, die das Wertgesetz in der sozialistischen Ökonomik spielt, hat sich grundlegend geändert, sondern es haben sich auch seine Wirkungsformen geändert. Im Kapitalismus wirkt das Wertgesetz im spontanen Marktverkehr, im Sozialismus vor allem durch den planmäßigen Warenaustausch auf dem organisierten Markt.

Im Sozialismus übt das Wertgesetz seinen Einfluß auch auf den nichtorganisierten Markt aus, auf dem die Kollektivwirtschaften und die Kollektivbauern einerseits und die Arbeiter und Angestellten andererseits sich am Austausch beteiligen. Da dieser Markt einen verhältnismäßig geringen Teil der Waren umfaßt, spielt er nur eine zweitrangige Rolle. Trotzdem kann von ihm nicht abgesehen werden. Auf dem nichtorganisierten Markt wird ein gewisser Teil der Einkünfte

unverändert geblieben ist." Karl Marx, Theorien über den Mehrwert. Stuttgart 1910, Bd. III, S. 152.

der Arbeiter und Angestellten umgesetzt und ein Teil der Einkünfte der Bauern gebildet; auf diese Weise geht er eine Verbindung mit dem organisierten Markt ein.

Bei der Regulierung der Austauschbeziehungen auf dem nichtorganisierten Markt durch das Wertgesetz sind noch wesentliche Elemente der Spontaneität wirksam. Aber auch hier wird der spontane Charakter des Wirkens des Wertgesetzes in Schranken gehalten. Obgleich die Umsätze auf dem nichtorganisierten Markt nicht unmittelbar geplant werden, unterliegen sie doch dem bestimmenden Einfluß des organisierten Marktes, da die Preise auf dem nichtorganisierten Markt sich in der Regel den staatlichen Preisen anpassen.

So wird denn das Wertgesetz in der sozialistischen Gesellschaft auf allen Gebieten der Warenproduktion und des Warenaustausches im Interesse einer *planmäßigen* Entwicklung der Volkswirtschaft ausgenutzt.

Das Wirken des Wertgesetzes tritt durch die Bewegung und Ausnutzung der Geldform des Wertes, mittels des Geldes, in Erscheinung. Der staatlichen ökonomischen Regulierung oder Planung sind unterworfen:

der Produktionsaufwand in der Geldform, wodurch auf den gesamten Produktionsprozeß Einfluß genommen wird;

der Verlauf des Reproduktionsprozesses in den staatlichen Betrieben auf der Grundlage der wirtschaftlichen Rechnungsführung;

die wirtschaftliche Rechnungsführung ihrerseits nutzt die Beziehungen in der Geldform aus und regt dadurch die Steigerung der Arbeitsproduktivität, die Senkung der Selbstkosten, die Mobilisierung der innerbetrieblichen Reserven usw. an;

der Reproduktionsprozeß in den Kollektivwirtschaften durch Ausnutzung der Ware-Geld-Beziehungen im System der ökonomischen Beziehungen zwischen dem staatlichen und dem genossenschaftlich-kollektivwirtschaftlichen Sektor der Produktion;

die staatlichen Preise und die Marktpreise sowie sämtliche Geldeinkünfte der Bevölkerung; das ist ein wichtiges Moment bei der Verteilung sowohl der lebendigen als auch der vergegenständlichten Arbeit im sozialistischen Reproduktionsprozeß;

die zentralisierte wertmäßige Umverteilung des Mehrprodukts; sie ist ein entscheidender Faktor für die Verteilung der lebendigen und vergegenständlichten Arbeit zum Zwecke der Akkumulation und zur Unterhaltung der nichtproduzierenden Sphäre;

die Verteilung und Umverteilung der Grund- und Umlaufmittel als wichtigste Bedingung für die Festsetzung der Proportionen der erweiterten sozialistischen Reproduktion.

Es ist also die Geldform des Wertes, in welcher der sozialistische Staat das Wertgesetz zur planmäßigen Lenkung der Volkswirtschaft ausnutzt.

KAPITEL III

Das Wesen des Geldes in der sozialistischen Gesellschaft

Im Kapitel I wurde der historische Entwicklungsprozeß des durch die sozialistischen Produktionsverhältnisse hervorgerufenen neuen Inhalts in den Ware- und Geld-Formen behandelt.

Im Kapitel II wurden die Ursachen untersucht, welche die Produktionsverhältnisse, die Notwendigkeit der Warenproduktion besonderer Art und das Wirken des Wertgesetzes bedingen.

Das Kapitel I hat uns von der historischen Seite, das Kapitel II von der theoretischen Seite an das gleiche Problem herangeführt — an das Problem des Wesens des Geldes, das der sozialistischen Ökonomik eigentümlich ist.

1. Die Geldform des Wertes im Sozialismus

Das Geld ist kein Ding, lehrt Marx, sondern eine bestimmte Wertform [1] und stellt folglich, wie der Wert überhaupt, eine besondere gegenständliche Form der Produktionsverhältnisse dar.

Die Grundfrage der Geldtheorie im Sozialismus ist daher auch die Frage, weshalb die sozialistischen Produktionsverhältnisse notwendig in der dinglichen Geldform erscheinen, oder anders ausgedrückt, die Frage, welche spezifische objektive Ursache in den ökonomischen Beziehungen des Sozialismus die Notwendigkeit der Geldform bedingt. Für jede Warenproduktion, auch für die auf dem gesellschaftlichen Eigentum beruhende Warenproduktion besonderer Art, ist die Darstellung des Produkts als Ware, die eine Verdopplung der Warenwelt in Ware und Geld erfordert, ein objektives Gesetz. Marx schreibt: „Die Warenproduktion unterstellt die Warenzirkulation, und die Warenzirkulation unterstellt die Darstellung der Ware als Geld, die Geldzirkulation; die Verdopplung der Ware in Ware und Geld ist ein Gesetz der Darstellung des Produkts als Ware.“ [2]

Die Ware besitzt einen Wert. Die Form, die diesen Wert ausdrückt, ist der Tauschwert. *Die entwickelte allgemeine Form des Tauschwertes aber ist die Geldform.*

Gleichzeitig ist aber auch offensichtlich, daß die Ursachen, welche der Wirkung des Gesetzes der Verdopplung der Ware in Ware Geld unter den Bedingungen der

[1] Karl Marx, Das Kapital. A. a. O., Bd. III, S. 918.

[2] Ebenda, Bd. II, S. 356.

Warenproduktion besonderer Art zugrunde liegen, sich prinzipiell von den Ursachen seines Wirkens unter den Bedingungen der auf dem Privateigentum beruhenden Warenproduktion unterscheiden.

Das Gesetz der Darstellung des Produkts als Ware, also die objektiv notwendige Verdopplung der Warenwelt in gewöhnliche Waren und in eine besondere Ware — das Geld, hat Marx unter den Bedingungen des Privateigentums untersucht und es als das Gesetz zur Bewegung und Lösung der Widersprüche der privaten und gesellschaftlichen Arbeit aufgedeckt. Das private Eigentum bedingt einen verhüllt gesellschaftlichen Charakter der Arbeit; unmittelbar ist die Arbeit eines jeden Warenproduzenten private Arbeit. Daher kann der Zusammenhang zwischen den Warenproduzenten, die Feststellung des gesellschaftlichen Charakters ihrer Arbeit und die Festsetzung des für den Warenaustausch und folglich auch für die Verteilung der Arbeit in der Gesellschaft notwendigen gesellschaftlichen Maßes der Arbeit nur mit Hilfe des spontanen Marktausdrucks und der spontanen Bewegung des Warenwertes in der Geldform erreicht werden.[3]

Unter den Bedingungen der auf dem Privateigentum beruhenden Warenproduktion verwächst die Geldform des Wertes spontan mit der einzelnen Ware, die dann eben als besondere Geldware auftritt. „Die Frage", schrieb Marx, „warum das Geld *nicht unmittelbar* die *Arbeitszeit* selbst repräsentiert, so daß z. B. eine Papiernote x Arbeitsstunden vorstellt, kommt ganz einfach auf die Frage heraus, warum auf Grundlage der Warenproduktion die Arbeitsprodukte sich als Waren darstellen müssen, denn die Darstellung der Ware schließt ihre Verdoppelung in Waren und Geldware ein. Oder warum Privatarbeit nicht als unmittelbar gesellschaftliche Arbeit, als ihr Gegenteil, behandelt werden kann." [4]

Die Warenwelt verdoppelt sich infolge des Widerspruchs zwischen der privaten und der gesellschaftlichen Arbeit unter den Bedingungen des Privateigentums unvermeidlich in einfache Waren und Geldware. Vor allem diese These trennt die marxistische Geldtheorie von der Theorie der Metallisten. Obgleich die letztere die Notwendigkeit eines inneren Wertes des Geldes anerkennt, damit es seine Funktionen als Maß der Werte erfüllen kann, ist ihr als bürgerlich-apologetischer Theorie der Weg zum Verständnis des Wesens des Geldes als Ausdruck und Form der Bewegung der Widersprüche der Warenproduktion verschlossen. Gerade weil bei privatem Eigentum der Geldform als besonderer Ware die spontane Beziehung der

[3] „Die Arbeit, auf Grundlage der Tauschwerte, setzt eben voraus, daß weder die Arbeit des Einzelnen noch sein Produkt *unmittelbar* allgemein ist; daß es diese Form erst durch eine *gegenständliche Vermittlung* erlangt, durch ein von ihm verschiedenes *Geld*." Karl Marx, Grundrisse der Kritik der politischen Ökonomie. A. a. O., S. 89.
„Das für fremden Verbrauch bestimmte Produkt des einzelnen Produzenten kann erst zum Verbraucher gelangen und dem Produzenten Anspruch auf ein anderes gesellschaftliches Produkt verschaffen, nachdem es *Geld*form angenommen hat, d. h. nachdem es zuerst sowohl auf seine Qualität als auch auf seine Quantität hin einer gesellschaftlichen Kontrolle unterworfen worden ist." W. I. Lenin, Werke. A. a. O., Bd. 1, S. 420/421.

[4] Karl Marx, Das Kapital. A. a. O., Bd. I, S. 99–100.

privaten Warenproduzenten zugrunde liegt und die Isolierung der Produzenten durch das privatkapitalistische Eigentum ein dem Kapitalismus immanenter Zug ist, kann im Kapitalismus in allen seinen Entwicklungsstufen wirkliches Geld auch nur eine besondere Ware sein — das Gold. Und so ist es tatsächlich.[5]

Die Geldware ist der Ausdruck des antagonistischen Widerspruchs der Warenproduktion auf der Basis des Privateigentums. Sie wird daher unausweichlich zur „allgemeinen Form des Reichtums", zur „Inkarnation des gesellschaftlichen Reichtums" (Karl Marx), im Gegensatz zu den gewöhnlichen Waren.[6]

Für die nachfolgende Analyse ist es wichtig, zwei Momente im Wesen des Geldes unter der Herrschaft des Privateigentums überhaupt und des kapitalistischen Privateigentums insbesondere zu vermerken:

Erstens tritt das Gold als Geld der kapitalistischen Gesellschaft nicht nur als dingliches Material auf, das den Wert ausdrückt und mißt, als eine Art spontanes Marktinstrument für die gegenständliche Darstellung und das gegenständliche Maß der in der Ware enthaltenen Arbeit. Das Gold als Geld ist vor allem eine bestimmte gegenständliche Form spontaner kapitalistischer Verhältnisse der Warenproduktion. Der in diesen Verhältnissen enthaltene Widerspruch der privaten und gesellschaftlichen Arbeit äußert sich auch darin, daß als Gegengewicht zu allen anderen Waren sich spontan eine besondere Ware als Verkörperung der gesellschaftlichen Arbeit und daher als allgemeine Form des Reichtums aussondert. Als ein solcher Träger der Einheit der Form der gesellschaftlichen Arbeit und der Form des abstrakten Reichtums ist das Gold auch ein Mittel der gegenständlichen, wertmäßigen Darstellung der Arbeit, das äußere dingliche Maß der Arbeit.

Zweitens entsteht die Geldfunktion des Goldes nicht einfach spontan in einer bestimmten Etappe der Entwicklung der Warenbeziehungen, sondern wird auch ständig durch die Gesamtheit der Warenbeziehungen, als auch der kapitalistischen Warenbeziehungen, reproduziert.

In den Waren und im Golde sind verschiedene Arten unmittelbar privater Arbeit enthalten, deren gesellschaftlicher Charakter verhüllt ist. Die Gleichsetzung der Ware mit dem Gold, d. h. die Gleichsetzung der verschiedenen Arten privater Arbeit, enthüllt indes auch ihren in der Ware verkörperten gesellschaftlichen Charakter, weil die im Golde enthaltene Arbeit im voraus mit allen privaten Arten der Arbeit spontan gleichgesetzt wird. Das bedeutet aber, daß sie spontan als gesellschaftliche Arbeit dargestellt wird.

5 Daher führt die Beseitigung des Goldstandards, die Ersetzung der Goldgeldzirkulation oder der Zirkulation einlösbaren Kreditgeldes durch eine nicht einlösbare Kredit- oder Papiergeldwährung nicht zur Beseitigung der Goldgrundlage des Geldes im Kapitalismus, sondern lediglich zu einem äußerst scharfen Widerspruch zwischen dem Wesen des Geldes selbst und den Formen der Geldzirkulation. Dies äußert sich am deutlichsten in der tiefen Zerrüttung der Geldzirkulation, in der fast chronischen Inflation, die das Ergebnis des gesamten Fäulnisprozesses im Kapitalismus und der äußersten Verschärfung aller Widersprüche in der Periode seiner allgemeinen Krise ist.

6 „... Gold [ist] *das materielle Dasein des abstrakten Reichtums.*" Karl Marx, Zur Kritik der politischen Ökonomie. A. a. O., S. 131.

Die Gleichsetzung der privaten, in einer beliebigen Ware vergegenständlichten Arbeit mit der im Golde enthaltenen oder die Darstellung der privaten Arbeit als gesellschaftliche in Gestalt des Wertes vollzieht sich auf dem Markt als spontane Preisbildung, durch spontane Gleichsetzung der Ware mit dem Gold und durch das Pendeln der Preise um die Werte. Dieser Prozeß ist, im gesellschaftlichen Maßstab, eben die Darstellung der Arbeit als Wert, wie sie der auf dem Privateigentum beruhenden Warenproduktion eigentümlich ist, die Darstellung der Arbeit als Wert in der entwickeltsten Form des Tauschwertes, in der Geldform.

Eine einzelne Ware kann in der kapitalistischen Produktion und Zirkulation nur Geld sein, solange sie spontan (direkt oder indirekt) im realen Austauschprozeß allen Waren gleichgesetzt und die in dieser Ware enthaltene private Arbeit in Milliarden solcher spontaner, „tastender" Gleichsetzungen als gesellschaftliche Arbeit ausgedrückt wird. Andererseits müssen die Waren, um ausgetauscht werden zu können, durch Gegenüberstellung mit dem Geld als Verkörperung einer bestimmten Wertmenge dargestellt werden. „Als diese einzelnen Waren", sagt Marx mit Bezug auf die Produkte der kapitalistischen Produktion, „verhalten sie sich zugleich als Vergegenständlichung der allgemeinen Arbeitszeit zueinander, indem sie sich zu der allgemeinen Arbeitszeit selbst als einer ausgeschlossenen Ware, Gold, verhalten." [7]

Das sind einige wichtige Momente im Fungieren der besonderen Ware (des Goldes) als Geld der kapitalistischen Gesellschaft.

Im Sozialismus ist kein Raum für eine spontane Gleichsetzung der Ware mit dem Geld, für den spontanen Ausdruck der Arbeit als Wert auf dem Markt, für einen „tastenden" Vergleich aller Waren mit einer besonderen Geldware. Das spontane Wirken des Geldäquivalents ist durch die Natur der sozialistischen Produktionsverhältnisse selbst ausgeschlossen.

Es erhebt sich indes die Frage, ob es in der sozialistischen Gesellschaft möglich und notwendig ist, eine einzelne Ware, deren Produktion wie die Produktion aller anderen Produkte auf sozialistischer Grundlage verläuft, als Geldäquivalent, als Geldware planmäßig auszunutzen.

Antwort auf diese Frage gibt die Betrachtung des Problems der Warenproduktion besonderer Art.

Das gesellschaftliche sozialistische Eigentum, das den Charakter der Produktion als Warenproduktion besonderer Art bestimmt, verändert grundlegend die Ursachen für die Teilung der Waren in Waren als solche und in Geld. In der Tat sind die in der sozialistischen Gesellschaft von den staatlichen und genossenschaftlich-kollektivwirtschaftlichen Betrieben erzeugten Produkte, Produkte der unmittelbar gesellschaftlichen Arbeit. Jedes gegebene Produkt ist ein Gebrauchswert, in dem sich ein Teil der zu einem einheitlichen System verflochtenen Gesamtarbeit der Gesellschaft verkörpert. Damit ist der Platz dieses Gebrauchswertes im gesellschaftlichen Reproduktionsprozeß im voraus planmäßig bestimmt.

[7] Ebenda, S. 63.

Gleichzeitig ist das Produkt unter den Bedingungen der Warenproduktion besonderer Art nicht einfach nur ein Produkt der unmittelbar gesellschaftlichen Arbeit, sondern ein Produkt, das in Gestalt der Ware auftritt. Im Austauschprozeß muß sich bestätigen, daß ein gegebenes Produkt völlig (sowohl quantitativ als auch qualitativ) den durch die ökonomischen Gesetze des Sozialismus bestimmten Erfordernissen der gesellschaftlichen Reproduktion entspricht und daß die in ihm verkörperte Arbeit in vollem Umfange (quantitativ und qualitativ) gesellschaftliche Arbeit darstellt. Mit anderen Worten, die in der Ware enthaltene unmittelbar in gesellschaftlicher Arbeitszeit ausgedrückt und bewegt werden; hierfür ist die gegenständliche Form, die Wertform, erforderlich.

Der Umwandlung des sozialistisch erzeugten Produkts in Ware und infolgedessen der Notwendigkeit, die im Arbeitsprodukt vergegenständlichte Arbeit in der Wertform auszudrücken, liegt ein nichtantagonistischer Widerspruch zugrunde, welcher der unmittelbar gesellschaftlichen, sozial ungleichartigen Arbeit auf der Basis der gesellschaftlichen Eigentumsbeziehungen eigentümlich ist.

Die sozialistischen Produktionsverhältnisse, die eine soziale Ungleichartigkeit der Arbeit bedingen, erfordern gerade auf Grund dieser ihrer Eigenschaft einen äquivalenten Austausch der Arbeitsprodukte. Gleichzeitig erzeugt die soziale Ungleichartigkeit der Arbeit unter den Bedingungen der Notwendigkeit des äquivalenten Austausches ihrer Produkte einen wesentlichen nichtantagonistischen Widerspruch in der unmittelbaren gesellschaftlichen sozialistischen Arbeit: den Widerspruch zwischen der gesellschaftlichen Gesamtarbeit einerseits, die eine sozial angeglichene, durchschnittliche, in allen ihren Teilen gleiche Arbeit ist, und der besonderen, sozial ungleichartigen (individuellen und kollektiven) Arbeit andererseits, die in jedem einzelnen sozialistischen Betrieb aufgewandt wird. Dieser Widerspruch stellt sich als Widerspruch dar zwischen der Arbeit, die in jedem einzelnen Produkt der austauschenden Betriebe enthalten ist, und der gesellschaftlichen Gesamtarbeit, die in allen Produkten enthalten ist, zwischen der konkreten und der abstrakten Arbeit, zwischen dem Gebrauchswert und dem Wert. Dieser Widerspruch erfordert unter den Bedingungen der Warenproduktion besonderer Art notwendig eine entwickelte und allgemeine Form des Tauschwertes, d. h. die Geldform, eine Form, die diesen Widerspruch bewegt und löst.[8]

[8] „Die Warenform ... ist reich an Fermenten für Widersprüche, die von ihr in den Warenaustausch innerhalb des vergesellschafteten Sektors hineingetragen werden. Dadurch wird es notwendig, die Warenform gemeinsam mit denjenigen Instrumenten, die durch die Bewegung ihrer Widersprüche geschaffen wurden, also mit dem Geld und dem Kredit, zu verwenden ... Wir haben hier sowohl den Widerspruch des Geldes und der Ware als auch den Widerspruch des Kaufs und Verkaufs ..." F. Michalewski, Über die Kreditbeziehungen im realen Kapitalismus und in der Wirtschaft der UdSSR (russ.), in: „Mitteilungen der Kommunistischen Akademie", Nr. 35–36, S. 146. — Hier wird sehr richtig der Zusammenhang zwischen dem Widerspruch in der Warenform der Arbeitsprodukte und der Notwendigkeit des Geldes unterstrichen. Dabei muß aber stets daran gedacht werden, daß der Widerspruch der Warenform sich in dem Maße, wie sie zur sozialistischen Warenform wird, grundlegend verändert. Der antagonistische Wider-

Das Geld ist eine besondere Wertform. Es ist eine Einheit der selbständigen Form des Wertes, der Form der unmittelbaren Austauschbarkeit und der Form des äußeren gegenständlichen Ausdrucks und Maßes der in den Produkten enthaltenen gesellschaftlichen Arbeit als Wert. Der Wert der Ware, sagt Marx, ist die gegenständliche Form der in ihrer Produktion verausgabten gesellschaftlichen Arbeit.[9] Das bedeutet, daß auch die in den sozialistisch erzeugten Waren enthaltene Arbeit bei ihrer Gleichsetzung mit dem Geld eine dingliche, gegenständliche Form erhalten muß.

Die Notwendigkeit der Warenproduktion und des Warenaustausches, die durch die sozialistischen Eigentumsbeziehungen und den diesen entsprechenden Charakter der Arbeit bedingt ist, und der Widerspruch zwischen der individuellen und kollektiven Form der Arbeit einerseits und der Form der gesamtgesellschaftlichen Arbeit andererseits erfordern eine dingliche, gegenständliche Darstellung der in den Waren in der Wertform enthaltenen Arbeit. Hieraus ergibt sich auch die Notwendigkeit der selbständigen Wertform, deren Träger *nur eine Ware sein kann, die selbst einen Wert besitzt*. Aber daß die Formen der Warenproduktion, die sich historisch entwickelt haben, unter sozialistischen Produktionsverhältnissen ausgenutzt werden, bedeutet insbesondere auch, daß man im Sozialismus als Geldware eben die besondere Ware verwendet, mit der sich im Prozeß der historischen Entwicklung der Ware-Geld-Beziehungen die Rolle des Geldes verband, also das Gold. (Ausführlicheres darüber weiter unten.)

Folglich ist durch die der Warenproduktion besonderer Art eigentümlichen Widersprüche auch unter den Bedingungen dieser Warenproduktion die Verdopplung der Ware in Ware und Geld, d. h. eine besondere Ware als Träger der Geldform, gesetzmäßig.

Die spezifischen Besonderheiten der Äquivalentform des Wertes in ihrer entwickeltsten Form, der Geldform, reflektieren im Sozialismus die von uns betrachtete objektive Notwendigkeit des Geldes als Form zur Bewegung und Lösung des genannten Widerspruchs.

Die Besonderheit der Äquivalentform unter den Bedingungen der auf dem Privateigtenum beruhenden Warenproduktion besteht darin, daß die private Arbeit Ausdrucksform für die gesellschaftliche Arbeit ist. Es gibt in der sozialistischen Produktion keine private Arbeit, sie ist unmittelbar gesellschaftliche Arbeit. Trotzdem bleibt sie noch sozial ungleichartig. Daher ist jedes ihrer Teile, jeder einzelne Arbeitsaufwand besondere Arbeit. Die Äquivalentform ist auch im Sozialismus die Form der besonderen Ware, die als Darstellung des Wertes aller anderen Waren dient. In dieser besonderen Ware ist wie in jeder anderen eine bestimmte, wenn auch unmittelbar gesellschaftliche, so doch sozial ungleichartige Arbeit, also eine besondere Arbeit enthalten.

spruch zwischen der privaten und gesellschaftlichen Arbeit ist im Sozialismus beseitigt. Der Ware ist nur ein nichtantagonistischer Widerspruch eigen, der in der unmittelbar gesellschaftlichen Arbeit enthalten ist.

[9] Karl Marx, Das Kapital. A. a. O., Bd. I, S. 560.

Gleichzeitig erhält jede besondere, in einer beliebigen Ware enthaltene Arbeit, wenn sie der besonderen, in der äquivalenten Geld-Ware enthaltenen Arbeit gleichgesetzt wird, die Form allgemeiner Arbeit. Folglich ist die erste, als Ausgangspunkt zu nehmende Besonderheit der Äquivalentform im Sozialismus die, daß sie die besondere, unmittelbar gesellschaftliche Arbeit als allgemeine, sozial angeglichene, in allen ihren Teilen für die Gesellschaft gleicherweise notwendige Arbeit darstellt.

Eine andere Besonderheit der Äquivalentform besteht darin, daß die konkrete Arbeit in ihr als Erscheinungsform der abstrakten Arbeit dient. Die in jeder sozialistisch erzeugten Ware enthaltene konkrete Arbeit ist bereits unmittelbar gesellschaftliche Arbeit. Sie bedarf aber zur Einbeziehung in die gesellschaftliche Arbeit der Hilfe einer zusätzlichen Verbindungsform. Anders ausgedrückt, um in den Wirtschaftskreislauf einzugehen, muß sie die Form der abstrakten Arbeit erhalten. Unmittelbar besitzt die konkrete Arbeit diese Form nicht, sondern erhält sie nur durch Gleichsetzung mit der in der äquivalenten Ware enthaltenen Arbeit, die jedoch unmittelbar auch nur konkrete Arbeit ist. Trotzdem verleiht diese Gleichsetzung den unendlich vielfältigen Arten der konkreten Arbeit die Form der abstrakten Arbeit. Die Besonderheit der Äquivalentform der besonderen Ware im Sozialismus besteht infolgedessen darin, daß in ihr die unmittelbar gesellschaftliche, besondere konkrete Arbeit als Form für die Darstellung der abstrakten Arbeit dient.

Schließlich besteht die dritte Besonderheit der Äquivalentform als Geldform der Warenproduktion besonderer Art darin, daß der Gebrauchswert eine Erscheinungsform des Wertes ist. Auch im Sozialismus bedarf jede einzelne Ware, die einen Wert besitzt, einer Erscheinungsform, der Form des Tauschwertes, die sie nur erhalten kann, wenn sie mit dem Gebrauchswert der äquivalenten Ware, dem Geld, gleichgesetzt und in ihm ausgedrückt wird.

Folglich ist auch unter den Bedingungen der sozialistischen Warenproduktion der Gebrauchswert der äquivalenten Ware, des Geldes, eine Erscheinungsform der Werte aller gewöhnlichen Waren. Er ist nicht nur deshalb ein unmittelbar gesellschaftlicher Gebrauchswert, weil er als Geld über die Form des allgemeinen Gebrauchswertes verfügt (diese Eigenschaft besitzt er auch unter den Bedingungen der Privatproduktion), sondern auch deshalb, weil er als Gebrauchswert auf der Grundlage der sozialistischen Produktion planmäßig in Übereinstimmung mit den gesellschaftlichen Bedürfnissen erzeugt wurde.

Alle drei Besonderheiten der Äquivalentform des Geldes, die sich unter den Bedingungen der Warenproduktion besonderer Art erhalten und einen spezifischen Charakter erworben haben, dienen also der Bewegung und Lösung des inneren Widerspruchs dieser Produktionsform.

Damit die Waren als Produkte einer unmittelbar gesellschaftlichen, sozial ungleichartigen Arbeit in den Wirtschaftskreislauf einbezogen werden können, muß die in ihnen vergegenständlichte Arbeit unmittelbar die Form der allgemeinen, angeglichen gleichartigen abstrakten Arbeit besitzen, d. h. die Form des Tauschwertes. Als besondere, sozial ungleichartige Arbeit besitzt sie eine solche Form nicht unmittelbar. Diese für sie notwendige Form erhält die in jeder einzelnen Ware enthaltene Arbeit nur durch die Gleichsetzung jeder einzelnen Ware mit der äquivalenten Ware, dem Geld.

Das Geld ist also in der sozialistischen Wirtschaft infolge des spezifischen Widerspruchs, der der Warenproduktion besonderer Art eigentümlich ist, notwendig. Dieser Widerspruch führt dazu, daß die Arbeit, die bereits unmittelbar und planmäßig in einem einheitlichen gesellschaftlichen System als konkrete Arbeit zusammengefaßt ist, noch der zusätzlichen Verbindungsform in Gestalt der abstrakten Arbeit bedarf, d.h., in Sozialismus, in dem die Warenproduzenten bereits unmittelbar miteinander verbunden sind, bedarf es noch der wertmäßigen Verbindung. Dies bedeutet, daß der Ausdruck des gesellschaftlichen Charakters, die Festsetzung des Maßes und der Bewegung der Arbeit durch die planmäßige Darstellung und die planmäßige Bewegung des Warenwertes in der Geldreform erreicht wird.[10]

[10] „Wie es nun unmöglich ist, Verwicklungen und Widersprüche, die aus der Existenz des Geldes neben den besonderen Waren hervorgehn, dadurch aufzuheben, daß man die Form des Geldes verändert (obgleich Schwierigkeiten, die einer niedrigeren Form desselben angehören, durch eine höhere vermieden werden mögen), ebenso unmöglich ist es, das Geld selbst aufzuheben, solange der Tauschwert die gesellschaftliche Form der Produkte bleibt." Karl Marx, Grundrisse der Kritik der politischen Ökonomie. A. a. O., S. 64.

Die Frage nach den Ursachen für die Notwendigkeit des Geldes im Sozialismus hat ihre Geschichte. Sie ist auch von der bürgerlichen politischen Ökonomie untersucht worden, die in völliger Übereinstimmung mit ihren nominalistischen Anschauungen über das Geld eine pseudowissenschaftliche, vulgäre Lösung dieser Frage gegeben hat. Tugan-Baranowski leitete beispielsweise die Notwendigkeit des Geldes im Sozialismus aus dem Bedürfnis ab, den Verbrauch zu normieren und die Einnahmen der Verbraucher zu messen. Im Sozialismus, so meinte er, „verbraucht jede einzelne Persönlichkeit ihre Einkünfte – verbraucht sie im Rahmen des Wertes, über den sie verfügt, wofür wiederum ein genauer Vergleich des Wertes der verbrauchten Sache mit dem Gesamtwert des Einkommens der verbrauchenden Person erforderlich ist und die Verausgabung dieses letzten Wertes durch die betreffende Person für den Erwerb von Bedarfsgegenständen. Daher ... müssen die Bedarfsgegenstände ihren Preis haben, und der Preis muß in irgendwelchen Einheiten ausgedrückt werden. Mit anderen Worten, das Geld als Maß der Preise (!) und als Kaufmittel ist ... ein notwendiges Instrument für die Verteilung der Produkte." M. I. Tugan-Baranowski, Der Sozialismus als positive Lehre (russ.). Petrograd 1918, S. 19. Somit liegt nach Tugan-Baranowski die Wurzel für die Notwendigkeit des Goldes nicht in den Produktionsverhältnissen, sondern im Verteilungssystem. Er machte die Produktionsweise vom Charakter der Verteilung abhängig: „Wo die Kategorie des persönlichen Einkommens besteht, dort haben wir es mit einem sozialistischen System zu tun" (ebenda).

Die Ökonomen der bürgerlich-restaurativen Schule (Shelesnow, Jurowski u. a.) waren nicht die ersten, die versuchten, die Notwendigkeit des Geldes in der Übergangsperiode aus dem Distributionscharakter auf Grund der „Selbständigkeit der Einnahmen" – W. J. Shelesnow, Die Rolle des Geldes im Warenaustausch (russ.), im Sammelband: Geldumlauf und Kredit. Petrograd 1922, Bd. I, S. 262 – oder aus der „Freiheit des Ver-

Die Geldform des Wertes ist älter als der Sozialismus und älter als der Kapitalismus. Sie entstand mit der Warenproduktion und hat sich mit ihr entwickelt. Wenn man also das Wesen des Geldes im Sozialismus betrachtet, muß man sowohl jene Züge erklären, die für dieses Wesen allgemein charakteristisch sind, als auch die besonderen Züge, die ihm unter den Bedingungen der sozialistischen Gesellschaft eigen sind.

„Die besondere Ware, die so das adäquate Dasein des Tauschwerts aller Waren darstellt, oder der Tauschwert der Waren als eine besondere, ausschließliche, Ware, ist — *Geld*“ [11] — das ist die klassische marxistische Definition für das Wesen des Geldes überhaupt, für die Geldform des Wertes. Als solche besondere Wertform, d. h. als allgemeines Äquivalent, stellt das Geld, wie eben bemerkt wurde, erstens

brauchs“ – L. N. Jurowski, Die Geldpolitik der Sowjetmacht (1917–1927) (russ.). Finisdat 1928, S. 122 – abzuleiten.

Das waren lediglich Wiederholungen der nominalistischen Verteilungskonzeption Tugan-Baranowskis. Eine gewisse Abart der Tugan-Baranowskischen Geldtheorie war auch die subjektivistische Konzeption A. Sokolows, der die Meinung äußerte, daß das Geld eine ewige Kategorie und seine Abschaffung unmöglich sei, da „die Grundlage der Erscheinung des Geldes in unserem Werturteil über die Dinge begründet ist“. (Siehe den genannten Sammelband, S. 369.) „Solange die Menschheit unter dem Einfluß der unzweifelhaften Tatsache der Begrenztheit der stofflichen Güter steht, wird auch das Gesetz des Wertes seine Bedeutung behalten (das Gesetz des Wertes nach Böhm-Bawerk – J. K.), solange werden auch die Wertproportionen unter den Bedingungen der gesellschaftlichen Wirtschaft unausweichlich den äußeren, d. h. den Geldausdruck verlangen.“ – A. A. Sokolow, Probleme der Geldzirkulation und der Währungspolitik (russ.). Moskau 1923, S. 14.

Die Frage der Notwendigkeit des Geldes ist in der sowjetischen wirtschaftswissenschaftlichen Literatur mehrfach erörtert worden. Ein weitverbreiteter Mangel bei der Analyse dieses Problems war, daß viele Autoren versuchten, die Ware–Geld–Beziehungen der Übergangsperiode einfach analog zu ihrer Natur unter den Bedingungen des Privateigentums zu betrachten. Dabei hat man nicht einmal den Versuch gemacht, die Notwendigkeit der Ware und des Geldes im Zusammenhang mit der Entwicklung sozialistischer Verhältnisse zu verstehen. Es wurde gefolgert, daß die Ware–Geld–Beziehungen der Übergangsökonomik durch das Vorhandensein der kleinen Warenproduktion und der privatkapitalistischen Wirtschaftsform bedingt waren.

Manche Ökonomen, die sich darauf beschränkten, das Geld der Übergangsökonomik aus den Bedürfnissen der kleinen Warenproduktion abzuleiten, ohne zu entdecken, daß das Geld eine notwendige Form sozialistischer Produktionsverhältnisse ist, glitten auf den Standpunkt ab, das Geld zu negieren und eine Theorie zu schaffen, nach der das Geld in Verrechnungszeichen usw. verwandelt wird. Es ist kennzeichnend, daß bis in die jüngste Zeit hinein formal-rechnerische Verteilungskonzeptionen des Geldes erscheinen, welche die Notwendigkeit des Geldes nicht aus dem Wesen der sozialistischen Produktionsverhältnisse ableiten, sondern aus ihrer angeblichen Notwendigkeit als Instrument zur Berechnung der Arbeit und der Verteilung. Es ist jedoch bekannt, daß diese Ideen nicht neu sind; sie wurden beispielsweise bereits von dem Revisionisten Leichter entwickelt. Siehe: Die wirtschaftliche Berechnung in der sozialistischen Gesellschaft (russ.), in: Das Wirtschaftsleben. Moskau 1926, S. 53.

[11] Karl Marx, Zur Kritik der politischen Ökonomie. A. a. O., S. 45.

eine selbständige Tauschwertform, zweitens eine Form der allgemeinen unmittelbaren Austauschbarkeit, drittens ein äußeres, gegenständliches Maß der Arbeit dar. Gerade die Einheit dieser drei Eigenschaften enthüllt die Form des Geldes als Form einer besonderen Ware.[12]

Das Spezifische im Wesen des Geldes wird in jeder gesellschaftlichen Formation durch diejenigen Produktionsverhältnisse bestimmt, zu deren einer Ausdrucksform es geworden ist.

Im Sozialismus wird das Wesen des Geldes dadurch bestimmt, daß es eine besondere wertmäßige Form der sozialistischen Produktionsverhältnisse ist und infolgedessen dem Wirken der ökonomischen Gesetze des Sozialismus dient. Hierin besteht der grundlegende Unterschied zwischen dem Wesen des Geldes im Sozialismus und dem Wesen des Geldes im Kapitalismus.

Wodurch wird nun das Geld als besondere Wertform, d. h. als Geldäquivalent im Sozialismus gekennzeichnet?

Alle obengenannten Eigenschaften des Geldes als besonderer Wertform bleiben auch im Sozialismus bestehen. Aber sie erwerben spezifische Eigentümlichkeiten. Betrachten wir jede dieser Eigenschaften unter sozialistischen Produktionsverhältnissen.

Die im Sozialismus erzeugten Produkte enthalten unmittelbar gesellschaftliche Arbeit. Zugleich sind sie nicht einfach Produkte, sondern Waren, und die in ihnen vergegenständlichte Arbeit bildet einen Wert. Um in den Wirtschaftskreislauf eingehen zu können, müssen die Waren als Werte ausgedrückt werden, sie bedürfen also der Tauschwertform. Da sie diese Form von sich aus nicht besitzen, können sie sie nur durch Gleichsetzung mit der besonderen äquivalenten Ware, dem Geld, erhalten.

Bei der sozialistischen Produktion, Distribution und Zirkulation der Waren wird die Darstellung der in ihnen enthaltenen Arbeit als Tauschwert (bei den meisten Produkten) durch die planmäßige Gleichsetzung mit dem Geld erreicht, d. h. durch

[12] In den vorbereitenden Handschriften 1857–1858 hat Marx bereits in dem berühmten Kapitel über das Geld die wichtigste These über das Wesen des Geldes als selbständige Form des Tauschwertes, d. h. als eine Form außerhalb der Waren, als besondere Ware, vollständig formuliert: „Die Bestimmung des Produkts im Tauschwert bringt es also notwendig mit sich, daß der Tauschwert eine vom Produkt getrennte, losgelöste Existenz erhält. Der von den Waren selbst losgelöste und selbst als eine Ware neben ihnen existierende Tauschwert ist – *Geld.*" Karl Marx, Grundrisse der Kritik der politischen Ökonomie. A. a. O., S. 63.
Manchmal bedient man sich bei der Bestimmung des Geldes als allgemeines Äquivalent in der wirtschaftswissenschaftlichen Literatur der bekannten Formel von Marx, daß das Geld die Einheit von Wertmaß und Zirkulationsmittel ist. Indes ist mit dieser Formel das Wesen des Geldes in seinen Funktionen gemeint. Aber die Funktionen, lehrt Marx, bestimmen nicht das Wesen des Geldes, sondern umgekehrt, aus seinem Wesen ergeben sich seine Funktionen. Deshalb muß bei der Definition des Wesens des Geldes als besondere Wertform, als allgemeines Äquivalent von den drei Momenten der Geldform des Wertes ausgegangen werden, auf die Marx hinweist, und nicht von den Funktionen des Geldes.

planmäßige Festsetzung der Preise. Da die sozialistische Gesellschaft die Waren planmäßig dem Geld gleichsetzt und ihnen damit einen Preis verleiht, sie also als Tauschwert ausdrückt, ist das Geld als Ausdruck der Wertform eine selbständige Form des Tauschwertes.

Aber dem Geld ist im Sozialismus eigen, daß es erstens (in der Hauptsache) eine planmäßig und nicht eine spontan fungierende selbständige Tauschwertform ist [13], und zweitens, daß es, obgleich es eine solche Form ist, sich bei seiner sich in den Grenzen der sozialistischen Ökonomik vollziehenden Bewegung nicht in eine Form des abstrakten Reichtums verwandelt. Diese beiden wichtigen Besonderheiten haben, wie wir weiter unten sehen werden, sehr große Bedeutung für die Bewegung des Wertes in der Geldform.

Marx hat festgestellt, daß auf dem Boden des Privateigentums „... der Tauschwert selbständige Form im Geld erhalten muß, und dies ist nur möglich, indem eine bestimmte Ware das Material wird, in deren Wert sich alle andern Waren messen, daß sie eben dadurch die allgemeine Ware, die Ware par excellence [schlechthin] im Gegensatz zu allen anderen Waren wird“ [14].

Die Analyse des Geldes zeigt denn auch, wie gerade unter sozialistischen Produktionsverhältnissen der Wert eine solche selbständige Form, die Geldform, erhält.

Die einzelne Ware kann, obgleich sie einen Wert besitzt, nicht unmittelbar ausgetauscht werden. Dazu muß ihr Wert nicht nur in Geld ausgedrückt, sondern auch in die Geldform des Wertes, in Geld verwandelt werden. Folglich wird Geld unmittelbar gegen jede Ware ausgetauscht und verleiht ihr die Geldform. Mit anderen Worten, das Geld vermittelt den Austausch der Arbeitsprodukte, der Waren. Da das Geld also eine selbständige Wertform ist, ist es gleichzeitig eine Form der unmittelbaren Austauschbarkeit.[15] Dabei zeichnet sich im Sozialismus die unmittelbare Austauschbarkeit ebenfalls hauptsächlich durch Planmäßigkeit aus, und die unmittelbare Austauschbarkeit des Geldes ist auf das gesellschaftliche Gesamtprodukt beschränkt.

Die gegenständlichen Elemente der Produktivkräfte im sozialistischen Eigentum (Fabriken, Werke, Grund und Boden usw.) und das subjektive Element (die Arbeitskraft) befinden sich, da sie weder dem Wesen noch der Form nach Waren sind, außerhalb der Sphäre der unmittelbaren Austauschbarkeit des Geldes.

[13] Wenn man die Erfahrungen über die Entwicklung der Geldform im Sozialismus berücksichtigt, ist die in der Literatur anzutreffende allgemeine Definition des Geldes als spontan fungierendes Äquivalent, als Instrument der spontanen Berechnung der gesellschaftlichen Arbeit, als ungenau zu bezeichnen. Diese spontanen Eigenschaften besitzt das Geld lediglich unter den vorsozialistischen Bedingungen. Im Sozialismus wird das Geld seiner inneren Natur nach zu einer planmäßig wirkenden ökonomischen Form. Hier ist die Sphäre seiner spontanen Bewegung (der nichtorganisierte Markt) außerordentlich eng begrenzt und dem Sozialismus nicht immanent.

[14] Karl Marx, Das Kapital. A. a. O., Bd. III, S. 561.

[15] „Die Äquivalentform einer Ware ist ... *die Form ihrer unmittelbaren Austauschbarkeit mit anderer Ware.*“ Ebenda Bd. I, S. 60.

Das Geld wird seiner Eigenschaft der unmittelbaren Austauschbarkeit nicht dadurch beraubt, daß in den verschiedenen Gebieten der sozialistischen Warenproduktion und des Wirtschaftskreislaufes der Austausch von Waren gegen Geld in unterschiedlichen konkreten Planformen vor sich geht: auf dem Gebiete des Großhandelsumsatzes der Produktionsmittel zwischen den staatlichen Betrieben, auf dem Gebiet des Großhandelsumsatzes zwischen den staatlichen und den kollektivwirtschaftlichen Betrieben und auf dem Gebiete des Einzelhandels-Warenumsatzes zwischen den staatlichen und genossenschaftlichen Betrieben und der Bevölkerung. Denn auf allen diesen Gebieten vollzieht sich der Wirtschaftskreislauf nur über den Austausch der Waren gegen Geld.

Der Ausdruck des Wertes und seine Messung sind eng miteinander verbundene gesellschaftliche Prozesse. Ein Wert kann nur gemessen werden, sofern er einen bestimmten gegenständlichen Ausdruck, eben einen Geldausdruck, erhalten hat. Das Geld der sozialistischen Gesellschaft als Wertmaß verleiht der Arbeit, die in der Ware vergegenständlicht ist, die qualitative und quantitative Bestimmtheit der Wertform. In ihm ist die Einheit von Wertausdruck und Wertmaß enthalten.

Also ist die Geldform das äußere gegenständliche Maß der Arbeit neben dem der Arbeit immanenten inneren Maß, der Arbeitszeit.[16] Die Besonderheit des Geldes im Sozialismus als äußeres gegenständliches Maß der Arbeit besteht erstens in der Planmäßigkeit seines Fungierens und zweitens darin, daß dieses Maß — der Gebrauchswert der Geldware — nicht das Produkt einer privaten, sondern einer unmittelbar gesellschaftlichen konkreten Arbeit ist.

Das Geld der sozialistischen Gesellschaft ist somit eine besondere Wertform der sozialistischen Produktionsverhältnisse, da diese Verhältnisse die Warenproduk-

[16] Manche Ökonomen trennen fälschlich den Ausdruck des Wertes von seiner Messung. Berkowski kritisiert beispielsweise Kon, weil dieser meint, das Geld als Wertmaß spiele eine besondere Rolle — als Maß des Wertes der Ware. Berkowski meint, Kon verwechsle das äußere Wertmaß, das Geld, und das immanente Maß, die Arbeitszeit. „... das Geld als Maß des Wertes ist nicht zur genauesten Messung des Wertes der Waren notwendig, sondern lediglich als Ausdruck des Wertes." B. Berkowski, Grundriß der marxistischen Geldtheorie (russ.). Gosfinisdat 1930, S. 108. — Berkowski trennt also den Prozeß der Messung und den Prozeß des Ausdrucks des Wertes. In Wirklichkeit aber ist das Geld gerade deshalb Ausdruck des Wertes, weil es als Verkörperung der gesellschaftlichen Arbeit das äußerliche gegenständliche Maß des Wertes ist. Ebenso trennt A. Leontjew den Ausdruck und die Messung des Wertes durch das Geld: „*Messen* kann man den Wert (in Wirklichkeit dasselbe wie der Preis) natürlich bei jeder beliebigen Werttheorie: der subjektiven Theorie, der Kostentheorie usw. Aber von der Notwendigkeit des *Ausdrucks* des Wertes als gesellschaftliches Verhältnis, das eine fetischistische gegenständliche Hülle angenommen hat, kann man nur sprechen, wenn man sich an die objektive Theorie des Arbeitswertes hält." A. Leontjew, Die chartale Geldtheorie (russ.), im Sammelband: Probleme der theoretischen Ökonomie. Moskau 1925, S. 402.

Die Trennung der Messung und des Ausdrucks des Wertes durch das Geld führt, wie wir sehen, zur Verwechslung des Preises mit dem Wert, zur Anerkennung irgendeines anderen, nur nicht des Arbeitswertes.

tion voraussetzen. Als solche besondere Form, d. h. als Geldäquivalent, stellt es die Einheit der selbständigen Wertform, der Form der unmittelbaren Austauschbarkeit und der Form des äußeren gegenständlichen Maßes der Arbeit dar.

Das neue Wesen des Geldes kommt darin zum Ausdruck, daß der Sozialismus die Eigenschaften der Geldform des Wertes ausnutzt, indem er ihnen einen spezifischen Charakter verleiht, und sie dadurch in die Lage versetzt, entsprechend den Erfordernissen seiner ökonomischen Gesetze auf allen Gebieten der sozialistischen Reproduktion zu wirken.

So trägt also das Geld im Sozialismus — wie auch das Geld in allen anderen Formationen — in Anbetracht dessen, daß die Geldform eine allgemeine Form der Warenproduktion ist, allgemeine Züge, die dem Geld überhaupt als besonderer Wertform eigentümlich sind. Gleichzeitig weist es jedoch als Geld im Sozialismus spezifische Züge auf, da es eine Wertform der Warenproduktion besonderer Art ist, die sozialistische Produktionsverhältnisse ausdrückt. Eine Unterbewertung des einen wie des anderen Momentes führt dazu, daß die wissenschaftliche Bestimmung des inneren Wesens des Geldes durch eine äußere und willkürliche Beschreibung einiger Seiten seines Fungierens ersetzt wird. Im Lehrbuch der politischen Ökonomie wird das Wesen des Geldes beispielsweise folgendermaßen definiert: „In der sozialistischen Wirtschaft ist das *Geld* demnach allgemeines Äquivalent und damit ökonomisches Instrument der Volkswirtschaftsplanung, Mittel der allgemeinen Erfassung und Kontrolle der Produktion und der Verteilung des gesellschaftlichen Produkts, Mittel der Kontrolle über das Maß der Arbeit und der Entlohnung.“ [17]

In analoger Weise wird auch das Wesen des Geldes im Lehrbuch „Geldzirkulation und Kredit der UdSSR“ definiert: *„Das Wesen des Geldes im Sozialismus* besteht darin, daß es als allgemeines Warenäquivalent eine notwendige, und zwar die allgemeinste Form der volkswirtschaftlichen Erfassung, Planung und Kontrolle der Produktion und Verteilung des gesellschaftlichen Produkts in Übereinstimmung mit den Erfordernissen der ökonomischen Gesetze des Sozialismus ist.“ [18]

Uns scheint der Hauptmangel der angeführten Definitionen darin zu bestehen, daß in ihnen nicht die spezifischen Züge des Wesens des Geldes im Sozialismus durch die besonderen Eigenschaften der Geldform des Wertes, des allgemeinen Äquivalents als Ausdruck der sozialistischen Produktionsverhältnisse, enthüllt werden. Statt dessen wird eine allgemeine Beschreibung der Rolle des Geldes gegeben, die ihm wie vielen anderen ökonomischen Kategorien und Prozessen eigentümlich ist. Die Bezugnahme auf das Geld als Form der Berechnung ist wohl richtig, sie sagt aber nichts Spezielles über das Geld aus, da als Rechenmittel auch andere ökonomische Kategorien dienen, z. B. der Kredit, die Finanzen usw., sowie die subjektive Tätigkeit der Menschen, die Naturalabrechnung und die Buchführung, die Kontroll- und Revisionsprüfungen usw. Auch die Kennzeichnung als

[17] Politische Ökonomie, Lehrbuch. Berlin 1960, 2., ergänzte Aufl., S. 598.
[18] Geldzirkulation und Kredit der UdSSR (russ.). Gosfinisdat 1957, S. 142.

„Instrument der Planung“ enthüllt nicht sein Wesen, da erstens auch viele andere ökonomische Formen Instrumente der Planung sein können und es zweitens prinzipiell falsch ist, das Wesen objektiver Kategorien durch eine subjektive Tätigkeit zu definieren.

Das Wesen des Geldes im Sozialismus als besonderer Wertform, die sozialistische Produktionsverhältnisse ausdrückt und in der Einheit aller seiner Eigenschaften ausgenutzt wird — als selbständige Form des Wertes, als Form der unmittelbaren Austauschbarkeit und des äußeren gegenständlichen Maßes der Arbeit —, wird in der ökonomischen Rolle sichtbar, die das Geld auf allen Gebieten der sozialistischen Ökonomik spielt.

Wenden wir uns der entscheidenden Sphäre der sozialistischen Wirtschaft zu, dem staatlichen Sektor der materiellen Produktion.

In jedem staatlichen Betrieb wird der Produktionsprozeß, und folglich auch die Verbindung zwischen den Betrieben, nicht nur in der Naturalform, sondern auch in der Wertform durchgeführt. Mit Hilfe des Geldes wird sowohl der neugeschaffene Wert, der in den von den Betrieben erzeugten Produkten enthalten ist, als auch der auf das Produkt übertragene Wert der ausgenutzten Produktionsmittel zirkuliert.

So wird mit Hilfe des Geldes sowohl die Ausnutzung der Werte innerhalb des Betriebes als auch die Verbindung zwischen den Betrieben, also der rationelle Kreislauf und die planmäßige Ausnutzung aller materiellen Werte in der Volkswirtschaft gewährleistet.

Die Betriebe liefern sich gegenseitig Arbeitsinstrumente und andere Produktionsmittel zu Planpreisen gegen Geld. Der Gelderlös ist die Quelle, aus der die Betriebe ihre Materialkäufe bestreiten, den Lohnfonds bilden und die innerbetriebliche Akkumulation vollziehen.[19]

Die Naturalkennziffern des Planes sowie die Zuteilung bestimmter gegenständlicher Elemente des gesellschaftlichen Produkts an jeden Betrieb werden mit den Wertkennziffern des Planes und mit der Zuteilung bestimmter Geldmittel, mit deren Hilfe die Warenbewegung vor sich geht, abgestimmt.

Das Geld wird nicht nur bei der Planung und Berechnung der Wertseite des Reproduktionsprozesses ausgenutzt, sondern auch bei der Lenkung dieses Prozesses im Kampf um die Erfüllung und Übererfüllung der Pläne.

So äußert sich das Wesen des Geldes der sozialistischen Gesellschaft vor allem bei der Vermittlung des planmäßigen Reproduktionsprozesses und der Gesamtheit aller ökonomischen Beziehungen im staatlichen Sektor der sozialistischen Wirtschaft.

Ein Spezifikum des Geldes im Sozialismus ist auch, daß es die ökonomischen Beziehungen zwischen Stadt und Land, zwischen der genossenschaftlich-kollektiv-

[19] Den Teil des realisierten Reinprodukts, der nach Auszahlung der Löhne oder des Arbeitsentgelts für die Arbeitseinheiten der an der Produktion Beteiligten verbleibt, bezeichnen wir vom Standpunkt des Betriebes aus als „innerbetriebliche Akkumulation“ und vom Standpunkt der gesamten Volkswirtschaft aus als „Reineinkommen“ oder „Mehrprodukt“.

wirtschaftlichen und der staatlichen Wirtschaft vermittelt und im Reproduktionsprozeß der genossenschaftlich-kollektivwirtschaftlichen Betriebe eine wesentliche Rolle spielt.

Einen wichtigen Platz innerhalb der kollektivwirtschaftlichen Produktion nehmen die Aufwendungen für Produktionsmittel ein, die in der staatlichen Industrie erzeugt werden (mechanische Geräte und Produktionsmittel, Transportmittel usw.), Die Konsumtion der ländlichen Bevölkerung wiederum setzt sich zu einem großen Teil aus Massenbedarfsgütern zusammen, die die sozialistische Industrie erzeugt (Kleidung, Schuhwerk, Haushaltsgegenstände, Nahrungsmittel, Dienstleistungen usw.).

Der Konsum der Kollektivwirtschaften an Produktionsmitteln und der Kollektivbauern an industriellen Massenbedarfsgütern wird zu einem erheblichen Teil aus dem Erlös der verkauften Warenerzeugnisse der Kollektivwirtschaften abgegolten. Die Tatsache, daß ein großer Teil des von den Kollektivwirtschaften erzeugten gesellschaftlichen Produkts die Warenform annimmt, verleiht dem Geld im Reproduktionsprozeß dieses Sektors der Volkswirtschaft große Bedeutung.

Gegen Geld werden vor allem die Waren abgesetzt, die der Staat von den Kollektivwirtschaften aufkauft. Gegen Geld werden aber auch die auf dem Kolchosmarkt von den Kollektivwirtschaften angebotenen Produkte abgegeben. Mit dem größten Teil des Gelderlöses befriedigen die Kollektivwirtschaften den Bedarf der gesellschaftlichen Wirtschaft. Ferner kommen sie mit einem gewissen Teil des Erlöses ihren steuerlichen und sonstigen Verpflichtungen gegenüber dem Staat nach. Aus dem verbleibenden Betrag wird die Arbeit der Kollektivbauern abgegolten.

Die Erzeugnisse, die die Kollektivbauern aus der Kollektivwirtschaft und ihrer Nebenwirtschaft erhalten, verkaufen sie zum Teil auf dem Markt. Den erzielten Erlös und andere Geldeinkünfte verwenden die Kollektivbauern zum Kauf von Bedarfsgegenständen, die in der staatlichen Industrie hergestellt werden, sowie zur Bezahlung von Dienstleistungen der staatlichen Institutionen.

Die Geldform ist also eine notwendige Form des Reproduktionsprozesses in den Kollektivwirtschaften. Das Geld ist eine wichtige ökonomische Form für die Verbindung von Stadt und Land, der staatlichen und der genossenschaftlich-kollektiven Wirtschaft und ein Instrument zur Festigung des Bündnisses der Arbeiterklasse mit der Bauernschaft.

Das neue Wesen des Geldes der sozialistischen Gesellschaft offenbart sich auch darin, daß mit seiner Hilfe das sozialistische Prinzip der Verteilung nach der Leistung verwirklicht wird. Der größte Teil des für die individuelle Konsumtion der Arbeiter und Angestellten bestimmten Nationaleinkommens wird in der Form des Geldlohnes ausgezahlt. Ein Teil des Nettoprodukts der landwirtschaftlichen Produktion nimmt ebenfalls die Form von Geldeinkünften der Kollektivbauern an. Und dieser Teil wächst von Jahr zu Jahr. Das Geld spielt demnach eine sehr wichtige Rolle, um das persönliche materielle Interesse der Arbeiter, der Kollektivbauern und der Intelligenz richtig auszunutzen. Der gesetzmäßige Prozeß der ständigen Steigerung des materiellen und kulturellen Lebensniveaus des Sowjetvolkes vollzieht sich also unter Beteiligung des Geldes.

Da das Geld am Reproduktionsprozeß in den staatlichen und genossenschaftlich-kollektivwirtschaftlichen Betrieben, an der Herstellung der Verbindung zwischen den beiden Sektoren der sozialistischen Produktion sowie an der sozialistischen Verteilung nach der Leistung beteiligt ist, dient es faktisch dem gesamten sozialistischen Reproduktionsprozeß, der planmäßigen, proportionalen Entwicklung der Volkswirtschaft.

Damit ist jedoch die Rolle des Geldes in der sozialistischen Produktion noch nicht voll und ganz umrissen. Sein neues Wesen äußert sich auch darin, daß es bei der volkswirtschaftlichen Planung und im Kampf um die Erfüllung des Volkswirtschaftsplanes sowie bei der Verteilung und Umverteilung des Nationaleinkommens und der früher akkumulierten Mittel eingesetzt werden muß.

Der sozialistische Staat plant die Verteilung, den Austausch und die Verwendung der Gebrauchswerte. Gleichzeitig aber plant er die Reproduktion auch wertmäßig. Er plant den Wert der Erzeugnisse, ihre Selbstkosten, ihre Verteilung, die Akkumulation usw. Eine wertmäßige Planung ist nur in der Geldform möglich. Jeder Volkswirtschaftsplan enthält neben dem System der Naturalkennziffern auch ein System der Geldkennziffern.

In jedem Wirtschaftszweig werden nicht nur die materielle Versorgung und der Produktionsaufwand festgelegt, sondern auch die finanzielle Ausstattung, die Höhe der für die Planerfüllung notwendigen Geldmittel und ihre Quellen. Der sozialistische Staat verwirklicht also die Reproduktionspläne mittels des Geldes.

In der sozialistischen Wirtschaft erhalten die Verbraucher auf Grund der Versorgungspläne ihre Materialvorräte, die sie in Geld bezahlen müssen. Die Materialplanbilanzen werden eng mit den Finanzbilanzen koordiniert; denn nur auf diese Weise sind beide zu realisieren. Also sind die Material- und Finanzbilanzen einander ergänzende und kontrollierende Werkzeuge zur planmäßigen Lenkung des sozialistischen Reproduktionsprozesses.

Die Mobilisierung, Verteilung und Umverteilung der Geldmittel innerhalb der Volkswirtschaft wird über den Staatshaushalt, den Kredit- und Bargeldumsatzplan, den Investitionsplan, die Bilanz der Geldeinnahmen und -ausgaben der Bevölkerung usw. vorgenommen. Auf der Grundlage dieser Pläne wird das gesellschaftliche Gesamtprodukt wertmäßig in der Geldform verteilt und umverteilt.

Die gesamtstaatliche Verteilung und Umverteilung des Nationaleinkommens, dieser durch das Geld vermittelte Prozeß, hat für die Entwicklung der Volkswirtschaft außerordentlich große Bedeutung. Nehmen wir als Beispiel den Staatshaushalt, der mit allen Zweigen der Volkswirtschaft und des sozialen und kulturellen Aufbaus verbunden ist.

Die Haushaltseinnahmen bestehen vor allem in der Geldform des Wertes des Mehrprodukts, das dem Haushalt in der Hauptsache über zwei Kanäle zufließt — über die Umsatzsteuer * und über die Gewinnabführungen. Die Investitionen

* Die in der Sowjetunion an den Haushalt abzuführende Umsatzsteuer entspricht ihrem Wesen nach der in der DDR von den Betrieben abzuführenden Produktionsabgabe. Da es jedoch Unterschiede in der Form gibt, in der die Umsatzsteuer in der Sowjetunion

werden größtenteils aus Haushaltsmitteln finanziert; diese Mittel sind auch die Quelle, aus der die Umlaufmittel der Betriebe aufgefüllt werden. Die Tatsache, daß diese Mittel beim Haushalt eingehen und über die Haushaltsfinanzierung verausgabt werden, ermöglicht dem Staat die Kontrolle über die Produktion, Distribution und Zirkulation des gesellschaftlichen Produkts.

Die erweiterte Reproduktion ist also in jedem Wirtschaftszweig und in jedem Betrieb unmittelbar abhängig von den wechselseitigen Beziehungen mit dem Haushalt. Wir wollen das durch einige Plandaten aus dem Jahre 1960 illustrieren.

Der größte Teil des Wertes des Mehrprodukts, soweit er in der Form der Umsatzsteuer und des Gewinnes der sozialistischen Wirtschaft einkommt, wurde lt. Plan auf 602,1 Mrd. Rbl. festgesetzt (317,1 Mrd. Rbl. Umsatzsteuer und 285,0 Mrd. Rbl. Gewinn). Von dieser Summe wurden 520,1 Mrd. Rbl. im Haushalt erfaßt (die gesamte Umsatzsteuer plus 203,0 Mrd. Rbl. Gewinnabführungen). Hieraus ist ersichtlich, daß der überwiegende Teil des Wertes des in der Volkswirtschaft der UdSSR geschaffenen Mehrprodukts über den Haushalt verteilt und umverteilt wird.

Die Finanzierung der Volkswirtschaft aus dem Haushalt wurde für 1960 mit 327,8 Mrd. Rbl. festgesetzt. Das bedeutet, daß wertmäßig fast zwei Drittel desjenigen Teils des Mehrprodukts, der vom Haushalt in der Form der Umsatzsteuer und der Gewinnabführungen akkumuliert wird, der Erweiterung der Produktion dient. Der Rest wird für soziale und kulturelle Zwecke, für die Landesverteidigung, die Verwaltung usw. verwendet.

Die Bewegung des Wertes des zu reproduzierenden Produkts, vor allem des Mehrprodukts, über den Haushalt und die sonstigen Kanäle der gesamtstaatlichen Verteilung und Umverteilung ist demnach ein notwendiges Moment des sozialistischen Reproduktionsprozesses und eine wichtige Sphäre für die Ausnutzung des Geldes.

Folglich vermittelt ein ganzes System von Wert- und Geldformen die Realisierung der planmäßig festgesetzten Proportionen der Reproduktion. Das Geld wird von der Gesellschaft als wichtiges ökonomisches Instrument zur Aufrechterhaltung der proportionalen Entwicklung der sozialistischen Volkswirtschaft und als Kampfmittel für die Erfüllung der gesamtstaatlichen Entwicklungspläne der Volkswirtschaft ausgenutzt. Die Erzeugung der Arbeitsprodukte als Waren und die hierdurch bedingte Rolle des Geldes im Reproduktionsprozeß des staatlichen und des genossenschaftlich-kollektiven Wirtschaftssektors bedeutet auch, daß das Geld im Sozialismus ein Instrument der wertmäßigen Kontrolle für das Maß der Arbeit und das Maß des Verbrauchs ist.

Das sind die wichtigsten Gebiete, auf denen sich das neue Wesen des Geldes in der sozialistischen Gesellschaft offenbart. Dieses neue Wesen besteht darin, daß das Geld als besondere Wertform, d. h. als Einheit der selbständigen Form des Wertes, der Form der unmittelbaren Austauschbarkeit und der Form des äußeren, gegen-

bzw. die Produktionsabgabe in der DDR erhoben werden, bleiben wir bei dem von den sowjetischen Ökonomen und vom Verfasser verwendeten Begriff der „Umsatzsteuer“ (налог с оборота). – Die Red.

ständlichen Maßes der Arbeit, eine Form der sozialistischen Produktionsverhältnisse ist. Als eine solche Form ist das Geld ein unabdingbares Element aller planmäßig in der sozialistischen Gesellschaft vor sich gehenden ökonomischen Prozesse.

Der Sozialismus schließt die spezifische Ausnutzung der Geldform des Wertes aus, wie sie durch die kapitalistischen Produktionsverhältnisse bedingt ist. In der kapitalistischen Gesellschaft ist das Geld eine Form der Kapitalbewegung, ein Instrument der Ausbeutung. „Geld“, lehrt Lenin, „das ist doch geronnener gesellschaftlicher Reichtum, geronnene gesellschaftliche Arbeit, Geld — das ist ein Titel auf den Empfang eines Tributs von allen Werktätigen, Geld ist ein Überbleibsel der gestrigen Ausbeutung.“ [20]

Da das Geld eine der Wertformen der sozialistischen Produktionsverhältnisse ist, kann es sich nicht in Kapital verwandeln, nicht als Ausbeutungsinstrument dienen. Das zeigt sich vor allem darin, daß die Verwandlung der Arbeitskraft, des Grund und Bodens, der Werke und Fabriken usw. in Ware und ihr Verkauf bei sozialistischen Eigentumsverhältnissen ausgeschlossen ist.

Es ist also niemals möglich, daß das Geld im Sozialismus Ausbeutungsverhältnisse ausdrückt. Dies sind aber die spezifisch historischen Besonderheiten des Wesens des Geldes im Kapitalismus.

Der Grundwiderspruch des Kapitalismus, der Widerspruch zwischen dem gesellschaftlichen Charakter der Produktion und der privaten Form der Aneignung, ist die Ursache für die auf dem Privateigentum beruhende Geldform und die damit gegebene Möglichkeit der Trennung des Verkaufs vom Kauf. Diese abstrakte Möglichkeit der Krise wird in periodischen Abständen zur Wirklichkeit. Ein weiteres Moment, das das Wesen des kapitalistischen Geldes kennzeichnet, ist seine Mitwirkung bei der zyklischen Entwicklung der kapitalistischen Wirtschaft.

Im sozialistischen, auf dem gesellschaftlichen Eigentum an den Produktionsinstrumenten und Produktionsmitteln gegründeten Wirtschaftssystem gibt es weder Krisen und ökonomische Zyklen, noch eine solche Trennung des Verkaufs vom Kauf, die sich zu irgendwelchen krisenhaften Störungen im Ablauf des Reproduktionsprozesses entwickeln könnte. Im Sozialismus schließt also das dem Gelde hier eigene Wesen und damit auch die ihm hier zufallende Rolle im ökonomischen Prozeß alle die Eigenschaften völlig aus, die das Geld besitzt, wenn es der kapitalistischen Ausbeutung dient. Das Wesen des Geldes und seine von ihm bestimmte Rolle in den ökonomischen Beziehungen wird durch die spezifischen Züge charakterisiert, wie sie dem Geld als Form der sozialistischen Wirtschaft, als sozialistischem Geld, eigentümlich sind.

Die Analyse des Wesens des Geldes im Sozialismus hat unter anderem die Aufgabe, zu klären, welche Ware denn der Träger der Geldform des Wertes ist und weshalb sie es ist, d. h., weshalb sie als Geldware dient.

Die Aussonderung einer Geldware ist ein historischer Prozeß. Der Sozialismus schafft die Formen der Warenproduktion und unter ihnen die Geldform nicht

[20] W. I. Lenin, Werke. A. a. O., Bd. 29 (russ.), S. 346.

neu. Es sind überkommene Formen, die der Sozialismus dem Wesen der sozialistischen Produktionsverhältnisse entsprechend umgestaltet. Unter diesen überkommenen Formen der Warenproduktion befindet sich auch die Geldform des Goldes oder das Gold als Geldware. Der Sozialismus fährt fort, das Gold auszunutzen, ohne es als Träger der Geldform durch eine andere Ware zu ersetzen. Das ist dadurch bedingt, daß a) die historisch überkommenen Wertformen (Preis, Kredit u. a.) eben dem Fungieren des Goldes als Geldware angepaßt sind, b) die Eigenschaften des Goldes als Gebrauchswert am besten der Beschaffenheit einer Geldware entsprechen, c) das System des Sozialismus entwickelte ökonomische Beziehungen mit dem System des Kapitalismus unterhält, in dem gerade das Gold die Rolle der Geldware spielt.

Auf Grund all dieser Ursachen ist auch im Sozialismus das Gold der Träger der Geldform des Wertes; die Ware Gold ist die besondere *Geld*-Ware.

Die Notwendigkeit, das Gold als Geldware auszunutzen, ergibt sich aus folgendem:

1. Das System der Preise, die den in Gold ausgedrückten Wert der Waren darstellen, ist der sozialistischen Ökonomik überkommen. Sie ist bei allen weiteren, entsprechend den Bedürfnissen der sozialistischen Umgestaltung der Volkswirtschaft vorgenommenen Preisänderungen von den Preisen ausgegangen, die in dem gegebenen Moment existierten. Die Preise waren jedoch nichts anderes als in Gold ausgedrückte Warenwerte. Infolge dieser historischen Entwicklung wird das Gold als Geldware beibehalten und ausgenutzt.

2. Der Gehalt der sowjetischen Geldeinheit, des Sowjetrubels, wird in Gold festgesetzt.

3. Das Gold wird in der UdSSR als Geldware erzeugt und angesammelt und dient als Element zur Sicherung der Stabilität des Sowjetgeldes, neben dem wichtigsten Element, der Sicherung durch Waren.

4. Das Gold wird für die Festsetzung des Valutakurses des Rubels sowie als internationales Kauf- und Zahlungsmittel benutzt.

Da die Rolle des Geldes in der sozialistischen Gesellschaft einer besonderen Ware, dem Gold, zufällt, hat das Geld einen substantiellen, inneren Wert.

Marx und Engels waren der Meinung, daß mit dem Sieg des Sozialismus die Warenproduktion beseitigt würde. Sie hielten es deshalb für möglich, daß man für die sozialistische Verteilung nach der Leistung papierene Anweisungen verwenden und mit deren Hilfe das Maß des Verbrauchs an die Arbeitsleistung jedes einzelnen Mitgliedes der sozialistischen Gesellschaft angleichen könnte. Da aber solche papierenen Anweisungen nicht auf der Grundlage des Warentausches fungiert, d. h. nicht zirkuliert hätten, wären sie auch kein Geld gewesen.[21]

Historische Verhältnisse, die Marx und Engels nicht voraussehen konnten, bedingten die Ausnutzung der Ware-Geld-Form im Sozialismus.

[21] „Die Produzenten mögen meinetwegen papierne Anweisungen erhalten, wofür sie den gesellschaftlichen Konsumtionsvorräten ein ihrer Arbeitszeit entsprechendes Quantum entziehen. Diese Anweisungen sind kein Geld. Sie zirkulieren nicht." — Karl Marx, Das Kapital, a. a. O. Bd. II, S. 359 f.

Einige sowjetische Ökonomen, die von bekannten Aussprüchen der Begründer des Marxismus ausgingen, glaubten, daß die Beseitigung des alten Inhalts der Ware-Geld-Beziehungen und die Herausbildung eines neuen Inhalts in der Übergangsperiode, die Beseitigung der Ware-Geld-Form überhaupt und die Einführung der direkten Verteilung bedeute.[22]

Der Schwierigkeiten in der Periode der intensiven Umgestaltung der Ware-Geld-Beziehungen bedienten sich auch die parteifeindlichen Elemente, um die Konzeption der „Umwandlung des Geldes der letzten Periode der NÖP in Verrechnungszeichen" für ihre Zwecke auszunutzen. Die Trotzkisten stellten die obenerwähnte „Transformationstheorie" auf, eine Abart dieser Konzeption.

Von der Theorie des zwiespältigen Regulators der sowjetischen Wirtschaft ausgehend, behaupteten die Trotzkisten, das Geld sei, soweit es der Zirkulation im Sektor der kleinen Warenwirtschaft diene, „echtes", spontanes Goldgeld, soweit es aber der Zirkulation der Produkte zwischen den sozialistischen Betrieben diene, jedoch kein Geld, sondern habe die Bedeutung von Verrechnungszeichen. Aber diese seien keine einfachen Verrechnungszeichen, sondern der Form nach goldene, da sie mit dem Goldgeld in Zusammenhang stünden. Dabei wurde die abgewandelte Hilferdingsche Idee vom „unveränderlichen Goldwert" herangezogen und erklärt, daß das Geld Zeichen in Form von Gold mit unveränderlichem Wert sei.[23] Eine andere Abart der „Konzeption" des Sowjetgeldes war in der letzten Etappe der NÖP die „Theorie" der Ultralinken von der Umwandlung des Geldes in Verrechnungszeichen, in Anweisungen auf Produkte, in Talons, die ihrem Wesen nach kein Geld seien.

22 „Von einer vollständigen Unterordnung des Geldsystems unter den rationellen gesellschaftlichen Faktor, unter die planmäßige Einwirkung usw. sprechen, ist dasselbe wie über heißes ... Eis sprechen. Der Sieg des Sozialismus wird den Ersatz des Geldes durch ‚Verrechnungszeichen' bedeuten." A. Leontjew, Zur Charakteristik des Geldsystems in der Übergangswirtschaft (russ.), in: „Die sozialistische Wirtschaft", Nr. 1, 1927, S. 55. – Diese Anschauung teilten in der Übergangsperiode die meisten Ökonomen. I. A. Trachtenberg schrieb beispielsweise: „Der Übergang von der kapitalistischen Wirtschaft zur sozialistischen bedeutet auch die Beseitigung der Verbindungsformen des Tausches, bedeutet die Beseitigung der Ware als ökonomischer Kategorie, und folglich wird auch die Notwendigkeit, des Geldes als der ‚Ware aller Waren' verschwinden." I. Trachtenberg, Das Papiergeld (russ.). 3. Aufl., GIS 1924, S. 30.

23 Diese und andere Schattierungen der „Theorie" der zwiespältigen Natur des Geldes – spontanes Goldgeld und Geldzeichen – wurden von vielen Verfassern entwickelt. Vgl. „Mitteilungsblatt für das Finanzwesen" (russ.), Nr. 2, u. 12, 1930; „Probleme der Ökonomik" (russ.), Nr. 2, 1929, u. Nr. 1, 1930; „Die sozialistische Wirtschaft" (russ.), Nr. 4, 1929.
Kennzeichnend ist, daß auch Finn-Jenotajewski meinte, in der sozialistischen Gesellschaft sei das Geld Geldzeichen, aber in der Goldform. „Unter ... sozialistischen Verhältnissen sind ‚Preise' formal. Sie sind technisch in Gold ausgedrückt, und das Gold ist *formal* Geld, da es technisch die allgemeine vergesellschaftete gesellschaftliche Arbeit ausdrückt ..." A. Finn-Jenotajewski, Strittige Fragen der theoretischen Ökonomik (russ.), in: „Die sozialistische Wirtschaft", Nr. 1–2, 1930, S. 63.

Die jeder wissenschaftlichen Grundlage baren „Theorien" über die Verwandlung des sowjetischen Geldes aus realem Geld in Zeichen der verschiedensten Art schadeten dem sozialistischen Aufbau. Sie riefen eine geringschätzige Einstellung zu den Aufgaben hervor, die Ware-Geld-Beziehungen und die Stabilität des Sowjetgeldes zu festigen. Diese kleinbürgerlichen „Theorien" der Ultralinken, die den kapitalistischen Elementen in die Hände spielten und die Entwicklung des Sowjethandels zu stören versuchten, wurden von der Partei zerschlagen. Der XVII. Parteitag enthüllte die theoretische Haltlosigkeit der Behauptungen, der sowjetische Handel sei ein Durchgangsstadium und werde durch den Produktenaustausch ersetzt, das Geld werde bald abgeschafft werden, da es sich angeblich in einfache Verrechnungszeichen verwandelt habe, usw. Die Partei verwies auf die Bedeutung des Geldes in allen Sphären der sozialistischen Ökonomik und begründete seine Notwendigkeit während der ganzen Phase des Sozialismus.

Aber auch nach der Zerschlagung der ultralinken „Theorien" über die Verwandlung des Geldes in Verrechnungszeichen lief die Version, die einen substantiellen Wert des Geldes nicht anerkannte, weiter um. Einige sowjetische Ökonomen behaupteten, die Geldzeichen seien eben wirkliches Geld, dessen Wert unmittelbar den Wert der zirkulierenden Warenmassen widerspiegele. Diese Ökonomen ließen den Widerspruch außer acht, der in der sozialistisch erzeugten Ware enthalten ist und durch die Geldform gelöst wird. Das Problem der gegenständlichen Darstellung der Arbeit als Wert wurde von ihnen völlig umgangen. Wird aber dieses Problem nicht beachtet, so ist die Natur des Geldes im Sozialismus nicht zu verstehen. Das Ergebnis war, daß die Ökonomen, die die erwähnte Konzeption vertraten, sich in rein quantitativen Vorstellungen bewegten. Das Geld, so meinten sie, erhielte einen bestimmten Wert nur infolge seiner funktionellen Rolle. Aber das sowjetische Geld besitzt in Wirklichkeit einen inneren Wert, da es die Geldform einer besonderen Ware, des Goldes, ist.

Die Verwechslung des wirklichen Geldes mit den Geldzeichen (die nur Geld vorstellen) kommt auch darin zum Ausdruck, daß die Geldzeichen nicht als Vertreter des Geldes, sondern unmittelbar als wirkliches Geld angesehen werden.[24] Einem solchen Fehler wird besonders dadurch Vorschub geleistet, daß die Warenbeziehungen besonderer Art im Sozialismus keinen Fetischcharakter haben. Durch die gegenständliche Hülle des Wertes hindurch treten deutlich die gesellschaftlichen Beziehungen in Erscheinung. Ware und Geld werden allzu offensichtlich als einfache Formen der gesellschaftlichen sozialistischen Beziehungen und als solche lediglich als „Zeichen" für die menschliche Arbeit dargestellt, deren gegenständliche Form hinter ihrem unmittelbar gesellschaftlichen Charakter zurücktritt.

Es wäre indessen unwissenschaftlich, wollte man lediglich den Charakter der gesellschaftlichen Beziehungen vermerken, jedoch die Formen, in denen diese auf-

[24] Die Frage nach dem Wesen des Geldes, nach dem, was das Sowjetgeld ist, wird manchmal durch die verschwommene Formulierung ersetzt, womit das Sowjetgeld verknüpft ist, mit dem Gold oder mit dem Warenwert. Ein solcher, auf den ersten Blick harmlos erscheinender Ersatz führt am Ende dazu, das Geld als Geldzeichen zu erklären.

treten und historisch gekennzeichnet werden, als unwesentlich unberücksichtigt lassen.

In der wirtschaftswissenschaftlichen Literatur wurde auch ein Standpunkt vertreten, der eigentlich darin bestand, das Wesen des Geldes der sozialistischen Gesellschaft als allgemeines Äquivalent zu negieren. Manche Ökonomen beschränkten die Sphäre der Warenproduktion im Sozialismus lediglich auf die Konsumtionsmittel und schlußfolgerten hieraus, die Kategorie des allgemeinen Äquivalents sei im wirtschaftlichen Kreislauf der Produktionsmittel nicht anwendbar und das Sowjetgeld sei angeblich lediglich im Warenumsatz der Konsumtionsmittel wirkliches Wertmaß und wirkliches Zirkulationsmittel. Sie meinten, in dieser Sphäre sei das Geld wirklich allgemeines Äquivalent. In der Sphäre des Wirtschaftskreislaufes der Produktionsmittel sei es nicht wirkliches Wertmaß und würde als Mittel zur Berechnung des Arbeitsaufwandes ausgenutzt. Wertmaß sei es nur äußerlich, formal.[25] Wenn das Geld jedoch zur „Berechnung des Arbeitsaufwandes" ausgenutzt wird und nur „äußerlich, formal" als Wertmaß dient, d. h., wenn das Geld direkt, unmittelbar die Arbeit berechnet, dann ist es keineswegs Geld, sondern Verrechnungszeichen.

Diese Interpretation des Geldes ist von Grund auf falsch. Man kann das Geld nicht innerhalb irgendeines Bereiches der sozialistischen Produktion und des Wirtschaftskreislaufes nur der Form nach als Geld, also faktisch als eine Art Verrechnungszeichen betrachten. Der sozialistische Reproduktionsprozeß und alle seine Sphären benötigen wirkliches Geld. Da die Produktionsbeziehungen des Sozialismus die Warenproduktion bedingen, kann die unmittelbar gesellschaftliche Arbeit nicht ohne die Mithilfe des Wertes und seiner Formen dargestellt, berechnet und bewegt werden.

Das reale Sowjetgeld ist eine besondere Ware, das Gold. Die sowjetischen Geldzeichen stellen den Wert dieser besonderen Ware dar. Sie fungieren in allen Sphären der sozialistischen Ökonomik, da in ihnen die Bewegung der Arbeit in der Wertform vor sich geht.

Das Geld in der Sphäre der Produktion von Produktionsmitteln als irgendein Verrechnungszeichen zu betrachten heißt in Wirklichkeit nicht nur, die Geldbeziehungen auf dem entscheidenden Gebiete der Ökonomik zu leugnen, sondern die gesamte gewaltige Sphäre der Verteilung und Umverteilung der Einnahmen und Mittel im Sozialismus durch Haushalts- und Kreditmethoden im Grunde nicht als Geldverkehr anzusehen.

Partei und Regierung kämpfen um die Festigung und Entwicklung der Warenzirkulation, um die weitere Festigung des sowjetischen Rubels, um die Erhöhung der Stabilität der sowjetischen Finanzen und des sowjetischen Kredits und um ihre beste und rationellste Ausnutzung entsprechend den Erfordernissen des Gesetzes der planmäßigen proportionalen Entwicklung der Volkswirtschaft. Dazu muß die reale Natur und die Einheitlichkeit des Geldes in der gesamten sozialistischen

25 Siehe S. Atlas, Zu einigen Fragen der Theorie des Sowjetgeldes, in: „Neue Welt", Heft 15/16, 1953.

Ökonomik klargelegt, müssen die Besonderheiten ihrer Ausnutzung in den verschiedenen Sphären der Volkswirtschaft dargelegt werden.

2. Die Rolle des Goldes als Geldware

Die Klärung der Frage, wie die Bedingungen, unter denen das Gold spontan als Geldware wirkt, allmählich beseitigt werden und wie neue Bedingungen entstehen, unter denen das Gold diese Aufgabe planmäßig erfüllt, ist eine notwendige Voraussetzung für die Analyse der Funktionen des Geldäquivalents im Sozialismus, vor allem seiner Funktion als Wertmaß.

Für die Funktion des Goldes als Wertmaß ist kein reales Gold erforderlich. Das Gold dient nur ideell als Wertmaß. Das erzeugt in der kapitalistischen Wirtschaft die Illusion, das Gold brauche am realen Warenumsatz gar nicht beteiligt zu sein, könne aber dennoch die Rolle des Geldes spielen.

Das Gold als Geldware fungiert in der kapitalistischen Ökonomik unter ständig sich ändernden konkreten Bedingungen, besonders in der Epoche des Imperialismus. Immer aber ist das Dazwischentreten des Goldes beim realen spontanen Austausch die entscheidende Voraussetzung dafür, daß es seine Rolle als Geld spielen kann.

„Maß der Werte wird das Gold nur", sagt Marx, „weil alle Waren ihren Tauschwert in ihm schätzen. Die Allseitigkeit dieser prozessierenden Beziehung, woraus allein sein Charakter als Maß entspringt, setzt aber voraus, daß jede einzelne Ware sich in Gold mißt im Verhältnis der in beiden enthaltenen Arbeitszeit, daß also das wirkliche Maß zwischen Ware und Gold die Arbeit selbst ist, oder Ware und Gold durch den unmittelbaren Tauschhandel einander als Tauschwerte gleichgesetzt werden." [26] Das Gold muß folglich, um ideelles Maß zu sein, notwendigerweise reales Maß sein.[27]

Marx entwickelt diesen Gedanken mehrfach. Nicht zufällig ist gerade im ersten Band des „Kapitals" die kategorische Behauptung zu finden, „... funktioniert Gold nur als ideelles Wertmaß, weil es sich bereits im Austauschprozeß als Geldware umtreibt. Im ideellen *Maß der Werte* lauert daher das harte Geld." [28]

Am Ort der Goldförderung werden die Waren unmittelbar gegen Gold ausgetauscht, und die Veränderungen des relativen Goldwertes drücken sich in den Preisen dieser Waren aus. Von hier aus werden diese Preisveränderungen durch Kettenreaktion (durch „Ansteckung") auf den gesamten Warenmarkt übertragen.

[26] Karl Marx, Zur Kritik der politischen Ökonomik. A. a. O., S. 64.

[27] Gerade das wird nicht selten außer acht gelassen. In jedem einzelnen Falle tritt das Gold wirklich ideell auf, da die Waren einen Preis haben. Um aber die Preise festsetzen und beibehalten zu können, ist der reale Prozeß der Gleichsetzung wirklichen Goldes und wirklicher Waren und ein fortlaufender Preisbildungsprozeß notwendig. Der relative Wert des Goldes wird faktisch am Ort seiner Erzeugung, im unmittelbaren Tauschhandel, festgesetzt. – Siehe Karl Marx, Das Kapital. A. a. O., Bd. I, S. 98.

[28] Ebenda, S. 109.

Sehr wesentlich ist, daß das Gold an seinen Fundorten als einfache Ware in den Tauschverkehr eintritt. Marx sagt: „Man hat gesehn, daß die Zirkulationssphäre der Waren ein Loch hat, wodurch Gold (Silber, kurz das Geldmaterial) in sie eintritt als *Ware von gegebnem Wert*. Dieser Wert ist vorausgesetzt bei der Funktion des Geldes als Wertmaß, also bei der Preisbestimmung. Sinkt nun z. B. der Wert des Wertmaßes selbst, so erscheint dies zunächst im Preiswechsel der Waren, die unmittelbar an den Produktionsquellen der edlen Metalle mit ihnen als Waren ausgetauscht werden. Namentlich in minder entwickelten Zuständen der bürgerlichen Gesellschaft wird ein großer Teil der andren Waren noch längere Zeit in dem nun illusorisch gewordnen, veralteten Wert des Wertmaßes geschätzt werden. Indes steckt die eine Ware die andre an durch ihr Wertverhältnis zu derselben, die Gold- oder Silberpreise der Waren gleichen sich allmählich aus in den durch ihre Werte selbst bestimmten Proportionen, bis schließlich alle Warenwerte dem neuen Wert des Geldmetalls entsprechend geschätzt werden.“ [29]

Die Kettenreaktion bei der spontanen Preisbildung durch das Gold ergibt sich eben nur deshalb, weil an den Fundorten des Goldes Waren und Gold sich im Austausch spontan angleichen. Sie setzt voraus, daß in dem Augenblick, in dem sich der Goldwert ändert, gewissermaßen zwei Werte gelten: der alte, bereits illusorisch gewordene, und der neue, reale, der in der Kettenbewegung den alten, illusorischen ersetzt. Wenn aber der illusorische Wert des Goldes zeitweilig eine reale Rolle im Austauschprozeß spielt, warum kann das nicht auch für eine längere Zeit fortdauern? Kann nicht sehr wohl der illusorische Wert des Goldes irgendwann einmal zum einzigen, wirklichen Wertmaß werden? Ist es nicht möglich, daß das reale Gold aufhört, in den Tauschverkehr einzutreten, wodurch der neue, reale Wert des Goldes aufhört, den alten illusorisch gewordenen zu ersetzen? Diese Fragen tauchen auf, wenn man den Mechanismus, in dem das Gold als Geldware fungiert, näher betrachtet.

Der Reproduktionsprozeß setzt eine ständige Veränderung sowohl der absoluten als auch der relativen Warenwerte voraus, darunter auch des Wertes der besonderen Ware, des Goldes. In der kapitalistischen Wirtschaft ist der Ausdruck des Tauschwertes in der Geldform stets das Ergebnis einer spontanen Preisbildung, einer spontanen Festsetzung der Wertverhältnisse zwischen den Waren und dem Gold. Das Gold kann als Geldware auftreten, weil sich, wie bei jeder anderen Ware, in der Veränderung seines Wertes, und folglich im relativen Wert, der reale Prozeß der Wertschaffung widerspiegelt. Infolgedessen ist es ausgeschlossen, daß das Gold als Geldware mit einem ein für allemal festgesetzten illusorischen Wert fungiert. Marx hat die Utopie vom unveränderlichen Wertmaß scharf kritisiert. Das Gold dient als Geld und kann neben seinen sonstigen Funktionen seine Hauptfunktion als Wertmaß deshalb ideell ausüben, weil es real als sich reproduzierender und verändernder Wert existiert und mit der gesamten Warenwelt als reale Ware verbunden ist.

[29] Ebenda, S. 122–123.

Der illusorische Wert des Goldes als Wertmaßstab entsteht lediglich in bezug auf den wirklichen Wert des erzeugten und auszutauschenden Goldes; folglich ist der illusorische Wert ein Element des Mechanismus, in dem sich der wirkliche Wert des Goldes offenbart.[30]

Der spontane Mechanismus des Wertmaßes stützt sich auf die Bewegung des Goldes als solches in seiner Naturalform, d. h. in seiner Geldform. Wenn das Gold nicht unmittelbar innerhalb des Landes zirkuliert (und das ist gegenwärtig für die kapitalistischen Länder charakteristisch), dann äußert sich der Wirkungsmechanismus des Goldes als Geldware in den Außenhandelsbeziehungen durch die Beziehung der Gold repräsentierenden Währung zum Weltgold sowie durch die Beziehungen der Goldindustrie zu anderen Wirtschaftszweigen.

Im Jahre 1912 gab es unter den angesehenen marxistischen Wirtschaftswissenschaftlern jener Zeit eine Polemik über die Wirkungsweise des Goldgeldmechanismus in der kapitalistischen Welt. Der Anstoß dazu wurde durch einen Vortrag von E. Varga gegeben (der diesen Streit nach der Revolution in die sowjetische Presse trug).[31] E. Varga ging von der Möglichkeit des Wirkens eines „unveränderlichen" Maßstabes aus und bemühte sich zu beweisen, daß das Gold zu einem solchen unveränderlichen Maßstab geworden sei. Er nahm an, daß erstens seitens der Emissionsbanken „eine unbegrenzte Nachfrage" nach Gold bestehe und zweitens der Wert des Goldes durch die Kosten der am wenigsten ergiebigen Gruben bestimmt werde. Daher würde angeblich eine Erhöhung der Arbeitsproduktivität durch Einführung technischer Neuerungen bei unbegrenzter Nachfrage lediglich weniger produktive Gruben in Betrieb setzen. Der Wert des Goldes bliebe seiner Meinung nach „unveränderlich".

Nehmen wir indessen an, daß Gruben mit geringerer Ergiebigkeit in Betrieb genommen werden und trotzdem infolge der Entwicklung der Technik der Wert (und Marktwert) des Goldes stark fällt. Was geschieht dann mit den Preisen? Varga meint, da die Nachfrage unbegrenzt sei und die Gold„preise" fixiert wären, blieben die Warenpreise unverändert. Diese Behauptung beruht aber auf einem Irrtum: Wenn die Banken das Gold zu „festen Preisen" annehmen, so drückt das nicht die Unveränderlichkeit des Gold„preises" aus (einen solchen besitzt das Gold gar nicht), sondern die Unveränderlichkeit des Preismaßstabes. Das Papier- (oder Kredit-) Geld, das die Goldproduzenten im Austausch gegen reales Gold als Vertreter einer bestimmten Goldmenge erhalten, kommt in Berührung mit den Waren. Hier offenbart sich der relative Wert des Goldes, erfolgt die reale Preisbildung.

30 Marx bemerkte zur Veränderung des Goldwertes: „Diese doppelte Schätzung der Tauschwerte der Waren in demselben Lande kann natürlich nur temporär sein, und die Gold- oder Silberpreise müssen sich ausgleichen in den durch die Tauschwerte selbst bestimmten Proportionen, so daß schließlich die Tauschwerte aller Waren dem neuen Wert des Geldmaterials entsprechend geschätzt werden." Karl Marx, Zur Kritik der politischen Ökonomie. A. a. O., S. 174.

31 Die Diskussionsbeiträge zu dieser Frage sind im Sammelband: Geld und Geldzirkulation im Lichte des Marxismus (russ.), Moskau 1929, erschienen. Ich zitiere fernerhin nach dieser Ausgabe.

Varga hat seine Konzeption auch in der sowjetischen Presse formuliert und sie durch ein paradoxes Beispiel illustriert:

„*Voraussetzung:* Erhöhung der Gestehungskosten des neu geschürften Goldes auf das Zehnfache gegenüber früher (in Arbeitszeit, in Währungseinheiten). *Schlußfolgerung nach Kautsky, Ludwig und Bauer: Sinken aller Warenpreise auf ein Zehntel des früheren Standes. Schlußfolgerung auf Grund meiner Auffassung: Allgemeine Einstellung der Goldschürfung ohne jede Preisänderung.*" [32]

Der Goldwert und die Preise scheinen also keine miteinander im Zusammenhang stehenden Kategorien zu sein. Varga begreift, auf wie schwachen Füßen diese Theorie steht, und versucht die Konzeption des „historischen Wertes" des Goldvorrats der Gesellschaft in den Vordergrund zu rücken, der sich aus der Synthese des Arbeitsaufwandes verschiedener Produktivität in den verschiedenen Epochen herausgebildet und den die Gesetzgebung „fixiert" hat. Er versucht, seine Konzeption mit statistischen Angaben zu untermauern. Die Surplusprofite der Goldindustriellen aus der Senkung der Produktionskosten bei unveränderlichem Preis können weder auf die Weltmarktpreise noch auf die Fluktuation des Kapitals einwirken, meint er, da die Menge des in Umlauf gesetzten Goldes im Vergleich zum internationalen Warenverkehr äußerst gering sei. Dieses Argument überzeugt nicht. Als Geldmetall vollzieht das Gold eine erhebliche Zahl von Umläufen. An seinem Ausgangspunkt aber steht es nicht der gesamten Warenzirkulation gegenüber, sondern nur dem Teil, der mit der Produktion des Goldes als Ware zusammenhängt.

Die Idee vom „fixierten", „unveränderlichen" Wert des Goldes wurde von Hilferding entwickelt. Er ließ sich dabei von nominalistischen Erwägungen leiten. In seinem Artikel „Geld und Ware" erklärte er, genauso, wie der Wert des Papiergeldes unmittelbar den Wert der zirkulierenden Warenmenge reflektiere, würde sich seiner Ansicht nach letztlich auch der „Wert" des Goldes bestimmen.

Der Nominalismus der Geldtheorie Hilferdings folgt aus seiner antimarxistischen These, daß in bestimmten Grenzen auch im Kapitalismus die Anarchie überwunden werde [33], und daß der Wert dadurch angeblich den gegenständlichen Charakter verliere. Hiervon ausgehend, schlußfolgerte Hilferding, daß nicht das Symbol des Geldes, nicht das Symbol des Goldes, sondern das Symbol des Wertes zum Zirkulationsmittel würde, und daß die gesamte Papiergeldmenge den gleichen Wert habe wie die sich in der Zirkulation befindende Warenmenge. Aber in jedem ge-

[32] E. Varga, Der Wert des Goldes in der Marxschen Wertlehre (russ.), im genannten Sammelband, S. 180.

[33] „Innerhalb des Umfanges des *Zirkulationsminimums* ist so der sachliche Ausdruck des gesellschaftlichen Verhältnisses ersetzt durch ein bewußt geregeltes gesellschaftliches Verhältnis. Es ist dies möglich, weil eben auch Metallgeld ein wenn auch unter dinglicher Hülle verstecktes, gesellschaftliches Verhältnis ist ... Für das Minimum der Zirkulation ist diese Anarchie (der Warenwirtschaft — J. K.) gleichsam ausgeschaltet. Denn ein Minimum von Waren zu einem gewissen Wert muß unter allen Umständen umgesetzt werden. Die Ausschaltung der Wirkung der anarchischen Produktion erscheint in der Möglichkeit des Ersatzes des Goldes durch bloße Wertzeichen." R. Hilferding, Das Finanzkapital. Berlin 1955, S. 27–28.

gebenen Moment stehe allen auszutauschenden Waren, die als einheitliche Wertsumme fungieren, in der Zirkulation eine gewisse Papiergeldmenge gegenüber, die eben diese Summe der Warenwerte widerspiegele.

Die Konzeption des Gold„wertes“ von Hilferding vereinigt aber in sich zwei fehlerhafte Vorstellungen: erstens, daß die Annahme des Goldes seitens der Bank es von einer Berührung mit Waren fernhalte, und zweitens, daß das Gold wie das Geld keinen eigenen inneren, durch die vergegenständlichte Arbeit bestimmten Wert besäße, sondern ähnlich dem Papiergeld lediglich Wertzeichen für die Warenmassen wäre, Zeichen eines festen Wertes, da der Gold„preis“ stabil sei.[34]

Der Hauptfehler der Konzeption Hilferdings besteht in der Entstellung der Marxschen Werttheorie, in der Darstellung der auf dem Privateigentum basierenden Beziehungen als planmäßig organisierte Beziehungen, in der Leugnung der Notwendigkeit des gegenständlichen, dinglichen Ausdrucks der Arbeit als Wert.

In Wirklichkeit wird auch auf dem *anarchischen* Markt ein Waren„minimum“ nach *spontanen* Gesetzen verkauft. Wenn also in der Zirkulation das Gold durch dessen Zeichen, das Papiergeld, ersetzt wird, so ändert sich doch nichts im Wesen des Wertes. Dieser Ersatz bedeutet, im Gegensatz zu der Auffassung Hilferdings, durchaus nicht, daß der Prozeß der Vergegenständlichung der gesellschaftlichen Beziehungen aufgehört hat. Es kann daher auch keine Emanzipation des Papiergeldes vom Gold geben: Der Preis ist nichts anderes als die Darstellung des Warenwertes in Gold.

Der oben dargelegten Konzeption wurde von Kautsky und Bauer widersprochen. Da beide aber von der vulgär-mechanischen Geldtheorie ausgingen, haben sie die Theorie vom unveränderlichen Goldwert nicht im geringsten angezweifelt. Die wissenschaftliche Kritik der erwähnten Konzeptionen erfolgte lediglich auf der Grundlage der Marxschen Geldtheorie, die das Geld als Form der Bewegung der Widersprüche betrachtet, welche in der kapitalistischen Warenwirtschaft, in der Ware, verankert sind.

In den kapitalistischen Ländern trat nach dem ersten Weltkrieg (in einer Reihe von Ländern auch in der Gegenwart) mit dem Inflationschaos erneut mit aller Schärfe das Problem des Wirkens des Goldes als Geldware auf. In den Ländern, in denen der Wert des Papiergeldes ständig fiel, nahm die Verbindung des Papiergeldes mit dem Gold äußerst komplizierte Formen an. In den Ländern mit Goldwährung sank der relative Goldwert stark ab.

Eine Reihe von Wirtschaftswissenschaftlern unterstützte und entwickelte weiterhin die „Theorie“ der Unveränderlichkeit des Goldwertes.[35] Demgegenüber hat

[34] „Daß das unmittelbare Wirken des Wertgesetzes sich nicht auf das Gold als Geld erstreckt, daß dieses Gesetz den Geldkurs nicht direkt, sondern lediglich mittels des gesellschaftlichen Wertes der Zirkulation bestimmt, in diesem Umstand liegt, wie paradox er im ersten Augenblick auch erscheinen mag, in Wirklichkeit nichts Merkwürdiges. Für die Verwirklichung des Wertgesetzes ist volle wirtschaftliche Freiheit notwendig, aber sie wird modifiziert durch die Tätigkeit der zentralen Emissionsbanken für die Tauschbeziehungen zwischen Geld und Ware.“ R. Hilferding, Geld und Ware (russ.) im Sammelband: Geld und Geldzirkulation im Lichte des Marxismus, S. 99.

F. I. Michalewski wertvolle Untersuchungen über die Veränderungen des Goldwertes und über den Einfluß angestellt, den solche Veränderungen im modernen Kapitalismus auf die spontane Preisbildung ausüben. Auf Grund überzeugenden Tatsachenmaterials enthüllte er den Zusammenhang zwischen der Entwicklung der Warenpreise und der relativen Veränderung der Produktionskosten des Goldes. Er stellte fest, daß das Verhältnis der Produktionspreise als verwandelte Form des Wertes der betreffenden Waren zum Preis der Goldproduktion den Punkt bestimme, um den die Warenpreise entsprechend dem Angebot und der Nachfrage pendeln.[36]

Auch die konkrete Goldpreisbildung unter den heutigen Bedingungen hat F. I. Michalewski erforscht, ebenso die Kanäle, durch die die Veränderungen des relativen Goldwertes an die Warenpreise weitergeleitet werden.[37]

[35] Finn-Jenotajewski meinte beispielsweise, daß eine Preisänderung als Ergebnis einer Wertänderung der Geldware „nur unter Ausnahmebedingungen und in langen Zeiträumen stattfindet". A. Finn-Jenotajewski, Moderne Illusionen über das Geld und den Kredit (russ.). Moskau 1930, S. 47. – In einem anderen Werk begründet er die Theorie der relativen Stabilität des Goldwertes folgendermaßen: „Die Goldförderung eines *Jahres*, die nur einen unerheblichen Prozentsatz des in der Weltwirtschaft existierenden Vorrates an Gold darstellt, bestimmt nicht den Wert des letzteren, im Gegenteil, es findet den Wert des Goldes auf dem Weltmarkt als gegeben vor, ebenso wie die Warenpreise, die mit diesem Goldmaß gemessen wurden. Es sind außerordentlich starke und lang anhaltende Veränderungen im Angebot und in der Nachfrage erforderlich, um den Goldwert auf dem Weltmarkt einer Änderung zu unterwerfen. Alles dies macht den Wert des Goldes *stabil*. Und die Veränderungen des Goldwertes, die das Ergebnis *lang anhaltender und tiefgehender Veränderungen der Produktionskosten* durch erhebliche Veränderungen der *natürlichen und technischen Bedingungen seiner Förderung* sind, bedeuten eine Epoche in der Geschichte des Geldes und des Weltwirtschaftslebens." A. Finn-Jenotajewski, Der Wert des Goldes und die Kaufkraft des Geldes (russ.) in: „Die sozialistische Wirtschaft", Nr. 1, 1927, S. 82.

[36] Bei der Untersuchung des Problems „Gold als Geldware" verbindet F. I. Michalewski die Entwicklung der Preise sogar, wie uns scheint, zu eng und unmittelbar mit den Veränderungen des Goldwertes. Er behauptet, daß zu solchen Preisbildungsfaktoren wie dem Druck der Monopole und der Konjunktur in den Jahren 1921–1924 die Differenz zwischen W^1 und G^1 (W^1 = Produktionskosten der Waren; G^1 = Produktionskosten des Goldes – J. K.) zugunsten von G^1 hinzukam. Die Folge war ein gewisses Ansteigen der Preise zwischen 1921 und 1924. Nach der Periode der zeitweiligen Stabilisierung verschob sich die Ungleichheit zwischen W^1 und G^1 zugunsten von G^1. Die Preise begannen im Gegensatz zur zyklischen Entwicklung zu fallen. Das hält in England ununterbrochen an und wird in den Vereinigten Staaten von Amerika lediglich von unbedeutenden Erhöhungen auf dem Gipfel des Aufschwungs unterbrochen. – Siehe F. I. Michalewski, Das Gold als Geldware (russ.). 1937, S. 146 u. 152. – Die Farben, mit denen F. I. Michalewski die Abhängigkeit der Preise von den Veränderungen der Produktionskosten für das Gold zeichnet, sind ein bißchen zu dick aufgetragen. Bei der Betrachtung dieser Abhängigkeit darf nicht vergessen werden, daß das Fallen der Preise auch durch die fortschreitende Normalisierung der nach dem Kriege überhöhten Preise bedingt war.

[37] Siehe F. I. Michalewski, Das Gold während der Weltkriege (russ.), 1945. – In diesem Werk mißt F. I. Michalewski im Mechanismus der Kettenpreisbildung dem Umstand

Die Inflation und das Verschwinden des Goldes aus der inneren Zirkulation der kapitalistischen Länder zwischen den beiden Weltkriegen, während des zweiten Weltkrieges und danach, verstärkte die bürgerlichen nominalistischen Theorien. Weite Verbreitung fand die Theorie Keynes' von der „Entthronung" des Goldes und von dem angeblichen Aufkommen eines „Papiergeld-Wertmessers". In all diesen Dingen tritt die offene Apologetik der bürgerlichen Wirtschaftswissenschaft anschaulich zutage.

Die eigentliche Ursache für die Untergrabung, die tiefe Zerrüttung und die Fäulnis der Geldzirkulation in den kapitalistischen Ländern ist die gewaltige Verschärfung der imperialistischen Widersprüche in der Epoche der allgemeinen Krise des Kapitalismus. Diese Verschärfung der Widersprüche ist es, die das Wirken des Goldes als Geldäquivalent ernsthaft kompliziert.

Bereits der erste Weltkrieg versetzte der Goldzirkulation einen außerordentlich schweren Schlag. Mit dem Goldmünzenstandard, d. h. mit der Zirkulation von Goldmünzen und mit dem ungehinderten Umtausch der Banknoten gegen Gold, war es in den wichtigsten kapitalistischen Ländern (mit Ausnahme der USA) praktisch vorbei. Die Zirkulation entwerteten Papiergeldes, mit dessen Hilfe die Kosten der imperialistischen Kriege gedeckt wurden, trat an die Stelle der wertbeständigen Zirkulation.

Die Periode des ersten Weltkrieges wurde zur größten Inflationsperiode. Die Währung des reichsten kapitalistischen Landes, Englands, das Pfund Sterling, wurde stark abgewertet. Seine Kaufkraft sank um mehr als die Hälfte. Der Franc fiel auf einen Bruchteil seines früheren Wertes usw.

Am Ende des ersten Weltkrieges kam die Inflation keineswegs zum Stehen — und noch weniger kehrte man zur Goldzirkulation der Vorkriegszeit zurück. Die Währungen vieler Länder, z. B. Frankreichs, Deutschlands, Italiens usw., wurden stark abgewertet, wobei sich die Inflation in diesen Ländern noch für eine ganze Reihe von Jahren weiter verschärfte.

Erst in der Periode der teilweisen relativen Stabilisierung des Kapitalismus (1924—1928) gelang den kapitalistischen Ländern eine gewisse Stabilisierung ihrer Währungen. Aber diese Stabilisierung der Währungen war, genau wie die Stabilisierung des Kapitalismus selbst, nur eine teilweise, vorübergehende, schwankende. Zur Goldzirkulation kehrte praktisch keines der kapitalistischen Länder zurück. In den meisten wurde der Goldkern- oder der Golddevisenstandard eingeführt. Doch auch diese labile Stabilisierung brach unter den Schlägen der Weltwirtschaftskrise 1929—1933 zusammen.

Die Wirtschaftskrise war in allen kapitalistischen Ländern von schärfsten Geld- und Kreditkrisen begleitet, die die unbeständigen und stark unterhöhlten Geld-

besondere Bedeutung bei, daß die in der Goldindustrie benötigten Waren auf dem „Produktionswege" mit dem Gold verbunden sind. „Gerade der ‚Produktionsweg', gerade der Umstand, daß man mit Hilfe bestimmter Waren Gold erhalten kann, verhindert, daß die Preise dieser Waren stark von der Goldmenge abweichen, die man dafür erhalten kann" (S. 105). Die These vom „Produktionsweg" ist wichtig, wurde aber vom Verfasser leider nicht ausreichend entwickelt.

systeme der Nachkriegszeit vernichtend trafen. Der Goldkern- und der Golddevisenstandard wurden beseitigt; eine neue Inflationsperiode begann. Im Jahre 1931 brach die relative Stabilität des Pfund Sterling zusammen, das schnell abgewertet wurde. Darauf folgten Abwertungen in Dutzenden anderer kapitalistischer Länder. 1933 brach auch im mächtigsten Land des Kapitalismus, in den USA, der Goldstandard zusammen: Der Dollar wurde um mehr als 40 % abgewertet.

Die Weltwirtschaftskrise stürzte die kapitalistische Welt deshalb in ein solches Währungschaos und in eine solche Inflation, weil diese Auswirkungen durch die Verschärfung aller Widersprüche des Kapitalismus in der Epoche der allgemeinen Krise und vor allem durch den gesamten Fäulnis- und Zerrüttungsprozeß innerhalb des Geld- und Kreditsystems der kapitalistischen Länder vorbereitet worden waren.[38] Die Wirtschaftskrise bedeutete den Beginn einer langen Inflationsperiode sowie die Herrschaft der Papiergeldzirkulation in allen kapitalistischen Ländern und erschwerte die Währungsbeziehungen zwischen den Ländern ganz außerordentlich.

Die kapitalistischen Länder zogen das Gold aus dem Verkehr und führten ein Staatsmonopol darauf ein. Das Gold wurde in den Gewölben der Zentralbanken und der Schatzämter als militärisch-strategische Valutareserve geborgen. Die Währungen der bürgerlichen Länder — einschließlich des Dollar der USA — konnten nicht mehr gegen Gold eingelöst werden. Die englische Regierung verwandelte mit der Aufhebung des Goldstandards das Pfund Sterling in eine „gleitende“ Währung, deren Kurs sich ständig veränderte. So konnte das Pfund Sterling auf dem Weltmarkt als Waffe im Konkurrenzkampf dienen. Auch die Währungen vieler anderer kapitalistischer Länder wurden in „gleitende“ Währungen umgewandelt.

Damit erwies sich die Golddeckung der Banknoten als immer relativer, formaler und schwand bisweilen ganz. Die Emission von Banknoten erfolgte nicht nur gegen Deckung durch kommerzielle Wechsel, sondern auch durch staatliche Wertpapiere. Das Resultat war, daß die Banknoten nicht in Übereinstimmung mit dem wirklichen Bedarf der Volkswirtschaft an Geldzeichen, sondern vorwiegend zur Deckung unproduktiver Ausgaben der kapitalistischen Staaten ausgegeben wurden.

Die Depression besonderer Art, die Militarisierung der Wirtschaft usw. führten zu gewaltigen Haushaltsdefiziten. Daher wurde auch vor dem zweiten Weltkrieg die Emission von Banknoten immer mehr als Finanzquelle des Schatzamtes ausgenutzt. Auf diese Weise büßten die Banknoten nach und nach sogar die Kreditdeckung ein. Die weder durch Gold noch durch Kredit gedeckten Banknoten kamen dem einfachen Papiergeld nahe. Die kapitalistische Geldzirkulation wurde immer mehr zu einer Papiergeldzirkulation.

38 Dadurch, daß die Industriekrise 1929—1933 sich unter den Bedingungen der allgemeinen Krise des Kapitalismus abspielte, ist es auch zu erklären, daß diese Krise in außerordentlich scharfer Form neben der Produktions- und Zirkulationssphäre auch das Kreditsystem, die Währung, die Verbindlichkeiten usw. erfaßte und die feststehenden Geld- und Kreditbeziehungen zwischen den einzelnen Ländern und zwischen den sozialen Gruppen innerhalb der Länder untergrub.

So kam es in sehr vielen Ländern bereits lange vor dem zweiten Weltkrieg zur Inflation. Während in England und in den USA die Inflationswelle, die diese Länder während der Weltwirtschaftskrise überschwemmt hatte, einige Jahre vor Beginn des zweiten Weltkrieges abgeebbt war, nahm sie dafür in Deutschland, Italien und Japan immer schärfere Formen an. Sie griff auch auf viele kleine kapitalistische und auf koloniale und abhängige Länder über.

In den zweiten Weltkrieg traten die kapitalistischen Länder faktisch mit einer Papiergeldzirkulation oder mit einer Zirkulation von Kreditgeld ein, das sich mit der fortschreitenden Inflation in Papiergeld verwandelte. Daher genügte der geringste Anstoß, um die Inflation wesentlich zu verschärfen.

Der zweite Weltkrieg und seine Folgen führten zu einer Vertiefung der allgemeinen Krise des kapitalistischen Weltsystems und aller Widersprüche des Kapitalismus und beschleunigten den Fäulnisprozeß. Eine noch tiefere Zerrüttung des Geld- und Kreditsystems des Kapitalismus und eine noch stärkere Entwicklung der Inflation sogar in den größten kapitalistischen Ländern, wie in den USA, England, Frankreich, Italien usw., waren die Folge.

Nach 1950 ebbten die inflationistischen Erscheinungen etwas ab. Aber mit Beginn der Wirtschaftskrise in den USA 1958—1959 und dem Auftreten wesentlicher wirtschaftlicher Schwierigkeiten in anderen kapitalistischen Ländern verstärkte sich der Inflationsprozeß erneut. Somit werden die Perioden relativer Stabilität der kapitalistischen Geldzirkulation immer seltener und kürzer, und die Inflation erhält fast permanenten Charakter.

In den Widersprüchen des modernen Kapitalismus, die einen fast chronischen Inflationszustand bedingen, spielt der erbitterte Kampf um Absatzmärkte, Rohstoffquellen und Kapitalanlagesphären eine große Rolle. Infolge der immer ungleichmäßigeren Entwicklung in den kapitalistischen Ländern und der Zuspitzung des Problems der äußeren Märkte greift der Imperialismus zu immer neuen Formen des Kampfes um die Märkte, Formen, die die Welthandelsbedingungen stark verändern und die Konkurrenz verschärfen. Während der allgemeinen Krise des Kapitalismus ist der kapitalistische Weltmarkt durch hohe Zollbarrieren und durch ein kompliziertes System diskriminierender Maßnahmen zerrissen, die einigen Ländern auf Kosten anderer Länder Vorteile verschaffen.

Mit dem Zusammenbruch des Goldstandards fand eine Periode ihr Ende, in der die Währungen entsprechend dem wirklichen Goldgehalt der Geldeinheit frei konvertierbar waren. Die meisten Länder führten ein kompliziertes System von Devisenregulierungen und Devisenbeschränkungen ein.[39] Für die Devisengeschäfte wurden künstliche Kurse festgesetzt, die stark von dem wirklichen Wert der Währungen abwichen. Dabei galten und gelten bis heute für verschiedene Außenhandelsgeschäfte unterschiedliche Kurse für ein und dieselbe Währung.

[39] Vor Beginn des Krieges gab es nur wenige Länder, die keine Valutabeschränkungen eingeführt hatten, darunter die USA, England und Frankreich. Mit Kriegsbeginn führten auch England und Frankreich Beschränkungen ein, der freie Umtausch ihrer Währungen gegen andere Währungen wurde eingestellt.

Durch die Aufhebung der freien Konvertierbarkeit, durch das System der Devisenbeschränkungen und Clearingabkommen wurde bereits vor dem zweiten Weltkrieg die kapitalistische Welt in voneinander abgegrenzte Währungs- und Handelszonen geteilt, in eine Sterlingzone, eine Dollarzone, eine Zone des Franc, eine Zone der Reichsmark, eine Zone des japanischen Yen usw. Nach dem zweiten Weltkrieg ist die Aufteilung der kapitalistischen Welt in Zonen nicht verschwunden, sie wurde im Gegenteil noch komplizierter. Die Einführung einer teilweisen Konvertierbarkeit für manche Währungen beseitigte nicht den Kampf zwischen den Valutazonen. Die Vielzahl der Valutakurse, ihre künstliche Manipulierung, d. h. die Unterhaltung der Kurse auf einer Höhe, die nicht dem wirklichen Wert der Währungen entspricht, die verschiedenen Valutabeschränkungen — das sind die Merkmale der modernen kapitalistischen Valutabeziehungen.

Die starke Unausgelichenheit des Außenhandels und die ungeheuren Defizite in den Zahlungsbilanzen veranlassen die meisten kapitalistischen Länder zu einer zentralisierten Regulierung der Devisenausgaben. Die Folge der künstlichen Valutakurse ist eine nicht einzudämmende Devisenspekulation. Aber keine Handels- und Valutabarrieren und -beschränkungen sind in der Lage, die hohen Defizite in den Handels- und Zahlungsbilanzen der kapitalistischen Länder zu beseitigen, die die Ursache für weitere Währungsabwertungen sind.

Das Ergebnis des Kampfes um die Märkte in der zweiten Etappe der allgemeinen Krise des Kapitalismus ist Abwertung der Währungen, Buntscheckigkeit und Irrealität der Valutakurse, Entfesselung der Devisenspekulation und unzählige Hindernisse im internationalen Zahlungsverkehr, also — das Valutachaos. Die Währungsabwertung im Außenhandel wirkt wiederum auf die innere Geldzirkulation zurück und fördert die Inflation. So führen die untrennbar miteinander verbundenen inneren und äußeren Widersprüche der kapitalistischen Ökonomik zu einer immer größeren Zerrüttung der Geld- und Kreditsysteme und zu einer sich lang hinziehenden Inflation.

Alle Versuche in der Nachkriegszeit, die kapitalistischen Währungen zu stabilisieren und das Valutachaos zu überwinden, scheiterten, wofür die anhaltenden Inflationen ein beredter Beweis sind.

Die nach dem zweiten Weltkrieg entstandenen „internationalen“ staatsmonopolistischen Organisationen, wie der Internationale Währungsfonds, die Europäische Zahlungsunion usw., tragen nicht zur Milderung des Valutachaos und zur Stützung der Währungen bei, sondern komplizieren, da sie Werkzeuge der Monopole sind, das Valutaproblem der modernen kapitalistischen Welt noch mehr.

Die Ausnutzung der Inflation als Instrument zur Herabdrückung des Lebensstandards der Werktätigen und als Methode zur Finanzierung der Rüstungen, die Monopolpreise und die Anwendung künstlicher Valutakurse durch das Monopolkapital als mächtiges Mittel zur Erzielung von Profiten, die fehlende freie Konvertierbarkeit der Währungen gegen Gold, das Staatsmonopol des Goldan- und -verkaufs — das sind die Faktoren, die den Wirkungsmechanismus des Goldes als Geldware auf das äußerste desorganisieren und komplizieren.

Der Kettenprozeß der Preisbildung wird durch eine Vielzahl zusätzlicher Momente erschwert: durch künstliche Barrieren im Welthandel und bei den internationalen Verrechnungen, durch Beschränkungen bei der Konvertibilität der Währungen in Gold, durch die Divergenz zwischen dem Valutakurs und der inneren Kaufkraft des Geldes usw. Doch trotz dieser außerordentlich komplizierten und deshalb widersprüchlichen Faktoren übt das Gold auch weiterhin die Rolle des Wertmaßes aus.

Der spontane Kettenprozeß der Preisbildung auf Goldbasis hat sich wohl verändert, aber seine Notwendigkeit ist geblieben. Das ist damit zu erklären, daß der kapitalistischen Geldzirkulation folgende Hauptmerkmale zugrunde liegen:

Die kapitalistische Geldzirkulation dient einem spontanen Reproduktionsprozeß und insbesondere einem spontanen Weltmarkt. Infolgedessen herrscht eine spontane Preisbildung. In allen kapitalistischen Ländern besteht im Grunde unausweichlich eine zweiseitige spontane Verbindung zwischen den Binnenhandelspreisen und den Weltmarktpreisen, welche „regulativen" Hindernisse dies auch immer erschweren mögen.

Das Goldmonopol des kapitalistischen Staates bedingt, daß das Gold zu einem bestimmten „Preis" an den Staat abgegeben werden muß und vom Staat zu einem bestimmten „Preis" „verkauft" wird, was jedoch in keiner Weise den spontanen, privatkapitalistischen Charakter der Produktion und der Verteilung des Goldes berührt.

Der Ankauf der von der Goldindustrie benötigten Produktionsmittel stellt einen spontanen Austausch von Gold gegen Waren dar (selbst wenn das Gold in diesem Austausch durch seine Zeichen, Papier- oder Kreditgeld, ersetzt wird). Das bedeutet, daß der Kettenprozeß der Preisänderungen, angefangen bei den Preisen, die sich bei der unmittelbaren Berührung der Waren mit dem Gold gebildet haben (am Ort seiner Förderung), sich zwar kompliziert hat, jedoch weiterhin vor sich geht. Das Gold wird jetzt direkt in die Gewölbe der Banken geschafft und durch Papier- und Kreditgeld verschiedener Art ersetzt, dessen Kurs direkt oder indirekt an das Gold gebunden ist. Im zweiten Falle, d. h. bei der indirekten Bindung der Geldeinheit an das Gold, erhält die Verbindung der Währung mit dem Gold zusätzliche vermittelnde Kettenglieder. Der Rahmen, in dem der Goldgehalt der Papiergeldeinheit schwankt, erweitert sich, aber er bleibt ein Gold-Rahmen.

Das Gold, das in den internationalen Warenbeziehungen als unmittelbares Wertmaß und als Geld zur Deckung des Passivsaldos der Zahlungsbilanz auftritt, bleibt bei spontaner Preisbildung und spontaner Verbindung des Binnenmarktes mit dem äußeren Markt unbedingt Geldware.

Für die Rolle des Goldes als reales Geld ist daneben auch der Umstand von größter Bedeutung, daß das Gold den abstrakten Reichtum der kapitalistischen Gesellschaft verkörpert und als Objekt der privatkapitalistischen und der staatskapitalistischen Thesaurierung dient. Die allgemeine Unbeständigkeit und systematische Entwertung der gegenwärtigen kapitalistischen Währungen verstärkt außerordentlich die Jagd nach Gold zum Zwecke der Schatzbildung. Ungeachtet aller Gesetze über die Verstaatlichung der Goldvorräte sammeln die Monopolisten der USA, Englands, Frankreichs und anderer Länder legal, halb legal und illegal immer neue Goldmengen als Schatz an.

Nach den Angaben der Bank für Internationale Verrechnungen wird das in der gesamten Welt gegen Ende des Jahres 1955 gehortete Gold auf 12 bis 13 Mrd. Dollar beziffert; davon entfallen auf die Nachkriegszeit 4,6 Mrd. Dollar. Von 1946 bis 1955 stellte die Goldförderung in der Welt (ohne die UdSSR) einen Wert von 8,8 Mrd. Dollar dar. Von dieser Summe wurden zur Erhöhung der offiziellen staatlichen Goldreserven 4,2 Mrd. Dollar verwandt. 4,6 Mrd. Dollar oder 52 % der Goldförderung der Welt entfielen auf das sogenannte „verschwundene Gold", also auf Gold, das sich in der Hauptsache bei privaten Schatzbildnern ansammelt (der industrielle Bedarf macht einen verhältnismäßig geringen Teil des „verschwundenen Goldes" aus).[40]

Die Formen für das Fungieren des Goldgeldmechanismus werden somit komplizierter. Die Widersprüche verschärfen sich. Aber der Mechanismus bleibt, wenn auch desorganisiert, bestehen.[41]

Ist der An- und Verkauf des Goldes staatliches Monopol und wird das zirkulierende Papiergeld nicht eingelöst, dann ist der Einfluß, den Veränderungen des relativen Goldwertes auf die Preise ausüben, verhüllt durch die komplizierte Art und Weise, in der das Gold als Wertmaß fungiert.[42] Aber wie sehr auch die Mono-

40 Siehe A. Dubonossow, Der internationale Goldmarkt nach dem zweiten Weltkrieg (russ.), in: „Geld und Kredit", Nr. 3, 1957, S. 52.

41 F. I. Michalewski hat bei der Untersuchung des Problems „Gold als Geldware" völlig richtig darauf hingewiesen, daß selbst dann, wenn die Ventile der offiziellen Goldumwechslung in der gesamten kapitalistischen Welt geschlossen würden, das durch die Tür hinausgejagte Gold durch das Fenster wieder hineinkriechen und der wirkliche Preismaßstab ein Gramm Gold werden würde. Er betont, daß die Papiergeldwährungen mit dem Gold nicht über die offizielle, sondern über die tatsächliche Einwechslung gegen Gold verbunden sind, durch die Möglichkeit, legal oder illegal Gold für Papiergeld kaufen zu können. – Vgl. F. I. Michalewski, Das Gold als Geldware (russ.), 1937, S. 156.

42 Die Kompliziertheit der Verbindungen des Goldes mit dem Kreditgeld im gegenwärtigen Kapitalismus wird von einigen Wirtschaftswissenschaftlern überschätzt. G. A. Koslow schreibt beispielsweise, daß die Abwertung des Papiergeldes sich nicht darauf beschränkte, daß das Papiergeldzeichen eine geringere Menge Gold repräsentierte, sondern der Wert des Goldes selbst beginne sich zu verändern und sich dem neuen Wert der Papiergeldeinheit anzupassen. – Vgl. G. Koslow, Die kapitalistische Ökonomik und die Geldzirkulation (russ.), in: „Die Planwirtschaft" Nr. 3, 1947, S. 79.
Indessen sprechen für diese Annahme weder Tatsachen noch theoretische Argumente. Die Erfahrungen der USA, Englands und Frankreichs beweisen, daß eine Entwertung des Papiergeldes nicht zur Veränderung des Goldwertes führt, sondern zur Devalvation der entsprechenden Währungen. Theoretisch ist es aber vollkommen klar, daß, wenn das Wertgesetz in bezug auf den „Preis" des Goldes nur für etwas längere Zeit einwirkt, dies sich auch unbedingt in der Preisentwicklung äußern muß. Die Goldindustriemonopole erzielen, ob nun direkt oder indirekt, „rentable Preise" für das Gold. Eine Einschränkung der Goldförderung unter dem Einfluß „unvorteilhafter Preise" führt nicht zur Verringerung des Goldwertes, sondern zur Erhöhung seines „Preises".

polpreise, das staatliche Goldmonopol, das System der nicht konvertierbaren Kredit- und Papiergeldzirkulation, die Entfesselung der Inflation, das Valutachaos usw. das Fungieren des Goldes als Wertmaß erschweren mögen, dieses Fungieren selbst bleibt auch im Imperialismus unbeschränkt notwendig.

Das Fungieren des Goldes als Geldware veränderte sich grundlegend mit der Entstehung und Entwicklung sozialistischer Produktionsverhältnisse. Nachdem die Kommandohöhen der Wirtschaft nationalisiert waren und nachdem sich die in der Volkswirtschaft der UdSSR herrschende sozialistische Wirtschaftsform herausgebildet hatte, konzentrierten sich in den Händen des Sowjetstaates mächtige ökonomische Mittel, mit deren Hilfe auf die kleinbäuerliche Warenproduktion eingewirkt werden konnte. Die Wirkungssphäre des Gesetzes der planmäßigen, proportionalen Entwicklung der Volkswirtschaft erweitert sich Schritt für Schritt und bildet die Basis, auf der die Planung der Volkswirtschaft immer neue Erfolge erringt. Der Staat beginnt die Preise für die Produktionsmittel und Konsumtionsgüter der Industrieproduktion sowie die Erfassungspreise für landwirtschaftliche Produkte zu planen. Auch die Löhne werden auf Grund des staatlichen Planes festgesetzt. Gleichzeitig hat sich die Verbindung zwischen dem Binnenmarkt und dem Außenhandelsmarkt mit der Einführung des staatlichen Außenhandelsmonopols grundlegend geändert.

Bereits vom Beginn der Übergangsperiode an wurde es durch die Existenz einer sozialistischen Industrie und eines sozialistischen Transportwesens, durch die Zentralisierung des Getreides und anderer Lebensmittel in den Händen des Staates sowie durch das Außenhandelsmonopol möglich, den spontanen Einfluß des Weltmarktes auf den sowjetischen Binnenmarkt auszuschalten. Das hatte zur Folge, daß die Bedingungen für das Wirken des Geldmechanismus sich grundsätzlich änderten, da eine Grundvoraussetzung für das spontane Fungieren des Goldes als Wertmaß die spontane Verbindung zwischen dem Außenhandelsmarkt und dem Binnenmarkt ist.

So hat sich denn das Fungieren des Goldes als allgemeines Äquivalent schon in der Ökonomik der Übergangsperiode wesentlich von dem im Kapitalismus unterschieden. Bereits in der ersten Etappe der Übergangsperiode hörte das Gold auf, eine spontan fungierende Geldware zu sein, und wurde mehr und mehr als planmäßig fungierende Geldware ausgenutzt. Das Gold diente als Geld der Übergangsperiode den herrschenden Produktionsverhältnissen des Sozialismus, die sich auf der Grundlage des staatlichen sozialistischen Eigentums an den Produktionsmitteln herausgebildet und entwickelt hatten. Gleichzeitig wurde es auch in der einfachen Warenwirtschaft und im privatkapitalistischen Sektor ausgenutzt. Aber das Geld brachte durchaus nicht mechanisch die Produktionsverhältnisse einer sozial vielgestaltigen Ökonomik zum Ausdruck, sondern die dialektische Einheit der ökonomischen Verhältnisse der Übergangsperiode, in denen die sozialistischen Verhältnisse führend und bestimmend waren. Daher ist das Geld (im Sozialismus) eine sich entwickelnde sozialistische Kategorie. Es kann zur Beherrschung des Marktes im Interesse des sozialistischen Aufbaus ausgenutzt werden, und der Sowjetstaat hat das auch wirklich getan. Der Inhalt und die Methoden der Ausnutzung des Geldes in der Übergangsperiode haben sich zugleich mit der Veränderung der sozialökonomischen Verhältnisse in der UdSSR geändert.

Als der Sowjetstaat in den Jahren 1922—1924 die Geldreform durchführte und deren Ergebnisse festigte, berücksichtigte er bei der Planung und Regulierung der Preise neben den neuen Methoden auch die Marktmethoden zur Stützung des Kurses und der Kaufkraft des Rubels entsprechend seiner Goldparität. Der Staat nutzte das Gold als Geldware aus, um auf die spontanen Marktbeziehungen einzuwirken, die sozialistischen Elemente zu stärken und die kapitalistischen Elemente einzuengen und zu verdrängen. Die Besonderheit bei der Ausnutzung des Goldes als Geldware bestand eben darin, daß es schon unter den neuen Bedingungen der Geldzirkulation fungierte und daß auch die noch zur Stützung der Kaufkraft und des Valutakurses des Tscherwonez angewandten Marktmethoden der Entwicklung des Sozialismus dienten.

Die notwendige Entwicklung der sozialistischen Elemente der Wirtschaft auf Kosten der kapitalistischen Elemente und die zunehmende Einflußnahme auf die spontanen Warenbeziehungen drückten sich insbesondere in der verstärkten Planung der staatlichen Preise aus, bei der die objektiven Erfordernisse berücksichtigt wurden, die sich aus den Veränderungen in der Struktur der Reproduktion ergaben.

Die neuen Formen der Geldzirkulation entwickelten sich schnell. Die bis dahin in der UdSSR beibehaltenen Marktmethoden zur Sicherung der Stabilität des Tscherwonez und des Rubels gerieten aber mit dem Übergang zur Industrialisierung mehr und mehr in Widerspruch zu den sich aus der sozialistischen Entwicklung der Wirtschaft ergebenden Erfordernissen der Preisbildung.

Partei und Regierung, die sich auf die erstarkende Planwirtschaft, auf das immer größer werdende ökonomische Übergewicht der sozialistischen Elemente stützten, berücksichtigten bei der Planung immer weniger die Veränderung des relativen Goldwertes. Das bedeutete, daß sich ein neuer, dem Sozialismus eigentümlicher Mechanismus für das Fungieren des Geldäquivalents, des Goldes, entwickelte.

Die alte Form des Goldes als Geldäquivalent wurde mit neuem Inhalt erfüllt. Die neue Natur des Geldes offenbarte sich darin, daß es mit Erfolg im Interesse des sozialistischen Aufbaus eingesetzt wurde. Daher wurde auch die Entwicklung der Preise immer unabhängiger von der Entwicklung des relativen Goldwertes. Die neue Natur des Geldes trat auch in der Beseitigung einer Reihe alter Formen der Geldzirkulation und der Stützungsmethoden zutage, die sich aus der Umwechslung des Tscherwonez und des Rubels gegen Gold auf dem Markt ergeben hatten.

Indes hatten sich in jener Periode trotz aller Erfolge des Sozialismus noch in erheblichem Umfange die kleine Warenproduktion und starke Elemente des spontanen Marktes erhalten. Die Wertbeziehungen lösten sich in den Jahren 1926 bis 1928 trotz wesentlicher Veränderungen noch immer nicht von der alten „Skala“ der relativen Werte; infolgedessen blieb der durch die Geldreform geschaffene Preismaßstab ohne besondere Veränderungen weiterhin bestehen.

Der grundlegende Wandel im Fungieren des Geldäquivalents — die Liquidierung des zwiespältigen Charakters bei der Ausnutzung des Geldes und die Hebung seines sozialistischen Inhalts auf eine qualitativ höhere Entwicklungsstufe unter Beibehaltung der alten Goldhülle — geht einher mit dem Siege der sozialistischen Industrialisierung und der Umwandlung der kleinbäuerlichen Warenwirtschaft in die sozialistische Kollektivwirtschaft. Die sozialistischen Produktionsverhältnisse herrschen ungeteilt, und die Wertbeziehungen werden voll und ganz von der sozialistischen Reproduktionsstruktur bestimmt.

Mit dem Siege der sozialistischen Industrialisierung und der Kollektivierung der Landwirtschaft in der UdSSR wird die gesamte Warenproduktion zu einer Warenproduktion besondrer Art, deren Teilnehmer sozialistische Warenproduzenten sind. Der Handel wird zum Sowjethandel, und die staatlichen Planpreise umfassen die Preise für den überwiegenden Teil der abzusetzenden Waren. Auf dem Binnenmarkt wird der Einfluß spontaner Elemente immer geringer. Das Außenhandelsmonopol, das auf einer bestimmten Entwicklungsetappe vom Valutamonopol unterstützt wurde, schließt jeden Einfluß des Weltmarktes auf den sowjetischen Binnenmarkt und auf den Kurs der sowjetischen Währung aus. Die Preisveränderungen vollziehen sich jetzt schon unabhängig von den Veränderungen des relativen Goldwertes.

Wie wir gesehen haben, sind die Voraussetzungen für ein spontanes Fungieren des Goldes als Geldware ein spontaner Produktionsprozeß, ein spontanes Gegenübertreten der Ware und des Goldes im realen Tauschverkehr an den Goldförderungsorten und der Kettenprozeß der Preisänderungen.

Die sozialistischen Wirtschaftsbedingungen schließen sowohl die *spontane Produktion* des Goldes als auch seine *spontane Berührung* mit den Waren im Austausch auf dem Markt völlig aus. Die Goldförderung ist in der UdSSR Staatsmonopol. Aus der Zirkulation innerhalb der UdSSR hat man das Gold vollständig herausgezogen; es ist in das alleinige Eigentum des Staates übergegangen. Spontane Beziehungen des kapitalistischen Goldmarktes zum sowjetischen Binnenmarkt, der Einfluß von Wertänderungen des auf dem kapitalistischen Weltmarkt zirkulierenden Goldes auf die Preise des Binnenmarktes sind dank der Tatsache, daß sozialistische Produktionsverhältnisse vorliegen und auf ihrer Grundlage der Staat das Außenhandels- und Valutamonopol innehat, völlig ausgeschlossen.

Gibt es aber nicht doch in der sowjetischen Ökonomik einen „Goldkorridor“ durch den das Gold in gewissem Umfange spontan auf die Preisbildung einwirken könnte? Unter der Herrschaft der sozialistischen Produktion werden die Preise für den größten Teil der Waren planmäßig festgesetzt. Das gilt auch für den Goldpreis. Deshalb kann es in der Volkswirtschaft der UdSSR einen solchen „Korridor“ nicht geben.

Im Außenhandel ist der „Goldkorridor“ ebenfalls geschlossen. Gewinne und Verluste aus den Export- und Importgeschäften können keinen Einfluß auf die Warenpreise innerhalb des Landes ausüben, da der Außenhandel vom Staat völlig mit dem Volkswirtschaftsplan abgestimmt ist. Diese Gewinne und Verluste werden für die UdSSR insgesamt ebenso bilanziert wie die Gewinne und Verluste der Goldindustrie, die als Differenz zwischen den Produktionskosten und dem „Preis" des Goldes entstehen.

Die Verbindung zwischen dem Gold als Geldware und den sozialistisch produzierten Waren wird auf völlig anderen Grundlagen hergestellt. Die Entstehung und Entwicklung dieser neuen, für die Warenproduktion besonderer Art kennzeichnenden Verbindung zwischen dem Geld als Maß der Warenwerte und den Waren äußert sich deutlich in der Entwicklung der Planpreisbildung.

Das Planpreissystem wurde geschaffen auf der Basis einer grundlegenden Veränderung aller Wertproportionen der Reproduktion und folglich einer grundlegenden Veränderung sowohl des *absoluten* Wertes aller Waren (darunter auch des Goldes) als auch ihrer *relativen* Werte. Um sich hiervon zu überzeugen, braucht man nur die Daten über die Bewegung der Arbeitsproduktivität zu betrachten.

Der Index der Arbeitsproduktivität in den einzelnen Industriezweigen im Jahre 1935 (1928 = 100)[43]

Kohlenbergbau	163,8
Erdölförderung	177,8
Eisenerzbergbau	253,9
Eisenhüttenindustrie	219,2
Buntmetallindustrie	186,4
Metallverarbeitende Industrie	260,9
Grundchemie	302,4
Baumwollindustrie	137,0
Trikotagenindustrie	205,1
Konservenindustrie	277,3
Industrie insgesamt	*190,3*
Davon:	
in der Produktion von Produktionsmitteln	226,1
in der Produktion von Konsumtionsmitteln	165,8

Die Mechanisierung der Produktion führte auch in der Goldförderung zu einer Steigerung der Arbeitsproduktivität.

Ebenso erhöhten die Kollektivierung und Mechanisierung in der Landwirtschaft die Arbeitsproduktivität beträchtlich. Im Jahre 1933 stieg die Getreideernte pro Kopf und Tag in der kollektiven Wirtschaft gegenüber der Einzelwirtschaft (in der Periode von 1922 bis 1925) auf das 1,86fache und im Jahre 1937 bereits auf das 3,15fache.[44]

Die relativen Werte der Produkte industrieller und landwirtschaftlicher Herkunft haben sich also stark verändert.

[43] Die UdSSR – das Land des Sozialismus (russ.). A. a. O., S. 17.

[44] Die sozialistische Landwirtschaft der UdSSR (russ.). Gosplanisdat 1939, S. 47.

Hätte der sozialistische Staat, der auf allen Etappen des sozialistischen Aufbaus das Gold als Wertmaß ausnutzte, den durch die Geldreform von 1922 bis 1924 festgesetzten Maßstab der Preise unverändert beibehalten, dann hätten grundlegende Veränderungen des relativen Goldwertes zu ständigen Preisänderungen geführt. Die Preise hätten sich durch die Divergenz zwischen der Entwicklung des Wertes der Warenproduktion einerseits und des Goldes andererseits verändert. Gleichzeitig hätten aber, da in der sowjetischen Geldzirkulation nicht Goldmünzen, sondern Kreditgeld — Banknoten und Kassenscheine — umläuft, die Preise auf die Divergenz zwischen dem nominellen und faktischen Goldgehalt der Geldeinheit reagieren müssen.

Die Preisbildung richtete sich aber faktisch in jeder neuen Etappe des sozialistischen Aufbaus, da sie die objektiven Bedürfnisse der sozialistischen Ökonomik widerspiegelte, immer weniger nach den Bewegungen des relativen Goldwertes und hörte schließlich ganz auf, sich unmittelbar danach zu richten, wie die Analyse der konkreten Daten (siehe Kapitel I) beweist.

Nachdem sich die sozialistische Produktionsweise durchgesetzt hatte, führte der Sowjetstaat auch Maßnahmen durch, die darauf abzielten, die Planpreise erheblich zu verändern: die Großhandelspreise für Produktionsmittel, die Groß- und Einzelhandelspreise für Massenbedarfsartikel. Die Jahre 1935 und 1936 brachten eine erhebliche Preisänderung, welche alle Elemente des gesellschaftlichen Produkts berührte. Von 1947 bis 1954 fand mehrmals eine Senkung der Einzelhandelspreise statt. Das Ergebnis war, daß der Preisindex auf weniger als die Hälfte sank. 1949 wurde eine Reform der Großhandelspreise für Produktionsmittel vorgenommen, in deren Verlauf der Großhandels-Preisindex auf das 1,5fache erhöht wurde. Von 1950 bis 1955 wurden die Großhandelspreise mehrfach und radikal gesenkt. Ihr Index ist gegenwärtig (1960) niedriger als 1948, also vor der Reform der Großhandelspreise.

Alle diese Preisveränderungen fanden unabhängig von jeder Veränderung des relativen Goldwertes statt. Wenn wir diese Besonderheit der Preisbildung im Sozialismus erwähnen, dann haben wir dabei die Entwicklung der *Planpreise* im Auge, die in sowjetischen Geldzeichen, in Rubeln ausgedrückt werden. Es ist selbstverständlich, daß eine Veränderung des relativen Wertes der Geldware, da sie ein objektiver Prozeß ist, auch eine entsprechende Veränderung des Preis*niveaus* bedeutet, wenn dieses Preisniveau durch einen unveränderlichen Preismaßstab ausgedrückt wird. Nehmen wir beispielsweise an, daß der Wert des Goldes gesunken, der Wert der Waren aber unverändert geblieben ist. Es ist vollkommen klar, daß die Planpreise in Rubeln (unter sonst gleichen Bedingungen) unverändert bleiben. Folglich verändert sich nur der gültige Preismaßstab. Gleichzeitig erhöhen sich die Preise in Gold, die mit Hilfe des unveränderten Preismaßstabes errechnet werden.

Dieses Zusammenwirken, die Unabhängigkeit der Bewegung der Planpreise von der Bewegung des relativen Goldwertes bei entsprechender Änderung der (mit Hilfe des unveränderlichen Preismaßstabes zu bestimmenden) Preise in Gold, muß stets berücksichtigt werden, wenn der Mechanismus betrachtet wird, über den in der sozialistischen Ökonomik das Gold als Geldware ausgenutzt wird.

Die Preisbildung in der Planwirtschaft ist ein Prozeß, der die Verteilung der vergegenständlichten Arbeit vermittelt. Sie kann infolge der objektiven ökonomischen Bedingungen den Veränderungen des relativen Goldwertes nicht folgen. Die planmäßige Festsetzung der Preise reflektiert die Notwendigkeit der Verteilung der vergegenständlichten Arbeit in der Wertform entsprechend den Erfordernissen der Entwicklung der sozialistischen Wirtschaft, ihrer planmäßigen proportionalen Entwicklung. Die Unterordnung der Preisbildung unter irgendwelche Veränderungen in der Goldproduktion, wodurch sich eine Veränderung seines relativen Wertes ergäbe, stände jedoch in Widerspruch zu einer solchen Verteilung der Arbeit. Dies würde bedeuten, daß sich die Preise in Abhängigkeit von den Zufälligkeiten der Wertbewegung bei der Produktion nur einer einzigen Ware, des Goldes, gestalten würden.

Die sozialistischen Bedingungen gestatten es, in der Ausnutzung des Goldes als Geldäquivalent bei der Preisbildung nicht den Bewegungen des relativen Goldwertes zu folgen. Dies erklärt sich daraus, daß der Mechanismus der Preisbildung sich in dem Maße grundlegend verändert hat, wie der sozialistische Wirtschaftssektor sich erweitert und die planmäßige, proportionale Entwicklung sich auf die gesamte Ökonomik ausgedehnt hat. Solange der Wert der Waren auf dem Markt mit Hilfe des Goldes spontan gemessen wird, bilden sich die Preise spontan nach dem Verhältnis der Werte (der Produktionspreise) der Waren und des Goldes. Jede wesentliche Veränderung in den Verhältnissen zwischen den Produktionspreisen des Goldes und der Waren führt unausweichlich unmittelbar oder mittelbar zu Preisänderungen.

Völlig anders vollzieht sich die Preisbildung im Sozialismus. Da erstens unter sozialistischen Produktionsverhältnissen das Gold keine abstrakte Form des Reichtums ist, fehlt im Wirtschaftskreislauf des Inlandes das Haupthindernis für eine Veränderung der Goldmenge, die durch die Geldeinheit repräsentiert wird (falls ein ökonomisches Bedürfnis hierzu entsteht). Das ist eine wichtige Voraussetzung dafür, daß der Staat bei einer Änderung des relativen Goldwertes die Planpreise nicht zu ändern braucht, sondern die nominelle Summe der Preise des gesellschaftlichen Gesamtprodukts bestehen lassen kann. Wenn aber zweitens der Staat bei der Änderung des Wertes einer einzelnen Ware den Preis festsetzt, dann geht er von den Produktionskosten für die betreffende Ware aus, die in denjenigen Planpreisen ausgedrückt sind, in denen früher der Wert des Gesamtprodukts ausgedrückt war.

Der Wert des gesellschaftlichen Gesamtprodukts, der bereits in Gold als Summe der Preise, d. h. als bestimmtes ideelles Goldquantum, ausgedrückt wurde, wird zum Vergleichen des Wertes der einzelnen Waren mit dem Wert des gesellschaftlichen Gesamtprodukts ausgenutzt, um diesen Werten die Geldform zu verleihen. Hieraus ist ersichtlich, daß die gegenständliche Darstellung und Messung der Arbeit als Wert ein historischer Kettenprozeß ist. Die Arbeit, die in den neuen Warenmassen enthalten ist, wird der im Gesamtprodukt verkörperten und *bereits früher* als Wert in *Gold* dargestellten Arbeit gegenübergestellt; auf diese Weise wird diese Arbeit ebenfalls in der gegenständlichen Form des Wertes dargestellt und erhält die Form des Preises.[45]

So stellt sich der spezifische Mechanismus der Ausnutzung des Goldes als Geldware dar.

Da in der sozialistischen Ökonomik der Wert der einzelnen Ware und der Wert des gesamten gesellschaftlichen Produkts in Gold ausgedrückt wird, entsteht der Eindruck, als bestehe dabei kein Unterschied zum Ausdruck und zu der Messung des Warenwertes gemäß der Veränderung des relativen Goldwertes. In Wirklichkeit ist das aber nicht so. Der Staat geht bei der Festsetzung der Preise vom Verhältnis der Produktionskosten jeder einzelnen Ware zu den gesamten Produktionskosten des gesellschaftlichen Gesamtprodukts aus, die bereits früher in der Preissumme (in Gold) ausgedrückt wurden. Deshalb führen Preisänderungen nicht unbedingt dazu, daß der Wert des Gesamtprodukts, in neuen Planpreisen ausgedrückt, mit dem Wert der Goldmenge übereinstimmt, die sich aus dieser neuen Preissumme und dem alten Goldgehalt der Geldeinheit ergibt. Anders ausgedrückt: Planmäßige Preisänderungen müssen nicht unbedingt Änderungen des relativen Goldwertes berücksichtigen.

Die historischen Erfahrungen beweisen, daß im Sozialismus die Darstellung der in den Produkten enthaltenen Arbeit in der Geldform nicht durch den unbedingten Einfluß der Bewegung des relativen Goldwertes in der Form einer Änderung der Planpreise erschwert wird. Hören aber die in Gold ausgedrückten Preise auf, sich entsprechend der Bewegung des relativen Goldwertes zu verändern, dann bedeutet das eben, daß der Preismaßstab, d. h. der faktische Goldgehalt der Geldeinheit, sich verändert. Der Preismaßstab wird also im Sozialismus elastisch.

Wenn also im Sozialismus der Mechanismus der Preisbildung vom Verhältnis zwischen den Produktionskosten jedes einzelnen Produkts und den Produktionskosten des Gesamtprodukts ausgeht, die bereits früher als Preissumme in Gold ausgedrückt wurden, dann beweist das folgendes: Erstens wird das Gold als Geldäquivalent ausgenutzt, das es als äußeres, gegenständliches Maß des Wertes auftritt, d. h. als selbständige Wertform, mit deren Hilfe der Wert der Waren ausgedrückt wird. Zweitens bedeutet die geschilderte Art der Preisbildung einen qualitativen Sprung, da sie nicht mehr von den Veränderungen des relativen Goldwertes beeinflußt wird; die unterschiedliche Entwicklung des relativen Wertes des Goldes und der Waren einerseits und der Planpreise anderseits ändert lediglich den Preismaßstab und die Preise in Gold, die mit Hilfe des alten Preismaßstabes festgesetzt werden.[46]

[45] In diesem Falle tritt das Gold als Geldware in seiner Funktion als Wertmaß ideell auf. Dabei wird, wenn Änderungen des realen Wertes des Goldes und der Waren eine Änderung ihres relativen Wertes hervorgerufen haben, als ideelles Wertmaß nicht der alte Wert des Goldes ausgenutzt, der illusorisch geworden ist, sondern der neue, reale Wert. Wie das vor sich geht, erklärt der Mechanismus des Preismaßstabes.

[46] Die oben dargelegte Konzeption des spezifischen Wirkungsmechanismus des Goldes als Geldware stieß auf den Widerspruch einiger Ökonomen. I. Konnik beispielsweise, der nicht bemerkt, daß der in Gold ausgedrückte Gesamtwert unserer Ansicht nach ja der

In diesem Zusammenhang kann die Frage aufkommen, ob nicht lediglich eine Abweichung des „Preises“ des als allgemeines Äquivalent fungierenden Goldes von seinem Wert stattfindet, wenn eine Änderung des relativen Goldwertes nicht mit der Änderung der Planpreise übereinstimmt. Oder anders ausgedrückt, nutzt in diesem Falle nicht die sozialistische Gesellschaft das Gold mit „unveränderlichem Wert“ aus, d. h. den Wert, der, um es mit den Worten Marx' auszudrücken, bereits illusorisch geworden ist. Gerade eine solche Konzeption der Eigenart der planmäßigen Ausnutzung des Geldäquivalents haben einige Ökonomen vorgebracht.

Wir haben bereits gesehen, daß der „illusorische“ Wert des Goldes lediglich der Mechanismus ist, durch den sich sein tatsächlicher Wert offenbart. Als Geldware wird diese Ware deshalb bezeichnet, weil sie im Reproduktionsprozeß den realen Wert der Waren widerspiegelt. Wenn indes an Stelle des realen Wertes in dieser Rolle systematisch der illusorische Wert aufträte, dann würde das bedeuten, daß sich das Geld aus realem Geld in nominelles Geld, in bedingtes Rechengeld ohne jeden inneren Wert verwandeln würde. In der auf den ersten Blick unschuldigen Konzeption der Abweichung des „Preises“ des Goldes vom Wert des Goldes in seiner Rolle als Geldäquivalent verbirgt sich eine verschleierte Variante der nominalistischen Geldkonzeption.[47]

Das Verhältnis des Warenwertes zum Goldwert ist objektiver Natur. Bei der Änderung dieses Verhältnisses verändert sich entweder der Geldausdruck des Warenwertes, der Preis, oder, bei Unveränderlichkeit der Preise, der faktische Preismaßstab.[48]

Mechanismus ist, der die Darstellung der Warenwerte in der Ware Gold vermittelt, schreibt dem Verfasser dieses Buches die Behauptung zu, der Wert der einzelnen Waren erhalte „seine Darstellung in einem gewissen abstrakten Wert des gesellschaftlichen Gesamtprodukts . . . . . . der Wert drücke sich . . . im Wert aus.“ „Fragen der Wirtschaft“ (russ.), Nr. 1, 1958, S. 107. – Es genügt eine nur flüchtige Kenntnis unserer Konzeption, um klar zu erkennen, daß sie nichts enthält, was dem Kritiker erlauben könnte, uns Ansichten dieser Art zuzuschreiben. Außerdem lehnt Konnik die Theorie der Elastizität des Preismaßstabes mit der Begründung ab, daß sie erstens eine Labilität des Preismaßstabes bedeute und zweitens die Möglichkeit einer Divergenz zwischen dem offiziellen und dem faktischen Preismaßstab einschließe. Was die erste Einwendung angeht, so ist klar, daß eine Elastizität des Preismaßstabes zwar die Möglichkeit von Veränderungen, keinesfalls aber die Notwendigkeit systematischer Veränderungen, also der Labilität, zur Folge hat. Den zweiten Einwand widerlegen die Tatsachen. In der Tat hat sich der offizielle Preismaßstab in der UdSSR seit 1924 insgesamt zweimal verändert. Aber wesentliche Preisänderungen, die nicht den Änderungen des relativen Goldwertes entsprachen, hat es in dem verflossenen Vierteljahrhundert mehrfach gegeben, d. h. der faktische und der offizielle Maßstab stimmten tatsächlich nicht überein.

47 Ein Beispiel für eine solche nominalistische Behandlung des Goldgeldmechanismus im Sozialismus ist die Konzeption, die I. Konnik entwickelt hat. Vgl. „Fragen der Wirtschaft“ (russ.), Nr. 1, 1958, S. 107 u. 108.

48 Es ist völlig falsch, den offiziell festgesetzten Preismaßstab mit dem faktisch wirksamen zu identifizieren. Beide stimmen notwendigerweise nur überein bei vollwertiger Goldgeldzirkulation. Wenn jedoch Geldzeichen umlaufen – Papier- und Kreditgeld –, so ist

Änderungen des Preismaßstabes gab und gibt es nicht nur in der sozialistischen Wirtschaft, sondern sie traten auch in den verschiedensten Formen in der kapitalistischen Wirtschaft und ebenso in der einfachen Warenwirtschaft auf. Sie sind möglich und erfolgten tatsächlich sowohl bei metallischer Zirkulation und bei der Zirkulation von konvertiblen Banknoten als auch bei der Zirkulation nicht einlösbaren Papiergeldes. Unter den Bedingungen des Privateigentums und besonders des privatkapitalistischen Eigentums, wenn der Binnenmarkt und der Weltmarkt spontan miteinander verbunden sind, kann indessen eine Änderung des Preismaßstabes ein (unmittelbares oder in komplizierter Form vor sich gehendes) Nachfolgen der spontanen Preise hinter den Bewegungen des relativen Goldwertes nicht verhindern. Das ist auch nicht anders möglich: Da das Gold nun einmal nicht nur Wertmaß, sondern auch die abstrakte Form des Reichtums ist, stört jede neue, wesentliche Änderung des Preismaßstabes die entstandenen ökonomischen Beziehungen und ruft dadurch auch Störungen im Ablauf des kapitalistischen Reproduktionsprozesses hervor.

Anders liegen die Dinge im Sozialismus. Hier besteht erstens keine spontane Verbindung zwischen dem sozialistischen Binnenmarkt und dem kapitalistischen Weltmarkt, die über eine Änderung des Preismaßstabes auch Änderungen der Binnenmarktpreise entsprechend den Änderungen des relativen Goldwertes hervorrufen würde; zweitens stört im Sozialismus eine Änderung des Preismaßstabes, da sie den Erfordernissen der planmäßigen proportionalen Entwicklung der Volkswirtschaft entspricht, nicht den normalen Ablauf der Produktion; im Gegenteil, sie trägt dazu bei, daß das Gold, das keine abstrakte Form des gesellschaftlichen Reichtums ist, als Wertmaß dem planmäßigen Verlauf der sozialistischen Reproduktion dient.

Gleichzeitig muß betont werden, daß die Elastizität des Preismaßstabes im sozialistischen Geldsystem nicht bedeutet, daß Änderungen des Preismaßstabes willkürlich vorgenommen werden können und sich auf die Wirtschaft nicht auswirken. Diese Elastizität bedeutet lediglich, daß sie unter gewissen Umständen ausgenutzt wird, ohne den sozialistischen Reproduktionsprozeß zu stören. Gleichzeitig ist die Beibehaltung des faktischen Goldgehalts des Rubels wichtig sowohl für die Stabilität des Geldes im inneren Wirtschaftskreislauf als auch für die Ausnutzung der sowjetischen Währung in den Wirtschaftsbeziehungen mit dem Ausland.

Die realen Bedingungen einer planmäßigen Preisbildung sichern die Stabilität des Preismaßstabes. Die vielfältigen Abweichungen der Preise vom Wert der einzelnen Waren, die von den Interessen der planmäßigen Entwicklung der sozialistischen Ökonomik diktiert werden, liegen sowohl über als auch unter dem Wert. In den meisten Fällen kompensieren sie sich gegenseitig und beeinflussen daher

es möglich, daß sie nicht übereinstimmen, was tatsächlich auch häufig der Fall ist. „Stellt die Papierzettelmasse z. B. je 2 Unzen Gold statt je 1 Unze dar, so wird faktisch 1 Pfd. St. z. B. zum Geldnamen sage etwa von $^1/_8$ Unze statt von $^1/_4$ Unze. Die Wirkung ist dieselbe, als wäre das Gold in seiner Funktion als *Maß der Preise* verändert worden." Karl Marx, Das Kapital. A. a. O., Bd. I, S. 133.

überhaupt nicht den Preismaßstab. Nur Preisänderungen, die überwiegend in einer Richtung erfolgen, die nicht den Änderungen des relativen Goldwertes entspricht, rufen, wenn sie zusammenwirken, eine Verschiebung im Preismaßstab hervor.[49] Aber solche wesentlichen Verschiebungen in den Preisen und dementsprechend im Preismaßstab werden nur von besonderen Verschiebungen im Reproduktionsprozeß hervorgerufen — eine Erscheinung, die schon auf Grund dieses ihres Charakters weder systematisch sein noch sich öfter wiederholen kann.

[49] W. Batyrew hat völlig recht, wenn er die Bedeutung der Stabilität des Preismaßstabes erwähnt. Zugleich trennt er den Preismaßstab von dem Mechanismus seiner Bildung in der sozialistischen Ökonomik. W. Batyrew macht folgende Einwendungen gegen die von uns vertretene Theorie der Elastizität des Preismaßstabes geltend: erstens ergäbe sich aus dieser Theorie, der Preismaßstab sei des Merkmals der Unveränderlichkeit beraubt, weshalb er nicht als fixiertes Metallgewicht auftreten könne und daher den ihm eigentümlichen ökonomischen Inhalt verliere; zweitens habe die Unveränderlichkeit des Preismaßstabes ihre Bedeutung „als objektive Grundlage, um die Preise stabil zu halten"; drittens sei die Unveränderlichkeit des Preismaßstabes wichtig für den Rubelkurs, der nicht erheblich vom Preismaßstab abweichen könne; viertens würde eine Anerkennung der „Elastizität" des Preismaßstabes in Wirklichkeit das Problem illusorisch machen, das allgemeine Preisniveau auf dem Stand der Werte zu halten. – Siehe W. Batyrew, Der Geldumlauf in der UdSSR (russ.). Gasfinisdat 1959, S. 161–162. – Keine dieser Einwendungen kann man als begründet anerkennen. Der Preismaßstab als fixiertes Metallgewicht entsteht historisch im Prozeß der Entwicklung der Metallgeldzirkulation. Aber die Unveränderlichkeit ist ihm durchaus nicht zuinnerst eigentümlich; im Gegenteil, er verändert sich fortwährend aus vielerlei Gründen. Das ist von Marx erklärt und bewiesen worden. Bei Ersatz der Geldware in der Zirkulation durch irgendwelche Geldzeichen wird die Veränderung des Preismaßstabes durch das Gesetz der Geldzirkulation reguliert. Ökonomisch ist der Goldgehalt (der Preismaßstab) durch die tatsächliche Menge Gold bestimmt, welche das Geldzeichen in der Zirkulation vertritt, und nicht von dem gesetzlich fixierten Gehalt der Geldeinheit. Trotzdem beraubt die Veränderlichkeit des Preismaßstabes ihn nicht seiner Bestimmtheit und seiner ökonomischen Funktion, die darin besteht, als eine gewisse gegebene Goldmenge beliebige andere Mengen Goldes zu messen. Es ist auch falsch, in der Unveränderlichkeit des Preismaßstabes im Sozialismus eine objektive Grundlage zu sehen, um die Preise stabil halten zu können. Im Gegenteil, nur die Elastizität des Preismaßstabes schützt die Planpreise vor beständigen Schwankungen, die unvermeidlich wären auf Grund der ungleichen Veränderungen des Goldwertes und der Warenwerte bei unveränderlichem Preismaßstab. Es ist auch nicht richtig, die Elastizität des Preismaßstabes aus Erwägungen des Zusammenhangs des Goldgehalts der Geldeinheit mit dem Valutakurs abzulehnen, da der letztere mehr oder weniger stark vom ersteren abweichen kann. Endlich ist das Motiv theoretisch irrig, nach dem die „Anerkennung der ‚Elastizität' des Preismaßstabes in Wirklichkeit das Problem illusorisch machen [würde], das allgemeine Preisniveau auf dem Stand der Werte zu halten". Im Sozialismus gibt es keine zyklischen Bewegungen des Preisniveaus; die Summe der Warenpreise bringt stets die Wertsumme des gesellschaftlichen Warenprodukts zum Ausdruck. Es muß bemerkt werden, daß ungeachtet aller Einwendungen W. Batyrew schließlich unsere These von der Elastizität des Preismaßstabes übernimmt. Er verweist darauf, daß bei einer Bewegung der Planpreise, die nicht den Bewegungen des relativen Goldwertes entspricht

Die sozialistische Gesellschaft drückt die Werte der innerhalb des Landes erzeugten Waren in Geld aus und gibt ihnen die Form des Planpreises. Der objektiv notwendige Mechanismus für die Ausnutzung des Goldes ist dabei folgender: a) die historisch überkommene Gegenüberstellung der Produktionskosten jeder einzelnen Ware mit den in Gold als Summe der Preise ausgedrückten Produktionskosten des gesellschaftlichen Gesamtprodukts; b) die planmäßige elastische Veränderung des Preismaßstabes, d. h. des Goldgehalts der Geldeinheit, entsprechend den Bedürfnissen der Volkswirtschaft (in den besonderen Fällen, in denen die Änderung des Preisniveaus nicht der Änderung des Goldwertes entspricht).

Mit dem Siege des Sozialismus wird das Gold als Geldäquivalent, das die sozialistischen Produktionsverhältnisse ausdrückt, zu einem ganz planmäßig ausgenutzten Äquivalent. Dieser Vorgang vollzog sich nicht plötzlich, nicht überraschend. In der ersten Etappe der Übergangsökonomik, als die Reform der Geldzirkulation auf Goldbasis vorgenommen wurde, trat das Sowjetgeld als Repräsentant des Goldes auf, das in der Hauptsache bereits planmäßig ausgenutzt wurde, wobei allerdings noch bedeutende spontane Elemente vorhanden waren. In dem Maße, in dem die sozialistischen Elemente der Wirtschaft sich entwickelten und an Einfluß gewannen, verstärkte sich die planmäßige Ausnutzung des Goldes als Geldäquivalent. Unter der Goldhülle des Sowjetgeldes entwickelte sich schnell ein neuer sozialistischer Inhalt. Dieser Inhalt ist nach dem Siege des Sozialismus allumfassend.

(er formuliert diesen Prozeß terminologisch falsch als „Abweichung des Preisniveaus vom relativen Goldwert“), eine faktische Änderung des Goldgehalts der Geldeinheit stattfindet. Er nimmt allerdings an, daß diese Veränderung „von einer ungefähr zeitlich und im Ausmaß übereinstimmenden Veränderung des gesetzlich fixierten Goldgehalts begleitet wird“. Diese letzte Behauptung Batyrews steht in offenbarem Widerspruch zu den allgemein bekannten und von niemandem bestrittenen Tatsachen der Geschichte der Geldzirkulation in der UdSSR.

KAPITEL IV

Die Funktionen des Geldes in der sozialistischen Ökonomik

Der Kapitalismus, sagt Marx, bemächtigt sich der Geldzirkulation und verändert sie allmählich nach seinen Bedürfnissen, bewahrt aber dabei ihre Grundkonstruktion.[1] Im Sozialismus liegen die Dinge anders. Als der Sozialismus sich der Geldzirkulation bemächtigte, veränderte er grundlegend ihren Charakter. Die alten Formen für die Bewegung des Geldwertes — die Funktionen des Geldes (als Wertmaß, Zirkulationsmittel, Zahlungsmittel usw.) — werden von einem neuen Inhalt durchdrungen, der den sozialistischen Produktionsverhältnissen entspricht. Unsere Aufgabe ist es, diesen neuen, der Warenproduktion besonderer Art eigentümlichen Inhalt der Geldfunktionen in der sozialistischen Wirtschaft zu untersuchen.

Das Wesen des Geldes bestimmt seine Funktionen. Durch diese Funktionen wird die ökonomische Rolle des Geldes realisiert. Sie können als Funktionen einer selbständigen Form des Tauschwertes nur darin bestehen, daß sie der Bewegung der Arbeit in der Wertform oder, mit anderen Worten, daß sie der Bewegung des Warenwertes im gesellschaftlichen Reproduktionsprozeß dienen. Sie sind qualitativ bestimmte Arten oder Formen der Geldbewegung, die mit einer bestimmten qualitativ eigenartigen Bewegung des Warenwertes im Reproduktionsprozeß verbunden sind. Die Funktionen des Geldes sind also Formen der Bewegung des Geldwertes, die letztlich direkt oder indirekt die Bewegung des in den Waren enthaltenen Wertes vermitteln[2]; damit vermittelt die Bewegung des Geldes die Produktion, Distribution und Zirkulation des Wertes. Dabei bedingen jedoch gerade die qualitativ bestimmten Arten der Bewegung des Warenwertes im Reproduktionsprozeß die qualitative Bestimmtheit der Geldfunktionen.

Eben deshalb muß bei der Bestimmung der Geldfunktionen die ganze Vielfalt der wirtschaftlichen Prozesse, denen das Geld dient, von einer bestimmten Seite dieser Prozesse her betrachtet werden, eben als Gesamtheit der spezifischen Formen der Wertbewegung. Auf Grund der Analyse der auf diese Weise enthüllten

1 Karl Marx, Zur Kritik der politischen Ökonomie. A. a. O., S. 164.

2 Marx sagt, daß „... der Prozeß der Metamorphose der Waren, ... die verschiedenen Formbestimmtheiten des Geldes erzeugt ..." Karl Marx, Zur Kritik der politischen Ökonomie. A. a. O., S. 147. — Er betont besonders, daß es irrig wäre, die Eigenschaften und Funktionen, die das Geld kennzeichnen, aus seinen Eigenschaften als Kapital abzuleiten. Karl Marx, Das Kapital. A. a. O., Bd. II, S. 77.

Formen der Wertbewegung, von denen jede einzelne in den verschiedensten ökonomischen Prozessen einen gegebenen, qualitativ bestimmten Charakter besitzt, muß auch die Erforschung der Funktionen des Geldes vorgenommen werden.

Das Wesen des Geldes als allgemeines Äquivalent, als selbständige Form des Wertes, das die Produktionsverhältnisse des Sozialismus zum Ausdruck bringt und ihrer Entwicklung dient, ist einheitlich, in welcher Sphäre dieser Verhältnisse es auch immer fungiert. Diese Einheitlichkeit des Wesens des Geldes äußert sich in der Einheitlichkeit seiner Funktionen. Aber Einheitlichkeit bedeutet bekanntlich nicht Identität.

Die Besonderheiten der einzelnen ökonomischen Beziehungen im Prozeß der erweiterten sozialistischen Reproduktion setzen qualitativ verschiedenartige Bewegungen der vergegenständlichten Arbeit in der Wertform voraus. Deshalb muß das Geld eine Reihe besonderer Funktionen ausüben.[3]

Da das Geld ein Mittel für die gegenständliche Darstellung und Messung der Arbeit in der Form des Wertes ist, da sich also im Geld die Ergebnisse der Bewegung der Arbeit im Produktionsprozeß als Ergebnisse der Werterzeugung widerspiegeln, fungiert das Geld vor allem als Wertmaß. Nur wenn das Geld Wertmaß ist, kann es auch andere Funktionen ausüben, indem es diese oder jene reale Bewegung der Arbeit in der Wertform außerhalb des Produktionsprozesses im Wirtschaftskreislauf vermittelt.

Alle Funktionen des Geldes, außer der Wertmaßfunktion, die das Geld ideell ausübt, sind mit der *realen Bewegung des Geldwerts* verbunden. Obgleich das Fungieren des Geldes bei der *Distribution und Zirkulation* durch seine Rolle als

[3] Eben aus diesem Grunde gibt es im inneren Wirtschaftskreislauf objektiv vier bestimmte Geldfunktionen. Demgegenüber konstruieren einige Wirtschaftswissenschaftler verschiedene „neue“ Funktionen des Geldes. Es wird beispielsweise manchmal angenommen, daß das Geld bei der Zirkulation von Produktionsmitteln nicht als Wertmaß, sondern als Instrument zur Berechnung des Arbeitsaufwandes diene, bei der Lohnzahlung nicht als Zahlungsmittel, sondern als Bescheinigung, die seinem Inhaber, einem Mitglied der sozialistischen Gesellschaft, das Recht auf einen bestimmten Anteil des gesellschaftlichen Produkts verleihe, und entsprechend hierzu als Instrument zur Bezahlung der Arbeit, als Mittel zur Verteilung des individuellen Konsumtionsfonds. Im Zusammenhang mit wirtschaftlichen Verrechnungen wird die neue Geldfunktion als Instrument zwischenbetrieblicher Verrechnungen konstruiert. Das entspringt der Ansicht, daß die geldlichen Verrechnungen im staatlichen Wirtschaftssektor nicht eine Form realer ökonomischer Wertbeziehungen seien, sondern als Organisationsform der gesamtstaatlichen Kontrolle fungierten. In der Literatur stößt man auf Versuche, auch solche Geldfunktionen, wie Überprüfung der Planerfüllung, Verteilung und Umverteilung materieller Mittel, Kreditierung, Finanzierung, Messung der Produktionskosten usw., auszusondern. Solche Konstruktionen „neuer“ Geldfunktionen sind methodologisch unhaltbar, da sie den Versuch darstellen, die Funktionen des Geldes direkt, unmittelbar aus den Eigentümlichkeiten der Wirtschaftsprozesse abzuleiten, denen es dient, unabhängig davon, welche bestimmte Art der Bewegung des Warenwertes sich in diesen Wirtschaftsvorgängen vollzieht. Von diesem Standpunkt aus gesehen, müßte es so viel Geldfunktionen geben, wie es spezifische Wirtschaftsprozesse gibt, d. h. — unendlich viele.

Wertmaß in der Produktion vermittelt wird, ergibt sich dennoch die Eigenart aller übrigen Geldfunktionen, außer dieser letzteren, aus den Besonderheiten der Distribution und Zirkulation selbst.

Da also die sozialistischen Produktionsverhältnisse eine Erzeugung der Produkte als Waren erfordern, bedingt dies im gesamten System der Reproduktionsbeziehungen die Notwendigkeit, die Arbeit in der Wertform zu bewegen. Folglich machen es diese Verhältnisse erforderlich, daß in der bestimmenden Phase der Reproduktion, in der Produktion, die Bewegung der wertschaffenden Arbeit zuerst in der Form des Tauschwertes zum Ausdruck gebracht wird. Da diese Verhältnisse den Tauschwert als notwendige, spezifische Form der Darstellung und Messung der in der Ware vergegenständlichten Arbeit und als allgemeine Ausgangsform für ihre Bewegung erfordern, bedingen sie auch die Grundfunktion des Geldes, die als *Maß der Werte.*

Die sozialistischen Produktionsverhältnisse setzen in der Phase des Austausches eine spezifisch bestimmte Art der Bewegung des Warenwertes voraus, die im Kauf und Verkauf der Waren bei gleichzeitiger gegenläufiger Bewegung von Waren und Geld, d. h. in der unmittelbaren Realisierung der Warenwerte gegen Geld, besteht. Damit bedingen diese Verhältnisse die Funktion des Geldes als *Zirkulationsmittel.*

Die gleichen Produktionsverhältnisse setzen in der gleichen Phase des Austausches, wenn die Ware die Bewegung früher (oder später) als die ihren Wert realisierende Bewegung des Geldes vollzieht, oder auch in der Phase der Verteilung, wenn die ökonomischen Beziehungen nur als Endergebnis eine Bewegung der Waren bedingen, durch die vermittelnde, komplizierte, relativ selbständige Bewegung des Geldwertes im Prozeß der Distribution des Wertes des gesellschaftlichen Produkts auch eine besondere Funktion des Geldes voraus — die Funktion als *Zahlungsmittel.*

Schließlich bedingen die sozialistischen Produktionsverhältnisse als Folge des Zusammenwirkens aller Phasen der Reproduktion eine besondere Form der Bewegung des Warenwertes, seine Kristallisation in eine selbständige, zeitweilig aus dem Zirkulationsprozeß (sowohl als Zirkulationsmittel wie auch als Zahlungsmittel) gezogene Geldform und damit die Funktion des Geldes als Mittel der *Geldakkumulation und der Ersparnisbildung.*

Das sind die Funktionen des Geldes im inneren Wirtschaftskreislauf. Aber daraus, daß jede dieser Funktionen, ganz gleich in welcher besonderen Sphäre der Warenbeziehungen sie sich vollzieht, eindeutig ist, folgt durchaus nicht, daß den konkreten Erscheinungsformen der Geldfunktionen keine spezifischen Züge eigentümlich sind, je nachdem, ob sie der Produktion und Zirkulation der Waren in der staatlichen Wirtschaft oder in der genossenschaftlichen und kollektiven Wirtschaft, in den Beziehungen zwischen den beiden Wirtschaftssektoren, in den Beziehungen zwischen der sozialistischen Produktion und der Bevölkerung oder schließlich in der Sphäre der Nebenwirtschaften und der Bevölkerung, d. h. auf dem nichtorganisierten Markt, dienen. Die ins einzelne gehende Betrachtung jeder dieser Funktionen wird diese Besonderheiten klarlegen.

1. Die Funktion des Geldes als Maß der Werte

Da das Geld allgemeines Äquivalent ist, mit dessen Hilfe die in allen anderen Produkten enthaltene Arbeit in der Wertform dargestellt wird, übt es vor allem die Funktion als Wertmaß aus.

Die Funktion als Maß der Werte hat im Sozialismus einen grundsätzlich anderen Inhalt als im Kapitalismus. In der auf dem Privateigentum beruhenden Warenproduktion dient diese Funktion vor allem als Form der Bewegung des Widerspruchs zwischen der privaten und der gesellschaftlichen Arbeit. Die in den Waren vergegenständlichte private Arbeit kann nur durch Gleichsetzung mit dem Geld als gesellschaftliche Arbeit ausgedrückt werden.

Im Sozialismus ist in den Arbeitsprodukten unmittelbar gesellschaftliche Arbeit enthalten. Daher hat die Gleichsetzung der Arbeitsprodukte mit dem Geld im Sozialismus nicht das Ziel, den Widerspruch zwischen der privaten und der gesellschaftlichen Arbeit zu lösen, da es hier keine private Arbeit gibt und folglich ein solcher Widerspruch nicht bestehen kann. Das Wertmaß spielt hier eine andere Rolle.

In jedem einzelnen Betrieb wird die unmittelbar gesellschaftliche Arbeit als Gesamtheit verschiedener Arten sozial ungleichartiger Arbeit aufgewandt. Der Reproduktionsprozeß, dem die Warenbeziehungen dienen, erfordert aber eine einheitliche Darstellung der in den Waren enthaltenen Arbeit als allgemeine, sozial angeglichene, in allen ihren Teilen gleiche Arbeit und die Messung dieser angeglichenen Arbeit mit einem einheitlichen gesellschaftlichen Maß. Das wird erreicht durch die Darstellung der in den Waren vergegenständlichten Arbeit in der Wertform, d. h. durch Gleichsetzung der Waren mit dem Geld. Folglich besteht der neue Inhalt der Funktion des Wertmaßes im Sozialismus darin, daß sie als Form zur Lösung des der Arbeit im Sozialismus eigentümlichen nichtantagonistischen Widerspruchs zwischen der in den Betrieben aufgewandten individuellen und kollektiven Arbeit und der gesellschaftlichen Gesamtarbeit dient, als Form, mit deren Hilfe die unmittelbar gesellschaftliche Arbeit, die in der Produktion als konkrete Arbeit aufgewandt wurde, als abstrakte Arbeit dargestellt und mit einem einheitlichen gesellschaftlichen Maß gemessen wird.

Bei der auf dem Privateigentum beruhenden Warenwirtschaft fungiert als Wertmaß spontan eine besondere Ware, das Gold. In der sozialistischen Produktion und Distribution und im sozialistischen Austausch fungiert als Wertmaß dieselbe besondere Ware, das Gold, planmäßig. Dank der Ausnutzung des Geldäquivalents erhalten die einzelnen Waren, die unter den Bedingungen der Warenproduktion besonderer Art hergestellt wurden, das Material, um die in ihnen enthaltenen verschiedenen Arten der sozial ungleichartigen Arbeit in der Wertform „... als gleichnamige Größen, qualitativ gleiche und quantitativ vergleichbare, darzustellen".[4] Mit anderen Worten: Dieses Äquivalent dient als Wertmaß.

[4] Karl Marx, Das Kapital. A. a. O., Bd. I, S. 99. – Der bürgerliche Apologet Tugan-Baranowski hat eine wunderliche „Theorie" ersonnen, nach der im Sozialismus das Geld als nominal vereinbartes Geldzeichen ohne Wert existiert: „In der sozialistischen

Die Funktion des Wertmaßes besteht unter den Bedingungen einer Warenproduktion besonderer Art darin, die Arbeit, die in den Waren enthalten ist, mittels des Geldes in Wertform, also in der Geldform oder, anders ausgedrückt, in der Form des Preises (im wesentlichen) planmäßig darzustellen und zu messen. Der Wert, der in einer bestimmten Geldmenge dargestellt wird, oder *der Geldausdruck des Warenwertes ist der Preis.* Der Preis ist die spezifische Form für das Fungieren des Geldes als Wertmaß.

Das Geld fungiert als Wertmaß auf allen Gebieten der sozialistischen Reproduktion. Die Produktion des gesellschaftlichen Gesamtprodukts, seine Verteilung auf die Volkswirtschaftszweige, die Industrie, die Landwirtschaft, das Bau- und Transportwesen, auf die Zirkulationssphäre, auf die produktive und individuelle Konsumtion usw., allen diesen Prozessen, ihrer Berechnung und Planung dient das Geld vor allem in seiner Funktion als Wertmaß.

Die Bildung der Produktionskosten jedes einzelnen staatlichen Betriebes, die Verbindungen zwischen den Betrieben und der Volkswirtschaft sowie ihre Beziehungen zu den Arbeitern und Angestellten vollziehen sich in der Wertform und werden in dieser Form geplant und berechnet. Sowohl das eine als auch das andere erfordert das Fungieren des Geldes als Wertmaß.

Der in den Arbeitsinstrumenten und Arbeitsgegenständen enthaltene Aufwand an vergegenständlichter Arbeit erscheint im Wert der in der Produktion verwendeten Produktionsmittel. Der Aufwand an lebendiger Arbeit erscheint in der wertmäßigen Kostenrechnung der Betriebe zum Teil in den Ausgaben für Löhne, zum Teil in den innerbetrieblichen Akkumulationen. Der Betrieb drückt den Wert der erzeugten Produkte in Planpreisen aus. Durch ihre Realisierung erzielt er einen Gelderlös, aus dem die Produktionskosten gedeckt und innerbetriebliche Akkumulationen gebildet werden.

So verläuft der gesamte Reproduktionsprozeß ebenso wie die Planung und Berechnung der Produktion in jedem einzelnen staatlichen sozialistischen Betrieb in der Wertform und ist vor allem mit der Funktion des Geldes als Wertmaß verbunden.

Die genossenschaftlich-kollektivwirtschaftlichen Betriebe realisieren die von ihnen erzeugten Produkte nicht in vollem Umfange in der Geldform. Trotzdem ist auch in den Kollektivwirtschaften der Reproduktionsprozeß nicht zu trennen

Wirtschaft erhält der gesamte Prozeß des Preisausdrucks in einer Geldeinheit einen ideellen Charakter, da die Geldeinheit selbst völlig zur ideellen Geldeinheit wird. Diese Geldeinheit ist nicht mehr als ein vereinbartes Zeichen, das für die Verrechnung notwendig ist." M. I. Tugan-Baranowski, Der Sozialismus als positive Lehre (russ.). Petrograd 1918, S. 109. – Das trotzkistische kleinbürgerliche Geschwätz über das Geld, das das Sowjetgeld zu Geldzeichen ohne inneren Wert, zu „Anweisungen" auf Konsumtionsmitteln erklärt, hatte seine theoretische Grundlage im eklektischen Gewäsch dieser Pseudotheorie Tugans und in den vulgären Ansichten der zeitgenössischen Nominalisten, die das Geld zu Anweisungen auf Güter erklärten, wie beispielsweise Fr. Bendixen (siehe sein Werk: Das Geld, Verlag Das Recht, 1923, S. 25), oder der Metallisten, wenn sie wie Karl Diehl über den Sozialismus urteilen. (Siehe Karl Diehl, Gold und Währungen im Kriege und nach dem Kriege (russ.), Petrograd 1921, S. 132.)

von der Realisierung derjenigen Produkte gegen Geld, die die Kollektivwirtschaften dem Staat liefern, auf dem Kolchosmarkt absetzen usw. Im Jahre 1959 machte der Gelderlös der Kollektivwirtschaften 140 Mrd. Rbl. aus, überstieg also den Erlös von 1940, der 20,6 Mrd. Rbl. betrug, fast um das Siebenfache. Auch ein Teil der von den Nebenwirtschaften der Kollektivbauern erzeugten Produkte sowie der Produkte, die sie für ihre Arbeitseinheiten erhalten, nimmt die Warenform an. Ein Teil der Akkumulationen der Landwirtschaftsartels wird mit Hilfe des Geldes in der Wertform gebildet.

Aus all dem ergibt sich, daß das Fungieren des Geldes als Wertmaß im Reproduktionsprozeß der Kollektivwirtschaften, in den wirtschaftlichen Beziehungen zwischen Stadt und Land und folglich auch in der Planung und Berechnung dieser Prozesse notwendig ist.

Das Geld fungiert also als Wertmaß in der sozialistischen Produktion, Distribution und Zirkulation. In der Produktion dient diese Funktion des Geldes der Darstellung und Messung des in den *erzeugten* Waren enthaltenen Wertes, in der Distribution und Zirkulation der Darstellung und Messung des in den *abzusetzenden* Waren enthaltenen Wertes. Sowohl in der Produktion als auch in der Distribution und Zirkulation fungiert das Geld als Wertmaß nur in der Weise, daß durch seine Vermittlung die Arbeit als Wert in der Geldform, in der Preisform, dargestellt und gemessen wird.[5] Daher äußert sich die Funktion des Wertmaßes, welches ihre Anwendungsphäre auch immer sein möge, stets durch Darstellung des Wertes in der Geldform.[6]

Die Darstellung des Warenwertes in der Geldform ist in der sozialistischen Gesellschaft in der Hauptsache ein planmäßiger Vorgang. In ihr tritt das objektive, von der Gesellschaft erkannte Arbeitsverhältnis zwischen Produktionsteilnehmern, die objektive, von der Gesellschaft erkannte Wechselbeziehung zwischen den einzelnen Teilen der in den Produkten vergegenständlichten gesellschaftlichen Arbeit

[5] „Der Preis ist der *Geldname* der in der Ware vergegenständlichten Arbeit." Karl Marx, Das Kapital. A. a. O., Bd. I, S. 106.

[6] Dieser Weg der Verwirklichung der Funktion des Wertmaßes wird manchmal unterschätzt. Manche Wirtschaftswissenschaftler behaupten, die Funktion des Wertmaßes äußere sich auf zweierlei Art: erstens in der geldlichen Messung des Aufwandes an lebendiger und vergegenständlichter Arbeit (der verbrauchten Produktionsmittel) bei der Planung und Ermittlung der tatsächlichen Produktionsselbstkosten und bei der Buchführung und Kontrolle der Produktion in der Geldform; zweitens in der Preisbildung, d. h. in der Festsetzung derjenigen Proportionen, in denen sich der Warenaustausch vollziehen soll. In Wirklichkeit gibt es keine zweifache Äußerung der Funktion des Wertmaßes. In den Produkten ist, ganz gleich, ob in der Sphäre der Produktion oder in der Sphäre der Verteilung und des Austausches, Arbeit vergegenständlicht, die in der Wertform dargestellt wird. Das Wertmaß erscheint eben nur in der Darstellung des Wertes in der Geldform, als Preis. Die Produktionsaufwendungen können nur dann gemessen werden, wenn sie zu Aufwendungen an vergegenständlichter, in den Produkten verkörperter und als Wert dargestellter Arbeit werden. Daher besitzt das Wertmaß bei der Messung des Produktionsaufwandes keine besondere, sich von der Form des Preises unterscheidende Erscheinungsform.

zutage. Hierdurch unterscheidet sich das Wertmaß der sozialistischen Ökonomik grundlegend vom Wertmaß der kapitalistischen, in der es nicht durch die bewußte Handlung der kapitalistischen Produzenten, sondern spontan wirksam wird.[7]

Der Preis kann, wenn es sich um den organisierten Markt handelt, nur auf der Grundlage des Wertgesetzes und in Einklang mit den Erfordernissen der Gesamtheit der ökonomischen Gesetze des Sozialismus planmäßig festgesetzt werden. Hierbei tritt das Geld in seiner Funktion als Wertmaß ideell auf.

Um den Preis festsetzen zu können, bedarf es auch eines bestimmten Preismaßstabes, d. h. einer bestimmten Quantität der Geldware, des Goldes, die eine Geldeinheit darstellt, oder, auf das Geldsystem der UdSSR angewandt, eines bestimmten Goldgehalts des Rubels.

Als Wertmaß und als Preismaßstab spielt das Geld der sozialistischen Gesellschaft ganz unterschiedliche Rollen und erfüllt verschiedene Funktionen. Als Wertmaß dient es der Umwandlung des Wertes verschiedener Waren in Preise, ihrer Darstellung in einem bestimmten Geldquantum; als Preismaßstab mißt es dieses Quantum. Mit Hilfe des Wertmaßes werden die Waren als Werte gemessen; mit Hilfe des Preismaßstabes werden die verschiedenen Quanten der Geldware, des Goldes, d. h. des Geldes, mit einem bestimmten Quantum desselben gemessen.

Aber zwischen dem Preismaßstab in der spontanen kapitalistischen Ökonomik und dem Preismaßstab in der sozialistischen Planwirtschaft besteht ein wesentlicher Unterschied. In beiden Fällen stellt er ein bestimmtes Quantum Gold dar. Der erste bestimmt die Gesamtheit der Preise nach dem Wert des gesellschaftlichen Gesamtprodukts, der zweite wird durch ihre Relation bestimmt. Da das Gold in seiner Funktion als Wertmaß in der sozialistischen Gesellschaft für die planmäßige Preisbildung ausgenutzt wird, unabhängig von den Veränderungen des relativen Goldwertes, durch Vergleich der Produktionskosten jeder einzelnen Ware mit den Produktionskosten des gesamten Warenprodukts, die in der Summe der Preise in Gold dargestellt sind, hängt auch der Preismaßstab von der Veränderung dieser Summe selbst ab.

Wenn die Summe der Planpreise des gesellschaftlichen Produkts sich erhöht oder verringert, obgleich sein Wert unverändert bleibt, dann stellt bei unverändertem Goldwert jede Geldeinheit eine entsprechend kleinere oder größere Goldmenge dar; der Preismaßstab verändert sich.[8]

[7] Eine Ausnahme bildet nur das Fungieren des Geldes als Wertmaß in der Sphäre der Nebenwirtschaft der Bevölkerung und des ökonomischen Verkehrs auf dem nichtorganisierten Markt. Aber erstens spielt der nichtorganisierte Markt keine irgendwie wesentliche Rolle in der Gesamtheit der Ware-Geld-Beziehungen im Sozialismus. Zweitens gestaltet sich auch in dieser Sphäre die Funktion des Wertmaßes, ohne unmittelbar planmäßig zu sein, unter dem vorherrschenden Einfluß dieser Funktion im planmäßigen staatlichen und genossenschaftlich-kollektivwirtschaftlichen Sektor. Daher gehen wir auch nicht näher auf das Fungieren des Wertmaßes in der Sphäre des nichtorganisierten Marktes ein.

[8] Die Änderung des faktischen Goldgehalts des Rubels spiegelt sich auch in seinem offiziellen Goldgehalt wider. Als beispielsweise im Jahre 1950 der Rubelkurs auf Goldbasis

Wir wollen das an einem Beispiel erläutern:

Nehmen wir an, das gesellschaftliche Produkt besteht aus Produkten der Abteilung I, in denen gesellschaftlich notwendige Arbeit von 140 Mrd. Stunden, und aus Produkten der Abteilung II, in denen Arbeit von 100 Mrd. Stunden vergegenständlicht ist. Nehmen wir weiter an, daß in 0,2 g Gold eine Stunde gesellschaftlich notwendiger Arbeit vergegenständlicht ist. Wenn als Preismaßstab die 0,2 g Gold dienen und den Goldgehalt des Rubels darstellen, dann wird der Wert der Produkte der Abteilung I in der Preissumme von 140 Mrd. Rubel oder 28 Mrd. g Gold ausgedrückt, der Wert der Abteilung II in 100 Mrd. Rbl. oder 20 Mrd. g Gold; der Gesamtwert des gesellschaftlichen Produkts aber drückt sich in der Preissumme von 240 Mrd. Rbl. oder 48 Mrd. g Gold aus.

Setzen wir weiter voraus, daß der Staat bei unverändertem Wert der Reproduktion des gesamten gesellschaftlichen Produkts (darunter auch des Goldes) aus verschiedenen Gründen die Preise für die Produkte der Abteilung I so gesenkt hat, daß die Preissumme der Produkte dieser Abteilung, in denen 140 Mrd. Stunden gesellschaftlich notwendiger Arbeit enthalten sind, nicht 140 Mrd. Rbl., sondern 100 Mrd. Rubel ausmacht. Das würde bedeuten, daß die Preissumme des gesellschaftlichen Gesamtprodukts, in dem wie vorher 240 Mrd. Stunden gesellschaftlich notwendiger Arbeit enthalten sind, sich in 200 Mrd. Rbl. ausdrücken würde. Da aber hierbei der Wert des Goldes sich nicht geändert hat und eine Stunde Arbeit wie vorher sich in 0,2 g Gold verkörpert, ist der Wert des gesellschaftlichen Gesamtprodukts wie vorher gleich 48 Mrd. g Gold, die jetzt jedoch nicht mehr 240 Mrd. Rbl., sondern 200 Mrd. Rbl. bedeuten. Infolgedessen verändert sich der Preismaßstab, und der Rbl. stellt nicht mehr 0,2 g Gold dar, sondern 0,24 g Gold $\left(\frac{48 \text{ Mrd. g}}{200 \text{ Mrd. Rbl.}}\right)$. Die Preissumme des gesellschaftlichen Produkts von 200 Mrd. Rbl. oder 48 Mrd. g Gold steht für 240 Mrd. Stunden gesellschaftlich notwendiger Arbeit, d. h., sie ist gleich der Summe ihres Wertes.[9]

umgestellt wurde, stieg mit der wachsenden Kaufkraft des Rubels auch sein offizieller Goldgehalt. Er wurde auf 0,222168 g Feingold festgesetzt, während er früher (in Anlehnung an den Dollarkurs) 0,168 g Feingold betrug.

[9] Dieses Beispiel deckt den Mechanismus auf, mit dem der einheitliche Preismaßstab in der sozialistischen Wirtschaft beibehalten wird. Manche Ökonomen meinen, daß es in der sozialistischen Wirtschaft einen einheitlichen Preismaßstab nicht geben kann, daß es in Wirklichkeit zwei Preismaßstäbe gibt: einen Maßstab im Wirtschaftskreislauf der Produktionsmittel und einen anderen bei der Zirkulation der Konsumtionsmittel. Vgl. M. Sakow, in: „Fragen der Wirtschaft" (russ.), Nr. 12, 1957, S. 110 u. 111; B. Minc, ebenda, Nr. 1, 1958, S. 97; A. Kulikow, ebenda, Nr. 9, 1957, S. 76; P. S. Mstislawski, in: „Mitteilungsblatt der Moskauer Universität" (russ.), Serie Ökonomik, Philosophie und Recht, Nr. 2, 1958, S. 190.

Aber das, was diese Ökonomen als zwei Preismaßstäbe ansehen, sind in Wirklichkeit zwei Preishöhen, d. h. zwei verschiedene Grade der Abweichungen des Preises vom Wert und nicht zwei Maßstäbe, da die Einheitlichkeit der Goldware, die Einheitlichkeit des Wertmaßes und schließlich die Einheitlichkeit des gesamten Geldsystems einen einheitlichen Preismaßstab erfordern, also einen einheitlichen Goldgehalt der Geldeinheit. Wenn

Gewährleistet denn nun der Mechanismus der Verbindung zwischen der Funktion des Geldes als Wertmaß, dem Preismaßstab und den Preisen eine ausreichende Stabilität des Geldes der sozialistischen Gesellschaft in der Funktion als Wertmaß? Bedeuten nicht Veränderungen des Preismaßstabes infolge Veränderungen des Preisniveaus, die nicht der Veränderung des Verhältnisses zwischen dem Wert des gesellschaftlichen Gesamtprodukts und dem Wert des Goldes entsprechen, daß häufige Schwankungen in den Wertbeziehungen unvermeidlich sind, d. h., daß das Wertmaß nicht stabil ist? Nein. Wie wir gesehen haben, ist es nicht so. Das Wertmaß, das planmäßig durch Vergleich des Wertes der einzelnen Waren mit dem Wert des in der Summe der Goldpreise ausgedrückten Gesamtprodukts und durch Veränderung des Preismaßstabes wirkt, ist stabiler als das spontan wirkende Wertmaß.

Die Bedingungen der sozialistischen Ökonomik schützen den Mechanismus des Wertmaßes vor den Einflüssen der vielfältigen Faktoren, die die Arbeitsproduktivität in jedem einzelnen Zweig bestimmen, auch in der Goldindustrie (was der Fall ist, wenn das Gold als spontanes Wertmaß auftritt), und sichern die Stabilität des Preismaßstabes.

Es sind natürlich verschiedene Varianten im Verhältnis zwischen der Bewegung des Warenwertes und der Preisänderung möglich, die sich unterschiedlich auf den Preismaßstab auswirken. Sinken bei sich verminderndem Goldwert die Warenwerte stärker als der Goldwert und folgen die Planpreise der Wertverringernug der Waren und nicht dem relativen Goldwert, dann erhöht sich der Preismaßstab. Wenn jedoch bei Verringerung des Warenwertes die Planpreise entsprechend fallen, der Goldwert aber unverändert bleibt, dann ändert sich auch nicht der Preismaßstab usw.

Daß die Preissumme in einer Reihe von Fällen sich in anderen Proportionen verändert als die Wertmenge und dementsprechend eine Änderung des Preismaßstabes erfolgt, geht aus den Erfahrungen bei der Entwicklung des sowjetischen Geldsystems hervor.

In den Nachkriegsjahren erhöhte die Sowjetregierung die Kaufkraft des Rubels und erhöhte damit auch die Goldmenge, die der Rubel repräsentiert. Darüber kann man sich auch indirekt ein Urteil bilden, indem man das Verhältnis zwischen der Senkung der Einzelhandelspreise und der Senkung der Selbstkosten der industriellen Erzeugnisse betrachtet. Die Senkung der Selbstkosten betrug im Jahre 1949 bei den industriellen Erzeugnissen 6,8 %, im Jahre 1950 5,4 %, 1951 5,4 %, 1952 4,4 %, 1953 3,7 %, 1954 3,2 %. Während der gleichen Zeit, von 1948 bis 1954, wurden die Einzelhandelspreise für Massenbedarfsgüter um 57 % gesenkt.

Kennzeichnend für den Einfluß der Preisbewegung auf den Preismaßstab sind auch die Veränderungen der Preissumme, die den Wert des Mehrprodukts ausdrücken, das dem Staatshaushalt und den Betrieben zugeflossen ist.

Die folgende Übersicht zeigt die Preissumme, in der sich der Wert dieses Produkts im Jahre 1950 unter zwei verschiedenen Bedingungen ausgedrückt hätte: a) wenn

es zwei Preismaßstäbe gäbe, dann würde das bedeuten, das faktisch nicht ein einheitliches Geldsystem fungiert, sondern zwei verschiedene Geldsysteme. Das ist aber mit der Einheitlichkeit des sozialistischen Reproduktionsprozesses unvereinbar.

der Preismaßstab unverändert geblieben, b) wenn er entsprechend dem Wachstum der Arbeitsproduktivität gestiegen wäre, (in der Gegenüberstellung zu der Summe der Preise, in der der Wert des Mehrprodukts faktisch zum Ausdruck kam). Die Erhöhung des faktischen Preismaßstabes war nicht nur durch die Erhöhung der Arbeitsproduktivität bedingt, sondern in noch größerem Maße durch die Preissenkung.[10]

Jahr	Faktoren für das Wachstum des Mehrprodukts (in %)			Gewinn	Umsatzsteuer	Insgesamt	Summe des Mehrprodukts	
	Erhöhung des Produktionsvolumens	Davon durch Steigerung der Arbeitsproduktivität	Davon durch Erhöhung der Zahl der Arbeiter	*in Mrd. Rbl. zu Istpreisen*			bei unveränd. Preismaßstab	bei erhöhtem Preismaßstab entsprechend d. Steigerung d. Arbeitsproduktivität
1949	—	—	—	69,6	245,5	315,1	—	—
1950	+ 23	+ 12	+ 10	65,5	236,1	301,6	387,6	346,6

Aus der Übersicht geht hervor, daß bei gleichbleibenden Preisen des Jahres 1949, d. h. bei unverändertem Preismaßstab, durch das Wachstum des physischen Volumens der Produktion der Wert des Mehrprodukts im Jahre 1950 die Summe von 387,6 Mrd. Rbl. ausgemacht hätte $\left(\frac{315{,}1 \times 123}{100}\right)$.

Wären die Preise durch Erhöhung des Preismaßstabes entsprechend der gestiegenen Arbeitsproduktivität gesunken, dann wäre die Preissumme gleich dem Mehrprodukt des Jahres 1949 zu Preisen dieses Jahres gewesen (315,1 Mrd. Rbl.), multipliziert mit dem Koeffizienten der Steigerung der Menge der neuaufgewandten Arbeit, d. h. mit 110 %, oder, was dasselbe ist, gleich dem Mehrprodukt des Jahres 1950 zu Preisen des Jahres 1949 (387,6 Mrd. Rbl.), geteilt durch den Koeffizienten der Steigerung der Arbeitsproduktivität, also durch 112 %. Das heißt, daß die Summe des Wertes des Mehrprodukts im Jahre 1950 bei der genannten Erhöhung des Preismaßstabes ungefähr gleich 346,6 Mrd. Rbl. sein müßte: $\left(\frac{315{,}1 \times 110}{100}\right)$ oder $\left(\frac{387{,}6 \times 100}{112}\right)$.

In Wirklichkeit aber betrug das Volumen des Mehrprodukts im Jahre 1950 301,6 Mrd. Rbl. Folglich hat sich die Kaufkraft des Rubels erhöht; der Maßstab der Preise ist stärker gestiegen, als dies auf Grund der Steigerung der Arbeitsproduktivität hätte eintreten müssen, da die den erhöhten Wert des Mehrprodukts ausdrückende Preissumme stärker gesunken ist, als dies durch die Steigerung der

[10] Die Berechnung geht davon aus, daß im Vergleich zu 1949: 1. der Anteil des Mehrprodukts am Nationaleinkommen 1950 nicht gesunken ist; 2. das physische Volumen dieses Produkts entsprechend dem Wachstum des physischen Umfangs der Industrieproduktion, sein Wert aber entsprechend der gestiegenen Zahl der Industriearbeiter zugenommen hat; 3. die Kosten für die Golderzeugung sich ebenso geändert haben wie die Kosten der gesamten Industrieproduktion.
Die tatsächlichen Reproduktionsbedingungen konnten von den hier angenommenen Voraussetzungen nicht in dem Maße abweichen, daß sie die Berechnungsergebnisse prinzipiell verändert hätten.

Arbeitsproduktivität bedingt war. Das aber bedeutet, daß jeder Rubel im Jahre 1950 ein größeres Quantum Gold, einen größeren Wert repräsentierte als im Jahre 1949.

Ein allmähliches Anwachsen des faktischen Preismaßstabes, also eine Erhöhung des faktischen Goldgehalts des Rubels, hat während des ganzen letzten Jahrzehnts stattgefunden, wie aus der Bewegung der Preisindizes ersichtlich ist. Von 1950 bis 1958 wurden die Großhandelspreise für Waren industrieller Herkunft in der UdSSR um etwa 40 % gesenkt [11] und die Einzelhandelspreise um 24 %.[12] Allerdings wurden während dieser Zeit die landwirtschaftlichen Aufkaufpreise erheblich erhöht. Aber in Anbetracht des überwiegenden Anteils des Großhandels-Warenumsatzes industrieller Erzeugnisse und des Einzelhandels-Warnumsatzes am gesamten Warenumsatz des Landes ist der allgemeine durchschnittliche Stand der Planpreise in der UdSSR in der betrachteten Periode erheblich gesunken. Während der gleichen Zeit haben keine erheblichen Verschiebungen des relativen Goldwertes stattgefunden (weder innerhalb der UdSSR noch auf dem Weltmarkt); auf jeden Fall hat es keine Erhöhung des relativen Goldwertes gegeben. Hieraus folgt, daß die wesentliche Senkung des Planpreisniveaus eine Erhöhung des faktischen Preismaßstabes bedeutete, die man (ausgehend von der Veränderung im Preisniveau der Volkswirtschaft) mit etwa 25 bis 30 % festlegen kann.

Der Umfang der sozialistischen Reproduktion hat sich indes in den letzten zehn Jahren erheblich erweitert. Es genügt der Hinweis, daß von 1950 bis 1959 das Nationaleinkommen auf das 2,4fache und die Industrieproduktion auf das 2,8fache gestiegen sind. Die industrielle Bruttoproduktion kam im Jahre 1960 (zu geltenden Preisen) der Summe von 1,5 Billionen Rbl. nahe. Gegen Ende des Siebenjahrplanes wird sie 2 Billionen Rbl. übersteigen. Der Einzelhandels-Warenumsatz betrug 1959 (zu geltenden Preisen) mehr als 700 Mrd. Rbl. und soll 1965 mehr als eine Billion Rbl. ausmachen.

Diese wachsende sozialistische Reproduktion wird natürlicherweise von einem Wachstum des Geldumlaufs begleitet, da die faktische Erhöhung des Preismaßstabes um ein Vielfaches hinter der Erweiterung des Reproduktionsumfangs zurückblieb. Hieraus ergab sich die Notwendigkeit, den Preismaßstab wesentlich zu vergrößern. In der Verordnung des ZK der KPdSU und des Ministerrates der UdSSR über die Veränderung des Preismaßstabes heißt es in diesem Zusammenhang: „Durch das starke Wachstum der Wirtschaft und des Geldumlaufs entstand die Notwendigkeit, die Geldeinheit zu vergrößern, ihre Kaufkraft durch Veränderung des Preismaßstabes noch mehr zu erhöhen. Der jetzige Preismaßstab hat sich zu einer Zeit herausgebildet, als die Produktion, der Warenumsatz und das Einkommen der Bevölkerung erheblich geringer waren als gegenwärtig und er entspricht nicht mehr dem heutigen Stand der sowjetischen Ökonomik." Hiervon ausgehend, haben das

[11] Siehe A. G. Swerew, Zu Fragen des Nationaleinkommens und des Finanzwesens der UdSSR (russ.). Gosfinisdat 1958, S. 213.

[12] Siehe: Die Volkswirtschaft der UdSSR im Jahre 1958 (russ.). Gosstatisdat, Moskau 1959, S. 771.

ZK der KPdSU und der Ministerrat angeordnet, die Kaufkraft der Geldeinheit von 1961 an auf das Zehnfache zu erhöhen. Vom 1. Januar 1961 an wird neues Geld in Umlauf gesetzt, das im Verlauf eines Quartals bis zum 1. April 1961 gegen das zirkulierende Geld im Verhältnis von 1 Rubel des neuen Geldes zu 10 Rubeln des alten Geldes umgetauscht wird.*

Entsprechend der Änderung des Preismaßstabes, d. h. im gleichen Verhältnis, werden alle Preise für Waren und alle Tarife für Dienstleistungen geändert. Gleichzeitig werden alle Geldeinkünfte der Bevölkerung, die sie vom Staat, von den staatlichen und genossenschaftlichen Betrieben, den Organisationen und den Kollektivwirtschaften als Löhne, Verdienste der Kollektivbauern und andere Einkünfte beziehen, sowie die Ersparnisse und Zahlungen der Bevölkerung an den Staat im gleichen Verhältnis umgerechnet. Außerdem wird der Nennwert der Obligationen der Staatsanleihen umgerechnet und eine Neubewertung der Grund- und Umlaufmittelfonds, der Vorräte usw. vorgenommen. Der Übergang zu einem auf das Zehnfache vergrößerten Preismaßstab wird die Verrechnungen und Zahlungen vereinfachen und verbilligen. Er wird auch die Bargeldwirtschaft verbilligen, die Abrechnung in der Volkswirtschaft vereinfachen und die Ausgaben des Staates für die Herstellung der Geldzeichen auf ein Drittel verringern.

N. S. Chruschtschow betonte bei seiner Einschätzung dieser Maßnahme der Kommunistischen Partei der Sowjetunion und der Sowjetregierung: „Die Änderung des Preismaßstabes wird den sowjetischen Rubel noch mehr festigen." Sie wird „zu einer weiteren Vervollkommnung des sowjetischen Geldsystems, zur Festigung der wirtschaftlichen Rechnungsführung, zu noch größerer Sparsamkeit in der gesamten wirtschaftlichen Tätigkeit und zur Erhöhung der Kaufkraft des Sowjetrubels beitragen"[13].

Die Vergrößerung des Preismaßstabes auf das Zehnfache, d. h. die zehnfache Erhöhung der Kaufkraft des Rubels und die entsprechende Senkung der Summe der Planpreise bei unveränderlichem Wert des in dieser Preissumme dargestellten gesellschaftlichen Produkts illustriert anschaulich, wie der oben theoretisch betrachtete Mechanismus der wechselseitigen Verbindung des elastischen Preismaßstabes der sozialistischen Ökonomik und der Bewegung der Planpreise wirkt. Die Änderung der Summe der Planpreise und dementsprechend ihres Niveaus (bei unveränderlichem Wert des in dieser Preissumme dargestellten gesellschaftlichen Produkts und bei Unveränderlichkeit des relativen Goldwertes) bedeutet eine entsprechende Änderung des Preismaßstabes. Die Änderung des Preismaßstabes bedeutet unter den gleichen Bedingungen eine entsprechende Änderung der Höhe und Summe der Planpreise. Dabei besteht diese Übereinstimmung gerade zwischen dem *faktischen* Preismaßstab, also dem *faktischen* Gehalt der Geldeinheit, und der

* Das Buch von Kronrod erschien vor dem Geldumtausch (Die Red.).

13 Vgl. „Prawda" vom 6. Mai 1960, „Über die Abschaffung der Steuern der Arbeiter und Angestellten und andere Maßnahmen, die auf die Erhöhung des Wohlstandes des sowjetischen Volkes gerichtet sind." Referat N. S. Chruschtschows auf der Tagung des Obersten Sowjets der UdSSR am 5. Mai 1960.

Höhe der geltenden Planpreise. Was jedoch den fixierten Goldgehalt der Geldeinheit betrifft, so kann er, da er die Basis für den internationalen Valutakurs des Rubels ist, in verschieden hohem Grade von dem geltenden faktischen Preismaßstab abweichen (siehe weiter unten).

Die sowjetische Politik der Preissenkungen und der Festigung des Rubels läuft also darauf hinaus, daß der Sowjetstaat erstens die Stabilität des Preismaßstabes sichert und zweitens diesen Preismaßstab im Interesse der erweiterten sozialistischen Reproduktion von Zeit zu Zeit planmäßig verändert.

Neben der planmäßigen Änderung der Preise unabhängig von den Veränderungen des relativen Goldwertes — einer grundlegenden Besonderheit der Funktion des Geldes als Wertmaß in der sozialistischen Ökonomik — besteht eine andere wichtige Besonderheit dieser Funktion in der planmäßigen Abweichung der Preise einzelner Waren oder Warengruppen vom Wert innerhalb der allgemeinen Gleichheit von Preissumme und Wertsumme (bei Unveränderlichkeit des Preismaßstabes oder bei planmäßiger Veränderung).

Für die spontanen Warenbeziehungen ist eine Nichtübereinstimmung des Preises und des Wertes kein Mangel der Preisform, „... sondern macht sie umgekehrt zur adäquaten Form einer Produktionsweise, worin sich die Regel nur als blindwirkendes Durchschnittsgesetz der Regellosigkeit durchsetzen kann“ [14].

In der sozialistischen Wirtschaft ist der Preis als planmäßiger Geldausdruck des Wertes im Grunde die Form für die Darstellung der unmittelbar gesellschaftlichen Arbeit. Was macht jedoch unter diesen Bedingungen Abweichungen der Preise vom Wert möglich und notwendig?

Im Produktionsprozeß wird in jeder beliebigen Ware eine gewisse Menge Arbeit in der Wertform vergegenständlicht. Die Warenzirkulation vermittelt aber nicht nur den Ersatz des in dem betreffenden Betrieb erzeugten und für die Fortsetzung des Reproduktionsprozesses in diesem Betrieb notwendigen Wertes, sondern auch die zur Gewährleistung des gesamten gesellschaftlichen Reproduktionsprozesses notwendige *Umverteilung* des Wertes. Die Abweichung des Preises vom Wert kann durch eine Reihe objektiver sozialökonomischer Reproduktionsbedingungen hervorgerufen werden, darunter durch die Notwendigkeit, im Nationaleinkommen ein bestimmtes Verhältnis zwischen dem Konsumtionsfonds und dem Akkumulationsfonds herzustellen, die Interessen der staatlichen und genossenschaftlich-kollektiven Wirtschaft richtig zu vereinigen, um so den Zusammenschluß zwischen Stadt und Land, das Bündnis der Arbeiterklasse mit der Bauernschaft zu gewährleisten; um einen Anreiz zur Produktionssteigerung, zur Einsparung von Elementen des produktiven Verbrauchs, besonders von Mangelrohstoffen, von über große Entfernungen heranzuschaffenden Brennstoffen und von Transportleistungen, zu geben; um Angebot und Nachfrage in Übereinstimmung zu bringen usw.

Die Ausnutzung der Geldfunktion als Wertmaß bei der Festsetzung von Planpreisen mit Abweichungen vom Wert nach oben oder unten spielt folglich in der erweiterten sozialistischen Reproduktion eine bedeutende Rolle.

[14] Karl Marx, Das Kapital. A. a. O., Bd. I, S. 107.

Im Preis als einer Form der Umverteilung des Nationaleinkommens drücken sich die Beziehungen zwischen den befreundeten Klassen der sowjetischen Gesellschaft aus und werden die Interessen der Akkumulation und Konsumtion in Übereinstimmung gebracht. Deshalb werden bei der Preisplanung die Pläne zur Erhöhung des Reallohnes, zur Hebung des materiellen Wohlstandes aller Mitglieder der Gesellschaft und zur Sicherung der sozialistischen Akkumulation berücksichtigt.

Die Abweichungen der Preise vom Wert nach oben oder unten setzen die Erreichung einer höheren oder niedrigeren Rentabilität voraus. Sie sind deshalb ein maßgeblicher Hebel zur Stimulierung der Produktion eines bestimmten Wirtschaftszweiges in seiner Gesamtheit oder einzelner Produktionsarten in jedem beliebigen Produktionszweig. Jedoch sind den Abweichungen der Preise vom Wert, die solchen Zwecken dienen, recht enge Grenzen gesetzt, da der Preis weder den Verbrauch einer bestimmten Ware verhindern noch übermäßig forcieren soll, indem er die Produktion anregt oder hemmt.

Bei der Stimulierung, die darauf gerichtet ist, Elemente des produktiven Verbrauchs einzusparen, und besonders bei der Stimulierung, die den Zweck verfolgt, Mangelrohstoffe durch solche, die reichlich vorhanden bzw. ohne große Schwierigkeiten zu erhalten sind, oder von weither heranzuführende Rohstoffe, Materialien und Brennstoffe durch örtliche zu ersetzen usw., spielt die differenzierte Abweichung der Preise vom Wert eine große Rolle.

Eine Änderung des Verhältnisses zwischen Angebot und Nachfrage erfordert in manchen Fällen ebenfalls eine planmäßige Abweichung der Preise vom Wert. Wenn die kaufkräftige Nachfrage nicht mit dem Warenangebot übereinstimmt, dann kann das durch ein im Verhältnis zur Produktionssteigerung schnelleres Wachstum des gesellschaftlichen Bedarfs hervorgerufen sein, was wiederum durch eine gewisse Nichtübereinstimmung der Produktion der Schwerindustrie und der Leichtindustrie, des Ausstoßes industrieller und landwirtschaftlicher Produkte usw. bedingt sein kann. Sie kann auch zum Ausdruck bringen, daß zuviel Werte der betreffenden Art erzeugt worden sind. In all diesen Fällen soll die planmäßige Abweichung der Preise vom Wert zum Ausgleich zwischen Angebot und Nachfrage beitragen. Doch ist die Abweichung der Preise vom Wert bei den einzelnen Produkten kein isolierter Vorgang. Sowohl die Preise für Waren des individuellen Verbrauchs als auch für Produkte des produktiven Verbrauchs sind Glieder eines einheitlichen volkswirtschaftlichen Preissystems. Daher kann ein Ausgleich zwischen Angebot und Nachfrage durch die genannte Methode bei der engen Verflechtung der verschiedenen Preise nur in sehr engem Rahmen hergestellt werden, wenn nicht das gesamte Preissystem berührt werden soll.

Bei der Ausnutzung der Funktion des Geldes als Wertmaß, also im Prozeß der planmäßigen Preisbildung, geht der Staat von den objektiven Entwicklungsbedingungen der einzelnen Wirtschaftssphären und Wirtschaftszweige aus. Dadurch erklären sich auch die unter bestimmten historischen Entwicklungsbedingungen der sozialistischen Ökonomik entstandenen wesentlichen Unterschiede in der Höhe der Wertabweichungen der Großhandelspreise für die in staatlichen Betrieben erzeugten Produktionsmittel und Konsumtionsmittel, der staatlichen Erfassungspreise für die Produkte der Kollektivwirtschaften und der staatlichen Einzelhandelspreise für Massenbedarfsartikel usw. Aber trotz aller Unterschiede in der Abweichung der einzelnen Preisarten vom Wert stehen alle Preise in engem Zusammenhang miteinander und stellen das einheitliche System der sowjetischen Preise dar.

Die planmäßige Darstellung des Wertes in der Geldform verlangt die *Einheit* des Preissystems. Kein Preis entsteht und verändert sich isoliert. Jeder Preis ist ein Bestandteil der Bildung von Wertverhältnissen in der Reproduktion, die von den ökonomischen Gesetzen des Sozialismus bestimmt werden. Die vielfältigen Abweichungen der Preise vom Wert erfolgen innerhalb dieses einheitlichen Preissystems, in dem für die gesamte Volkswirtschaft vorausgesetzt wird, daß die Summe der Preise des gesellschaftlichen Gesamtprodukts gleich der Summe der Werte aller einzelnen Elemente dieses Produkts ist (soweit dieses Produkt gegen Geld realisiert wird), ohne daß die Erhaltung dieser Gleichheit häufige Änderungen des Preismaßstabes hervorruft. Außerdem ist die Abweichung des Preises vom Wert eng begrenzt durch die Erfordernisse des Wertgesetzes, des Gesetzes der Preise. Das bedeutet erstens, daß Abweichungen der Preise vom Wert, die zu einer von der Wertrelation unabhängigen Preisrelation führen, unmöglich sind, und zweitens, daß es bei Wegfall der ökonomischen Faktoren, die eine Abweichung der Preise vom Wert dringender erfordern als das Wertgesetz ihre Übereinstimmung, notwendig wird, die Preise an den Wert anzugleichen.

Die Betrachtung des Charakters der historisch entstandenen Abweichungen der Preise vom Wert enthüllt die Eigenart im Fungieren des Geldes als Wertmaß in den verschiedenen Sphären der Warenproduktion besonderer Art.

Die Ausnutzung des Geldes als Wertmaß für die Preisbildung im staatlichen Sektor der sozialistischen Wirtschaft gestattet es, nötigenfalls mit Hilfe der Preise recht umfangreiche Umverteilungen des Wertes vorzunehmen. Der Preis als Instrument zur Umverteilung des Wertes des Mehrprodukts hat alle Faktoren zu berücksichtigen, die die Lösung der Aufgabe der erweiterten sozialistischen Reproduktion gewährleisten. Nur auf der Grundlage des Volkswirtschaftsplanes kann der Grad der Ausnutzung des Preises für eine solche Umverteilung bestimmt werden, also der etwaige Umfang, in welchem die Preise vom Wert abweichen dürfen.

Eine ökonomische Form, in der sich die umverteilende Funktion des Preises widerspiegelt, ist die Umsatzsteuer. Sie ist der Hauptkanal, über den die Umverteilung des Wertes des Mehrprodukts innerhalb der gesamten Volkswirtschaft vorgenommen wird. Von 1955 bis 1959 betrug die jährliche Durchschnittssumme der Umsatzsteuer 283,0 Mrd. Rbl. und der Gewinnabführungen 122,4 Mrd. Rbl.

Je nach den mit der Umverteilung des Wertes insgesamt zusammenhängenden und mittels der Preise zu lösenden Aufgaben setzt der Staat die Umsatzsteuer für die verschiedenen Waren unterschiedlich fest. Nach der Geldreform (1947) und der im Jahre 1949 durchgeführten Umgestaltung der industriellen Großhandelspreise und der Eisenbahntarife wurden die Umsatzsteuersätze gemäß den neuen ökonomischen Bedingungen und den Aufgaben zur Umverteilung des Wertes über den Preis verändert. Insbesondere wurde bei vielen für die Produktion bestimmten

Waren die Umsatzsteuer abgeschafft, gleichzeitig aber eine starke Differenzierung der Steuersätze bei denjenigen Waren beibehalten, aus deren Umsatz die Umsatzsteuer entnommen wird.

Das Geld, das in seiner Funktion als Maß der Werte als ein Instrument zur planmäßigen, vom Wert abweichenden Preisgestaltung ausgenutzt wird, hat in der Entwicklung der sozialistischen Ökonomik eine wichtige Rolle gespielt. Während des ersten Fünfjahrplanes und während der ersten Jahre des zweiten Fünfjahrplanes trug die Festlegung der Preise für Produktionsmittel (Kohle, Kraftstrom, Brennstoffe, Metalle, Maschinen usw.) erheblich unter ihrem Wert wesentlich zu der schnellen Industrialisierung bei, wie wir im Kapitel I gesehen haben. Gleichzeitig lagen die Preise für Konsumtionsmittel über ihrem Wert, da über diese Preise die in der Abteilung I geschaffene Akkumulation realisiert wurde. Das spiegelte sich auch in der entsprechenden Erhöhung der Geldlöhne der Arbeiter und Angestellten durch den Staat wider, die die Erhöhung des materiellen Lebensniveaus der Werktätigen sicherte. Aber nachdem die sozialistische Industrie aufgebaut war, geriet eine allzu große Abweichung der Preise für Produktionsmittel von ihrem Wert nach unten in Widerspruch zu der Aufgabe, einen Anreiz für die rationelle Ausnutzung der Arbeitsinstrumente und Arbeitsgegenstände zu bieten. Das Subventionssystem widersprach den Erfordernissen der wirtschaftlichen Rechnungsführung. Daher brachte der Sowjetstaat in den Jahren 1935 und 1936 die Preise für Produktionsmittel in größere Übereinstimmung mit ihrem Wert. Das Ergebnis war, daß ein gewisser Teil der innerbetrieblichen Akkumulation in den Industriezweigen der Abteilung I von diesen Zweigen selbst realisiert wurde.

Der sozialistische Staat ändert die Preise planmäßig entsprechend den neuen Reproduktionsbedingungen und führt eine Politik der allmählichen Annäherung der Preise der Produkte an ihren Wert durch.

Wenn die Preise infolge besonderer ökonomischer Bedingungen zeitweilig über Gebühr vom Wert abweichen, dann ist das ein Verstoß gegen die Erfordernisse des Gesetzes der planmäßigen proportionalen Entwicklung der Volkswirtschaft auf dem Gebiete der Preise, ein Verstoß gegen das Wertgesetz. Dadurch werden die Grundlagen der wirtschaftlichen Rechnungsführung zerrüttet. Die einwandfreie volkswirtschaftliche Kostenrechnung wird erschwert und folglich auch der Kampf um das Sparsamkeitsregime. Die Bewegung der Produktionsselbstkosten spiegelt unter solchen Umständen die Veränderungen im Aufwand an gesellschaftlich notwendiger vergangener und lebendiger Arbeit nicht genau genug wider. Eine solche Situation bestand insbesondere während des zweiten Planjahrfünfts. Ähnlich war die Lage nach Beendigung des Großen Vaterländischen Krieges. „Bekanntlich stiegen während der Kriegsjahre im Zusammenhang mit den steigenden Löhnen und anderen mit den Kriegsverhältnissen verbundenen Ausgaben die Produktionsselbstkosten in einigen Zweigen der Schwerindustrie ganz erheblich, während die Großhandelspreise und die 1939 und 1940 festgesetzten Eisenbahn-Gütertarife unverändert blieben. Diese Kluft zwischen den Großhandelspreisen und den Produktionsselbstkosten führte zu Verlusten in einigen Zweigen der Schwerindustrie und zu erhöhten staatlichen Subventionen aus dem Haushalt." [15]

In dem Maße, in dem die erforderlichen ökonomischen Voraussetzungen geschaffen wurden, brachte der Staat die Preise mit den neuen Reproduktionsbedingungen in Einklang (1936 und 1947 bis 1949).

Im Jahre 1949 wurden die Großhandelspreise für Produktionsmittel auf das Anderthalbfache erhöht[16]; die dadurch hervorgerufene Kostensteigerung wurde durch eine entsprechende Senkung der Umsatzsteuer ausgeglichen. Daher wirkte sich die Erhöhung der Großhandelspreise nicht auf die Einzelhandelspreise aus. Diese wurden sogar gesenkt. Die neuen Preise und die weitere Senkung der Produktionsselbstkosten gestatteten es der Industrie und dem Transportwesen, verlustlos zu arbeiten.

Das Ergebnis war, daß der Geldausdruck beider Wertbestandteile, sowohl der von den in der Produktion verwendeten Produktionsmitteln übertragene als auch der neugeschaffene Wert, in größere Übereinstimmung gebracht wurde. Die Differenz zwischen dem Preisniveau für Produktionsmittel und dem für Konsumtionsmittel wurde wesentlich verringert.

Die Folgezeit brachte auf Grund der Erfolge der sozialistischen Produktion und der Steigerung der Arbeitsproduktivität ein schnelles Sinken der Produktionskosten und eine Herabsetzung der Preise. Die Großhandelspreise wurden in so starkem Maße gesenkt, daß sie im Jahre 1955 bereits den Stand von 1948, also den vor der Reform, erreicht hatten. Aber in einem noch erheblich größerem Ausmaß wurden die Einzelhandelspreise gesenkt. Sie sanken von 1948 bis 1954 um mehr als die Hälfte.

Die Abweichung der Preise für Produktionsmittel und Konsumgüter vom Wert verringerte sich also allmählich weiter. Der Anteil des Gewinns an den gesamten innerbetrieblichen Akkumulationen erhöhte sich. Entfielen im Jahre 1948 von der Gesamtsumme der Umsatzsteuer und der Gewinnabführungen in Höhe von 274,5 Mrd. Rbl. auf den Gewinn 27,2 Mrd. Rbl. oder 9,9 %, so betrug im Jahre 1959 der Gewinn bereits 154,9 Mrd. Rbl. von insgesamt 487,3 Mrd. Rbl. oder etwa 32 %.

Die Tatsache, daß in der Ökonomik der UdSSR die Preise für die Waren der Abteilung II nach oben vom Wert abweichen, was dazu dient, den Wert des in der Abteilung I geschaffenen Mehrproduktes umzuverteilen, möchten einige bürgerliche Ökonomen als Erhebung einer indirekten Steuer ansehen. Bei der Begründung dieser Anschauung verweisen sie darauf, daß in dem Maße, wie die Preise der Konsumgüter über ihren Wert hinaus erhöht werden, ein Teil des für den Erwerb dieser Waren verwendeten Einkommens der Bevölkerung umverteilt wird. In Wirklichkeit ist aber weder eine äußere Ähnlichkeit noch eine Wesensähnlichkeit zwischen dem Umverteilungsmechanismus der planmäßigen Abweichung der Preise für die Waren der Abteilung II von ihrem Wert und einer indirekten Steuer vorhanden.

Im Kapitalismus ist die indirekte Steuer ein durch den Wert (oder durch den Produktionspreis) bestimmter Aufschlag auf den Warenpreis. Er wird unab-

[15] A. G. Swerew, Der Staatshaushalt der UdSSR für 1949 und die Durchführung des Staatshaushalts der UdSSR für 1947 (russ.). Gospolitisdat 1949, S. 15.

[16] Das Finanzwesen und der sozialistische Aufbau (russ.). Gosfinisdat 1957, S. 49.

hängig von der durch das Gesetz des Wertes der Arbeitskraft bestimmten Lohnhöhe festgesetzt. Darum ist diese Steuer ein Mechanismus, durch den der Reallohn beschnitten wird, d. h. ein Mechanismus zur Umverteilung eines Teiles des Wertes des notwendigen Produkts zugunsten des bürgerlichen Staates, also letztlich zugunsten des Monopolkapitals.

Grundsätzlich anders liegen die Dinge im Sozialismus. Hier wird erstens die Abweichung der Preise für Waren der Abteilung II vom Wert nach oben nur durch die entsprechende Abweichung der Preise für Waren der Abteilung I vom Wert nach unten hervorgerufen. So wird mit Hilfe der erhöhten Preise für die Waren der Abteilung II lediglich der Wert des Mehrprodukts realisiert, der in der Abteilung I geschaffen worden ist. Zweitens werden die Löhne, die keine verwandelte Form des Preises der Arbeitskraft sind, als bestimmter Anteil am Nationaleinkommen festgesetzt, wobei das geltende Preisniveau der Waren der Abteilung II berücksichtigt wird. Daher hat die Abweichung der Preise für Waren der Abteilung II vom Wert nach oben nichts gemein mit einer indirekten Steuer und berührt nicht die wirkliche Höhe des Wertes des Produkts für sich, das den Werktätigen zur Verfügung steht.

In den letzten Jahren wurden durch die Verschiebungen in der Preisbildung die Preise für die Waren der Abteilungen I und II ihren Werten angenähert. Eine weitere Vervollkommnung der Preise ist notwendig. In der Entschließung des Juliplenums (1960) des ZK der KPdSU wird auf die Notwendigkeit hingewiesen, „in den Jahren 1961 und 1962 eine Überprüfung der Großhandelspreise für Produktionsinstrumente und Produktionsmittel vorzunehmen, mit dem Ziel, eine genauere Widerspiegelung der Produktionsaufwendungen in den Preisen zu erreichen und die notwendigen Akkumulationen für die weitere Entwicklung der Industrie zu gewährleisten".

In der Sphäre der Warenzirkulation zwischen dem staatlichen und dem genossenschaftlich-kollektivwirtschaftlichen Produktionssektor spielt das Geld in bezug auf den ökonomischen Produktionsanreiz eine besonders wichtige Rolle. In dieser Hinsicht ist die auf Beschluß der Kommunistischen Partei der Sowjetunion durchgeführte wesentliche Erhöhung der Erfassungspreise für landwirtschaftliche Produkte kennzeichnend. Auf Grund des Wachstums der landwirtschaftlichen Produktion einerseits, die zu einer Erhöhung der Warenproduktion der Landwirtschaft führte, und durch die Erhöhung der Erfassungspreise andererseits ist die Gesamtsumme der Geldeinnahmen der Kollektivwirtschaften und Kollektivbauern von 1952 bis 1957 um 64 Mrd. Rbl. gestiegen, davon allein auf Grund der Preiserhöhung um fast 50 Mrd. Rbl.[17] Die nachfolgenden Maßnahmen zur Vereinheitlichung des Systems der Aufkaufpreise für landwirtschaftliche Produkte führten zur weiteren Steigerung der Einnahmen der kollektivwirtschaftlichen Bauernschaft.

Die neuen Aufkaufpreise sind mehr als die früheren dem Produktionswert der Produkte angenähert und erhöhen auf diese Weise wesentlich die materielle Inter-

[17] Ebenda, S. 162.

essiertheit der Kollektivwirtschaften und Kollektivbauern an der Entwicklung der gesellschaftlichen Kolchosproduktion.

Die planmäßige Abweichung der Preise vom Wert ist also kein Mangel der Preisform. Im Gegenteil, in gewissen, ökonomisch begründeten Grenzen entspricht sie den Bedürfnissen der planmäßigen Entwicklung des sozialistischen Reproduktionsprozesses. In der quantitativen Nichtübereinstimmung des *produzierten* und des *realisierten* Wertes äußert sich der in der Bewegung der unmittelbar gesellschaftlichen Arbeit in der Wertform enthaltene relative Widerspruch. Dieser Widerspruch wird in der Preisform gelöst.

Die Wertgröße wird durch den für die Erzeugung des betreffenden Produkts aufgewandten Anteil der gesamten gesellschaftlich notwendigen Arbeit bestimmt. Mit anderen Worten, der Wert spiegelt das Verhältnis der in jedem einzelnen Produkt enthaltenen Arbeit zur gesamten (lebendigen und vergegenständlichten) Arbeitsmenge wider, die zur Erzeugung des gesamten gesellschaftlichen Produkts aufgewandt wurde. Aber der Wert in der Preisform drückt nicht nur dieses Verhältnis aus, sondern auch die für den weiteren Ablauf des Reproduktionsprozesses erforderlichen Bedingungen für die Verteilung der Arbeit.

Der Preis selbst läßt nicht erkennen, in welchem Maße er vom Wert abgewichen ist. Soviel konkrete Preise es gibt, soviel individuelle Abweichungen vom Wert gibt es auch. Aber die Summe der Preise aller Teile des gesellschaftlichen Gesamtprodukts ist unbedingt gleich der Summe ihrer Werte. Diese Gleichheit ist im Mechanismus des Fungierens des Geldes als Wertmaß unter den Bedingungen des Sozialismus selbst verankert. Die Abweichungen der Preise vom Wert der einzelnen Produkte in der gesamten sozialistischen Volkswirtschaft bedeuten, daß die gleiche Wertmenge des gesellschaftlichen Produkts durch ein größeres oder geringeres Quantum von Geldeinheiten dargestellt wird. Wenn diese Veränderung der Summe der Preise nicht der Veränderung des Goldwertes entspricht, dann verändert sich lediglich der Preismaßstab. Darum stimmt die Summe der Preise unverrückbar mit der Summe der Werte überein.[18]

[18] Es wird manchmal angenommen, weil im Sozialismus keine spontane Kompensation der Abweichung der Preise nach der einen Seite durch eine Abweichung der Preise nach der anderen Seite erfolge, sei hieraus der Schluß zu ziehen, daß durch die planmäßige Abweichung der Preise für irgendeine Warengruppe vom Wert nach oben oder nach unten die Summe der Preise auch insgesamt vom Wert abweiche. So wird insbesondere behauptet, da in der UdSSR die Preise für die Produktionsmittel unter dem Wert lägen, bedeute dies, daß auch die Summe der Preise für das Gesamtprodukt unter dem Wert liege, da angeblich in diesem Falle die Summe der Warenpreise der Abteilung II gleich ihrem Wert sei. – Siehe A. Batschurin, in: „Fragen der Wirtschaft" (russ.), Nr. 2, 1957, S. 99; A. Kulikow, ebenda, Nr. 9, 1957, S. 76; M. Sakow, ebenda Nr. 12, 1957, S. 111; B. Minc, ebenda, Nr. 1, 1958, S. 97.
Der Fehler der genannten Autoren besteht darin, daß sie bei der Ermittlung des Preismaßstabes nicht das volkswirtschaftliche Niveau der Preise als Bezugsbasis nehmen, sondern willkürlich den Stand der Einzelhandelspreise zu einer solchen Basis erklären. Aber man könnte mit der gleichen Begründung auch das Preisniveau der Produktions-

Im Kapitalismus bildet sich der Geldausdruck des Wertes jeder Ware durch die Konkurrenz blindlings „tastend". Im Sozialismus vollzieht sich dieser Prozeß auf prinzipiell anderen Grundlagen und planmäßig. Hier gibt es keinen spontanen, widersprüchlichen und zerstörenden Mechanismus des Geldausdrucks und der Wertmessung.

Betrachten wir die konkreten Formen des planmäßigen Fungierens des Geldes als Wertmaß im Sozialismus. Die Gesellschaft verfügt in jedem gegebenen Augenblick über Warenwerte, die bereits in Geld dargestellt sind, also einen Preis haben. Dabei ist selbstverständlich der konkrete Grad der Abweichung des Preises vom Wert jeder einzelnen Ware nicht unmittelbar bekannt. Wie geht nun in einem solchen Falle bei der Festsetzung der Preise die planmäßige Ausnutzung des Geldes als Wertmaß vor sich?

Nehmen wir als Beispiel einige neu erzeugte Waren. Das Quantum gesellschaftlich notwendiger Arbeit, das in jeder von ihnen verkörpert ist (also die Größe des darin enthaltenen Wertes), kann nicht unmittelbar berechnet und gemessen werden. Den Betrieben und anderen Wirtschaftsorganen sind nur die Selbstkosten der erzeugten Waren bekannt, die sich als Summe der Planpreise für Rohstoffe, Hilfsmaterial, Brennstoffe und andere für den Produktionsprozeß benötigte materielle Elemente der Umlauffonds sowie für Arbeitsinstrumente und sonstige Elemente der Grundfonds (Amortisation), als Summe der Löhne usw. ergeben. Die Selbstkosten setzen sich also aus den Aufwendungen verschiedener materieller Elemente zusammen, deren Preise auf verschiedene Weise von ihrem Wert abweichen und die zu verschiedenen individuellen Normen verbraucht werden. Der so ermittelte Teil der Produktionsselbstkosten stimmt nicht mit dem auf dieses Produkt übertragenen Wert der im Produktionsprozeß verbrauchten Produktionsmittel überein. Die Aufwendungen an lebendiger Arbeit in der Form des neugeschaffenen Wertes spiegeln sich in den Selbstkosten ebenfalls nur teilweise als Lohnkosten wider. Wie groß der neugeschaffene Wert ist, darüber sagen die Selbstkosten nichts aus.

Aber die Selbstkosten jedes einzelnen Betriebes sind ein Teil der Selbstkosten des gesellschaftlichen Gesamtprodukts, das im Sozialismus innerhalb des staatlichen Sektors berechnet und geplant wird. Analog dieser Berechnung und Planung sind ökonomische Berechnungen auch für den genossenschaftlich-kollektivwirtschaftlichen Sektor insgesamt möglich.

Für alle Produkte (mit Ausnahme der neugeschaffenen) bestehen in jedem gegebenen Moment bereits vorher festgesetzte Planpreise. Die Summe der Planpreise des gesellschaftlichen Gesamtprodukts stellte seinen Gesamtwert in der Volkswirtschaft dar. Das bedeutet, daß für die gesamte Volkswirtschaft die Summe der Preise für Materialaufwendungen und die Summe der Preise des Wertes des Nettoprodukts planmäßig in Geld dargestellt wird (im Nettoprodukt der Teil, der für die Bildung

mittel als solche ansehen. Dann würde sich ergeben, daß die Summe der Preise in der UdSSR höher ist als ihr Wert. Aber beide Voraussetzungen sind falsch, da der Preismaßstab objektiv durch das volkswirtschaftliche Niveau bestimmt wird und nicht nach dem willkürlichen Ermessen der Ökonomen.

des Einkommens der Produzenten verausgabt wird, und der Teil, der den Wert des Mehrprodukts bildet). Allerdings stimmt der Geldausdruck des Wertes der einzelnen Teile des gesellschaftlichen Gesamtprodukts innerhalb der Volkswirtschaft angesichts der unterschiedlichen Grade, in denen der Preis vom Wert abweicht, nicht mit dem wirklichen Wert überein. Aber dieser Inkongruenz sind bereits viel engere Grenzen gesetzt als bei jeder einzelnen Ware.[19]

Die volkswirtschaftlichen Daten über das Verhältnis zwischen dem Teil des Nationaleinkommens, der zur Bezahlung der an der Produktion beteiligten Produzenten verwandt wird, und dem Teil, der das Mehrprodukt bildet, ermöglichen es, ebenso wie die Kennziffern der in jedem Zweig gezahlten Löhne und der Selbstkosten der in dem betreffenden Zweig erzeugten Produktion sowie der Einnahmen nach Arbeitseinheiten und der Produktionskosten in den Kollektivwirtschaften, die Preise unter Berücksichtigung des Wertes auch für jede einzelne Ware zu ermitteln.

In der Praxis braucht bei der Festsetzung der Preise für eine neugeschaffene Ware dieser ganze komplizierte Weg nicht beschritten zu werden. Der Preis der Ware wird gewöhnlich durch Berechnung der Produktionskosten und der ungefähren Höhe des Wertes der zu bildenden innerbetrieblichen Akkumulation ermittelt, unter der Voraussetzung, daß bei der Realisierung der Ware folgendes gewährleistet wird: a) die *Deckung* der zu ihrer Produktion erforderlichen Materialkosten; b) die Auszahlung der *Löhne* (resp. der Arbeitseinheiten); c) Bildung bestimmter *Akkumulationen* (die höher oder niedriger sein können als die tatsächlich geschaffenen). Diese Akkumulationen werden analog zu denen, die bei anderen, verwandten Waren realisiert werden, festgelegt unter Berücksichtigung der Erfordernisse der Wirtschaftspolitik auf dem Gebiete der Preisbildung und der Verteilung der Geldakkumulationen.

Setzt der Staat die Planpreise auf einer Höhe fest, welche die Deckung der Kosten und die Realisierung des Wertes der zu bildenden innerbetrieblichen Akkumulation sicherstellt, so drückt er den Wert in der Geldform aus, wobei die Preise nach der einen oder anderen Seite vom Wert abweichen. Eine genaue Messung der Arbeit in der Form des Wertes für jede einzelne Ware ist aber auch auf diesem Wege nicht möglich. Der Wert der gesellschaftlichen Arbeit wird indirekt, gegenständlich und damit nur ungefähr und relativ gemessen. Immerhin unterscheidet sich selbst eine solche ungefähre Messung der Arbeit in der Wertform im Sozialismus grundlegend von der spontanen, „tastenden" Messung durch den Mechanismus der Marktkonkurrenz.

[19] Unter gewöhnlichen sozialistischen Reproduktionsbedingungen stellen die Planpreise in allen Volkswirtschaftszweigen für alle Waren neben der Deckung der materiellen Produktionskosten und der Löhne die Bildung einer Akkumulation sicher. Deshalb wird die Summe der Preise für den Materialaufwand in der Produktion im Maßstabe der gesamten Volkswirtschaft auf einem Niveau festgesetzt, das relativ weniger vom Wert abweicht als die Preise der einzelnen Waren. Diese Abweichung ist durch den Wert eines Teiles des Mehrprodukts begrenzt.

Im Kapitalismus fungiert das Wertmaß in Form von gewaltsamen Ausbrüchen der Widersprüche im kapitalistischen Reproduktionsprozeß, vermittels zyklischer Preisbewegungen und gewaltiger, krisenhafter Preissprünge.

Nichts dergleichen geschieht in der sozialistischen Ökonomik. Das kann auch gar nicht sein. Wenn die Gesellschaft (dank dem sozialistischen Eigentum) die Möglichkeiten wahrnimmt, den Wert relativ wirklichkeitsnah in der Geldform festzusetzen, dann vermeidet sie nicht nur wesentliche Störungen der Proportionen (durch die Wirkung des Wertfaktors) in der sozialistischen Reproduktion, sondern bewirkt auch nötigenfalls im Interesse des sozialistischen Aufbaus planmäßige Abweichungen der Preise vom Wert.

2. *Die Funktion des Geldes als Zirkulationsmittel*

Im Sozialismus vollzieht sich der Wirtschaftskreislauf der Arbeitsprodukte als Warenzirkulation, d. h. als Warenaustausch mit Hilfe des Geldes. Da die Warenzirkulation dem einheitlichen Prozeß der sozialistischen Reproduktion dient, stellt sie auch innerhalb der Volkswirtschaft eine Einheit der sich verflechtenden und sich gegenseitig ergänzenden Ware-Geld-Beziehungen dar. Allerdings gliedert sich diese Einheitlichkeit, wie wir im Kapitel II gesehen haben, objektiv in eine Reihe miteinander verbundener spezifischer Sphären, deren wichtigste (wenn man den Binnenmarkt betrachtet) sind: die Warenzirkulation innerhalb des staatlichen Sektors der sozialistischen Wirtschaft, die Warenzirkulation zwischen dem staatlichen und dem genossenschaftlich-kollektivwirtschaftlichen Sektor, die Warenzirkulation zwischen der sozialistischen Produktion (beider Sektoren) und der Bevölkerung und die Zirkulation zwischen den Nebenwirtschaften und der Bevölkerung.[20]

Ungeachtet aller Besonderheiten jeder einzelnen Sphäre ist die Warenzirkulation dieser Sphären insgesamt (mit Ausnahme des nichtorganisierten Marktes) durch Gemeinsamkeiten gekennzeichnet, die ihr als sozialistischer Warenzirkulation eigentümlich sind.

Im Sozialismus vollzieht sich also eine Warenzirkulation, d. h. ein Austausch von Waren gegen Geld und von Geld gegen Waren, in der der Wert seine Formen wechselt: Aus der Warenform verwandelt er sich in die Geldform, aus der Geldform in die Warenform. Anders ausgedrückt: Bei der Realisierung der sozialistischen ökonomischen Beziehungen zwischen den Gliedern der gesellschaftlichen Arbeitsteilung — zwischen den Betrieben, aber auch zwischen der Produktions-

[20] Die Zirkulationssphäre zwischen den Nebenwirtschaften und der Bevölkerung ist verhältnismäßig unbedeutend. Das wird dadurch bestätigt, daß der Anteil des Kolchosmarktes am Einzelhandel des Landes mit Lebensmitteln, der im Jahre 1940 20,2% ausmachte, im Jahre 1956 auf 11,8% sank. Das bedeutet, daß auf den Anteil des Kolchosmarktes am gesamten Einzelhandelswarenumsatz etwa 5% entfielen. — Siehe: Das Finanzwesen und der sozialistische Aufbau (russ.). 1957, S. 226.

sphäre und der Konsumtionssphäre — vollzieht sich die formale Metamorphose des Wertes W—G—W. Betrachten wir ihre wichtigsten Besonderheiten, wie sie der sozialistischen Ökonomik eigentümlich sind.

Die Warenmetamorphose, die als W—G den Austausch der Ware gegen Geld, die Realisierung des Warenwertes, und als G—W den Austausch des Geldes gegen Ware, d. h. die Rückkehr des Wertes in seine Ausgangsform — die Warenform — bedeutet, stellt in diesen beiden Akten vor allem eine spezifische Form der Bewegung der unmittelbar gesellschaftlichen Arbeit als Wert dar, eine spezifische Form zur Lösung der dieser Arbeit eigentümlichen nichtantagonistischen Widersprüche.

Im Akt W—G wird die Ware gegen Geld veräußert: Die sozialistischen Betriebe als Produzenten verkaufen die Waren, die Betriebe als Verbraucher, die vermittelnden (Groß- und Einzelhandels-) Betriebe oder die Bevölkerung kaufen diese Waren. Welche ökonomischen Beziehungen stellen die Grundlage für diesen Akt dar? Da die Waren auf sozialistischer Grundlage hergestellt wurden, ist in ihnen unmittelbar gesellschaftliche Arbeit enthalten. Und in diesem Sinne ist ihre Übereinstimmung mit den Bedürfnissen der Gesellschaft, ihr Platz in der gesellschaftlichen Reproduktion im voraus planmäßig bestimmt. Gleichzeitig wird für die Produktion dieser Waren nicht nur unmittelbar gesellschaftliche Arbeit aufgewandt, sondern auch sozial ungleichartige Arbeit, von der kein Teil dem andern gleichwertig ist (wodurch den Produkten die spezifische Form der Ware verliehen wird). Darum müssen die Waren, um in den Wirtschaftskreislauf eingehen und aus der Produktionssphäre in die Konsumtionssphäre übergehen zu können, in der Form von Produkten sozial angeglichener, gleicher Arbeit dargestellt werden. Es ist für sie daher auch nicht der direkte Tausch W—W notwendig, sondern die vorherige Verwandlung des Warenwertes in den Geldwert, also W—G.

Beim Absatz der Waren gegen Geld bekommt der Betrieb das für ihre Herstellung aufgewandte Quantum gesellschaftlich notwendiger vergegenständlichter und lebendiger Arbeit ersetzt. Sind die Selbstkosten bei der Produktion der Ware höher als geplant, so bedeutet das, daß der Betrieb aus dem Absatz nicht den notwendigen Gewinn erzielt. Ist die Ware zu den Planselbstkosten erzeugt worden, doch ohne die erforderliche Qualität, so wird sie nicht abgesetzt werden können usw. Somit ist der Absatz der Waren gegen Geld ein ständiger Prozeß, mit dessen Hilfe kontrolliert und berechnet wird, inwieweit die in der Ware enthaltene Arbeit qualitativ und quantitativ eine für die Gesellschaft notwendige Arbeit ist, inwieweit sie den Bedürfnissen der Gesellschaft entspricht.

In dem Akt W—G stellt die Ware die in ihr enthaltene unmittelbare gesellschaftliche, ungleichartige Arbeit als allgemeine, sozial angeglichene Arbeit dar. In diesem Akt findet also die Bewegung eines nichtantagonistischen Widerspruchs statt: Die ungleichartige Arbeit erhält eine allgemeine Form, da sie als Wert, als Geldwert, realisiert wird. Aber eine solche Realisierung der Waren ist nicht Selbstzweck der sozialistischen Betriebe. Sie erzeugen die Waren nicht, um dem Warenwert die Geldform an sich zu verleihen. Sie verkaufen, um zu kaufen, da es ihnen sonst unmöglich wäre, ihren Reproduktionsprozeß fortzusetzen.

Nachdem die Betriebe für ihre Waren Geld erhalten haben, bringen sie dieses Geld auf den Markt, um dafür die von ihnen benötigten Waren zu erwerben, d. h. um den Akt G—W zu vollziehen. Aber auch in diesem Akt tritt der uns bekannte Widerspruch zutage: Die Waren sind verkauft, die in ihnen als Wertform enthaltene Arbeit ist in der allgemeinen, der Geldform realisiert. Ihre volle qualitative und quantitative Übereinstimmung mit den gesellschaftlichen Bedürfnissen ist damit bestätigt. Jetzt muß diese allgemeine Geldform sich durch Vollzug des Aktes G—W in Warenwerte verwandeln; es müssen sich also auf dem Markt gerade solche Waren befinden, die qualitativ und quantitativ eine Arbeit enthalten, welche völlig den gesellschaftlichen Bedürfnissen entspricht, für deren Befriedigung das Geld verwandt werden soll, das die ersten Warenproduzenten eingenommen haben. Wenn das Geschäft G—W getätigt ist und die genannten Bedürfnisse befriedigt sind, so heißt das, daß der Widerspruch gelöst ist: Die Produkte der unmittelbar gesellschaftlichen, sozial ungleichartigen Arbeit, die für die Produktion in der einen Form aufgewandt wurde, sind gegen Produkte einer gleichen Arbeit, die für die Produktion in einer anderen Form aufgewandt wurde, ausgetauscht worden. Die Bewegung zwischen den Gliedern der gesellschaftlichen, sozialistischen Arbeitsteilung ist verwirklicht, der Endaustausch W—G hat stattgefunden.

Alle Elemente der Arbeit haben ihre volle qualitative und quantitative Übereinstimmung mit den Bedürfnissen der Gesellschaft, ihre allgemeine Form, bewiesen. Also sind W—G und G—W im Sozialismus Formen der Bewegung der sozial ungleichartigen, unmittelbar gesellschaftlichen Arbeit als Wert, Formen der Bewegung und Lösung des Widerspruchs, welcher der Arbeit im Sozialismus eigentümlich ist.

In beiden Akten der Warenmetamorphose W—G—W äußert sich ihr spezifisch sozialistischer Charakter, der in folgendem besteht: 1. Sowohl W—G als auch G—W stellen ökonomische Beziehungen im Prozeß der sozialistischen Reproduktion her. 2. Allen diesen Sphären der sozialistischen Zirkulation ist, weil sie sozialistisch sind, eine Planmäßigkeit der Beziehungen eigentümlich, obgleich der Grad ihrer Planmäßigkeit in den verschiedenen Sphären des sozialistischen Wirtschaftskreislaufes unterschiedlich ist. 3. Die Warenmetamorphose stellt eine allgemeine Form der Realisierung der Einheit der ökonomischen Beziehungen zwischen den verschiedenen Sphären der sozialistischen Wirtschaft dar. Das ergibt sich aus der Einheit des gesamten Reproduktionsprozesses und bestimmt im voraus eine Reihe von Besonderheiten des Wechsels der Warenform in der Gestalt von W—G—W.

Wir wollen das an einem Beispiel erläutern.

Angenommen, eine Kollektivwirtschaft hat Getreide als Ware erzeugt und es gegen Geld an die staatlichen Erfassungsorgane geliefert. Sie hat also den Vorgang W—G vollzogen. Dieses Geld hat die Kollektivwirtschaft zum Teil für den Kauf von Düngemitteln, Baumaterial usw. bei den staatlichen Organisationen verausgabt und zum Teil für Arbeitseinheiten an die Kollektivbauern verteilt. Die Kollektivbauern haben für das Geld im staatlichen Handel Waren eingekauft. Hier sind mehrere Kaufgeschäfte G—W getätigt worden. So hat sich die Warenzirkulation nach der Formel W—G—W vollzogen. Aber damit ist die Angelegenheit nicht erledigt.

Die Kollektivwirtschaften haben das Geld im Austausch gegen ihre Waren von den staatlichen Erfassungsorganisationen erhalten; diese wiederum erhielten es von der staatlichen Industrie für geliefertes Getreide. Also ist das Geld aus der Zirkulationssphäre des staatlichen Wirtschaftssektors in die Zirkulationssphäre zwischen dem kollektivwirtschaftlichen und dem staatlichen Sektor eingetreten. Damit tritt bereits im ersten Vorgang der Warenzirkulation W—G die Verbindung zwischen allen spezifischen Sphären der Warenzirkulation auf, die der sozialistischen Ökonomik immanent sind.

Im Akt G—W ergibt sich, vom Standpunkt der gegenseitigen Beziehungen der Zirkulationssphären aus betrachtet, ebenfalls ein wichtiges Moment. Die staatlichen Organisationen haben durch den Verkauf ihrer Produkte als Waren an die Kollektivwirtschaften (Düngemittel, Baumaterial usw.) und an die Kollektivbauern (Konsumtionsgegenstände) Geld erhalten. Aber dieses Geld bleibt nicht in der Sphäre der Warenzirkulation zwischen den Sektoren; es geht in die Zirkulationssphäre innerhalb des staatlichen Sektors über, wo es von den staatlichen Betrieben — den Warenproduzenten zur Bezahlung der von ihnen verwendeten Produktionsmittel benutzt wird. In beiden Vorgängen, W—G und G—W, tritt also die wechselseitige Verbindung aller Sphären der Warenzirkulation zutage.

Die gleiche Verbindung besteht auch bei der Bewegung der in den staatlichen Betrieben produzierten Konsumgüter zur Bevölkerung hin. Dazu folgendes Beispiel: Ein staatlicher Handelsbetrieb hat Konsumtionsmittel an die Bevölkerung verkauft; damit ist der Akt W—G verwirklicht worden. Nehmen wir an, daß die Bevölkerung, die die Waren gekauft hat, ihre Einkünfte aus dem kollektivwirtschaftlichen Sektor der Produktion bezieht. Nachdem das Geschäft W—G vollzogen ist, geht das Geld in eine neue Sphäre der Warenzirkulation über, in der der Einzelhandel Waren vom staatlichen Großhandel oder die Betriebe und Organisationen Waren direkt bei den Betrieben, die Konsumtionsmittel herstellen, kaufen, d. h., das Geschäft W—G wird durch das Geschäft G—W ergänzt.

Die Beziehung zwischen den verschiedenen Sphären der Warenzirkulation, wie sie beim Kauf von Waren durch die Bevölkerung bei den staatlichen Betrieben sichtbar wird, tritt auch dann zutage, wenn wir die Warenzirkulation im Lichte des Geschäfts G—W, bezogen auf die Bevölkerung, betrachten, die ihre Einkünfte aus dem staatlichen Sektor der Volkswirtschaft bezieht. Die Bevölkerung empfängt das Geld nicht als Bezahlung ihrer Arbeitskraft (da die Arbeitskraft im Sozialismus keine Ware ist), sondern im Prozeß der planmäßigen Verteilung des Nationaleinkommens. Die Waren, welche die Bevölkerung erwirbt, gehen in die Verbrauchssphäre über. Dem Geschäft G—W geht hier nicht unmittelbar das Geschäft W—G voraus.

Der Zirkulationsprozeß, der einen Warenaustausch mittels des Geldes darstellt, setzt eine vollständige Warenmetamorphose voraus (W—G—W oder G—W—G). Da aber die Arbeitskraft im Sozialismus keine Ware ist und folgedessen der Lohn nicht als Preis der Ware Arbeitskraft auftritt, ergibt sich die Frage, weshalb denn der Kauf der Konsumtionsmittel durch die Arbeiter und Angestellten für Geld, das sie in der Lohnform erhalten, ein Vorgang der Warenzirkulation ist, d. h. ein Wechsel der Formen des Warenwertes: W—G—W.

Das erklärt sich daraus, daß das Geld, welches der Betrieb den Werktätigen als Lohn zahlt, das Ergebnis der Realisierung der Warenwerte — der Produktionsmittel und der Konsumtionsmittel — darstellt. In der Tat erzielen die Betriebe der Abteilung I und II ihren Gelderlös durch Realisierung der Waren gegen Geld. Die Betriebe der Abteilung II verwenden einen Teil ihres Erlöses direkt für die Lohnzahlung; einen gewissen Teil verbrauchen sie für den Erwerb von Produktionsmitteln. Die Betriebe der Abteilung I, die von den Betrieben der Abteilung II für gelieferte Waren — Produktionsmittel — Geld erhalten, verausgaben ebenfalls einen gewissen Teil ihres Erlöses für Löhne.

Der Umstand, daß nicht nur in der Abteilung II, sondern auch in der Abteilung I der gesellschaftlichen Produktion für die Lohnzahlungen letztlich Geld benutzt wird, das mit der Realisierung des Wertes der Produkte der Abteilung II verbunden ist, ergibt sich aus der marxistischen Reproduktionstheorie. Waren der Abteilung I im Werte von $V + \frac{m}{x}$[21], das dem Einkommen entspricht, müssen gegen Waren der Abteilung II in Höhe von II c ausgetauscht werden. Das Geld aus dem Absatz der entsprechenden Menge eigener Waren wird von der Abteilung II für den Erwerb von Produktionsmitteln ausgenutzt $\left(V + \frac{m}{x}\right)$. Nachdem die Abteilung I also das Geld erhalten hat, benutzt sie es als Lohnfonds und als Quelle zur Deckung anderer, nicht produktiver Ausgaben.

Alle Einkäufe von Konsumtionsmitteln durch die Werktätigen bilden also insgesamt einen Akt wirklicher Zirkulation, der nur in einer etwas komplizierteren Form vor sich geht als der Warenaustausch zwischen den Betrieben. Der Wechsel der Wertformen ist hier nicht wiederzugeben mit W — G — W, sondern mit W — G ... G — W. (Ausführlicheres darüber im Kapitel V.)

So besteht also eine wichtige Besonderheit der Warenzirkulation im Sozialismus, da ihre Teilnehmer die sozialistischen Betriebe und die Werktätigen sind, die ihre Einkünfte von der sozialistischen Produktion erhalten, darin, daß alle Sphären der sozialistischen Zirkulation untereinander durch die Warenmetamorphose W — G — W verbunden sind.

Eine weitere Besonderheit der Warenzirkulation W — G — W im Sozialismus ist auch, daß sie in der Hauptsache planmäßig verläuft. Der überwiegende Teil der Geschäfte, soweit sie den Groß- und Einzelhandelsumsatz der staatlichen Betriebe betreffen, ist planmäßig organisiert. Planmäßig verläuft auch der Absatz der Produkte der Kollektivwirtschaften an den Staat.

Die Kollektivwirtschaften tätigen ihre Einkäufe nach eigenem Ermessen. Alle individuellen Einkäufe der Millionen Verbraucher im Einzelhandel werden eben-

21 $\frac{m}{x}$ = der Teil des Wertes des Mehrprodukts, der von den Arbeitern der nichtproduzierenden Sphäre als Einkommen benutzt wird.

falls nicht geplant. Jedoch wird in der sozialistischen Ökonomik die Gesamtheit der Warenkäufe planmäßig festgelegt. Der größte Teil der Geldeinkünfte der Bevölkerung setzt sich aus Einnahmen zusammen, die sie für ihre Arbeit in den staatlichen und genossenschaftlich-kollektivwirtschaftlichen Betrieben erhalten. Der überwiegende Teil dieser Einnahmen dient zur Bezahlung von Waren und Dienstleistungen staatlicher und genossenschaftlich-kollektivwirtschaftlicher Betriebe.

Die objektive Abhängigkeit der hauptsächlichen Geldeinnahmen und -ausgaben der Bevölkerung von der sozialistischen Produktion bildet aber im Sozialismus gerade die Grundlage für die *Planung der Geldeinnahmen und -ausgaben der Bevölkerung.* Diese ist wiederum die wichtigste Voraussetzung für die planmäßige Ermittlung der Nachfrage. Auf diese Weise erhält der sozialistische Staat die Möglichkeit, sowohl die Gesamtheit der Einzelhandelsumsätze (W — G und G — W) als auch den Absatz bestimmter Waren im ganzen Lande und in den einzelnen Kreisen zu planen. Gerade auf Grund des sozialistischen Charakters der Warenzirkulation und deren Planmäßigkeit erweitert sich im gleichen Maße wie die gesellschaftliche Produktion unvermeidlich auch die Aufnahmefähigkeit des Marktes der sozialistischen Wirtschaft. Der Umfang des Marktes ist im Sozialismus dem Umfang der sozialistischen Warenproduktion völlig adäquat, daher vollziehen sich die Warenmetamorphosen ununterbrochen und planmäßig.

Da eine Reihe von Produktionsbeziehungen durch die Warenzirkulation vermittelt wird, die dem Reproduktionsprozeß im staatlichen und genossenschaftlich-kollektivwirtschaftlichen Sektor der Produktion dient, stellen diese Formen der Warenzirkulation eben auch wesentliche ökonomische Formen der sozialistischen Wirtschaft dar.

Die Ware, die den vollen Wechsel der Wertformen durchläuft, vollzieht einen Kreislauf: Aus dem Warenwert verwandelt sie sich in den Geldwert und aus dem Geldwert erneut in den Warenwert. Hat die Ware den Kreislauf abgeschlossen, kehrt sie nicht wieder in die Sphäre des Austausches zurück, sondern geht in die Konsumtion über. Aber gerade weil der sozialistische Warenaustausch ebenso verläuft wie die Warenzirkulation, wird mit der Vollendung des Austauschprozesses der einzelnen Ware nicht der Prozeß der Geldzirkulation abgeschlossen. Den Platz der Ware nimmt das Geld ein.

Das Geld in der sozialistischen Gesellschaft erfüllt, indem es der Warenzirkulation dient, die Funktion als Zirkulationsmittel.

Der Strom der Warenkäufe und -verkäufe reißt in der sozialistischen Gesellschaft nie ab. In der Zirkulationssphäre wird ständig eine Ware von der anderen abgelöst. Sowie eine Ware aus der Sphäre der Zirkulation in die Sphäre der Konsumtion übergeht, gelangt eine andere Ware aus der Produktion in die Zirkulation. Daher muß in der Zirkulationssphäre ständig Geld vorhanden sein, das die Funktion des Zirkulationsmittels ausübt.

Im Sozialismus beschränkt sich die Warenzirkulation, die durch *unmittelbaren* Austausch von Waren gegen Geld vorgenommen wird und durch die *Gleichzeitigkeit* der Bewegung gekennzeichnet ist, fast ausschließlich auf den Einzelhandelsumsatz, d. h. auf die Zirkulation zwischen den Betrieben und der Bevölkerung und auf den Umsatz zwischen den einzelnen Bevölkerungsgruppen (kollektivwirtschaftlicher Markt). Die sonstige Zirkulation wird vorwiegend von der Staatsbank vermittelt.[22]

Auf die Bargeldumsätze, die zum überwiegenden Teil im Einzelhandel getätigt wurden, entfielen in der Vorkriegszeit (nach unseren Berechnungen) 12 bis 14 % des gesamten Geldumsatzes. Aber die Rolle des Bargeldumsatzes kann nicht nur von der quantitativen Seite her eingeschätzt werden. Seine Bedeutung ist deshalb so gewaltig, weil sich in ihm der Verkauf von Konsumgütern an die Bevölkerung widerspiegelt, d. h., weil die Verbindung zwischen der Produktion und der individuellen Konsumtion in dieser Form des Umsatzes erfolgt.

Zugleich und in Übereinstimmung mit der Erhöhung der Warenreserven der sozialistischen Produktion wächst auch der Einzelhandelsumsatz in schnellem Tempo sowohl preismäßig als auch dem Volumen nach. Darüber folgende Daten:

Der Einzelhandels-Warenumsatz der UdSSR[23]

	1940	1950	1957	1958	1959
Zu laufenden Preisen in Mrd. Rbl.	175,1	359,6	625,0	677,2	718,3
Index des physischen Volumens	100	110	258	274	296

Nach der Auflage des Siebenjahrplanes soll der Warenumsatz des Einzelhandels bis 1965 gegenüber 1958 um 57 bis 62 % steigen. Gleichzeitig mit dem Wachstum des Einzelhandelsumsatzes nimmt auch der gesamte Bargeld-Zahlungsverkehr zu. Da der Handelserlös etwa 90 % der gesamten Bargeldeingänge der Staatsbank ausmacht[24], spiegelt sich die Erhöhung des Einzelhandelsumsatzes in der Dynamik des Gesamtumfangs des Geldverkehrs wider, der über die Kassen der Staatsbank läuft und der den Hauptteil des Bargeldumsatzes der UdSSR erfaßt. Setzt man den Bargeldumsatz über die Staatsbank im Jahre 1948 gleich 100, dann wird diese Dynamik durch folgende Angaben gekennzeichnet:[25]

[22] Wir betrachten die Funktion des Zirkulationsmittels in bezug auf die Warenzirkulation im Einzelhandel, da gerade auf diesem Gebiete des Wirtschaftskreislaufes die Bewegung der Waren und des ihren Wert ersetzenden Geldes meistenteils zeitlich zusammenfällt. Man muß aber in Betracht ziehen, daß auch in der Sphäre des Wirtschaftskreislaufes der Produktionsmittel manchmal eine gleichzeitige Bewegung der Waren und des ihren Wert ersetzenden Geldes erfolgt, also der unmittelbare Wechsel der Wertform stattfindet. In diesen Fällen erfüllt das Geld ebenfalls die Funktion des Zirkulationsmittels.

[23] Siehe: Die UdSSR in Zahlen im Jahre 1959 (russ.). Moskau 1960, S. 232, 235, und die Volkswirtschaft der UdSSR im Jahre 1958 (russ.), S. 699, 701.

[24] Siehe A. Korowuschkin, Für die weitere Festigung der Geldzirkulation (russ.), in: „Geld und Kredit“, Nr. 2, 1959, S. 20.

[25] Die Staatsbank der UdSSR (russ.). 1957, S. 155.

1949	1950	1951	1952	1953	1954	1955	1956
107	116	123	129	141	155	161	173

Die Ware, die die Produktionssphäre verläßt, gelangt in die Zirkulation, um alsdann in die Konsumtion überzugehen. Die Geldzirkulation ist die Kehrseite der Warenzirkulation. Das Geld, das in einem bestimmten Stadium des Wechsels der Wertformen den Platz der Ware einnimmt, dient ständig der Zirkulationssphäre; es wandert von einem Betrieb zum anderen und von den einzelnen Gliedern der sozialistischen Gesellschaft zu den Betrieben. Eine besondere Eigenart der Geldbewegung besteht darin, daß es bei seinem Umlauf stets das einheitliche Zentrum der Geldzirkulation, die Staatsbank, durchläuft, da die sozialistischen Betriebe durch das allgemeine Volkseigentum vereinigt sind.

Die Warenbewegung, die in der Hauptsache planmäßig vor sich geht, vermittelt dem Geld nicht nur die ununterbrochene Bewegung im Zirkulationsprozeß, sondern verleiht auch der Funktion des Geldes als Zirkulationsmittel einen zum überwiegenden Teil planmäßigen Charakter.

Das Geld erscheint nur für kurze Zeit im Kreislauf des Wertes der einzelnen Ware. Als „flüchtige Äquivalentform" realisiert es die Warenpreise. Eben das macht den Kern der Funktion des Geldes als Zirkulationsmittel aus.

Beim Vorgang W — G wird der Warenwert für den Verkäuferbetrieb durch Geld ersetzt. Dabei wird, obgleich der in den einzelnen Waren enthaltene Wert bereits ideell im Geldäquivalent, dem Gold, ausgedrückt und gemessen ist, der Austausch der Ware gegen Geld real durch Geldzeichen vorgenommen, die das Geldäquivalent repräsentieren.

Infolge der Flüchtigkeit der Geldform des Wertes verdrängt in der spontanen Zirkulation das funktionelle Dasein des Geldes seine materielle Existenz. In der Funktion als Zirkulationsmittel wird das Metall voll und ganz durch Geldzeichen ersetzt. Es kann daher „... eine von seiner Metallsubstanz äußerlich getrennte und bloß funktionelle Existenzweise erhalten".[26] In der spontanen Warenzirkulation ist es nur *möglich*, reales Geld, Gold, bei bestimmten Funktionen durch Geldzeichen, Kredit- oder Papiergeld, zu ersetzen.[27]

Anders liegen die Dinge im Sozialismus. Das Gold, dessen Wertveränderung keine entsprechenden Veränderungen der Planpreise nach sich zieht, wird hier als Geldware ausgenutzt. Gerade auf Grund dieses Umstandes wird das Gold in allen seinen Funktionen (mit Ausnahme derjenigen als Wertmaß) *notwendigerweise* durch Geldzeichen vertreten. Diese im Sozialismus entstandene Notwendigkeit, in der Zirkulation das Gold durch Zeichen seiner selbst zu ersetzen, ist ein echter Fort-

26 Karl Marx, Das Kapital. A. a. O., Bd. I, S. 135.

27 In der zweiten Etappe der allgemeinen Krise des Kapitalismus hat sich diese Möglichkeit in die Wirklichkeit verwandelt. Aber die Ersetzung des Goldes durch Geldzeichen bedeutet in der kapitalistischen Zirkulation durchaus keinen Fortschritt, wie die bürgerlichen Wirtschaftswissenschaftler behaupten, sondern spiegelt die tiefste Zerrüttung des gesamten kapitalistischen Geldsystems wider.

schritt, da sie die Gesellschaft von einem großen Teil der unproduktiven Kosten befreit.

Das Geld tritt also in der sozialistischen Gesellschaft, wenn es als Zirkulationsmittel fungiert, in der Form seiner Stellvertreter, der Geldzeichen, auf.

Die Schwierigkeit, den Formwechsel des Wertes der Ware bei *spontanen Waren*beziehungen zu verstehen, hat ihren Ursprung, wie Marx schreibt, im Austausch zweier Waren, der Ware und des Geldes. Das rein stoffliche Moment, der Austausch der gewöhnlichen Ware gegen die Ware Gold, verhüllt die Tatsache, daß das Gold als einfache Ware noch kein Geld ist.

Die Schwierigkeit, den Formwechsel des Wertes der Ware auf Grund *sozialistischer* Beziehungen zu verstehen, entsteht gerade dadurch, daß eine Ware nicht unmittelbar gegen eine andere Ware ausgetauscht wird, sondern nur gegen ein Geld*zeichen* als Repräsentant des realen Geldes.

Da sowohl die Form des Preises als auch die Form des Geldzeichens gesellschaftliche Formen sind, entsteht der Eindruck, daß gar kein realer Wechsel der Wertform vor sich geht. Es wird dabei außer acht gelassen, daß im Austausch das Wertzeichen selbst keine Rolle spielen kann, sondern lediglich als Vertreter des wirklichen Geldes fungiert.

Die Vollwertigkeit und Stabilität des sowjetischen Geldes in seiner Funktion als Zirkulationsmittel wird durch den Charakter der sozialistischen Produktion und Zirkulation bestimmt, also durch grundlegende Unterschiede im Charakter der Bewegung des Geldes in dieser Funktion gegenüber dem Kapitalismus.

In der spontanen kapitalistischen Zirkulation wird die Kaufkraft der Geldzeichen sowohl vom Wert des von ihnen vertretenen Goldes als auch vom relativen Wert des Goldes und der Waren bestimmt.[28] Man sollte meinen, daß die Kaufkraft des

[28] Die Kaufkraft ist nicht identisch mit dem Wert. Die bürgerlichen Wirtschaftswissenschaftler verwechseln diese Begriffe in der Regel. Die Quantitätstheorie geht davon aus, daß das Geld Papiergeld ist, das ohne Wert in den Verkehr gelangt. Auf Grund der Gegenüberstellung des Warenwertes und der in den Verkehr gelangenden Geldmenge erhält jede Geldeinheit eine gewisse Kaufkraft. Diese Kaufkraft ist angeblich der adäquate Ausdruck des Geldwertes. Die relative Form des Tauschwertes und der Wert werden auf diese Weise verwechselt, wobei an die Stelle des Wertes der Tauschwert gesetzt wird.

Wir erwähnen auch, daß es falsch ist, die Kategorien „Kaufkraft des Geldes" und „relativer Wert des Goldes" zu trennen. Daher hat das Akademiemitglied I. A. Trachtenberg nicht recht, wenn er behauptet: „Die Darstellung des Wertes des Papiergeldes in Gold kann als *Kurs* des Papiergeldes, als sein *Preis* bezeichnet werden. Die Darstellung des Wertes des Papiergeldes in Waren kann die *Kaufkraft des Papiergeldes* genannt werden . . ." I. A. Trachtenberg, Das Papiergeld (russ.), A. a. O., S. 169.

Das Papiergeld ist nichts anderes als ein Geldzeichen, ein Vertreter des Goldes. Deshalb kann es ebensowenig einen Preis haben wie das Gold. Wenn man den Wert des Papiergeldes in der Preisform ausdrücken könnte, d. h. in Gold, dann würde das bedeuten, daß es einen selbständigen Wert besitzt. Die Kaufkraft des Papiergeldes ist nicht Ausdruck seines eigenen, unabhängigen Wertes, sondern des relativen Wertes des Goldes, das es real vertritt. Daher ist auch die Behauptung W. M. Batyrews, daß „Abweichungen

Geldes als Ausdruck seines relativen Wertes und der Wert des Geldes notwendigerweise übereinstimmen, da die Preisabweichungen im gesellschaftlichen Maßstabe sich gegenseitig kompensieren. In Wirklichkeit wird eine solche Übereinstimmung nur für einen ganzen Wirtschaftszyklus erreicht. In den einzelnen Phasen des Zyklus aber weichen die Preise der Waren im allgemeinen von deren Wert ab. In den aufsteigenden Phasen des kapitalistischen Zyklus mit ihrer Tendenz zur allgemeinen Preissteigerung und in den Krisen mit ihrem starken Absinken der Preise tritt diese Erscheinung besonders deutlich auf.[29] Die Schwankungen der Kaufkraft der Geldzeichen, der Papier- und Kreditgeldzeichen, spiegeln die Veränderungen des relativen Goldwertes wider.

Im Sozialismus ist der Zusammenhang zwischen dem relativen Wert des Geldes und seinem Wert Veränderungen unterworfen.

Die Preise einzelner Waren oder Warengruppen sind nur ein relativer Ausdruck ihres Wertes in Geld, der vom Wert selbst in dem Maße abweicht, wie die Planpreise vom Wert abweichen. Die Kaufkraft des Geldes in bezug auf die einzelnen Waren oder Warengruppen wechselt entsprechend den Gesetzen der Veränderung des relativen Wertes. Anders ist die Sachlage beim relativen Wert und folglich bei der Kaufkraft der Geldzeichen in bezug auf das gesellschaftliche Gesamtprodukt. Wie wir gesehen haben, stimmt im Sozialismus in der gesamten Volkswirtschaft die Summe der Planpreise mit der Summe des Wertes überein. Hieraus ergibt sich, daß die Kaufkraft der Geldzeichen der Gesellschaft den relativen Geldwert ausdrückt, der ihrem Wert entspricht.

Bei gegebener Höhe der Planpreise und gegebenem Umfang des Warenprodukts, also bei gegebenem Umfang der auf Grund der Warenzirkulation erforderlichen

der Preise von der Höhe des zu bestimmenden relativen Goldwertes (Produktionspreises)" eintreten können, nicht richtig. – Vgl. W. M. Batyrew, Der Geldumlauf in der UdSSR, Gosfinisdat 1959, S. 151. – Marx betonte: „Andererseits wird der *entfaltete relative Wertausdruck* oder die *endlose Reihe* relativer Wertausdrücke zur *spezifisch relativen Wertform der Geldware.* Diese Reihe ist aber jetzt schon gesellschaftlich gegeben in den Warenpreisen." Karl Marx, Das Kapital. A. a. O., Bd. I, S. 100.
Also ist die Höhe der Warenpreise oder die Höhe der Kaufkraft des Geldes die einzig mögliche Darstellung des relativen Goldwertes. In diesem Zusammenhang ist auch der Hinweis Marx' auf eine mögliche Verringerung des „Tausch"wertes des Goldes im Vergleich zu seinem Wert wichtig. Siehe Karl Marx, Randglossen zu Adolph Wagners „Lehrbuch der politischen Ökonomie". Das Kapital. A. a. O., Bd. I.

[29] Trotzdem wäre es völlig falsch, vorauszusetzen, daß irgendein besonderer „Preis" des Goldes existiert, der sich von seinem Wert unterscheidet. Der Preis ist nur der Geld-, d. h. der Goldausdruck des Wertes. Darum kann es einen Preis des Goldes nicht geben. Marx weist darauf hin, daß das Gold als einfache Ware den Gesetzen von Angebot und Nachfrage unterworfen ist. (Karl Marx, Grundrisse der Kritik der politischen Ökonomie. A. a. O., S. 115.) Aber er betont stets, daß das Gold als *allgemeine* Ware, also als Geld, keinen Preis hat. Für das Geld kann es kein Realisierungsproblem geben, es können infolgedessen auch keine Abweichungen seines „Preises" vom Wert entstehen. Das Gold ist die Ware, die das Material für die Darstellung des Wertes liefert, die Ware, die als Wert auftritt.

Zahlungen und gegebenem Umfang des Zahlungsverkehrs, der der Bewegung der Einkünfte und Mittel dient, und bei gegebener Umlaufsgeschwindigkeit des Geldes ist in der Zirkulation eine bestimmte Menge Geldzeichen erforderlich.

Stimmt die tatsächlich zirkulierende Menge der Geldzeichen mit der erforderlichen Menge überein, dann entspricht der reale Wert des Geldes seinem Nominalwert, und die Vollwertigkeit des Rubels ist gesichert. Aber diese Übereinstimmung kann durch besondere Umstände und eine Reihe von Ursachen gestört werden. Gelangt mehr Geld in die Zirkulation, als es der Wirtschaftsverkehr erfordert, und kann infolgedessen nur ein Teil der Geldmenge real in Waren angelegt werden, da dem überschüssigen Geld keine Warendeckung gegenübersteht, so kann auch bei Einhaltung der Planpreise die Kaufkraft der Geldzeichen (in Anbetracht des Vorhandenseins eines nichtorganisierten Marktes) sinken. Eine solche Lage entstand während des Großen Vaterländischen Krieges, als überschüssige Geldbeträge in den Verkehr gelangten. Die zahlungsfähige Nachfrage begann, soweit sie auf dem organisierten Markt nicht befriedigt werden konnte, auf den nichtorganisierten Markt zu strömen. Hier überstieg die Nachfrage das Angebot, und die Preise stiegen. Es entstand eine erhebliche Kluft zwischen den Marktpreisen und den staatlichen Planpreisen. Diese Kluft vertiefte sich noch dadurch, daß der kollektivwirtschaftliche Markt durch seine verhältnismäßig begrenzte Aufnahmefähigkeit besonders stürmisch auf den zirkulierenden Geldüberschuß reagierte. Infolge dieser eigenartigen spontanen Preisreaktion verlor das Geld hier einen erheblichen Teil seiner Kaufkraft.

Die Preissteigerungen auf dem kollektivwirtschaftlichen Markt, auf dem die Arbeiter und Angestellten einen bestimmten Teil ihrer Einkünfte realisierten, waren gleichbedeutend mit einer gewissen Senkung ihres Realeinkommens.

Die Störung des Gleichgewichts zwischen der zahlungsfähigen Nachfrage und dem Warenangebot wirkte sich ungünstig auf den organisierten Markt aus. Ein Rationierungssystem wurde erforderlich, um die beschränkten Warenvorräte sinnvoller ausnutzen zu können. Der kommerzielle Handel zu erhöhten Preisen wurde eingeführt. Es entstanden auch Bedingungen, die zu einem übermäßigen Steigen des Nominallohnes und zur Erhöhung der Produktionsselbstkosten führten. (Ausführlicheres hierüber in Kapitel VI.) Das Ergebnis war eine partielle Abwertung des Geldes.

So bestimmen in jedem gegebenen Zeitabschnitt das System und die Höhe der Planpreise, welche Goldmenge und welchen Wert die Geldeinheit repräsentiert. Die Vollwertigkeit des Geldzeichens im Sozialismus (des Sowjetrubels) drückt sich daher in der faktischen Möglichkeit aus, reale Werte zu staatlichen Planpreisen dafür zu kaufen. Anders ausgedrückt, *Vollwertigkeit des Geldzeichens heißt: Der Wert der Goldmenge, die dieses Zeichen repräsentiert (in Übereinstimmung mit den staatlichen Planpreisen im Rahmen der gesamten Volkswirtschaft), ist gleich dem faktischen Wert, den dieses Zeichen (ebenfalls im volkswirtschaftlichen Maßstab) wirklich realisiert.* Ist das Geld nicht vollwertig, dann kommt das darin zum Ausdruck, daß die Wertmenge, welche das Geldzeichen faktisch im Rahmen der gesamten Volkswirtschaft realisiert, unter dem Wert des Goldes liegt, den das

Geldzeichen in Übereinstimmung mit den Planpreisen nominell zu vertreten hat. Diese Nichtvollwertigkeit entsteht, wenn es unmöglich ist, die gesamte zirkulierende Geldmenge für die Realisierung der Warenwerte zu Planpreisen auszunutzen. Das Ergebnis ist, daß sich in den Zirkulationskanälen überschüssiges Geld niederschlägt, d. h. Geld, dem keine äquivalenten Warenmengen auf dem organisierten Markt gegenüberstehen, so daß ein Teil dieses Geldes auf den nichtorganisierten Markt strömt, wo es Warenwerte zu Preisen realisiert, welche die Planpreise weit übersteigen.

In der Möglichkeit, daß die zirkulierenden Geldzeichen ihre Vollwertigkeit einbüßen (unter besonderen ökonomischen Bedingungen, die in der sozialistischen Wirtschaft nur ausnahmsweise entstehen), äußert sich die Wirksamkeit des spezifischen Gesetzes, das im Sozialismus das Repräsentationsverhältnis des Goldes und der Geldzeichen reguliert.

Im Kapitalismus, wie in jeder anderen spontanen Warenwirtschaft, besteht das Gesetz, welches die von einem Geldzeichen repräsentierte Goldmenge bestimmt, darin, daß diese Menge Gold dem Quotienten aus dem ökonomisch gerechtfertigten Minimum an Gold in der Zirkulation und der tatsächlich zirkulierenden Summe nomineller Geldzeichen gleich ist. Folglich bringt das betreffende Gesetz zum Ausdruck, daß bei einem gegebenen, zur Zirkulation notwendigen Goldminimum die nominelle Menge der umlaufenden Geldzeichen die nominellen Preise bestimmt (d. h. die Preise, die mit Hilfe dieser Geldzeichen ausgedrückt werden).

Im Sozialismus besteht das Gesetz, welches das Repräsentationsverhältnis von Goldmenge und Geldzeichen bestimmt, darin, daß diese Goldmenge vom Verhältnis der Plansumme der Warenpreise zu der Summe der Warenwerte abhängt: Bei einem gegebenen, zur Zirkulation notwendigen Goldminimum wird die Summe an Geldzeichen, die in die Zirkulation eintritt (bei einer bestimmten Umlaufsgeschwindigkeit), durch die Summe der Planpreise und durch den von ihrer Höhe abhängenden Preismaßstab bestimmt. Dieses Gesetz äußert sich darin, daß bei einem gegebenen, für die Zirkulation notwendigen Goldminimum nicht die Summe der umlaufenden Geldzeichen die Preise bestimmt, sondern umgekehrt die Preise die zur Zirkulation erforderliche Menge an Geldzeichen bestimmen.[30]

Wenn jedoch eine überschüssige Menge an Geldzeichen in die Zirkulation eintritt, d. h. eine Menge an Geldzeichen, die das erforderliche Minimum übersteigt, dann wird direkt durch diesen Umstand keine Veränderung der Planpreise hervorgerufen. Trotzdem vermindert sich auch hier der faktische Goldgehalt des Geldzeichens, aber der Grad, in dem er sinkt, wird nicht durch die faktische Veränderung des Verhältnisses zwischen dem zur Zirkulation erforderlichen Minimum an Gold und der zirkulierenden Menge an Geldzeichen bestimmt, sondern durch das neuentstandene Verhältnis zwischen der Summe der Planpreise der faktisch zu realisierenden Warenmengen zuzüglich der Summe der zusätzlichen Nachfrage,

30 Wir abstrahieren hier von der Gesamtheit der Elemente des Zahlungsverkehrs, welche die Aufnahmefähigkeit der Geldzirkulation bestimmen, außer von der Warenzirkulation, dem entscheidenden Faktor, von dem diese Aufnahmefähigkeit abhängt.

die durch die überschüssigen Geldzeichen in der Zirkulation hervorgerufen wurde, einerseits und der Summe des Wertes der zu realisierenden Warenmenge andererseits. Anders ausgedrückt: Unter diesen Bedingungen vertritt das Geldzeichen, da hier das Gesetz, welches die durch das Geldzeichen repräsentierte Goldmenge bestimmt, in besonderer Weise fungiert, real eine Goldmenge, deren Wert gleich dem Wert der Waren ist, den es faktisch durchschnittlich im Rahmen der gesamten Volkswirtschaft realisieren wird.

Setzen wir voraus, daß der gesamte Zahlungsverkehr 1000 Mrd. Rbl. ausmacht, die für die Zirkulation erforderliche Geldmenge 50 Mrd. Rbl. Dabei stellt ein Rubel 1 Gramm Feingold dar. In Umlauf gesetzt sind aber nominell 100 Mrd. Rbl. Geldzeichen. Im Kapitalismus, wie bei jeder anderen spontanen Warenwirtschaft, würde unter solchen Umständen das Geldzeichen letztlich auf die Hälfte abgewertet werden und nicht 1 Gramm, sondern nur 0,5 Gramm Gold vorstellen; die Preise würden auf das Doppelte steigen und der gesamte Zahlungsverkehr ungeachtet der unveränderten faktischen Wertmenge nominell mit 2000 Mrd. Rbl. bewertet werden.

Was geschieht aber mit den Geldzeichen und Preisen im Sozialismus? Die für die Zirkulation erforderliche Geldmenge, 50 Mrd. Rbl., realisiert wie vorher Warenwerte und vermittelt einen Zahlungsverkehr von 1000 Mrd. Rbl.; die Preise bleiben unverändert. Die zusätzlich in den Verkehr geworfene Geldmenge von 50 Mrd. Rbl. erweist sich als überschüssig. Da dabei von dem Gesamtzahlungsverkehr von 1050 Mrd. Rbl. 50 Mrd. Rbl. nicht in Waren zu Planpreisen umgesetzt werden, werden durchschnittlich die Geldzeichen mit einem Male um 4,8 % abgewertet $\left(100 - \frac{1000 \times 100}{1050}\right)$. Aber das ist nur die erste, unmittelbare Folge, die sich aus der Bildung überschüssigen Geldes ergibt. Dieser Geldüberhang übt einen Druck auf den Markt aus und bildet die Voraussetzung für spekulative Umsätze.

Ein gewisser Teil des Geldüberhanges erscheint auf dem nichtorganisierten Markt und unterliegt einer noch größeren Entwertung, obgleich natürlich diese Entwertung auch hier in Grenzen gehalten wird, weil der entscheidende Teil der gesamten Warenmenge des Landes wie vorher zu Planpreisen auf dem organisierten Markt verkauft wird.

Im Grunde wird die allgemeine Verringerung des Goldgehaltes der Geldzeichen vom Umfang der zusätzlichen Nachfrage abhängen. Diese zusätzliche Nachfrage wird durch den Geldüberhang hervorgerufen und ist gleich der Nominalsumme des Geldüberhangs, multipliziert mit ihrer faktischen Umlaufsgeschwindigkeit, die nur einen Bruchteil der Umlaufsgeschwindigkeit der ökonomisch notwendigen Geldmenge ausmacht.

So ist es denn klar, daß in der sozialistischen Gesellschaft ein Nichtübereinstimmen des Nominalgehaltes der Geldeinheit in der Funktion als Zirkulationsmittel mit seinem tatsächlichen Gehalt, also eine gewisse Nichtvollwertigkeit der Geldzeichen, nur partiell auftreten kann, daß aber auch diese partielle Nichtübereinstimmung ernste Schäden für die Volkswirtschaft nach sich zieht und die Beseitigung des Geldüberhangs in der Zirkulation erfordert.

Trotzdem betonen wir, daß durch das Wirken des spezifischen Gesetzes, das den Goldgehalt reguliert, den das Geldzeichen im Sozialismus vertritt, in der entscheidenden Zirkulationssphäre, dem organisierten Markt, kein Platz für ein kompliziertes Fungieren des Wertmaßes ist, bei dem eine wesentliche Kluft zwischen dem Nominalwert und dem durch das Geldzeichen vertretenen faktischen Wert entsteht.

Die spontane Papiergeldzirkulation ist durch ein kompliziertes Fungieren des Goldes als Wertmaß gekennzeichnet. Die Geschichte der Geldzirkulation in Rußland wie die Geschichte der Inflation der Währungen anderer kapitalistischer Länder zeigt, daß die Preise in Papiergeld in bestimmten Perioden nicht mit den Veränderungen des „Preises" für das zirkulierende Gold in Einklang stehen; es entsteht gewissermaßen eine Kluft zwischen den Papiergeld- und den „Gold"-preisen. Selbst in der UdSSR konnte in der Übergangsperiode während der Geldreform von 1922 bis 1924 ein Abweichen der Preise in Tscherwonezrubeln von den Preisen festgestellt werden, die die Waren hätten haben müssen, wären sie nach dem Verhältnis des Tscherwonezrubels zu den Goldpreisen auf dem „freien Markt" bewertet worden.[31]

[31] Die Erscheinung, daß die Papiergeldpreise von den Preisen in Gold abwichen, diente Tugan-Baranowski als Argument gegen die Marxsche Theorie über das Papiergeld. Daß die Preisbewegungen auseinanderfallen und ein Aufgeld entsteht, beweise, wie Tugan behauptet, unabdingbar, daß das Papiergeld zu einem selbständigen Wertmaß werden könne. „Wenn das Aufgeld (Agio) nicht die Kaufkraft des Papiergeldes bestimmt, wie kann man dann behaupten ..., daß das Papiergeld kein selbständiges Wertmaß ist ... Die Papiergeldeinheit ist in einem Lande mit Papiergeld ein ebenso allgemeines Wertmaß wie die Metalleinheit in einem Lande mit Metallgeldsystem." Tugan-Baranowski, Papiergeld und Metall (russ.). Petrograd 1917, S. 72 u. 77.
Die von Tugan vertretene Theorie des Papiergeldes als Wertmaß wurde von Akademiemitglied Trachtenberg einer Kritik unterzogen. „Das Aufgeld", schreibt er, „fällt stets mit der Verteuerung der Warenpreise zusammen, die Kaufkraft des Geldes ist gleich seinem Preis, aber dieses Zusammentreffen, diese Gleichheit tritt nur allmählich in Erscheinung, als Resultat einer mehr oder weniger langen Dauer. Das Aufgeld kann nicht auf die Warenpreise einwirken." I. Trachtenberg, Das Papiergeld (russ.). A. a. O., S. 171.
Diese Kritik erschöpft nicht das ganze Problem. Die Version des Preises des Papiergeldes in Gold setzt außerdem eine notwendige Schlußfolgerung voraus, eben die, daß das Papiergeld irgendeinen anderen Wert besitzt und nicht den Wert des Goldes repräsentiert. Wenn das so wäre, wenn die in Papiergeld ausgedrückten Preise und die in Gold ausgedrückten Preise differierten (wovon angeblich das Nichtübereinstimmen des Aufgeldes mit der Veränderung der Preise zeugt), dann könnte nicht bewiesen werden, daß das Gold Wertmaß bleibt.
In Wirklichkeit liegen die Dinge anders: Das Papiergeld hat keinen Preis in Gold und kann auch keinen haben. Wenn die Warenpreise in Papiergeld sich verändern, dann bedeutet das (falls der Goldwert unveränderlich ist), daß das Papiergeld ein verändertes Goldquantum vertritt. Die Abweichung des Aufgeldes (Agio) aber von der Veränderung der Kaufkraft des Papiergeldes besteht nur darin, daß für das *zirkulierende* Gold ein

Die verschiedenen Formen, in denen das Wertmaß sich bei spontaner Warenzirkulation äußert, sind: das Nichtübereinstimmen der Bewegung des relativen Wertes mit dem Wert, welches sich (in bestimmten Phasen des Zyklus) im Abweichen der gesamten Warenpreise von ihren Werten ausdrückt; das erschwerte Fungieren des Wertmaßes bei Papiergeldzirkulation; das Nichtübereinstimmen zwischen dem Aufgeld für Gold und der Veränderung der Kaufkraft des Geldes, zwischen der Kaufkraft der Währung und ihrem Kurs usw. Das ist der Mechanismus, der dem spontanen Wirken des Wertgesetzes entspricht.

Auch in der sozialistischen Gesellschaft fungiert als Wertmaß das Geld als solches, doch die Funktion als Zirkulationsmittel üben die das Geld vertretenden Zeichen aus. Da Geldzeichen in der sozialistischen Wirtschaft nur partiell und nur in Ausnahmefällen entwertet werden können, bei normalen Reproduktionsbedingungen aber ihre Vollwertigkeit gewährleistet ist, gibt es in der sozialistischen Zirkulation keine Kluft zwischen dem Nominalwert der Geldzeichen als Zirkulationsmittel und dem realen Wert des Geldes als Wertmaß. Auch hierin äußert sich der neue Charakter des Mechanismus des Wertmaßes, die neue Form des gegenseitigen Zusammenhangs zwischen der Funktion des Geldes als Wertmaß und seiner Funktion als Zirkulationsmittel.

Im Sozialismus wird die stabile Vollwertigkeit des Geldes in seiner Funktion als Zirkulationsmittel wie auch in seinen anderen Funktionen vor allem und hauptsächlich dadurch zuverlässig gesichert, daß die entscheidenden Warenmengen dem Staat gehören und zu festen Planpreisen in Umlauf gesetzt werden. Diese Sicherung der Stabilität des Geldes ist aber mit dem besonderen, nur der Ökonomik des Sozialismus eigenen Mechanismus der Geldzirkulation verbunden.

Die Geldmittel der staatlichen und genossenschaftlich-kollektivwirtschaftlichen Betriebe und Institutionen sind fast restlos bei der Staatsbank konzentriert, die nicht nur das Kredit- und Emissionszentrum, sondern auch das Verrechnungs-

Preis entsteht wie für eine einfache Ware. In der Regel tritt in einer Periode der Papiergeldentwertung nicht das als Spekulationsgegenstand dienende Gold als Wertmaß auf, sondern das gesamte nationale Gold, entsprechend den realen Bedingungen seiner Reproduktion.

Wir erwähnen noch, daß Prof. G. A. Koslow, seinerzeit richtig voraussetzte, daß das Gold in der Inflation Wertmaß, d. h. Geld bleibt, daß er aber hieraus fälschlich die Kategorie eines „Preises" des allgemeinen Äquivalents (des Goldes) in Papiergeld ableitete, da er annahm, daß entsprechend dem Angebot und der Nachfrage dieser „Preis" des Goldes schwanken könnte. Zum Beispiel: „Das Angebot von Gold könnte sich erhöhen und sein Papiergeld‚preis' sogar unter den Wert des Goldes sinken." Vgl. sein Werk: Geld und Kredit (russ.). Partisdat 1933, S. 233.

Das allgemeine Äquivalent kann nicht im „Preise" schwanken. Es hat keinen Preis und wird vom Papiergeld vertreten. Einen Preis hat das Gold als gewöhnliche Ware, aber als solche ist es nicht Wertmaß. Das Gold, das während einer Inflation gekauft und verkauft wird, hat sich vom Gold als Wertmaß gelöst; es ist in die Spekulation hineingezogen worden wie jede andere Ware, und in diesem Umsatz vollzieht es seine spasmischen, inflationistischen und spekulativen Bewegungen.

und Kassenzentrum des Landes ist. Daraus folgt, daß die Sphäre der sozialistischen Zirkulation durch zwei Kanäle mit der Staatsbank verbunden ist: einen, durch den das Bargeld in die Zirkulation gelangt, und einen anderen, durch den das Bargeld aus der Zirkulation in die Staatsbank zurückgeholt wird. Die Bewegung des Geldes, Zufluß und Abfluß, geht streng planmäßig vor sich.

Der Planmäßigkeit des Bargeldverkehrs liegt die Planmäßigkeit des sozialistischen Reproduktionsprozesses zugrunde. Die Finanzpläne — der Staatshaushalt, die Finanzpläne der Volkswirtschaftszweige, der Kredit- und Bargeldumsatzplan — bilden in ihrer Gesamtheit die Finanzbilanz der Volkswirtschaft und bedingen die Planung der Geldzirkulation.

Die synthetischen Pläne, mit deren Hilfe die entscheidenden Bewegungen der Bargeldzirkulation geplant werden, sind die Bilanz der Geldeinnahmen und -ausgaben der Bevölkerung und der Bargeldumsatzplan der Staatsbank, die sich auf das gesamte Kennziffernsystem des Volkswirtschaftsplanes des Landes stützen.

Der Bargeldumsatzplan hängt engstens mit der Bilanz der Geldeinnahmen und -ausgaben der Bevölkerung zusammen. Die Angaben der Bilanz der Geldeinnahmen und -ausgaben der Bevölkerung dienen als ökonomische Grundlage für den Bargeldumsatzplan.

Der Hauptkanal, durch den das Bargeld in die Zirkulation gelangt, ist der Lohn. Seine Planung ist eines der entscheidenden Momente für die planmäßige Organisation der Geldzirkulation. Die Planung der Lohnzahlungen, der Beträge für die landwirtschaftlichen Erfassungen, der Zahlungen von den Konten der Kollektivwirtschaften usw. verbindet die Pläne der Bargeldzirkulation engstens mit den Plänen der erweiterten sozialistischen Reproduktion und den Plänen des sozialen und kulturellen Aufbaus.

Der Bargeldumsatzplan ist auch für die Plandisziplin der Wirtschaft von großer operativer Bedeutung. Insbesondere fördert der Kampf um die Erfüllung des Bargeldumsatzplanes die strengste Disziplin in der Verausgabung des Lohnfonds usw.

Der wichtigste Kanal, durch den das Geld aus der Zirkulation wieder der Staatsbank zufließt, ist der Erlös der staatlichen und genossenschaftlichen Handelsbetriebe. Auch die verschiedenen Dienstleistungen spielen in dieser Beziehung eine große Rolle. Durch diese Kanäle ist der Bargeldumsatzplan unmittelbar mit der gesamten Zirkulationssphäre verbunden.

Folglich ist die Planung des Bargeldumsatzes eine wichtige Methode, um die Übereinstimmung zwischen der Produktion und der Zirkulation der Waren und den Dienstleistungen zu gewährleisten. Gleichzeitig wirkt sie auf den Ablauf des Warenumsatzes ein, da die tägliche Erfüllung des Bargeldumsatzplanes hiervon abhängt. Die Erfüllung des Bargeldumsatzplanes spiegelt die Realisierung der Waren wider, meldet der Bank, den Handelsorganen und den leitenden Staatsorganen den Stand der Erfüllung des Warenumsatzplanes, der Realisierung der Dienstleistungen usw.

Die Geldzirkulation wird also durch den gesamten Verlauf der erweiterten Reproduktion und des sozialen und kulturellen Aufbaus bestimmt. Zugleich hat der Stand der Geldzirkulation rückwirkend Einfluß auf den Reproduktionsprozeß. Die Bilanz der Geldeinnahmen und -ausgaben der Bevölkerung und der Bargeldumsatzplan sind außerordentlich wichtig, um von der Seite der Bargeldzirkulation her die Bilanzierung aller Elemente im Reproduktionsprozeß nachprüfen zu können.

Der Bargeldumsatzplan wird mit einer Reihe anderer Pläne abgestimmt, die von großer Bedeutung für die Organisation der Geldzirkulation sind, insbesondere mit dem Kreditplan, dessen Bilanzierung direkt mit dem Zuwachs oder der Abnahme der sich in der Zirkulation befindenden Bargeldmenge zusammenhängt (siehe Kapitel V).

Der Bargeldumsatzplan wird (zusammen mit anderen Teilen des Volkswirtschaftsplanes) von der Regierung der UdSSR bestätigt. Die genaueste Erfüllung des Bargeldumsatzplanes ist die Voraussetzung für die Gewährleistung der vollständigen Bilanzierung der Waren- und Geldzirkulation und infolgedessen der Stabilität des Rubels.

3. *Die Funktion des Geldes als Zahlungsmittel*

Die Warenzirkulation ist eng mit der Geldbewegung verbunden. Aber die Bewegung des Geldes muß nicht unbedingt gleichzeitig mit der Bewegung der zirkulierenden Waren vor sich gehen. Das Geld stellt eine selbständige Wertform dar. Daher kann seine Bewegung früher oder später vorgenommen werden als die Bewegung der von ihm realisierten Materialwerte.

Die Notwendigkeit einer relativ selbständigen Bewegung des Wertes in der Geldform ergibt sich aus den Erfordernissen der erweiterten sozialistischen Reproduktion, da sie die Ware-Geld-Beziehungen einschließt und daher im ganzen mit dem Kreislauf der Fonds verbunden ist.

Im Reproduktionsprozeß geht folgendes vor sich: 1. die systematische zeitweilige Freisetzung eines Teils des Wertes der Produktions- und Zirkulationsfonds der einzelnen Betriebe (der staatlichen und genossenschaftlich-kollektivwirtschaftlichen) in Geldform; 2. die verhältnismäßig selbständige Bewegung der Geldmittel zwischen den einzelnen Betrieben sowie zwischen den Betrieben und dem Kreditsystem; 3. die Verteilung und Umverteilung eines Teils des Nationaleinkommens als individuelle Einkünfte der Arbeiter, Angestellten und Bauern; 4. die zentralisierte gesamtstaatliche Verteilung und Umverteilung des größten Teils des Wertes des Mehrprodukts für Zwecke der erweiterten Reproduktion und für den Unterhalt der nichtproduzierenden Institutionen.

In allen diesen Prozessen erfolgt eine relativ selbständige Bewegung des Wertes in der Geldform, die letztlich nur mit der Bewegung der zu realisierenden Waren zusammenhängt. Die Übertragung des Wertes von einem Teilnehmer am Wirtschaftskreislauf auf einen anderen in Form einer solchen, relativ selbständigen Bewegung des Wertes in der Geldform ist die Zahlung, und alle Zahlungen in ihrer Gesamtheit bilden den Zahlungsverkehr. Das Geld, das dem Zahlungsverkehr dient, fungiert als Zahlungsmittel.[32]

32 „Mit der Entwicklung der Warenzirkulation entwickeln sich jedoch Verhältnisse, wodurch die Veräußerung der Ware von der Realisierung ihres Preises zeitlich getrennt

Der Inhalt und die Formen des Zahlungsverkehrs und der Inhalt der Funktion des Geldes als Zahlungsmittel sind im Sozialismus grundlegend anders als im Kapitalismus.

Im Kapitalismus besteht der Zahlungsverkehr vor allem in der Bewegung des Kapitalwertes in der Geldform, darunter auch in der Zirkulation des Leihkapitals sowie der Zirkulation der Einnahmen verschiedener Klassen der kapitalistischen Gesellschaft; die Funktion des Geldes als Zahlungsmittel dient eben dieser Zirkulation des Kapitalwertes und der Einnahmen.

Im Sozialismus ist der Zahlungsverkehr die Zirkulation des Wertes der Fonds in Geldform, die in den beiden Formen des sozialistischen Eigentums vorkommen, sowie die Zirkulation der Einnahmen der Betriebe und der Werktätigen in Geldform, bei der das Geld in seiner Funktion als Zahlungsmittel auftritt.

Im Sozialismus vollzieht sich der Zahlungsverkehr vor allem als relativ selbständige Bewegung des Wertes in der Geldform innerhalb jedes gegebenen Wirtschaftssektors. Er dient den ökonomischen Beziehungen zwischen den einzelnen Gliedern der Arbeitsteilung, den sozialistischen Betrieben. Dies ist der Hauptteil des Zahlungsverkehrs, der mit der Realisierung der Warenproduktion — sowohl der Produktionsmittel als auch der Konsumgüter — verbunden ist.

Der Zahlungsverkehr vollzieht sich ferner als relativ selbständige Bewegung des Wertes in der Geldform aus einem Produktionssektor (dem staatlichen) in einen anderen (den genossenschaftlich-kollektivwirtschaftlichen), entsprechend den Bewegungen der Waren zwischen den Betrieben dieser Sektoren. In diesem Falle ist der Zahlungsverkehr eine Form der ökonomischen Verbindung zwischen Stadt und Land, zwischen den beiden Sektoren der sozialistischen Produktion. Hierher gehört sowohl die Bezahlung der von den Kollektivwirtschaften an den Staat gelieferten Erzeugnisse als auch die Bezahlung der von den Kollektivwirtschaften vom Staat bezogenen Produktionsmittel. Aber mit dem Zahlungsverkehr, der unmittelbar mit dem Umsatz von Warenwerten zwischen den Betrieben sowohl innerhalb der Sektoren der sozialistischen Produktion als auch zwischen ihnen zusammenhängt, ist die Sache noch längst nicht abgetan.

Auch im Sozialismus läßt sich auf das Geld die These von Marx anwenden: „... greift die Funktion des Geldes als Zahlungsmittel über die Sphäre der Warenzirkulation hinaus“ [33]. Und in der Tat: Das Geld dient als Zahlungsmittel nicht nur zur Realisierung von Waren, sondern es dient weitgehend zur Umverteilung der Mittel der Volkswirtschaft über den Kredit, d. h., es dient den Kredit- und Geldbeziehungen, die über das Banksystem laufen (Ausreichung von Krediten, Rückzahlung von Darlehen usw.). Es dient in dieser Funktion ferner dem gewaltigen Verteilungs- und Umverteilungsverkehr des Wertes des Reineinkommens (seiner Akkumulation für den Haushalt und seiner Weiterleitung vom

wird ... Da die Metamorphose der Ware oder die Entwicklung ihrer Wertform sich hier verändert, erhält auch das Geld eine andere Funktion. Es wird *Zahlungsmittel.*“ Karl Marx, Das Kapital. A. a. O., Bd. I, S. 140/141.

[33] Karl Marx, Das Kapital. A. a. O., Bd. I, S. 146.

Haushalt an die produzierende und nichtproduzierende Sphäre). Als Zahlungsmittel fungiert das Geld schließlich auch in der gewaltigen Sphäre des Umsatzes der individuellen Einkünfte: bei der Auszahlung der Löhne und der Arbeitseinheiten und bei einer Reihe von Zahlungen des Staates an die Bevölkerung (Pensionen, Unterstützungen, Lotteriegewinne, Versicherungsprämien usw.), bei der Bewegung der Einkünfte, die sich aus den Beziehungen zwischen der Bevölkerung einerseits und dem Staatshaushalt andererseits ergeben, beim Zahlungsverkehr der Sparkassen usw.

Alle diese konkreten Formen des Zahlungsverkehrs in der sozialistischen Ökonomik, wie sehr sie sich auch voneinander unterscheiden mögen, haben ein wesentliches gemeinsames Kennzeichen: sie sind die mannigfachen Arten der relativ unabhängigen Bewegung des Geldes als selbständiger Wertform, einer Bewegung, die mit der Bewegung der Materialwerte nur letzten Endes verbunden ist und diese Bewegung nur vermittelt oder sie ergänzt.

Bei aller Wichtigkeit des Fungierens des Geldes als Zahlungsmittel in der Sphäre der Verteilung und Umverteilung der Geldmittel und der Geldeinkünfte, die nicht unmittelbar mit der Bewegung von Warenwerten verbunden sind und diese Bewegung letztlich nur vermitteln, wäre es falsch, gerade hierin die Wurzel seiner Funktion als Zahlungsmittel zu sehen.

Obgleich in der gegebenen Funktion die Bewegung des Geldes zeitlich nicht unmittelbar mit der Bewegung der Materialwerte zusammenfällt und darüber hinaus in einer ganzen Reihe von Zahlungen das Geld diese Bewegung nicht direkt vermittelt, ist doch die Bewegung des Geldes in seiner Funktion als Zahlungsmittel in allen Fällen am Ende mit einer Realisierung des Wertes der Waren verbunden, die ihre Bewegung vollziehen. Gerade darauf fußt die Rolle des Zahlungsmittels, gerade hier entsteht vor allem der Zusammenhang dieser Funktion des Geldes mit dem sozialistischen Reproduktionsprozeß. Nur im Lichte dieser Rolle des Geldes in der Zahlungsfunktion ist die relativ selbständige Bewegung der Zahlungsmittel in der Sphäre der Verteilung und Umverteilung der früher akkumulierten Fondswerte und des Nationaleinkommens zu betrachten.

Im Kreislauf des Wertes der Fonds der sozialistischen Betriebe (sowohl im staatlichen als auch im genossenschaftlich-kollektivwirtschaftlichen Sektor der Volkswirtschaft) wird systematisch einerseits ein Teil des Wertes in der Geldform vorübergehend freigesetzt, andererseits ein zusätzlicher Wert vorübergehend beansprucht. Das eben erzeugt die Kreditverhältnisse in den ökonomischen Beziehungen der Betriebe, die zugleich als Gläubiger und Schuldner auftreten. Der Kredit stellt im Sozialismus eine besondere Form der Bewegung von Darlehensfonds dar, d. h. eine Form ökonomischer Beziehungen, die in der planmäßigen Umverteilung auf der Grundlage der Rückzahlbarkeit der Geldmittel über die Banken besteht. Diese Geldmittel drücken den Wert der Materialfonds aus, die systematisch für eine bestimmte Zeit aus dem Reproduktionsprozeß in einem der ökonomisch isolierten Glieder freigesetzt werden und vermittels der zeitweiligen Umverteilung des Wertes dieser Fonds in der Geldform auf andere Glieder erneut in diesen Prozeß zurückkehren.

Wegen der sozialistischen Natur der Produktion und Zirkulation sind sowohl die Gläubiger- als auch die Schuldnerbetriebe (außer in besonderen Fällen) nicht unmittelbar miteinander verbunden; die Verbindung wird über das einheitliche Kreditsystem hergestellt.

Der Kredit schafft die Voraussetzungen für die Konzentration des gesamten Zahlungsverkehrs der sozialistischen Wirtschaft in einem Kreditsystem. In den Verrechnungen über das Kreditsystem zeigt der Zusammenhang zwischen der Bewegung des Geldes und der Bewegung der Materialwerte wichtige Besonderheiten. Im Unterschied zum Zirkulationsprozeß, in dem Geld und Ware sich gleichzeitig gegenseitig ersetzen, werden im Verrechnungsprozeß über die Bank die Waren veräußert, ehe das Geld seine Bewegung vollzieht (in manchen Fällen, beispielsweise bei Vorauszahlungen, auch danach), und das Geld bewegt sich erst, nachdem die Waren weggegeben sind (bzw. vorher).

Hier ist die Veränderung im Charakter der Bewegung des Warenwertes verankert. Der von uns bereits oben betrachtete Austausch der Wertformen wurde in der Warenzirkulation durch die Formel W — G — W ausgedrückt. In den Fällen aber, in denen die Waren ihre Bewegung auf Grund der nachfolgenden Zahlung vollziehen, d. h., wenn die Materialwerte des Lieferers früher beim Käufer eingehen als das Geld des Käufers beim Lieferanten, nimmt der Formwechsel des Wertes selbst ein anderes Aussehen an.

Die Ware ist bereits vom betreffenden Produktionsbetrieb in die Hände der Konsumenten gelangt, aber ihr Wert ist noch nicht realisiert. Der Empfang des Geldes ist zeitlich hinausgeschoben. Das Geld, mit dessen Hilfe der Wert dieses Produkts realisiert wird, wird vom Zahlungspflichtigen erst nach einiger Zeit eingehen. Aber der Lieferbetrieb braucht dieses Geld sofort, um den Reproduktionsprozeß fortsetzen zu können, und er erhält es von der Bank als Verrechnungskredit.

Der Bank ist es nur deshalb möglich, diesen Kredit zur Verfügung zu stellen, weil sie ihrerseits den Wert zeitweilig freier Fonds anderer Betriebe oder andere zeitweilig freie Fonds (des Haushalts usw.) akkumuliert hat. Diese freien Gelder stellen den realisierten Wert eines Teils des gesellschaftlichen Gesamtprodukts dar, der den Distributionsprozeß durchläuft.

Folglich wird der von uns betrachtete Formwechsel des Warenwertes, der vom Lieferbetrieb auf Grund der Zahlung und des Bankkredits realisiert wurde, durch einen vorherigen Formwechsel des Wertes einer anderen Ware vermittelt.

Damit die Realisierung der Ware nach der Formel Ware — Geld (W — G) real vor sich gehen kann, muß vorher eine andere Ware realisiert werden. Es muß also der Vorgang W_1—G_1 stattfinden und das Geld (G_1) vom Zahlungspflichtigen bei der Bank eingezahlt werden, damit es auf das Konto des Lieferanten überwiesen werden kann.

Der von uns betrachtete Prozeß des Formwechsels des Warenwertes kann folgendermaßen bezeichnet werden:

$$W \ldots W_1 — G_1 \ldots G.$$

Aber solange der vermittelnde Formwechsel des Wertes durchgeführt wird

($W_1 - G_1$), solange also dem Betrieb, der die Ware realisiert, das Geld nicht ausgezahlt wird, braucht er einen Kredit. So entstehen die Beziehungen des Umsatzes der Warenwerte gegen Geld, das durch den Kredit vermittelt wird. Und auf ihrer Basis entstehen die ökonomischen Wechselbeziehungen von Gläubiger und Schuldner.

Die Bedeutung der in der Wirtschaft der UdSSR üblichen Hauptarten der Geldverrechnung ist in der unten aufgeführten Tabelle dargelegt.

Struktur des über die Staatsbank der UdSSR laufenden Zahlungsverkehrs[34]
(in % des gesamten Verkehrs)

Verrechnungsformen	1953	1955	1958	1959
Akzept	55,8	52,1	51,0	52,9
Akkreditive und Sonderkonten	1,5	1,2	1,3	1,1
Limitierte Schecks	2,5	0,4	0,3	0,3
Akzeptierte Schecks	1,4	1,3	0,8	0,5
Aufrechnung gegenseitiger Verbindlichkeiten (ständige)	38,8	45,0	46,6	45,2

Der überwiegende Teil aller Geldverrechnungen der sozialistischen Betriebe läuft unmittelbar über die Bank. Sie sind in allen ihren Formen mehr oder minder mit den Kreditbeziehungen zwischen den Betrieben und dem Kreditsystem und mit der Bewegung der zu realisierenden Materialwerte verbunden, die durch die selbständige Bewegung des Geldes ergänzt werden.

Nehmen wir die einfachste und häufigste Form der Verrechnung, die Akzeptverrechnung zwischen Betrieben an verschiedenen Orten in Verbindung mit dem Bankinkasso. Der Lieferbetrieb, der die bei ihm bestellten Waren verlädt, erhält für die Zeit des Dokumentenumlaufs auf Grund der Verrechnungsdokumente einen Verrechnungskredit. Bei Empfang der Zahlungsdokumente akzeptiert der Besteller diese und bezahlt. Das bedeutet, daß der Wert der verladenen Waren erst dann die Geldform annimmt, wenn die Rechnungen beim Besteller eingegangen sind, die Akzeptfrist abgelaufen und die Zahlung tatsächlich erfolgt ist. Aber auch dann geht das Geld zuerst bei der Bank des Zahlungspflichtigen ein. Der Lieferant erhält es nach Ablauf der für den Dokumentenumlauf erforderlichen Frist. Das auf dem Verrechnungskonto des Lieferanten eingegangene Geld wird dann zur Tilgung des Verrechnungskredits benutzt.

[34] Die Staatsbank der UdSSR (russ.). 1957, S. 247. — A. K. Korowuschkin, Das Kreditsystem im Siebenjahrplan (russ.). Gosfinisdat 1960, S. 79.

Die Realisierung der Waren geht also auf Grund von Kreditbeziehungen vor sich, wobei der Zahlungspflichtige die ihm gelieferten Produkte aus dem Erlös für den Verkauf seiner eigenen Erzeugnisse bezahlt. Das, was sich auf den ersten Blick als einfache Metamorphose W — G — W darstellt, drückt in Wirklichkeit einen komplizierten Weg der Bewegung von Warenwerten, Krediten und Geld aus — Weggabe der Waren, Kredit der Bank an den Lieferanten, Zahlung des Käufers an den Lieferanten über die Bank, Tilgung des Kredits durch den Lieferanten usw. Anders ausgedrückt, die Bewegung der Produkte wird von einer Reihe *selbständiger* Geldbewegungen begleitet, die die Bewegung des Warenwertes vermitteln und abschließen.

Ähnlich geht es auch bei allen anderen Verrechnungsformen vor sich. Vor allem findet bei den Verrechnungen durch Aufrechnung der gegenseitigen Forderungen eine verhältnismäßig selbständige Bewegung des Wertes in der Geldform statt, die indes schon nicht mehr mit der gesamten Höhe des zu realisierenden Wertes verbunden ist, sondern nur mit dem Teil, der sich nicht gegenseitig ausgleicht, sowie mit dem Teil, der einen Geldverkehr innerhalb der Aufrechnungsperioden erforderlich macht.[35]

Im Sozialismus fällt der größte Teil der Zahlungen im Warenverkehr (mit Ausnahme des Einzelhandels) zeitlich nicht mit der tatsächlichen Bewegung der Waren zusammen, deren Werte durch diese Zahlungen ihre Geldform erhalten. Bei der Verteilung und Umverteilung des Wertes des Nationaleinkommens sowie des Wertes der früher akkumulierten Fonds verläuft die Bewegung des Geldes ebenfalls relativ selbständig. Daraus ergibt sich auch die gewaltige volkswirtschaftliche Bedeutung der Funktion des Geldes als Zahlungsmittel. In dieser Funktion vermittelt das Geld eine Reihe wichtiger Prozesse der sozialistischen Reproduktion und beeinflußt den gesamten Ablauf des Reproduktionsprozesses.

In der Funktion als Zahlungsmittel dient das Geld vor allem dem Ersatz der Produktionskosten in der Wertform. Gleichzeitig wird durch den Zahlungsvorgang in indirekter Form — in der Wertform — geprüft, ob die für die Erzeugung des Produkts aufgewandte vergegenständlichte und lebendige Arbeit gesellschaftlich notwendige Arbeit ist. Sobald der Betrieb gegen die Plannormen für den Umsatz oder für die Verausgabung von Mitteln verstößt, äußert sich das sofort in Zahlungsschwierigkeiten des Betriebes. Mit anderen Worten, in der Funktion als Zahlungsmittel vermittelt das Geld die Bewegung der vergegenständlichten Arbeit und wird vom sozialistischen Staat als wirksames Instrument der Kontrolle durch den Rubel über den planmäßigen Ablauf der Produktion, Distribution und Zirkulation ausgenutzt.

Die Zahlungsfunktion des Geldes dient der erweiterten sozialistischen Reproduktion auch durch die Umverteilung des Wertes der akkumulierten Fonds über den Kredit.

35 Über den Geldcharakter der Verrechnungen durch Aufrechnung gegenseitiger Forderungen siehe W. Batyrew, Der Geldumlauf in der UdSSR (russ.). Gosfinisdat 1959, S. 239–240.

Der Kredit fördert die maximale Ausnutzung der Fonds der sozialistischen Gesellschaft und ist ein materieller Anreiz, um den größten Nutzeffekt im Reproduktionsprozeß zu erzielen und den Verlauf des Reproduktionsprozesses durch den Rubel zu kontrollieren.

Werden Darlehen nicht rechtzeitig getilgt, dann ist das gewöhnlich ein Zeichen dafür, daß die Planmäßigkeit des Produktionsprozesses an irgendeiner Stelle gestört ist. Das Kreditsystem verfügt über mannigfache Mittel der Einflußnahme auf die Betriebe, um diese zur Planerfüllung anzuregen, darunter Kreditsanktionen und selbst so einschneidende Maßnahmen wie die Einführung eines besonderen Kreditierungs- und Verrechnungsverfahrens für schlecht arbeitende Betriebe (die ihre Pläne der Selbstkostensenkung und Akkumulationsbildung nicht erfüllen und die eigenen Umlaufmittel nicht in voller Höhe erhalten) und, in besonderen Fällen, die Erklärung der Zahlungsunfähigkeit des Betriebes u. ä.

Unter den verschiedenen Arten des Zahlungsverkehrs, dem das Geld in seiner Funktion als Zahlungsmittel dient, nehmen die Lohnzahlungen einen wichtigen Platz ein. Die Lohnzahlungen sind nichts anderes als Zahlungen, und das Geld, das in der Form der Löhne ausgegeben wird, ist Zahlungsmittel. Die Arbeiter und Angestellten, die das Nationaleinkommen schaffen, erhalten damit das Recht auf einen Teil desselben (den Konsumtionsfonds), proportional zu der von ihnen aufgewandten Arbeit. Damit die sozialistischen Betriebe den Lohn auszahlen können, müssen sie den Wert des erzeugten Produkts realisieren. Aus dem Gelderlös für das realisierte Produkt wird von den Produktionsbetrieben der Lohn gezahlt. Die nichtproduzierenden Institutionen zahlen die Löhne aus Mitteln, die sie über die gesamtstaatliche Umverteilung eines Teiles des Wertes des Mehrprodukts in der Geldform erhalten. Die Lohnzahlung ist also deshalb eine Zahlung, weil der Wert dabei eine relativ selbständige Bewegung in der Geldform vollzieht.

In der Form der Lohnzahlung nimmt der sozialistische Staat die Verteilung nach der Leistung vor und nutzt dabei den Stimulus der persönlichen materiellen Interessiertheit zugunsten des Sozialismus. Bei allen Arten und Abarten der Lohnzahlungen bedient man sich des Geldes in seiner Funktion als Zahlungsmittel.[36]

Diese Funktion des Geldes ist auch deshalb von größter ökonomischer Bedeutung, weil sie zur Steigerung der Arbeitsproduktivität anregt.

Eine wichtige Art der Zahlung in der sowjetischen Wirtschaft ist die von den Betrieben vorzunehmende Überweisung des entscheidenden Teils des Wertes des Mehrprodukts an den Staatshaushalt in der Geldform (Umsatzsteuer, Gewinnabführungen). Hierbei dient die Zahlungsfunktion des Geldes der Verteilung und Umverteilung des Nationaleinkommens und wird gleichzeitig als ein Instrument

[36] Die Ausnutzung der Zahlungsfunktion des Geldes ist vielfach beim Leistungslohn und Prämien-Zeitlohn am wirksamsten. Immer weitgehender werden die im Leistungslohn stehenden Arbeiter durch die Prämiierungen erfaßt. Die Prämien spielen auch eine große Rolle bei der Erhöhung des Nutzeffektes der Arbeiten des ingenieurtechnischen und leitenden Personals der Betriebe. – Vgl. E. L. Manewitsch, Aktuelle Fragen der Theorie und Organisation des Lohnes in der UdSSR (russ.), im Sammelband: Probleme der politischen Ökonomie des Sozialismus. Gospolitisdat 1949.

benutzt, das durch den Rubel den Ablauf des Reproduktionsprozesses kontrolliert. Gehen die Gewinnabführungen beim Haushalt planmäßig ein, so zeugt das von der Erfüllung der Finanzpläne, während andererseits jeder Verstoß gegen die für diese Zahlungen an den Haushalt festgesetzten Pläne sofort anzeigt, daß der Reproduktionsprozeß nicht normal verläuft.

Die Finanzkontrolle bei der Finanzierung der Volkswirtschaft, bei der das Geld ebenfalls als Zahlungsmittel fungiert, ist von großer Bedeutung, da sie eine der Wertformen ist, die zur planmäßigen Lenkung der Volkswirtschaft ausgenutzt werden.

Wir haben gesehen, daß die Zirkulation der Waren, die Bezahlung der Arbeit und die Verteilung und Umverteilung des Wertes des Mehrprodukts, die Umverteilung der Mittel durch Kreditmethoden usw., also die Gesamtheit der dem Zahlungsverkehr zugrunde liegenden Beziehungen, das Fungieren des Geldes als Zirkulations- und Zahlungsmittel erfordern. Dabei bildet die Warenzirkulation in dem Maße, in dem sie notwendigerweise mit Kreditbeziehungen verbunden ist, die Grundlage für eine besondere Geldart, das Kreditgeld, die Banknote.[37] Die sozialistische Ökonomik benutzt die Banknote faktisch als einzige Art der Bargeldzeichen (die Kassenscheine der UdSSR sind ihrem ökonomischen Inhalt und ihrer Emissionsmethode nach eine Abart des Kreditgeldes).

Obgleich das Geld in der Funktion als Zahlungsmittel nicht flüchtiger Vermittler im Distributions- und Zirkulationsprozeß, sondern der Repräsentant des Wertes an sich ist, wird es in dieser Funktion wie auch in der Funktion als Zirkulationsmittel durch Zeichen seiner selbst vertreten. Indessen sind der Funktion des Zahlungsmittels in der sozialistischen Ökonomik nicht die Widersprüche eigen wie im Kapitalismus, insbesondere nicht der Widerspruch, der dadurch bedingt ist, daß bei der Funktion als Zahlungsmittel eine selbständige Bewegung des Wertes in der Geldform vor sich geht — eine Bewegung, die zeitlich von der Bewegung des Warenwertes, den das Geld realisiert, getrennt ist —, und dadurch, daß die Zahlungsfunktion durch das Geldzeichen verwirklicht wird. Im Kapitalismus ist gerade dieser Widerspruch eines der wichtigsten Momente für das Heranreifen einer Krise.

Der Sozialismus schließt die Möglichkeit von Krisen, auch von Geldkrisen, aus. Aber das heißt durchaus nicht, daß es in der sozialistischen Ökonomik nur rein technisch von Bedeutung ist, wenn die Bewegung der Materialwerte und die Bewegung des Geldes, das die Funktion des Zahlungsmittels ausübt, zeitlich nicht zusammenfallen, und daß in der Zahlungsform selbst, und infolgedessen auch in der Funktion des Geldes als Zahlungsmittel, jeder Widerspruch überhaupt ausgeschlossen ist.

In der Form der Zahlung ist die Möglichkeit einer gewissen Trennung der Bewegung des Geldes von der Bewegung der Materialwerte enthalten. Unter bestimmten Voraussetzungen kann sich das in einer Zahlungsverzögerung oder in

37 Marx hat darauf hingewiesen, daß „... wie eigentliches Papiergeld aus der Funktion des Geldes als *Zirkulationsmittel* entspringt, das *Kreditgeld* in der Funktion des Geldes als *Zahlungsmittel* seine naturwüchsige Wurzel besitzt". Karl Marx, Das Kapital. A. a. O., Bd. I, S. 132.

zeitweiligen Abweichungen des Warenangebotes von der zahlungsfähigen Nachfrage der Bevölkerung äußern usw. Diese Erscheinungen werden durch gewisse begrenzte Störungen der Proportionalität des Reproduktionsprozesses hervorgerufen. Die Widersprüche, die im Zusammenhang mit dem Fungieren des Geldes als Zahlungsmittel entstehen, überwindet der Sowjetstaat durch entsprechende Maßnahmen auf dem Gebiete der Produktions-, Distributions-, Zirkulations- und Finanzplanung usw.

Das einheitliche Kreditsystem des Sozialismus vereinigt in sich nicht nur die Umverteilung der gesamten Mittel der Volkswirtschaft über den Kredit, sondern auch den gesamten Zahlungsverkehr des Landes. Es nutzt (neben dem staatlichen Finanzsystem und dem Finanzsystem der Volkswirtschaftszweige) das Geld planmäßig in seiner Funktion als Zahlungsmittel aus.

Die Staatsbank wurde nicht über Nacht zum einheitlichen Zentrum des Geldumlaufs des Landes. Die Übergangsperiode, eine Periode der Besitzergreifung der Ware-Geld-Beziehungen, eine Periode der Entwicklung des sozialistischen Inhalts des Geldsystems, war gleichzeitig eine Periode der Entwicklung der Funktionen und der Festigung der ökonomischen Rolle der Staatsbank. Die Bank verwandelte sich allmählich in das einheitliche volkswirtschaftliche Zentrum des kurzfristigen Kredits und des gesamten Zahlungsverkehrs, in das Verrechnungszentrum, das alle sozialistischen Betriebe und Institutionen verbindet, in das Kassenzentrum des Landes. Auch der gesamte Geld- und Kreditverkehr des Außenhandels konzentriert sich in der Staatsbank der UdSSR.

Im gleichen Maße, wie sich die volkswirtschaftliche Rolle der Staatsbank verstärkte, stieg auch ihr Umsatz. Im Jahre 1933 wies die Umsatzbilanz brutto 1,4 Billionen Rbl. aus [38], 1941 13,3 Billionen Rbl., 1945 14,7 Billionen Rbl.[39] Im gleichen Jahr erreichte die Summe der die Staatsbank durchlaufenden Zahlungen für realisierte Materialwerte 561 Mrd. Rbl.[40] In der Nachkriegszeit wuchs mit der Wiederherstellung und weiteren Entwicklung der Volkswirtschaft auch der allgemeine Zahlungsverkehr des Landes in schnellem Tempo. Der Zahlungsverkehr der Staatsbank der UdSSR stieg, wenn man das Volumen von 1945 mit 100 ansetzt, im Jahre 1955 auf 391 und im Jahre 1956 auf 422. Die Gesamtsumme der Zahlungen für realisierte Warenwerte betrug 1956 etwa 2,4 [41], 1958 rund 2,8 Billionen Rbl.[42] Im Jahre 1960 bestand das Netz der Staatsbank aus 4341 Kontoren und Filialen.

In der gegenwärtigen Etappe des sozialistischen Aufbaus nimmt die Bedeutung der Staatsbank beim weiteren Aufschwung der Wirtschaft, bei der Festigung der wirtschaftlichen Rechnungsführung, bei der Verstärkung der Kontrolle der gesamten Volkswirtschaft durch den Rubel erheblich zu. Die Kreditierungs- und Verrechnungsmethoden werden verbessert, die Kontrolle durch den Rubel über die

[38] „Geld und Kredit“ (russ.), Nr. 4, 1939.
[39] Ebenda, Nr. 10, 1946, S. 20, 22.
[40] Die Staatsbank der UdSSR (russ.). Gosfinisdat 1957, S. 125.
[41] Ebenda, S. 125, 127.
[42] W. Batyrew, Der Geldumlauf in der UdSSR (russ.). A. a. O., S. 226.

Erfüllung der Wirtschaftspläne eines jeden einzelnen Betriebes und über die Einhaltung des Sparsamkeitsregimes wird verstärkt. Damit trägt die Staatsbank zur Steigerung der Produktion und des Warenumsatzes, zur Erhöhung der sozialistischen Akkumulation und zur Festigung der Geldzirkulation des Landes bei.

Die Vereinigung der Kredit-, Verrechnungs- und Kassenfunktion in einer einheitlichen Bank ist objektiv notwendig und nur im Sozialismus möglich.

Der organisierte und im volkswirtschaftlichen Maßstab zentralisierte Zahlungsverkehr ist mit einer beträchtlichen Erweiterung der Funktion des Geldes als Zahlungsmittel verbunden. Das Überwiegen der einen oder anderen Geldfunktion weist, wie Marx sagt, auf den Reifegrad der gesellschaftlichen Beziehungen hin. Dem Charakter der sozialistischen Produktionsverhältnisse, die die planmäßige Verbindung der sozialistischen Betriebe bedingen, entspricht die volle Entwicklung der Funktion als Zahlungsmittel.

Diese Funktion ist von großer volkswirtschaftlicher Bedeutung für die Realisierung des Wertes des gesellschaftlichen Produkts und die nachfolgende Verteilung und Umverteilung dieses Wertes, für die Bezahlung nach der Leistung und für die wertmäßige Kontrolle des Maßes der Arbeit und des Maßes des Verbrauchs und infolgedessen auch für den materiellen Anreiz zur Erfüllung und Übererfüllung der Produktionspläne. Das sind die wichtigsten spezifischen Besonderheiten der Funktion des Geldes als Zahlungsmittel in der sozialistischen Ökonomik.

4. Die Funktion des Geldes als Mittel der Geldakkumulation und der Ersparnisbildung

Die Funktionen des Geldes als Zirkulations- und Zahlungsmittel machen es erforderlich, daß die Teilnehmer an der Distribution des Wertes und an der Warenzirkulation, die sozialistischen Betriebe und Institutionen sowie die Bevölkerung, über gewisse Geldvorräte verfügen.

In den Betrieben konzentriert sich eine gewisse, für die Begleichung der Zahlungsverpflichtungen vorgesehene Geldmenge. Im gesellschaftlichen Maßstab gesehen, ist die für den Zahlungsverkehr der Betriebe erforderliche Menge durch den Umfang des Zahlungsverkehrs und die Umlaufsgeschwindigkeit des Geldes gegeben, das diesem Zahlungsverkehr zu dienen hat (unter Außerachtlassung der Einsparungen, die sich aus dem gegenseitigen Zahlungsausgleich ergeben).

Auch jedes Mitglied der Gesellschaft besitzt eine gewisse Geldmenge als Zahlungs- und Zirkulationsmittel. Im gesellschaftlichen Rahmen wird die Menge an Zirkulations- und Zahlungsmitteln durch den Umfang des Zahlungsverkehrs selbst und durch die Umlaufsgeschwindigkeit des Geldes in diesem Verkehr bestimmt. Selbst wenn eine gewisse Geldmenge ständig als notwendige Zirkulations- und Zahlungsmittelreserve aufbewahrt wird, ist sie doch ihrer funktionellen Bestimmung nach Teil jener aktiv zirkulierenden Menge.

Aber das Geld ist in der sozialistischen Gesellschaft nicht nur als Zirkulations- und Zahlungsmittel notwendig. Das Geld, das zeitweilig die Zirkulationssphäre verläßt, wird auch als solches akkumuliert. Das bedeutet, daß die Geldform des Wertes einer bestimmten Menge realisierter Waren seine Bewegung in der Sphäre der Zirkulation-Distribution unterbricht und in dieser Form erstarrt, d. h., daß eine entsprechende Geldmenge den Bedarf der Geldzirkulation selbst übersteigt; sie wird in der laufenden Distribution und Zirkulation nicht gebraucht.

Die Akkumulation des Geldes tritt in der sozialistischen Gesellschaft in zwei Formen auf: erstens als Akkumulation der Betriebe und Institutionen, d. h. als *gesellschaftliche Akkumulation,* und zweitens als Ersparnisse der einzelnen Bürger, also als *individuelle Ersparnisbildung.* In beiden Fällen spiegelt die Geldakkumulation, die als Akkumulation von Geldzeichen vonstatten geht, (unter gewöhnlichen Umständen) einen in der Volkswirtschaft vor sich gehenden realen Akkumulationsprozeß wider.

Auf welche Weise werden nun die Geldvorräte, die für die Zirkulation (unter Einschluß der gesamten Sphäre der Zahlungen) erforderlich sind, von den Geldvorräten getrennt, die die Geldakkumulation und die Ersparnisse bilden?

Die gesellschaftliche Akkumulation des Geldes hängt damit zusammen, daß das Geld ein notwendiges Element im Kreislauf des Wertes des gesellschaftlichen Produkts darstellt. Auf einer bestimmten Stufe seines Umlaufs nimmt der Wert des Produkts, das für den Ersatz bestimmt ist, wie auch der Wert des Nettoprodukts unbedingt die Geldform an.[43] Während die Bewegung des Produktenwertes, soweit sie sich im Rahmen des vorhergehenden Reproduktionszyklus vollzieht, durch die schon vorher fungierende Geldmenge vermittelt wird, ruft der Wert des Mehrprodukts im Geldstadium des Kreislaufs in dem Maße, in dem er als Quelle realer Akkumulationen ausgenutzt, und in dem Umfang, in dem er für die Erweiterung der unproduktiven Konsumtion (bei gleichbleibenden Bedingungen der Geldzirkulation) eingesetzt wird, unausbleiblich die Bildung zusätzlicher Geldmengen in allen Gliedern der gesellschaftlichen Wirtschaft hervor.[44]

Der Wert sowohl der realen Akkumulation als auch der Wert des mengenmäßigen Zuwachses des für den Verbrauch bestimmten Mehrprodukts schlägt sich zeitweilig, hauptsächlich in der Form von Staatshaushaltsmitteln, auf den Konten des Staatshaushalts bei der Bank nieder. Ein bestimmter Teil des Wertes dieses Produkts verbleibt vorübergehend zur Verfügung der staatlichen Betriebe und wird ebenfalls in Form von Geldmitteln auf Bankkonten zurückgelegt. Schließlich nimmt auch ein Teil des Mehrprodukts, das von den Kollektivwirtschaften geschaffen wurde und von diesen selbst ausgenutzt wird, die Geldform an und bleibt eine gewisse Zeit auf den Bankkonten. Ein bestimmter Teil der Mittel der Staatsbank drückt also stets die Geldform der realen Akkumulation aus sowie den Wert des Zuwachses des zu konsumierenden Teils des Mehrprodukts.

Ein wichtiger ökonomischer Unterschied besteht zwischen dem oben betrachteten Teil der Geldmenge, der sich auf den Konten der Staatsbank niederschlägt, und

[43] Im staatlichen Produktionssektor bezieht sich dies fast auf das gesamte Produkt, im genossenschaftlich-kollektivwirtschaftlichen Sektor auf dessen Warenteil.

[44] Die Höhe dieser zusätzlichen Geldsumme ist gleich dem Jahreswert der genannten Elemente des Mehrprodukts, dividiert durch die Umlaufsgeschwindigkeit des Geldes.

dem Teil, der aus dem Wert der zu ersetzenden Elemente, die den Prozeß der Realisierung durchlaufen, aus dem Wert des Mehrprodukts, das als Quelle für Lohnzahlungen in der nichtproduzierenden Sphäre benutzt wird, sowie aus dem Fonds des sonstigen unproduktiven Konsums (in der gleichen Höhe wie im vorausgegangenen Jahr) besteht und sich ebenfalls auf den Konten der Bank niederschlägt.

Dieser zweite Teil der Geldmenge hat im vorausgegangenen Zyklus der erweiterten Reproduktion fungiert. Unter unveränderten Bedingungen der Geldzirkulation ist er auch im laufenden Zyklus für die Zahlungen im Distributions- und Zirkulationsprozeß erforderlich. Der erste Teil der Geldmenge aber, der die Form der gesellschaftlichen Geldakkumulation darstellt, wird erst im laufenden Reproduktionszyklus gebildet, da er künftig für die Bewegung des real zu akkumulierenden Wertes des Mehrprodukts und des Zuwachses seines zu konsumierenden Teils erforderlich sein wird. Dieser Teil der Geldmenge tritt im Prozeß seiner Bildung als eine entsprechende Geldreserve der Volkswirtschaft auf und spiegelt die zeitweilige, im Verlauf der erweiterten Reproduktion sich bildende Wertreserve des gesellschaftlichen Produkts wider. Deshalb stellt er die gesellschaftliche Geldakkumulation dar.

Aber aus der Tatsache, daß die Funktion als Mittel der Geldakkumulation eine Funktion ist, die dem Prozeß der sozialistischen Akkumulation dient, folgt durchaus nicht, daß etwa nur diese Funktion dem Akkumulationsprozeß dient. Selbstverständlich dienen die Funktionen des Geldes als Zirkulationsmittel und Zahlungsmittel und erst recht die Funktion als Wertmaß allen Phasen der Reproduktion, darunter auch der Akkumulation. Das Spezifikum aber der Funktion der Geldakkumulation und der Ersparnisbildung besteht darin, daß sie, im Gegensatz zu allen anderen Funktionen des Geldes, die allen Phasen der Reproduktion dienen, nur mit der Phase der Akkumulation verbunden ist, und zwar mit demjenigen Prozeß dieser Phase, in dessen Verlauf die Geldform des Wertes ihre Bewegung zeitweilig unterbricht und als solche sich in Form einer freien Geldreserve niederschlägt.

Die gesellschaftliche Geldakkumulation ist in der sozialistischen Wirtschaft in der Regel eine besondere Ausdrucksform des realen Akkumulationsprozesses, wobei dieser Prozeß in keiner Weise durch die Bildung der Geldform der Akkumulation verzögert wird.

Auf der einen Seite erfolgt also eine Akkumulation von Geldzeichen, auf der anderen Seite konzentrieren sich (bei Übereinstimmung der Geld- und Materialbestandteile im Wirtschaftskreislauf) die von ihnen dargestellten Materialwerte in der Form von Vorräten. In welcher Form auch immer das Geld akkumuliert werden mag (auf den Konten der Betriebe, des Haushalts oder in einzelnen Fällen in bar), es werden stets nur Geldzeichen akkumuliert. Daher entzieht ihre Akkumulation dem realen Reproduktionsprozeß keine wirklichen Materialwerte.

Nur eine Form der Geldakkumulation setzt den zeitweiligen Abzug realer Werte aus dem Reproduktionsprozeß voraus, die Akkumulation der Geldware, des Goldes. Das Gold, das als zentralisierter Vorrat des Staates akkumuliert wird, ist eine wichtige Form der gesamtstaatlichen Reserve.

Auf Grund ihres Charakters selbst ist die gesellschaftliche Geldakkumulation (mit Ausnahme der Akkumulation der Geldware, des Goldes) erstens *von kurzer Dauer:* In dem Maße, wie der Wert der oben betrachteten Teile des Mehrprodukts im weiteren Reproduktionsprozeß ausgenutzt wird, vereinigt sich das Geld, das der Bewegung dieses Wertes dient, mit den fungierenden Fonds. Sie ist zweitens *umfangmäßig begrenzt* durch diejenige zusätzliche Geldmenge, die in Verbindung mit der Realisierung und Bewegung des zu *akkumulierenden* Teils des Mehrprodukts und mit dem (über die Akkumulation hinausgehenden) *Zuwachs* desselben entsteht und für nichtproduktive Zwecke zu verwenden ist.

Von den Werktätigen wird das Geld in der sozialistischen Gesellschaft in der Form von *individuellen Ersparnissen* akkumuliert. Sie sind dazu bestimmt, der Bevölkerung nach einer gewissen, mehr oder weniger langen Zeitspanne als Kaufmittel zur Bezahlung von Konsumtionsgütern zu dienen. Deshalb erfolgt das individuelle Sparen verhältnismäßig langfristig und ist durch keinerlei starre Grenzen irgendwelcher Art beschränkt. In dem Maße, wie die Einnahmen der Bevölkerung steigen, wachsen auch die Ersparnisse in Geld.

Bei der bilanzierten Geldzirkulation sind die individuellen Geldersparnisse eine Akkumulation von Zeichen realen Geldes. Das bedeutet, daß die diesen Ersparnissen entsprechenden Werte im Reproduktionsprozeß verbleiben. Die laufenden, für künftige Anschaffungen bestimmten Geldersparnisse bilden selbst wiederum die ökonomische Voraussetzung für eine erweiterte Reproduktion, da der von ihnen vorgestellte Wert weiterhin im Reproduktionsprozeß verbleibt. Wenn also Geld (die Geldzeichen) von der Bevölkerung gespart wird, erhält der Wert gewissermaßen einen doppelten Ausdruck: Im Reproduktionsprozeß fungiert weiterhin der reale Warenwert, und gleichzeitig wird die Geldform dieses Wertes als gesparte Geldmenge, als Repräsentant des realen Wertes angesammelt.

Ein großer Teil der von den Werktätigen angesammelten Geldersparnisse nimmt als Sparkasseneinlage die Form organisierter Akkumulationen an. Diese Form der Geldakkumulation der Werktätigen ist von großer volkswirtschaftlicher Bedeutung. Davon zeugen die folgenden Angaben:

Wachstum der Sparkasseneinlagen der Bevölkerung (jeweils zum Ende des Jahres)[45]

	1940	1956	1958	1959
Zahl der Spareinlagen in Mill Einh.	17,3	36,8	47,0	50,3
Einlagensumme in Mrd. Rbl.	7,3	63,7	87,2	100,5

[45] Die UdSSR in Zahlen im Jahre 1959 (russ.). 1960, S. 240.

Im Jahre 1958 war die Gesamtsumme der Spareinlagen der Bevölkerung im Vergleich zu 1948 fast auf das Siebenfache gestiegen und die Durchschnittssumme der Einlagen hatte sich um 42 % erhöht. Von 1947 bis 1957 hatte die Bevölkerung 8,3 Mrd. Rbl. in 3prozentigen frei zirkulierenden Anleiheobligationen angelegt.[46] Die Konzentration der Geldakkumulationen der Werktätigen auf den Sparkassenkonten ist also als eine Voraussetzung für die Stabilität der Geldzirkulation von großer Wichtigkeit.

In dem Maße, in dem das Geld dem Prozeß der Geldakkumulation dient, d. h. in Form von Bargeld oder in Form von Geldbeständen auf den Konten angesammelt oder gespart wird (wobei das eine wie auch das andere in einem Ausmaße erfolgt, das den gewöhnlichen Geldbedarf, um die laufende Zirkulation der Waren und die Zahlungen zu vollziehen, übersteigt), in dem Maße übt das Geld eine besondere Funktion — *die Funktion des Geldes als Mittel der Geldakkumulation und Ersparnisbildung* — aus. In dieser Funktion tritt das Geld ebenso wie in der Funktion als Zahlungsmittel nicht in der flüchtigen Form des Wertes auf, die lediglich der Warenzirkulation dient, sondern als Vertreter des Wertes an sich. Daher ist die Stabilität des Geldes die wichtigste Voraussetzung dafür, daß es seine Funktion als Akkumulations- und Sparmittel ausüben kann.

In der sozialistischen Gesellschaft ist die Macht des Geldes gebrochen. Es fehlen die Ursachen, die im Kapitalismus die Thesaurierung des Geldes hervorrufen. Wesen und Formen des Akkumulations- und Sparprozesses haben sich in der sozialistischen Gesellschaft grundlegend geändert.

Die kapitalistische Thesaurierung wird durch das Wesen der Ausbeutungsbeziehungen bestimmt. Ihr Beweggrund ist die Macht des Geldes. Der Widerspruch zwischen der qualitativen Unbegrenztheit des Geldes und seiner quantitativen Begrenztheit verstärkt ständig die Geldgier. Das Gold als Geldware ist das Material, das den Bedürfnissen der kapitalistischen Thesaurierung entspricht. Daher ist für die kapitalistischen Länder die verstärkte Jagd der Bourgeoisie nach dem Gold, die durch die ständig sich vertiefende Entwertung der kapitalistischen Währungen ausgelöst wird, charakteristisch.[47] Die kapitalistische Thesaurierung, d. h. der Prozeß der Schatzakkumulation, ist ein Prozeß, in dem das Geld als abstrakte Form des bürgerlichen Reichtums akkumuliert wird; als solche Form wird eben der reale Geldwert — das Gold — thesauriert. Das Geld, das dem Thesaurierungsprozeß des realen Werts in Gestalt der Geldware, des Goldes, d. h. in Gestalt des abstrakten bürgerlichen Reichtums dient, übt eben die Schatzfunktion aus.

Im Sozialismus jedoch übt das Geld, da es hier keine abstrakte Form des gesellschaftlichen Reichtums ist, die Schatzfunktion nicht aus. Außerdem wird das Geld

46 Das Finanzwesen und der sozialistische Aufbau (russ.). Gosfinisdat 1957, S. 75.

47 Die bürgerliche Gier nach Gold bricht alle Schranken des sogenannten Staatsmonopols auf diese Valutaware. Hunderte Tonnen Gold verschwinden alljährlich in den Safes der Kapitalisten in den USA, England, Frankreich und anderen Ländern. In Frankreich macht beispielsweise die von der Bourgeoisie thesaurierte Goldmenge das Drei- bis Vierfache des zentralisierten Goldvorrates aus.

in allen Funktionen, außer dem Wertmaß, durch Zeichen seiner selbst — durch Kreditgeld — ersetzt. Das bedeutet, daß, wenn es außerhalb des Zirkulationsprozesses niederschlägt, es Geldzeichen bleibt. Infolge dieser beiden Ursachen stellt die Geldakkumulation unter sozialistischen Wirtschaftsbedingungen keine Funktion der Schatzbildung dar.[48]

Der Fonds des akkumulierten und gesparten Geldes fungiert im sozialistischen Wirtschaftskreislauf auch als Reservefonds für Zirkulations- und Zahlungsmittel. Der Umfang der Warenzirkulation und des Zahlungsverkehrs und die dazu erforderliche Geldmenge sind ständigen Schwankungen unterworfen. Der genannte Fonds spielt teilweise (allerdings in recht engem Rahmen) die Rolle eines Reservoirs, das die zeitweiligen Geldüberschüsse aufnimmt oder einem zeitweiligen Mangel abhilft. Indes werden bei Veränderung des Geldbedarfs wesentliche Veränderungen des Geldquantums planmäßig durch den Emissionsmechanismus des sozialistischen Staates selbst reguliert, da ja die zirkulierende Geldmenge selbst aus Geldzeichen besteht.

5. *Die Rolle des Geldes der sozialistischen Gesellschaft in den Außenhandelsbeziehungen (Die Funktion als Weltgeld)*

Zwischen der UdSSR und den ausländischen Staaten werden ständig Waren ausgetauscht. Wie jeder Warenaustausch erfordert auch der Warenaustausch mit dem Ausland ein allgemeines Äquivalent, das Geld. Auch eine Reihe anderer ökonomischer Beziehungen zwischen der UdSSR und dem Ausland, der kurz- und langfristige Kredit, die Ausgaben sowjetischer Bürger im Auslande und der Ausländer in der UdSSR usw. erfordern Geld.

Die heutigen internationalen Wirtschaftsbeziehungen werden durch die Ökonomik der an diesen Beziehungen beteiligten Staaten, durch das Vorhandensein zweier Weltwirtschaftssysteme, des sozialistischen und des kapitalistischen, bestimmt. Daher zerfallen die Wirtschaftsbeziehungen der UdSSR zu den Auslandsstaaten in zwei verschiedene Sphären: in Beziehungen zu den Ländern des Kapitalismus und zu den Ländern der Volksdemokratie. In beiden Sphären erweitert

[48] Einige Ökonomen sind der Ansicht, daß das Geld in der UdSSR ebenfalls die Funktion des Schatzes ausübt, da ein gesamtstaatlicher Goldvorrat als Geldware angesammelt wird. Diese Behauptungen sind jedoch nicht stichhaltig, da erstens der Goldvorrat nur vom Staat angesammelt wird, während eine Geldthesaurierung auch in den Betrieben und bei der Bevölkerung stattfindet, und zweitens, weil der Goldvorrat durchaus nicht als potentieller Geldvorrat des sozialistischen Wirtschaftskreislaufes angesammelt wird, sondern als Geldware des Außenhandelsmarktes. Von den drei Funktionen des Goldes als Schatz, auf die Marx hingewiesen hat — „... seine Funktion als Reservefonds für Zahlungsmittel, fällige Zahlungen im Innern; als Reservefonds des Umlaufmittels; endlich als Reservefonds des Weltgelds ..." Karl Marx, Das Kapital. A. a. O., Bd. III, S. 496 —, fallen die ersten beiden unter sozialistischen Bedingungen vollkommen weg. Infolge aller genannten Umstände kann man die Ansammlung von Gold im Sozialismus auch nicht als Fungieren des Geldes als Schatz betrachten.

sich mit dem Ansteigen der Warenumsätze und der Vertiefung anderer ökonomischer Beziehungen das Fungieren des Geldes. Dabei entwickeln sich besonders intensiv die Geldbeziehungen zu den Ländern des sozialistischen Weltsystems. Darüber geben die folgenden Angaben ein anschauliches Bild:

Außenhandelsumsätze der UdSSR
(zu laufenden Preisen in Mrd. Rbl.)[49]

	1938	1946	1950	1952	1955	1956	1957	1958	1959
Insgesamt	*2,8*	*7,4*	*13,0*	*21,2*	*25,9*	*28,9*	*33,3*	*34,6*	*42,1*
davon:									
mit sozialistischen Ländern	—	3,8	10,5	Angaben fehlen	20,6	21,9	24,5	25,5	31,7
mit kapitalistischen Ländern	—	3,6	2,5		5,3	7,0	8,8	9,1	10,4

Die Außenhandelsumsätze der UdSSR sind von 1938 bis 1959 zu unveränderten Preisen auf das 8,5fache gestiegen, für die Zeit von 1946 bis 1959 auf das 5,7fache, wobei sich jedoch die Umsätze mit den Ländern des sozialistischen Lagers für die gleiche Zeit auf das 8fache erhöht haben.

Natürlich spielt das Geld der sozialistischen Gesellschaft in jeder der genannten Sphären eine besondere Rolle. Dem entsprechend gestalten sich auch die Beziehungen zu den ausländischen Währungen auf spezifische Art und Weise.

Marx lehrt, daß das Geld, das aus der inneren Zirkulationssphäre heraustritt, die lokale Form des Preismaßstabes abstreift; es fungiert in der ursprünglichen Barrenform der edlen Metalle als Weltgeld, „... als *allgemeines Zahlungsmittel, allgemeines Kaufmittel* und *absolut gesellschaftliche Materiatur des Reichtums überhaupt...*“ [50]

In diesem Zusammenhang kann die Frage auftauchen, ob das Geld der sozialistischen Gesellschaft überhaupt auf dem kapitalistischen Weltmarkt fungiert. Diese Frage können wir nur beantworten, wenn wir ausgehen vom Wesen des Geldes in der sozialistischen Gesellschaft als besonderer Geldform der sozialistischen Produktionsverhältnisse ausdrückenden Wertes.

Das Gold ist im Sozialismus nicht an sich, sondern als Geldware eine Erscheinungsform sozialistischer Produktionsverhältnisse. Wenn es aber die Grenzen überschreitet und auf den kapitalistischen Weltmarkt gelangt, wo es gegen Waren der kapitalistischen Produktion ausgetauscht wird, hört es auf, Geldware der

[49] Siehe: Die Volkswirtschaft der UdSSR im Jahre 1958 (russ.), S. 798, 799. – Die UdSSR in Zahlen im Jahre 1959 (russ.). 1960, S. 49.
[50] Karl Marx, Das Kapital. A. a. O., Bd. I, S. 149.

sozialistischen Gesellschaft zu sein und wird Geldware der kapitalistischen Gesellschaft, wird gegenständlicher Ausdruck kapitalistischer Produktionsverhältnisse.

Infolgedessen fungiert das Geld der sozialistischen Gesellschaft in den Wirtschaftsbeziehungen zwischen sozialistischen und kapitalistischen Ländern ebensowenig als Geld des kapitalistischen Weltwirtschaftssystem wie das Geld der kapitalistischen Gesellschaft als Geld des sozialistischen Weltwirtschaftssystems. Da sich mit dem Entstehen des Landes des Sozialismus und danach des sozialistischen Lagers zwei grundsätzlich verschiedene sozialökonomische Systeme gebildet haben, das System der kapitalistischen Wirtschaft und das System der sozialistischen Wirtschaft, *hat das Gold aufgehört, Weltgeld* im alten Sinne *zu sein,* d. h. Geld, das kapitalistische Produktionsverhältnisse ausdrückt. An Stelle des einheitlichen Weltgeldes entstanden zweierlei Arten von Weltgeld: Geld des sozialistischen Weltwirtschaftssystem und Geld des kapitalistischen Weltwirtschaftssystems. Es dient dementsprechend den ökonomischen Beziehungen innerhalb jedes dieser Weltwirtschaftssysteme.

Jedoch ist für den Warenverkehr und für andere ökonomische Beziehungen zwischen den kapitalistischen und sozialistischen Ländern ein allgemeines Äquivalent erforderlich. Da das Geld der sozialistischen Gesellschaft eine gewisse Goldmenge darstellt, ist jedes bestimmte Geldquantum einem bestimmten Geldquantum jedes beliebigen kapitalistischen Landes äquivalent, weil auch dieses Geld eine bestimmte Goldmenge vertritt. Das aber ist die objektive Grundlage, auf der das Geld der sozialistischen Gesellschaft zur Gleichsetzung der Warenwerte der inneren Produktion mit den Werten der in den kapitalistischen Ländern erzeugten Waren ausgenutzt werden kann.

Die Ausnutzung des Geldes im Warenverkehr und in den anderen ökonomischen Beziehungen erfordert die Festsetzung eines bestimmten Verhältnisses zwischen dem Sowjetgeld auf Grund des Goldgehalts der sowjetischen Geldeinheit, des Rubels, und den Auslandswährungen, also die Festsetzung eines Valutakurses für den Rubel.

Natürlich kann der Valutakurs nur indirekt und annähernd festgesetzt werden, wobei die Berechnung der Produktionskosten der Waren und des Goldes innerhalb der UdSSR und in den kapitalistischen Ländern, die Kaufkraft des Geldes im Verhältnis zu den im Sowjetland hergestellten Waren, die Kaufkraft des Goldes in den kapitalistischen Ländern, die Export- und Importstruktur, die relative Höhe der Arbeitsproduktivität, das Verhältnis zwischen dem offiziellen und dem tatsächlichen Goldgehalt der Währungen usw. die Grundlage bilden.

Mit der Geldreform 1922—1924 wurde vollwertiges Geld auf Goldbasis in Umlauf gebracht und der direkte Goldgehalt des Tscherwonez festgesetzt. Der Goldgehalt des Rubels wurde auf ein Zehntel des Goldgehalts des Tscherwonez festgelegt und auf dieser Basis auch der Valutakurs des Rubels festgesetzt.

In den Jahren 1936 und 1937 diente als Grundlage für die Bestimmung des Rubelkurses zu den Auslandswährungen der französische Franc. Das Verhältnis wurde im Februar 1936 auf 1 Rubel = 3 Franc festgesetzt und im November 1936 infolge der Devalvation des Franc auf 4,25 Franc erhöht. Sowohl der alte als auch der neue Rubelkurs spiegelte einen bestimmten, in Franc ausgedrückten Goldgehalt des Rubels wider.

Wegen der Labilität des Franc und seiner Abwertung ging die Sowjetregierung im Jahre 1937 dazu über, den Rubelkurs über den Dollar zu bestimmen, der zu dieser Zeit relativ stabil war. Der Dollar konnte frei gegen Gold im Verhältnis von 35 Dollar zu 1 Troy-Unze Gold konvertiert werden, d. h., der Dollar wurde 0,888 g Gold gleichgesetzt. Hiervon ging die Sowjetregierung aus, als sie den Dollarkurs zu 5 Rbl. 30 Kop. festsetzte. Dieser Kurs galt bis zum 1. März 1950. Der Goldgehalt des Rubels, der zur Festlegung seines Außenhandelskurses dient, wurde also von 1936 bis 1950 nicht unmittelbar in Gold festgesetzt, sondern durch Angleichung des Rubels an eine andere Auslandswährung. Diese Währung mußte einen festgesetzten Goldgehalt haben oder wenigstens in fester Goldparität gegen Gold einlösbar sein.

Aber die Verschärfung der allgemeinen Krise des Kapitalismus zerstörte auch die Stabilität der Währung des stärksten kapitalistischen Landes, der Vereinigten Staaten von Amerika. Im Verlauf des zweiten Weltkrieges und in den Nachkriegsjahren wurde der Dollar fortschreitend entwertet. In den Jahren 1949 und 1950 war die Kaufkraft des Dollar auf dem amerikanischen Binnenmarkt nur etwa halb so groß wie in den Vorkriegsjahren. Obgleich der Goldgehalt des Dollar offiziell unverändert beibehalten wurde, war seine Abwertung auf den Außenhandelsmärkten recht erheblich und kam sowohl im Steigen der Export-Import-Preise in Dollar als auch in der starken Erhöhung des „Dollarpreises“ des Goldes zum Ausdruck.

Die Sowjetunion, die durch die Reform von 1947 die Kaufkraft des Rubels, welche die Stabilität der Sowjetwährung sicherte, weiter erhöht hatte, konnte den weniger stabil gewordenen Dollar nicht mehr als Basis für die Festsetzung des Rubelkurses benutzen. Vom 1. März 1950 an ging sie dazu über, den Rubelkurs unmittelbar auf der Goldgrundlage zu errechnen. Der Goldgehalt des Rubels wurde auf 0,222168 g Feingold festgesetzt und hiervon ausgehend der Valutakurs des Rubels bestimmt. Der Rubelkurs wurde im Verhältnis zum Dollar mit 4 Rbl. und im Verhältnis zum Pfund Sterling mit 11 Rbl. 20 Kop. festgesetzt. Entsprechend wurde auch der Rubelkurs zu den anderen ausländischen Währungen bestimmt.

Daß man bei der Ermittlung des Rubelkurses von der Dollarbasis auf die stabilere Goldbasis überging, hatte eine große, grundsätzliche Bedeutung. In diesem Akt der Sowjetregierung spiegelte sich die Stabilität der Sowjetwährung und die Labilität des Dollar, der Währung des mächtigsten kapitalistischen Landes, wider. Wie in der Verfügung des Ministerrates der UdSSR betont wurde, war die Veränderung des Rubelkurses entsprechend der Veränderung des Goldgehalts des Rubels durch die Erhöhung der *Kaufkraft des Rubels* bedingt .

Ist das Gold spontanes Wertmaß, dann folgen die Warenpreise den Veränderungen des relativen Goldwertes und die Kaufkraft der Geldeinheit wird durch ihren *Goldgehalt* bestimmt. Anders liegen die Dinge, wenn das Gold als planmäßiges Wertmaß benutzt wird und die Planpreise, wie in der sozialistischen Wirtschaft, nicht von den Schwankungen des relativen Goldwertes abhängen.

Und in der Tat: Die Veränderung der Kaufkraft des Rubels nach der Geldreform von 1947 war nicht durch die Veränderung seines offiziellen Goldgehalts bedingt, sondern umgekehrt: Die von der Sowjetregierung vorgenommene dreimalige Preissenkung führte zu einer erheblichen Erhöhung der Kaufkraft des Rubels. Dies bedeutete, daß auch sein Goldgehalt sich erhöhte. Die Veränderung der Kaufkraft des Rubels ist also die Ursache, die Veränderung seines Goldgehalts die Wirkung.

Solcherart ist der wechselseitige Zusammenhang zwischen der Bewegung der Kaufkraft des Rubels und der Bewegung seines Goldgehalts (und dementsprechend der Bewegung seines Valutakurses). Er ergibt sich aus dem besonderen Charakter der Ausnutzung des Goldes als Wertmaß in der sozialistischen Wirtschaft.

Wenn wir den Zusammenhang zwischen der Kaufkraft des Rubels, seinem Goldgehalt und seinem Kurs gegenüber den Auslandswährungen betonen, dann dürfen wir auch die Unterschiede zwischen der Bewegung der Kaufkraft und des Goldgehalts des Rubels einerseits und seinem Kurs andererseits nicht außer acht lassen.

Der innere Wert des Sowjetrubels, seine Kaufkraft und sein Goldgehalt werden durch die sozialistischen Produktionsverhältnisse bestimmt und sind völlig unabhängig von dem Stand der kapitalistischen Währungen und den wechselseitigen Beziehungen zu diesen.

Der Valutakurs des Rubels, dessen objektive Grundlage der Goldgehalt des Rubels ist, wird durch das Außenhandels- und Valutamonopol stabil gehalten und stützt sich auf die Planbilanz des Außenhandels und die gewaltigen Devisen- und Goldreserven der UdSSR. Er wird vom Staat entsprechend den ökonomischen Interessen der UdSSR festgesetzt. Deshalb ist er auch unabhängig von der kapitalistischen Spontaneität. Aber andererseits wird der Rubelkurs nicht mechanisch auf der Basis der von ihm vertretenen Goldmenge ermittelt, sondern unter Berücksichtigung des gesamten komplizierten Komplexes der gegenseitigen Wirtschaftsbeziehungen zwischen der UdSSR und den kapitalistischen Ländern. Das ist die Ursache dafür, weshalb der Rubelkurs, d. h. sein Verhältnis zu den Auslandswährungen, sich bei spontanen Veränderungen der Kurse der kapitalistischen Währungen und ihres Goldgehalts, insbesondere bei Sinken ihres Wertes infolge einer Inflation, ebenfalls verändert.[51]

Der Außenhandelsverkehr vollzieht sich also wie jede andere ökonomische Beziehung zwischen der UdSSR und den kapitalistischen Ländern mit Hilfe eines bestimmten, vom sozialistischen Staat festzusetzenden (und vom Goldgehalt ausgehenden) Verhältnisses der Sowjetwährung zu den Auslandswährungen, des internationalen Valutakurses des Rubels.

Da die Sowjetregierung auf Grund des Valutamonopols die Ausfuhr sowjetischen Geldes über die Grenzen der UdSSR und seine Zirkulation außerhalb der UdSSR

[51] In der Verordnung des Ministerrates der UdSSR vom 1. März 1950 über die Umstellung des Rubelkurses auf Goldbasis wird angeordnet, daß bei weiteren Veränderungen des Goldgehalts der Auslandswährungen oder bei Veränderungen ihres Kurses die Staatsbank der UdSSR den Rubelkurs gegenüber den Auslandswährungen unter Berücksichtigung dieser Veränderungen festsetzen muß.

nicht gestattet, werden die Export-Import-Geschäfte wie auch die Kreditbeziehungen mit kapitalistischen Ländern in ausländischer Währung abgewickelt. Daher dient der Kurs der Sowjetwährung hier in der Hauptsache dazu, den Devisenerlös der Exportorganisationen der UdSSR in Sowjetwährung und die Sowjetwährung der Importorganisation der UdSSR in Devisen umzuwechseln, sowie zum Umtausch ausländischer Zahlungsmittel in Sowjetwährung für Ausländer, die in die UdSSR reisen, und der Sowjetwährung in ausländische Zahlungsmittel für Sowjetbürger, die ins Ausland reisen.[52]

Da die sowjetische Währung nicht auf dem kapitalistischen Weltmarkt auftritt, ergibt sich auf der Grundlage des planmäßigen sozialistischen Wirtschaftssystems und des Außenhandels- und Valutamonopols die Möglichkeit, einen bestimmten Goldgehalt des Rubels und auf dieser Basis die entsprechenden Kursverhältnisse zwischen der Sowjetwährung und ausländischen Zahlungsmitteln festzusetzen.[53]

Aus dem Gesagten geht auch hervor, welch große Rolle den vom sozialistischen Staat akkumulierten Goldreserven zukommt. Das Gold ist sowohl im Kapitalismus als auch im Sozialismus Träger der Geldform des Wertes, hat aber für jede Produktionsweise eine spezifisch historische Form. Es ist jedoch hier wie dort als Ware gleich. Es kann daher als Äquivalent sowohl der sozialistisch als auch der kapitalistisch produzierten Ware dienen, d. h. als Mittel für deren gegenseitigen Austausch benutzt werden. Damit ist das Gold eine zusätzliche Reserve des sozialistischen Staates, die nötigenfalls auf dem kapitalistischen Weltmarkt in Waren verwandelt werden kann. Deshalb sind auch die Goldvorräte ein Element zur Sicherung der Stabilität des Geldes der sozialistischen Gesellschaft, neben der hauptsächlichen Sicherung, der Sicherung durch Waren.

Aus diesem Grunde hält sich der sozialistische Staat in bezug auf das Gold auch streng an die Weisung Lenins, man müsse „mit dem Gold sparsam

52 Um die Entwicklung der Touristik, der internationalen kulturellen und anderen Verbindungen mit dem Ausland zu fördern, hatte die Staatsbank der UdSSR vom 1. April 1957 an für nichtkommerzielle Zahlungen Zuschläge zum offiziellen Kurs der Auslandswährungen in Rubel festgesetzt. Dieser Zuschlag betrug beispielsweise beim Dollarkurs 150%; er wurde mit 10 Rbl. für einen Dollar berechnet. — „Der Außenhandel" (russ.), Nr. 4, 1958, S. 48.

53 Natürlich bedeutet die Beschränkung der Zirkulation der Sowjetwährung auf den Binnenmarkt und bei einer Reihe ökonomischer Prozesse auf das sozialistische Weltwirtschaftssystem nicht, daß diese Währung prinzipiell nicht außerhalb der sozialistischen Wirtschaft verkehren könnte. Die Entscheidung hierüber hängt von der Gesamtheit der konkreten sozialökonomischen Faktoren ab. Es liegt theoretisch klar auf der Hand, daß durch das Vorhandensein des gesicherten und stabilen Goldgehalts des Rubels die Möglichkeit für seine Zirkulation zu einem festen Kurs auch auf dem kapitalistischen Markt gegeben ist. Wenn das Geld der sozialistischen Gesellschaft auf dem Weltmarkt zirkulierte, dann täte es dies mit einem bestimmten Goldgehalt. Aber für die sozialistische Ökonomik wäre das Gold ebenso wie die das Gold vertretenden Geldzeichen, die von der UdSSR auf den Weltmarkt verlagert wären, lediglich Ware. Das, was für die Kapitalisten Geld ist, ist für den Sozialismus eine Ware. Das, was für den Sozialismus eine Ware ist, ist für die bürgerliche Welt, wenn diese Ware Gold oder ein Vertreter des Goldes ist, Geld.

umgehen, muß es möglichst teuer verkaufen, möglichst billig dafür Waren einkaufen.“ [54]

Da also die sozialistische Gesellschaft das Gold als Geldäquivalent innerhalb des Landes verwendet und sich dabei auf eine feste Währung, die das Gold vertritt, stützt, kann sie den Goldgehalt und den Rubelkurs zu den ausländischen Zahlungsmitteln planmäßig festsetzen. Das bedeutet, daß das Gold nicht nur im Prozeß der sozialistischen Reproduktion innerhalb des Landes fungiert, sondern auch in den ökonomischen Beziehungen der UdSSR mit dem Ausland. Aber seine Rolle ist hierbei wandelbar. Sobald das der UdSSR zugehende Gold zum Eigentum des sozialistischen Staates wird, hört es auf, allgemeine Ware der kapitalistischen Welt zu sein und wird zur Geldware der sozialistischen Wirtschaft. Geht es aber in das Eigentum von Kapitalisten oder von kapitalistischen Staaten über, dann spielt das Gold die Rolle des Geldes der kapitalistischen Wirtschaft.[55]

Auf prinzipiell anderen Grundlagen sind die ökonomischen Beziehungen und folglich auch die Ware-Geld-Beziehungen zwischen den Ländern des sozialistischen Wirtschaftssystems aufgebaut.

Das System der gegenseitigen ökonomischen Beziehungen zwischen der UdSSR und den Ländern der Volksdemokratie wird durch die Abstimmung der Wirtschaftspläne gesichert. Auf dieser Basis entwickelt sich ein Warenverkehr, der von den Einflüssen der kapitalistischen Marktspontaneität frei ist. Das Volumen der Außenhandelsbeziehungen der UdSSR mit den Ländern der Volksdemokratie wächst schnell.

Der Außenhandel der UdSSR mit den Ländern der Volksdemokratie[56*]

	(in Mrd. Rbl.) 1946	1950	1958
Export	*3,4*	*7,2*	*17,2*
insgesamt			
davon in die Länder der Volksdemokratie	1,8	6,0	12,5
Import			
insgesamt	*4,0*	*5,8*	*17,4*
davon aus den Ländern der Volksdemokratie	1,9	4,5	13,0

[54] *W. I. Lenin*, Werke. A. a. O., Bd. 33, S. 95.

[55] Diese Wandelbarkeit der ökonomischen Rolle des Goldes, die durch den Unterschied der Produktionsverhältnisse des sozialistischen und des kapitalistischen Weltwirtschaftssystems bedingt ist, wird manchmal nicht beachtet, und man nimmt das Fungieren des Goldes als Geldware in beiden Systemen als Beweis dafür, daß es Weltgeld geblieben sei. So meint beispielsweise *I. Anfilofjew*, daß „die Wertform im internationalen kapitali-

* Fußnote siehe Seite 266

Die Wirtschaftsverträge zwischen der UdSSR und den Ländern der Volksdemokratie sehen ein weiteres schnelles Wachstum dieses Verkehrs vor. Die Entwicklung der Außenhandelsbeziehungen der UdSSR zu den Ländern des sozialistischen Systems geht zusammen mit einem schnellen Anwachsen der Kreditbeziehungen vor sich. Mitte 1957 überstiegen die von der UdSSR den Ländern der Volksdemokratie zur Verfügung gestellten langfristigen Kredite 28 Mrd. Rbl.[57]

Die ihrem Inhalt nach neuen Außenhandels-, Kredit- und sonstigen Wirtschaftsbeziehungen zwischen der UdSSR und den Ländern der Volksdemokratie basieren auf Währungen, die vor den Einwirkungen spontaner Kräfte des kapitalistischen Weltmarktes gut abgeschirmt sind.

Der Valutaverkehr zwischen den Ländern des sozialistischen Wirtschaftssystems und der UdSSR wird in der Hauptsache mit Hilfe von Clearingverrechnungen in Rubel abgewickelt. Die Länder, die über Devisen auf Clearingkonten verfügen, verwenden diese für die Bezahlung der Waren, die sie im Clearingverfahren im Schuldnerland gekauft haben, für Überweisungen dieser Devisen auf Clearingkonten dritter Länder und für Verrechnungen mit diesen, für die Ausreichung von Krediten an das Schuldnerland auf dem Clearingwege, für den Umtausch (Konvertierung) der Rubelwährung gegen Gold oder ausländische Zahlungsmittel usw.[58]

Im Außenhandel und in den sonstigen ökonomischen Beziehungen der UdSSR mit den Ländern der Volksdemokratie werden die Geschäftsabschlüsse, Verrechnungen und Zahlungen in der Währung der UdSSR durchgeführt. Gleichzeitig ist die Geldeinheit der UdSSR, der Rubel, die Grundlage für die Währungskurse der Länder der Volksdemokratie. *Das Gold als Geldware der sozialistischen Wirtschaft übt also noch eine weitere Funktion aus, die Funktion als Geld des sozialistischen Weltwirtschaftssystems oder die Funktion als Weltgeld dieses Systems.*

stischen Handel der Ware als Weltgeld — als Gold — gegenübersteht. Und auf dem demokratischen Markt tritt das Gold weiterhin als Weltgeld auf". *I. E. Anfilofjew*, Zum Studium des Wirkens des Wertgesetzes im Außenhandel im Sozialismus (russ.), in: Wissenschaftliche Notizen des Instituts für Außenhandel, 1955, S. 31–32.

56 Fußnote zu Seite 265
Die Volkswirtschaft der UdSSR im Jahre 1958 (russ.). A. a. O., S. 799.

57 Das Finanzwesen und der sozialistische Aufbau (russ). Gosfinisdat 1957, S. 337–338.

58 Siehe: Internationale Verrechnungen und Währungsbeziehungen der Länder der Volksdemokratie (russ.). Wneschtorgisdat 1956, S. 14.

KAPITEL V

Die materiellen Grundlagen der Geldzirkulation

Der Geldumlauf ist durch den sozialistischen Reproduktionsprozeß bedingt und ist eine seiner notwendigen Formen.[1]

Die Bewegung der im gesellschaftlichen Produkt vergegenständlichten Arbeit erfolgt, da es eine Warenproduktion besonderer Art gibt, als Bewegung des Wertes, als seine Produktion, Verteilung, Umverteilung, sein Austausch usw. Alle diese Bewegungen der vergegenständlichen Arbeit in der Wertform bedürfen zu ihrer Vermittlung des Geldes. Aus diesem Grunde kommt dem Geldumlauf in der erweiterten sozialistischen Reproduktion eine wichtige Rolle zu.

1. Die sich als Warenaustausch gestaltenden ökonomischen Beziehungen zwischen den Betrieben des staatlichen und des genossenschaftlich-kollektivwirtschaftlichen Sektors sowie den Betrieben beider Sektoren untereinander und die Beziehungen zwischen der Produktion und der Konsumtion, die durch den Absatz von Waren für die individuelle Konsumtion entstehen, beruhen darauf, daß die Produktionskosten in der Geldform erstattet werden. Sie bedingen also einen entsprechenden Geldumlauf.

[1] Der spezifisch historische Prozeß der Reproduktion bestimmt auch den spezifisch historischen Charakter des Geldumlaufs. Diese methodologische These ist für die Analyse des Geldumlaufs und seine Bedingtheit durch die sozialistische Reproduktion außerordentlich wichtig.
Denken wir daran, daß *Marx*, nachdem er das Wesen und die Funktionen des Geldes sowie die Gesetzmäßigkeit der Geldzirkulation unter den Bedingungen der einfachen Warenzirkulation untersucht hat, erneut zur Analyse des Geldproblems zurückkehrt und es im Zusammenhang mit dem Prozeß der gesamten kapitalistischen Produktion und Zirkulation betrachtet. Auf dieser Grundlage entrollt er das vollständige Bild des Fungierens des Geldes im Kapitalismus und formuliert die Gesetze der kapitalistischen Geldzirkulation. *Marx* kam, was betont werden muß, durch die Erforschung des Einflusses des Reproduktionsprozesses auf die Geldzirkulation zu folgender Schlußfolgerung: „Soweit das Geld zirkuliert, sei es als Kaufmittel, sei es als Zahlungsmittel – einerlei in welcher der beiden Sphären und unabhängig von seiner Funktion, Revenue oder Kapital zu realisieren –, gelten für die Quantität seiner zirkulierenden Masse, die früher, bei Betrachtung der einfachen Warenzirkulation, Buch I, Kap. III, 2b [S. 119–129], entwickelten Gesetze." *Karl Marx*, Das Kapital. A. a. O., Bd. III, S. 487.

2. Der sozialistische Reproduktionsprozeß setzt voraus, daß die Einkünfte der in der materiellen Produktion sowie der in der nichtproduzierenden Sphäre Beschäftigten in der Geldform verteilt und umverteilt werden. (Das ist bei den Einkünften der Arbeiter und Angestellten vorwiegend, bei den Einkünften der Kollektivbauern nur teilweise in dieser Form der Fall.) Auch das erfordert eine entsprechende Geldbewegung.

3. Der Wert des Mehrprodukts wird sowohl für die erweiterte Reproduktion als auch für die Unterhaltung der nichtproduzierenden Sphäre in der Form der Geldzirkulation zwischen den sozialistischen Betrieben der beiden Produktionssektoren und dem Staatshaushalt einerseits und den Institutionen der nichtproduzierenden Sphäre andererseits verteilt und umverteilt.

4. Die Inanspruchnahme zeitweilig freier Mittel des einen Betriebes durch einen anderen, die Umverteilung der zeitweilig freien Haushaltsmittel und der Mittel der Bevölkerung im Reproduktionsprozeß über den Kredit ist ebenfalls mit einem spezifischen Geldumlauf verbunden.

Über alle angeführten Arten des Geldumlaufs erfolgt die Bewegung des Wertes des gesellschaftlichen Gesamtprodukts, seine Distribution und Zirkulation.

Also setzt der Prozeß der erweiterten sozialistischen Reproduktion als Prozeß der planmäßigen Produktion und Zirkulation materieller Werte in Gestalt von Waren den Kreislauf des Wertes, seinen Formwechsel, voraus. Ein notwendiges Moment für diesen Wechsel ist die Geldform des Wertes, das Geld und seine Bewegung, also die Geldzirkulation. Der Kreislauf des Wertes des Reproduktionsfonds stellt die *materielle Grundlage des Geldumlaufs* dar und drückt sich in diesem Umlauf aus. Doch die Verbindung zwischen der Reproduktion und dem Geldumlauf wird durch ein kompliziertes wechselseitiges Transmissionssystem aus allen Stadien des Reproduktionsprozesses zur Bewegung des Geldes, zu seiner Zirkulation hin hergestellt.

Bei der Erforschung des Geldumlaufs ist es nicht einfach damit getan, festzustellen, daß für eine bestimmte zirkulierende Warenmenge von bestimmtem Wert eine bestimmte Geldmenge umlaufen muß. Dem Umlauf der Fondswerte und dem Umlauf des neugeschaffenen Wertes durch die Zirkulation der Waren — der Produktions- wie der Konsumtionsmittel — sowie durch die Verteilung und Umverteilung des Wertes dient das Geld auf unterschiedliche Weise. Daher ist der Zusammenhang zwischen der Bewegung des Wertes des gesellschaftlichen Gesamtprodukts und der allgemeinen Bewegung des Geldes das Ergebnis des Wechselverhältnisses einzelner, ihrer ökonomischen Bedeutung im gesellschaftlichen Reproduktionsprozeß nach unterschiedlicher Wertbewegungen und der diesen entsprechenden Geldbewegungen.

1. Die gegenständliche und wertmäßige Form des Reproduktionsfonds und die Geldzirkulation

Eine wichtige Seite des sozialistischen Reproduktionsprozesses ist der Kreislauf des Wertes der Fonds, der im Grunde auch den Geldumlauf bestimmt. Deshalb sind vor allem diese Fonds selbst und ihr Kreislauf zu beachten.[2]

Die Elemente des materiellen Reichtums, die sowohl in der sozialistischen Produktion als auch in der Zirkulation fungieren, stellen in ihrer Gesamtheit den *Reproduktionsfonds* dar. Der Reproduktionsfonds, der aus den Arbeitsinstrumenten, den sonstigen Produktionsmitteln und den Fertigerzeugnissen besteht, drückt als ökonomische Kategorie einen bestimmten gesellschaftlichen Charakter dieser Elemente des materiellen Reichtums aus, nämlich, daß diese im wesentlichen sozialistisches Eigentum und nur zu einem geringen Teil individuelles Eigentum sind. Daher handelt es sich hier um einen Reproduktionsfonds, im Gegensatz zum industriellen Kapital, derjenigen ökonomischen Kategorie, die das kapitalistische Eigentum an den Produktionsmitteln und Produktionsinstrumenten und am Produkt der kapitalistischen Produktion zum Ausdruck bringt.

Der Reproduktionsfonds befindet sich stets in zwei verschiedenen Stadien, im Stadium der Produktion und im Stadium der Zirkulation, und zerfällt infolgedessen in zwei Teile: in den *Produktionsfonds* und in den *Zirkulationsfonds.*

Der *Produktionsfonds* enthält die Reproduktionselemente, die im Produktionsprozeß verwendet werden oder für den Eintritt in diesen Prozeß bestimmt sind und sich bereits in der Produktionssphäre befinden, d. h. die zu den Produktionsvorräten gehören. Ökonomisch erscheinen diese Reproduktionselemente in zweierlei Gestalt:

Von der *gegenständlichen* Seite her sind sie entsprechend ihrer Rolle im Arbeitsprozeß Produktionsmittel — Arbeitsinstrumente und Arbeitsgegenstände.

Von der Seite des *Wertes* und seiner Bewegung im Reproduktionsprozeß her sind sie Produktionsfonds — Grund- und Umlauffonds; diese Fonds treten, da der Wert die Geldform voraussetzt, in dieser Form als Grund- und Umlaufmittel auf.[3]

[2] Der Reproduktionsprozeß selbst geht über den Rahmen unseres Themas hinaus. Wir haben lediglich diejenigen seiner Momente zu betrachten, die unmittelbar mit dem Geldumlauf verbunden sind.

[3] Wir denken hierbei nicht an alle Umlaufmittel, die in die Planung und Verrechnung als solche einbezogen werden und sowohl in der Produktion als auch in der Zirkulation fungieren, sondern lediglich an einen Teil von ihnen, an die Umlaufmittel in der Produktionsphäre. In der sozialistischen Industrie stellte sich in der Produktionssphäre das Verhältnis der Grundmittel zu den Umlaufmitteln nach den Daten zu Beginn des Jahres 1956 folgendermaßen dar (in % zur Gesamtsumme):

Zweige	Grundmittel	Umlaufmittel
Kohlenbergbau	96,5	3,5
Erdölindustrie	97,2	2,8
Werkzeugmaschinenbau	85,2	14,8
Bedarfsgüterindustrie	69,8	30,2
Lebensmittelindustrie	67,6	32,4
In der Industrie insgesamt	87,4	12,6

Der *Zirkulationsfonds* umfaßt die im sozialistischen Eigentum befindlichen Fertigprodukte (Produktions- oder Konsumtionsmittel), die den Prozeß der Warenzirkulation durchlaufen.

Die Materialwerte in der Zirkulationssphäre treten auch ihrerseits in zweierlei Gestalt auf:

Von der *gegenständlichen* Seite her sind sie je nach ihrer Zweckbestimmung (für die produktive oder individuelle Konsumtion) Vorräte an Produktions- oder Konsumtionsmitteln in den Zirkulationskanälen.

Von der Seite des *Wertes* her sind sie Zirkulationsfonds und erscheinen in der Geldform als Kategorie der Umlaufmittel, die sich in der Zirkulation befinden.

Die in der Produktion und Zirkulation gebundenen Mittel dürfen nicht mit dem Geld verwechselt werden. Der Wert des Reproduktionsfonds nimmt in bestimmten Stadien seiner Bewegung die Geldform an und streift sie wieder ab. Er wird in der Geldform vorgeschossen, durchläuft den Produktions- und Realisierungsprozeß und nimmt erneut die Geldform an. Daher ist die Bewegung der Mittel und die Bewegung des Geldes durchaus nicht das gleiche. *Das Geld vermittelt lediglich die Bewegung der Mittel. Der Wert des Reproduktionsfonds, der ideell in Geld ausgedrückt wird, verwandelt sich nur vorübergehend und nur teilweise in reales Geld.* Daraus ergibt sich, daß der Umlauf der Mittel keineswegs mit dem Geldumlauf zusammenfällt, obgleich die Bewegung der den Wertkreislauf des Reproduktionsfonds ausdrückenden Mittel den Geldumlauf bedingt:

Nimmt der Wert des Reproduktionsfonds die Geldform an, dann hat dieses Geld nichts anderes zu tun, als Geldfunktionen auszuüben. Indem aber das Geld seine Funktionen ausübt, vermittelt es die weitere Bewegung des Wertes des Reproduktionsfonds.[4]

Infolge der Intensivierung des Reproduktionsprozesses hat sich der Anteil der Umlaufmittel wesentlich verringert: Im Jahre 1951 betrug er noch 20,2%, im Jahre 1956 12,6%. – Siehe *P. Pawlow*, Verschleiß und Amortisation der Grundfonds (russ.). Gosfinisdat 1957, S. 24 u. 25.

[4] In bezug auf die kapitalistische Reproduktion sagte *Marx:* „. . ., daß das Geldkapital innerhalb des Kreislaufs des industriellen Kapitals keine andren als Geldfunktionen verrichtet, und diese Geldfunktionen nur durch ihren Zusammenhang mit den andren Stadien dieses Kreislaufs zugleich die Bedeutung von Kapitalfunktionen haben." *Karl Marx*, Das Kapital. A. a. O., Bd. II, S. 73.

In bezug auf die sozialistische Reproduktion kann der Unterschied zwischen der Bewegung des Wertes des Reproduktionsfonds in der Geldform und der Bewegung des Geldes durch folgendes Beispiel illustriert werden:

„Die mittlere Umlaufgeschwindigkeit der Geldmittel setzt sich aus den ungleichen Zeitspannen zusammen, während der auf den Verrechnungskonten (also im Anfangsstadium des Kreislaufs in der Wirtschaft) Geldressourcen verschiedener Art verbleiben. Die Umlaufgeschwindigkeit der Mittel, die dem Ersatz der verbrauchten Produktionsmittel dienen, unterscheidet sich von der Umlaufgeschwindigkeit der Mittel, die für Investitionen, für Löhne usw. verausgabt werden. So befindet sich beispielsweise der Anteil des Erlöses eines Textilbetriebes, der zur Finanzierung von Investitionen über den Haushalt (durch Zahlung der Umsatzsteuer) akkumuliert wurde, während des ganzen Zeit-

Wie wirkt sich die Tatsache, daß die Geldbewegung notwendigerweise eine Bewegungsform des Wertes des Reproduktionsfonds ist, auf dessen Struktur aus?

Da eine Geldform des Wertes besteht und es notwendig ist, die Warenwerte in diese Geldform zu verwandeln, ist es offensichtlich, daß die Zirkulationsphase die Zeit umfaßt, in der sich der Wert des Zirkulationsfonds in der Waren- und Geldform befindet. Das bedeutet, daß der Wert des Zirkulationsfonds größer ist als der Wert der zirkulierenden Waren, und zwar um den gesamten Wert, den das in der Zirkulation fungierende Geld darstellt.

Der Wert des gesamten gesellschaftlichen Reproduktionsfonds setzt sich also aus dem Wert zweier Fonds zusammen: dem Wert des Produktionsfonds und dem Wert des Zirkulationsfonds, wobei der Wert des letzteren seinerseits als Fonds der zu realisierenden Waren und als Geldfonds auftritt.[5]

abschnittes, angefangen vom Eingang auf dem Verrechnungskonto des betreffenden Betriebes bis zu dem Zeitpunkt, an dem die Industriebank aus dieser Summe die Ausrüstung bezahlt, die eine Maschinenfabrik an den von der Bank finanzierten Bau zu liefern hat, in der Geldform. Bis zu dem Termin der Umsatzsteuerzahlung befinden sich diese Geldmittel auf dem Verrechnungskonto der Textilfabrik; danach bis zu der Haushaltszuweisung für den Bau auf dem laufenden Konto des Staatshaushalts; dann bis zur Bezahlung der Ausrüstung für den Bau an den Lieferanten auf dem Konto der Industriebank. Kürzer ist der Weg der Geldakkumulation, die für Bauten innerhalb eines Industriezweiges verwendet wird ... Noch weniger Glieder hat der Geldmittelumlauf beim Ersatz verbrauchter Produktionsvorräte. Diese Geldmittel werden vom Verrechnungskonto der Fabrik direkt auf das Konto des Lieferanten überwiesen. Die Dauer ihres Verbleibens auf dem Verrechnungskonto des Betriebes hängt von den Verlade- und Versorgungsbedingungen, von den Verrechnungsbedingungen usw. ab." W. Batyrew, Die Planung herangezogener Mittel der Staatsbank (russ.), in: „Geld und Kredit", Nr. 1–2, 1941, S. 33.

Der Verfasser geht von der richtigen Voraussetzung – der notwendigen Verbindung zwischen der Bewegung des Geldes und der Bewegung des Wertes des Reproduktionsfonds in der Form der Geldmittel – aus. Doch hebt er dabei nicht genug den Unterschied zwischen der Bewegung der Mittel und der Bewegung des Geldes hervor. Damit der gebildete Akkumulationsfonds als reale Akkumulation realisiert werden kann, sind alle vom Autor vermerkten Weiterleitungen des Wertes erforderlich. Das bedeutet, daß im Verlauf dieser ganzen Zeit der Wert des Akkumulationsfonds wirklich in seiner Eigenschaft als Geldfonds verbleiben muß. Aber auf den Konten sowohl des Betriebes als auch des Haushalts und der Industriebank vollzieht dieses Geld die Bewegung als Zirkulationsmittel und als Zahlungsmittel. Daher wird die Umlaufgeschwindigkeit des Geldes im Gegensatz zur Umlaufgeschwindigkeit der Geldmittel nicht nur durch die Dauer bestimmt, während der sie sich auf den Konten befinden und von einem Konto zum anderen als realisierter und als akkumulierter Wert weitergeleitet werden, sondern auch durch die Zeitspanne, in der sie über den Bankkredit als Zirkulations- und Zahlungsinstrument ausgenutzt werden.

[5] Das Verhältnis zwischen dem geldlichen Teil und dem Warenteil des Zirkulationsfonds ist auf den verschiedenen Gebieten der Volkswirtschaft sehr unterschiedlich: im Umsatz individueller Konsumtionsmittel ist dieses Verhältnis ein anderes als im Umsatz der Produktionsmittel; in der Realisierung der kollektivwirtschaftlichen Warenproduktion

Alle betrachteten Wertteile des Reproduktionsfonds, die nebeneinander bestehen, gehen ununterbrochen ineinander über. Die Waren kommen aus dem Produktionsprozeß und gelangen in die Zirkulationssphäre, um nach ihrer Realisierung aufs neue in die Sphäre der Produktion oder endgültigen Konsumtion einzugehen.

Die Struktur der Volkswirtschaft der UdSSR, der Umfang und die Planmäßigkeit des Reproduktionsprozesses bedingen in jedem gegebenen Moment einen bestimmten Anteil des Reproduktionsfonds am gesamtgesellschaftlichen Reichtum; sie bedingen auch die Struktur dieses Fonds: seine Teilung in einen Produktionsfonds und einen Zirkulationsfonds.[6] * Daneben wird das Verhältnis zwischen dem Wert des Produktionsfonds und dem des Zirkulationsfonds (bei unveränderlichem Wert des gesamten Reproduktionsfonds (bei unveränderlichem Wert des gesamten Reproduktionsfonds) unmittelbar von der Umschlagsgeschwindigkeit eines jeden dieser Fonds beeinflußt.

Der Umschlag der Fondswerte bestimmt den Geldumlauf. Doch dieser wiederum wirkt seinerseits auf den Umschlag der Fondswerte zurück. In diesem Zusammenhang entsteht die Frage, wie die Bewegung des Wertes der einzelnen Teile des Reproduktionsfonds funktionell mit der Geldform verbunden ist. Mit anderen Worten: Wie wirken die Besonderheiten des Wertumschlags dieser Teile des Reproduktionsfonds auf die Bewegung des Geldes, auf den Geldumlauf?

Im sozialistischen staatlichen Wirtschaftssektor ist der Gesamtkreislauf des Wertes des Reproduktionsfonds durch eine Reihe spezifischer Züge gekennzeichnet. Vor allem bildet er eine organische Einheit der Wertkreisläufe der Reproduktionsfonds der einzelnen Betriebe, ist also ein einheitlicher gesellschaftlicher Kreislauf. Anders ausgedrückt: Die Kreisläufe der individuellen Fonds sind planmäßige Glieder dieses einheitlichen gesellschaftlichen Kreislaufs. Das äußert sich sowohl

unterscheidet es sich von dem Verhältnis im Großhandelsabsatz von Waren der staatlichen Industrie usw. Aber für alle Sphären des Wirtschaftskreislaufs ist ein verhältnismäßig geringer Anteil des Geldfonds am gesamten Zirkulationsfonds charakteristisch. Das kann durch die Angaben über die Struktur der Umlaufmittel in der Industrie am 1. Januar 1939 illustriert werden (in %):

Umlaufmittel in der Produktionssphäre	47,8
Umlaufmittel in der Zirkulationssphäre	31,0
Geldmittel	6,6
Mittel auf den Verrechnungskonten	14,6

(Angaben aus der Dissertation von S. Mechanik, die in dem Werk von I. Kirillow, Die Umlaufmittel der sozialistischen Industrie (russ.), Gosfinisdat 1946, S. 11, veröffentlicht wurden). Die Vorzüge der sozialistischen Organisation der Zirkulationssphäre zeigen sich insbesondere darin, daß der Anteil der Geldmittel (sowohl die Kassenbestände als auch die Verrechnungsmittel) am Zirkulationsfonds der Industrie der UdSSR weit geringer ist als am zirkulierenden Kapital der kapitalistischen Industrie. Während beispielsweise in der Industrie der UdSSR zu Beginn des Jahres 1939 auf die Geld- und Verrechnungsmittel 21,2% entfielen, betrug zu Beginn des Jahres 1937 der Anteil der Geld- und Verrechnungsmittel in der verarbeitenden Industrie der USA 66,5% des gesamten zirkulierenden Kapitals.

* Fußnote siehe Seite 273

in der Art, wie die betrieblichen Fonds gebildet, d. h. in den ökonomischen Formen, in denen die Mittel für deren Bildung bereitgestellt werden, als auch in der weiteren Bewegung der bereitgestellten Mittel im Reproduktionsprozeß.

Und in der Tat: Nicht der einzelne staatliche sozialistische Betrieb, sondern der Staat schießt die entscheidenden Mittel, die für die Schaffung der Produktionsfonds anzulegen sind, aus dem gesellschaftlichen Akkumulationsfonds vor. Auch die Auffüllung und Erweiterung der Fonds erfolgt in der Hauptsache aus gesamtstaatlichen Mitteln. Der Staatshaushalt der UdSSR setzt für die Finanzierung der Volkswirtschaft ständig steigende Mittel ein, von denen ein erheblicher Teil zur Erweiterung der Produktionsfonds dient. Die Zuweisungen für die Volkswirtschaft aus dem Staatshaushalt betrugen im Jahre 1950 157,9 Mrd. Rbl. und im Jahre 1960 (lt. Plan) 327,8 Mrd. Rbl. Im gleichen Jahre 1960 betrug der Anteil der Mittel aus dem Haushalt an der Gesamtsumme der Investitionen in den Grundfonds in Höhe von 261,9 Mrd. Rbl. (einschließlich Erweiterung der Umlaufmittel für das Bauwesen) 180,3 Mrd. Rbl.

Im gleichen Maße, wie der Wert der Grundfonds in Geld realisiert, d. h. in Form von Amortisationen angesammelt wird, verläßt dieses Geld zu einem erheblichen (dem für Investitionsbauten bestimmten) Teil den Kreislauf der Mittel des einzelnen Betriebes und tritt wieder in den gesellschaftlichen Kreislauf ein. Der Teil des Amortisationsfonds, der für Investbauten einzusetzen ist, wird auf den Konten der Baubank und teilweise der Staatsbank der UdSSR akkumuliert. Diese Banken nehmen auch dessen Umverteilung vor. Die Bewegung des Amortisationsfonds als gesamtstaatlichen Geldfonds beweist bereits, daß der Kreislauf des Fondswertes nicht durch den Rahmen eines Betriebes beschränkt wird, sondern mit dem gesamtgesellschaftlichen Kreislauf organisch verbunden ist.

Noch deutlicher ist die Verflechtung des Kreislaufs des Fondswertes des einzelnen Betriebes mit dem gesellschaftlichen Reproduktionsfonds daraus zu ersehen, daß der Wert des in der sozialistischen Produktion erzeugten Mehrprodukts überwiegend in der Form der Umsatzsteuer und der Gewinnabführungen vom Staatshaushalt akkumuliert wird.[7]

Auch die Bewegung des Geldes, das die Verteilung und Umverteilung des Wertes des Mehrprodukts vermittelt, spiegelt die organische Einheit des gesellschaftlichen und individuellen Kreislaufs des Wertes des Reproduktionsfonds wider. Diese

[6] Fußnote zu Seite 272
Zur Analyse dieses Problems siehe das Buch des Verfassers: Das gesellschaftliche Produkt und seine Struktur im Sozialismus (russ.). Gospolitisdat 1958.

[7] Die Umsatzsteuer und die Gewinnabführungen, die beim Haushalt eingingen und von ihm umverteilt wurden, betrugen (in Mrd. Rbl.):

1928/29–1932	40,8	1952	305,4
1933–1937	282,7	1953	313,9
1938–1940	331,2	1954	307,9
1946	207,5	1955	345,2
1947	262,5	1956	361,5
1948	274,5	1957	393,3
1949	287,7	1958	439,9
1950	276,5	1959	480,0
1951	295,8	1960	520,1 (lt. Plan)

Einheit ist es, welche die besondere Bewegung des Geldes bedingt: aus dem Kreislauf der Mittel des einzelnen sozialistischen Betriebes in den gesellschaftlichen Kreislauf und zurück.

In dieser Einheit des gesellschaftlichen Kreislaufs des Wertes der Reproduktionsfonds und der Kreisläufe der Werte der Reproduktionsfonds der einzelnen Betriebe tritt auch noch eine andere wichtige Besonderheit der Bewegung des Wertes in der Geldform im Sozialismus zutage, die darin besteht, daß die Bewegung des Warenwertes durch Stellenwechsel mit dem Geld sich mit einer besonderen Art der Bewegung des Geldwertes verflicht — mit seiner *äquivalentlosen Übergabe.*

Privatkapitalistische Beziehungen schließen, wenn man ihre rein ökonomische Sphäre in Betracht zieht, die äquivalentlose Übergabe irgendeines Wertteiles aus. Der Kreislauf des Werts vollzieht sich hier als Warenaustausch gegen Geld oder als Weggabe des Kapitals als Ware (Leihkapital).

Ganz anders liegen die Dinge in der sozialistischen Ökonomik. Das von staatlichen Betrieben erzeugte gesellschaftliche Gesamtprodukt wird als sozialistisches Volkseigentum von der sozialistischen Gesellschaft je nach den Erfordernissen der erweiterten Reproduktion ausgenutzt. Mit Hilfe des gesamten Finanz- und Kreditmechanismus der Verteilung und Umverteilung verlagert der Staat die innerbetrieblichen Akkumulationen und in vielen Fällen auch die Amortisationsfonds von einem Volkswirtschaftszweig in einen anderen.

Ein gewisser Teil der Akkumulationen des genossenschaftlich-kollektivwirtschaftlichen Produktionssektors wird ebenfalls über den Staatshaushalt umverteilt. Der Staat konzentriert (über den Preis und die Steuern) einen Teil des im genossenschaftlich-kollektivwirtschaftlichen Sektor erzeugten Mehrprodukts im gesamtstaatlichen Fonds und verwendet die erfaßten Geldmittel für die erweiterte Reproduktion in der Landwirtschaft und für andere gesellschaftliche Bedürfnisse. Auf diese Weise geht auch der Kreislauf des Wertes des Reproduktionsfonds der Kollektivwirtschaften organisch in den Kreislauf des gesamtgesellschaftlichen Reproduktionsfonds ein.

Hieraus folgt, daß der Kreislauf des Wertes des Reproduktionsfonds im Sozialismus neben dem Ersatz unbedingt eine besondere Form der Bewegung dieses Wertes voraussetzt, die Form der finanziellen Umverteilung, d. h. die äquivalentlose Wertübergabe an Betriebe. (In dieser Form vollzieht sich vorwiegend die Bewegung des Reineinkommens und eines Teiles des Wertes des Amortisationsfonds.)

Der andere Teil des Wertes des Nettoprodukts wird (im staatlichen Wirtschaftssektor) zur Bezahlung der in der materiellen Produktion Beschäftigten nach der Leistung benutzt. Obgleich dieser Teil Geldbewegungen hervorruft, die mit dem Kreislauf des Wertes des Reproduktionsfonds der einzelnen Betriebe verbunden sind, vollzieht er dennoch einen Kreislauf, der ebenfalls ein organischer Teil des Kreislaufs des gesellschaftlichen Reproduktionsfonds ist. Das Geld wird in diesem Falle nicht gegen Ware ausgetauscht — gegen Arbeitskraft, wie im Kapitalismus —, sondern den Produktionsteilnehmern als ihr Einkommen ausgezahlt. Hierbei verläßt der Wert des entsprechenden Teils des Nettoprodukts den Kreislauf der Fonds der einzelnen Betriebe. Er wird als Lohn an die Arbeiter und Angestellten ausgezahlt. Dieser Wert stellt, was sehr wesentlich ist, einen Teil des Wertes des Produkts jedes einzelnen Betriebes dar und bildet den Lohnfonds als organischen Teil des gesamtstaatlichen Lohnfonds, der auf gesamtstaatlicher Grundlage zur Bezahlung nach der Leistung verteilt wird. So vereinigt sich auch hier der Kreislauf der einzelnen Betriebsfonds mit dem gesellschaftlichen Kreislauf der Fonds.

Die Kreislaufbewegung des Geldes, die die ständige Realisierung und ununterbrochene Bereitstellung des Wertes des Produktionsumlauffonds und des Zirkulationsfonds ausdrückt, geht innerhalb des Reproduktionsprozesses jedes einzelnen Betriebes vor sich. Aber die Bewegung dieser Werte ist ebenfalls organisch mit dem gesamtgesellschaftlichen Kreislauf verbunden. Das äußert sich in der gesamtstaatlichen planmäßigen Bildung, Erweiterung und Umverteilung der Umlauf- und Zirkulationsfonds der Betriebe (der Umlaufmittel).

Der Wert eines jeden funktionell bestimmten Teils des gesellschaftlichen Reproduktionsfonds, und darunter der Produktionsgrund- und Produktionsumlauffonds und der Zirkulationsfonds in der einfachen Reproduktion sowie der gleichen Fonds im Rahmen der erweiterten Reproduktion, d. h. vergrößert um den Wert des Mehrprodukts, vollzieht einen besonderen Kreislauf, der ein Bestandteil des gesamtgesellschaftlichen Kreislaufs ist. In einem gewissen Stadium dieses Kreislaufs nimmt der Wert jedes dieser funktionell bestimmten Teile des Reproduktionsfonds die Geldform an und vollzieht die Bewegung als Geldwert. Die Gesamtheit aller dieser Wertteile des Reproduktionsfonds, die gleichzeitig die Geldform annehmen, ist eben der Gesamt-Geldfonds. Die Bewegung dieses Gesamt-Geldfonds wird am Ende bestimmt durch die Gesetzmäßigkeiten der Bewegung des Reproduktionsfonds. Die Bewegung des Reproduktionsfonds stellt somit die materielle Grundlage des Geldumlaufs dar. Aber eben deshalb hat für die Bewegung des gesamtgesellschaftlichen Geldfonds, also der gesamten Geldzirkulation, neben dem Kreislauf des Wertes des gesellschaftlichen Reproduktionsfonds auch der Kreislauf des Wertes des Reproduktionsfonds des einzelnen sozialistischen Betriebes wesentliche Bedeutung.

Neben der Produktion hat jeder sozialistische Betrieb mehr oder weniger auch die Distribution und Zirkulation zu vollziehen: er realisiert das Fertigprodukt und bezieht die erforderlichen Produktionsmittel, die er mit Geld bezahlt, er verteilt die Einnahmen über die Lohnzahlungen und überweist den Hauptteil des Wertes des Mehrprodukts an den Haushalt (Umsatzsteuer, Gewinnabführung) usw. Folglich zerfällt der Reproduktionsfonds eines Betriebes, wie bereits festgestellt wurde, in zwei Teile: in den Produktionsfonds und den Zirkulationsfonds. Wie unterschiedlich diese beiden Teile nach Umfang und Beweglichkeit auch sein mögen, sie müssen unbedingt gleichzeitig vorhanden und miteinander verflochten sein. Dabei zerfällt der Zirkulationsfonds seinerseits ebenfalls in zwei Teile: in den Fonds für fertige und zu realisierende Warenprodukte und in den Fonds der aus der Realisierung eingegangenen und noch nicht verausgabten Geldmittel.

Trotz der größten Mannigfaltigkeit in der Struktur der Reproduktionsfonds der einzelnen sozialistischen Betriebe ist die Bewegung bestimmter Teile dieses

Fonds durch qualitativ gleiche und objektiv notwendige Beziehungen mit der Bewegung des Geldes verbunden.

Der Reproduktionsfonds eines Betriebes enthält somit folgende Teile:

1. den Produktionsfonds, bestehend aus dem Grundfonds und dem Umlauffonds;
2. den Zirkulationsfonds, bestehend aus dem Warenfonds und dem Geldfonds.

Durch neue Arbeit wird im Produktionsprozeß außerdem der Fonds des Wertes des Nettoprodukts geschaffen, bestehend aus dem Wert der Bezahlung für die Arbeit der an der Produktion Beteiligten und dem Reineinkommen.

Um den Charakter des Geldumlaufs erklären zu können, muß beachtet werden, wie die Bewegung jedes dieser Fonds die Bewegung des Geldes beeinflußt, d. h. als einer der Faktoren wirkt, die die Geldzirkulation gestalten. Mit anderen Worten, der Kreislauf des Wertes des sozialistischen Reproduktionsfonds des Betriebes ist als materielle Grundlage des Geldumlaufs zu betrachten.

Beginnen wir mit unserer Analyse bei dem Zusammenhang zwischen dem Kreislauf des Wertes des Produktionsgrundfonds und der Bewegung des Geldes.

Aus der Bewegung des Wertes des Produktionsgrundfonds ist sofort die der sozialistischen Wirtschaft eigene Einheit des Kreislaufs des gesamten gesellschaftlichen Reproduktionsfonds und seiner Teile, der Reproduktionsfonds der einzelnen staatlichen Betriebe, zu ersehen. Der überwiegende Teil der Produktionsgrundmittel der Betriebe wird aus dem gesamtstaatlichen Akkumulationsfonds finanziert, der einzelne Betrieb selbst schießt nicht das Geld für den Bezug dieser Mittel vor.[8]

Der Staat, der einen Betrieb errichtet, stellt also zur Bildung des Grundfonds dieses Betriebes aus dem gesellschaftlichen Akkumulationsfonds Geld bereit. Infolgedessen beginnt der erste Wechsel der Wertform des Geldes, eben seine Verwandlung in den Wert der Grundfonds, mit der Errichtung neuer Betriebe. Anschließend werden die fertigen Grundfonds den Betrieben übergeben und beginnen im Produktionsprozeß zu wirken. Sie nehmen an einer Reihe von Produktionszyklen teil, ohne einer Erneuerung in natura zu bedürfen. Hieraus ergeben sich alle Besonderheiten der Wertbewegung der Grundfonds und die Eigenart der Realisierung dieses Wertes in Geld.

Bekanntlich wird jährlich ein Teil des Wertes der Grundfonds auf das Produkt übertragen. Nachdem dieser Teil sich in die Geldform verwandelt hat, verläßt er den Kreislauf des individuellen Reproduktionsfonds des Betriebes. Dieser überweist die Amortisationsmittel entsprechend dem Volkswirtschaftsplan an die gesamtstaatlichen Fonds.

Der Wert der Grundfonds, der als Geldwert von außen dem Reproduktionsprozeß des Betriebes vorgeschossen wurde, *verläßt also diesen* Reproduktions-

[8] In Wirklichkeit wird ein gewisser Teil des Gewinns für Neubauten des Betriebes eingesetzt und ein Teil der Amortisation für Generalreparaturen verwendet. In unserer Analyse sehen wir aber von dieser Tatsache ab, um den hauptsächlichsten und entscheidenden Verbindungen zwischen dem Kreislauf des Wertes des Reproduktionsfonds und der Geldbewegung nachzugehen.

prozeß, sobald er erneut die Geldform angenommen hat, und wird in den zentralisierten gesamtstaatlichen Reproduktionsfonds aufgenommen.

Der Kreislauf des Wertes der Grundfonds beginnt und endet außerhalb des Betriebes, er verläuft also als gesellschaftlicher Kreislauf. Damit dieser Kreislauf sich vollziehen kann, müssen für eine Reihe von Produktionsprozessen gleichzeitig große Geldbeträge vorgeschossen werden. Der vorgeschossene Wert nimmt nur allmählich wieder die Geldform an. Der betreffende Kreislauf verursacht eine ständige Bewegung des Geldwertes in Gestalt des Amortisationsfonds. In Anbetracht des großen Ausmaßes der in Funktion befindlichen Grundfonds überstieg der jährliche Amortisationsfonds der staatlichen Betriebe und Organisationen im Jahre 1958 insgesamt 60 Mrd. Rbl.[9] Das bedeutet, daß der Geldfonds, der der Bewegung des Amortisationsfonds — seiner Bildung und Ausnutzung — dient, ebenfalls ein bedeutendes Ausmaß erreicht.

Von anderer Art ist die Verbindung zwischen dem Kreislauf des Wertes des Produktionsumlauffonds und der Bewegung des Geldes. Zur Durchführung des Produktionsprozesses werden den sozialistischen staatlichen Betrieben Geldmittel zur Verfügung gestellt, die sie für die Anschaffung der Elemente des Umlauffonds benötigen.

Der Umlauffonds geht völlig in den Produktionsprozeß ein. Sein Wert wird auf das Fertigprodukt übertragen und mit diesem realisiert. Das eingenommene Geld muß erneut (innerhalb der Bewegung des betreffenden individuellen Reproduktionsfonds) für Elemente des Umlauffonds verbraucht werden.

Im Unterschied zur Bewegung des Wertes des Grundfonds geht die Bewegung des Wertes des Umlauffonds ausschließlich innerhalb des Kreislaufs des Wertes des Reproduktionsfonds des betreffenden Betriebes vor sich und bildet die Grundlage dieses Kreislaufs.

Der Wert des Umlauffonds geht nach Vollendung des Zirkulationsprozesses in den Wert des Geldfonds über, um sich nach Ablauf des zweiten Zirkulationsaktes erneut in den Wert des neuen Umlauffonds zu verwandeln. Sein Kreislauf erfordert also eine beständige Bewegung des Geldes; dabei bilden die entsprechenden Geldfonds der einzelnen Betriebe in ihrer Gesamtheit einen Teil des gesellschaftlichen Geldfonds. Der Umfang dieses Fonds hängt einerseits von der Masse der vorgeschossenen Umlauffonds und ihrer Umschlagsgeschwindigkeit ab, andererseits davon, wie lange ihr realisierter Wert in jedem gegebenen Umschlagszyklus in der Geldform verweilt.

Der vorgeschossene Wert der Umlauffonds in sämtlichen sozialistischen Industriebetrieben, ermittelt nach der Summe der festgesetzten Normative, betrug zu Beginn des Jahres 1958 188 Mrd. Rbl.[10]

[9] A. G. Swerew, Das Nationaleinkommen und das Finanzwesen der UdSSR (russ.). Gosfinisdat 1958, S. 209.

[10] „Die Planwirtschaft" (russ.), Nr. 12, 1957, S. 22.
Die tatsächliche Umschlagsgeschwindigkeit aller Umlauffonds hängt vom gesamten Ablauf des Produktions- und Zirkulationsprozesses ab und ist daher in den verschiede-

Gleichzeitig wird aber im Produktionsprozeß auch ein *neuer* Wert geschaffen, der sich mit dem Wert der verbrauchten Teile der Produktionsgrund- und Produktionsumlauffonds verbindet und im Gesamtwert des Produkts in die Zirkulationssphäre eingeht.

Praktisch vollzieht der Wert des Nettoprodukts innerhalb des einzelnen Betriebes seine Bewegung gemeinsam mit dem Wert der vorgeschossenen und in der Produktion verbrauchten Fonds. Mit der Realisierung des gesamten Fertigprodukts verwandelt sich auch der Wert des Nettoprodukts in Geld. Daraus folgt, daß der Gelderlös des Betriebes zu einem bestimmten Teil stets den Wert des Nettoprodukts darstellt. Jedoch ist die Bewegung der verschiedenen Teile dieses Gelderlöses unterschiedlich. Sie hängt davon ab, welchen Wertteil des Nettoprodukts das Geld repräsentiert: denjenigen, der zur Bezahlung der Arbeit der in der Produktion Beschäftigten verausgabt wird, oder denjenigen, der das Reineinkommen bildet.

Das Geld, das der Betrieb an die in der Produktion Beschäftigten als Lohn zahlt, verläßt den Kreislauf des Reproduktionsfonds des betreffenden Betriebes. Aber da das für die Lohnzahlungen bestimmte Geld aus dem Absatz des im gegebenen Produktionszyklus erzeugten Produkts stammt und zu Beginn des folgenden Zyklus ausgezahlt wird, erscheint es nicht nur am Ende, sondern auch am Anfang des Kreislaufs. Jeder neue Kreislauf des Wertes des betrieblichen Reproduktionsfonds beginnt also nicht nur mit dem für den Umlauffonds *vorgeschossenen* Geldwert, sondern auch mit dem Geldwert desjenigen Teils des Nettoprodukts, der im voraufgegangenen Zyklus realisiert wurde und das *Einkommen* der in der Produktion Beschäftigten bildet, das diese im laufenden Zyklus erhalten und verausgaben.

Der Wert des Mehrprodukts (also das Reineinkommen), der auch im Wert des Jahresprodukts enthalten ist, verläßt, nachdem er den Realisierungsprozeß durchlaufen und die Geldform angenommen hat (mit Ausnahme eines verhältnismäßig geringen Anteils), den betreffenden Betrieb und wird als Gewinnabführung und Umsatzsteuer über den Staatshaushalt umverteilt. Folglich beginnt der Wert des Mehrprodukts seinen Weg im Reproduktionsprozeß des einzelnen Betriebes. Seine weitere Bewegung, von dem Augenblick an, in dem er die Geldform annimmt, erfolgt innerhalb des Umlaufs des gesamten gesellschaftlichen Reproduktionsfonds.

nen Zweigen sehr unterschiedlich. So betrug für den Hauptbestandteil der Umlauffonds, die Produktionsvorräte, in der Schwerindustrie (nach Vorkriegsangaben) die Umschlagszeit 42 bis 53 Tage, in der Leichtindustrie 33 bis 42 Tage; der Umschlag der unvollendeten Produktion dauerte in der Schwerindustrie 39 Tage, in der Leichtindustrie 5 bis 14 Tage. Vgl. M. Ussoskin, Die Grundlagen des Kreditwesens (russ.). Gosfinisdat 1948, S. 73.
Im ganzen vollzog der Umlauffonds gemeinsam mit dem Zirkulationsfonds (in der Planung und Abrechnung als „Umlaufmittel der Industrie" bezeichnet) in der Vorkriegszeit in den Maschinenbauzweigen 1,9 bis 3,1 Umschläge im Jahr, in der Eisenhüttenindustrie 3,1 Umschläge, im Steinkohlenbergbau 15 Umschläge. Vgl. „Die Planwirtschaft" (russ.), Nr. 5, 1940, S. 53.

Es bleibt nun noch übrig, die Beziehung zwischen der Bewegung des Wertes des vorgeschossenen Zirkulationsfonds und der Bewegung des Geldes (innerhalb der Bewegung des Reproduktionsfonds des einzelnen Betriebes) zu betrachten. Ein Teil des Wertes des Zirkulationsfonds in der gegenständlichen Form wird zusätzlich vorgeschossen (oder kreditiert), um die ununterbrochene Produktion des betreffenden Betriebes zu gewährleisten. Ein gewisser Teil des Geldes muß also ständig verausgabt werden, um den Zirkulationsfonds zu unterhalten. Für die zur Erneuerung der Vorräte an Fertigprodukten bestimmten Mittel werden faktisch zusätzliche Elemente des Umlauffonds angeschafft; der Wertteil dieser Elemente, der gleich der Summe der zusätzlich vorzuschießenden Mittel ist, wird auf das Fertigprodukt übertragen.

Der Wert des Zirkulationsfonds vollzieht also einen ständigen Kreislauf innerhalb des Wertkreislaufs des Reproduktionsfonds jedes einzelnen Betriebes. Eine entsprechende Kreislaufbewegung vollführt auch das Geld, in dem sich der Wert dieses Zirkulationsfonds realisiert hat.[11]

Die Bewegungen aller von uns betrachteten Teile des Wertes des Reproduktionsfonds des Betriebes sind also (in einem bestimmten Stadium des Kreislaufs) unvermeidlich mit der Geldform verbunden. Das ist der Grund dafür, weshalb sich auch ein Teil des Wertes des vorgeschossenen Betriebsfonds ständig in der Geldform befindet. Eben dieser ist neben dem gegenständlichen Teil dieses Fonds (Vorräte an Fertigerzeugnissen) der geldliche Teil des Zirkulationsfonds des Betriebes. Das Geld aus diesem Fonds bewegt sich ständig in den Richtungen, die von der Bewegung jener Wertteile des Reproduktionsfonds bestimmt sind, welche von diesem Geld repräsentiert werden. Danach kehrt dieses Geld aus der Zirkulationssphäre wieder in diesen Fonds zurück.

Wir fassen zusammen: Die Bewegung jedes Wertteils des Reproduktionsfonds des Betriebes vollzieht sich entsprechend seiner ökonomischen Bestimmung auf eine besondere Weise und ruft eine entsprechende Bewegung des Geldes hervor. Die Eigenart dieser Bewegung tritt bereits in jenen Stadien des Kreislaufs zutage,

[11] Die „Umlaufmittel" haben sich als eine wichtige Form der Finanzplanung, die der sozialistischen Organisation der Bewegung der einzelnen Teile des Wertes entspricht, fest behauptet. Weshalb drückt sich aber der Wert verschiedener Teile des Reproduktionsfonds gerade in der Form der „Umlaufmittel" aus?
Verschiedene Autoren, die die Umlaufmittel untersuchen, beschränken sich darauf, aufzuzählen, was faktisch unter Umlaufmitteln verstanden wird, ohne auf die ökonomischen Gründe für die Zusammenfassung so verschiedenartiger Teile wie den Produktionsumlauffonds und den Zirkulationsfonds in der gleichen Kategorie hinzuweisen. Bei aller Verschiedenheit dieser Teile des Reproduktionsfonds sind die Gründe, weshalb sie in einer Kategorie vereinigt werden, in der Art ihres Fungierens zu suchen. Der Wert gerade dieser beiden Teile des Reproduktionsfonds (des Produktionsumlauffonds und des Zirkulationsfonds) vollzieht seinen vollen Kreislauf innerhalb des Umschlages des Reproduktionsfonds des einzelnen Betriebes, im Gegensatz zu den übrigen Teilen dieses Fonds, die den Betrieb verlassen. Deshalb ist es auch notwendig, diese beiden Fonds als „Umlaufmittel" ökonomisch besonders zusammenzufassen.

die dem Produktionsprozeß vorangehen, und bleibt auch in den Stadien erhalten, die diesem Prozeß folgen.

Die weitere Bewegung des Geldes, das aus der Realisierung der Produkte stammt, hängt davon ab, welchen Wertteil des Reproduktionsfonds des betreffenden Betriebes dieses Geld darstellt.

Die Gesamtheit der einzelnen Geldfonds, die die Geldform der Bewegung des Wertes funktionell bestimmter Teile des Reproduktionsfonds des sozialistischen Betriebes darstellen, bildet das wesentliche Element des gesellschaftlichen Geldfonds, dessen Bewegung eben von den Kreisläufen des Wertes dieser Teile abhängt.

Das Geld spielt also eine wichtige Rolle im sozialistischen Reproduktionsprozeß, da es den Ablauf dieses Prozesses sowohl in seiner Gesamtheit als auch in seinen einzelnen Gliedern und Sphären vermittelt. Es wird gleichzeitig in seiner gesamten Bewegung, die ja nichts anderes als eine Geldzirkulation ist, letztlich durch den Reproduktionsprozeß, durch die Einheit der Bewegung des Wertes des gesellschaftlichen Reproduktionsfonds und der Bewegung des Wertes seiner Teile — der Reproduktionsfonds der einzelnen sozialistischen Betriebe — bestimmt.

2. *Die Einheit der Geldzirkulation und ihre beiden Sphären*

Der Kreislauf des Wertes des Reproduktionsfonds der sozialistischen Gesellschaft ist die materielle Grundlage für die Bewegung des Geldes, seines Zirkulationsprozesses. Er verläuft als Kreislauf der wechselseitig verbundenen und ineinander übergehenden Kreisläufe der Fondswerte der beiden Abteilungen der gesellschaftlichen Produktion: der Abteilung I, der Produktion von Produktionsmitteln, und der Abteilung II, der Produktion von Konsumtionsmitteln. Die Struktur der gesellschaftlichen Reproduktion, die Vereinigung der Werte der Fonds der Abteilungen I und II in dieser Reproduktion, die Eigenart des Kreislaufs des Wertes innerhalb jeder Abteilung und der Wechselbeziehungen zwischen diesen — alles das bestimmt den Charakter des Geldumlaufs.[12]

Beispielsweise wird das Geld, das von der Abteilung I zur Bezahlung der zum Ersatz verbrauchter Produktionsmittel nötigen Waren vorgeschossen wurde, inner-

[12] Die Bedeutung der Geldzirkulation als einer Form zur Verwirklichung der Wertproportionen für den Ablauf des Reproduktionsprozesses ist außerordentlich groß. Marx schreibt: „So wenig wie die einfache Warenzirkulation identisch ist mit bloßem Produktenaustausch, so wenig kann sich der Umsatz des jährlichen Warenprodukts in bloßen, unvermittelten, gegenseitigen Austausch seiner verschiedenen Bestandteile auflösen. Das Geld spielt eine spezifische Rolle darin . . ." Karl Marx, Das Kapital. A. a. O., Bd. II, S. 455. – Dieser Hinweis von Marx auf die Rolle des Geldes und des Geldumlaufs im gesellschaftlichen Reproduktionsprozeß wird häufig nur einseitig betrachtet, nämlich von der Seite des Reproduktionsprozesses her. Aber es gibt auch eine andere Seite: Das Fungieren des Geldes im Reproduktionsprozeß bestimmt den gesamten Charakter des Geldumlaufs. Daher muß neben der Analyse des Einflusses, den der Geldumlauf auf den Reproduktionsprozeß ausübt (eine Frage, die die Theorie der Reproduktion betrifft), auch der Einfluß des Reproduktionsprozesses auf den Charakter des Geldumlaufs betrachtet werden (eine Frage, die die Theorie der Geldzirkulation betrifft).

halb dieser selben Abteilung realisiert. Infolgedessen muß ein bestimmter Teil des Geldfonds im Kreislauf des Wertes des Reproduktionsfonds ständig in der Abteilung I fungieren. Aber selbst das Geld, das die Bewegung der Elemente des Umlauffonds der Abteilung I vermittelt, vollzieht nicht nur eine einfache Bewegung innerhalb der betreffenden Abteilung. Ständig bleibt ein Teil der Geldmittel, die den Ersatzwert der Umlauffonds der Abteilung I darstellen, vorübergehend frei und schlägt sich auf den Bankkonten nieder. Mit einem Teil dieser Mittel kreditiert die Bank verschiedene Wirtschaftszweige, darunter Zweige der Abteilung II. Erhält außerdem ein Betrieb der Abteilung I Subventionen, so durchläuft das für den Ersatz des Wertes verbrauchter Produktionsmittel bestimmte Geld einen weitverzweigten Weg über die Verteilungs- und Umverteilungskanäle des Finanzsystems.

Da das Geld auch der Bewegung des Wertes der Elemente der Grundfonds dient, ist seine Bewegung nicht nur in der Umverteilung über den Kredit begründet, sondern auch in der Verteilung und Umverteilung des Wertes dieser Fonds über das Finanzsystem.

Komplizierter ist der Weg, den die anderen Teile des dem Umschlag des Wertfonds der Abteilung I dienenden Geldfonds zu durchlaufen haben. Die Löhne, die die Betriebe dieser Abteilung zahlen, werden in den Waren realisiert, die die Abteilung II erzeugt und die der Verbraucher über den staatlichen, genossenschaftlichen und kollektivwirtschaftlichen Handel aus der Zirkulationssphäre erhält. Das Geld, das die Abteilung I als Lohn auszahlt, vollendet seinen Weg in der Sphäre des Einzelhandels. Aus dieser gelangt es (in einer anderen, bargeldlosen Form, die wir zunächst unberücksichtigt lassen) zur Bezahlung der bezogenen Produkte zu den Betrieben der Abteilung II. Diese verwenden ihrerseits dieses Geld zur Bezahlung der von der Abteilung I zu liefernden Produktionsmittel (die zu ersetzen sind), zur Überweisung von Akkumulationen an den Haushalt, für Lohnzahlungen usw.

Die Geldakkumulationen beider Abteilungen werden vom Staat verteilt und umverteilt. Daher vollzieht das Geld, das dieser Verteilung und Umverteilung dient, eine noch kompliziertere Bewegung.

Die ökonomischen Verbindungen zwischen den beiden Abteilungen der gesellschaftlichen Produktion erfordern also, daß bei der Verteilung und Umverteilung des Wertes das gleiche Geld im Kreislauf der Fonds jeder der Abteilungen nacheinander fungiert. Durch dieses sich gegenseitig kreuzende und seine funktionelle Rolle wechselnde gleiche Geld wird die *Einheit* des Geldumlaufs charakterisiert.

Ob nun das Geld dem Kreislauf des Wertes der Fonds der Abteilung I oder der Abteilung II oder ob es der Realisierung der Einnahmen dient, es fungiert als Geld in seiner Funktion als Zirkulations- und Zahlungsmittel. Seine Rolle als Geldform der Fondswerte oder der Einnahmen ändert nichts an seinen eigenen Geldfunktionen.[13] *

* Fußnote siehe Seite 282

Aber die Einheit des Geldumlaufs und der ihm dienenden Geldfunktionen bedeutet durchaus nicht, daß es in diesem Umlauf keine Sphären gäbe, die sich wesentlich voneinander unterscheiden. Im Gegenteil, es gibt eine ganze Reihe solcher Sphären. Aber von größter Wichtigkeit ist die Aufgliederung des gesamten Geldumlaufs in zwei Sphären oder zwei Bereiche, die dadurch notwendig wird, daß die Geldzirkulation zwei ökonomisch verschiedenen Sphären der sozialistischen Reproduktion dient.

Einerseits vermittelt das Geld direkt oder indirekt die Realisierung und Bewertung des Wertes, der in den Waren enthalten ist, die innerhalb des staatlichen bzw. des genossenschaftlich-kollektivwirtschaftlichen Sektors oder zwischen den beiden Sektoren zirkulieren. Hier vermittelt das Geld die Wertbewegung:

1. der Produktionsmittel, der Waren, die dazu bestimmt sind, weiterhin im Produktionsprozeß zu fungieren;

2. der Konsumtionsmittel, und zwar der Waren, die den Zirkulationsprozeß im Großhandel durchlaufen oder aus dem Großhandel in den Einzelhandel übergehen;

3. der Konsumtionsmittel, die in die nicht produzierenden staatlichen, gesellschaftlichen usw. Institutionen übergehen. Das Geld dient hier auch der Verteilung und Umverteilung des Wertes des gesellschaftlichen Produkts (vor allem des Nettoprodukts) und der Umverteilung der Mittel über den Kredit innerhalb der beiden Formen des sozialistischen Eigentums.

Andererseits vermittelt das Geld unmittelbar oder letzten Endes die Bewegung des Wertes, der in den Waren enthalten ist, die aus dem staatlichen oder genossenschaftlich-kollektivwirtschaftlichen Eigentum in das individuelle Eigentum übergehen. In diesem Falle benutzt man es zur Auszahlung desjenigen Teils der Einnahmen, der die Geldform für die Verteilung und Umverteilung des Wertes des für die individuelle Konsumtion bestimmten Nettoprodukts darstellt und dementsprechend der Realisierung des Wertes von Waren und Dienstleistungen für die individuelle Konsumtion dient.

Das sind zwei *ökonomisch unterschiedliche* Sphären des Geldumlaufs. Infolgedessen kann er auch in zwei Bereiche gegliedert werden.[14]

[13] Fußnote zu Seite 281
„Die verschiedne Bestimmtheit — ob es als Geldform der Revenue oder des Kapitals fungiert — ändert zunächst nichts an dem Charakter des Geldes als Zirkulationsmittel; diesen Charakter behält es, ob es die eine oder die andre Funktion verrichtet.“ Karl Marx, Das Kapital. A. a. O., Bd. III, S. 486.

[14] Ein besonderer Abschnitt des zweiten Bereichs des Geldumlaufs ist der Geldumlauf zwischen den Einzelpersonen (der kollektivwirtschaftliche Markt u. ä.).
Bereits Tooke teilte den Warenumsatz in zwei Sphären auf, in die Zirkulation von Kapital und in die Zirkulation von Einkommen, und untergliederte dementsprechend die gesamte Masse des Geldumlaufs in zwei Teile. Tooke erkannte indes nicht die Zirkulation zwischen den Abteilungen I und II der gesellschaftlichen Reproduktion und die hierdurch bedingte Einheit des gesamten Geldumlaufs. Bei ihm traf die Unterschätzung der Einheit des Geldumlaufs zusammen mit der Meinung, daß der Umfang der Zirkulation zwischen den Konsumenten gleich dem Umfang der Zirkulation zwischen

In jedem der beiden Bereiche sind in jedem gegebenen Augenblick bestimmte Teile des gesamten Geldfonds der Gesellschaft eingesetzt. Aber diese Teile sind in ständiger Bewegung. Das Geld befindet sich abwechselnd in dem einen oder anderen Bereich des Geldumlaufs, ohne ständig an einen von ihnen gebunden zu sein. Es fungiert in jedem dieser Bereiche sowohl als Zirkulationsmittel als auch als Zahlungsmittel, wobei, wie wir sehen werden, in dem einen Bereich eine andere Verknüpfung der Funktionen vorherrscht als in dem anderen.

Nehmen wir den zweiten Bereich des Geldumlaufs, der der Bildung und Realisierung der Einkünfte der Werktätigen dient. Dieser Bereich wird vor allem über Kanäle ergänzt, die aus den Abteilungen I und II der Reproduktion kommen. Durch die Auszahlung der Löhne und mittels der Geldeinkünfte aus Arbeitseinheiten wird dieser Bereich ständig mit Geld versorgt und die Bewegung des Geldes hervorgerufen. Zuvor aber wurde mit diesem Geld der Wert eines Teils des in den Abteilungen I und II geschaffenen Nettoprodukts realisiert, der dann zur Bildung von Einkünften benutzt wurde. Nachdem das Geld die Bewegung im ersten Bereich des Geldumlaufs vollzogen hat, geht es über die Kanäle der Löhne und anderen Einkünfte in den zweiten Bereich des Geldumlaufs über. Die in der materiellen Produktion Beschäftigten, die Arbeiter, Angestellten und Kollektivbauern, tauschen dieses Geld gegen Waren, Konsumtionsmittel aus, die von der Abteilung II erzeugt werden. Über den Warenaustausch geht das Geld aus dem zweiten Bereich des Geldumlaufs in den ersten Bereich über und kehrt in den Kreislauf des Wertes des Reproduktionsfonds zurück. Hier kann es, wenn es erneut als Lohn ausgezahlt wird, auf dem kürzesten Wege umlaufen. Es kann aber auch einen längeren Weg durchlaufen, wenn es von der Abteilung II dazu benutzt wird, die von ihr bezogenen Produktionsmittel zu bezahlen (d. h. die Verbindung zwischen Abteilung I und II herzustellen), die innerbetriebliche Akkumulation an den Haushalt abzuführen usw. In den zweiten Bereich des Geldumlaufs kehrt dann dieses Geld nur als Lohn zurück, der in der Abteilung I oder in der nichtproduzierenden Sphäre gezahlt wird.

Der zweite Bereich des Geldumlaufs wird also über die Lohnzahlungen, die Geldeinkünfte für Arbeitseinheiten und andere Einnahmen der Bevölkerung aus beiden Abteilungen der Reproduktion und aus der nichtproduzierenden Sphäre gespeist; das Geld verläßt diese Abteilung aber vor allem über die Realisierung des Wertes der Warenprodukte der Abteilung II im Einzelhandel, über die Dienstleistungen an die Bevölkerung und teilweise über die Umverteilung durch das Finanzsystem.

Von anderer Art ist die Bewegung des Geldes im ersten Bereich des Geldumlaufs. Das Geld gelangt in diesen Bereich über den Absatz von Erzeugnissen der Abteilungen I und II, über Dienstleistungen und zum Teil über die Umverteilung und verläßt ihn über die Lohnzahlungen, über die Bildung von Geldeinkünften aus Arbeitseinheiten und von anderen Einkünften der Bevölkerung,

den Produzenten sein muß. Diese These ist nicht richtig; sie entspringt dem Dogma von Smith.

die sich in dem Maße bilden, wie das Nettoprodukt beider Abteilungen vom Staat für den Unterhalt der Arbeiter und Angestellten der nichtproduzierenden Sphäre verwendet wird u. a. Infolgedessen kann ein bestimmter Teil des Geldfonds innerhalb dieses Bereiches des Geldumlaufs eine mehr oder weniger lange Zeit umlaufen, ohne ihn zu verlassen (im Gegensatz zum zweiten Bereich). Das hängt mit der gegenständlichen Form des Produkts der Abteilung I zusammen, der es zuzuschreiben ist, daß ein großer Teil des Wertes des Produkts dieser Abteilung seinen Kreislauf innerhalb seiner eigenen Grenzen vollzieht.

Alle diese Besonderheiten der Bewegung des Geldes im ersten und zweiten Bereich des Geldumlaufs sind für die Organisation eines sozialistischen Mechanismus der Geldzirkulation von großer Bedeutung. Sie haben vor allem die wichtige Tatsache zur Folge, daß sich im ersten Bereich der Geldumlauf hauptsächlich bargeldlos, im zweiten jedoch als Bargeldumlauf vollzieht.

3. Die Notwendigkeit der Kreditform des Geldumlaufs im Sozialismus; zwei Arten von Kreditgeldzeichen

Der Reproduktionsprozeß verläuft im Sozialismus planmäßig. Die Ausnutzung des Fertigprodukts sowohl in der produzierenden als auch in der nichtproduzierenden Sphäre wird indessen für die Zeit seiner Zirkulation und der Verteilung seines Wertes unterbrochen. Ein planmäßig organisierter Geldumlauf trägt zur Einsparung an Zeit bei, die zur Realisierung, Verteilung und Umverteilung des Wertes des gesellschaftlichen Produkts benötigt wird.

Die Lösung des relativen Widerspruchs zwischen der Produktionszeit und der Distributions- und Zirkulationszeit bedingt die *Notwendigkeit* der Kreditform der Geldzirkulation wie auch seine *Allgemeinheit* als Form, die den Erfordernissen der Warenproduktion besonderer Art entspricht.[15]

In den sozialistischen Produktions-, Distributions- und Zirkulationsbedingungen selbst, im Verhältnis der Zeitabläufe dieser einzelnen Reproduktionsprozesse sind vielfältige Voraussetzungen für eine systematische zeitweilige Freisetzung von Material- und Geldfonds und für die Ungleichmäßigkeit solcher Freisetzungen gegeben.

Verschiedene Maßstäbe und eine ungleiche Dauer der Produktions-, Absatz- und Kaufoperationen führen im Kreislauf des Wertes des Reproduktionsfonds eines jeden Betriebes zu einer systematischen *zeitweiligen* Freisetzung von Geldfonds und zu einer systematischen *zeitweiligen* Absorption *zusätzlicher* Geldfonds.

Verschiedenheit der Produktionsbedingungen, ungleiche Dauer der Produktionszyklen und unterschiedliche Absatzmöglichkeiten (Absatzmärkte, Transport-

[15] „Im Widerspruch zwischen der Arbeitszeit und der Zirkulationszeit ist die gesamte Wissenschaft vom Kredit enthalten, insbesondere soweit das hier das Gebiet der Geldzirkulation betrifft (die Currency-Geschichte) usw." Karl Marx, Aus unveröffentlichten Manuskripten. Zitiert nach L. A. Leontjew, Über die vorläufige Variante des „Kapitals" von Marx, Ausgabe der Akademie der Wissenschaften (russ.), 1946, S. 93.

verbindungen, Lieferbedingungen und Lieferzeiten usw.) bei den einzelnen Betrieben wirken sich in ständig wechselnden Zu- und Abflüssen von Geldmitteln aus, die entweder von den Betrieben zusätzlich eingesetzt oder bei ihnen infolge gleichzeitiger Realisierung großer Produktenmengen frei werden.

Geldzuflüsse und Geldabflüsse wechseln nicht nur in den einzelnen Betrieben. Im gesamtgesellschaftlichen Wertkreislauf sind die Voraussetzungen für die verhältnismäßig umfangreiche und gleichzeitige Inanspruchnahme und Freisetzung von Geld gegeben.

Die Investitionen für die Produktionsgrundfonds erfordern in bestimmten Momenten der sozialistischen Reproduktion die gleichzeitige Bereitstellung beträchtlicher Geldmittel. Andererseits stellt die Ausnutzung der geschaffenen Grundfonds einen länger währenden Prozeß dar, in dessen Verlauf die vorgeschossenen Geldmittel nur allmählich und in relativ geringen Beträgen zurückfließen.

Saisonbedingtheit der Produktion und der Realisierung der Produkte verursacht eine unterschiedliche Dauer dieser Prozesse im Laufe eines Jahres und damit abwechselnd große Bevorschussungen und Freisetzungen von Geldmitteln (beispielsweise Getreideerfassung, landwirtschaftliche Kredite, Bevorschussung von Mitteln zur Schaffung jahreszeitlich bedingter Vorräte in der Industrie usw.).

Die ungleichmäßige Bildung gesellschaftlicher Reserven je nach den Akkumulationsbedingungen, dem wechselnden gesellschaftlichen Bedarf usw. sowie die ungleichmäßige Ergänzung der laufenden Vorräte für die produktive und individuelle Konsumtion äußern sich ebenfalls in Schwankungen der gesellschaftlichen Geldfonds.

Die Bewegung des Wertes des Reproduktionsfonds erfordert also, abgesehen davon, daß ein bestimmter Teil desselben ständig in der Geldform vorhanden sein muß, daß an manchen Stellen der Reproduktion systematisch zeitweilig Geld freigesetzt, an anderen zeitweilig zusätzlich beansprucht wird. Außerdem fließen auch durch die laufende Realisierung der Produkte ständig kleine Geldbeträge zu und ab, was im volkswirtschaftlichen Maßstabe gesehen zu großen Geldschwankungen führt.[16]

Was aber bedeutet diese ununterbrochene ungleichmäßige Freisetzung und Absorption der Geldfonds, wenn man sie von der gegenständlichen Seite des Reproduktionsprozesses her betrachtet? Das Geld ist realisierter Wert. Befindet sich auf der einen Seite Geld, so heißt das unter sozialistischen Wirtschaftsbedingungen (falls die normalen Bedingungen des Geldumlaufs nicht gestört sind), daß sich auf

[16] Für die sozialistische Ökonomik behält (mit entsprechenden Änderungen) die von Marx erwähnte Form der Geldbewegung Gültigkeit: „Es bildet sich in der Kontinuität des Produktionsprozesses beständig Reservegeldkapital, da heute Zahlungen eingegangen, erst an einem spätern Termin wieder zu machen, heute größre Warenmassen verkauft, an spätern Tagen erst wieder größere Warenmassen zu kaufen sind; in diesen Intervallen existiert also beständig ein Teil des zirkulierenden Kapitals in Geldform." Karl Marx, Das Kapital. A. a. O., Bd. II, S. 81.

der anderen Seite entsprechende materielle Werte befinden. Ein freier Geldfonds ist gleichzeitig auch ein freier Vorrat an materiellen Werten.[17]

So spiegelt also im sozialistischen Reproduktionsprozeß die zeitweilige Freisetzung großer Geldfonds die systematische zeitweilige Freisetzung von Materialfonds wider. Die Notwendigkeit, den sozialistischen Reproduktionsprozeß ununterbrochen aufrechtzuerhalten und die gesellschaftlichen Materialfonds in ihrer Gesamtheit so auszunutzen, daß sie den größten Nutzeffekt ergeben, erfordert (solange durch das Vorhandensein einer Warenproduktion besonderer Art diese Ausnutzung durch die Bewegung des Wertes vermittelt wird) eine systematische zeitweilige Umverteilung der freigewordenen Materialfonds durch zeitweilige Umverteilung der Geldfonds. Eine solche mit Hilfe des Geldes vorgenommene Umverteilung der Materialfonds, d. h. die Bewegung des Wertes dieser Fonds in der Geldform als Darlehensfonds, erscheint als Kreditform der Wertbeziehungen im Reproduktionsprozeß, als Kredit.[18]

[17] Wir gehen selbstverständlich von der vollen Bilanzierung aller Reproduktionselemente der sozialistischen Gesellschaft aus, also von der dieser Reproduktion objektiv immanenten Übereinstimmung zwischen der Bewegung der materiellen Werte und dem Geld, das diese Bewegung vermittelt. Wir abstrahieren auch von denjenigen Geldfonds, die für die Zwecke der Verteilung und Umverteilung und die Bedürfnisse des Geldmechanismus selbst gebildet werden. Die These von der Übereinstimmung der Masse der freigesetzten Geldfonds und Materialwerte darf nur unter dieser Voraussetzung verstanden werden. Aber eben deshalb kann, wenn wir es mit einem konkreten Geldmechanismus zu tun haben, eine solche völlige Übereinstimmung vielleicht auch nicht vorhanden sein. Der Geld- und Kredit- sowie der Verteilungs- und Umverteilungsmechanismus selbst bedarf verschiedener Geldmittelmengen (bei gleichbleibendem Umfang der Reproduktion), um funktionieren zu können, je nach den verschiedenen technisch-organisatorischen Erfordernissen.

[18] Die gewaltige volkswirtschaftliche Bedeutung der Umverteilung der Materialfonds über den Kredit kann man ermessen, wenn man weiß, daß der Anteil des Kredits der Staatsbank und der Industriebank in der Volkswirtschaft zu Beginn des Jahres 1958 276 Mrd. Rbl. betrug und die eigenen Umlaufmittel 258,6 Mrd. Rbl. ausmachten. Das heißt, daß mehr als 50% der gesamten Umlaufmittel in der Volkswirtschaft aus Kreditquellen gebildet werden. — Siehe A. Swerew, Das Nationaleinkommen und das Finanzwesen der UdSSR (russ.), S. 144. — Der Gesamtumfang der Kreditanlagen der Staatsbank der UdSSR wächst schnell. Im Januar 1941 waren es noch 55 Mrd. Rbl. und am 1. Januar 1946 59,5 Mrd. Rbl., zu Beginn des Jahres 1960 aber waren sie auf 383,5 Mrd. Rbl. gestiegen.

Die Ausnutzung der Staatsbankkredite in der Produktions- und Zirkulationssphäre wird durch folgende Angaben (in %) gekennzeichnet:

	1. 1. 1941	1. 1. 1959
In der Produktionssphäre	37,6	39,0
In der Zirkulationssphäre	62,4	61,0

Vgl. dazu A. K. Korowuschkin, Das Kreditsystem im Siebenjahrplan (russ.). Gosfinisdat 1960, S. 36 u. 46.

Das Vorhandensein des Kredits im Sozialismus bietet die *Möglichkeit* der Kreditform des Geldumlaufs. Die Bedingungen der sozialistischen Ökonomik verwandeln diese Möglichkeit in die *Wirklichkeit.* Ja, noch mehr, die Verwandlung der Kreditform des sozialistischen Geldumlaufs in seine *allgemeine und einzige* Form ist in der sozialistischen Wirtschaft objektiv notwendig.

Wir haben gesehen, daß reales Geld in seinen Funktionen als Zirkulations-, Zahlungs- und Sparmittel im Sozialismus durch Geldzeichen dargestellt wird. Warum soll nun aber der Geldumlauf Kreditcharakter haben? Weshalb sind die Geldzeichen im Sozialismus Kreditgeld?

In der bürgerlichen Gesellschaft gibt es als Geldzeichen Kredit- oder Papiergeld (oder beides zugleich) auf Grund des spontanen Wirkens des Mechanismus, der das Gold als Geldware mit dem gesamten Zahlungsverkehr verbindet.

Die Papiergeldzirkulation entspricht den Erfordernissen des entwickelten kapitalistischen Umlaufs weniger als das Kreditgeld. Aber infolge der Widersprüche innerhalb der kapitalistischen Ökonomik und durch den gegenwärtig in den kapitalistischen Ländern sich progressiv vollziehenden Inflationsprozeß verdrängt das Papiergeld in vielen Fällen völlig oder fast völlig das Kreditgeld. Die Inflation, die vom Monopolkapital weitgehend dazu benutzt wird, durch verstärkte Ausbeutung aus den Werktätigen zusätzlichen Mehrwert herauszupressen, führt unausweichlich zur Wandlung der Banknotenzirkulation in Papiergeldzirkulation. Aber wie wenig elastisch die Papiergeldzirkulation auch sein mag, in der kapitalistischen Ökonomik ist sie eben deshalb möglich, weil eine *spontane* Verbindung zwischen dem Gold als Geldware und allen anderen Waren besteht; das Papiergeld drückt diese Verbindung spontan aus.

In der sozialistischen Gesellschaft, in der keine spontane Verbindung zwischen den Waren und der Geldware, dem Gold, besteht und deshalb der spontane Mechanismus fehlt, der das Papiergeld an das Gold binden könnte, sind die Geldzeichen einzig und allein Kreditgeldzeichen. Dieser notwendige Kreditcharakter der Geldzeichen erklärt sich folgendermaßen:

Die Masse des sich im Umlauf befindenden Geldes muß genau den Bedürfnissen der Planwirtschaft entsprechen. Natürlich kann an Hand des Volkswirtschaftsplanes und derjenigen seiner Teile, die direkt die Geldzirkulation umfassen, die

Eine detailliertere Charakteristik der Struktur der Staatsbankkredite nach ihrer Ausnutzung im Reproduktionsprozeß ist in folgenden Angaben (per 1. Januar 1957 in % der Gesamtsumme) gegeben:

Produktionsvorräte	27,5
Fertigerzeugnisse	6,4
Waren im Handelsnetz	32,5
Darlehen für unterwegs befindliche Verrechnungsdokumente, Eröffnung von Akkreditiven und Verrechnungskredite	23,9
Sonstiges	9,7
	100

Siehe: Die Staatsbank der UdSSR (russ.). Gosfinisdat 1957, S. 245.

Bilanz der Geldeinnahmen und -ausgaben der Bevölkerung, der Kredit und der Bargeldumsatzplan der Staatsbank, die Aufnahmefähigkeit der Zirkulation und folglich auch die für die Zirkulation erforderliche Geldmenge unmittelbar festgestellt werden. Aber die Natur des Zahlungsverkehrs selbst, der außerordentlich elastisch hier eine gewisse Geldmenge freisetzt, dort sie erneut aufnimmt, benötigt einen anpassungsfähigen Mechanismus, der die Geldmenge ständig auf einem Stand hält, wie er in jedem gegebenen Augenblick für die Volkswirtschaft erforderlich ist. Bei Papiergeldzirkulation kann es jedoch einen solchen Mechanismus nicht geben, da das Papiergeld, wenn es einmal in die Zirkulation gelangt ist, in ihren Kanälen steckenbleibt.

In der spontanen Wirtschaft wird der Widerspruch zwischen der faktisch zirkulierenden Papiergeldmasse und den realen Zirkulationsbedürfnissen durch Abwertung des Papiergeldes gelöst, also durch spontane Reaktion der Preise auf die überfüllten Kanäle der Geldzirkulation. Das sozialistische Volkswirtschaftssystem schließt einen Mechanismus aus, durch den der reale Wert der zirkulierenden Geldmasse den Erfordernissen des Zahlungsverkehrs mittels spontan schwankender Preise angepaßt wird. Damit schließt es auch die Möglichkeit des Fungierens von Papiergeld aus (wenigstens unter normalen Umständen).

Unter diesen Voraussetzungen bedingt die objektive Notwendigkeit einer elastischen Anpassung der zirkulierenden Geldmasse an die Bedürfnisse der Volkswirtschaft eben den Kreditgeldmechanismus zur Versorgung der Zirkulation mit Geld, also die ausschließliche Kreditgeldzirkulation.

In der Tat, infolge des Charakters der Verbindung des Kreditgeldmechanismus mit allen Sphären des sozialistischen Reproduktionsprozesses hat nur dieser die Möglichkeit, systematisch eine Übereinstimmung der emittierten Geldmengen mit den elastischen Bedürfnissen der Volkswirtschaft aufrechtzuerhalten.

Diese Möglichkeit des Kreditgeldmechanismus ergibt sich vor allem aus den Beziehungen zwischen dem Geldumlauf und dem Kreditsystem in der sozialistischen Wirtschaft.

Der gesamte Geldumlauf der sozialistischen Volkswirtschaft (sowohl der Bargeldumlauf als auch der bargeldlose Verkehr) besteht aus: 1. den Zahlungen für die realisierten Produkte und Dienstleistungen; 2. den Zahlungen, die mit der Verteilung und Umverteilung des in Geldform erscheinenden realisierten Wertes dieser Produkte verknüpft sind (Bildung und Realisierung der Einkünfte der Bevölkerung, Betriebe, Institutionen usw.) und die hauptsächlich als *Zahlungsverkehr* abgewickelt werden. Praktisch werden fast alle Zahlungsbeziehungen, die mit der Zirkulation des gesellschaftlichen Produkts für die Produktionssphäre (in beiden Sektoren) und mit der Bewegung der Waren aus der Produktionssphäre in den Einzelhandel verbunden sind, durch den sozialistischen Kredit vermittelt. Diese Beziehungen wickeln sich, da sie Beziehungen zwischen Betrieben sind, bargeldlos ab und laufen über das Kreditsystem. Daher ist auch der Bargeldverkehr zwischen den Betrieben und der Bevölkerung unausweichlich mit dem Kreditsystem verknüpft. Die Betriebe erhalten von der Bank für Löhne und andere Zahlungen Bargeld. Andererseits werden, mit Ausnahme eines geringen Teils, die gesamten Einnahmen, die die Betriebe und Organisationen aus dem Verkauf von Waren erzielen und für Dienstleistungen an die Bevölkerung erhalten, wie auch andere Bargeldzahlungen der Bevölkerung an die Bank abgeführt.

Die genannten Möglichkeiten des Kreditgeldmechanismus sind auch dadurch bedingt, daß das Kreditsystem die zeitweilig in der Volkswirtschaft frei werdenden Geldmittel und andere Geldressourcen akkumuliert und auf dieser Basis Kredite vor allem für Produkte im Realisierungsprozeß und für den Realisierungsprozeß selbst gewährt.[19] Er paßt sich elastisch sowohl der gesamten Realisierung der Produkte als auch der Verteilung und Umverteilung der Einnahmen und Geldmittel an. Dadurch ist es möglich, über den Kreditgeldmechanismus durch Erfassung der Wertmenge der zu realisierenden Produkte und durch ihre Kreditierung die Geldmenge je nach den Bedürfnissen der Volkswirtschaft in den Verkehr zu bringen und wieder aus dem Verkehr zu ziehen, also die nötige Elastizität der Geldzirkulation zu sichern.

Wie die Struktur der Bargeld- und bargeldlosen Beträge in der Volkswirtschaft beweist, gelangen diese sowohl in der Warensphäre als auch in der Nichtwarensphäre *nur* dadurch in den Verkehr, daß die Staatsbank sie auf Grund von Kreditbeziehungen mit der Volkswirtschaft emittiert. Die Bank gewährt der Volkswirtschaft Kredite gegen Materialsicherung, verleiht also nur auf dem Kreditwege demjenigen Wert des Produkts, der den Prozeß der Realisierung, Verteilung und Umverteilung zu durchlaufen hat, die Geldform. Dadurch bringt sie die für die Zirkulation benötigte Geldmenge in den Verkehr. Auf die gleiche Weise, nur über die Kredittilgung, d. h., indem die Volkswirtschaft der Bank das Geld zurückerstattet, verläßt die Geldmenge, nachdem sie im Umsatz fungiert hat, den Wirtschaftsverkehr. Es versteht sich von selbst, daß diese Geldmenge nicht automatisch den Bedürfnissen der Volkswirtschaft angepaßt, in den Verkehr gebracht und wieder aus dem Verkehr gezogen wird, sondern daß das planmäßig geschieht, vor allem mit Hilfe des Kreditplanes und des Bargeldumsatzplanes der Staatsbank.

So wird also in der sozialistischen Wirtschaft, in der die Realisierung, Verteilung und Umverteilung des Wertes des reproduzierten Produkts fast ausschließlich durch Kreditbeziehungen vermittelt wird und wo einerseits eine elastische Anpassung der zirkulierenden Geldmenge an den Bedarf der Volkswirtschaft erforderlich und andererseits eine solche Anpassung durch spontane Preisschwankungen ausgeschlossen ist, die *Kredit*form zur einzig möglichen und daher allgemeinen Form des Geldumlaufs. Faktisch kann auch nur über den Kredit die gesamte für die Volkswirtschaft erforderliche Geldmenge (bar und bargeldlos) in Umlauf gesetzt werden und wird es auch nur. Aus allen diesen Gründen *tritt das Geld im Sozialismus als Kreditgeld auf.* Anders ausgedrückt: Da die im Zahlungsverkehr fungierenden Geldzeichen reales Geld darstellen sollen und ihre Menge voll und

[19] Die Kredite, die den sozialistischen Betrieben von der Staatsbank zur Verfügung gestellt werden, sind voll und ganz durch Materialwerte gesichert. Die Verpflichtung, den Kredit zu sichern, ist durch die sowjetischen Gesetze über den direkten, befristeten, rückzahlbaren und zweckgebundenen Charakter des Kredits genau umrissen.

ganz dem Bedarf der Volkswirtschaft entsprechen muß, eine solche Übereinstimmung aber nur über den Kreditmechanismus erzielt werden kann, bei dem das Geld auf der Grundlage von Kreditbeziehungen emittiert wird, kann nur Kreditgeld das Geldzeichen der sozialistischen Wirtschaft sein.[20]

Die Kreditform entspricht der Natur des Geldumlaufs in der sozialistischen Wirtschaft; sie ist auch seine allgemeine Form. Die Evolution der Kreditform des sozialistischen Geldumlaufs vollzog sich im Verlauf der gesamten Übergangsperiode. Lenin betonte, daß die sozialistische Umgestaltung der Wirtschaft einen universalen Kreditgeldumlauf erfordert: „Völlige Konzentrierung des Bankwesens in den Händen des Staates und des gesamten Geld- und Handelsverkehrs in den Banken. Universalisierung der laufenden Bankkonten: allmählicher Übergang zunächst der größten Betriebe und dann *aller* Betriebe des Landes zur obligatorischen laufenden Kontenführung in der Bank. Obligatorische Aufbewahrung des Geldes in den Banken und Geldüberweisungen *nur* durch die Banken.“ [21]

Die Kreditform des Geldumlaufs nimmt bereits in der Übergangsperiode allgemeinen Charakter an. Die Kreditreform, die den kommerziellen Kredit abschaffte und den sozialistischen Kredit in einen direkten, befristeten, zweckgebundenen und rückzahlbaren Bankkredit verwandelte, schloß die Herausbildung sozialistischer Kreditformen der Geldzirkulation ab.

Welcher Art sind denn nun die Kreditgeldzeichen, die der Geldzirkulation in der sozialistischen Gesellschaft eigentümlich sind?

Um auf diese Frage eine Antwort geben zu können, muß vor allem untersucht werden, was die Bankscheine, die dem Bargeldverkehr, und die bargeldlosen Geldmittel auf den Bankkonten, die dem bargeldlosen Zahlungsverkehr dienen, ihrem ökonomischen Inhalt nach darstellen.

Ist ein von der Staatsbank der UdSSR emittierter Bankschein eine Banknote?

20 Es ist charakteristisch, daß der Unterschied zwischen der Bankemission und der Emission durch das Schatzamt sich sehr bald nach der Geldreform 1922–1924 verwischte und sämtliches umlaufende Sowjetgeld praktisch Kreditcharakter annahm. Der Kreditcharakter des Sowjetgeldes wird in der sowjetischen Literatur oft betont. Siehe beispielsweise S. Atlas, Zur Theorie des Bankkredits (russ.), in: „Unter dem Banner des Marxismus“, Nr. 7–8, 1929; W. Batyrew, Das sowjetische System der Geldzirkulation (russ.), in: „Geld und Kredit“, Nr. 10, 1946; N. Ljubimow, Banknoten und Kassenscheine (russ.), in: „Geld und Kredit“, Nr. 3, 1939.
Die Kennzeichnung des Sowjetgeldes als Papiergeld durch G. Koslow (siehe „Fragen der Wirtschaft“ [russ.], Nr. 2, 1957) entbehrt jeder Grundlage und ist eine Ausnahme. Nach der Geldreform von 1947 ist eine solche Einschätzung selbst vom juristischen Standpunkt aus unmöglich, geschweige denn vom ökonomischen, da doch klar auf der Hand liegt, daß die sowjetischen Geldzeichen auch vor der Reform von 1947 Kreditgeld waren. Die sowjetische Geldreform im Jahre 1947 wurde unter Beteiligung der Staatsbank als des einzigen Emissionszentrums durchgeführt, was völlig dem Kreditcharakter des Sowjetgeldes entspricht.

21 W. I. Lenin, Werke. A. a. O., Bd. 27, S. 144.

Wenden wir uns vorerst dem ökonomischen Inhalt und der ökonomischen Bestimmung der Banknote im Kapitalismus zu. Mit der Entwicklung des Kapitalismus und der Veränderung des Charakters des kapitalistischen Kredits, mit der wachsenden Bedeutung, die der Bankkredit gewinnt, und mit der Komplizierung des kommerziellen Kredits durch den Bankkredit wird der letztere immer mehr zur Grundlage für die Banknote.

Die Banknote ist nicht etwa dadurch gekennzeichnet, daß sie, angeblich im Unterschied zum Papiergeld, das Gold vertritt. Sowohl die Banknote als auch das Papiergeld repräsentieren notwendigerweise das Gold. Als besondere Art von Geldzeichen unterscheidet sich die Banknote vom Papiergeld durch die ökonomische Quelle, aus der sie stammt, und dadurch, daß sie neben anderen Funktionen unbedingt die Funktion als Zahlungsmittel ausübt. Das Besondere der Banknote besteht eben darin, daß sie von der Bank auf der Grundlage des Kredits als *Kreditinstrument*, vor allem als Zahlungsmittel emittiert wird.[22]

Im Monopolkapitalismus steht der Zahlungsverkehr auf einer außerordentlich hohen Entwicklungsstufe. Trotzdem wird das Kreditgeld nicht zum einzigen zirkulierenden Bargeldzeichen. Das Gegenteil ist der Fall: Das Papiergeld spielt eine immer größere Rolle, und die Banknoten verwandeln sich immer mehr in Papiergeldzeichen. Hierin offenbaren sich die tiefen Widersprüche des modernen Kapitalismus. Aufblähung des fiktiven Kapitals, Senkung der Darlehnszinsen, Schwächung der Liquidät der Banken, Aufhebung der Goldeinlösungspflicht usw. — unter all diesen Umständen ist die Banknote, die in einer die Bedürfnisse des Zahlungsverkehrs weit übersteigenden Menge emittiert wird, außerordentlich labil. Sie wird schnell entwertet und nähert sich immer mehr dem Papiergeld. Das Monopolkapital und der diesem untergeordnete Staat aber nehmen immer häufiger ihre Zuflucht zur Ausplünderung der Werktätigen durch Inflationsmethoden. Sie emittieren entweder die Banknoten einfach als Papiergeld oder bringen Papiergeldzeichen direkt in den Verkehr.

Im Sozialismus verändern sich zwar grundsätzlich der ökonomische Inhalt und die Rolle des Kreditgeldes, aber das Kreditgeld selbst ist die notwendige und allgemeine Form der Geldzeichen.

Von entscheidender Bedeutung für das Verständnis des ökonomischen Charakters der Bankscheine der UdSSR ist,

[22] Wir vermerken hierzu, daß im Kapitalismus die Frage der Einlösbarkeit der Banknote nur im Zusammenhang mit der von der Banknote ausgeübten Funktion als Zahlungsmittel richtig gelöst werden kann. Als Zahlungsmittel ist die Banknote die Verkörperung des Wertes, des Geldes an sich, und in dieser Eigenschaft ist sie „allgemeine Ware der Kontrakte" (Karl Marx). In dieser ihrer Eigenschaft ist die Banknote nur brauchbar, wenn sie einlösbar ist, d. h., wenn ihr nominaler Goldgehalt dem funktionellen Inhalt entspricht. Aber auch die offiziell nicht einlösbare Banknote bleibt lediglich so lange wirkliche Banknote, wie sie vollwertig ist. Sobald sie diese Eigenschaft verliert, hört sie auf, taugliches Zahlungsmaterial zu sein, verwandelt sie sich in Papiergeld; und das ist für den Monopolkapitalismus charakteristisch.

daß sie auf der Grundlage von *Kreditbeziehungen* in Umlauf gesetzt (emittiert) werden (die emittierte Bargeldmenge ist Passivposition der Staatsbank, der auf der Aktivseite Kredite vor allem an die Volkswirtschaft gegenüberstehen);

daß ihre Emission vor allem dem *Zahlungsverkehr* der Betriebe und Institutionen einerseits und der Bevölkerung andererseits dient, d. h., daß sie vor allem Zahlungsfunktionen ausüben.

Die Kreditbeziehungen in der sozialistischen Gesellschaft und der stark entwickelte Zahlungsverkehr, auf dem auch der gesamte Bargeldumlauf beruht, bilden die Grundlage für eine besondere Art Bargeldzeichen der sozialistischen Gesellschaft, den *Bankschein* oder die Banknote.

Bei den Einkünften der Werktätigen fungiert die Banknote als Zahlungsmittel. Von den Empfängern dieser Einkünfte, den Arbeitern, Angestellten, Kollektivbauern usw., wird sie zur unmittelbaren Bezahlung von Waren und Dienstleistungen verwendet; hier fungiert sie also als Zirkulationsmittel. Folglich tritt die gleiche Geldart, das Kreditgeld, sowohl in der Funktion als Zahlungsmittel als auch in der Funktion als Zirkulationsmittel auf, wobei die Funktion, durch die es in den Verkehr gelangt und diesen wieder verläßt, die des Zahlungsmittels ist.

Der Umstand, daß das sozialistische Banksystem einen umfangreichen Kreditgeldverkehr organisiert, der die Verteilung der Waren und den Warenaustausch sowie die Verteilung und Umverteilung des Wertes der realisierten Waren vermittelt, läßt insbesondere die Tatsache deutlich hervortreten, „‚... daß das Geld in der Tat nichts andres ist als ein besondrer Ausdruck des gesellschaftlichen Charakters der Arbeit und ihrer Produkte ...“ [23]

Die Banknote ist vor allem ein Zahlungsmittel, und die Grundlage der Banknote sind die Kredit- und Zahlungsbeziehungen. Im Kapitalismus ist die Banknote ein Instrument des kapitalistischen Kredits. Sie ist als Zahlungsmittel wie als Zirkulationsmittel ein Instrument kapitalistischer Produktionsbeziehungen und der spontane Vertreter einer besonderen Ware, des Goldes. Im Sozialismus ist die Banknote ein Instrument des sozialistischen Kredits und dient als solches den sozialistischen Produktionsbeziehungen als Zahlungs- und Zirkulationsmittel. Ob die Banknote nun die eine oder die andere Funktion ausübt, sie ist stets Vertreter des Goldes, dieser im Sozialismus planmäßig ausgenutzten Geldware.

Die Bewegung der Banknote in kapitalistischen Ländern ist den antagonistisch-widersprüchlichen, spontanen Gesetzmäßigkeiten des Zahlungsverkehrs, des wirklichen wie des fiktiven, untergeordnet. Die Bewegung der Banknote im Sozialismus ist den planmäßig wirkenden Gesetzmäßigkeiten des sozialistischen Zahlungsverkehrs untergeordnet, der antagonistische Widersprüche und die Bewegung von fiktivem Kapital ausschließt.

Mit der Verschärfung der Widersprüche des Kapitalismus, besonders in der Epoche der allgemeinen Krise, verliert die Banknote nicht nur die Goldgarantie, sondern auch jede einigermaßen befriedigende Kreditgarantie, jede zuverlässige Sicherung, und verwandelt sich verhältnismäßig leicht und häufig in sich entwertendes Papiergeld.

[23] Karl Marx, Das Kapital. A. a. O., Bd. III, S. 655.

Die Banknote der sozialistischen Gesellschaft aber ist voll gesichert, vor allem durch die Warenmengen, die der Staat zu festen Planpreisen in den Verkehr bringt. Ihre Wertbeständigkeit wird durch Goldreserven des sozialistischen Staates noch erhöht; sie ist stabil und vollwertig.

In der kapitalistischen Gesellschaft ist die Banknote ein Mittel, um die Macht der Monopole zu stärken, das Kapital zu zentralisieren, ein Werkzeug zur Ausbeutung der Werktätigen. Dagegen ist die Banknote in der sozialistischen Gesellschaft, in der es keine Ausbeutungsverhältnisse gibt, ein Mittel, um die Produktion, Distribution und Zirkulation zu festigen.

In allen diesen Dingen kommt der grundlegende Unterschied zwischen der kapitalistischen und der sozialistischen Banknote zum Ausdruck.

Die Banknote dient dem *Bargeldverkehr.* Im Sozialismus ist aber die vorherrschende Form der Kreditgeldzirkulation der *bargeldlose* Zahlungsverkehr. Wie von uns bereits festgestellt wurde, wird der gesamte Zahlungsverkehr in der Hauptsache ohne Bargeld abgewickelt. Die Zahlungen für die gegenseitigen Lieferungen der staatlichen und genossenschaftlichen Betriebe, der größte Teil der Steuerzahlungen, die Gewinnabführungen der Betriebe und Institutionen an den Haushalt, die Zuweisungen aus dem Haushalt, die Kreditbeziehungen wie auch der überwiegende Teil der Verrechnungen zwischen den staatlichen Organisationen und den Kollektivwirtschaften, alle diese Elemente des volkswirtschaftlichen Zahlungsverkehrs werden bargeldlos, durch Umbuchungen von einem Bankkonto auf das andere, vorgenommen. Zu diesem Zweck muß auf den Bankkonten der Betriebe und Institutionen ständig ein gewisses Minimum an Mitteln vorhanden sein.

Die Mittel auf den Verrechnungskonten und die Verrechnungsmittel der Wirtschaft überstiegen Anfang 1957 beispielsweise 58 Mrd. Rbl. Auf den laufenden Konten der Kollektivwirtschaften befanden sich zur selben Zeit 12 Mrd. Rbl. Dabei betrug die Umschlagsgeschwindigkeit der Mittel auf den Verrechnungskonten der Wirtschaftsorganisationen durchschnittlich 4 Tage und auf den laufenden Konten der Kollektivwirtschaften 24 bis 25 Tage.[24]

Wie ist nun die ökonomische Natur der Mittel beschaffen, die auf den Verrechnungs- und laufenden Konten der Staatsbank zusammengezogen sind und die den bargeldlosen Verkehr in der Volkswirtschaft vermitteln?

Diese Frage hat man in der Finanzliteratur bisher nicht ausreichend behandelt. In einer Reihe von Fällen werden die im bargeldlosen Verkehr zirkulierenden Mittel als „Verbindlichkeiten" betrachtet, die das Bargeld ersetzen.[25] Diese Defi-

[24] Die Staatsbank der UdSSR (russ.). Gosfinisdat 1957, S. 58–59.

[25] „Die Buchungen, die Verbindlichkeiten der Staatsbank darstellen, können das Geld in der Funktion als Zahlungsmittel und als Zirkulationsmittel ersetzen; solche Buchungen können auch das Niederschlagen des Geldes im Verkehr in der Funktion als Akkumulations- und Sparmittel ausdrücken. Damit das Geld die genannten Funktionen ausüben kann, ist eine Bevorschussung der auf den Bankkonten zusammengezogenen Geldmittel seitens der Teilnehmer am Verkehr selbst oder seitens der Bank als kurzfristige Kreditierung erforderlich. Diese Geldmittel erscheinen im Zahlungsverkehr als

nition umgeht die wesentliche ökonomische Frage, nämlich: Sind diese Mittel eine besondere Art von Geldzeichen oder nicht? Manchmal wird die Frage halb gelöst, indem einerseits das Vorhandensein zweier Formen von Geldzeichen in der sowjetischen Ökonomik anerkannt, andererseits aber die zweite Form, das Geld auf den Bankkonten, als „Anspruch auf Geld“ deklariert wird.[26]

Anschauungen dieser Art werden offenbar durch den historischen Prozeß der Entstehung bargeldloser Mittel selbst genährt. Die Barzahlung durch Banknoten wurde allmählich durch bargeldlose Zahlungen, Umbuchungen vom Konto bei der Bank des Zahlenden auf das Konto bei der Bank des Empfängers ersetzt. Für die genannte Ansicht spricht auch noch, daß jede Bargeldsumme, die bei der Bank eingezahlt und einem Konto gutgeschrieben wird, sich in bargeldlose Mittel verwandelt. Indes sind diese beiden Momente an sich kein Beweis dafür, daß bargeldlose Mittel Stellvertreter von Bargeld sind und Ansprüche auf Bargeld und nicht eine besondere Geldform darstellen.

Um den Charakter der Mittel zu verstehen, die dem bargeldlosen Verkehr dienen, muß ihr ökonomischer Inhalt klargelegt werden.

Der bargeldlose Verkehr ist eine Form des Kreditgeldumlaufs, der der Zirkulation von Waren sowie der Verteilung und Umverteilung des Wertes der realisierten Produkte dient.

Für Länder mit entwickeltem Kredit wird, wie Marx sagt, „... der größte Teil der Zirkulationsfunktionen durch einfache Kreditübertragung erledigt, ohne Dazwischenkunft von Metall- oder papiernem Geld“ [27]. Er sagt auch: „Das Banksystem zeigt ferner durch die Substitution verschiedner Formen von zirkulierendem Kredit an Stelle des Geldes, ...“ [28] (Mit Geld ist hier nur wirkliches Geld — Gold — gemeint.)

Wie ist aber die ökonomische Funktion der „Kreditübertragung“ oder des „Ersatzes“ des Geldes durch „Formen der Kreditzirkulation“ — vor allem angewandt auf die kapitalistische Geldzirkulation, an die Marx dachte — zu verstehen? Ist das so zu verstehen, daß die „Kreditübertragung“, der „Ersatz“ des Geldes durch Kreditzirkulation die Geldfunktionen des Kredites an sich bedeuten? Oder schafft nicht im Gegenteil der Kredit dadurch, daß er die genannten Funktionen erfüllt, spezifische Geldformen, d. h. spezifische Kreditvertreter des Geldes, Kreditgeldzeichen?

Die Charakterisierung der Banknoten- und Wechselzirkulation durch Marx bietet die Grundlage für die Antwort auf die gestellte Frage. Marx geht vor allem davon

Verbindlichkeiten der Staatsbank, die in Buchungen auf den Konten der Teilnehmer am Zahlungsverkehr zum Ausdruck kommen.“ W. Batyrew, Die Geldzirkulation in der UdSSR (russ.). Gosfinisdat 1959, S. 241.

[26] J. Schenger schreibt: „Das Geld erscheint in unserer Wirtschaft in zwei sich wesentlich voneinander unterscheidenden Formen, als Bargeld (Tscherwonzen und Kassenscheine) und als Ansprüche auf Geld, die in verschiedenen Dokumenten fixiert sind.“ „Das sowjetische Finanzwesen“ (russ.), Nr. 3, 1940.

[27] Karl Marx, Das Kapital. A. a. O., Bd. III, S. 545.

[28] Ebenda, S. 655.

aus, daß der Kredit sich spezifische Geldinstrumente, das Kreditgeld usw., schafft.[29] Ferner beruhen die Banknoten, die er besonders als spezifische Kreditgeldzeichen ansieht, „nicht auf der Geldzirkulation, sei es von metallischem Geld oder von Staatspapiergeld, sondern auf der Wechselzirkulation“ [30]. Mehr als das: Selbst die Wechsel, dieses „Handelsgeld“, fungieren, soweit sie sich gegenseitig tilgen, „absolut als Geld“ [31]. Der Kredit schafft also, indem er das Geld ersetzt, für die Erfüllung der Geldfunktion spezifische Geldzeichen, Banknoten und Handelsgeld, Wechsel. Marx betrachtet also die Banknoten und auch die Wechsel als Abarten der Geldzeichen, und dies gestattet es uns, Schlußfolgerungen darüber zu ziehen, wie er an die Bestimmung des Inhalts der Kreditformen als spezifischer Geldformen, herangeht. In dem Falle, daß die „Kreditübertragung“ das Geld durch „Kreditzirkulation“ ersetzt und damit spezifische ökonomische Formen erzeugt — die Banknote und den Wechsel —, sind diese Formen eben Formen von Geldzeichen (der Wechsel als weniger entwickelte Form, als „Handelsgeld“, die Banknote als voll entwickelte Form, obgleich sie ihrem ökonomischen Inhalt nach auch nichts anderes als einen „Wechsel auf den Bankier“ darstellt).[32] Hieraus kann man folgenden Schluß ziehen: Wenn die Kreditübertragung, die dem Geldumlauf dient, nicht mit Hilfe von Banknoten vorgenommen wird, sondern einfach mit Hilfe von Mitteln auf den Depositenkonten, durch Übertragung der Mittel von einem Konto auf das andere, treten diese Mittel ebenso wie die Banknoten als spezifische Abart der Vertreter wirklichen Geldes, der Geldzeichen, auf, aber zum Unterschied von Banknoten — als Depositengeldzeichen. Unter den gegenwärtigen Bedingungen spielen die sogenannten unbefristeten Depositen die erwähnte Rolle des Depositengeldes oder der bargeldlosen Form der Geldzeichen.[33]

[29] Ebenda, S. 436.

[30] Ebenda.

[31] Ebenda.

[32] Ebenda, S. 440.

[33] W. Perlo hat völlig recht, wenn er bemerkt, daß „die Banken die Hauptquelle für die Versorgung des Landes mit Geld sind. Im Geschäftsleben sind die klingende Münze und das Papiergeld von untergeordneter Bedeutung. In der Hauptsache läuft die Geldzirkulation auf Umbuchungen von Bankdepositen hinaus, aus denen der überwiegende Teil der kommerziellen Zahlungen durch Schecks geleistet wird. Gegenwärtig werden 80% des Geldbedarfs in den USA aus solchen unbefristeten Depositen gedeckt und nur 20% durch Geldzeichen. Wann immer die Bank Kredite ausreicht, führt diese Operation zu einem fast äquivalenten Anwachsen der Depositen, so daß die Kredittätigkeit das wichtigste und effektivste Mittel zur Schaffung von Geld darstellt und gewöhnlich leistungsfähiger ist als die Geldausgabe durch das Bundesschatzamt.“ W. Perlo, Das Imperium der Finanzmagnaten (russ.). Verlag für Auslandsliteratur, Moskau 1958, S. 88.
Manche Ökonomen meinen, daß die wirkliches Geld ersetzenden Depositenmittel nicht als eine besondere Art von Geldzeichen, nicht als Depositengeld zu betrachten sind. S. Atlas meint, die Depositen seien lediglich „der absolute, durch nichts begrenzte Anspruch auf Bargeld“ und ihre Behandlung als Abart der Geldzeichen sei eine Er-

Nach den vorläufigen Bemerkungen über den Charakter der „Kreditübertragung" oder das Wesen des „Depositengeldes" im Kapitalismus wenden wir uns dem ökonomischen Inhalt der Depositenzirkulation im Sozialismus und den dieser Zirkulation dienenden Depositenmitteln zu.

Der prinzipielle Unterschied zwischen den Geldmitteln auf den Bankkonten, die im Sozialismus im Zahlungsverkehr ausgenutzt werden, und den Depositen der kapitalistischen Banken ist völlig offensichtlich. Die Depositen der letzteren werden häufig durch fiktives Kapital erzeugt und dienen der Bewegung solchen Kapitals. Daher ist die Verbindung zwischen der Bewegung der Depositen und der Bewegung des wirklichen Kapitals außerordentlich kompliziert und widersprüchlich. Die Geldmittel auf den Bankkonten dienen im Sozialismus der Bewegung des Wertes der realen Fonds und des gesellschaftlichen Produkts; sie vermitteln den durch wirkliche Bewegung des Wertes im gesellschaftlichen Reproduktionsprozeß erzeugten Zahlungsverkehr.

In der sozialistischen Ökonomik ist der Akt der „Kreditübertragung" im bargeldlosen Verkehr nichts anderes als eine Bewegungsform des Reproduktionsfonds.

scheinung des Nominalismus. — Siehe „Fragen der Wirtschaft" (russ.), Nr. 11. 1956, S. 74. — Aber das von S. Atlas angeführte Argument, daß die Depositen, die der Geldzirkulation dienen, deshalb kein Geld seien, weil während der Krisen eine Flucht von den Depositen zum Bargeld stattfindet, ist genausowenig überzeugend wie das Argument, die Bargeldzeichen wären kein Geld, weil in Krisenzeiten oder bei inflationistischen Erschütterungen eine Flucht von diesen Geldzeichen zum Gold einsetzt. Was jedoch das Hauptargument anbetrifft, daß die Geldzeichen, die an Stelle von Gold treten, gesellschaftliche Arbeit darstellen, die Depositen aber angeblich private Arbeit und daher keine Geldzeichen seien, so ist die Haltlosigkeit auch dieses Arguments leicht aufzudecken. Der durch den Bankkredit komplizierte kommerzielle Kredit ist, wenn er der Realisierung des Warenwertes dient, eine Form der Darstellung privater Arbeit als gesellschaftliche Arbeit mit Hilfe des Geldes; daher ersetzt er auch wirkliches Geld und ist ebenfalls ökonomische Grundlage des Banknotenumlaufs. Aber in gleichem Maße stellt er auch die Grundlage des Depositenumlaufs dar.

Daß S. Atlas es ablehnt, in der Depositenzirkulation eine spezifische Form der Geldzirkulation zu sehen und in den Depositen, die dieser Zirkulation dienen, eine Abart der Geldzeichen, steht im Widerspruch zu den Ansichten von Marx und der gesamten Praxis der modernen Geldzirkulation und stützt sich lediglich auf die juristische Betrachtung der Depositen als „Ansprüche auf Geld".

Nicht uninteressant ist es, daß der Begründer der chartalen Geldtheorie, G. Knapp, es gerade aus juristischen Gründen ablehnt, die Depositen als eine Abart des Geldes anzuerkennen: „Gegenwärtig gibt es nur zwei Verfahren für Geldzahlungen: 1. Die Zahlungen werden durch Übergabe gemünzten Geldes oder verschiedener Zeichen, denen die Rechtsordnung autoritativ eine bestimmte Zahlungsfähigkeit in bestimmten Werteinheiten zuschreibt, vorgenommen; daß ist die „chartale" Zahlungsweise. 2. Die Zahlung vollzieht sich durch Transferierung auf Konten in den zentralen Kreditinstitutionen; das ist die girale oder verrechnende Zahlungsweise. Von den beiden Zahlungsarten ist die chartale die wichtigste. Für die Bezeichnung der chartalen Zahlungsmittel existiert der Terminus Geld." G. E. Knapp, Die staatliche Theorie des Geldes (russ.), im Sammelband: Geld, Planwirtschaft, 1926, S. 189.

Mittels der „Kreditübertragung" vollzieht sich auf dem bargeldlosen Verrechnungswege die Verwandlung des Wertes der realisierten Waren in die Geldform, wenn die Realisierung des Wertes in Geld erst, nachdem die Waren vom Lieferanten auf den Verbraucher übergegangen sind, stattfindet, wenn also eine Zahlung erfolgt. Mit Hilfe der Zahlungsfunktion des Geldes vermittelt die „Kreditübertragung" auch die Verteilung und Umverteilung des realisierten Wertes.

Die Kreditübertragung erfüllt also die Zahlungsfunktion des Geldes, da sie eine Methode der Bewegung des Wertes in der Geldform ist, die nicht durch Vermittlung von barem Kreditgeld vor sich geht, sondern durch Umbuchungen auf den Konten. Die Gutschrift des Geldes auf den Konten ist einerseits eine gewöhnliche Kreditform, andererseits eine spezifische Kreditform des Zahlungsmittels, d. h. eine bargeldlose Form der Geldzeichen (ähnlich wie eine Gutschrift in der Form von Banknoten — Kreditzeichen — die Bargeldform der Geldzeichen darstellt).

Bei aller Vielfalt der ökonomischen Beziehungen, die mit Hilfe des Kreditgeld-Zahlungsverkehrs aufrechterhalten werden, bildet der Reproduktionsprozeß selbst, wie bereits erwähnt, die objektive Grundlage für zwei Bereiche dieses Verkehrs: für den Zahlungsverkehr, in dem das Geld vor allem die Bewegung der Arbeit in der Wertform innerhalb der gesellschaftlichen sozialistischen Wirtschaft (in beiden Sektoren) vermittelt, und für den Zahlungsverkehr, in dem das Geld dem Übergang der Erlöse vom gesellschaftlichen in das individuelle Eigentum dient, also dem Übergang des Warenwertes und der Dienstleistungen in die individuelle Konsumtion.

Bei planmäßiger Verknüpfung aller Glieder der Produktion, Distribution und Zirkulation und bei Konzentration des Geldumlaufs in einer einheitlichen Staatsbank wird der erste Bereich des Zahlungsverkehrs entsprechend seinem Charakter vom sozialistischen Staat als bargeldloser Zahlungsverkehr organisiert.[34]

Der zweite Bereich des Geldverkehrs umfaßt die Geldeinkünfte, die den vielen Millionen Arbeitern, Angestellten und Kollektivbauern von den Betrieben und Institutionen ausgezahlt werden und die die Bevölkerung wieder ausgibt. Dieser Bereich, der dem absoluten Umfang der Geldumsätze nach recht schnell wächst[35], setzt sich aus verhältnismäßig geringen Zahlungsbeträgen zusammen und wird, seinem Charakter entsprechend, als Bargeldverkehr ausgeführt.

Beide Bereiche des Zahlungsverkehrs erfordern eine bestimmte Menge von Geldzeichen. Aber aus dem ökonomischen Inhalt des Zahlungsverkehrs selbst ergibt sich durchaus nicht, daß das Kreditgeld notwendigerweise als Banknote in bar auftreten muß. Im Gegenteil, der Charakter des Zahlungsverkehrs selbst macht

[34] Im Gesamtzahlungsverkehr dieses Bereichs betrifft ein geringer Teil der Geldbeziehungen kleine Zahlungen, bei denen es nicht zweckmäßig wäre, sie in bargeldloser Form abzuwickeln. Sie sind daher auch in der Bargeldform organisiert.

[35] Für das schnelle Wachstum des Bargeldverkehrs spricht die Tatsache, daß die Geldeinkünfte der Bevölkerung von 1940 bis 1957 auf das 3,5fache gestiegen sind. Dabei ist zu erwähnen, daß sich nur ein verhältnismäßig kleiner Teil des Umlaufs in diesem Bereich in der bargeldlosen Form vollzieht — die Steuerzahlungen der Arbeiter und Angestellten, die Zahlungen über die Sparkassen usw.

zwei Arten von Kreditgeld erforderlich, die *baren* Banknoten und *bargeldlose* Mittel, die dementsprechend auch den zwei verschiedenen Bereichen des Zahlungsverkehrs dienen. Die Staatsbank der UdSSR, die die planmäßige Kreditierung durchführt, stellt dem Zahlungsverkehr die beiden seinen Bedürfnissen entsprechenden Arten von Kreditgeld zur Verfügung:

1. *Bargeld,* also Geldzeichen in Form von Noten der Staatsbank und von Kassenscheinen;
2. Mittel für den bargeldlosen Verkehr oder *Buchgeld* *, d. h. Geldzeichen in Form von Gutschriften auf den Bankkonten.

Beide Geldarten sind engstens miteinander verknüpft. Das Buchgeld kann in Bargeld umgewandelt werden. Das geschieht in all den Fällen, in denen der Verfügungsberechtigte von seinem Verrechnungskonto oder vom laufenden Konto Geldzeichen in bar abhebt. Andererseits verwandelt sich jede Banknote, die bei der Bank eingezahlt und auf einem Konto verbucht wird, in Buchgeld. Aber die enge Verbindung zwischen dem Bargeld und dem Buchgeld und ihre Übergänge ineinander geben keinen Anlaß dazu, eine der beiden Arten als verwandelte Form der anderen zu betrachten, da der Zahlungsverkehr beide Geldarten erfordert.

Das Buchgeld wie das Bargeld dienen der Bewegung des Wertes des Reproduktionsfonds. Dabei tritt das Buchgeld dann in Erscheinung, wenn der Wert eine Bewegung innerhalb des gesellschaftlichen sozialistischen Eigentums vollzieht. Außerdem kann es vorkommen, daß, wenn der Zahlungsverkehr im ersten Bereich bargeldlos erfolgt, in der langen Kette der Zahlungen in keinem ihrer Glieder eine Banknote in Erscheinung tritt. Unter diesen Umständen reißt die Bewegung der bargeldlosen Mittel auf den Konten nicht ab und behält ihre Form bei. Es ist also kein Grund vorhanden, die bargeldlose Zahlung als Übertragung des Anspruchs auf Bargeld zu betrachten. Mit der gleichen Berechtigung könnte man im Grunde genommen die Bargeldzahlung als Übertragung des Anspruchs auf bargeldlose Mittel betrachten.

Wenn die Natur der bargeldlosen Mittel nicht verstanden und nicht als besondere Art Kreditgeldzeichen der sozialistischen Gesellschaft betrachtet wird, könnte das dazu führen, daß der bargeldlose Verkehr seines Wesens beraubt würde.[36]

* Kronrod prägte hierfür den Begriff „Деньги банковского оборота" — Geld im Bankverkehr — (Die Red.).

[36] Professor Tiktin behauptete: „Bei bargeldlosen Zahlungen tritt das Sowjetgeld real weder in der Funktion als Zirkulationsmittel noch in seiner Funktion als Zahlungsmittel auf, und folglich kann es sich hierbei nur darum handeln, in welcher dieser beiden Funktionen es von der Bankverrechnung vertreten wird." „Geld und Kredit" (russ.), Nr. 8 bis 9, 1940, S. 7.
Nach Ansicht Professor Tiktins fungiert das Sowjetgeld im bargeldlosen Verkehr nur als Wertmaß. Daher müßte der bargeldlose Verkehr, da er weder die Geldfunktion der Zahlung noch der Zirkulation vollzieht, kein Geldumlauf sein, und die Verteilung der Produkte oder die Zirkulation von Waren verliefe sozusagen — ohne Geld. Gewiß, wenn man davon ausgeht, daß reales Geld im Verkehr unbedingt durch Bankscheine vertreten sein muß, daß die reale Geldzirkulation ein natürliches Händewechseln der Geldzeichen

Die Behandlung der bargeldlosen Mittel als besondere Geldzeichenform ist für den Kampf um die strenge Einhaltung des bargeldlosen Verkehrs wichtig. Sie trägt dazu bei, die Unterschätzung der schädlichen Folgen einer Überkreditierung zu überwinden, da diese bekanntlich die umlaufende Menge bargeldloser Mittel ausweitet und so zu einer überschüssigen Bargeldemission führen kann.

Es muß aber betont werden, daß die Existenz zweier Kreditgeldarten im Zahlungsverkehr nicht heißt, daß beide gleichbedeutend sind. Das Bargeld dient der Warenzirkulation im Einzelhandel und ist durch eine niedrigere Stufe der Planmäßigkeit gekennzeichnet. Das Buchgeld dient in der Hauptsache der planmäßigen Verteilung des gesellschaftlichen Produkts in der staatlichen sozialistischen Wirtschaft, in der eine höhere Stufe der Planmäßigkeit erreicht worden ist.

Diese Unterscheidung ist sehr wesentlich. Erstens wird das Bargeld den einzelnen Bürgern der sozialistischen Gesellschaft, deren Ausgaben nicht unmittelbar geplant werden können, zur freien Verfügung überlassen. Zweitens dient das Bargeld nicht nur der Warenzirkulation auf dem organisierten Markt, sondern auch auf dem kollektivwirtschaftlichen Markt. Es vermittelt also die Wertbewegung unter den Bedingungen, die ein besonders anpassungsfähiges Manövrieren mit allen Faktoren, die auf den Bargeldumlauf einwirken, erforderlich machen. Folglich ist das Bargeld ein besonderer Teil der Geldmenge, deren zentralisierte Planung und Regulierung eine volkswirtschaftliche Aufgabe von erstrangiger Bedeutung ist. Daraus ergeben sich auch die erhöhten Anforderungen, die an die Lenkung des Umlaufs bargeldloser Mittel gestellt werden, da deren Bewegung direkt mit der Bewegung des Bargeldes verknüpft ist.

Die Wertung der bargeldlosen Mittel als Geld besonderer Art bedeutet, daß das im Umlauf befindliche Geld sich nicht auf die Bargeldmenge beschränkt. Das Buchgeld stellt den anderen Teil der Geldmenge dar.

Der Übergang des Bargeldes in bargeldlose Mittel und umgekehrt erhöht oder vermindert die Quantität der einen im Verkehr befindlichen Geldart und verringert oder erhöht die Quantität der anderen Art. Die Gewährung neuer Kredite, die sich in der Form von Buchgeld und teilweise als Bargeld niederschlagen, wie auch die Tilgung der Kredite durch eine dieser Geldarten verändert jedoch die gesamte im Umlauf befindliche Geldmenge.

Selbstverständlich ist es für die Volkswirtschaft nicht gleichgültig, welche Geldart in der gesamten Geldmenge überwiegt. Von wesentlicher Bedeutung für den planmäßigen Verlauf des Produktions-, Distributions- und Zirkulationsprozesses ist die allmähliche Erhöhung des relativen Anteils des Buchgeldes zu Lasten des Bargeldanteils. Die Vermittlung des Wirtschaftskreislaufs mit Hilfe bargeldloser Mittel sichert diesem eine größere Planmäßigkeit und eine strengere, unmittelbare staatliche Kontrolle über den Ablauf des gesamten Reproduktionsprozesses. Außer-

ist, dann kann natürlich im bargeldlosen Kreditverkehr das Geld nicht zirkulieren, nicht als Zahlungsmittel dienen. Aber das hieße, die Funktionen des Geldes wie auch die Arten der Geldzeichen nicht aus dem Inhalt der ökonomischen Beziehungen abzuleiten, sondern von technischen Merkmalen.

dem wirkt eine (im Vergleich zum ständig wachsenden Umfang der Reproduktion) relative Verringerung der umlaufenden Bargeldmenge als zusätzliche Sicherung der Stabilität des Geldes. Hierin zeigt sich die große Bedeutung, die eine Ausdehnung des bargeldlosen Zahlungsverkehrs und die dadurch bedingte relative Verringerung der Bargeldmenge hat. Vor allem ist die anteilige Erhöhung des bargeldlosen Verkehrs in dem schnell zunehmenden kollektivwirtschaftlichen Zahlungsverkehr von besonderer volkswirtschaftlicher Bedeutung.

Wir sprechen von einer relativen Verringerung des Bargeldumlaufs, da das absolute Wachstum der Reproduktion bei allmählicher Beschleunigung der Geldzirkulation zu einem gewissen Wachstum der Bargeldmenge führt. Da aber der bargeldlose Verkehr immer mehr angewandt und die Geldzirkulation beschleunigt wird, erhöht sich die Bargeldmenge nicht so schnell, wie die gesamte Warenzirkulation in der sozialistischen Volkswirtschaft wächst.

Die richtige Lenkung des Geldumlaufs wird durch die Maßnahmen der Finanzplanung in ihrer Gesamtheit gesichert, die die genaue Übereinstimmung der Geldmenge mit den Zirkulationsbedürfnissen zu gewährleisten hat.[37]

[37] Der im vorliegenden Buch zum Ausdruck gebrachte Standpunkt in bezug auf die bargeldlosen Mittel als besondere Art von Geldzeichen, als Buchgeld, wurde vom Verfasser auch in einem Artikel vertreten, den die Zeitschrift „Geld und Kredit" (russ.), Nr. 8, 1950, veröffentlichte. Er forderte den Widerspruch J. Schengers und M. Ussoskins heraus. Vgl. „Geld und Kredit" (russ.), Nr. 11, 1950, u. Nr. 4, 1951.
Schenger ist der Ansicht, daß die Anerkennung von Gutschriften auf Depositenkonten als besondere Geldart angeblich zu der Schlußfolgerung führen würde, es bestünden in der UdSSR „zwei Währungen". Indessen ist diese von Schenger mit Recht als „widersinnig" bezeichnete Schlußfolgerung durch nichts begründet.
Die Kategorie der Währung umfaßt die Gesamtheit von Merkmalen folgender Art: den Charakter der Geldware, die als Wertmaß dient, die Geldeinheit, die als Preismaßstab benutzt wird, und der Geldzeichen, die als Zirkulations- und Zahlungsmittel oder in anderen Funktionen verwendet werden. Folglich bedeutet die Behauptung, die Geldzeichen könnten die bare Form der Banknote, also technisch eine Form der *Kreditverpflichtung der Bank*, oder die Form der bargeldlosen Gutschrift auf einem Bankkonto, also technisch eine andere Abart der *Kreditverpflichtung der Bank*, besitzen, durchaus nicht die Proklamation zweier Währungen.
Beide Formen von Kreditverpflichtungen der Bank repräsentieren die *gleiche Geldware und die gleiche Geldeinheit — den Rubel*. Die Einheit einer Währung ist ja gerade durch solche entscheidenden Merkmale gekennzeichnet.
Es muß erwähnt werden, daß J. Schenger der Frage des Geldzeichens als *ökonomischer* Erscheinung die Frage der technischen Seite unterschoben hat. „Das Geldzeichen ... stellt eine gesetzlich bestimmte Vereinigung quantitativer und technischer Merkmale dar", schreibt Schenger, wobei er vom Muster der Geldzeichen dem Verfahren ihrer Herausgabe, ihrer Aufbewahrung usw. spricht. Ohne in irgendeiner Weise die große Bedeutung der technischen und juristischen Momente beim In-Umlauf-Setzen von Bargeldzeichen herabmindern zu wollen, muß doch gesagt werden, daß die Betonung dieser Merkmale der vorteilhaften Form des Geldes das Verständnis dieser Frage erschwert.

Der Kreditcharakter des Geldumlaufs trägt keine irgendwie neue Gesichtspunkte in das Fungieren des Geldes als Wertmaß hinein. Es versteht sich von selbst, daß es völlig gleichgültig ist, ob das Geld, das ja als Wertmaß ideell fungiert, im Umlauf durch Kredit- oder andere Geldzeichen repräsentiert wird. Das aber ist für die Funktionen des Geldes in der Zirkulation als Zirkulationsmittel und als Zahlungsmittel durchaus nicht gleichgültig.[38] *

J. Schenger versucht indessen, seine Position auch durch einige ökonomische Erwägungen zu untermauern. Erstens bemüht er sich, die Sphäre der eigentlichen „Geldzirkulation" vom bargeldlosen Verkehr abzugrenzen. Die Merkmale der ersteren sieht er darin, daß „das in Umlauf gesetzte Geld einen langen Zirkulationsweg hat, daß es leicht bewegt, zu großen Summen angesammelt, erneut verausgabt werden kann usw." Aber das ist ja nur wieder die äußere Seite der Angelegenheit, die, nebenbei bemerkt, auch den Mitteln auf den Depositenkonten eigen ist (dem Buchgeld). Die Hauptsache jedoch, daß nämlich der Geldumlauf die Verwandlung des in der Ware verkörperten Wertes in die Geldform über die Vermittlung durch das Geld zum Ausdruck bringt, d. h. der Metamorphose des Wertes dient, und daß das Geld nur aus diesem Grunde zirkuliert, hat Schenger nicht beachtet. Dieses Merkmal ist indessen sowohl dem Bargeldverkehr als auch dem bargeldlosen Verkehr eigentümlich. Schenger gerät in Widerspruch zu seinen eigenen Behauptungen, wenn er ganz richtig bemerkt, daß „beide Umlaufformen sich ständig miteinander verflechten, eine in die andere übergehen und im ganzen den *einheitlichen Fluß der Geldumläufe* der sozialistischen Wirtschaft bilden".
Auch mit dem einzigen eigentlich ökonomischen Argument gegen die Einschätzung der bargeldlosen Mittel als besondere Geldzeichenart kommt J. Schenger nicht zum Ziel, wenn er behauptet, daß die Mittel auf dem Bankkonto, die zur Kreditsphäre gehören, eine kompliziertere Kategorie sind als die Zirkulationsmittel im eigentlichen Sinne des Wortes". Selbstverständlich kann die ökonomische Bedeutung der Mittel auf den Bankkonten als eine Form des Kredits überhaupt nicht einfach mit ihrer Bedeutung als Zahlungsmittel (oder Zirkulationsmittel), also mit ihrer Geldfunktion, gleichgesetzt werden. Sie spielen auch eine wichtige Rolle als eigentliches Kreditmittel, denn sie dienen der zeitweiligen Umverteilung von Materialressourcen usw. Aber die Funktion der bargeldlosen Mittel bei der Umverteilung des Wertes durch den Kredit spricht nicht dagegen, daß sie eine spezifische Art von Geldzeichen sind, wie z. B. auch die Funktion des Geldes als Spar- und Akkumulationsmittel in keiner Weise gegen seine Funktion als Zahlungs- und Zirkulationsmittel spricht. J. Schenger schreibt, daß das Gemeinsame zwischen den Geldzeichen und den Depositen „nur darin besteht, daß beide für Verrechnungen benutzt werden können", und bemerkt nicht, daß er damit das entscheidendste Merkmal der Geldzeichen, den Prozeß der Umwandlung des Wertes in die Geldform (den Prozeß der Realisierung oder, wie Schenger schreibt, die „Durchführung von Verrechnungen"), ignoriert. Seine falsche Einstellung zur Frage der bargeldlosen Mittel führt zu ernsten Widersprüchen. Beispielsweise leugnet Schenger fälschlich die Möglichkeit der Berechnung und Planung „der Sättigung des Umlaufs mit Geldmitteln", vermerkt aber richtig, wie wichtig die Entwicklung des Kredits „entsprechend dem Bedarf der Wirtschaft an Zirkulationsmitteln" ist, und unterstreicht die Notwendigkeit einer Analyse des Verhältnisses „zwischen dem Kreditvolumen, der Depositenhöhe und der Sättigung des Umlaufs mit Zirkulationsmitteln".

* Fußnote siehe Seite 303

In dem durch Kredit vermittelten Wirtschaftsverkehr sind diese beiden Geldfunktionen eng miteinander verflochten. Sowohl das Buchgeld als auch die Banknoten entstehen als Kreditzeichen, wobei am Beginn und am Ende ihres Weges Zahlungsvorgänge stehen. Aber sie fungieren sowohl als einfaches Zirkulationsmittel als auch als Zahlungsmittel. Wenn im bargeldlosen Verkehr mit der

M. Ussoskin ist der Ansicht, daß ein bestimmter Teil der bargeldlosen Mittel, die, wie alle diese Mittel, Ansprüche auf Geld darstellen, keine Geldzeichen sind, da der Bankkredit selbst die Geldfunktionen ausübt. Dabei versucht M. Ussoskin sich auf Äußerungen von Marx zu stützen, denn „bloße Ansprüche auf Geld können Geldstelle vertreten ..." (Karl Marx, Das Kapital. A. a. O., Bd. III, S. 555). Ussoskin überträgt diese These auf den sowjetischen Kreditgeldumlauf und ist der Ansicht, der Ausgleich von Auszahlungen und Eingängen auf den Passivkonten der Bank gestatte es, auf das Geld als Zirkulations- oder Zahlungsmittel zu verzichten; wenn jedoch die Wirtschaft und die Bank nicht bilanzierten, dann erscheine das Bargeld, das gewöhnlich für Löhne, Geldeinkünfte der Kollektivbauern usw. benutzt wird.
In diesen Behauptungen Ussoskins ist eine Reihe von Irrtümern enthalten. Vor allem behandelt er den Inhalt der zitierten These von Marx nicht richtig. Marx spricht davon, daß der im Kredit begründete Anspruch auf Geld das Geld vertritt, d. h. *die Geldware, das Gold.* Die Depositen der Bank sind, wenn sie in der Rolle des Zahlungsmittels fungieren, auch nichts anderes als eine spezifische Kreditform der Geldzeichen (bargeldloser Zeichen).
Nicht stichhaltig ist auch die Behauptung M. Ussoskins, daß der Kredit an sich „die Geldfunktionen ausübt". Diese Funktionen können nur entweder vom Geld selbst oder von den Geldzeichen ausgeübt werden, und wenn der Kreditumlauf den Bargeldumlauf vertritt, dann bedeutet das lediglich, daß sich die Emissionsform der Geldzeichen geändert hat, daß an Stelle des Bargeldes bargeldlose Mittel emittiert werden, und nicht etwa, daß der Kredit an sich als Geld fungiert.
Auch die Behauptung Ussoskins, der bargeldlose Verkehr verlaufe ohne Mithilfe des Geldes als Zahlungs- und Zirkulationsmittel, ist nicht richtig. Mit dem in gleicher Weise von Prof. Tiktin gemachten Fehler haben wir uns schon weiter oben auseinandergesetzt. Hierbei muß aber bemerkt werden, daß Ussoskin nicht konsequent an seiner Negierung der Geldnatur der bargeldlosen Mittel festhält. Er schreibt: „Die Bank schießt durch *Kredit* Geld vor, das für die Warenzirkulation unter den sozialistischen Betrieben notwendig ist."
In diese Diskussion schaltete sich im Jahre 1956 auch S. Atlas ein, der sich dem Standpunkt J. Schengers und M. Ussoskins anschloß. Aber Atlas brachte keine neuen Argumente zugunsten der von ihm geteilten Ansicht vor, außer der Behauptung, daß auch im Kapitalismus die Depositenmittel, die dem Geldverkehr dienen, angeblich keine spezifische Form von Geldzeichen wären. Auf die Haltlosigkeit dieser Behauptung haben wir bereits weiter oben hingewiesen. Wir fügen lediglich hinzu: Die Verneinung der Geldnatur der Depositen im Kapitalismus führt Atlas gesetzmäßig erstens zur Negation des Prozesses der Geldzirkulation (die er lediglich als Bargeldzirkulation betrachtet) in der Sphäre der Zirkulation von Produktionsmitteln und überhaupt in der Sphäre des Großhandels, die mit Hilfe bargeldloser Verrechnungen vorgenommen wird — siehe „Fragen der Wirtschaft" (russ.), Nr. 11, 1956, S. 76 —, und zweitens zur Schlußfolgerung, daß das reale Geld, das Gold, als allgemeines Äquivalent angeblich nur in der Sphäre des Einzelhandels unmittelbar durch Geldzeichen repräsentiert wird, also in Wirklichkeit

Übergabe der Produkte vom Lieferer an den Verbraucher gleichzeitig das Geld vom Konto des Verbrauchers auf das Konto des Lieferers überwiesen wird, dann übt das Geld eine einfache Zirkulationsfunktion aus.[39]

Indessen kann Kreditgeld nur deshalb als Zirkulationsmittel fungieren, weil es erstens bereits als Zahlungsmittel *gedient hatte*, bevor es Kreditgeld wurde; zweitens, weil es, da es als Kreditgeld entstand, notwendigerweise die Zirkulation zugleich mit der Tilgung des Kredits verläßt, d. h. mit dem Zahlungsakt, der seinem Dasein ein Ende setzt. Daher gehört zu dem besonderen, durch den Kredit vermittelten Charakter des Wirtschaftskreislaufs (also des Kreditumlaufs im weiten Sinne des Wortes) auch, daß das Geld, das in diesem Umlauf als einfaches Zirkulationsmittel fungiert, hier unbedingt auch die Funktion als Zahlungsmittel ausübt.

Die Entwicklung der Funktionen des Geldes ist beim Kreditverkehr vor allem dadurch gekennzeichnet, daß die Zirkulationsfunktion durch die Zahlungsfunktion *kompliziert* wird. Das schließt die Funktionen des Zirkulationsmittels und die Funktionen des Zahlungsmittels an sich nicht aus. Die Komplizierung besteht eben darin, daß jeder Geldbetrag (soweit das Geld in der Zirkulation durch Zeichen seiner selbst vertreten wird) nicht nur *vor*, sondern auch *nach* dem Fungieren als Zirkulationsmittel früher oder später als Zahlungsmittel fungieren muß.

Der entwickelte Charakter der Geldfunktionen, der dem Kreditcharakter des Geldumlaufs entspricht, kommt nicht nur in der Komplizierung der Zirkulationsfunktion durch die Zahlungsfunktion zum Ausdruck, sondern auch in der *Erweiterung* der Bedeutung der Zahlungsfunktion [40*] auf Kosten der Zirkulationsfunktion in der entscheidenden Sphäre des Zahlungsverkehrs.[41*]

zur Behauptung, der Kredit schaffe im Sozialismus kein spezifisches Geldinstrument (Kreditgeld), das den Großhandelswarenumsatz vermitteln würde.
Zu diesen Ansichten bemerkt G. Koslow mit Recht: „Die These über die Kreditinstrumente der Zirkulation, die Atlas vertritt, ist äußerst widersprüchlich. Einerseits glaubt er, daß der Kredit das Geld ersetzen könne, andererseits lehnt er die These ab, daß alle Arten der anzuwendenden Kreditinstrumente der Zirkulation die Besonderheiten des Geldsystems charakterisieren. S. Atlas verwechselt das *System* der Geldzirkulation mit dem Bargeldumlauf. Aus dem System der Geldzirkulation kann man keinerlei fungierende Zirkulationsmittel und Zahlungsmittel ausschließen." „Fragen der Wirtschaft" (russ.), Nr. 2, 1957, S. 34.

38 Fußnote zu Seite 301
Marx unterstreicht, daß die Funktion der Zahlung eine Zirkulationsfunktion im weiteren Sinne ist. Vgl. Karl Marx, Das Kapital. A. a. O., Bd. II, S. 485.

39 Eine Reihe von Verrechnungsformen in der Volkswirtschaft, beispielsweise die üblichen zentralisierten Verrechnungen zwischen den Lieferwerken und den Absatzorganisationen in der Schwerindustrie, die Akkreditivverrechnungen, einige Verrechnungsarten innerhalb der gleichen Stadt usw., basieren auf der Funktion des Zirkulationsmittels, da diese Verrechnungen, obgleich sie bargeldlos erfolgen, dennoch die sofortige Bezahlung der gelieferten Produkte, d. h. die sofortige Realisierung des in den Produkten enthaltenen Wertes in der Geldform erforderlich machen.

* Fußnoten siehe Seite 304

Die Funktion des Geldes als Zahlungsmittel hat sich im Sozialismus stark entwickelt, da gerade sie am meisten den Bedürfnissen des sich schnell entwickelnden Reproduktionsprozesses entspricht. Das Geld übt in dieser Funktion einen erheblichen rückwirkenden Einfluß auf den Reproduktionsprozeß aus. Diese Funktion ist ein Mittel, um Einsparungen zu erzielen, da sie es erlaubt, den Geldumlauf auf ein Minimum zu senken, und zur rationellsten Bewegung des Wertes beiträgt. Marx sagt: „Einerseits sind alle Methoden, die Zirkulationsmittel ersparen, begründet auf den Kredit.“ [42] Aber nur die sozialistische Wirtschaft verfügt über rationelle Methoden, die Zahlungsmittel sparsam auszunutzen, da die Form des gesellschaftlichen Kreditumlaufs mit dem gesellschaftlichen Charakter der Zirkulation des gesamten Produkts und der Distribution seines Wertes übereinstimmt.

Die Funktion des Geldes als Zahlungsmittel wirkt im Sozialismus anders auf den Reproduktionsprozeß ein als im Kapitalismus. Sie ist eine Form, die zur Verschärfung der Widersprüche der kapitalistischen Reproduktion und zur Vertiefung der Krisen beiträgt. Im Sozialismus dagegen fördert eine Zahlungsfunktion, die es erlaubt, Zeit und Kosten der Distribution und Zirkulation auf ein Minimum zu senken, die Planmäßigkeit und beschleunigt die Erweiterung der sozialistischen Reproduktion.

Das Bild von der Entwicklung der Funktion des Geldes als Zahlungsmittel in der Gesamtheit des Kreditgeldverkehrs wäre nicht vollständig, wenn man nicht die ökonomische Bedeutung berücksichtigen würde, die diese Funktion im zweiten Bereich des Geldumlaufs hat, der der Bildung und Realisierung der individuellen Einkünfte der Bevölkerung dient.

Die Löhne der Arbeiter und Angestellten und die Geldeinkünfte der Kollektivbauern für ihre Arbeitseinheiten werden in der Form von *barem Kreditgeld* ausgezahlt. Aber die Kreditform des Geldes selbst sagt noch nichts über die Funktionen aus, in denen das Geld auftritt. Diese Funktionen werden durch die Beziehungen bestimmt, die durch die Bewegung des Geldes realisiert werden. Diese aber, die die Form des Lohnes oder der Geldeinkünfte für Arbeitseinheiten haben, sind nichts anderes als Beziehungen der Verteilung eines Teils des Wertes des Nettoprodukts nach der Leistung. Um Löhne oder Geldeinkünfte für Arbeitseinheiten auszahlen zu können, müssen die Produkte, in denen der Wert des Netto-

Fußnoten zu Seite 303

[40] Einige Wirtschaftswissenschaftler sind irrtümlicherweise der Ansicht, das Verbot, Produkte von Betrieb zu Betrieb auf Kredit abzugeben, schließe die Zahlungsfunktion des Geldes aus. Sie lassen außer acht, daß die planmäßige Verteilung der Produktion gegen Geld oder die Warenzirkulation mit dem *Bankkredit*, also auch mit dem Fungieren des Geldes als Zahlungsmittel, verknüpft ist.

[41] Auf die Erweiterung der Zahlungsfunktion zugleich mit der Entwicklung des Kredits weist Marx folgendermaßen hin: „... wie sich das Kreditwesen ausdehnt, so die Funktion des Geldes als Zahlungsmittel. Als solches erhält es eigene Existenzformen, worin es die Sphäre der großen Handelstransaktionen behaust ...“ Karl Marx, Das Kapital. A. a. O., Bd. I, S. 145.

[42] Ebenda, Bd. III, S. 565.

produkts enthalten ist, vorher in Geld verwandelt werden. Der Lohnzahlung oder der Zahlung anderer Einkünfte geht daher der erste Akt des Formwechsels des Warenwertes voraus: W—G. Aber dieser Akt, der die Ware in Geld verwandelt, wird nicht, wie bei der Metamorphose des Warenwertes, durch den Akt G — W ergänzt, sondern ihm folgt eine einfache Weitergabe des Geldes: G — G, d. h. der Akt der Zahlung des Lohnes oder der Geldeinkünfte für Arbeitseinheiten. Dieser Akt, die selbständige Bewegung der Geldform des Wertes, ist eine Zahlung, das Geld tritt in ihm in der Zahlungsfunktion auf.

Das Besondere an dieser Zahlung ist, daß sie nicht den Formwechsel des Warenwertes abschließt, sondern *ihn unterbricht,* sich in ihn hineinzwängt. Eigentlich hätte der Formwechsel des Wertes, der durch den Akt W — G eröffnet wurde, durch den Akt G — W beendet werden müssen. Aber der Verkäufer (der staatliche Betrieb, die Kollektivwirtschaft), der den Akt W — G abgeschlossen hat, tritt danach nicht als Käufer auf (G — W), sondern als Zahlender, der Löhne und Geldeinkünfte für Arbeitseinheiten zahlt (G — G). Das hängt mit den sozialistischen Produktionsverhältnissen zusammen, mit dem sozialistischen Eigentum an den Produktionsmitteln. Hier wird durch die Zahlung der Löhne und Geldeinkünfte für Arbeitseinheiten nicht der Wert einer Ware, der Arbeitskraft, realisiert, sondern die Zahlung ist eine Form der Distribution des Wertes eines Teils des Nettoprodukts als Einkommen. Durch den Akt G — G wird das Geld den Arbeitern und Kollektivbauern übergeben, die es für den Kauf von Waren verwenden. Oder anders ausgedrückt: Das Geld vollzieht den zweiten Zirkulationsakt, G — W, unter Umgehung des ersten W—G.

Wenn wir den Zirkulationsprozeß im gesellschaftlichen Rahmen betrachten, stellen wir fest, daß die einseitigen Warenverkaufsakte der sozialistischen Betriebe und Kollektivbauern (W — G) durch die einseitigen Kaufakte der Arbeiter, Angestellten und Kollektivbauern ergänzt werden (G — W). Auf diese Weise *vollzieht sich im gesellschaftlichen Maßstab der volle Wechsel der Warenform des Wertes:* W — G — W, der indessen durch den Übergang des Geldwertes vom Betrieb auf die in der Produktion Beschäftigten (Akt G — G) unterbrochen wird. Eben weil ein solcher Übergang *im Grunde* die reale Bewegung des Wertes, die Realisierung der Waren gegen Geld vermittelt, tritt er als Zahlung auf. Andererseits ist das Geld, das als Zahlungsmittel fungiert hat, gleichzeitig Zirkulationsmittel. Es zirkuliert nicht, weil es von den Arbeitern, Angestellten und Kollektivbauern *einseitig* in reale Werte umgesetzt wird (so können auch Arbeitsbescheinigungen realisiert werden), sondern weil es im *gesellschaftlichen Maßstab als reales Zirkulationsmittel fungiert und im Endergebnis dem vollen Wechsel der Form des Warenwertes (W — G — W) dient.*[43]

[43] Das aber berücksichtigen einige Ökonomen nicht, die der Ansicht sind, daß, wenn der Lohn eine Form der Verteilung eines Teils des Nettoprodukts nach der Leistung ist, dann das Geld, das für den Kauf der vom Staat angebotenen Produkte realisiert wird, nicht zirkuliert. Sie lassen dabei die Tatsache außer acht, daß der Lohnzahlung G-G der erste Akt der Warenzirkulation W-G vorausgeht und daher der Warenkauf G-W im

Die Kreditform des Geldumlaufs wird also in seinen beiden Bereichen durch zwei verschiedene Geldformen verwirklicht: im ersten Bereich durch Buchgeld, im zweiten durch Banknoten und Kassenscheine. In beiden Bereichen wird die Zirkulationsfunktion notwendigerweise durch die Zahlungsfunktion kompliziert. In den Wechselbeziehungen der beiden erwähnten Kreditgeldformen in der Zirkulation, in der beide Geldfunktionen verwirklicht werden, kommt ihre Einheit als Kreditgeldzeichen der sozialistischen Gesellschaft zum Ausdruck.

4. Der Reproduktionsprozeß und die Bedingungen für die Planung der Kreditgeldzirkulation

Funktionen, Formen und Zirkulationscharakter des Geldes sind durch den Kreislauf des Wertes in der erweiterten sozialistischen Reproduktion bedingt. Die Zahlungen, die die Verteilung der Produktionsmittel im Groß- und Einzelhandel, die Überweisung von Mitteln an die nichtproduzierende Sphäre, die Umverteilung der Akkumulationen innerhalb der Produktionssphäre usw. vermitteln, durchlaufen verschiedenartige Formen des Geldumlaufs, die auf komplizierte Weise mit dem Reproduktionsprozeß zusammenhängen. Dadurch wird der Geldumlauf relativ selbständig.

Dieser vielfältige Geldumlauf wird von der sozialistischen Gesellschaft gelenkt, die dabei von den Erfordernissen der ökonomischen Gesetze des Sozialismus ausgeht und den Geldumlauf den Bedürfnissen der planmäßigen erweiterten Reproduktion unterordnet. Die Lenkung des Geldumlaufs erfolgt durch den Staatshaushalt, die Bilanz der Geldeinnahmen und -ausgaben der Bevölkerung, die Finanzpläne der Volkswirtschaftszweige, den Kreditplan und den Bargeldumsatzplan der Staatsbank.[44]

Die Möglichkeit und die Notwendigkeit, den Geldumlauf planmäßig zu lenken, ergaben sich zugleich mit der Entwicklung und Festigung der sozialistischen Produktionsverhältnisse. Während der Übergangsperiode wurden, wie wir im Kapitel I gesehen haben, die Elemente der Planung mit den Elementen der Regulierung des Geldumlaufs vereinigt. Die Regulierung des Geldumlaufs spielte zu Beginn der NÖP eine wesentliche Rolle.

Die Bedeutung der Planung wuchs unentwegt und erhielt eine immer festere Basis in dem Maße, wie sich der sozialistische Wirtschaftssektor entwickelte. Nach dem vollen Siege der sozialistischen Produktionsverhältnisse und nach den großen Erfolgen der Volkswirtschaftsplanung ging man zu einer entfalteten Finanzplanung und damit zu einer weitgehenden planmäßigen Lenkung der Geldzirkulation über.

gesellschaftlichen Maßstabe lediglich der Schlußakt der vollständigen Warenmetamorphose W – G – W ist.

[44] Die methodologischen Probleme der Kredit- und Bargeldumsatzplanung, der Emissionsorganisation und des Fungierens des sowjetischen Geldsystems bilden ein selbständiges Gebiet der Wirtschaftswissenschaft. Diese Fragen werden daher im Rahmen des vorliegenden Werkes nicht besonders untersucht.

Für die Entwicklung der Planmäßigkeit der Geldzirkulation waren die sozialistische Organisation des kurzfristigen Kredits und die Zentralisierung des Geldumlaufs in einer einheitlichen Staatsbank sowie die Beseitigung der außerplanmäßigen Umverteilungskanäle der Kreditressourcen (die Wechselemission) von großer Bedeutung. Das wurde in der letzten Etappe des NÖP durch die Kreditreform erreicht, welche die Staatsbank endgültig zum einheitlichen Kredit-, Verrechnungs-, Kassen- und Emissionszentrum des sozialistischen Landes machte. Gleichzeitig entwickelte und festigte sich die Kredit- und Bargeldumsatzplanung.[45]

In den Umsätzen der Staatsbank der UdSSR findet fast der gesamte Zahlungsverkehr des sozialistischen Landes seinen Niederschlag. Diese überwiegende Konzentration des Zahlungsverkehrs der Volkswirtschaft bei einer einheitlichen Bank schafft die notwendigen Voraussetzungen für seine rationellste, seine planmäßige Organisation. Die Umsätze der Staatsbank gehen in die Billionen Rubel. Unter Umgehung der Staatsbank vollziehen sich in der Hauptsache nur der Bargeldumlauf zwischen den staatlichen und den genossenschaftlich-kollektivwirtschaftlichen Organisationen einerseits und der Bevölkerung andererseits, zwischen den einzelnen Bürgern sowie ein geringer Teil des Umlaufs zwischen den Betrieben und Organisationen. Der Bargeldverkehr stellt unter diesen Umständen, wenn man die quantitativen Beziehungen in Betracht zieht, nur so etwas wie den Überbau auf dem gewaltigen Fundament des bargeldlosen Zahlungsverkehrs dar.

Wenn die zentrale Emissionsbank nach einem Ausdruck von Marx „die Achse des Kreditsystems ist", dann bedeutet die Konzentration des enormen Zahlungsverkehrs bei der einheitlichen Staatsbank, daß die bargeldlosen Mittel in der sozialistischen Wirtschaft das Schwungrad des gesamten sozialistischen Kreditgeldmechanismus sind, das sich um diese Achse dreht.

Der Zustand des gesamten Zahlungsverkehrs und seine Planmäßigkeit sind durch den Ablauf der erweiterten sozialistischen Reproduktion bedingt. Der Ablauf des Zahlungsverkehrs wirkt indessen auch in starkem Maße auf den Reproduktionsprozeß zurück. Ebenso wie die sich bildende Bargeldmenge genau den Erfordernissen der Volkswirtschaft angepaßt sein muß, muß auch die über die Verrechnungs- und laufenden Bankkonten zirkulierende Menge der bargeldlosen Mittel den Zirkulationsbedürfnissen in der Volkswirtschaft entsprechen. Ein Überfluß an bargeldlosen Mitteln kann negativ auf den Ablauf der Produktion und Zirkulation einwirken und insbesondere zur Abschwächung des materiellen Anreizes, zur Inten-

[45] „In der ersten Etappe der NÖP mußte mit der Regulierung der Geldzirkulation begonnen werden. Im gleichen Maße, wie die sozialistischen Wirtschaftsformen sich ausbreiteten und die kapitalistischen Elemente verdrängt und dann beseitigt wurden, ging man von der Regulierung zur unmittelbaren Planung des Geldumlaufs über. Ein entscheidender Schritt vorwärts wurde in dieser Angelegenheit durch die Kreditreform und den Übergang zur direkten Kreditierung getan. Die direkte Kreditierung (auf Grund von Verbesserungen des Jahres 1931) bot die Möglichkeit, den Kreditplan unmittelbar mit dem Volkswirtschaftsplan zu koordinieren." C. Koslow, Das Sowjetgeld (russ.), 1939, S. 171.

sivierung des Reproduktionsprozesses und zu einer übermäßigen Emission von Bargeldmitteln führen.

Die enge Wechselbeziehung zwischen dem Bargeld- und dem bargeldlosen Umlauf ist durch die Einheit des Kreislaufs aller Mittel in der erweiterten Reproduktion bedingt, da diese Mittel abwechselnd die bargeldlose Form und die Bargeldform annehmen.

Betrachten wir folgendes Beispiel: Ein staatlicher Betrieb hat Produkte abgesetzt, die ihm bargeldlos bezahlt werden. Auf dem Verrechnungskonto des Betriebes geht eine gewisse Summe von Geldmitteln ein, die die Geldform des Wertes des realisierten Produkts darstellt. Einen Teil dieser Mittel hebt der Betrieb von seinem Konto in bar ab, um damit Löhne zu zahlen. Die Löhne verwenden die Arbeiter und Angestellten zur Bezahlung von Waren, Dienstleistungen usw. Das von den Arbeitern und Angestellten verausgabte Bargeld wird von den staatlichen Handelsorganisationen und von den Institutionen auf die Konten bei der Staatsbank eingezahlt und nimmt dort die Form bargeldloser Mittel an. Diese Mittel werden ihrerseits zur Bezahlung von Waren und für Zahlungen an den Haushalt benutzt usw. Der Bargeldverkehr und der bargeldlose Verkehr, das sich in der Zirkulation befindende Bargeld und die bargeldlosen Mittel sind also eng miteinander verknüpft.

Beide Arten des Umlaufs dienen außer zur Realisierung des Wertes des gesellschaftlichen Produkts auch zur Verteilung und Umverteilung dieses Wertes. Bedingt durch eine Reihe ökonomischer und technisch-organisatorischer Faktoren, kann die Verteilung und Umverteilung des Wertes wie auch seine Realisierung Veränderungen im Umfang des Bargeldumlaufs und des bargeldlosen Verkehrs und dementsprechend in der Menge der hierfür erforderlichen Geldmittel hervorrufen.

Das alles setzt eine komplizierte Planungsarbeit des sozialistischen Staates voraus, um den Bargeldumlauf und den bargeldlosen Verkehr mit den Bedürfnissen der Volkswirtschaft in Einklang zu bringen. Dies wird durch Aufstellung einer Planbilanz für die Volkswirtschaft mit Hilfe der Haushalts-, Kredit- und Bargeldumsatzplanung erreicht.

Die Planmäßigkeit des Geldumlaufs, die die planmäßige Entwicklung der Volkswirtschaft widerspiegelt, ist ein großer Vorzug des sozialistischen Geldsystems im Vergleich zum kapitalistischen Geldsystem.[46]

Eine planmäßige Abstimmung aller Prozesse der Produktion, Distribution und Zirkulation, die den Geldumlauf bestimmen, kann nur auf der Grundlage des sozialistischen Wirtschaftssystems erzielt werden. Der sozialistische Staat plant nicht nur die Produktion, Distribution und Zirkulation des gesellschaftlichen Produkts, sondern auch alle entscheidenden Elemente der Verteilung und Umverteilung von Einkünften und Mitteln.

46 Sämtliche Methoden der kapitalistischen „Regulierung" des Geldumlaufs bei spontaner Produktion und Zirkulation, wie sie der Ökonomik der imperialistischen Staaten eigentümlich sind, sind Methoden, um den Geldumlauf den eigennützigen Machenschaften des Monopolkapitals anzupassen. Mit volkswirtschaftlicher Planung haben sie nichts gemein und können sie nichts gemein haben.

Hierfür gibt es folgende miteinander koordinierten Pläne:

den Produktionsplan des gesellschaftlichen Produkts, gegliedert nach Wirtschaftszweigen und Abteilungen und entsprechend untergliedert nach den gesellschaftlichen Fonds dieser Abteilungen, dem Ersatzfonds und dem Fonds des Nettoprodukts, wobei der letztere wiederum unterteilt ist in den Konsumtionsfonds und den Akkumulationsfonds;

die Baupläne und die Investitionspläne für Grund- und Umlauffonds und die Pläne für die Vorräte;

die Arbeitspläne (Steigerung der Arbeitsproduktivität, Anzahl der Arbeiter, Entlohnung der Arbeit usw.);

die Pläne zur Realisierung des gesellschaftlichen Produkts (der materiell-technischen Versorgung, der Erfassung; Großhandelsumsatz, Einzelhandelsumsatz);

die Finanzpläne der Volkswirtschaftszweige;

den Staatshaushaltsplan als den Hauptfinanzplan der UdSSR;

die Bilanz der Einnahmen und Ausgaben der Bevölkerung;

den Kreditplan und den Bargeldumsatzplan der Staatsbank usw.

Auf der Grundlage all dieser Pläne, die die Bewegung der gegenständlichen und wertmäßigen Elemente der erweiterten Reproduktion umfassen, wird der Geldumlauf, sowohl der bargeldlose als auch der Bargeldumlauf, festgestellt und geplant (Finanzpläne der Betriebe und Wirtschaftszweige, Staatshaushaltsplan, Kredit- und Bargeldumsatzplan usw.). Dadurch ist es möglich, eine weitgehende *Dezentralisierung* der Kredit- und Kassengeschäfte für die Volkswirtschaft mit strengster *Zentralisierung* der Kredit- und Emissionspolitik zu vereinigen. Ausdruck dieser Zentralisierung sind insbesondere die zentralisierten Kreditlimite, die die Kredite für die Volkswirtschaft und infolgedessen auch den Umfang der Emission bargeldloser Mittel begrenzen, sowie die einheitlichen Emissionsdirektiven der Regierung, durch welche die Bargeldemission festgelegt wird.

Die Konzentration der Zahlungen bei der Staatsbank schafft für den sozialistischen Staat, der sich auf den Volkswirtschaftsplan stützen kann, alle erforderlichen Voraussetzungen, die Geldemission so zu planen, daß sie dem Bedarf der Zirkulation entspricht.

Der Kreditplan und der Bargeldumsatzplan, die voll und ganz auf dem Volkswirtschaftsplan basieren, sind ihrerseits wirksame Mittel, um die Proportionalität der Reproduktionselemente zu überprüfen, Disproportionen in der Volkswirtschaft zu hindern und den Ablauf der Produktion, Distribution und Zirkulation durch den Rubel zu kontrollieren.

Aber es handelt sich hierbei nicht nur um den Einfluß, den der Kredit- und der Bargeldumsatzplan rückwirkend auf den Reproduktionsprozeß ausüben. Die Geldzirkulation ist relativ selbständig. Das Geld vollführt auch in der gesamten Verteilungs- und Umverteilungssphäre einen komplizierten Umlauf. Folglich spielen der Kreditplan und der Bargeldumsatzplan eine aktive Rolle, um den Geldumlauf an die Bedürfnisse der sozialistischen Reproduktion anzupassen.

Die Proportionen der Volkswirtschaft bestimmen die Beziehungen des Geldumlaufs zu den verschiedenen Reproduktionselementen. Der Kredit- und der Bargeldumsatzplan als Bestandteile des einheitlichen Volkswirtschaftsplanes drücken diese Beziehungen so aus, wie sie im gesamten System der Elemente des zu planenden Reproduktionsprozesses verankert sind.

Um die Bedeutung des Kreditplanes als eines der Pläne, durch die der Geldumlauf unmittelbar erfaßt wird, richtig einzuschätzen (über die Bedeutung des Bargeldumsatzplanes wurde bereits im Kapitel IV gesprochen), ist es notwendig, die doppelte Funktion des Kredits zu berücksichtigen — *die eigentliche Kreditfunktion und die Geldfunktion:* Der Kredit verteilt den Wert der zeitweilig frei werdenden und Geldform annehmenden Fondsteile der sozialistischen Reproduktion (Darlehnsfonds) um; gleichzeitig stellt er damit der Zirkulation Geldmittel zur Verfügung.[47]

[47] In bezug auf den kapitalistischen Kredit haben Marx und Engels den wichtigsten ökonomischen Unterschied der beiden Seiten des Inhalts des Kredits betont.
„Im regelmäßigen Diskontogeschäft", sagt Engels im „Kapital", „erhält also der Bankkunde keinen Vorschuß, weder in Kapital noch in Geld, sondern er erhält Geld für verkaufte Ware.
Die Fälle, wo der Kunde von der Bank Kapital verlangt und erhält, sind also sehr deutlich unterschieden von denen, wo er bloß Geld vorgeschossen erhält oder bei der Bank kauft ... Im Kapitel XXXII sagt Marx übrigens in der Hauptsache dasselbe: ‚Die Nachfrage nach Zahlungsmitteln ist bloße Nachfrage nach *Umsetzbarkeit in Geld*, soweit die Kaufleute und Produzenten gute Sicherheiten bieten können; sie ist Nachfrage nach *Geldkapital*, soweit dies nicht der Fall ist, soweit also ein Vorschuß von Zahlungsmitteln ihnen nicht nur die *Geldform* gibt, sondern das ihnen mangelnde *Äquivalent*, in welcher Form es sei, zum Zahlen.'"
Karl Marx, Das Kapital. A. a. O., Bd. III, S. 469/470.
Diese genaue Trennung der beiden Seiten des Inhalts des Kredits hat seinerzeit eine lebhafte Diskussion in der sowjetischen Literatur ausgelöst. A. Mendelsohn, Die Zirkulationsmittel und das Kapital (russ.) in: „Unter dem Banner des Marxismus", Nr. 8–9, 1923, S. Wygodski, Grundriß der Kredittheorie von Karl Marx (russ.). OGIS 1929; S. Atlas, Die Rolle des Kredits und die Grenzen der Kreditexpansion im Kapitalismus (russ.), in: „Unter dem Banner des Marxismus", Nr. 2, 3, 1928; derselbe, Der Geldmarkt und die Widersprüche des Bankkredits (russ.), in: „Mitteilungsblatt der Kommunistischen Akademie", Nr. 34; I. Trachtenberg, Der moderne Kredit und seine Organisation (russ.). Moskau 1928.
Obwohl die Verfasser in der Beurteilung des Inhalts des Bankkredits und des kommerziellen Kredits beträchtlich voneinander abwichen, unterscheiden doch alle in der einen oder anderen Form sehr genau zwischen der umverteilenden und der realisierenden Funktion des Kredits. Ein gewisser Mangel bestand jedoch bei der Behandlung der Realisierungsfunktion des Kredits. Der Kredit als solcher ist, von der Seite der Realisierung aus gesehen, notwendig, um Ware in Geld zu verwandeln. Aber er selbst ist an dieser Verwandlung nicht beteiligt. Er stellt *Kreditgeld* für den Umsatz zur Verfügung, durch das die Realisierung der Ware erfolgt. Der Kredit ist eine Form zur Schaffung von Geldzeichen. Das wurde häufig außer acht gelassen. Beispielsweise äußerte S. Atlas die Ansicht, daß der kommerzielle Kredit „nichts anderes ist als eine Form der Realisierung von Ware ... Aus diesem Grunde sagen wir, daß der Kredit hier die Zirkulationsfunktion oder die Funktion der Kapitalrealisierung ausübt (da ja die Zirkulation ein Prozeß ‚der

Die strenge Abgrenzung der beiden genannten Seiten des Kredits darf jedoch nicht dazu führen, daß man ihre Einheit übersieht. Der zweiseitige Charakter der Kreditfunktion darf nicht außer acht gelassen werden, wonach mit der Umverteilung des Wertes zugleich Geld für den Umlauf zur Verfügung gestellt wird. In der Tat haben wir oben gesehen, was die Umverteilung über den Kredit als Prozeß ihrem Wesen nach darstellt, also als Form der Bewegung von Darlehnsfonds, der Umverteilung des Wertes in der Geldform. Das Kreditsystem akkumuliert den Wert, der die Geldform angenommen und sich aus dem einen Kettenglied des gesellschaftlichen Reproduktionsprozesses frei gemacht hat und überträgt diesen Wert auf der Grundlage des Kredits auf andere Kettenglieder des Reproduktionsprozesses. Eben darin besteht die Umverteilung über den Kredit. Weshalb ist aber jeder Bewegungsakt des Kredits, d. h. jeder Akt der Gelddarlehnsgewährung, gleichzeitig auch ein Akt, der Zirkulation Geld bereitzustellen?

Es ist vor allem offensichtlich, daß jede durch die Bank vollzogene Akkumulation des Geldwerts zweifachen Charakter haben kann. Erstens akkumuliert die Bank einen solchen Wert, wenn der Kunde ein ihm früher gewährtes Darlehen tilgt; in diesem Falle erfolgt unter den Bedingungen einer umfassenden Kreditgeldzirkulation ein Herausziehen von Geld aus dem Umlauf; einst emittierte und in der Zirkulation gewesene Geldmengen hören auf zu existieren, da sie zur Tilgung des Darlehens verwandt wurden. Zweitens akkumuliert die Bank den Geldwert durch Heranziehung von Passiva; in diesem Falle benutzt sie diesen Geldwert (sofern kein Entziehen von Bargeld aus dem Umlauf erfolgt) zur Kreditgewährung. Mit anderen Worten, einst emittierte Geldmengen, die in die Bank als neu herangezogene Passiva eingehen, werden von dieser Bank wieder in Form von Krediten in Umlauf gebracht.

Somit verändert die Akkumulation von Passiva und die Bereitstellung neuer Kredite auf Grund dieser Passiva nichts an der zirkulierenden Geldmenge. Doch das bedeutet, daß die Bank in der gleichen Menge, in der sie durch die Akkumulation von Passiva Geld aus der Zirkulation in das Banksystem zieht, Geld wieder der Zirkulation durch Kreditgewährung auf der Basis dieser Passiva zurückgibt. Folglich ist in diesem zweiten Fall jede Kreditaktion eine Aktion, um Geld in die Zirkulation zu bringen, während im ersten der betrachteten Fälle das Geld zur Tilgung des Darlehens verwandt wurde und den Umlauf endgültig verließ, d. h. aus der Zirkulation gezogen wurde. Dabei ist offensichtlich, daß jedes neue gegen entsprechende Sicherung gewährte Gelddarlehen ein Inumlaufsetzen neuer Geldmengen bedeutet.

Realisierung von Warenkapital' ist)." S. Atlas, Zur Theorie des Bankkredits (russ.), in: „Unter dem Banner des Marxismus", Nr. 6, 1929, S. 55. – Die fehlende Abgrenzung zwischen der Schaffung von Kreditmitteln für die Zirkulation und der Zirkulationsfunktion, die nur dem Geld zugehört und nicht dem Kredit, ist auch für die Grundrisse der Kredittheorie von Wygodski kennzeichnend, der schreibt, daß „das Wesen des Kredits nicht so sehr oder nicht nur in der Unterbringung freien Kapitals besteht . . ., sondern auch in der Realisierung von Waren, die sich im Reproduktionsprozeß befinden".

Sowohl im zweiten wie im ersten Falle ist es völlig gleichgültig, wofür das in der Darlehensform in den Verkehr gebrachte Geld verausgabt wird, für das Anlegen saisonbedingter Vorräte, zur Abdeckung von Verbindlichkeiten aus Warenlieferungen, zur Tilgung von Darlehnsschulden usw. Die ganze Sache ist die, daß diese Darlehen als Geldform des Wertes, als Geld zur Verfügung gestellt werden und daß dieses Geld nur als Zirkulations- und Zahlungsmittel fungieren kann, solange es nicht durch Tilgung des Darlehens aus dem Verkehr gezogen wird.[48]

[48] In den obenerwähnten Artikeln (siehe Fußnote 37 dieses Kapitels) wurde auch die Frage berührt, durch welche Kredite denn dem Zahlungsverkehr Mittel zur Verfügung gestellt werden. J. Schenger und M. Ussoskin äußerten die Ansicht, daß nur ein Teil der Passiva der Staatsbank für den Zahlungsverkehr verwendet wird und deshalb auch nur ein Teil der eröffneten Kredite als Zahlungs- (oder Zirkulations-) Mittel in den Verkehr eingeht. M. Ussoskin nimmt an, daß nicht alle Mittel auf den Passivkonten der Staatsbank, sondern nur ein bestimmter Teil von ihnen für die Zirkulation, Verteilung und Umverteilung des Wertes des gesellschaftlichen Produkts verwendet wird und deshalb nicht durch jede Kreditgewährung dem Verteilungs- oder Zirkulationsprozeß Geld (als Bargeld oder Buchgeld) zur Verfügung gestellt wird. Diese Meinung motiviert er so, daß er von der Zweckbestimmung der Kredite ausgeht und sie in zwei Gruppen gliedert: a) in Kredite zur Bildung von Vorräten und für Aufwendungen in der Produktionssphäre und b) in Kredite zur Realisierung der Produkte (Zahlungskredite). Er ist der Ansicht, daß nur durch die Kredite der zweiten Gruppe Mittel für die Distribution und Zirkulation des gesellschaftlichen Produkts gebildet werden. „Die Behauptung, durch jede Kreditierung werde zugleich dem Zirkulationsprozeß Geld zur Verfügung gestellt, entspricht nicht den Tatsachen, da sie den Unterschied zwischen den Zahlungs- und Verrechnungskrediten und den Krediten für Vorräte ignoriert", schreibt Ussoskin. Der Fehler dieser These besteht darin, daß die Frage, wofür die Kreditmittel verausgabt werden, mit der Frage verwechselt wird, was die Bankmittel darstellen, *welche Wertform* sie widerspiegeln.

Neben den zeitweilig von der Bank akkumulierten Mitteln der Wirtschaftsorgane, den laufenden Eingängen auf dem Konto des produzierenden Staatshaushalts, den Beständen der nichtproduzierenden Institutionen usw., denen M. Ussoskin die Rolle des Geldes zuerkennt, gehören zu den Mitteln der Bank auch ihre eigenen Mittel und die des Staatshaushalts aus früheren Jahren. Nach Ansicht Ussoskins stehen diese Mittel nicht für die Distribution oder Zirkulation zur Verfügung, da sie zur Bildung zusätzlicher Mittel in der Produktionssphäre benutzt werden. Aber Ussoskin berücksichtigt nicht, daß diese zusätzlichen Mittel den Betrieben nicht ständig, sondern *zeitweilig*, nicht in *natura*, sondern in der *Geldform* zur Verfügung gestellt werden. Sie werden erst zur *Zahlung* zusätzlicher Umlaufmittel und dann zur *Rückzahlung* der entsprechenden Kredite verwendet. Ussoskin berücksichtigt nicht, daß aus diesem Grunde die Bewegung dieser Mittel spezifische Vorgänge des *Zahlungsverkehrs* verursacht (Kreditausreichung und Kredittilgung, Umverteilung der Haushalts- und der Staatsbankressourcen), die nur *mittels des Geldes* erfolgen können. Die Funktion des Kredits ist also sowohl bei der Kreditierung der Produktionsvorräte als auch beim Zahlungskredit zweiseitig. Durch den Kredit werden vorübergehend zusätzliche Umlaufmittel gebildet, die diesen Zahlungsvorgang auslösen.

So spielt sich in diesem Falle dasselbe ab wie bei der Ausreichung von Zahlungskrediten. Mit Recht schreibt Ussoskin, daß das durch den Zahlungskredit erhaltene

Im Kreditplan spiegeln sich sowohl die gesamte Kreditierung der Volkswirtschaft als auch die Quellen zur Deckung der Kredite wider, da davon ausgegangen wird, daß der Kreditbedarf sich aus der Gesamtheit der Reproduktionselemente ergibt, die im Haushalt, in den Finanzplänen der Wirtschaftszweige, in der Bilanz der Geldeinnahmen und -ausgaben der Bevölkerung usw. im einzelnen zu berücksichtigen sind.

Die Summe der Kredite entspricht (im wesentlichen) der Summe des bar und bargeldlos umlaufenden Geldes. In der Tat sind die von der Staatsbank akkumu-

Geld den Wert der Produkte realisiert und gleichzeitig als Geldform der Umlaufmittel auftritt: beim Lieferanten als Geld, das die von ihm vorgeschossenen Mittel erstattet, beim Käufer als Geld, das für den Produktionsprozeß vorgeschossen wird. „Folglich," fährt M. Ussoskin richtig fort, „tritt das Geld, das in seinen gewöhnlichen Funktionen einfach Geld ist, gleichzeitig in Form von vorgeschossenen und rückerstatteten Umlaufmitteln auf." Wenn Ussoskin ein zweiseitiges Fungieren der Zahlungskredite solcherart zugibt, so ist es inkonsequent von ihm, die Möglichkeit eines zweiseitigen Fungierens in bezug auf die Kredite für Produktionsvorräte auszuschließen.

Die Frage, welche Rolle die Kreditmittel als Geld spielen, muß also vom Charakter der zur Verfügung gestellten Mittel aus gelöst werden: Werden die Mittel zeitweilig zur Verfügung gestellt (also systematisch umverteilt, und zwar nicht in der Natural-, sondern in der Geldform), dann bilden die entsprechenden Kredite notwendigerweise *Geld*; die Eröffnung solcher Kredite ist ein Vorgang, durch welchen dem Umlauf neue *Geld*mittel zur Verfügung gestellt werden, die allerdings viel langsamer umlaufen als beispielsweise die Mittel, die als Kredite gegen Verrechnungsdokumente ausgereicht werden.

Betrachten wir als Beispiel die saisonbedingte Bildung von Vorräten. Der Lieferant, eine Erfassungsorganisation, erhält, wenn er die Produkte an den Verbraucher verlädt, der sie saisonbedingt ansammelt, einen Verrechnungskredit. Der Verbraucher, der für diese saisonbedingte Bildung von Vorräten ein Darlehn erhält, überweist dieses Geld dem Lieferanten als Bezahlung für die gelieferten Produkte, der seinerseits beispielsweise mit diesem Geld seine Verbindlichkeiten aus dem Verrechnungskredit tilgt.

M. Ussoskin ist der Ansicht, daß der Kredit in diesem Falle eine Form der Umverteilung von Umlaufmitteln darstellt und nicht der Realisierung des Wertes dient. Aber dies ist ein Irrtum, denn das Darlehn ist zur Zahlung verwendet worden. Und das ist noch nicht alles: Der für die Saisonvorräte ausgereichte Kredit muß zu seiner Zeit getilgt werden. Die in Fertigprodukte umgewandelten Saisonvorräte werden realisiert, und der Gelderlös wird zur Tilgung des Kredits verwendet. Welches Geld dient nun dem letztgenannten Prozeß, wenn man den aus den Saisonvorräten übertragenen Wert in Betracht zieht? Doch nicht Geld aus den Umlaufmitteln des Betriebes, da es nicht dem Realisierungsbedarf der Saisonerzeugnisse dient, sondern offensichtlich dasselbe Geld, das bei der Ausreichung des Kredits für Saisonvorräte in den Verkehr gebracht wurde.

Die eigenen Mittel der Staatsbank wie auch die Haushaltsmittel früherer Jahre (die Reserven) auf den Bankkonten, deren Quelle ein Teil der innerbetrieblichen Akkumulation ist, haben unbedingt die Geldform, da es sich hier um diejenigen Kreditmittel handelt, die ständig *umverteilt* werden. Und nur auf solche Weise werden auch die entsprechenden Materialwerte in der Volkswirtschaft umverteilt.

Folglich werden erstens durch den größten Teil der Staatsbankkredite (mit Ausnahme eines Teils der Mittel, die zur inneren Verrechnung erforderlich sind) dem Umlauf lierten Mittel nichts anderes als die zeitweilig freien Geldmittel der Betriebe, Kollektivwirtschaften, nichtproduzierenden Institutionen und des Haushalts sowie das für die Zirkulation emittierte Bargeld. Daneben gehören zu den Ressourcen der Staatsbank noch ihre eigenen Fonds. Die Bank stellt andererseits alle bei ihr disponiblen Mittel der Volkswirtschaft in Form von Krediten zur Verfügung. Die Summe der Bankkredite und die Summe der Mittel auf den Passivkonten des Staatshaushalt und der Volkswirtschaft einschließlich der Bargeldemission sind einander gleich.[49]

Der größte Teil der sich auf den Verrechnungs- und den laufenden Konten befindenden Mittel sind, wie wir gesehen haben, Passiva der Staatsbank und gleichzeitig Geld, das dem bargeldlosen Verkehr dient. Auf welche Weise werden diese Mittel dem Umlauf zur Verfügung gestellt?

Der überwiegende Teil der Staatsbankpassiva besteht, wenn man die Bargeldemission ausnimmt, aus Mitteln auf den Verrechnungskonten der Wirtschaftsorganisationen (hierher gehören ihrem ökonomischen Inhalt nach auch die Mittel der Kollektivwirtschaften auf den laufenden Konten) und aus Mitteln auf den laufenden Konten der nichtproduzierenden Institutionen und des Staatshaushalts.[50]

Die Bestände auf den Konten der staatlichen Institutionen und des Staatshaushalts können ganz offensichtlich nicht aus Kreditquellen gebildet sein, da in der Regel die Institutionen der nichtproduzierten Sphäre und der Haushalt keine

Zirkulations- und Zahlungsmittel zur Verfügung gestellt, und zweitens schlagen fast die gesamten Passiva der Staatsbank in Geld im Verkehr um, entweder bargeldlos oder (zu einem gewissen Teil) als Bargeld.

49 Das Schema des Kreditplans der Staatsbank hat folgendes Aussehen:

Ressourcen	*Einsatz der Ressourcen*
Fonds und Gewinn	Darlehn, planmäßige
Mittel des Staatshaushaltes	Darlehn für unterwegs befindliche Verrechnungsdokumente
Mittel der Wirtschaft (auf den Verrechnungskonten und in Verrechnung)	Darlehn für zeitweilige Bedürfnisse
Mittel auf laufenden Konten der Sozialversicherung, der Kollektivwirtschaften, Haushaltsinstitutionen, Gewerkschaftsorganisationen u. a.)	Reserven der Staatsbank
Mittel der Kreditinstitutionen	Insgesamt
Emission	Überfällige Kredite
Sonstige Ressourcen	Sonstige Aktiva
Summa	Summa

50 Zu Beginn des Jahres 1957 setzten sich die Passiva der Staatsbank in der Hauptsache aus Mitteln auf den Verrechnungskonten mit mehr als 58 Mrd. Rbl. und auf den laufenden Konten der Kollektivwirtschaften mit 12 Mrd. Rbl. zusammen. Mehr als 40% Kreditressourcen der Staatsbank bestanden aus Haushaltsmitteln auf Bankkonten. Der eigene (satzungsgemäße) und der Reservefonds der Bank machten 8 Mrd. Rbl. aus. – Siehe: Die Staatsbank der UdSSR (russ.), 1957, S. 58–59, und A. G. Swerew, Das Nationaleinkommen und das Finanzwesen der UdSSR (russ.). Gosfinisdat 1958, S. 178.

Kredite erhalten. Die Mittel auf den Verrechnungskonten der Betriebe werden ebenfalls nicht direkt durch den Kredit gebildet, obgleich die Produktions- und Handelsbetriebe Kredite erhalten.

Auf den Konten der Produktionsbetriebe und der Betriebe der Distributions- und Zirkulationssphäre befindet sich gewöhnlich ein Geldmittelbestand, der gleich dem drei- bis viertägigen Umsatz dieser Konten ist. Die Realisierung der Waren fällt zeitlich ebensowenig mit ihrer Anschaffung zusammen wie die Höhe der Geldeingänge mit den Lohnzahlungen. Deshalb müssen auf den Verrechnungskonten stets gewisse, ständig sich verändernde Geldbeträge für den Zahlungsverkehr vorhanden sein.

Andererseits haben nur der Einzelhandel und einige andere Organisationen in ihrem Geldmittelbestand eigene Umlaufmittel. Die Industrie-, Bau-, Transport- und anderen Betriebe der Produktions-, Distributions- und Zirkulationssphäre müßten aus Kreditquellen einen mehr oder weniger ständigen Geldvorrat auf ihren Konten bilden. Jedoch schließt der gesamte Kreditmechanismus, der eine Kreditsicherung durch bezahlte Bestände voraussetzt, eine solche Möglichkeit im Grunde genommen aus. In Wirklichkeit sind die materielle Quelle der Geldbestände, die im Kreislauf des Wertes der Reproduktionsfonds der Betriebe der Produktions- und Zirkulationssphäre immer wieder frei werden, Mittel, die diesen zeitweilig zur Verfügung stehen und keinen Kreditcharakter tragen.[51]

Die Tatsache, daß die Quellen, aus denen die Bestände auf den Verrechnungskonten gespeist werden, verhältnismäßig beständig sind, gestattet es, von speziellen Umlaufmitteln zur Unterhaltung solcher Bestände abzusehen und für diese Zwecke auch keinen Kredit in Anspruch zu nehmen.

Die Hauptmasse der bargeldlosen Mittel auf den Konten der Staatsbank, die für den gesamten bargeldlosen Verkehr eingesetzt wird, setzt sich vorwiegend aus folgenden drei Gruppen zusammen:

1. aus den Mitteln auf den Verrechnungskonten der Produktionsbetriebe; diese Mittel sind ein Teil des Wertes des von den Betrieben erzeugten und realisierten Produkts, der sich zeitweilig im Umlauf der Betriebe befindet, oder ein Teil der Umlaufmittel, die zeitweilig aus dem Umlauf freigesetzt sind;

2. aus den Mitteln auf den Haushaltskonten; diese Mittel enthalten in der Hauptsache das Reineinkommen, das dem Haushalt von den Betrieben zufließt und teilweise den Wert der umverteilten Einnahmen der Bevölkerung;

3. aus Beständen auf den laufenden Konten der staatlichen Institutionen der nichtproduzierenden Sphäre, die aus umverteilten Haushaltsmitteln und teilweise aus umverteilten Mitteln der Bevölkerung gebildet werden.

Folglich können weder die Geldbestände auf den Verrechnungskonten noch die Geldbestände auf den laufenden Konten und den Konten des Staatshaushalts sowie

[51] Über die Quellen für die Bildung von Geldbeständen auf den Verrechnungskonten siehe N. Schabanowa, Von der Ökonomik der Verrechnungskonten (russ.), in: „Geld und Kredit", Nr. 6–7, 1940, S. 114, und J. Schenger, Planung und ökonomische Basis der Verrechnungskonten (russ.), in: „Geld und Kredit" Nr. 1, 1938.

der Haushaltsinstitutionen, also die gesamte Summe der als Buchgeld erscheinenden Staatsbankpassiva, *unmittelbar* durch Gewährung von Krediten gebildet werden, und sie werden auch nicht auf diese Weise gebildet. Wie kommt es aber, daß diese bargeldlosen Mittel keine unmittelbaren, der Volkswirtschaft von der Staatsbank ausgereichten Kredite darstellen, obgleich sie durch die Kreditgewährung in den Verkehr gelangen. Mit anderen Worten, welcher Art ist die ökonomische Quelle für die Bildung des Buchgeldes?

Betrachten wir den gewöhnlichen Weg, den die ausgereichten Kredite nehmen. In jedem gegebenen Augenblick steht der Volkswirtschaft eine bestimmte Kreditsumme zur Verfügung. Sofern Kredite für Betriebe gewährt werden, deren angesammelte Werte die ihnen zur Verfügung stehenden Umlaufmittel übersteigen, dienen diese Kredite unmittelbar oder letzten Endes zur Zahlung an die Lieferanten der erwähnten Werte. Für die Lieferanten stellen die auf diese Weise eingegangenen bargeldlosen Mittel die Geldform des Wertes der von ihnen realisierten Produkte dar.

Im gleichen Maße, wie diese Geldmittel den Wert zeitweilig freier Teile der Akkumulation oder anderer zeitweilig aus dem Umschlag des Betriebes freigestellten Teile des Produkts darstellen, schlagen sie sich als Bestände auf den Verrechnungskonten nieder. Soweit sie ein Teil der an den Haushalt abzuliefernden Akkumulationen des Lieferbetriebes sind (sowie überschüssige Umlaufmittel), werden sie auf die Haushaltskonten überwiesen. Der Haushalt wiederum überträgt den von den Betrieben erhaltenen Teil des Wertes der innerbetrieblichen Akkumulation auf die Konten der staatlichen Institutionen.

Das Geld auf den Verrechnungs- und laufenden Konten sowie auf den Konten des Staatshaushalts, d. h. fast sämtliche Passiva der Staatsbank oder, mit anderen Worten, das gesamte Buchgeld, ist also nichts anderes als die akkumulierte Geldform des Wertes desjenigen Teils des gesellschaftlichen Gesamtprodukts, der den Prozeß der Realisierung, Verteilung und Umverteilung der Einnahmen durchläuft, sowie teilweise die Geldform des umzuverteilenden Wertes früher geschaffener Mittel.

Die Bank, die den aus dem Produktionsprozeß eines Betriebes freigesetzten Wert in der Geldform konzentriert, überträgt diesen Wert in den Produktionskreislauf anderer Betriebe. Diese Akkumulation und Umverteilung der Geldmittel vollzieht sich im Rahmen der einfachen Reproduktion. Außerdem akkumuliert die Bank als Passivum noch einen zusätzlichen Geldwert, den sie dem Umlauf zur Realisierung derjenigen Produktenmenge zur Verfügung stellt, die über den Umfang der einfachen Reproduktion hinaus produziert wurde, und zwar nachdem diese Realisierung stattgefunden hat.

Das ökonomische Ergebnis dieses Prozesses sieht so aus: Die Volkswirtschaft erhält Kredite in Höhe der zeitweilig in allen Gliedern des Reproduktionsprozesses und in der nichtproduzierenden Sphäre freigesetzten Werte. Gleichzeitig erhält die Wirtschaft in Höhe dieser Kredite und auf der Basis der Rückzahlbarkeit (nach Abzug der Bargeldemission) Buchgeld, d. h., das Geld wird in diesem Umfange der

Zirkulation zur Verfügung gestellt.[52] Hieraus ergibt sich aber, daß die Kreditierung nicht nur durch den Bedarf der Volkswirtschaft an *umzuverteilenden*, zeitweilig freigesetzten materiellen Reserven, sondern auch durch ihren Bedarf an *Geldmitteln für die Zirkulation und Zahlung*, d. h. durch die Aufnahmefähigkeit der Geldzirkulation begrenzt ist.

Die erwähnte Doppelfunktion des Kredits wirft noch folgende Frage auf: Auf welche Weise werden beide Seiten des Kredits, die Umverteilungs- und die Emissionsseite, miteinander koordiniert, oder wie befriedigt die gleiche Kreditausreichung sowohl die Bedürfnisse der Volkswirtschaft bei der zeitweiligen Umverteilung von Materialbeständen als auch die Bereitstellung von Geld für den Umlauf? Angenommen, der Volkswirtschaft werden für 100 000 Rbl. Kredite eröffnet und diese 100 000 Rbl. schlagen sich als Kontenbestände nieder, so realisieren sie bei einem jährlichen 80maligen Umschlagen nicht nur einen Produktenwert von 100 000 Rbl., sondern von 100 000 Rbl. × 80.

Auf welche Weise befriedigen die Kredite, die gleich dem Teil des Wertes des gesellschaftlichen Produkts sind, der sich zeitweilig auf den Konten der Betriebe, des Haushalts und der Institutionen als Buchgeld niederschlägt, die Bedürfnisse der Volkswirtschaft an bargeldlosen Mitteln? Besteht ein innerer Zusammenhang zwischen der Höhe des Wertes, der zeitweilig für eine Umverteilung über den Kredit freigesetzt wird, und dem Bedarf der Volkswirtschaft an Buchgeld?

Dieser Zusammenhang ist objektiv bedingt. Es ist doch so, daß der Kredit den Wert umverteilt, der den Realisierungs-, Verteilungs- und Umverteilungsprozeß durchläuft. Der gesamte Zahlungsverkehr, für den eine bestimmte Geldmenge erforderlich ist, stellt aber nichts anderes dar als den in der Geldform sich vollziehenden *Umlauf* des aus der Produktion freigesetzten, den Realisierungs-, Verteilungs- und Umverteilungsprozeß durchlaufenden Wertes.

Nehmen wir an, es seien zu einem bestimmten Zeitpunkt für 10 Mrd. Rbl. Werte freigesetzt worden und zu ihrer Realisierung, Verteilung und Umverteilung werde ein Monat gebraucht; in diesem Monat würden sie 20mal umschlagen (d. h., sie durchlaufen aufeinanderfolgende Kettenglieder der Realisierung und der finanziellen und kreditmäßigen Umverteilung). In diesem Falle beträgt die Gesamtsumme des durch den Realisierungs-, Verteilungs- und Umverteilungsprozeß der genannten Werte hervorgerufenen Zahlungsverkehrs 10 Mrd. Rbl. × 20 = 200 Mrd. Rbl. Diese 200 Mrd. Rbl. stellen den gesamten Zahlungsverkehr dar, für dessen Durchführung Geldmittel erforderlich sind.

[52] Es ist zu berücksichtigen, daß eine solche Bereitstellung von Geldmitteln im Rahmen einer einfachen Reproduktion keinen *Zuwachs* an Geldmenge bedeutet, da der Kreditausreichung die Kredittilgung gegenübersteht. Ein Zuwachs an Buchgeld, der sich in einer Erhöhung der Bestände auf den laufenden und Verrechnungskonten ausdrückt, findet nur in dem Maße statt, in dem die Summe der neu eröffneten Kredite die Summe der Tilgungen übersteigt. Bei Ausgeglichenheit aller Zirkulationselemente (bei unveränderten Umlaufsgeschwindigkeit des Geldes) wird dieses schnellere Wachstum durch die erweiterte Reproduktion des Wertes der zirkulierenden und umzuverteilenden Masse des gesellschaftlichen Produkts hervorgerufen.

Aber auch das Geld schlägt mehrmals um. Dabei wird die Umschlagsgeschwindigkeit des Geldes (abgesehen von technisch-organisatorischen Faktoren) durch die Geschwindigkeit des Realisierungs-, Verteilungs- und Umverteilungsprozesses bestimmt. Führen wir unser Beispiel weiter: Der aus der Produktion freigesetzte Wert von 10 Mrd. Rbl. hat die Geldform erhalten und ist erneut der Volkswirtschaft als Kredit, als Buchgeld, zur Verfügung gestellt worden. Wie oft wird er umgeschlagen? Doch wohl ebensooft wie der Wert von 10 Mrd. Rbl. in seinem Realisierungs-, Verteilungs- und Umverteilungsprozeß, also 20mal. Folglich wird der Bedarf des neuentstandenen Zahlungsverkehrs von 200 Mrd. Rbl. ebenfalls durch die der Zirkulation zur Verfügung gestellte Summe von 10 Mrd. Rbl. gedeckt. Deshalb entspricht auch die Geldmenge, wenn sie der Zirkulation in Höhe der zeitweilig aus der Produktion freigesetzten Werte und ihrer nachfolgenden Umverteilung durch den Kredit zugeführt wird, im wesentlichen dem Bedarf der Volkswirtschaft.

So entstehen aus der Realisierung, Verteilung und Umverteilung der aus der Produktion freigesetzten Werte die hauptsächlichen Zahlungen in der Volkswirtschaft und bilden die Hauptströme des Zahlungsverkehrs.

Das sozialistische Kreditsystem ist in Übereinstimmung mit dem bestehenden System der Organisation der eigenen Umlaufmittel streng darauf ausgerichtet, der Volkswirtschaft Kredite zur Verfügung zu stellen, die den wirklichen Werten im Realisierungs-, Verteilungs- und Umverteilungsprozeß (nicht nur des gesellschaftlichen Produkts, sondern auch der früher akkumulierten Mittel) entsprechen. Das wird bekanntlich dadurch erreicht, daß nur materialmäßig gesicherte, zweckgebundene, rückzahlbare und befristete Kredite gewährt werden.

Auf diese Weise gelangt die Kreditgeldmenge in den Umlauf, die dem einmaligen Wert des Produkts (sowie der früher geschaffenen Mittel) entspricht, der realisiert, verteilt und umverteilt wird.[53] So wird auch eine annähernde Übereinstimmung zwischen der Menge der sich im Verkehr befindenen bargeldlosen Mittel und den Bedürfnissen dieses Verkehrs erreicht. Wir betonen, daß diese Übereinstimmung zwar *annähernd*, aber durchaus noch nicht völlig erreicht wird. Es ist so, daß es

[53] Auf den ersten Blick könnte es scheinen, daß diese These nicht den Tatsachen entspricht, da ein Teil der Kredite gegen Sicherheit durch Produkte zur Verfügung gestellt wird, die von den Betrieben als Produktionsvorräte gehalten werden, d. h. durch Produkte, die bereits realisiert sind. Aber der in ihnen enthaltene Wert muß noch in der Geldform umverteilt werden. In der Tat können die Vorräte bei Betrieben, die Kredite erhalten haben, sich entweder aus zeitweilig aus dem Umlauf freigestellten und über den Kredit umzuverteilenden Mitteln anderer Betriebe bilden, oder aus zeitweilig mit Hilfe des Kredits umzuverteilenden Haushaltsmitteln. In beiden Fällen wird der Wert dieser Vorräte nur zeitweilig als Kredit zur Verfügung gestellt und nach Ablauf der Kreditfrist erneut dem Kreditsystem in der Geldform zurückerstattet (Kredittilgung). Der gesamte über den Kredit umzuverteilende Wert ist also innerhalb der Volkswirtschaft auf diejenige Menge des gesellschaftlichen Produkts und der früher geschaffenen Mittel begrenzt, die den Realisierungsprozeß oder den Verteilungs- und Umverteilungsprozeß durchmachen.

einen mechanischen Zusammenhang zwischen dem Bedarf an Geld im volkswirtschaftlichen Verkehr und der tatsächlichen Geldmenge, die sich im Verkehr befindet und komplizierte Bewegungen in den Kanälen der Realisierung von Materialwerten, der Verteilung und Umverteilung von Einnahmen und Mitteln durchmacht, nicht gibt und nicht geben kann.

In Wirklichkeit wird ja der Geldbedarf im Umlauf für jede gegebene Periode nicht nur durch die Menge der Werte bestimmt, die der Realisierung, Verteilung und Umverteilung zugeführt werden, sondern auch durch die Geschwindigkeit, mit der diese Werte sich bewegen, also auch durch die Zahl der Umschläge, die jeder gegebene Wert von dem Augenblick seines Eintritts in die Sphäre der Verteilung bis zum Augenblick seiner endgültigen Realisierung und Vollendung des Verteilungs- und Umverteilungsprozesses durchmacht. Dabei wird die erforderliche Buchgeldmenge bei unverändertem Bedarf im Zahlungsverkehr durch die Umlaufsgeschwindigkeit der bargeldlosen Mittel bestimmt, die sowohl von ökonomischen Bedingungen abhängt, d. h. von den Wegen und von der Geschwindigkeit des Warenumsatzes, der Verteilung und Umverteilung der Materialwerte, als auch von technisch-organisatorischen Faktoren, vom Verfahren und von den Bedingungen der Verrechnung, von der Organisation des Dokumentenumlaufs usw. Der Geld- und Kreditmechanismus selbst wie auch der gesamte Geldumlauf bei der Verteilung und Umverteilung absorbiert also nicht nur mehr oder weniger große Geldbeträge unabhängig von der Bewegung der Materialwerte, sondern setzt solche Geldbeträge auch von Zeit zu Zeit in mehr oder weniger großem Umfange frei. Daher bedeutet der einfache Tatbestand, daß Geldmittel im Zahlungsverkehr freigesetzt werden, durchaus noch nicht, daß diese mechanisch mit einer entsprechenden Freisetzung von Materialvorräten der Volkswirtschaft oder umgekehrt korrespondieren. Die Abhängigkeit ist hier, wie wir sehen, viel komplizierter.

Auch garantiert selbst ein vollkommen gesicherter Kredit nicht automatisch die Übereinstimmung zwischen dem Bedarf der Volkswirtschaft an bargeldlosen Mitteln und ihrer tatsächlichen Menge.

Es ist wohl überflüssig, nachzuweisen, wie notwendig die strengste Kreditsicherung als unbedingte Voraussetzung für die Stabilität des gesamten Kredit- und Geldsystems ist. Aber das genügt noch nicht. Die Sicherung kann aus Vorräten bestehen, deren Verwendung im Produktions- oder Realisierungsprozeß sich verzögert. Auf diese Weise können auch Geldmittel, die dem Umlauf als Geldform des Wertes dieser Vorräte zur Verfügung gestellt wurden, sich als überflüssig erweisen. Die Folge kann eine Erweiterung der Bargeldzirkulation durch Verminderung der sich auf den Konten des bargeldlosen Umlaufs befindenen Mittel sein. Eine völlige Übereinstimmung des Geldumlaufs mit den Bedürfnissen der Volkswirtschaft ist daher nicht zu erreichen und wird auf Grund einer einfachen Wechselbeziehung der Kredite und ihrer materiellen Sicherheit nicht erreicht werden, obgleich eine solche Wechselbeziehung außerordentlich wichtig ist und gar nicht hoch genug eingeschätzt werden kann. Hieraus ergibt sich auch die außerordentliche Bedeutung der Finanzplanung (Haushaltsplanung, Finanzplanung der Volkswirtschaftszweige, Kredit- und Bargeldumsatzplanung), die die Möglichkeit bietet, den Geldumlauf den Bedürfnissen der erweiterten sozialistischen Reproduktion anzupassen.

Der Geldumlauf wird vor allem unter strenger Beachtung des Kreditbedarfs der Volkswirtschaft einerseits und der Struktur der herangezogenen Mittel der Staatsbank andererseits geplant, d. h. unter Berücksichtigung des Verhältnisses zwischen der Menge der sich im Verkehr befindenen bargeldlosen Mittel und der Bargeldzirkulation.

Um die Struktur der herangezogenen Staatsbankmittel feststellen zu können, ist eine Koordinierung der Kredite und der auszunutzenden Haushaltsreserven, die unter den Kreditquellen der Bank eine große Rolle spielen, erforderlich. Der Zusammenhang zwischen Staatshaushalt, bargeldlosem und Bargeldumlauf ist außerordentlich eng. Die Haushaltsmittelbestände sind Ressourcen der Staatsbank, aus denen die Volkswirtschaft Kredite erhält. Veränderungen im Verhältnis zwischen den Einnahmen und den Ausgaben des Staatshaushalts wirken sich auf den Bargeldumlauf nicht so unmittelbar aus wie auf den Kredit. Solche Veränderungen bedeuten eine Erhöhung oder Verringerung der von der Bank herangezogenen Mittel. An diesem Beispiel der Beziehung zwischen dem Staatshaushalt und der Struktur der von der Staatsbank herangezogenen Mittel tritt der gesamte komplizierte Komplex der volkswirtschaftlichen Probleme zutage, der über die Finanzplanung, durch die die Übereinstimmung zwischen den Bedürfnissen der Reproduktion und dem Geldumlauf gesichert wird, gelöst werden muß.

Bei der Feststellung der Struktur der von der Staatsbank herangezogenen Mittel muß auch die Koordinierung der Kredite mit der Bargeldemission berücksichtigt werden, die durch die Bilanz der Geldeinnahmen und -ausgaben der Bevölkerung, die Bedürfnisse der Warenzirkulation und des sonstigen Zahlungsverkehrs der Bevölkerung bestimmt wird. Im Kreditplan spiegelt sich also die Wechselwirkung der Produktions-, Zirkulations- und Distributionspläne von der Geldseite her wider.

Das Verhältnis zwischen dem Kreditvolumen und der Bargeldemission wird im Kreditplan dadurch bestimmt, daß das Volumen der zusätzlichen Emission gleich der Summe ist, um die die Kredite die Summe der herangezogenen und eigenen Ressourcen der Staatsbank und der früher emittierten Bargeldmenge übersteigen.

Das Verhältnis zwischen den Krediten, den herangezogenen Mitteln und der Emission wird durch Koordinierung des Haushalts, dieses Hauptfinanzplanes des Landes, mit den Finanzplänen der Wirtschaftszweige und den Kredit- und Bargeldumsatzplänen festgesetzt.

Die Konzentration des gesamten kurzfristigen Kredits, aller Kassen-, Verrechnungs- und Emissionsoperationen bei einer einheitlichen Staatsbank ermöglicht die Schaffung eines anpassungsfähigen Mechanismus für die Planung des Geldumlaufs und für die Kontrolle seines Ablaufs. Der Kreditplan ist sowohl ein Mittel der Planung als auch ein Mittel der operativen Regulierung der Kreditausreichungen für die Volkswirtschaft. Auch der Bargeldumsatzplan beschränkt sich nicht darauf (im Verein mit dem Kreditplan), das Gesamtvolumen des Geldumlaufs und die Volumina seiner einzelnen Ströme zu ermitteln. Er hat auch operative Bedeutung, da er die Hauptmasse der Bargeldumläufe für das ganze Land umfaßt.

So bedingt also die erweiterte sozialistische Reproduktion die Formen für den Kreislauf des Wertes und damit *den Charakter der Bewegung der beiden Arten von Geldzeichen, die die Geldzirkulation vermitteln, die Ausschließlichkeit der Kreditgeldzirkulation und die Besonderheiten der Geldfunktionen in dieser Zirkulation.* Der Zusammenhang des Geldumlaufs mit dem Reproduktionsprozeß wird durch die Existenz einer nichtproduzierenden Sphäre neben der Produktionssphäre und durch die Umverteilung der Werte kompliziert.

Um den Kredit und den Geldumlauf planmäßig den Bedürfnissen der Volkswirtschaft anzupassen, nutzt der sozialistische Staat das gesamte System der Finanzplanung aus. Als Instrumente zur Ausnutzung der Gesetzmäßigkeiten der Geldzirkulation benutzt er die Finanzpläne, die auf dem sozialistischen Wirtschaftssystem basieren und die Erfordernisse der planmäßigen proportionalen Entwicklung widerspiegeln.

KAPITEL VI

Die grundlegenden Gesetzmäßigkeiten der Geldzirkulation im Sozialismus

Die Geldzirkulation ist ein qualitativ bestimmter, relativ selbständiger Vorgang in der Gesamtheit der Prozesse, die der erweiterten sozialistischen Reproduktion eigentümlich sind, und ist durch besondere Gesetzmäßigkeiten gekennzeichnet.

Der Zahlungverkehr, der unmittelbar der Zirkulation von Waren dient, ist mit dem Umschlag der Einkünfte und Mittel verbunden, stimmt aber nicht mit ihm überein. Der Fluß des Geldumlaufs hängt nicht nur von der Realisierung der Warenwerte ab, sondern auch von der Verteilung und Umverteilung des Wertes sowohl des gesellschaftlichen Produkts als auch der früher akkumulierten Fonds, von der Bildung primärer Einnahmen, von der Umverteilung der Mittel und Einnahmen über den Haushalt, den Kredit usw.

Die sich überschneidenden Bewegungen der verschiedenen, in der Volkswirtschaft, beim sozialen und kulturellen Aufbau und in der Verwaltung in Umlauf gesetzten Geldmittel sind ebenso mannigfaltig wie die Geldströme, aus denen sich der gesamte Geldumlauf der sozialistischen Gesellschaft zusammensetzt. Aber sie alle haben Eigentümlichkeiten, durch die sich der sozialistische Geldumlauf grundsätzlich vom kapitalistischen unterscheidet.

Der planmäßige proportionale Charakter der erweiterten sozialistischen Reproduktion bedingt auch einen planmäßigen Geldumlauf. Die wichtigsten Geldströme, sowohl die baren als auch die unbaren, verlaufen planmäßig.

Die Warenbewegung der Produktionsmittel von den Produzenten zur produktiven Konsumtion und die Warenbewegung der Konsumtionsmittel von den Betrieben und vom Großhandel zum Einzelhandel rufen eine ganze Reihe planmäßiger Geldströme hervor. Die Lohnzahlungen der staatlichen und genossenschaftlich-kollektivwirtschaftlichen Betriebe an die Werktätigen und die sonstigen Einkünfte der Bevölkerung sind mit andersgearteten planmäßigen Geldströmen verbunden. Auch im Einzelhandelsumsatz des organisierten Marktes entstehen planmäßige Geldströme, die von der Bevölkerung zum staatlichen und genossenschaftlichen Handel verlaufen. Diese Ströme setzen sich aus unzähligen individuellen Zahlungen der Bevölkerung für Waren und Dienstleistungen zusammen, die in ihrer Gesamtheit jedoch planmäßig sind, da die Bildung der Kauffonds und die Realisierung des größten Teils der Waren planmäßig vor sich geht.

Diesen planmäßigen Charakter erhält der Geldumlauf in seiner Gesamtheit dadurch, daß die Planmäßigkeit der einzelnen Geldströme mit der völligen Zentralisierung der Finanzplanung in den Händen des Staates und mit der Zusammenfassung des gesamten Kreditwesens, der Kassen- und Verrechnungstätigkeit in der Volkswirtschaft und der Emission bei einer einheitlichen Staatsbank vereinigt wird. Dadurch wird eine völlige Zentralisierung der Hauptelemente der Geldzirkulation erzielt, wie sie nur in der sozialistischen Gesellschaft möglich ist.

Im Kapitalismus ist der Kreislauf des Geldes dem eigentlichen Geldumlauf entgegengesetzt,[1] da die kapitalistische Reproduktion auf dem Privateigentum beruht. Die Verflechtung der individuellen Kreisläufe in der Gesellschaft führt zu einer spontanen Geldzirkulation, d. h. zu einer allgemeinen Entfernung von den Ausgangspunkten. Daher ist für die kapitalistische Geldzirkulation das Fehlen eines einheitlichen Zentrums kennzeichnend.

Auch im sozialistischen Reproduktionsprozeß vollzieht das Geld, wie wir gesehen haben, viele Kreisläufe. Aber die Kreisläufe, die die Werte der Reproduktionsfonds der einzelnen Betriebe vollziehen, sind Bestandteile des gesamtgesellschaftlichen Kreislaufs. Hierdurch wird auch das Verhältnis zwischen den Kreisläufen des Geldes und der Geldzirkulation insgesamt bestimmt. Der gesamtgesellschaftliche Kreislauf des Geldes verläuft planmäßig und gliedert sich in viele individuelle Geldkreisläufe. Mit anderen Worten, die Kreisläufe des Geldes sind einzelne Teile eines einheitlichen gesellschaftlichen Geldkreislaufs, der eben die spezifische Form der Geldzirkulation im Sozialismus ist.

Auf dieser Basis und dank der Konzentration der Emission, des kurzfristigen Kredits und der Verrechnungs- und Kassenoperationen des Landes (mit wenigen Ausnahmen) bei der Staatsbank der UdSSR bewegt sich im Sozialismus der gesamte Geldumlauf im Gegensatz zu dem im Kapitalismus auf eine Weise, daß er — um sich der Worte von Marx zu bedienen — von einem einheitlichen Zentrum nach allen Punkten an der Peripherie ausstrahlt und von diesen Punkten wieder zu dem gleichen Zentrum zurückkehrt.

Die planmäßige Zentralisierung des gesamten Geldumlaufs des Landes entspricht der Natur dieses Umlaufs selbst und den ihm eigenen Gesetzmäßigkeiten.[2]

[1] Wie Marx sagt, „. . . ist der *Kreislauf des Geldes* — d. h. der *Rückfluß* des Geldes zu seinem Ausgangspunkt — soweit er ein Moment des Umschlags des Kapitals bildet, ein ganz verschiedenes ja selbst entgegengesetztes Phänomen zum *Umlauf des Geldes*, der seine stete *Entfernung* vom Ausgangspunkt durch eine Reihe von Händen ausdrückt". Karl Marx, Das Kapital. A. a. O., Bd. II, S. 343.

[2] Ein planmäßiger und zentralisierter Geldumlauf ist nur in der sozialistischen Ökonomik möglich. Alle Projekte einer „regulierbaren" Geldzirkulation auf der Basis der kapitalistischen Ökonomik dienen zur Verschleierung der Widersprüche und der Anarchie in der kapitalistischen Zirkulationssphäre. In solchen Projekten schwelgen besonders die Ökonomen des rechten Labourflügels. Ungeachtet der privatkapitalistischen Grundlagen der englischen Ökonomik verkünden sie, das Geld sei „vom Herrn zum Diener" geworden. Sie wollen selbst das nicht begreifen, was viele bürgerliche Ökonomen eingestehen. So hat Karl Diehl zur „kapitalistischen Regulierung" der Geldzirkulation geschrieben:

1. Die Gesetzmäßigkeiten der für die Zirkulation erforderlichen Bargeldmenge

Das Volumen der zirkulierenden Geldmenge wird durch folgende Faktoren bestimmt: 1. durch den Gesamtwert des im gegebenen Zeitabschnitt zu realisierenden gesellschaftlichen Produkts und durch den Umfang der Zahlungen, die sowohl den Wert der früher realisierten Materialwerte, deren Bezahlung fällig ist, als auch die Bewegung der Einkünfte und Mittel zum Ausdruck bringen; 2. durch die Preise; 3. durch die Umlaufsgeschwindigkeit des Geldes in seinen Funktionen als Zirkulations- und Zahlungsmittel.

Das Zusammenwirken dieser Faktoren, die die Geldmenge in der Zirkulation bestimmen, legt ein bekanntes Gesetz von Marx dar: „Bei gegebener Umlaufsgeschwindigkeit des Geldes, sei es als Zirkulationsmittel, sei es als Zahlungsmittel, wird die Gesamtsumme des in einem gegebenen Zeitabschnitt zirkulierenden Geldes bestimmt sein durch die Gesamtsumme der zu realisierenden Warenpreise [plus] der Gesamtsumme der in derselben Epoche fälligen Zahlungen minus der durch Ausgleichung sich gegeneinander aufhebenden Zahlungen.“ [3]

Die Veränderung jedes einzelnen dieser Faktoren und aller zusammen verändert auch den Gesamtumfang der umlaufenden Geldmenge. Da indessen die Wirkungssphäre dieses Gesetzes im Sozialismus eine prinzipiell andere ist als im Kapitalismus, unterscheidet sich auch das Wirken jedes einzelnen Faktors qualitativ grundlegend vom Wirken des entsprechenden Faktors im Kapitalismus. Diese Faktoren verändern sich nicht spontan, sondern planmäßig. Und endlich ist auch ihre Wechselwirkung im Sozialismus eine andere als im Kapitalismus.

Im Entwicklungsprozeß der Geldzirkulation in der UdSSR wirkten die den Umfang der Geldmenge bestimmenden Faktoren auf verschiedene Weise zusammen, je nach den konkreten Bedingungen der sozialistischen Reproduktion.

„Wenn dieser gesamte Zahlungsverkehr, die Geschäfte gegen bar und auf Kredit, mit Hilfe des Papiergeldes durchgeführt würde, könnte der Staat nur dann autoritativ richtig ihre Menge fixieren, wenn die Menge der erzeugten Waren und ihr Umsatz von ihm autoritativ ermittelt werden könnte“. Karl Diehl, Gold und Währungen im Kriege und nach dem Kriege (russ.), 1921, S. 137.

[3] Karl Marx, Zur Kritik der politischen Ökonomie. A. a. O., S. 158.
Manche Ökonomen legen diese Formel nicht richtig aus, da sie annehmen, daß das Fungieren des Geldes als Zahlungsmittel nur in den Grenzen des Zahlungsverkehrs zu berücksichtigen ist, der unmittelbar durch die Realisierung der Waren hervorgerufen wird, ohne das Fungieren des Geldes als Zahlungsmittel in der gesamten Verteilungs- und Umverteilungssphäre des Wertes des gesellschaftlichen Produkts in Betracht zu ziehen. Diese Einschränkung erfolgt aus dem Grunde, weil angeblich nur die Warenzirkulation eine Reproduktionsphase ist. In Wirklichkeit aber ist die Verteilung (die die Primärverteilung und die Umverteilung umfaßt) eine selbständige Phase der Reproduktion, der die Bewegung des Wertes in der Geldform, d. h. der Zahlungsverkehr, dient. Dabei sind Zirkulation und Distribution Prozesse, die nicht nur nacheinander, sondern auch gleichzeitig vor sich gehen. — Siehe die Diskussion zu dieser Frage in „Fragen der Wirtschaft“ (russ.), Nr. 11, 1956, u. Nr. 2, 1957.

Nach Abschluß der Übergangsperiode ergab sich bereits während des zweiten Fünfjahrplanes das für die sozialistische Periode charakteristische Zusammenwirken dieser Faktoren. Mit der schnellen Erweiterung der sozialistischen Reproduktion vermehrten sich auch die zirkulierenden Warenmengen, und der Zahlungsverkehr stieg. Die Entfaltung des Sowjethandels und die Rationalisierung der gesamten Zirkulationssphäre nach Aufhebung des Kartensystems führten zur Beschleunigung des Geldumlaufs. Da aber die Realisierung der Produkte und der gesamte Zahlungsverkehr schneller wuchsen als die Umlaufsgeschwindigkeit des Geldes (ungeachtet der stabilen Preise und sogar der Preissenkungen), steigerte sich systematisch der Umfang der Zirkulation und dementsprechend der zirkulierenden Geldmenge.

Diese Wechselbeziehung kann an folgenden konkreten Kennziffern für die Bewegung der zirkulierenden Bargeldmenge während des zweiten Fünfjahrplanes illustriert werden:[4]

Jahr	Warenumsatz		Bargeldeingang bei der Staatsbank		Umschläge des Bargeldes im Jahr nach den Eingängen bei der Staatsbank		In Umlauf befindliche Geldmenge			
							Zu Beginn des entsprechenden Jahres		Im Jahresdurchschnitt	
	In Mrd. Rbl.	In % zum Vorjahr	In Mrd. Rbl.	In % zum Vorjahr	Umschlags-zahl	In % zum Vorjahr	In Mrd. Rbl.	In % zum Vorjahr	In Mrd. Rbl.	In % zum Vorjahr
1932	40,4	—	40,0	—	6,0	—	5,7	—	6,6	—
1933	49,8	123,2	47,9	119,7	6,6	110,0	8,4	147,3	7,2	109,1
1934	61,8	124,1	58,8	122,7	8,1	122,7	6,9	82,0	7,2	100,0
1935	80,5	130,4	80,6	137,0	9,3	114,8	7,3	110,6	8,6	119,4
1936	106,9	132,9	106,0	131,5	10,3	110,7	9,3	127,4	10,3	119,8
1937	125,9	117,8	124,0	117,0	—	—	11,2	120,5	—	—

Das Verhältnis der Faktoren, die das Volumen des Geldumlaufs in den Jahren des zweiten Fünfjahrplanes bestimmten, spiegelt die schnelle Entwicklung der sowjetischen Wirtschaft wider. Die angeführten Daten zeigen das hohe Wachstumstempo der Warenzirkulation und die allmähliche Beschleunigung der Geldzirkulation und folglich das im Verhältnis langsamere Wachstum der umlaufenden Geldmenge. Das ist kennzeichnend für das von der Kommunistischen Partei der Sowjetunion und von der Sowjetregierung systematisch gefestigte Geldsystem.

Das Zusammenwirken der Faktoren, die die umlaufende Geldmenge bestimmen, kann nur auf Grund besonderer Umstände in einzelnen Entwicklungsperioden der

[4] Als Kennziffern, die die wachsende Aufnahmefähigkeit des Bargeldumlaufs charakterisieren, führen wir das Wachstum des Einzelhandelsumsatzes und der Bargeldeingänge bei den Kassen der Staatsbank an, da diese Eingänge mehr oder minder genau die Entwicklung des Barzahlungsverkehrs widerspiegeln. Daneben wird die wachsende Umschlagsgeschwindigkeit des Bargeldes über die Kassen der Staatsbank (auf der Einnahmeseite) angeführt, da diese Kennziffer überhaupt die Entwicklung der Umlaufsgeschwindigkeit des Bargeldes anzeigt. Die Kennziffer der umlaufenden Bargeldmenge gibt die Dynamik ihrer durchschnittlich jährlich zirkulierenden Menge wieder. Die Tabelle wurde auf Grund amtlicher statistischer Veröffentlichungen der Statistischen Zentralverwaltung und der Staatsbank der UdSSR zusammengestellt.

sowjetischen Ökonomik anders geartet sein, wie das zu Beginn des ersten Fünfjahrplanes und während des Krieges beobachtet werden konnte. Während der ersten Jahre des ersten Fünfjahrplanes führten zeitweilig auftretende Schwierigkeiten, die beim sozialistischen Aufbau zu überwinden waren, zu ungünstigen Verhältnissen zwischen der Dynamik der Warenmenge und dem Volumen der Geldzirkulation; es entstand ein gewisses Mißverhältnis zwischen der Geldzirkulation und der Warenzirkulation. Die Menge des umlaufenden Geldes betrug 1929 (zu Beginn des Jahres) 2 Mrd. Rbl., 1930 erhöhte sie sich auf 2,8 Mrd. Rbl., 1931 auf 4,3 Mrd. Rbl.[5] und 1932 auf 5,7 Mrd. Rbl. In der gleichen Zeit, von 1928 bis 1932, stieg der Warenumsatz nur um 34 %. Während des Großen Vaterländischen Krieges stieg die Bargeldzirkulation ungefähr auf das Vierfache[6] bei gleichzeitiger Schrumpfung des Warenangebots.

Kennzeichnend und entscheidend für den sozialistischen Geldumlauf ist aber, daß das Volumen der zu realisierenden Produkte und der Zahlungsverkehr schneller wachsen als die zirkulierende Geldmenge. Das wird auch durch die Daten der Nachkriegsjahre bestätigt, die das Verhältnis im Wachstum der Warenmenge und der in Umlauf befindlichen Geldmenge charakterisieren. Durch die Geldreform und durch die im Jahre 1948 vor sich gehende Auffüllung der Geldzirkulationskanäle durch zirkulierendes Bargeld stieg Mitte 1949 die entsprechende Geldmenge gegenüber dem ersten Halbjahr 1941 auf das 1,3- bis 1,4fache, während der Einzelhandelsumsatz in der gleichen Zeit auf das 1,6- bis 1,7fache anstieg.[7]

So ist also die für den Umlauf erforderliche Geldmenge eine Größe, die von drei Faktoren abgeleitet wird, von denen jeder als selbständiger Faktor den Umfang des Geldumlaufs bedingt. Bereits hier äußert sich das im Sozialismus grundsätzlich unterschiedliche Wirken des Gesetzes, das die zur Zirkulation notwendige Geldmenge bestimmt.

In der kapitalistischen Zirkulation, in der das Papiergeldzeichen (oder das Kreditgeldzeichen) spontan als Goldzeichen auftritt, hängt der von ihm repräsentierte Wert von der Menge des umlaufenden Papiergeldes ab. Jedes zirkulierende Geldzeichen kann real lediglich die Goldmenge vertreten, die durch das Verhältnis zwischen der gesamten für die Zirkulation erforderlichen Goldmenge und der faktisch zirkulierenden Geldzeichenmenge ausgedrückt wird. Das in zirkulierenden Geldzeichen ausgedrückte Preisniveau ist somit die Resultante aus dem Verhältnis der im Umlauf befindlichen Geldzeichenmenge zum für die Zirkulation erforderlichen „Goldminimum".

In der sozialistischen Gesellschaft ist dagegen die tatsächliche Menge des Goldes (und dementsprechend des Wertes), die von einer Geldeinheit repräsentiert wird, im wesentlichen durch die Planpreise bestimmt. Also unterscheidet sich das Wirken

[5] Laut Bilanz der Staatsbank. — Vgl. „Kredit und wirtschaftliche Rechnungsführung" (russ.), Nr. 6, 1932, S. 15. — Im Jahre 1930 wirkte sich auch die zeitweilige Abschwächung der staatlichen Regulierung der Geldzirkulation aus, die mit den Entstellungen bei der praktischen Durchführung der Kreditreform zusammenhing.

[6] Das Finanzwesen und der sozialistische Aufbau (russ.). Gosfinisdat 1957, S. 45.

[7] Ebenda, S. 47.

des Gesetzes, das die Menge des für die Zirkulation erforderlichen Geldes im Sozialismus bestimmt, vom Wirken des gleichen Gesetzes im Kapitalismus vor allem dadurch, daß in der sozialistischen Ökonomik die Preise des organisierten Marktes sich nicht unmittelbar nach der Menge der zirkulierenden Geldzeichen richten, während in der spontanen kapitalistischen Zirkulation die Preise direkt und unmittelbar von der Menge der zirkulierenden Geldzeichen abhängig sind.[8]

Da in der sozialistischen Gesellschaft diese spontane Abhängigkeit der Preise des organisierten Marktes von der Menge des umlaufenden Geldes ebenso fehlt wie der spontane Mechanismus, durch den die Zirkulation in der Lage ist, beliebige Mengen von Geldzeichen aufzunehmen, bestimmen die Planpreise die Menge der in Umlauf zu setzenden Geldzeichen und nicht die Menge der sich im Umlauf befindenden Geldzeichen die Preise. Das ist der wichtigste und grundlegende Unterschied zwischen dem Umlauf der Geldzeichen im Sozialismus und im Kapitalismus.

Gleichzeitig erfordern die Gesetzmäßigkeiten des Geldumlaufs im Sozialismus auch einen inneren Zusammenhang zwischen dem Preisniveau, der Summe der Preise der zu realisierenden Warenmassen und der Menge der zirkulierenden Geldzeichen. Eine Störung der gesetzmäßigen Wechselbeziehung zwischen diesen drei Elementen würde zu einem Geldüberhang in der Zirkulation und zu solchen negativen Erscheinungen führen, wie einer partiellen Entwertung der Geldzeichen, einer Vielzahl von Preisen, der Loslösung der Marktpreise von den Planpreisen u. a.

In der Notwendigkeit, im Sozialismus ein bestimmtes Verhältnis zwischen der Summe der Preise der zu realisierenden Waren und dem Umfang der Zahlungen sowie dem von einer Geldeinheit dargestellten Wert und der umlaufenden Geldmenge herzustellen, kommt das Wirken des Geldumlaufsgesetzes zum Ausdruck.

Sowie im Kapitalismus das Verhältnis zwischen den genannten drei Elementen gestört ist, erfolgt eine gewaltsame, spontane Entwertung des Geldes: Ist eine zu große Geldmenge in Umlauf, dann sinkt der von einem Geldzeichen repräsentierte Wert, und die Preise steigen.[9]

[8] Eben darin äußert sich das spezifische Gesetz der Zirkulation der Geldzeichen. Siehe Karl Marx, Zur Kritik der politischen Ökonomie. A. a. O., S. 173; derselbe, Das Kapital. A. a. O., Bd. I, S. 133.

[9] Marx sagt: „Das Steigen oder Fallen der Warenpreise mit dem Steigen oder Fallen der Papierzettelmasse – letzteres wo die Papierzettel das ausschließliche Zirkulationsmittel bilden – ist also nur durch den Zirkulationsprozeß gewaltsam bewirkte Geltendmachung des von außen mechanisch verletzten Gesetzes, daß die Quantität des zirkulierenden Goldes durch die Preise der Waren und die Quantität der zirkulierenden Wertzeichen durch die Quantität der Goldmünze bestimmt ist, die sie in der Zirkulation vertreten. Andrerseits wird daher jede beliebige Masse von Papierzetteln vom Zirkulationsprozeß absorbiert und gleichsam verdaut, weil das Wertzeichen, mit welchem Goldtitel es auch immer in die Zirkulation eintrete, innerhalb derselben zum Zeichen des Goldquantums zusammengequetscht wird, das an seiner Stelle zirkulieren könnte.
In der Zirkulation der Wertzeichen erscheinen alle Gesetze der wirklichen Geldzirkulation umgekehrt und auf den Kopf gestellt".
Karl Marx, Zur Kritik der politischen Ökonomie. A. a. O., S. 127/128.

Auf einem organisierten Markt ist jedoch kein Raum für eine spontane Reaktion der Preise auf eine Überfüllung der Umlaufskanäle mit Geld, wenn in der sozialistischen Ökonomik diese Übereinstimmung einmal gestört sein und in die Zirkulation eine übermäßige Geldmenge gelangen sollte. Der Goldgehalt der Geldeinheit kann und wird auch keinen spontanen Veränderungen unterworfen sein. Außerdem verläuft der Prozeß der nachfolgenden Herstellung des notwendigen Verhältnisses zwischen der Summe der zu realisierenden Warenpreise und den Zahlungen sowie dem Wert der Geldeinheit und der umlaufenden Geldmenge im Sozialismus auf Grund planmäßiger Maßnahmen des Staates, der die Erfordernisse des Geldumlaufsgesetzes berücksichtigt.

Auch im Charakter des Geldüberhangs, der in der Zirkulation entstehen kann, sowie in den Formen seiner planmäßigen Beseitigung treten die spezifischen Züge im Wirken des erwähnten Geldumlaufsgesetzes im Sozialismus in Erscheinung. Um diese spezifischen Züge zu klären, müssen wir besonders bei der Bildung dieses Geldüberhangs und bei seiner Beseitigung verweilen. Dabei wollen wir, um die Besonderheiten und Vorzüge des Geldumlaufs in der sozialistischen Gesellschaft klarzulegen, vorher in allgemeinen Zügen die kapitalistische Geldzirkulation während der allgemeinen Krise des Kapitalismus und besonders die Inflation als gesetzmäßige Erscheinung dieser Periode betrachten.

Die Verschärfung aller ökonomischen Widersprüche in der Epoche der allgemeinen Krise des Kapitalismus, besonders in ihrer zweiten Etappe, führt dazu, daß die Inflation fast zu einem Dauerzustand in der Geldzirkulation der kapitalistischen Länder wurde. Die Inflation entwickelte sich nicht nur als Folge eines durch Kriege, Wettrüsten oder andere außergewöhnliche Umstände hervorgerufenen Haushaltsdefizits. Wenn die Währung nicht einlösbar ist, d. h., wenn die Goldgarantie für die Banknoten fehlt und diese sich auf eine überaus schwankende Kreditgarantie stützen, nutzt der den Interessen des Monopolkapitals dienende Geldmechanismus bei jedem mehr oder minder fühlbaren Anlaß die Möglichkeit, zur Druckerpresse zu greifen. Der spontane Mechanismus der Kredit- und Geldzirkulation paßt sich unter den heutigen Verhältnissen schnell einer inflationistischen Überschwemmung nicht nur mit Papiergeld, sondern auch mit Kreditgeld an. Das Kreditgeld verwandelt sich in diesem Falle in Papiergeld. Gleichzeitig reizt der kapitalistische Reproduktionsprozeß das Monopolkapital, die Inflation weitgehend auszunutzen, um mit ihrer Hilfe aus der Arbeiterklasse zusätzlichen Mehrwert herauszupressen.

Das Wesen der Inflation offenbart sich in einem Komplex verschiedener Erscheinungen. Durch die übermäßige Ausgabe von Papiergeld oder von Kreditzirkulationsmitteln (in bar und auf Depositenkonten)[10] werden die Kanäle der Geldzirkulation

[10] Die Möglichkeit einer „Kreditinflation" wird unter den gegenwärtigen Bedingungen, unter denen die Zirkulation von Banknoten in den kapitalistischen Ländern sich nicht auf die Einlösbarkeit der Banknoten gegen Gold stützt, durch Erfahrungen in den USA, England und vielen anderen Ländern bestätigt. Nach dem zweiten Weltkriege ist die am weitgehendsten benutzte Inflationsmethode eben die Aufblähung der Depositenkonten.

überfüllt. Die Folge davon ist, daß die von den Geldzeichen repräsentierte reale Goldmenge unter das auf diesen Geldzeichen vermerkte nominelle Quantum sinkt. Das führt zu spontanen Preissteigerungen. Da die Erhöhung der Nominallöhne und anderer Arbeitseinkünfte stark hinter den steigenden Preisen für Waren und Dienstleistungen zurückbleibt, sinkt der Realwert sämtlicher Einkünfte der Werktätigen. Entsprechend steigt die von der Bourgeoisie angeeignete Mehrwertmasse.

Der Inflationsmechanismus des modernen Kapitalismus ist durch eine übermäßige Ausgabe von barem Geld und eine Erhöhung der Depositengelder gekennzeichnet. Die Materialwerte, die der Staat aus der Reproduktion zieht, werden nicht nur mit diesem Geld, sondern auch mit Steuergeldern der Werktätigen und den Erlösen aus Anleihen bezahlt. Am Ende trägt die Verwendung der Steuer- und Anleihemittel für die Finanzierung der Militarisierung und anderer unproduktiver Ausgaben des Staates ebenfalls zur Übererfüllung der Zirkulationskanäle mit überflüssigen Geldzeichen bei, vertieft also die Inflation. Dies ergibt sich, weil die Entnahme von materiellen Werten aus der Reproduktion für unproduktive Zwecke die für den Umlauf erforderliche Geldmenge verringert, während die Bezahlung dieser Werte aus Steuern und Anleihen aber die umlaufende Geldmenge entweder im bisherigen Umfange aufrechterhält oder sogar noch erhöht.

Sämtliche oben angeführte Merkmale der Inflation: Übererfüllung der Geldumlaufskanäle, Sinken des Goldgehalts der Geldeinheit und entsprechendes Steigen der Preise, Sinken des Reallohnes, Erhöhung des Mehrwertes und dementsprechend der kapitalistischen Profite und anderer Einnahmen der Ausbeuterklassen, sind integrierende Merkmale des Inflationsprozesses. Nur in ihrer Gesamtheit bestimmen sie das eigentliche Wesen der Inflation, weil diese nicht einfach eine spontane Abwertung von Geldzeichen infolge ihres Überschusses in der Zirkulation darstellt, sondern einen Prozeß mit klar ausgeprägtem Klasseninhalt, eine spezifische zusätzliche Methode zur Herauspressung von Mehrwert.

Von dieser Seite her muß der Inflationsmechanismus näher betrachtet werden. Dem Wesen der Inflation liegen die von Marx festgestellten Gesetze der Papiergeldzirkulation zugrunde.[11] Da die Papiergeldmenge sich erhöht und dadurch die

[11] „... hängt der Wert des Papiers von seiner zirkulierenden Quantität ab ... scheinen die Warenpreise zu steigen oder zu fallen mit dem Wechsel in der Quantität des zirkulierenden Papiers ... scheint das Papiergeld in jeder beliebigen Ausdehnung in die Zirkulation einzugehen“. Karl Marx, Zur Kritik der politischen Ökonomie. A. a. O., S. 128. Es muß betont werden, daß die Identifizierung der Inflation mit einer jeden Preiserhöhung seitens der bürgerlichen Ökonomen, unabhängig davon, ob sie durch Überfüllung der Zirkulationskanäle oder durch zyklische Vorgänge hervorgerufen wird, faktisch den Klassencharakter der Inflation und die Ausnutzung der Inflation durch die Monopole für einen Angriff auf den Lebensstandard der Massen verwischt. Charakteristisch ist in dieser Beziehung die Definition der Inflation, wie sie beispielsweise von amerikanischen Ökonomen gegeben wird: „Jede Periode, in der die Preise steigen, ganz gleich ob es sich um eine dauernde, zyklische oder irreguläre Erhöhung der Preise handelt, ist eine Inflationsperiode“. G. F. Luthringer, L. V. Chandler and D. C. Cline, Money, Credit and Finance. Boston 1938, S. 140.

von ihr nominal vertretene Goldmenge den Bedarf übersteigt, steigen letztlich auch die Preise, d. h., das Wertgesetz bringt den Wert des zirkulierenden Geldes gewaltsam mit dem realen Verhältnis der Waren- und Geldzirkulation in Einklang. Dabei durchläuft die Inflation mehrere Stadien.

Erstes Stadium: Überschüssige Geldzeichen sind in die Zirkulation gelangt, die Preise weisen jedoch noch keine erhebliche Steigerung auf. Das bedeutet, daß bis zu einem gewissen Grade die Übersättigung der Zirkulation mit Geld unter dem Einfluß dieses Prozesses selbst verschiedene Perturbationen in der Struktur der Geldzirkulation nach sich zieht: Ihre Aufnahmefähigkeit wird größer, die Umlaufsgeschwindigkeit des Geldes sinkt. In diesen Grenzen ist der inflationistische Geldüberschuß, von der ökonomischen Seite her gesehen, lediglich eine sehr besondere Art Steuer, eine Emissionssteuer. Die zusätzlich in Umlauf gesetzte Geldmenge ist, da sie keine oder fast keine Preisreaktion (im Umfange ihres eigenen Nominalwertes) auslöst, ein Faktor zur Umverteilung der materiellen Werte zugunsten des Geld emittierenden bürgerlichen Staates. Die Inflation wird auch in diesem Stadium im Interesse des Monopolkapitals durchgeführt, da die mit Hilfe dieser Steuerart herausgezogenen Mittel vom Staat zur Bezahlung von Rüstungsaufträgen und für andere Zuwendungen an die Monopole verwendet werden. Der Klasseninhalt der Inflation enthüllt sich indes am vollständigsten in den folgenden Entwicklungsstadien.

Zweites Stadium: Erweitert sich der Geldumlauf über das ökonomisch gerechtfertigte Minimum an Gold in der Zirkulation hinaus, so beginnt auf einer bestimmten Stufe eine fühlbare, spontane Preisreaktion einzusetzen. Noch steigen die Preise langsamer, als die zirkulierende Geldmenge zunimmt, aber im Inflationsprozeß gehen bereits qualitative Veränderungen vor sich. Zu dem Umstand, daß durch die zusätzlich emittierten Geldzeichen selbst die Einnahmen umverteilt, d. h. Werte zugunsten des emittierenden Staates in Höhe des faktisch von den Geldzeichen repräsentierten Wertes herausgezogen werden, kommt hinzu, daß die Inflation, wenn sie eine merkliche spontane Preiserhöhung auslöst, durch eben diese Preisreaktion noch viel mächtiger eine solche Umverteilung der Einnahmen bewirkt. Die Inflation wirkt wie eine doppelte Pumpe, die die Werte zugunsten des kapitalistischen Staates als Gesamtkapitalist und zugunsten jedes einzelnen Kapitalisten (in der Hauptsache zugunsten der Monopole) umverteilt.

Das ist damit zu erklären, daß der Preis der Arbeitskraft als Ware bei einer Inflation viel langsamer steigt als die Preise aller übrigen Waren. Dadurch sinken der Reallohn und der Realwert aller übrigen Arbeitseinkommen. Die Folge davon ist, daß in der zweiten Etappe der Inflation als Haupthebel für die Umverteilung schon nicht mehr die zusätzliche Emissionssteuer wirkt (obgleich auch in dieser Etappe die Emission eine solche Steuer ist), sondern die Kluft zwischen der Bewegung der Preise für die Ware Arbeitskraft und der Preisbewegung bei allen übrigen Waren. Der Schwerpunkt der Umverteilung durch inflationistische Emissionen verlagert sich auf dieses Gebiet. Im Grunde genommen besteht das kapitalistische Wesen der Inflation in diesem unausbleiblichen Sinken des Realwertes aller Arbeitseinkünfte. Gerade diesen sozialen Inhalt der Inflation hat W. I. Lenin betont, als er darauf hinwies, „... daß die erhöhte Emission von Papiergeld die schlimmste Form einer Zwangsanleihe ist, daß sie die Lage vor allem gerade der Arbeiter, des ärmsten Teils der Bevölkerung verschlechtert, daß sie das Hauptübel unter den Mißständen im Finanzwesen ist“ [12].

Drittes Stadium: Der von der Inflation erfaßte Mechanismus der Geldzirkulation erhöht spontan die zu emittierende Geldmenge. Auf diese überschüssige Geldmenge reagiert der Markt mit Preissteigerungen und ruft damit die Entwertung des Geldes hervor. Die Geldentwertung löst eine beschleunigte Emission aus, die zur weiteren Entwertung führt, usw. Unter bestimmten Voraussetzungen wird die Einschränkung der Aufnahmefähigkeit der Zirkulationssphäre, die ihrerseits eine Folge des sinkenden Geldwertes ist („Flucht in die Sachwerte“), zu einem zusätzlichen, wesentlichen Faktor der Geldentwertung. Alles das führt dazu, daß die Geldentwertung schneller vor sich geht als die Emission. Die Entwertung verläuft in Form einer ungestüm sich entwickelnden Spirale: Die steigenden Preise rufen eine steigende Emission hervor, die steigende Emission treibt immer wieder von neuem die Preise in die Höhe. Die Umverteilung durch die Inflation nimmt im Ergebnis der von ihr hervorgerufenen radikalen relativen Entwertung der Ware Arbeitskraft, der direkten Ausplünderung der Werktätigen, ungeheure Ausmaße an.[13]

Dieses dritte Stadium der Entwicklung der Inflation, für das große Perturbationen in der gesamten kapitalistischen Zirkulationssphäre kennzeichnend sind, wirkt auch in gewaltigem Ausmaße auf die gesamte Produktionssphäre zurück. Der Schleuderexport von Waren (Inflationsdumping) wird außerordentlich erhöht. Es kommt zu einer Intensivierung des Zentralisationsprozesses des Kapitals und zu unerhörten Profiten der Monopole. Die Ausplünderung des Proletariats, der Ruin des Kleinbürgertums und der Rentner sowie die Bereichung des Großkapitals übersteigen bei weitem die Grenzen des Üblichen.[14]

Aber auch der Entwicklung der Inflation sind Grenzen gesetzt; wenn sie ein gewisses Ausmaß erreicht hat, stört sie den normalen Reproduktionsprozeß so sehr, daß die weitere Beibehaltung der „Inflationskonjunktur“ den Interessen des Monopolkapitals selbst zuwiderlaufen kann. Die Unzufriedenheit der Werktätigen wächst

[12] W. I. Lenin, Werke. Berlin 1960, Bd. 25, S. 364.

[13] Das dritte Stadium der Inflation wurde nach dem zweiten Weltkrieg in vielen kapitalistischen Ländern erreicht — in Frankreich, Italien, Japan, Griechenland u. a.

[14] Manchmal werden in der Inflationsentwicklung nur zwei Etappen unterschieden: „In der ersten Etappe der Inflation bleibt das Tempo der Papiergeldentwertung hinter den zunehmenden Papiergeldmassen zurück ... In der zweiten Etappe der Inflation überholt das Tempo der Papiergeldentwertung bereits das Wachstumstempo der Papiergeldmenge“. E. J. Bregel, Geldzirkulation und Kredit der kapitalistischen Länder (russ.). Gosfinisdat 1955, S. 45.
Die Aufgliederung des Inflationsprozesses in Etappen nur vom Standpunkt des Verhältnisses des Emissionstempos zum Abwertungstempo der Geldzeichen ist unzureichend, da eine solche Gliederung nicht die Besonderheiten der sozialökonomischen Prozesse erfaßt, die das Wesen der Inflation kennzeichnen.

außerordentlich. Der von der Inflation zerrüttete Reproduktionsprozeß stellt nicht länger die Produktion des „normalen“ Mehrwertes sicher. Das ist teilweise auch mit einer Verlagerung des Interessenschwerpunktes vieler Kapitalisten aus der Produktionssphäre in die Spekulationssphäre verknüpft, wo in wahnwitzigen Inflationsumsätzen im Handumdrehen „Vermögen gemacht werden“.

Zu den für das Monopolkapital abträglichen wirtschaftlichen Folgen der „Überinflation“ kommt der wachsende Widerstand der Massen gegen ihre Ausplünderung durch die Inflation. Das nötigt die bürgerlichen Staaten letztlich dazu, Maßnahmen zu treffen, die der Inflation Einhalt gebieten. Diese Maßnahmen werden, wie die Inflation selbst, auf Kosten der Werktätigen durchgeführt.

Der Charakter der Inflation ist also, wie wir sehen, durch zwei entscheidende Momente gekennzeichnet: erstens durch die spontane Reaktion der Preise auf die Übererfüllung der Umlaufskanäle mit Geldzeichen, was sich in einer fortschreitenden Entwertung des zirkulierenden Geldes ausdrückt, zweitens durch die Umverteilung des Nationaleinkommens zugunsten der Bourgeoisie nicht nur und nicht so sehr mittels der zusätzlichen Emissionssteuer, als welche die inflationistische Geldemission zu betrachten ist, als vielmehr mit Hilfe der in der Inflation erfolgenden starken Entwertung der Ware Arbeitskraft, also durch die spezifisch inflationistische Art und Weise, zusätzlichen Mehrwert herauszupressen.[15] Infolgedessen ist die Inflation ein besonderer qualitativer Zustand der kapitalistischen Geldzirkulation.

[15] Wir halten es für erforderlich, bei der Definition der Inflation auch auf die Rolle hinzuweisen, die die Steuern der Werktätigen als wesentliches Element der Entwicklung des Inflationsprozesses im modernen Kapitalismus spielen.
In unserer wirtschaftswissenschaftlichen Literatur bestehen über den wechselseitigen Zusammenhang zwischen Steuern und Inflation verschiedene Ansichten. Viele Ökonomen geben zu, daß die Steuern dazu beitragen, die Militarisierung der Wirtschaft zu finanzieren, und damit die Voraussetzungen schaffen helfen, die die Entwicklung einer Inflation begünstigen; sie leugnen indessen, daß die Steuern ein Faktor der Methoden der modernen Inflation sind. – Vgl. E. Bregel, Steuern, Anleihen und Inflation im Dienste des Imperialismus. Berlin 1955; S. Atlas, Festigung des Geldsystems in der UdSSR und in den Ländern der Volksdemokratie, Inflation in den Ländern des Kapitalismus (russ.). Gosfinisdat 1951.
Alle Erfahrungen, die mit der Entwicklung der Inflation während des zweiten Weltkrieges und in den Nachkriegsjahren gemacht wurden, beweisen, daß die Steuern der Werktätigen ein integrierender Bestandteil der Inflationsmethoden sind. Eine solche Einschätzung fordert auf den ersten Blick zum Widerspruch heraus. Und in der Tat, Inflation bedeutet vor allem Überfüllung der Zirkulationskanäle mit überflüssigen Geldzeichen. Steuern aber führen zur Abschöpfung eines Teils der Geldeinnahmen der Bevölkerung durch den Staat. Die Steuermittel, die später zur Finanzierung von Staatsausgaben verwendet werden, brauchen die Masse der gesamten zahlungsfähigen Nachfrage nicht zu verändern. Aber das ist nur die äußere Seite der Dinge.
Tatsächlich dienen die Mittel, die der Staat in Form von Steuern von den Werktätigen einzieht und die der bürgerliche Staat zur Finanzierung von Rüstungsausgaben verwendet, der Militarisierung der Wirtschaft. Mit Hilfe der Steuern wird die Entnahme eines

In der planmäßigen, sich proportional entwickelnden sozialistischen Ökonomik verfügt der Sowjetstaat über alle Möglichkeiten, Einnahmen und Ausgaben der Bevölkerung wie auch Einnahmen und Ausgaben der Produktion zu bilanzieren, d. h. das Volumen des Bargeldumlaufs und des bargeldlosen Verkehrs in voller Übereinstimmung mit den Bedürfnissen der Volkswirtschaft zu halten.

Das bedeutet, daß, bedingt durch den Charakter der sozialistischen Reproduktion, dieser ein inflationistischer Prozeß widerspricht. „Eine Inflation kann es bei uns nicht geben", betont N. S. Chruschtschow, „denn wenn der Staatshaushalt und die Produktionspläne aufgestellt werden, wird zugleich berechnet, welche Geldmenge als Lohn ausgegeben wird, welche Warenmenge zu erzeugen ist, um die Geldmenge mit der auszustoßenden Warenmenge usw. zu bilanzieren." [16]

Selbstverständlich können im Reproduktionsverlauf bei der Bildung der Einnahmen und ihrer Verwendung Abweichungen vom Plan entstehen. Hierdurch wird zeitweilig entweder eine gewisse Emission oder eine Schrumpfung der Geldmenge hervorgerufen, was aber durch eine planmäßige, operative Regulierung des Geldumlaufs schnell beseitigt wird.

Aber unter besonderen Bedingungen, die jedoch eine Ausnahme bilden, sind wesentliche Störungen in der Übereinstimmung zwischen dem tatsächlichen Umfang der Geldmenge und dem Bedarf der Volkswirtschaft möglich.

Die Geschichte des Geldumlaufs der sozialistischen Gesellschaft kennt Perioden, in denen solche Störungen auftraten. Erhebliche Geldüberhänge hat es (nach der

erheblichen Teils des gesellschaftlichen Produkts aus der Reproduktion finanziert, der dann unproduktiv für die Bedürfnisse des Militarismus verausgabt wird. Das führt dazu, daß der Gesamtumfang der in den Wirtschaftsverkehr gelangenden Materialwerte schrumpft und infolgedessen die Aufnahmefähigkeit der Zirkulation, d. h. der Bedarf der Volkswirtschaft an Geld, sich relativ verringert. Gleichzeitig kehren die Mittel, die in Form von Steuern mobilisiert und für die Bezahlung von Rüstungsaufträgen verausgabt wurden, in den Umlauf zurück. Auf diese Weise schrumpft die Aufnahmefähigkeit der Zirkulation, aber die Masse der im Verkehr befindlichen Geldmittel wird nicht verringert. Das aber bedeutet, daß ein Teil dieser Geldmittel überflüssig wird und inflationistische Tendenzen hervorruft. Außerdem mobilisieren die Steuern die thesaurierten Mittel der Bevölkerung und verwandeln sie aus nicht wirksamen Mitteln in wirksame Mittel, was ebenfalls zur Bildung eines inflationistischen Geldübergangs in der Zirkulation beiträgt. Wenn man also die Steuern der Werktätigen nicht vom finanztechnischen Standpunkt aus betrachtet (nur als einmaligen Akt staatlicher Abschöpfung von Mitteln von der Bevölkerung), sondern vom ökonomischen Standpunkt, also von ihrem Platz im kapitalistischen Reproduktionsprozeß ausgeht, wird deutlich, daß sie eines der wichtigsten Elemente des Inflationsmechanismus darstellen. Eben das Vorhandensein dieses neuen Elements in den modernen Inflationsmethoden erklärt die Tatsache, daß der Inflationsprozeß fortschreitet, ohne daß die im Umlauf befindliche Geldmenge (Bargeldnoten und Depositen) in einer Reihe kapitalistischer Länder sich irgendwie wesentlich veränderte.

[16] Unterredung N. S. Chruschtschows mit dem Besitzer und Herausgeber der amerikanischen Zeitung „Journal of Commerce" E. Ridder und dem Redakteur dieser Zeitung, Herrn Lüdike. „Der Außenhandel" (russ.), Nr. 4, 1958, S. 8.

Währungsreform 1922—1924) in der sowjetischen Wirtschaft zweimal gegeben, allerdings nur für verhältnismäßig kurze Zeit: in den Jahren 1929 bis 1932 und von 1941 bis 1947.

Die Periode von 1929 bis 1932 war erstens durch eine sehr bedeutende, zur gleichen Zeit stattfindende Umverteilung von Materialwerten der Volkswirtschaft zum Zwecke der sozialistischen Industrialisierung gekennzeichnet (siehe Kapitel I). Diese Umverteilung bedeutete für eine Reihe von Jahren die Aussonderung von materiellen Werten aus dem laufenden Reproduktionsprozeß. Schon dies allein störte die Bilanz zwischen der in der Zirkulation befindlichen Geldmenge und dem Geldbedarf, da sich für eine gewisse Zeit die zirkulierenden Warenmengen gegenüber den wachsenden Geldeinnahmen verminderten. Zweitens mußte die Kollektivierung der Landwirtschaft vom sozialistischen Staat finanziell stark unterstützt werden, was ebenfalls einen zusätzlichen Zustrom von Geld in die Zirkulation bewirkte.[17] Dabei war eine gewisse Zeit notwendig, bis die Landwirtschaft die Produktion steigern und große Warenmassen liefern konnte.

Die ökonomischen Voraussetzungen dieser Periode bedingten die Einführung des Kartensystems. Die unbefriedigte Nachfrage nach Waren im staatlichen und genossenschaftlichen Handel trieb die Preise auf dem Bauernmarkt in die Höhe. Der Staat deckte die steigenden Preise damals in gewissem Umfange durch schnelle Lohnerhöhungen, was sowohl zur Beibehaltung des Reallohnniveaus als auch zur Stimulierung der Produktion notwendig war. Die Folge dieser besonderen ökonomischen Verhältnisse war, daß die Bargeldmenge im Verlauf der Jahre 1928 bis 1932 fast auf das 4,9fache stieg.[18] Die Warenzirkulation wuchs aber mengenmäßig bedeutend langsamer.

Auch während des Großen Vaterländischen Krieges bildete sich ein Geldüberhang. Der Krieg erforderte die Umstellung der Volkswirtschaft auf die Kriegswirtschaft und rief große Veränderungen in der Struktur der Volkswirtschaftsbilanz hervor. Ein erheblicher Teil des gesellschaftlichen Produkts wurde durch den militärischen Bedarf absorbiert. Dieser betrug im Jahre 1940 beispielsweise (ohne den persönlichen Bedarf der Militärangehörigen) 4% des gesellschaftlichen Gesamtprodukts, im Jahre 1942 aber bereits 17 und im Jahre 1943 18 %. Der Anteil der Akkumulationen am gesellschaftlichen Produkt verringerte sich von 11 % im Jahre 1940 auf 2 % im Jahre 1942 und 4 % im Jahre 1943.[19] Die Veränderungen in den Proportionen der gesellschaftlichen Reproduktion erforderten eine Umgestaltung

17 Während des ersten Fünfjahrplanes wurden der Landwirtschaft aus dem Haushalt 15,1 Mrd. Rbl. zugewiesen; die Aufwendungen des Haushalts für die sozialistische Umgestaltung der Landwirtschaft überstiegen im Jahre 1933 die des Jahres 1929/30 um mehr als das Dreifache. — Vgl. K. Plotnikow, Der Haushalt des sozialistischen Staates (russ.). Gosfinisdat 1948, S. 66.

18 Die Berechnung wurde auf Basis der im Jahresdurchschnitt sich in der Zirkulation befindenden Geldmenge angestellt. — Vgl. Die Staatsbank zum VII. Sowjetkongreß (russ.). Moskau 1935, S. 16.

19 N. Wosnessenski, Die Kriegswirtschaft der UdSSR in der Periode des Vaterländischen Krieges (russ.). Gospolitisdat 1947, S. 65.

der Einnahmen und Ausgaben des Staatshaushalts. Alle diese Umstände führten auch im Geldumlauf zu wesentlichen Veränderungen.

Auf Grund der Erfordernisse des Krieges wuchsen die direkten militärischen Ausgaben des Haushalts. Die Zuweisungen an das Volkskommissariat für Verteidigung und an das Volkskommissariat der Kriegsmarine überstiegen in viereinhalb Jahren, vom 1. Juli 1941 bis zum 1. Januar 1946, 551 Mrd. Rbl.[20] Der zivile Sektor der Industrie wurde auf die Bedürfnisse der Front umgestellt. Daneben wurden große Investitionen vorgenommen, durch die Produkte aus dem laufenden Reproduktionsprozeß herausgezogen wurden. Auch das geschah in der Hauptsache für Kriegszwecke. Während der Kriegsjahre wurden für die Finanzierung der Volkswirtschaft aus dem Haushalt 216,3 Mrd. Rbl. oder mehr als 20 % aller Ausgaben bereitgestellt.

Die vermehrten staatlichen Ausgaben deckte in erheblichem Maße die sozialistische Wirtschaft selbst. Das war ein charakteristischer Zug des sowjetischen Haushalts in den Kriegsjahren. Die im Hinterland der UdSSR fortgeführte erweiterte Reproduktion schuf starke finanzielle Quellen, die die Front und das Hinterland speisten und von ausschlaggebender Bedeutung für die Aufrechterhaltung einer gewissen Stabilität der Geldzirkulation waren.

Trotzdem verringerten sich die Reineinnahmen in Form von Umsatzsteuer und Gewinnabführungen. Ihr Anteil am Haushalt sank. In den viereinhalb Jahren (1941 bis 1945) betrugen Umsatzsteuer und Gewinnabführungen 473 Mrd. Rbl. oder 45 % der Staatseinnahmen gegenüber 70 % in den Jahren 1938 bis 1940.[21] Dieser sinkende Anteil an den Reineinnahmen wurde zum Teil durch eine erhöhte Mobilisierung der Mittel der Bevölkerung kompensiert. Während der Kriegsjahre ergaben die Steuerquellen 14 % der Haushaltseinnahmen gegenüber 5 % in den Vorkriegsjahren.[22] Die Kriegssteuer betrug 1942 bis 1945 mehr als 72 Mrd. Rbl. Eine große Rolle spielten die Geldspenden der Bevölkerung. Diese wie die obligatorischen Zahlungen machten während der Kriegsjahre insgesamt 270 Mrd. Rbl. aus, also 26 % aller Einnahmen des Staatshaushalts.[23]

Die beträchtlich vermehrten Ausgaben für die Landesverteidigung führten dem Geldumlauf Beträge zu, die über die Bedürfnisse der Volkswirtschaft hinausgingen, also überschüssiges Geld.

Die zirkulierende Geldmenge wuchs während des Krieges, wie von uns bereits festgestellt wurde, etwa auf das Vierfache. Das hing damit zusammen, daß die durch den Krieg hervorgerufenen Veränderungen in der Verteilung des gesellschaftlichen Produkts, der auf Kosten der Fonds und des Anteils der individuellen Konsumtion erheblich vergrößerte Umfang und Anteil des Kriegsbedarfs, sich auch auf den Geldumlauf auswirkten, und zwar nicht nur im Zusammenhang mit den obengenannten Strukturveränderungen des Haushalts; auch der Bargeldumlauf zwischen dem staatlichen Wirtschaftssektor und der Bevölkerung veränderte sich beträchtlich.

[20] Das Finanzwesen der UdSSR in 30 Jahren (russ.). A. a. O., S. 66.
[21] Ebenda, S. 71.
[22] Ebenda, S. 64 u. 71. [23] Ebenda, S. 73.

Die Warenbereitstellung für die individuelle Konsumtion nahm erheblich ab. Ein Geldüberhang in der Zirkulation wäre daher selbst dann unvermeidlich gewesen, wenn die Bevölkerung die gleichen Geldeinnahmen gehabt hätte wie vor dem Kriege. Aber die Verhältnisse der Kriegswirtschaft schufen in mancher Hinsicht Bedingungen, die die Entstehung zusätzlicher Geldeinnahmen verschiedener Art bei der Bevölkerung begünstigten. Die Umstellung der Volkswirtschaft auf den Krieg erforderte große Geldausgaben: Beihilfen für die evakuierte Bevölkerung, Sold für Militärpersonen, Erhöhung des finanziellen Anreizes für die Arbeiter in den entscheidenden Volkswirtschaftszweigen, die bereits während des Krieges aufgenommene Wiederherstellung der Wirtschaft in den von den faschistischen Eroberern befreiten Gebieten usw. All das führte zu erheblichen zusätzlichen Bargeldzuflüssen aus dem staatlichen Sektor in die Zirkulation.

Obgleich die Kriegskosten und die Ausgaben für die Schaffung einer gut organisierten Kriegswirtschaft vor allem aus der innerbetrieblichen Akkumulation und den Zahlungen der Bevölkerung gedeckt wurden, sah der Sowjetstaat sich gezwungen, in gewissem Umfange zusätzlich Geld zu emittieren. Gewiß, das war nur eine verhältnismäßig zweitrangige Finanzquelle, aber die umlaufende Geldmenge wuchs, und in der Zirkulation entstand ein Geldüberhang.

Wie verschieden die ökonomischen Faktoren auch sein mochten, die auf die Bildung eines Geldüberhangs in der Zirkulation hinwirkten, sie ergaben sich in jeder der beiden erwähnten Perioden daraus, daß besondere Bedingungen für die sozialistische Reproduktion entstanden, die es vorübergehend unmöglich machten, die Übereinstimmung zwischen dem Umfang der umlaufenden Geldmenge und dem Geldbedarf der Volkswirtschaft aufrechtzuerhalten.

Die ökonomischen Verhältnisse zwangen den Sowjetstaat, trotz wesentlicher Unterschiede zwischen den beiden Perioden sowohl bei der forcierten Industrialisierung der Sowjetunion während der ersten Jahre des ersten Fünfjahrplanes als auch während des Großen Vaterländischen Krieges die Geldeinnahmen der Bevölkerung (insbesondere die Löhne) zu erhöhen. In beiden Fällen bildeten die vermehrten Einnahmen einen Anreiz im Produktionsprozeß. Aber in beiden Perioden fand im Reproduktionsprozeß eine relative Schrumpfung der Produktion der Abteilung II und eine starke Steigerung der Produktion der Abteilung I statt, wodurch auch die zeitweilige Unausgeglichenheit zwischen den Geldeinnahmen der Bevölkerung und der Warendeckung hervorgerufen wurde.

Man hätte diese Kluft durch Erhöhung der Preise und durch Einführung finanzieller Umverteilungsmethoden überbrücken können. Dadurch hätte man aber die Wirksamkeit des materiellen Anreizes abgeschwächt, da man auf diese Weise den Lebensstandard der Bevölkerung gesenkt hätte. Im Interesse der erweiterten Reproduktion wurde die laufende Bilanzierung der Geldzirkulation mit der Warenzirkulation aufgehoben, es entstand eine gewisse Kluft zwischen beiden. Der Staat zog es vor, stabile Preise beizubehalten und eine zeitweilige Unausgeglichenheit einzelner Teile der Zirkulation und damit einen Geldüberhang in der Zirkulation in Kauf zu nehmen.

Die Geldmittel, die der Bevölkerung als Einnahmen zuflossen und zum Entstehen eines Geldüberhangs in der Zirkulation führten, hatten zu dieser Zeit eine doppelte ökonomische Bedeutung. Einerseits *stimulierten* sie den Reproduktionsprozeß (die höhere Arbeitsproduktivität wurde mit höheren Löhnen bezahlt), andererseits trugen sie in dem Maße, in dem sich ein Teil des Geldes in der Zirkulation als Geldüberhang niederschlug, zur *Umverteilung* der Einnahmen der Bevölkerung für gesamtstaatliche Bedürfnisse bei.

Betrachten wir die Umverteilungsfunktion der überschüssigen Geldmenge etwas näher. Wenden wir uns zuerst dem organisierten Markt, also dem entscheidenden Teil der sozialistischen Warenzirkulation zu. Die zahlungsfähige Nachfrage der Bevölkerung nach Gebrauchsgegenständen überstieg zu jener Zeit wesentlich das Warenangebot, was besondere Organisationsformen für die Zirkulation erforderlich machte. Für Gegenstände des persönlichen Bedarfs wurde die rationierte Verteilung eingeführt.

Die freie Warenzirkulation wurde durch die Verteilung auf Karten ersetzt. Die ökonomische Folge davon war, daß die Bevölkerung nicht die gesamten Einnahmen, sondern nur einen bestimmten Teil davon im staatlichen Handel zu festen Planpreisen realisieren konnte. Die übrigen Einnahmen jedoch verblieben zu einem erheblichen Teil als für die Zirkulation überflüssige Geldmenge in den Händen der Bevölkerung. Diese Geldmenge stellte eben die eigenartige, durch die Erfordernisse der Kriegszeit oder durch die besonderen Verhältnisse der Anfangsperiode des ersten Fünfjahrplanes hervorgerufene Form der Umverteilung der Einnahmen für gesamtstaatliche Zwecke dar.

Es muß betont werden, daß zwischen diesem Umverteilungsprozeß und der Inflation der kapitalistischen Wirtschaft ein wesentlicher und grundsätzlicher Unterschied besteht.

Durch die Emissionssteuer als Folge der Inflation werden die Einnahmen der Arbeiterklasse zugunsten der Bourgeoisie umverteilt. Dagegen stellte die Umverteilung der Einnahmen in der Ökonomik der UdSSR, die durch die Bildung eines Geldüberhangs in der Zirkulation hervorgerufen wurde, eine Umverteilung dar, die sich in keiner Weise zum Nachteil der Werktätigen auswirkte; sie zog lediglich eine zeitweilige Veränderung der Proportionen zwischen der Konsumtion und der Akkumulation, der individuellen, der gesellschaftlichen und der produktiven Konsumtion usw. nach sich.

So unterscheidet sich die überschüssige Geldzirkulation, die in der Ökonomik der UdSSR unter besonderen Umständen vorhanden war, vor allem dadurch grundlegend von der Inflation, daß die überschüssige Geldmenge in der sozialistischen Zirkulation die Proportionen in der Verteilung des Nationaleinkommens im Interesse der Werktätigen selbst zur Befriedigung ihrer allgemeinen Bedürfnisse verändert, während die Inflation eine besondere Methode der Umverteilung des Nationaleinkommens zugunsten der Bourgeoisie, also eine Methode der verstärkten Ausbeutung ist.

Das überschüssige Geld in der sozialistischen Zirkulation bildete, da die Preise des organisierten Marktes unverändert blieben, nur für diejenigen Werte einen

Umverteilungsfaktor, die vom Geldüberhang selbst repräsentiert wurden. Mit anderen Worten, das überschüssige Geld zog eine *partielle* Entwertung der Einnahmen nach sich, aber nicht ihre für den Inflationsprozeß kennzeichnende allgemeine Entwertung. Bei der Inflation spielt, wie uns ihr zweites und drittes Stadium zeigt, nicht die Emissionssteuer, sondern die ungeheure Entwertung der Ware Arbeitskraft die entscheidende Rolle, das starke Zurückbleiben der Preise für die Ware Arbeitskraft hinter den Preisen für die übrigen Waren. Folglich ergibt sich der grundlegende, prinzipielle Unterschied zwischen dem Geldüberhang, der sich in den von uns betrachteten Perioden in der sozialistischen Zirkulation gebildet hatte, und der Inflation daraus, daß die Arbeitskraft in der sozialistischen Gesellschaft keine Ware ist und daß die sozialistische Verteilung eine planmäßige Verteilung der gesamten Wertmenge des gesellschaftlichen, für die individuelle Konsumtion bestimmten Produkts nach der Leistung ist. Daher vollzog sich unter den besonderen Reproduktionsbedingungen als Folge der Bildung eines Geldüberhangs in der Zirkulation auch nur eine partielle Umverteilung der Einnahmen, die zur Deckung des Bedarfs der Gesellschaft selbst verwendet wurden. So hat also, von der Seite der Umverteilungsfunktion aus gesehen, die überschüssige Geldzirkulation der sozialistischen Gesellschaft nichts mit einer Inflation gemein, d. h., *klassenmäßig ist eine Inflation in der sozialistischen Gesellschaft ausgeschlossen*. Wie wirkte nun das in der Zirkulation überschüssige Geld auf die Preise? Hätte der Geldumlauf im Sozialismus sich auf den organisierten Markt beschränkt, dann hätte die Bildung von überschüssigem Geld keinen Einfluß auf die Preise ausüben können. Aber es bestehen im Sozialismus zwei Märkte für die Zirkulation.

Die überschüssige Geldmenge, die sich während des Krieges (ebenso wie während der ersten Jahre des ersten Fünfjahrplanes) gebildet hatte, floß dem nichtorganisierten Markt zu. Die Nachfrage erhöhte sich hier ganz außerordentlich und überstieg das Angebot. Dementsprechend stiegen die Preise. Die spontanen Einflüsse auf die Preisbildung verstärkten sich. Der nichtorganisierte Markt (der einen verhältnismäßig kleinen Teil der gesamten Warenzirkulation umfaßte) reagierte auf Grund seiner begrenzten Aufnahmefähigkeit besonders empfindlich auf die stark gestiegene Nachfrage, was sich in einer erheblichen Entwertung der hier zirkulierenden Geldmenge äußerte.

Aber selbst diese auf dem nichtorganisierten Markt vor sich gehende Preisbildung unterschied sich grundsätzlich und wesentlich von einer Inflation.

Die spontane Reaktion der Preise und ihr Steigen auf dem nichtorganisierten Markt konnte zu keiner irgendwie gearteten wesentlichen Umverteilung des Nationaleinkommens zugunsten der Warenbesitzer führen und führte auch nicht dazu; denn die Warenbesitzer auf dem kollektivwirtschaftlichen Markt beuten keine Arbeitskraft aus, sondern verkaufen lediglich diejenigen Produkte, über die sie persönlich verfügen können. Daher konnte die Aufblähung der Preise auf diesem Markt sich auch nicht wesentlich im Reallohn widerspiegeln.

Die Kollektivbauern als Hauptlieferanten des nichtorganisierten Marktes, die für ihre Waren die überhöhten Preise erzielten, akkumulierten zum Teil das erhaltene Geld; zum Teil aber legten sie es in Industriewaren an, deren Preise, soweit diese Waren im kommerziellen Handel und teilweise von der nichtlandwirtschaftlichen Bevölkerung verkauft wurden, ebenfalls überhöht waren. Die Umverteilung durch den Geldüberhang, der sich vom organisierten Markt auf den nichtorganisierten Markt verlagerte, erfolgte also in der Hauptsache über die Emission und beschränkte sich auf die Höhe seines eigenen Wertes.

Natürlich führte das Steigen der Marktpreise, ausgelöst durch Preisschwankungen auf dem nichtorganisierten Markt, durch unvermeidliche, gebietsmäßig bedingte Preisspannen, durch Spekulationen, mit denen sich manche Elemente in Stadt und Land befaßten usw. zu einer gewissen zusätzlichen Umverteilung der Einnahmen. Aber typisch für die Reaktion der Preise des nichtorganisierten Marktes auf den Geldüberhang war eben, daß sie die volkswirtschaftliche Umverteilung des Nationaleinkommens nicht wesentlich beeinflußten. Schon allein dadurch unterschied sich der sozialökonomische Charakter der Preisreaktion des nichtorganisierten Marktes auf den Geldüberhang in der Zirkulation im Rahmen der sozialistischen Gesellschaft grundsätzlich von dem sozialökonomischen Charakter der Reaktion der Marktpreise auf die sich entfaltende Inflation der kapitalistischen Länder. Doch es geht hier nicht nur und nicht so sehr um diese Dinge. Entscheidend bleibt die Tatsache, daß der nichtorganisierte Markt in der sozialistischen Ökonomik eine untergeordnete Rolle spielt. Daher konnten Geldprozesse auf diesem Markt, wie scharfe Formen sie auch immer annehmen mochten, die Preisbildung insgesamt nicht entscheidend beeinflussen.

Betrachten wir nun die Reaktion der Preise auf die überschüssige Geldmenge auf beiden Märkten, auf dem organisierten und dem nichtorganisierten Markt, in bezug auf den Stand beider Preisarten, der staatlichen und der Marktpreise, d. h., betrachten wir alle diese Erscheinungen in bezug auf die sozialistische Zirkulation in ihrer Gesamtheit.

Entscheidenden Einfluß hat der Markt, auf dem der Staat seine Waren absetzt. Auf diesem Markt blieben die Preise während des Großen Vaterländischen Krieges im wesentlichen unverändert. Aber er war der Realisierung überschüssiger Einnahmen verschlossen. Um die Bevölkerung zusätzlich zu versorgen, einen Teil der Einnahmeüberschüsse abzuschöpfen und hauptsächlich um die Preisbewegung des nichtorganisierten Marktes zu beeinflussen, schuf der Staat den sogenannten kommerziellen Handel zu erhöhten Preisen. Ein gewisser Teil der Einnahmeüberschüsse wurde zu diesen erhöhten kommerziellen Preisen [24] realisiert, ein anderer, und zwar der größte Teil, zu Preisen des nichtorganisierten Marktes.

Die überschüssige Geldzirkulation, die sich in den Preisen des hauptsächlichen, des organisierten Marktes, fast gar nicht widerspiegelte (die Preise wurden hier lediglich für Waren, die im kommerziellen Handel verkauft wurden, erhöht, im rationierten Handel nur für einzelne Artikel), war einer der wesentlichsten Fak-

[24] Der Umfang des kommerziellen Handels war relativ gering. Die Einnahmen aus demselben betrugen 1944/45 15,7 Mrd. Rbl., während von 1941 bis 1945 im Jahresdurchschnitt dem Haushalt mehr als 105 Mrd. Rbl. an Umsatzsteuer und Gewinnabführungen zuflossen. — Vgl. Das Finanzwesen der UdSSR in 30 Jahren (russ.). A. a. O., S. 70, 71.

toren für die starke Preissteigerung auf dem nichtorganisierten Markt, dessen Anteil an der Versorgung der Bevölkerung nicht groß war.

Obgleich also unter dem Einfluß des Geldüberhangs in der Zirkulation und einer Reihe anderer in der Kriegswirtschaft wirksamer Faktoren das volkswirtschaftliche Preisniveau sich im Durchschnitt ebenfalls erhöhte, sank der Wert der Geldeinheit und die Kaufkraft des Rubels nicht proportional zum Geldüberhang in der Zirkulation, sondern nur partiell. Das war damit zu erklären, daß die Preise für die Hauptmasse der Waren unverändert blieben, wodurch eine spontane Reaktion der Preise dieser Waren auf das überschüssige Geld und eine allgemeine Entwertung des Geldes ausgeschlossen wurden. Mehr als das: Bereits während des Krieges begann auf dem nichtorganisierten Markt eine Preissenkung.

Der Preisindex des kollektivwirtschaftlichen Marktes (errechnet nach Preisen für den Monat Oktober im Verhältnis zu den Durchschnittspreisen des Jahres 1940 = 100)[25] hatte in den einzelnen Kriegsjahren folgenden Stand:

1941	1942	1943	1944	1945
112	886	1077	758	417

Der Geldüberhang in der Zirkulation unterscheidet sich also in der sozialistischen Gesellschaft vom inflationistischen Geldüberhang der kapitalistischen Ökonomik auch hinsichtlich des Einflusses auf die Preisbildung.

Um den Zusammenhang eines (unter besonderen Umständen entstandenen) Geldüberhangs in der Zirkulation mit der Preisbewegung vollständiger zu erklären, muß klargestellt werden, wie der in der Zirkulation entstandene Geldüberschuß sich beim Übergang zu normalen Bedingungen der sozialistischen Reproduktion mit bilanzierter Zirkulation auf den Preisstand ausgewirkt hat.

Beim Übergang von der Inflation zur vollwertigen Währung in kapitalistischen Ländern ist die Orientierung nach dem entstandenen spontanen Marktverhältnis zwischen Angebot und Nachfrage entscheidend, ganz gleich mit welchen Methoden dieser Übergang erreicht wird, sei es durch offene oder versteckte Devalvation, mit oder ohne Denomination, sei es durch Revalorisierung (die in einigen Ausnahmefällen stattfand) oder durch Stabilisierung vermittels völliger Entwertung usw. usf. — unverrückbar bleibt der zu dieser Zeit entstandene erhöhte Preisstand und infolgedessen das gesunkene Realeinkommen.

Ein völlig anderes Bild bot die sozialistische Wirtschaft in dem Moment, in dem das überschüssige Geld liquidiert und die Bilanzierung aller Elemente der Zirkulation herbeigeführt wurde. Nachdem sowohl während des zweiten Fünfjahrplanes als auch nach dem Großen Vaterländischen Krieg die materiellen Voraussetzungen in der sozialistischen Reproduktion die Möglichkeit geschaffen hatten, die Unausgeglichenheit zwischen den Elementen der Zirkulation zu beseitigen, stellte der

25 Das Finanzwesen und der sozialistische Aufbau (russ.). Gosfinisdat 1957, S. 39.

sozialistische Staat durch eine Reihe planmäßiger Maßnahmen die Übereinstimmung zwischen dem Wert des für die individuelle Konsumtion bestimmten gesellschaftlichen Produkts und der Summe der Einnahmen her, mittels derer dieses Produkt verteilt wird. Das wurde durch Festsetzung eines neuen, ausgeglichenen Standes der Planpreise erreicht. Als Ausgangspunkt für das Preisniveau diente nicht ein bestimmter, in der Zirkulation vorhandener Geldüberhang, sondern das tatsächliche Verhältnis zwischen dem Wert des gesellschaftlichen Produkts, das für die individuelle Verteilung zur Verfügung gestellt werden konnte und sich in einer bestimmten Planpreissumme ausdrückte, und der Summe der Geldeinnahmen, durch die dieses Produkt verteilt wurde.

Aber unter Umständen kann das bilanzierende Preisniveau, das in voller Übereinstimmung mit der Bilanz der Einnahmen und Ausgaben der Bevölkerung festgelegt wird, dem Umfang der zirkulierenden, früher ausgegebenen Geldmenge auch nicht entsprechen. Dann kann es notwendig werden, den Geldüberschuß aus der Zirkulation zu ziehen.

Je nach dem Umfang des beim Übergang zur bilanzierten Zirkulation vorhandenen Geldüberhangs beseitigte man diesen auf verschiedene Art. Im Jahre 1935 wurde er dadurch aufgesogen, daß bei gleichbleibender Geldmenge zusätzliche Waren in den Verkehr gebracht wurden. Im Jahre 1947 kam zu dieser zusätzlichen Warenbereitstellung noch die Geldreform.

Aus dem Dargelegten ist also zu ersehen, daß der Charakter des Zusammenhangs zwischen den Preisen und der umlaufenden Geldmenge im Reproduktionsprozeß sowohl unter den besonderen Bedingungen der Unausgeglichenheit der Waren- und Geldzirkulationselemente als auch beim Übergang von der nichtausgeglichenen zur ausgeglichenen Zirkulation und schließlich auch unter normalen Reproduktionsbedingungen mit ausgeglichener Zirkulation beweist, daß eine Inflation in der sozialistischen Ökonomik unmöglich ist. Das ist auch eines der wichtigsten Momente für das spezifische Wirken des Geldumlaufgesetzes im Sozialismus.

In der sozialistischen Gesellschaft wird also der Zusammenhang zwischen den Preisen und der Menge des zirkulierenden Geldes auf grundsätzlich anderer Grundlage und mit Hilfe anderer Methoden hergestellt als im Kapitalismus. Das ist auch der Grund dafür, daß die nachteiligen Folgen eines Geldüberhangs in der Zirkulation für die sozialistische Volkswirtschaft in keiner Weise mit den Folgen einer Inflation zu vergleichen sind. Die Inflation, die die kapitalistische Wirtschaft desorganisiert, führt zur völligen Zerrüttung des gesamten Reproduktionsprozesses. Ein Geldüberhang in der Zirkulation der sozialistischen Gesellschaft kann aber Folgen solcher Art nicht hervorrufen. Doch erfordert die Beseitigung des Verstoßes gegen den notwendigen inneren Zusammenhang zwischen dem Preisniveau, dem Umfang der Waren und der Zahlungen und der umlaufenden Geldmenge die Bilanzierung aller Zirkulationselemente. Diese Bilanzierung führt der sozialistische Staat durch besondere Maßnahmen herbei.

2. *Die Geldreform von 1947 und das Gesetz der Vollwertigkeit des Geldes in der sozialistischen Gesellschaft*

Die Maßnahmen der Geldreform von 1947 wurden durch die objektiven Gesetze der sozialistischen Geldzirkulation und insbesondere durch das Gesetz bestimmt, das den Umfang der zirkulierenden Geldmenge festlegt.

Die grundlegenden Züge der sowjetischen Geldreform von 1947, durch die die Folgen des Krieges im Geldumlauf beseitigt wurden, ihr voller Erfolg sowie ihre günstigen Auswirkungen auf allen Gebieten der Volkswirtschaft der UdSSR beruhen auf den sozialistischen Produktionsverhältnissen, auf den Vorzügen der sozialistischen Ökonomik.

Die Entwicklung der sozialistischen Volkswirtschaft forderte gebieterisch die schnellste Beseitigung der Kriegsfolgen im Geldumlauf. Für den Übergang zur Friedenswirtschaft war neben der Veränderung der Struktur der materiellen Produktion die Festigung aller Methoden des sozialistischen Wirtschaftens und die Verstärkung aller ökonomischen Anreize für die Produktion erforderlich. Daraus ergab sich widerum die Notwendigkeit, den Rubel zu festigen und die Rolle des Geldes in der Volkswirtschaft zu verstärken. Die Notwendigkeit, das Kartensystem für die Versorgung aufzuheben und zum freien sowjetischen Handel überzugehen, war herangereift und trug neben anderen wichtigen wirtschaftlichen Faktoren zur Stärkung der Rolle des Rubels in der Volkswirtschaft bei.

Die in außerordentlich kurzer Zeit nach Beendigung des Krieges — in zwei Jahren — geschaffenen wirtschaftlichen Bedingungen für die Abschaffung des Kartensystems und für die Durchführung der Geldreform waren große Errungenschaften der sozialistischen Ökonomik.

Im ersten Nachkriegsjahr bestand die Hauptaufgabe der Sowjetindustrie vor allem darin, die Kriegsproduktion auf den Friedensbedarf umzustellen. Im Jahre 1946 stieg der Ausstoß der zivilen Industrieproduktion gegenüber dem Jahre 1945 um 20 %. Die Steigerung der Industrieproduktion war umfassend; davon zeugte die Erhöhung der Warenmassen sowohl in der Abteilung I als auch in der Abteilung II der Industrie.

Der Wieder- und Neuaufbau nahm einen gewaltigen Aufschwung. Seine Erfolge drückten sich besonders in dem schnellen Tempo aus, in dem die Industrieproduktion in den von der Okkupation in Mitleidenschaft gezogenen Kreisen wuchs; diese stieg gegenüber 1945 insgesamt um 28 %.

Das Jahr 1947 war durch eine weitere Zunahme des Tempos der Industrieproduktion und der Investitionsbauten gekennzeichnet. Die Bruttoproduktion der Industrie erhöhte sich im Vergleich zu 1946 um 22 %. Das Tempo steigerte sich von Quartal zu Quartal. Im Verlauf der beiden Jahre 1946 und 1947 lief die Produktion in 1901 Großbetrieben der staatlichen Industrie an. Die gesamte Industrieproduktion, die im Jahre 1946 77 % des Vorkriegsstandes erreicht hatte, stieg im Jahre 1947 auf 93 % der Vorkriegsproduktion (Produktion von Produktionsmitteln 101 %, Produktion von Konsumtionsmitteln 82 %). Im IV. Quartal 1947 hatte die Industrie bereits einen Stand erreicht, der dem durchschnittlichen Quartalsstand des

Jahres 1940 gleichkam. Das Wiederaufbautempo der Volkswirtschaft überholte die Auflagen des ersten Nachkriegsfünfjahrplanes.

Auch in der Landwirtschaft wurden die Folgen des Krieges beseitigt. Das Jahr 1946 war das größte Dürrejahr des letzten halben Jahrhunderts. Trotzdem konnte der Staat durch die sozialistische Organisation der landwirtschaftlichen Produktion und durch die Maßnahmen zur Einsparung von Getreide die reibungslose Versorgung der Bevölkerung mit Lebensmitteln sichern. Im Jahre 1947 war eine bedeutende Steigerung der landwirtschaftlichen Produktion zu verzeichnen. Die UdSSR erzielte bei Getreide und technischen Kulturen eine gute Ernte, die ungefähr die gleiche Menge Korn ergab wie in den besten Jahren vor dem Kriege. Die Möglichkeiten, die Bevölkerung mit Lebensmitteln zu versorgen, waren wesentlich besser geworden.

Der Ausstoß von Massenbedarfsgütern stieg in den Jahren 1946 und 1947 schnell an. Die Produktion von Textilien und Schuhwerk erhöhte sich 1946 um 17 bis 30 %, die Nahrungsmittelproduktion um einige Dutzend Prozent. Im Jahre 1947 war die Steigerung der Produktion in der Leicht- und Lebensmittelindustrie besonders groß; sie stieg gegenüber 1946 um 33 %. Die Produktion von Baumwoll- und Wollgeweben erhöhte sich um mehr als ein Drittel, die Produktion von Leder- und Gummischuhen um 40 bis 68 %. Auch die Produktion von Lebensmitteln stieg: die Produktion von Zucker auf mehr als das Doppelte, von tierischen und pflanzlichen Fetten um 12 bis 24 % usw.

Durch die Steigerung der Industrie- und Landwirtschaftsproduktion sowie durch den gleichzeitigen Wiederaufbau und die Entwicklung des Transportwesens entstand die Basis für die schnell zunehmende Warenbereitstellung im Einzelhandel. Das Volumen des staatlichen Einzelhandels stieg (1945 = 100), im Jahre 1946 auf 130 und im Jahre 1947 auf 152.

Durch dieses Wachstum der Produktion und der Warenzirkulation reiften auch die erforderlichen finanziellen Voraussetzungen heran für die Festigung des Rubels und für den Übergang zum Sowjethandel ohne Karten. Die Eingänge beim Haushalt aus den entscheidenden Einnahmequellen, der Umsatzsteuer und den Gewinnabführungen, erhöhten sich. Trotz der Abschaffung der Kriegssteuer wuchsen die Einnahmen des Staates und überstiegen in den Jahren 1946 und 1947 erheblich die Ausgaben. Dadurch entstand eine stabile finanzielle Grundlage für die Durchführung der Geldreform.

Folgende Kennziffern zeigen die Entwicklung des Staatshaushaltes der UdSSR (in Mrd. Rbl.):

	1946	1947
Einnahmen	325,4	386,2
Ausgaben	307,5	361,5
Einnahmeüberschuß	*17,9*	*24,7*[26]

[26] Im Jahre 1947 überstieg der Einnahmeüberschuß die Planauflage um 4 Mrd. Rbl. Das kam daher, daß der Plan für die Gewinnabführungen um 19,2%, für die Eingänge aus den Staatsanleihen um 15,6% übererfüllt wurde usw.

Außerdem waren durch die Erweiterung des Einzelhandels-Warenumsatzes und der Dienstleistungen die Voraussetzungen für die Bilanzierung der Geldeinnahmen und -ausgaben der Bevölkerung geschaffen worden.

So waren bis gegen Ende des Jahres 1947 planmäßig die materiellen und finanziellen Voraussetzungen für die Geldreform geschaffen worden.

In der Verordnung des Ministerrates der UdSSR und des ZK der KPdSU (B) über die Durchführung der Geldreform und die Abschaffung der Rationierung hieß es:

„Jetzt, wo die Aufgabe vor uns steht, zum freien Handel, zu einheitlichen Preisen überzugehen, ist die große Menge des während des Krieges in Umlauf gesetzten Geldes ein Hindernis für die Abschaffung des Kartensystems, da das im Umlauf befindliche überschüssige Geld die Marktpreise heraufschraubt, eine überhöhte Nachfrage nach Waren schafft und die Spekulation erleichtert.

Es darf auch nicht zugelassen werden, daß die spekulativen Elemente, die sich während des Krieges bereichert und erhebliche Geldsummen angesammelt haben, die Möglichkeit erhalten, nach Abschaffung des Kartensystems Waren aufzukaufen.

Der Ministerrat der UdSSR und das ZK der KPdSU (B) haben daher beschlossen, eine Geldreform durchzuführen ...“

Bei der Durchführung der Geldreform in der zweiten Hälfte des Dezember 1947 wurde berücksichtigt, daß das sowjetische Geldsystem den Prüfungen des Krieges standgehalten hatte und nicht in Unordnung geraten war. Für eine grundlegende Umgestaltung, wie sie bei der Stabilisierung der Geldzirkulation in den Jahren 1922 bis 1924 erforderlich gewesen war, bestand daher keine Notwendigkeit.

Wesentliche Veränderungen irgendwelcher Art brachte die Geldreform von 1947 für das sowjetische Geldsystem nicht. Sie zielte lediglich darauf ab, die überschüssigen Geldzeichen, die sich während des Krieges in der Zirkulation angehäuft hatten und die normale Geld- und Warenzirkulation störten, sowie die von den faschistischen Eroberern in den von ihnen zeitweilig besetzten Gebieten herausgegebenen falschen Geldzeichen aus dem Verkehr zu ziehen und das alte, nicht vollwertige Geld durch neues, vollwertiges zu ersetzen.

Die Maßnahmen zur Reform des Geldumlaufs bezogen sich hauptsächlich auf den Bargeldverkehr. Im bargeldlosen Verkehr hatte sich in dem entscheidenden Teil, der die ökonomischen Beziehungen zwischen den staatlichen Betrieben vermittelt, weder überschüssiges Geld angesammelt noch war eine partielle Abwertung der Geldzeichen vorgenommen worden. Daher waren auch keine Maßnahmen erforderlich, um den Rubel auch in dieser Sphäre der Geldzirkulation zu festigen. Es genügte, vor allem in der Sphäre des Bargeldumlaufs eine Reform durchzuführen, um auch in der gesamten Sphäre des bargeldlosen Verkehrs positive Folgen zu zeitigen. Jedoch erfaßte die Geldreform auch die Sphäre des bargeldlosen Verkehrs im genossenschaftlich-kollektivwirtschaftlichen Sektor sowie die Sparkasseneinlagen. Und das ist verständlich, weil dieser Teil des bargeldlosen Verkehrs durch viele Kanäle mit den Geldeinnahmen der Bevölkerung verbunden war.

Im Zuge der Geldreform wurden folgende Maßnahmen getroffen:

1. Die alten Geldzeichen wurden gegen neue im Verhältnis 10:1 umgetauscht. Diese Maßnahme richtete sich hauptsächlich gegen die Spekulanten, die sich während des Krieges bereichert und große Geldbeträge angesammelt hatten. Gewisse Opfer, die die werktätige Bevölkerung zu bringen hatte, wurden durch die Preissenkung, die auf die Geldreform folgte, schnell ausgeglichen.

2. Bei den Sparkassen und bei der Staatsbank der UdSSR wurde eine Umwertung der Einlagen und der laufenden Konten der Bevölkerung vorgenommen, der günstigere Bedingungen zugrunde lagen als dem Bargeldumtausch. Die Einlagen des größten Teils der Guthabenbesitzer (80 %) in Höhe bis zu 3000 Rbl. einschließlich wurden überhaupt nicht umgewertet. Bei den Einlagen, die 3000 Rbl. überstiegen, wurden die ersten 3000 Rbl. im Verhältnis 1:1 umgewertet, der Betrag von 3000 Rbl. bis 10 000 Rbl. im Verhältnis 3 alte Rbl. gegen 2 neue Rbl. Bei Einlagen über 10 000 Rbl. wurde der Betrag bis 10 000 Rbl. einschließlich wie oben umgewertet, der 10 000 Rbl. übersteigende Betrag wurde um die Hälfte vermindert.

3. Die Geldmittel auf den laufenden Konten und Verrechnungskonten der Genossenschaftsbetriebe und -organisatoren sowie der Kollektivwirtschaften wurden zu Vorzugsbedingungen im Verhältnis 5:4 umgewertet.

Gleichzeitig erfolgte eine Konvertierung der staatlichen Anleihen. Alle früher ausgegebenen Anleihen (mit Ausnahme der Anleihe aus dem Jahre 1947) wurden in einer Anleihe vereinigt, wobei dem Umtausch der alten Obligationen gegen Obligationen der neuen einheitlichen Anleihe ein Verhältnis von 3:1 zugrunde gelegt wurde. Diese Umwertung der nominalen Anleihesummen war dadurch begründet, daß ein erheblicher Teil der Anleihen aus dem Kriege stammte, als die Kaufkraft des Rubels zum Teil gesunken war. Nach der Reform mußten Zinsen und Tilgung der Anleihe in neuen vollwertigen Rubeln gezahlt werden.

Der Grundzug der Reform war, daß die Löhne der Arbeiter und Angestellten, die Geldeinnahmen der Kollektivbauern und alle sonstigen Geldeinnahmen der Bevölkerung sich nicht verringerten. Alle Einkünfte der Bevölkerung wurden auch nach der Geldreform in früherer Höhe in neuem Gelde ausgezahlt. Gleichzeitig wurde das Kartensystem für die Versorgung abgeschafft. Der Sowjetstaat nahm den freien Sowjethandel zu Preisen auf, die mit der Reform wesentlich gesenkt wurden.

Die im Interesse des Volkes im Jahre 1947 durchgeführte Geldreform ist ein klassisches Beispiel dafür, wie der Sowjetstaat die Gesetze der sozialistischen Geldzirkulation anwendet. Diese Geldreform unterscheidet sich grundsätzlich von den in der Geschichte der kapitalistischen Länder durchgeführten Geldreformen.

Für die Geldreform von 1947 ist eine Reihe spezifischer Züge charakteristisch: 1. die Vereinigung der Maßnahmen, die den Geldumlauf zusammen mit dem Übergang von der Verteilung der Waren auf Karten zum freien Sowjethandel normalisierten; 2. die Durchführung der Reform auf der Grundlage staatlicher Planpreise (und nicht auf der Basis der entstandenen Marktpreise), die im Augenblick der Reform selbst gesenkt wurden, wobei der Übergang zum entfalteten staatlichen Handel eine schnelle und einschneidende Senkung der Marktpreise ökonomisch bedingte; 3. der Umtausch des nicht vollwertigen Rubels gegen den vollwertigen. Methoden und Inhalt dieses Umtausches entsprachen völlig der Natur der sozialistischen Ökonomik; die sowjetische Geldreform stellte weder eine Devalvation der Währung noch eine Revalorisierung der Währung oder eine beliebige andere analoge Art des Übergangs zu einer relativ stabilen Währung dar, die für bürgerliche Reformen charakteristisch sind; 4. die völlige Unabhängigkeit der Methoden der Reform und der Festsetzung des Kurses der sowjetischen Währung vom kapitalistischen Devisenmarkt.

Gerade die Tatsache, daß der Sowjetstaat sich auf die sozialistische Produktion und die herrschende Rolle des staatlichen Sektors der Produktion stützt und in seiner Hand beide Hebel zur Lenkung der sozialistischen Zirkulation vereint — die Planung der Geldzirkulation und die Planung des Warenumsatzes —, hat einen der grundlegenden Züge der Reform vorausbestimmt, die untrennbare Vereinigung der Maßnahmen zur Normalisierung der Geldzirkulation mit denen zur Normalisierung der Warenzirkulation.

Jede Geldreform in kapitalistischen Ländern führt lediglich zu Maßnahmen für die Geldzirkulation, wobei die Reform der Geldzirkulation sich auf die gegebenen Bedingungen der anarchischen Warenzirkulation, auf den Warenmarkt stützt. Dadurch erhält die Bourgeoisie Gelegenheit, die Geldreform für ihre egoistischen Zwecke auszunutzen und die werktätige Bevölkerung zusätzlich zu belasten.

Der sozialistische Staat hat 1947 den Umfang des Geldumlaufs mit den Erfordernissen der volkswirtschaftlichen Zirkulation abgestimmt und die Entwicklungsbedingungen dieser Zirkulation berücksichtigt und planmäßig beeinflußt. Die Geldreform stützte sich auf die Entwicklung des Warenumsatzes und der entfaltete Handel auf das vollwertige Geld.

Dieser zweiseitige Charakter der staatlichen Maßnahmen sicherte planmäßig den wechselseitigen Zusammenhang zwischen der Festigung und Entwicklung der Geld- und der Warenzirkulation. Neues, vollwertiges Sowjetgeld gelangte auf den Markt, wo die Waren im freien Sowjethandel zu einheitlichen Preisen abgesetzt wurden. Geld wurde in einem Umfange in Umlauf gesetzt, der den Bedürfnissen der Warenzirkulation entsprach. Oder anders ausgedrückt, die Stabilität des Sowjetrubels beruht auf dem organisierten Markt, und das reibungslose Funktionieren dieses Marktes wird durch den festen, vollwertigen Rubel unterstützt.

Noch klarer tritt die Fähigkeit des Staates, die Waren- und Geldzirkulation im Sozialismus planmäßig zu lenken, zutage, wenn man die Geldreform von 1947 mit der von 1922 bis 1924 vergleicht.

Die erste sowjetische Geldreform wurde in der Anfangsperiode der NÖP durchgeführt, als die durch den Krieg und die Intervention stark zerstörte Volkswirtschaft wieder aufgebaut werden mußte und die Frage „Wer—wen?“ zu lösen war. Die Wirtschaft war sozialökonomisch vielgestaltig. Die Bauernwirtschaft beruhte auf der kleinen Warenwirtschaft. Das Geldsystem schließlich war durch eine vom Zarismus und der Provisorischen Bürgerlichen Regierung übernommene empfindliche Abwertung des Rubels untergraben. Die Kaufkraft des Rubels sank von Tag zu Tag.

Bei der Reform von 1922 bis 1924 nutzte der Sowjetstaat die Möglichkeiten, den Warenmarkt über den vergesellschafteten Handelssektor, das Kredit- und Finanzsystem und das Außenhandelsmonopol zu beeinflussen. Die Zirkulation mußte so weit beeinflußt werden, daß sich die neue Währung auf der Grundlage stabiler Preise durchsetzte. Dies war eine schwere Aufgabe, da an der Zirkulation die kleinen Warenproduzenten beteiligt waren und das private Handelskapital noch eine große Rolle spielte. Um die Stabilität der neuen Währung zu sichern, mußte eine weitgehende Waren- und Währungsintervention vorgenommen werden. Besondere Kampfmaßnahmen gegen die Kulaken und die NÖP-Leute, die mit allen Mitteln danach trachteten, die Reform zum Scheitern zu bringen, waren erforderlich. Auch Maßnahmen zur Aufrechterhaltung einer aktiven Handels- und Zahlungsbilanz waren nötig usw.

Etwa eineinhalb Jahre lang, von der Ausgabe des Tscherwonez bis zur Ausgabe stabiler Kassenscheine, zirkulierten parallel mit den einen festen Wert darstellenden Tscherwonzen die sich entwertenden sowjetischen Geldzeichen (совзнаки). Schon dies allein zeigt, wie verwickelt die ökonomischen Verhältnisse waren, unter denen die Reform durchgeführt wurde.

Andersartige sozialökonomische Verhältnisse und ein völlig anderer Zustand des Geldumlaufs bedingten 1947 eine Geldreform völlig anderer Art. Grundlage dieser Reform waren die ungeteilte Herrschaft des sozialistischen Eigentums, der Sowjethandel, der absolut vorherrschende organisierte Markt. Aber auch der nichtorganisierte Markt hatte seinen Charakter verändert. Nicht mehr kleine Warenproduzenten, sondern Kollektivwirtschaften und Kollektivbauern boten hier ihre Erzeugnisse an; sein Anteil am gesamten Warenverkehr war recht gering. Ungeachtet des Geldüberhangs war die Stabilität des Rubels auf den entscheidenden Gebieten der Zirkulation erhalten geblieben. Die Maßnahmen der Geldreform 1947 hatten lediglich die Aufgabe, die Geldzirkulation mit den Erfordernissen des Kreislaufs in der Volkswirtschaft in Einklang zu bringen und den nicht vollwertigen Rubel durch einen vollwertigen zu ersetzen. Das wurde durch die einander ergänzenden Maßnahmen für die Geld- und Warenzirkulation auch erreicht.

Statt einer Wareninterventon des Staates auf dem nichtorganisierten Markt, also der Maßnahmen der indirekten ökonomischen Regulierung des Marktes wie zur Zeit der Reform von 1922 bis 1924, wurden 1947 der Umfang des entwickelten Sowjethandels und die Preise durch direkte staatliche Planung festgesetzt. Besondere Maßnahmen zur Stützung des Rubelkurses erübrigten sich bei der Geldreform von 1947; es waren auch keine Maßnahmen erforderlich, die eine reibungslose Aufnahme des neuen Rubels in die Zirkulation zu sichern hatten. Der vollwertige Rubel gelangte in den Umlauf zu dem Wert und mit der Kaufkraft, die durch den Plan festgelegt waren. Es versteht sich von selbst, daß der Staat das Verhältnis zwischen der Waren- und der Geldmenge sowie die Nachkriegspreise nicht willkürlich festsetzte, sondern dabei von dem erreichten Stand der Arbeitsproduktivität und von der Senkung der Selbstkosten, von der Bilanz der Geldeinnahmen und -ausgaben der Bevölkerung, von der Bilanz von Angebot und Nachfrage usw. ausging. Durch alle diese Faktoren wurde die Geldreform von 1947 bestimmt, und die Abstimmung aller Maßnahmen auf dem Gebiete des Warenumsatzes und auf dem Gebiete des Geldumlaufs war ein entscheidender spezifischer Zug der Reform.

Hieraus ergibt sich auch der zweite charakteristische Zug der sowjetischen Geldreform. Der Staat stützte sich auf die objektive Möglichkeit, die Geld- und Warenmenge zu planen, und führte die Geldreform auf der Basis der staatlichen Planpreise durch, die im Augenblick der Geldreform selbst gesenkt wurden. Dadurch erhöhte sich der Wert des Rubels. Da die nominalen Geldeinkünfte durch die Reform nicht geändert wurden, bedeutete das eine reale Erhöhung dieser Einkünfte.

Vor der Reform von 1947 realisierte die Bevölkerung einen Teil ihrer Einnahmen (in Höhe des Wertes, den die Zuteilung auf Karten hatte) zu niedrigen Kartenpreisen, den übrigen Teil zu höheren kommerziellen Preisen und Marktpreisen. Die Erhöhung der Kartenpreise im Jahre 1946 (für die die Arbeiter und Angestellten mit Löhnen und Gehältern bis zu 900 Rubel einen Ausgleich erhielten) sowie die Senkung der kommerziellen Preise veränderte nicht das Realeinkommen, sondern lediglich das Verhältnis zwischen den Kartenpreisen und den kommerziellen und Marktpreisen, die einander angenähert wurden. Aber auch nachdem die Preise im Jahre 1946 geändert worden waren, überstieg der Preisindex des Handels auf den kollektivwirtschaftlichen Märkten noch immer recht erheblich den Index der staatlichen Kartenpreise. Mit der Reform von 1947 wurden die Preise für Lebensmittel im freien Handel auf den Stand der niedrigen Kartenpreise festgesetzt und die Preise für Industriewaren auf den Stand der stark (um die Hälfte und mehr) herabgesetzten kommerziellen Preise. Im Jahre 1948 stand der Index der staatlichen Einzelhandelpreise, wenn man die Preise des IV. Quartals 1947 = 100 setzt, durchschnittlich auf 83, die Preise waren also durchschnittlich um 17 % gesunken. Damit wurde ein neues Planpreissystem festgesetzt.

Die Reform, die einen vollwertigen Rubel in Umlauf brachte, sollte die Vielzahl der Preise beseitigen und die ökonomischen Voraussetzungen für die Angleichung der Preise des kollektivwirtschaftlichen Marktes an die staatlichen Preise schaffen. Das Ergebnis war, daß der organisierte Markt unmittelbar nach der Reform von 1947 und nach der Beseitigung des Kartensystems einen entscheidenden Einfluß auf den kollektivwirtschaftlichen Markt ausübte, indem er sofort eine Senkung der Marktpreise hervorrief. Im I. Quartal 1948, dem ersten nach der Reform, waren die Preise auf dem kollektivwirtschaftlichen Markt im Vergleich zum gleichen Quartal des Vorjahres auf weniger als ein Drittel gesunken und bewegten sich in der Höhe der Planpreise. Die planmäßige Ausnutzung des Wertgesetzes kam darin zum Ausdruck, daß in dem Kampf zweier Preisebenen und zweier Märkte die Planpreise und der organisierte Markt den vollen Sieg davontrugen.

Eine bürgerliche Geldreform beläßt es nicht nur bei dem infolge der Inflation gesunkenen Lebensstandard der Bevölkerung, sondern bürdet den Werktätigen noch zusätzliche ökonomische Lasten auf. Der Reallohn verringert sich, die Arbeitslosigkeit steigt usw. Nur in der sozialistischen Wirtschaft werden Arbeiterklasse, Bauernschaft und Intelligenz durch eine Geldreform begünstigt.

Die Geldreform von 1947 diente der Erhöhung des materiellen Wohlstandes aller Werktätigen. In den seit der Reform verflossenen Jahren sind die gewaltigen Erfolge sichtbar geworden, die der sozialistische Staat bei der Hebung des materiellen Lebensniveaus des Sowjetvolkes errungen hat. Eine wichtige Rolle spielte dabei die systematische Stabilisierung des Rubels und die Erhöhung seiner Kaufkraft.

In den Jahren nach der Geldreform von 1947 ist der Einzelhandels-Warenumsatz schnell gewachsen. Der Index des Warenumsatzes des staatlichen und genossenschaftlichen Handels stieg, 1950 mit 100 angenommen, 1955 auf 189, 1957 auf 234, 1958 auf 248 und im Jahre 1959 auf 270.

Das Wachstum der Kaufkraft des Rubels im Einzelhandel verdeutlichen die Kennzahlen über die Bewegung des Index der Einzelhandelspreise im staatlichen Handel:

Index der staatlichen Einzelhandelspreise
(in % der Durchschnittspreise des Jahres 1940)[27]

	1950	1955	1956	1958
Für alle Waren	*186*	*138*	*138*	*141*[28]
Für Lebensmittel	203	141	143	149
Für die nicht zu den Lebensmitteln zählenden Waren	165	134	133	133

Die Senkung der Preise im Verein mit dem Anwachsen der durchschnittlichen Geldlöhne und des Gesamtlohnfonds (in Anbetracht der wachsenden Zahl der Arbeiter und Angestellten) sowie die von Jahr zu Jahr wachsenden Ausgaben zur Befriedigung der sozialen und kulturellen Bedürfnisse der Bevölkerung erhöhten den Reallohn. Gleichzeitig wuchsen durch die höheren Einnahmen pro Arbeitseinheit und durch die Preissenkung auch die Realeinkünfte der Kollektivbauern. In den Jahren 1940 bis 1958 stieg der Reallohn der Arbeiter und Angestellten (einschließlich der Pensionen, Unterstützungen, unentgeltlichen Ausbildung und freien ärztlichen Behandlung) auf fast das Doppelte und die Realeinkünfte der Bauern auf mehr als das Doppelte.

Die Festigung der Sowjetwährung und die steigende Kaufkraft des Rubels beruhen auf dem ununterbrochenen und schnellen Wachstum der sozialistischen Wirtschaft und auf der Entwicklung der Sowjetfinanzen. Im Jahre 1958 überstieg das Nationaleinkommen der UdSSR den Vorkriegsstand um mehr als das Dreifache. Ganz erheblich wuchs der Staatshaushalt der UdSSR, der Jahr für Jahr mit einem Einnahmeüberschuß abschloß. Die sich vergrößernden Reserven des Staats-

[27] Die Volkswirtschaft der UdSSR im Jahre 1958 (russ.). A. a. O., S. 770.

[28] Der Index der staatlichen Einzelhandelspreise ohne alkoholische Getränke stand im Jahre 1958 gegenüber 1940 für alle Waren insgesamt auf 130, für Lebensmittel auf 126.

haushalts sind eine Voraussetzung für die zuverlässige Sicherung der Stabilität des Rubels.

Der Staatshaushalt der UdSSR
(in Mrd. Rbl.)

	1940	1950	1955	1958	1959	1960
Einnahmen	180,2	422,8	564,3	672,3	735,8	772,1
Ausgaben	174,3	413,2	539,5	642,7	698,8	744,8
Einnahmeüberschuß	*5,9*	*9,6*	*24,8*	*29,6*	*37,0*	*27,3*

Die grundsätzliche Änderung des Wesens des Sowjetgeldes und die veränderten Bedingungen für die Gewährleistung seiner Stabilität gestatteten es auch, die Vollwertigkeit der Sowjetwährung auf eine besondere Weise sicherzustellen, nämlich *durch Umtausch des nichtvollwertigen Rubels gegen den vollwertigen.* Auch dies ist ein wichtiger spezifischer Zug der sowjetischen Geldreform.

Der Sowjetstaat stützt sich auf die sozialistische Planwirtschaft und nutzt ihre materiellen Voraussetzungen. Er beseitigte den Geldüberhang und gab Geld einer neuen Qualität in einer Menge aus, wie sie den Bedürfnissen des sich entwickelnden Warenverkehrs entsprach. Die Volkswirtschaft erhielt einen vollwertigen Rubel. Seine Kaufkraft wurde so festgesetzt, daß sie die Kaufkraft des Rubels vor der Reform überstieg.

Die bürgerlichen Ökonomen in den USA und in England hatten nichts Eiligeres zu tun, als die sowjetische Geldreform als „Devalvation“ zu erklären. In Wirklichkeit hatte die sowjetische Geldreform nichts mit einer Devalvation gemein und konnte auch nichts mit ihr gemein haben. Eine Devalvation wird auf Grund eines spontan entstandenen Marktkurses der Währung (oder sogar auf Grund einer Senkung dieses Kurses) vorgenommen und bedeutet die offizielle Fixierung aller ökonomischen Folgen einer Inflation. Eine Devalvation berührt nicht nur das Bargeld, sondern auch die Einkünfte, da sie die Folge einer Inflation ist. Die Inflation aber entwertet das gesamte Geld und sämtliche Geldeinkünfte.

Durch die sowjetische Geldreform wurde aber im Gegensatz zu einer Devalvation der Wert des Rubels nicht nur nicht gesenkt, sondern im Gegenteil erhöht. In Anbetracht dessen, daß der während des Krieges entstandene Geldüberhang nicht alle Einnahmen entwertet und das Planpreissystem nicht gestört hatte, konnte die Vollwertigkeit des Rubels dadurch wiederhergestellt werden, daß der Geldüberhang aus der Zirkulation gezogen und gleichzeitig das Realeinkommen erhöht wurde. Der Umtausch der alten Geldzeichen gegen neue hatte bei der sowjetischen Geldreform auch nichts gemein mit einer Revalorisierung der Währung in kapitalistischen Ländern, die den alten Wert der Währung durch Senkung des Reallohnes der Werktätigen usw. wiederherstellt.

Unmittelbar aus dem Wesen des Sowjetgeldes ergibt sich auch der vierte charakteristische Zug der Geldreform von 1947.

Bei den bürgerlichen Geldreformen spielt das Motiv, den Kurs der nationalen Währung in einem bestimmten Verhältnis zu den Auslandswährungen zu halten, eine bedeutende, häufig auch die entscheidende Rolle. Hierin äußert sich die Abhängigkeit der kapitalistischen Wirtschaft vom spontanen kapitalistischen Weltmarkt.

Auch bei der ersten sowjetischen Geldreform in der Übergangsperiode hatte das Kursproblem eine nicht geringe Rolle gespielt, obgleich es bereits damals gegenüber dem Problem der Wiederherstellung der inneren Kaufkraft des Rubels in den Hintergrund getreten war.

Bei den Grundlagen und Methoden der sowjetischen Geldreform von 1947 fehlte aus verständlichen Gründen jede Verbindung zum kapitalistischen Valutamarkt. Durch das Außenhandels- und Valutamonopol im sozialistischen Wirtschaftssystem wird das Geldsystem der UdSSR fest und zuverlässig vor dem Valutachaos, das die gegenwärtige kapitalistische Welt erfaßt hat, abgeschirmt. Der Kurs der Sowjetwährung gegenüber den Auslandskursen ist infolge der Geldreform wesentlich gestiegen.

So wurde in allen von uns betrachteten Zügen der Geldreform von 1947 deutlich, wie der sozialistische Sowjetstaat die Gesetzmäßigkeiten der Geldzirkulation planmäßig ausnutzte.

In den prinzipiellen Unterschieden zwischen den Faktoren, die die im Sozialismus zirkulierende Geldmenge und die Menge der im Kapitalismus zirkulierenden Geldzeichen bestimmen (Unterschiede, die insbesondere bei der Geldreform von 1947 klar zum Ausdruck kamen), äußert sich neben anderen Gesetzmäßigkeiten der Geldzirkulation auch das dem Geld in der sozialistischen Wirtschaft eigene *Gesetz der Vollwertigkeit des Geldes.*[29]

Im Kapitalismus unterliegt der durch eine Papiergeldeinheit dargestellte Wert beständigen Schwankungen, hervorgerufen sowohl durch den Einfluß der Wertänderung des Metalls, das von dieser Geldeinheit dargestellt wird (angesichts der Veränderungen, denen die Goldgewinnung unterliegt), als auch durch den Einfluß der Veränderung des Verhältnisses zwischen der Menge der zirkulierenden Geldzeichen und des für die Zirkulation erforderlichen Goldquantums. In der Epoche der allgemeinen Krise des Kapitalismus büßen die Geldzeichen, die ihrem Wesen nach Papiergeld sind oder Kreditgeld, das schnell zu Papiergeld wird, bei einer Inflation ihre Stabilität völlig ein.

Der Goldgehalt und dementsprechend der Wert, den die Geldeinheit der sozialistischen Gesellschaft vorstellt, ergibt sich aus dem Preisniveau, das der sozialistische Staat auf der Grundlage des Wertgesetzes und unter Berücksichtigung der Erfordernisse des gesamten Systems der ökonomischen Gesetze des Sozialismus festsetzt. Im Sozialismus werden die Preise und damit die Goldmenge und der Wert, die durch eine Geldeinheit repräsentiert werden, auf der Grundlage der objektiv

[29] Die Kategorien der Vollwertigkeit des Geldes in der sozialistischen Ökonomik wurden weiter oben (im Kapitel IV) betrachtet.

gegebenen Verhältnisse festgelegt. Darin ist die Möglichkeit und die Notwendigkeit begründet, das Geld in Waren und Dienstleistungen zu Planpreisen zu realisieren. Hieraus ergibt sich auch die mögliche und notwendige Gleichheit zwischen dem planmäßigen und dem tatsächlichen Gold- und folglich Wertgehalt der Geldeinheit, also ihre mögliche und notwendige Vollwertigkeit. Eben darin besteht auch die dem sozialistischen Geldumlauf objektiv immanente Gesetzmäßigkeit der Vollwertigkeit des Geldes.

Selbst unter besonderen Verhältnissen wurde, wie wir gesehen haben, im Verlauf des Reproduktionsprozesses das Wirken dieses Gesetzes nur teilweise und vorübergehend gestört. Unter normalen Verhältnissen aber ist die Vollwertigkeit des Sowjetgeldes durch das gesamte Organisationssystem des Geldumlaufs in Übereinstimmung mit den Erfordernissen des sozialistischen Volkswirtschaftssystems gewährleistet. Diese grundsätzlich neue, in der kapitalistischen Welt unmögliche Stabilität und Vollwertigkeit des zirkulierenden Geldes stützt sich auf die Stabilität der gesamten erweiterten sozialistischen Reproduktion.

Das Wesen des Geldes in der sozialistischen Gesellschaft, das sich vom Wesen des Geldes in der kapitalistischen Gesellschaft unterscheidet, verlangt nach einer neuen Sicherung der Stabilität des Geldes.

Das Wesen des Geldes und die Voraussetzungen und Methoden für die Sicherung seiner Stabilität bedingen einander. Da im Kapitalismus das Gold Geldware und abstrakte Form des Reichtums ist, werden die Kreditgeldzeichen direkt oder indirekt durch Gold gesichert. Indessen sind im Kapitalismus schärfste Widersprüche zwischen der Ware und dem Geld unvermeidlich. Sie wurzeln im antagonistischen Charakter des kapitalistischen Reproduktionsprozesses, der unausbleiblich in ökomischen Zyklen verläuft.

Ganz anders liegen die Dinge im sozialistischen Wirtschaftssystem. Die entscheidende Sicherung für die Stabilität des Sowjetgeldes ist die Deckung durch Waren. Diese Deckung ist im Kapitalismus völlig ausgeschlossen. Im Sozialismus ist das Gold nur eine zusätzliche Sicherung der Stabilität des Geldes. Darin besteht der prinzipiell neue Charakter der Sicherung der Stabilität des Sowjetgeldes.

Die Vollwertigkeit, die dem Geld der sozialistischen Gesellschaft gesetzmäßig eigen ist, wird nicht im Selbstlauf erreicht; der sozialistische Staat unterhält eine ausreichende Warendeckung zur Stabilisierung des Sowjetgeldes und lenkt den gesamten Emissionsmechanismus. Dieser Mechanismus entspricht völlig der Aufgabe, die unerschütterliche Stabilität des Sowjetgeldes zu sichern. Dabei ist die Finanzplanung unbedingte Voraussetzung für das störungsfreie Wirken des Emissionsmechanismus und für die systematisch einzuhaltende Übereinstimmung zwischen der umlaufenden Geldmenge und dem Geldbedarf der sozialistischen Ökonomik.

Ist die Vollwertigkeit und die Stabilität des zirkulierenden Geldes eine Eigentümlichkeit der sozialistischen Ökonomik, so ist der kapitalistischen Ökonomik, besonders in der Epoche der allgemeinen Krise des Kapitalismus, eine außerordentliche Unbeständigkeit des zirkulierenden Geldes eigen, eine fast chronische Geldentwertung. Wir haben im vorstehenden die Hauptgründe dargelegt, weshalb in der allgemeinen Krise des Kapitalismus die Währungssysteme bis auf den Grund erschüttert werden und Bedingungen entstehen, die die Inflation zu einer chronischen Erscheinung der kapitalistischen Wirtschaft machen.

Nach dem zweiten Weltkrieg haben sich die konkreten ökonomischen Voraussetzungen für eine Verschärfung der Inflation in den verschiedenen kapitalistischen Ländern unterschiedlich gestaltet. Aber welcher Art die Bedingungen für die Entwicklung der Inflation in den einzelnen kapitalistischen Ländern auch sein mögen, sie alle haben eine Reihe gemeinsamer Ursachen, durch die die Inflation und ihre Verschärfung in den Nachkriegsjahren bestimmt wurden. Von diesen Ursachen sind drei hervorzuheben:

1. Die außerordentliche Verschärfung aller Widersprüche der kapitalistischen Reproduktion durch die Verschärfung der allgemeinen Krise des kapitalistischen Systems und durch die Verschärfung des Widerspruchs zwischen den Produktionsmöglichkeiten und der Beschränktheit des kapitalistischen Marktes drängt das Monopolkapital dazu, diese Widersprüche mit Hilfe der Inflation zu lösen; aber damit vertieft und verschärft der Kapitalismus diese Widersprüche.

2. Die Inflation wird als Mittel zum Angriff des Kapitals auf den Lebensstandard der werktätigen Massen benutzt, als wichtiges Mittel, zusätzlich Profite zu erzielen und die Monopolpreise zu halten.

3. Die Inflation dient im Zeichen des Wettrüstens, der aggressiven Politik der imperialistischen Staaten als wirksames Instrument, aus dem Volk zusätzlich Mehrwert zur Bestreitung der Rüstungsausgaben herauszupressen.

Der Krieg, der in allen kapitalistischen Ländern eine umfassende Inflation und die Entwertung ihrer Währungen, des Dollars, des Pfund Sterling, des Franc, der Lira usw., hervorrief, hat ihre Geldsysteme so zerrüttet, daß nach dem Kriege nicht ein einziges kapitalistisches Land seine Währung auf einigermaßen solider Grundlage stabilisieren konnte. Die erste Welle der Nachkriegsinflation dauerte bis zum Beginn, in manchen Ländern sogar bis zur Mitte der fünfziger Jahre. Dann ebbte sie ab — aber nur für kurze Zeit. 1957/1958, nach Aufflammen der Währungskrisen in England, Frankreich und einigen anderen Ländern, nahte eine neue inflationistische Welle, die schwere Folgen für die Volksmassen mit sich brachte.

Die antiinflationistische Demagogie, die durch bürgerliche Apologeten in verstärktem Maße verbreitet wird, dient lediglich dazu, den wirklichen Kurs des Monopolkapitals der USA und der übrigen Länder zu verschleiern und die inflationistische Spontaneität für dessen eigennützige Zwecke auszunutzen.

In den USA war der Dollar während der ganzen Nachkriegszeit, ungeachtet des „goldenen Polsters“ und einer gewissen Produktionssteigerung, unstabil und allen Folgen der sich entfaltenden lang anhaltenden und umfassenden Inflationsprozesse unterworfen.

Folgende Daten charakterisieren die Dynamik der Hauptkennziffern der Produktion und der Geldzirkulation in den USA während der Nachkriegsjahre:

Indizes des Volumens der Industrieproduktion, der Preise und der zirkulierenden Geldmenge in den USA[30]

	Jahr									
	1937	1948	1950	1953	1954	1955	1956	1957	1958	1959
Physisches Produktionsvolumen	100	170	176	217	202	228	237	239	222	250
Großhandelspreise	100	186	184	196	196	196	204	210	212	214
Lebenshaltungskosten	100	167	167	185	185	185	189	194	200	202
zirkulierendes Bargeld in Mrd. Dollar	5,6	26,1	25,6	28,3	28,0	28,5	28,5	28,5	28,9	29,0
in %	100	466	457	505	500	509	509	509	516	518
Depositen in Mrd. Dollar	24,0	85,5	92,8	103,1	107,2	110,5	112,1	110,9	116,2	116,6
in %	100	356	387	429	447	460	467	462	484	486
Summe des Bargeldes und der Depositen in Mrd. Dollar	*29,6*	*111,6*	*118,4*	*131,4*	*135,2*	*139,0*	*140,6*	*139,4*	*145,1*	*145,6*
in %	*100*	*377*	*400*	*444*	*457*	*470*	*475*	*471*	*490*	*492*

Die erste lang anhaltende und tiefgreifende Inflation dauerte in den USA bis zum Jahre 1953. Während das physische Volumen der Produktion der USA den Vorkriegsstand um etwas mehr als das Doppelte überstieg, wuchs die zirkulierende Geldmenge auf mehr als das Vierfache. Der ungeheuer ansteigende Rüstungshaushalt, der beispielsweise im Jahre 1952/53 58,2 Mrd. Dollar gegenüber 1 Milliarde Dollar im Jahre 1937/38 betrug, die außerordentlich steigenden Steuern, die Last der Staatsschulden, die die Höhe von 270 Mrd. Dollar erreicht haben, also eine Summe, die nur wenig geringer ist als das Nationaleinkommen in den Nachkriegsjahren — all das sind die Gründe für die Nachkriegsentwicklung der Inflation in den USA. Die steigenden Großhandelspreise und Lebenshaltungskosten (die in der offiziellen Statistik offensichtlich zu niedrig angegeben sind) spiegeln die inflationistische Entwertung des Dollar wider, der im Jahre 1953 nur noch fast die Hälfte seiner Vorkriegskaufkraft besaß.

Obgleich in den USA mehr als zwei Drittel der bekannten Goldvorräte der kapitalistischen Welt konzentriert sind und der offizielle Goldpreis von ihnen aufrechterhalten wird (35 Dollar für die Unze), wurde die reale Entwertung des Dollar auch in der Erhöhung des Goldpreises in Dollar sichtbar. Auf vielen Goldmärkten stieg in den Jahren 1948 bis 1951 der Preis für eine Unze Gold auf 49 bis 50 Dollar, auf einigen asiatischen Märkten auf 65 bis 90 Dollar.

30 Errechnet nach Angaben der „International Financial Statistics“, XII/1957, XII/1958, IV/1960.

Nach der Zwischenkrise der Jahre 1953 und 1954 ließ der Inflationsprozeß in den USA nach. Aber dieser Zustand hielt nicht lange an. Bereits 1956 begannen die Großhandelspreise und noch schneller die Einzelhandelspreise wieder zu steigen. Dabei kamen in diesem Steigen der Preise, wie nach den Angaben über den Stand der Produktion und Zirkulation geurteilt werden kann, neben Faktoren des zyklischen Aufschwungs inflationistische Faktoren zum Ausdruck. Besonders deutlich trat das Wirken der letzteren in der Überproduktionskrise in den USA im Jahre 1958 zutage. Trotz Schrumpfung der Produktion und Verringerung der Aufnahmefähigkeit der Geldzirkulation veränderte sich die zirkulierende Geldmenge fast gar nicht, es fand also eine deutliche Übersättigung des Umlaufs mit Geldzeichen statt. Dazu trug auch das gesamte System der „Antikrisenmaßnahmen" bei: Senkung des Diskontsatzes und Rückkehr zur Politik des billigen Geldes, Defizithaushalt, starke Erhöhung der Rüstungsaufträge u. a. Das Wachstum der Produktion und des Warenumsatzes in den Jahren nach der Krise (1959—1960) führte in den USA nicht zur Beseitigung der inflationistischen Faktoren. Die Kluft zwischen der Menge der zirkulierenden Geldmittel (Bargeld und Depositengeld) und der realen Kapazität der Zirkulation ist durchaus nicht beseitigt. Die Folge des weiteren Wettrüstens ist ein erneutes großes Haushaltsdefizit. Die Staatsschuld ist hoch. Die Konkurrenz auf den Weltmärkten hat sich verschärft und den amerikanischen Monopolen den Verlust einer Reihe wichtiger Exportpositionen eingetragen. Hierdurch entstand in den USA ein hohes Defizit in der Zahlungsbilanz. Das Ergebnis war, daß die USA in der verhältnismäßig kurzen Zeit von 2 Jahren mehr als 3,3 Mrd. Dollar einbüßten. Von dem Goldvorrat von 19,5 Mrd. Dollar um die Mitte des Jahres 1960 sind 12 Mrd. Dollar Deckung für das im Umlauf befindliche Geld. Der „freie" Goldvorrat der USA beträgt also insgesamt 7,5 Mrd. Dollar. Diesem Vorrat stehen jedoch 19 Mrd. Dollar kurzfristige Auslandsverbindlichkeiten der USA gegenüber. Folglich ist auch von der Seite der Golddeckung her betrachtet der USA-Dollar eine immer weniger stabile Währung.

Die Inflation in der Wirtschaft der USA ist untrennbar verbunden mit der Militarisierung und mit der Ausnutzung des Kredit- und Geldmechanismus als Instrument, das dem Monopolkapital dazu dient, die Widersprüche in der Reproduktion auf Kosten der werktätigen Massen zu lösen. Die Mittel, die in Form von Steuern und Anleihen eingehen, deren Hauptlast die Werktätigen zu tragen haben, werden dazu benutzt, dem Reproduktionsprozeß reale Werte zu entziehen. Das Resultat ist unausbleiblich eine Disproportion zwischen dem tatsächlichen Umfang der zirkulierenden Geldmenge und dem Zirkulationsbedarf. Die Zirkulation wird immer mehr mit Geld übersättigt, was wiederum zur Vertiefung des Inflationsprozesses führt.

Von Zeit zu Zeit ergreift die Regierung der USA, die eine übermäßige Entwicklung der Inflation befürchtet, eine Reihe von Restriktionsmaßnahmen. Aber die Hauptfaktoren, die die Inflation entfachen, bleiben weiterhin wirksam und offenbaren sich in neuen Ausbrüchen des Inflationsprozesses.

Die Inflation ist auch in England zu einer fast chronischen Erscheinung der Geldzirkulation geworden. Das beweisen folgende Daten:

Indizes des Volumens der Industrieproduktion, der Preise und der zirkulierenden Geldmenge in England[31]

	Jahr									
	1937	1948	1950	1953	1954	1955	1956	1957	1958	1959
Physisches Produktionsvolumen	100	111	125	133	143	149	151	153	152	160
Großhandelspreise	100	203	257	303	303	312	324	333	336	339
Lebenshaltungskosten	100	175	184	227	232	241	255	261	270	273
Zirkulierendes Bargeld in Mrd. Pfund	0,46	1,24	1,28	1,52	1,62	1,73	1,84	1,93	1,97	2,06
in %	100	270	278	330	352	376	400	420	428	448
Depositen in Mrd. Pfund	1,21	3,87	3,99	4,00	4,10	3,97	3,92	3,78	3,88	4,02
in %	100	320	330	331	339	328	324	312	321	332
Summe des Bargeldes und der Depositen in Mrd. Pfund	*1,67*	*5,11*	*5,27*	*5,52*	*5,72*	*5,70*	*5,76*	*5,71*	*5,85*	*6,08*
in %	*100*	*306*	*316*	*331*	*343*	*341*	*345*	*342*	*350*	*364*

Die Entwicklung der Inflation in der Nachkriegsperiode führte 1949 zur Devalvation des Pfund Sterling um mehr als 30 % (im Verhältnis zum Dollar). Aber die Devalvation brachte die Inflation nicht zum Stillstand. Sie entwickelt sich in England mit sehr kurzen Unterbrechungen praktisch weiter und wird von Zeit zu Zeit von außerordentlich schweren Währungskrisen begleitet. Das System strenger Valutabeschränkungen[32] hat umfangreiche Spekulationen mit dem Pfund nicht verhindern können. Nach einigen Schätzungen umfaßte der illegale Umsatz der „schwarzen“ und „grauen“ Märkte billiger Pfunde bis zu 40 % aller Geschäfte mit dem Pfund.[33] Die Währungsposition Englands wurde durch die hohen äußeren Schulden bei den Ländern der Sterlingzone und bei den USA und durch den Mangel

[31] Errechnet nach Angaben der „International Financial Statistics“, XII/1957, IV/1960.

[32] „Die wichtigsten Besonderheiten der heutigen Sterlingzone sind: a) das nach englischem Muster aufgebaute und auf dem unveränderlichen Verhältnis der Währungen zum Pfund Sterling begründete und in Wirklichkeit für die gesamte Zone einheitliche System der Währungskontrolle, die sich auf den Valutaverkehr zwischen der Sterlingzone und der übrigen Welt erstreckt; b) die Beteiligung der Länder der Zone am 'Dollarpool', d. h. die Verpflichtung zur Ablieferung des gesamten oder eines Teils des Erlöses in Dollar oder anderer ausländischer knapper Währung sowie Gold zu einem festen fixierten Kurs an die zentralisierte Reserve in London; c) die Aufbewahrung eines großen Teils der Valutareserve der an der Sterlingzone Beteiligten als Sterlingavoir bei englischen Banken“. S. Borissow, Die Sterlingzone im Valutasystem des Kapitalismus (russ.). Gosfinisdat 1957, S. 41.

[33] M. Paly, The Dollar Dilemma Perpetual Aid to Europe? Chicago 1954, S. 158.

an Gold- und Dollarreserven sehr geschwächt. Die Einführung der teilweisen Konvertibilität des Pfund Sterling hat dessen Position durchaus nicht gefestigt und ist eher ein Akt des Handels- und Währungskrieges angesichts der Bildung des sogenannten „Gemeinsamen Marktes" der europäischen Konkurrenten Englands.[34] Der Inflationsprozeß entwickelte sich in England wie in den USA als Folge der gewaltigen Rüstungsausgaben und als Instrument, die Einkünfte der Werktätigen zu beschneiden.

Einen langwierigen Charakter trägt die Inflation in Frankreich.

Indizes des Volumens der Industrieproduktion, der Preise und der zirkulierenden Geldmenge in Frankreich[35]

	Jahr									
	1947	1948	1950	1953	1954	1955	1956	1957	1958	1959
Physisches Produktionsvolumen	100	113	123	141	155	169	187	204	211	221
Großhandelspreise	100	1905	2321	2976	2917	2917	3036	3214	3601	3780
Lebenshaltungskosten	100	1405	1803	2342	2342	2365	2412	2482	2834	3021
Zirkulierendes Bargeld in Mrd. (neuen) frs	0,94	11,41	15,99	23,38	25,83	29,10	31,81	33,43	35,47	35,71
in %	100	1214	1701	2487	2748	3096	3384	3556	3773	3799
Depositen in Mrd. frs	0,98	9,46	12,10	18,72	21,77	24,43	26,69	29,67	31,18	38,79
in %	100	965,3	1234,6	1910,2	2221,5	2492,8	2723,5	3027,6	3181,6	3958,2
Summe des Bargeldes und der Depositen in Mrd. frs	*1,92*	*20,87*	*28,09*	*42,10*	*47,60*	*53,53*	*58,50*	*63,10*	*66,65*	*74,50*
in %	*100*	*1087*	*1463*	*2193*	*2479*	*2788*	*3047*	*3286*	*3471*	*3880*

Weder die Stütze Frankreichs auf dem Währungsgebiet, die sogenannte Zone des Franc, noch die mehrfachen beträchtlichen Devalvationen des Franc trugen zur Beseitigung der Inflation bei. Im Gegenteil, jede nachfolgende Devalvation führte zu einer weiteren Vertiefung der Inflation. Die Ursache hierfür sowie für die fortschreitende Abwertung des Franc liegt hauptsächlich in der unverhältnismäßig starken Aufblähung der militärischen Ausgaben, die in nicht geringem

[34] In diesem Zusammenhang ist es nicht uninteressant, daran zu erinnern, daß England, als es die Konvertibilität des Pfund Sterling im Jahre 1947 für die laufenden Geschäfte einführte, dieses Regime insgesamt nur 35 Tage aufrechterhalten konnte und etwa 1 Milliarde Dollar aus seinen Valutareserven einbüßte.

[35] Errechnet nach Angaben der „International Financial Statistics", XII/1957, XII/1958, IV/1960.

Maße mit Hilfe der Notenpresse gedeckt werden.[36] Das Ergebnis der Inflation besteht darin, daß das Monopolkapital die Last des Krieges und der Militarisierung auf die Schultern der Arbeiterklasse und der Bauernschaft abwälzt.

Die letzten Jahre waren durch eine neue Verschärfung des Valutakrieges gekennzeichnet. Die Schaffung des sogenannten Gemeinsamen Europäischen Marktes, zu dem Frankreich, die Deutsche Bundesrepublik, Italien und die Beneluxländer gehören, hatte die Liquidierung der Europäischen Zahlungsunion und die Einführung der teilweisen Konvertibilität des Pfund Sterling in England zur Folge (die freie Umwechslung des Pfund gegen Dollar und Gold für Kontenbesitzer in englischer Währung, die nicht englische Bürger sind). Diese Maßnahme verschärfte ebenso wie die Devalvation des Franc den Währungskrieg zwischen England und seinen Partnern der Sterlingzone einerseits und den Teilnehmern am Gemeinsamen europäischen Markt andererseits. London rechnet damit, seine verlorene Rolle als Weltbankier wiederzugewinnen, wenn es eine teilweise Konvertibilität des Pfund einführt, um günstige Bedingungen für die englischen Exporteure auf dem Weltmarkt zu schaffen.

Das alles ist natürlich kein Zeugnis für eine Gesundung der Valutasphären und für die Stabilisierung der europäischen kapitalistischen Währungen, sondern bestätigt, daß die Währungen nur für den Konkurrenzkampf ausgenutzt werden, wodurch unvermeidlich eine weitere Entwicklung der Inflation hervorgerufen wird.

Die Inflation schreitet auch in vielen anderen kapitalistischen Ländern voran. Sie ist überall von Militarisierung, verstärktem Steuerdruck und wachsenden Staatsschulden begleitet. Die Übersättigung der Zirkulation mit Geldmassen führt zur Entwertung des Geldes und zu einem sinkenden Realeinkommen der Werktätigen.

In der sozialistischen Wirtschaft bietet der Geldumlauf ein der kapitalistischen Wirtschaft direkt entgegengesetztes Bild. Die Sowjetunion, die die Kriegsfolgen auf dem Gebiete des Geldumlaufs vollständig beseitigt hat, verfügt jetzt über einen vollwertigen Rubel, dessen Kaufkraft systematisch und schnell wächst. In der UdSSR sind alle erforderlichen Voraussetzungen für das reibungslose Wirken des Gesetzes der Vollwertigkeit des Geldes geschaffen worden. Das sind bedeutende Vorzüge der sozialistischen Geldzirkulation, die aus den grundlegenden Vorzügen erwachsen, die das sozialistische Wirtschaftssystem gegenüber dem kapitalistischen aufweist.

3. Die Gesetzmäßigkeiten der Aufteilung der Geldmenge in Bargeld und Buchgeld

Die Geldzirkulation besteht im Sozialismus, wie wir gesehen haben, aus zwei Bereichen: der Bargeldzirkulation und dem Umlauf der bargeldlosen Mittel. Die Bedingungen, unter denen die für die Zirkulation erforderliche Bargeldmenge

[36] Eine deutliche Charakteristik des Zustandes der Geldzirkulation gab der Parlamentarier Pellank in seinem Referat zum Haushaltsvoranschlag für 1957: „Die Lage ist wirklich verzweifelt. Mit Hilfe der Notenpresse haben wir im Jahre 1957 für 800 Mrd. Francs

ermittelt wird, wurden im ersten Abschnitt dieses Kapitels betrachtet. Jetzt untersuchen wir die Gesetzmäßigkeiten für das Volumen derjenigen Geldmenge, die für den bargeldlosen Umlauf benötigt wird (das Buchgeld).

Die Struktur des Geldumlaufs (das Verhältnis zwischen Bargeldumlauf und bargeldlosem Umlauf) wird durch die Struktur der Reproduktion bestimmt: durch das Verhältnis zwischen den Abteilungen I und II der gesellschaftlichen Produktion, zwischen der staatlichen und der genossenschaftlich-kollektivwirtschaftlichen Produktion, zwischen den einzelnen Volkswirtschaftszweigen, durch das Verhältnis zwischen der produktiven und nichtproduktiven Sphäre, durch das Vorhandensein von Zwischengliedern im Groß- und Einzelhandel, durch die Existenz des kollektivwirtschaftlichen Marktes usw.

Die grundlegenden Beziehungen der genannten ökonomischen Faktoren zur Struktur des Geldumlaufs sind offensichtlich. Die Verrechnungen zwischen den Betrieben und Institutionen werden in der Hauptsache bargeldlos, mittels Buchgeld vorgenommen. So vollzieht sich der Geldumlauf, der der Bewegung der Wertbestandteile des gesellschaftlichen Produkts zum Ersatz der Materialkosten in den Abteilungen I und II sowie der Verteilung und Umverteilung des Wertes des Nettoprodukts dient, mit Ausnahme desjenigen Teils, der die Einnahmen der Bevölkerung bildet, größtenteils bargeldlos. Dagegen erfolgt die Distribution und Zirkulation der Wertbestandteile des Nettoprodukts, die das Einkommen der Bevölkerung darstellen, in erheblichem Maße (nämlich bei ihrer Bewegung von den Betrieben zu den Arbeitern, Angestellten und Bauern und bei der Verausgabung dieser Einkünfte durch die Bevölkerung) in barer Geldform.

Folglich ist bei gleichem Umfang, aber unterschiedlicher Struktur des gesellschaftlichen Produkts (infolge des unterschiedlichen Anteils der Abteilungen I und II an der Verteilung und Umverteilung des Wertes des Nationaleinkommens usw.) die Struktur des Geldumlaufs ebenfalls unterschiedlich.

Der Umfang des gesamten Geldumlaufs in der Volkswirtschaft wird nicht nur durch den Wert des zu reproduzierenden gesellschaftlichen Gesamtprodukts bestimmt, der die Höhe des Umsatzes und den ihr entsprechenden Geldumlauf bedingt. Dieser Umfang hängt auch von der Struktur des Wertes des gesellschaftlichen Produkts ab, von dem Verhältnis, in dem er in Elemente, die für den Ersatz der in der Produktion verausgabten Produktionsmittel bestimmt sind, und in Elemente, die das Nationaleinkommen repräsentieren, zerfällt. Je größer der Anteil des Wertes des Nationaleinkommens ist, desto größer ist in der Volkswirtschaft derjenige Teil der Geldzirkulation, der dessen Verteilung und Umverteilung dient.

neue Banknoten in Umlauf gesetzt, für 400 Mrd. Francs Auslandsanleihen zusammengerafft, bei der Bank von Frankreich für 100 Mrd. Francs Gold von den bei ihr verbliebenen 300 Mrd. entnommen. Wir haben eine Devalvation des Franc vorgenommen – die fünfte nach Kriegsende –, aber dem Franc droht von allen Seiten weiterhin Unheil, da uns überhaupt keine Devisen verblieben sind. Und da wir eine Inlandsschuld von 10 Billionen Francs haben, können wir nicht damit rechnen, noch eine Anleihe zu erhalten." „Geld und Kredit" (russ.), Nr. 1, 1958, S. 75. – Diese Charakteristik hat ihre Bedeutung bis auf den heutigen Tag behalten.

Der Umfang und die Struktur des gesamten Geldumlaufs hängen schließlich von der Abweichung der Preise von den Werten in jeder der Abteilungen der gesellschaftlichen Produktion ab. Zum Beispiel führt eine Abweichung der Preise vom Wert nach oben in der Abteilung II und vom Wert nach unten in der Abteilung I zu einer relativen Steigerung des Zahlungsverkehrs in der Volkswirtschaft, da sie notwendigerweise die verteilenden und umverteilenden Zahlungen erhöht.

So wird der gesamte Zahlungsverkehr in der Volkswirtschaft durch den Umfang und die Struktur des zu reproduzierenden gesellschaftlichen Produkts und durch die Verteilung und Umverteilung seines Wertes bestimmt.

Die Aufteilung des gesamten Geldumlaufs in Bargeldumlauf und bargeldlosen Umlauf hängt in erster Linie von dem Verhältnis zwischen dem Umfang der Produktion in der Abteilung I und dem Umfang der Produktion in der Abteilung II ab. Je höher unter sonst gleichen Voraussetzungen der Anteil der Abteilung I am gesellschaftlichen Produkt ist, um so höher ist der Anteil des bargeldlosen Verkehrs und umgekehrt. Das Verhältnis zwischen diesen beiden Umlaufarten wird aber auch von Struktur des Nationaleinkommens bestimmt. Je höher der Wertanteil desjenigen Teils des Nationaleinkommens ist, der für die individuelle Konsumtion eingesetzt wird, um so größer ist der Bargeldverkehr. Umgekehrt wird der Umfang des bargeldlosen Verkehrs in erheblichem Maße vom Umfang und vom Anteil des umzuverteilenden Nationaleinkommens bestimmt. Je höher dieser Anteil ist, um so größer ist der bargeldlose Verkehr.

Um die erwähnten Beziehungen zu illustrieren, ziehen wir ein vereinfachtes Beispiel heran, wobei wir uns auf eine Aufgliederung der materiellen Produktion auf die Abteilungen I und II beschränken und voraussetzen, daß die Verteilung des gesellschaftlichen Produkts nur zwischen diesen Abteilungen, den in der Produktion in diesen Abteilungen Beschäftigten und den nichtproduzierenden Institutionen vor sich geht (nur soweit sich das auf die kollektive nichtproduktive Konsumtion bezieht, d. h. ohne Berücksichtigung der individuellen Konsumtion der Arbeiter und Angestellten der nichtproduzierenden Institutionen). Außerdem sehen wir von jeder Abweichung der Preise vom Wert sowie von jeder Akkumulation ab. (Später werden wir uns mit dem Einfluß dieser beiden Faktoren auf den Geldumlauf beschäftigen.)

Betrachten wir die Distribution und Zirkulation des gesellschaftlichen Produkts bei folgender Struktur:

$$
\begin{array}{rl}
\text{I} & 4000\,c + 1000\,v + 1000\,m = 6000 \\
\text{II} & 2000\,c + 1000\,v + 1000\,m = 4000 \\
(\text{I} + \text{II}) & 6000\,c + 2000\,v + 2000\,m = 10000
\end{array}
$$

Dabei bedeutet c den Wert der in der Produktion verbrauchten Grund- und Umlauffonds oder den Wert der Materialaufwendungen insgesamt, v den Wert des gesellschaftlichen Produkts, das für die individuelle Konsumtion der in der Produktion Beschäftigten bestimmt ist, und m den Wert des Mehrprodukts.

Die Aufgabe besteht darin, im Rahmen dieser Struktur und dieser Verteilungsmaßstäbe des Produkts die Kapazität beider Sphären der Geldzirkulation zu ermitteln.[37]

Die Betriebe der Abteilung I und II realisieren eine Produktenmenge von 6000 und 4000. Die Betriebe der Abteilung I kaufen planmäßig gegen Geld Material für die produktive Konsumtion für 4000 (Produkte der gleichen Abteilung) und die Betriebe der Abteilung II für 2000 (ebenfalls Produkte der Abteilung I). Arbeiter und Angestellte erwerben Waren, Produkte der Abteilung II, für 2000; für die gleiche Summe erwerben die Institutionen Produkte der Abteilung II. Damit ist also der gesamte durch die Realisierung der Waren der Abteilung I und II ausgelöste Zahlungsverkehr gleich 10 000.

Damit jedoch das gesamte gesellschaftliche Warenprodukt realisiert werden kann, muß eine Verteilung und Umverteilung des Nationaleinkommens vor sich gehen. Das erfordert einen besonderen Zahlungsverkehr. Folglich erschöpft sich der gesamte volkswirtschaftliche Zahlungsverkehr nicht in den Zahlungen für die Warenproduktion. Betrachten wir die übrigen Bestandteile dieses Verkehrs.

Die Realisierung der Produkte der Abteilung I in Höhe von 6000 löst eine Geldzirkulation in gleicher Höhe aus. Von den 6000 haben 4000 ihre Bewegung innerhalb dieser Abteilung abgeschlossen; für diese Summe erhalten die Betriebe der Abteilung I voneinander Produktionsmittel. Eine andere Bewegung vollzieht der Wert 2000. Die Abteilung I zahlt ihren Arbeitern und Angestellten Löhne in Höhe von 1000; diese Zahlung erfolgt in bar. Die gleiche Abteilung überträgt dem Staat einen Wert des Mehrprodukts in Höhe von 1000, die bargeldlos überwiesen werden.

So haben also die Realisierung der Produkte der Abteilung I und die Verteilung des darin enthaltenen Wertes des Nettoprodukts folgende Umlaufsakte ausgelöst: a) in Höhe von 6000, von denen die Betriebe der Abteilung 1 4000 selbst bezahlten und 2000 die Betriebe der Abteilung II; diese Zahlungen wurden bargeldlos durch die Bank überwiesen; b) in Höhe von 2000, von denen die Betriebe der Abteilung I 1000 bargeldlos an den Haushalt überwiesen und 1000 bar an die Arbeiter und Angestellten auszahlten.

Gehen wir zur Abteilung II über. Die Betriebe dieser Abteilung haben für 4000 Waren abgesetzt und dafür 2000 in bar von der Bevölkerung erhalten, die Waren der individuellen Konsumtion kaufte, und 2000 durch bargeldlose Überweisungen von staatlichen Institutionen, die Waren der unproduktiven Konsumtion bezogen. Die Abteilung II verausgabte ihrerseits 2000 für von ihr benötigte Produktionsmittel

[37] Die gesamte in der Zirkulation befindliche Geldmenge in der Bargeldsphäre wie auch in der bargeldlosen Sphäre wird berechnet, indem man davon ausgeht, daß in beiden Sphären reale Geldzeichen fungieren, deren Quantität vom Gesetz der Geldzirkulation reguliert wird. Wenn manche Ökonomen – beispielsweise S. Atlas, Über die Wirksamkeit des Gesetzes der Geldzirkulation im Sozialismus (russ.), in: „Fragen der Wirtschaft", Nr. 11, 1956 – die Anwendbarkeit des Wertgesetzes auf die bargeldlose Zirkulation bestreiten, so kommt das daher, daß sie eine reale Zirkulation außerhalb der Sphäre des Einzelhandelswarenumsatzes und der Bargeldzahlungen, also die Realität der Zirkulation der Produktionsmittel als Waren und der diese vermittelnden bargeldlosen Zirkulation – der Zirkulation von Buchgeld – verneinen.

(diesen Umsatz haben wir bereits oben berücksichtigt). Auch sie zahlte Löhne an Arbeiter und Angestellte in Höhe von 1000 in bar; die übrigen 1000 wurden bargeldlos an den Staatshaushalt überwiesen.

Die Ausnutzung eines Teils des Wertes des geschaffenen Nettoprodukts durch den Staat löst einen besonderen Zahlungsverkehr aus: einen Zahlungsverkehr zwischen den Betrieben und dem Staat in Höhe von 2000, einen Zahlungsverkehr zur Finanzierung der staatlichen Institutionen aus dem Staatshaushalt in Höhe von 2000 und schließlich Zahlungen der staatlichen Institutionen selbst für Produkte der Betriebe der Abteilung II in Höhe von 2000. Die Zahlungen der Betriebe an den Staat und der staatlichen Institutionen an die Betriebe haben wir indessen bereits oben berücksichtigt. Wir müssen also nur noch den bargeldlosen Umlauf in Höhe von 2000 berücksichtigen, der durch die Finanzierung der staatlichen Institutionen durch den Haushalt entsteht. (Der Einfachheit halber sehen wir, wie bereits oben bemerkt wurde, von den Lohnzahlungen der staatlichen Institutionen, von den Steuerzahlungen usw. d. h. von allen komplizierten Formen der weiteren Umverteilung, ab.) [38]

Betrachten wir nun alle Bestandteile des volkswirtschaftlichen Zahlungsverkehrs, der durch die Realisierung, Verteilung und Umverteilung des Wertes des Gesamtprodukts in Höhe von 10 000 ausgelöst wird:

	Insgesamt	bargeldlos	in bar
Geldumlauf zur Realisierung der Produkte der Abteilungen I und II	10000	8000	2000
Geldumlauf für Lohnzahlungen in den Abteilungen I und II	2000	—	2000
Geldumlauf zur Umverteilung der innerbetrieblichen Akkumulationen der Abteilungen I und II (Zahlungen an den Staatshaushalt)	2000	2000	—
Geldumlauf zur Finanzierung der staatlichen Institutionen durch den Haushalt	2000	2000	—
Gesamtsumme d. Geldumlaufs der Volkswirtschaft	*16000*	*12000*	*4000*

Wir setzen folgende Umschlagsgeschwindigkeiten des Geldes voraus: 10 Umschläge in der analysierten Periode bei den Zahlungen der Betriebe, 5 Umschläge bei den Zahlungen der Institutionen und 4 Umschläge bei den Zahlungen der Be-

[38] In Wirklichkeit besteht außerdem zwischen der Bevölkerung und dem Staat ein komplizierter Zahlungsverkehr ohne eine ihm zugrunde liegende Warenbewegung, der im Prozeß der staatlichen Umverteilung vor sich geht (Steuern, Gebühren, Spareinlagen, Zahlungen aus dem Haushalt an die Bevölkerung, Pensionen, Unterstützungen, Stipendien, Zinsen usw.).

völkerung[39], und ermitteln das gesamte volkswirtschaftliche Fassungsvermögen (Kapazität) des Geldumlaufs. Es ergibt sich als Quotient aus der Division des Umfangs jedes einzelnen Zahlungsverkehrs durch die Umschlagsgeschwindigkeit des Geldes bei diesem Verkehr.

1. Die Geldmenge für den Zahlungsverkehr der Betriebe der Abteilungen I und II beträgt:
   a) bargeldlose Zahlungen der Abteilung I für die Produktion 4000 + Zahlungen an den Staat 1000 + Zahlungen der Abteilung II für Waren 2000 + Zahlungen der gleichen Abteilung an den Staat 1000; insgesamt 8000 : 10 = 800;
   b) Bargeldzahlungen für Löhne in der Abteilung I 1000 + die gleichen Zahlungen der Abteilung II 1000; insgesamt 2000 : 10 = 200.

   Folglich beträgt die gesamte Geldmenge für den volkswirtschaftlichen Zahlungsverkehr der Betriebe 800 + 200 = 1000.
2. Die Geldmenge für den Zahlungsverkehr der Bevölkerung ist gleich den Bargeldzahlungen für Waren in Höhe von 2000 : 4 = 500.
3. Die Geldmenge für den Zahlungsverkehr zwischen dem Staatshaushalt und den Institutionen und Betrieben beträgt:
   a) bargeldlose Zahlungen (Zuweisungen) aus dem Staatshaushalt an die staatlichen Institutionen 2000 : 5 = 400;
   b) bargeldlose Zahlungen der staatlichen Institutionen an die Betriebe für Waren 2000 : 5 = 400.

   Die gesamte Geldmenge, die den volkswirtschaftlichen Zahlungsverkehr zur Ausnutzung des staatlichen Umverteilungsfonds vermittelt, beträgt also 400 + 400 = 800.

Folglich befinden sich insgesamt Bargeld und bargeldlose Mittel (Buchgeld) in Höhe von 1000 + 500 + 800 = 2300 im Umlauf. Davon ist die Geldmenge für den bargeldlosen Verkehr gleich 800 + 400 + 400 = 1600, und die Geldmenge für den Bargeldverkehr gleich 200 + 500 = 700.

Die Größen 1600 — Kapazität des bargeldlosen Verkehrs — und 700 — Kapazität des Bargeldumlaufs — drücken den Geldbedarf der Volkswirtschaft für beide Bereiche des Geldumlaufs aus.[40] (Sowohl die im Beispiel verwendeten Größen

[39] Tatsächlich ist die Umschlagsgeschwindigkeit dieser Zahlungen verschieden, je nachdem, ob Waren zirkulieren oder Werte umverteilt werden, aber in diesem Zusammenhang ist das unwesentlich.

[40] Das tritt insbesondere auch in den erforderlichen Verhältnissen zwischen dem Wert der materiellen Bestandteile der Reproduktion, der Höhe der Bankkreditierung, der Menge der eigenen Umlaufmittel und dem Umfang des Zahlungsverkehrs zutage. Nehmen wir an, in der Volkswirtschaft befinden sich an Materialvorräten (Produktionsumlauffonds) in der Abteilung I 6000, in der Abteilung II 4000, und die Produktion der Abteilung I ist ebenfalls gleich 6000, die der Abteilung II gleich 4000. Unter den von uns vorausgesetzten Verteilungs- und Umverteilungsbedingungen setzt sich die umlaufende Geldmenge folgendermaßen zusammen: bargeldlose Mittel auf den Konten der Abteilung I 400 + 100 = 500, auf den Konten der Abteilung II 200 + 100 = 300; Bargeld in der Kasse der Abteilung I 100 und in der Kasse der Abteilung II ebenfalls 100, auf den

selbst als auch das Verhältnis zwischen ihnen sind von rein illustrativer Bedeutung und wurden ohne Beziehung zu den wirklichen Proportionen im Geldumlauf gewählt.)

Für die Organisation der gesamten Geldzirkulation ist es sehr wichtig, den bargeldlosen Verkehr wie den Bargeldumlauf in Übereinstimmung mit deren tatsächlichem Fassungsvermögen zu halten. Das wird durch die Finanzplanung erreicht.

Bei gleichem Volumen und gleicher Wertstruktur des zu reproduzierenden gesellschaftlichen Produkts ist *das Verhältnis des Bargeldumlaufs zum bargeldlosen Umlauf je nach dem Grade der Abweichung der Preise vom Wert unterschiedlich.* Diese Abweichungen verändern nicht nur den Umfang und die Struktur (in Preisen ausgedrückt — im Vergleich zum Wert) des zu verteilenden gesellschaftlichen Produkts und der Warenzirkulation, sondern auch das Verhältnis aller Elemente

Konten des Staatshaushalts und der staatlichen Institutionen 400 + 400 = 800; Bargeld bei der in der Abteilung I beschäftigten Bevölkerung 250, bei der in der Abteilung II beschäftigten Bevölkerung ebenfalls 250.

Das Geld beider Abteilungen der Volkswirtschaft und der Bevölkerung ist nichts anderes als die Quelle der Passiva der Staatsbank. Die Passiva der Staatsbank bestehen also aus folgenden Positionen:

Mittel auf den Konten der Abteilung I	500
Mittel auf den Konten der Abteilung II	300
Mittel auf den Konten des Staatshaushalts	400
Mittel auf den Konten der staatlichen Institution	400
Bargeldemission	700
Insgesamt	*2 300*

Diese Mittel werden sämtlich als Kredit in der Volkswirtschaft untergebracht. Der Umfang der Kreditaufnahme in jeder der Abteilungen hängt von dem Verhältnis zwischen den eigenen Umlaufmitteln einerseits und der Summe der Materialvorräte und Geldmittel andererseits ab. In der Abteilung I betragen die Materialvorräte 6000 und die Geldmittel 600, zusammen 6600. In der Abteilung II machen die Materialvorräte 4000 und die Geldmittel 400 aus, also insgesamt 4400.

In Anbetracht dessen, daß das Bargeld und die bargeldlosen Mittel, die die Passiva der Staatsbank bilden, Kreditquellen sind, muß die Menge der eigenen Umlaufmittel gleich sein dem Gesamtwert der materiellen Vorräte und Geldmittel für die Volkswirtschaft insgesamt, vermindert um die Summe der herangezogenen Bankmittel, also gleich 6600 + 4400 — 2300 = 8700. Zugleich kann in jeder Abteilung das Verhältnis zwischen dem Wert der Materialvorräte und der Geldmittel einerseits und den eigenen Umlaufmitteln andererseits verschieden sein, da die Kreditquellen in den verschiedenen Abteilungen eine unterschiedliche Rolle spielen. Nehmen wir an, die Betriebe der Abteilung II verfügen bei einem Umlaufmittelbedarf von 4400 nur über 3000 an eigenen Mitteln und erhalten aus Kreditmitteln 1400. In diesem Falle erhalten die Betriebe der Abteilung I nur 900, müssen also über 5700 an eigenen Umlaufmitteln verfügen. Bei der genannten Unterbringung der Staatsbankkredite muß die Aktivseite der Staatsbank sich aus folgenden Positionen zusammensetzen:

Kredite an die Abteilung II	1 400
Kredite an die Abteilung I	900
Summa	2 300

des Zahlungsverkehrs zueinander. Sie verändern also das Fassungsvermögen des Bargeld- und des Buchgeldumlaufs.

Nehmen wir den vorigen Umfang des gesellschaftlichen Produkts und seine Wertstruktur an, setzen wir dabei aber voraus, daß die Preise der Produkte der Abteilung I vom Wert nach unten abweichen, die Preise der Abteilung II aber ihren Wert übersteigen, dann stimmt, im ganzen genommen, der Preis mit dem Wert des gesamten gesellschaftlichen Produkts überein.[41]

Abteilung I

Wert: $4000\,c + 1000\,v + 1000\,m = 6000$
Preis: $3000\,c + 1375\,v + 125\,m = 4500$

Abteilung II

Wert: $2000\,c + 1000\,v + 1000\,m = 4000$
Preis: $1500\,c + 1375\,v + 2625\,m = 5500$

Abteilung I und II zusammen

Wert: $6000\,c + 2000\,v + 2000\,m = 10000$
Preis: $4500\,c + 2750\,v + 2750\,m = 10000\,.$

Um das Fassungsvermögen des Geldumlaufs zu ermitteln, stellen wir vor allem fest, wie unter diesen Bedingungen die Realisierung des Wertes des gesellschaftlichen Gesamtprodukts und seine Verteilung und Umverteilung vorgenommen wird und welchen Zahlungsverkehr alle diese Prozesse auslösen.

Die Realisierung der Produkte der Abteilung I zum Zwecke des Ersatzes verbrauchter Produktionsmittel der Abteilungen I und II löst folgenden Zahlungsverkehr aus:

Bezahlung der Produktion der Abteilung I

	Wertmäßig	Preismäßig
Die Abteilung I bezieht:	4000	3000
Die Abteilung II bezieht:	2000	1500
Summa:	*6000*	*4500*

41 Im Schema gehen wir nur von der sich gegenseitig kompensierenden Abweichung des Preises vom Wert des *Gesamtprodukts* der Abteilungen I und II aus. Alle übrigen Abweichungen ergeben sich hieraus. In diesem Falle und fernerhin verstehen wir unter Abweichungen der Preise vom Wert des Fonds v die Abweichung der Preise vom Wert der Konsumtionsmittel, in denen dieser Fonds realisiert wird. Da eine Abweichung der Preise vom Wert den Reallohn nicht berühren darf, ist im angeführten Beispiel der Fonds v in den Abteilungen I und II in dem gleichen Maße erhöht worden, in dem die Preise der Abteilung II den Wert übersteigen.

Das Ergebnis ist, daß das gesamte Produkt der Abteilung I im Werte von 6000 für 4500 realisiert wird. Die Abteilung I verausgabt den Erlös folgendermaßen: 3000 für den Bezug der Elemente c, 1375 für Lohnzahlungen für die in der Produktion Beschäftigten und 125 als Abführung an den Haushalt.

Die Realisierung der Produkte der Abteilung II zur Versorgung der in der Produktion und in den staatlichen Institutionen Beschäftigten mit Konsumtionsmitteln erfordert einen Zahlungsverkehr von 5500. Die Abteilung II verwendet ihren Erlös auf folgende Weise: 1500 für die Bezahlung der Elemente c, 1375 für Löhne, 2625 für Zahlungen an den Haushalt (Umsatzsteuer u. a.).

Der Staatshaushalt, der 125 von der Abteilung I und 2625 von der Abteilung II, also zusammen 2750 erhalten hat, überweist diese Summe an die staatlichen Institutionen zur Bezahlung ihrer unproduktiven Konsumtion. Diese Mittel (2750) werden von den Institutionen für den Bezug von Waren der Abteilung II verausgabt.

Nun stellen wir fest, wie sich unter dem Einfluß der Abweichung der Preise vom Wert der gesamte Zahlungsverkehr in der Volkswirtschaft und seine einzelnen Elemente verändert haben und wie diese Veränderungen sich im Fassungsvermögen des bargeldlosen und des Bargeldumlaufs widerspiegeln.[42]

Die entsprechende Tabelle über die Berechnung der erforderlichen Menge an Bargeld und Buchgeld (bargeldlose Mittel) findet sich auf Seite 367.

Eine Abweichung der Preise unter den Wert in der Abteilung I und über den Wert in der Abteilung II (bei gegenseitiger Aufhebung der Abweichungen für die Volkswirtschaft insgesamt) führt also bei unverändertem Wert des zu reproduzierenden Produkts zur Erhöhung des gesamten Zahlungsverkehrs, wobei der Bargeldumlauf besonders stark ansteigt.

Eine Abweichung der Preise vom Wert nach oben in der Abteilung II erfordert bei unveränderten Reproduktionsbedingungen eine entsprechende Erhöhung des Geldlohnes, um den Reallohn auf gleicher Höhe halten zu können. Der Wert des in beiden Abteilungen der gesellschaftlichen Reproduktion geschaffenen Mehrprodukts wird bei dem gegebenen Verhältnis der Preise und Werte in der Hauptsache über den Preis der Abteilung II akkumuliert. Und das beeinflußt alle Elemente des Zahlungsverkehrs und sein Fassungsvermögen insgesamt.

Ziehen wir das Fazit. Wenn das Gesamtvolumen der Reproduktion unverändert bleibt, die Abweichungen der Preise vom Wert in der Abteilung II um 37,5 % nach oben und in der Abteilung I um 25 % nach unten sich gegenseitig kompensieren,

42 Die Berechnung erfolgt mit den gleichen Methoden und die Umlaufsgeschwindigkeit ist die gleiche wie in der vorigen Variante.

Berechnung der erforderlichen Menge an Bargeld und Buchgeld (bargeldlose Mittel)

	Bei Übereinstimmung der Preise mit dem Wert			Bei Abweichung der Preise vom Wert		
	Umfang des Zahlungsverkehrs	Umlaufgeschwindigkeit des Geldes	Im Umlauf befindliche Geldmenge	Umfang des Zahlungsverkehrs	Umlaufgeschwindigkeit des Geldes	Im Umlauf befindliche Geldmenge
Geldumlauf zur Realisierung der Produkte der Abteilung I	6000	—	600	4500	—	450
Davon bargeldlos	6000	10	600	4500	10	450
Geldumlauf zur Realisierung der Produkte der Abteilung II	4000	—	900	5500	—	1237
Davon bargeldlos	2000	5	400	2750	5	550
in bar	2000	4	500	2750	4	687
Geldumlauf für Lohnzahlungen in den Abteilungen I und II	2000	—	200	2750	—	275
Davon in bar	2000	10	200	2750	10	275
Geldumlauf für Zahlungen der Abteilungen I und II an den Haushalt	2000	—	200	2750	10	275
Davon bargeldlos	2000	10	200	2750	10	275
Geldumlauf zur Finanzierung der Haushaltsinstitutionen	2000	—	400	2750	—	550
Davon bargeldlos	2000	5	400	2750	5	550
Geldumlauf insgesamt	*16000*	—	*2300*	*18250*	—	*2787*
Davon bargeldlos	*12000*	—	*1600*	*12750*	—	*1825*
in bar	*4000*	—	*700*	*5500*	—	*962*

dann steigt der gesamte Zahlungsverkehr der Volkswirtschaft (abgerundet) um 14 % und die gesamte sich im Umlauf befindende Geldmenge um 21 %, davon die Buchgeldmenge (bargeldlose Mittel) um 14 % und die Bargeldmenge um 37 %.

Das Volumen des Geldumlaufs, dessen Zusammensetzung vom Volumen und von der Struktur des Wertes des Reproduktionsfonds, von den Faktoren der Verteilung und Umverteilung des Wertes, von der unterschiedlichen Umlaufsgeschwindigkeit des Geldes in den verschiedenen Bereichen des Zahlungsverkehrs beeinflußt wird, hängt also ebenfalls unmittelbar von den Abweichungen der Preise vom Wert ab. Die Abweichung der Preise vom Wert nach oben für die Produkte der Abteilung II und die kompensierende Abweichung der Preise vom Wert nach unten für die Produkte der Abteilung I führen bei sonst gleichen Bedingungen zu einer bedeutenden Ausweitung des Zahlungsverkehrs insgesamt, besonders aber des Bargeldumlaufs, und infolgedessen auch der für die Zirkulation erforderlichen Bargeldmenge.[43]

Die Schemata, deren wir uns zur Illustration der Verbindungen zwischen dem Reproduktionsprozeß und der Struktur des Geldumlaufs bedienen, abstrahieren von einer Reihe konkreter Faktoren. Es sei darauf hingewiesen, daß in ihnen Glieder wie der Groß- und Einzelhandelsumsatz weggelassen, die Bewegung der Kredite, die Unterschiede im Zahlungsverkehr der staatlichen und genossenschaftlich-kollektiven Wirtschaft nicht berücksichtigt sind und die vielfältigen Formen des Umverteilungsverkehrs sowohl zwischen den staatlichen und genossenschaftlichen Betrieben und dem Haushalt wie auch zwischen der Bevölkerung und dem Haushalt usw. fehlen. Doch alle diese zusätzlichen Faktoren beeinflussen zwar den Umfang und die Struktur des Geldumlaufs, ändern jedoch nichts an den Grundlinien des Zusammenhangs zwischen dem Reproduktionsprozeß und dem Geldumlauf.

Die vielfältigen Beziehungen zwischen dem Umfang und der Struktur der gesellschaftlichen Reproduktion und dem Umfang und der Struktur des Geldumlaufs müssen bei der planmäßigen Lenkung der komplizierten und vielfältigen Prozesse dieser Zirkulation berücksichtigt werden.

Diese Beziehungen gestatten die Schlußfolgerung, daß eine Annäherung der Preise an den Wert, da sie zu einer relativen Verringerung des Bargeldumlaufs und

43 Die Abweichung der Preise für die Produkte der Abteilung I über den Wert und umgekehrt die Abweichung der Preise für die Produkte der Abteilung II unter den Wert finden gewöhnlich für die Volkswirtschaft insgesamt nicht statt. Sie sind aber innerhalb einzelner Zweige der Abteilungen I und II möglich. Eine entsprechende Berechnung zeigt (wenn von der gleichen Werthöhe der Produkte der Abteilungen I und II ausgegangen wird, wie in dem oben betrachteten Beispiel, und von der sich gegenseitig kompensierenden Abweichung der Preise vom Wert um 33% darüber in der Abteilung I und um 50% darunter in der Abteilung II), daß eine Veränderung der Struktur der Realisierung des gesellschaftlichen Produkts nach Abteilungen sowie aller Bestandteile des Zahlungsverkehrs zu einer Verringerung des gesamten Zahlungsverkehrs um 4% führt, wobei der bargeldlose Verkehr sogar um 11% steigt, der Bargeldumlauf aber stark absinkt, nämlich um 50%.

des die Umverteilung vermittelnden bargeldlosen Verkehrs führt, zur weiteren Festigung der Geldzirkulation beiträgt. Eine durch die Abweichung der Preise vom Wert hervorgerufene relative Vermehrung der für die Zirkulation, Verteilung und Umverteilung des gleichen Wertes des gesellschaftlichen Produkts erforderlichen Geldmenge und des Zahlungsverkehrs vermehrt auch die unter gewissen Voraussetzungen entstehenden Möglichkeiten, daß einige Erscheinungen des Geldumlaufs auf den Reproduktionsprozeß einen negativen Einfluß ausüben. In der Sphäre des bargeldlosen Umlaufs kann das vor allem einer außerplanmäßigen Verwendung überschüssiger Materialbestände Vorschub leisten. Oder es kann im Bargeldumlauf, in dem das Geld der Realisierung der Einnahmen der Bevölkerung dient, entweder (unter gewissen ökonomischen Voraussetzungen) die Realisierung des Wertes des Mehrprodukts hemmen oder die konjunkturelle Nachfrage nach einzelnen Waren steigern.

Eine Annäherung der Preise an den Wert in den Zweigen der Abteilung I, die infolge einer Veränderung und nachfolgenden Senkung der Abgabepreise im Jahre 1949 erfolgte, und die noch schneller verlaufende Senkung der Einzelhandelspreise trugen zur weiteren Festigung des Geldumlaufs bei, besonders auch deshalb, weil sie in den folgenden Jahren eine relative Verringerung seines Umfangs im Vergleich zum wachsenden Umfang des zirkulierenden, zu verteilenden und umzuverteilenden Wertes bedingten.

Die Ausnutzung der Abweichungen der Preise vom Wert spielt, wie wir gesehen haben, in der sozialistischen Reproduktion eine wichtige und positive Rolle. Dabei ist die weitere Annäherung der Preise an den Wert, die die relative Höhe der umlaufenden Geldmenge verringert, eine der Methoden, mit deren Hilfe der sozialistische Staat den Geldumlauf planmäßig festigt, die Kalkulation verbessert und zur verstärkten Wirksamkeit der aus der wirtschaftlichen Rechnungsführung resultierenden Anreize beiträgt.[44]

[44] Die Frage der ökonomischen Möglichkeit und Notwendigkeit einer Annäherung der Preise an den Wert wurde vom Verfasser in einer Reihe von Veröffentlichungen beleuchtet: in einem Referat, das im „Mitteilungsblatt der Akademie der Wissenschaften der UdSSR" (russ.), Abteilung Wirtschaft und Recht, Nr. 6, 1951, veröffentlicht wurde; in der Monographie: Die Grundlagen der wirtschaftlichen Rechnungsführung (russ.), Gosfinisdat 1952; im Aufsatz: Das Wertgesetz und das Problem der Preisbildung in der UdSSR (russ.), in: „Fragen der Wirtschaft", Nr. 2, 1957.
Die letzte Arbeit hat breite Diskussionen über dieses Thema entfacht. Ohne alle Aspekte der erwähnten Diskussion zu berühren, hält es der Autor für notwendig, im Zusammenhang mit dem Gegenstand des vorliegenden Buches speziell das Problem des Wertes als Grundlage des Preises unter den Bedingungen der Ökonomik des Sozialismus zu betrachten.
Im Verlauf der Diskussion wurde klar, daß einige Ökonomen den Wert als unmittelbare Grundlage der Preise im Sozialismus ablehnen und davon ausgehen, daß im Sozialismus ebenso wie im Kapitalismus, wo der Wert als Preisbasis in den Produktionspreis modifiziert wird, eine gewisse Modifizierung stattfindet. Allerdings sind die Vorstellungen vom Charakter der Modifizierung außerordentlich unterschiedlich.

Die sozialistische Reproduktion, die einen systematischen Akkumulationsprozeß gewährleistet, ist mit der Bewegung der akkumulierten Werte und infolgedessen mit einem entsprechenden Geldumlauf verbunden.[45*]

Bei der Betrachtung der Gesamthöhe des Geldumlaufs in beiden Sphären, der bargeldlosen und der Bargeldsphäre, ließen wir die Akkumulation außer acht.

Vor allem wird die These aufgestellt, der Wert in der nichtmodifizierten Gestalt diene angeblich nur in der einfachen Warenwirtschaft als Grundlage; jeder andere Typ der Warenwirtschaft sei mit dem Wert als unmittelbarer Grundlage der Preise unvereinbar. – Siehe „Fragen der Wirtschaft" (russ.), Nr. 3, 5, 7 u. 12, 1957, u. Nr. 1, 1958, Aufsätze von I. Malyschew, D. Kodraschew, L. Maisenberg, M. Sakow, B. Minc. – Zur Begründung dieser These wird das Motiv angeführt, daß der Übergang zum Kapitalismus die Wertbasis der Preise in Produktionspreise modifiziert und daß die Periode des Imperialismus zu einer weiteren Modifizierung – der Entwicklung der Monopolpreise – führt. Daraus wird gefolgert, daß der Übergang vom Kapitalismus zum Sozialismus angeblich ebenfalls notwendigerweise die Modifizierung des Wertes als Preisbasis fordere und daß eine Nichtanerkennung dieser These die Behandlung der sozialistischen Preisbildungsbedingungen nach dem Muster der einfachen Warenwirtschaft bedeute. Es ist nicht schwer, die völlige Gegenstandslosigkeit dieser Argumentation aufzudecken, die auf einer äußerlichen Analogie aufgebaut ist. Der Grund für die Modifizierung des Wirkens des Wertgesetzes, für seine Entwicklung zum Produktionspreisgesetz besteht in der Herausbildung kapitalistischer Beziehungen, in denen die Konkurrenz zwischen den Kapitalen verschiedener Zweige den Profit auf eine Durchschnittsprofitrate hinführt.

Da die kapitalistischen Produktionsverhältnisse liquidiert werden, entfällt auch die spezifische Modifikation des Wirkens des Wertgesetzes, die durch diese hervorgerufen wird, also sein Wirken als Produktionspreisgesetz. Daher beweist die Bezugnahme auf die Tatsache, daß im Kapitalismus der Wert in den Produktionspreis modifiziert wird, an sich nicht die Notwendigkeit einer solchen Modifizierung im Sozialismus.

Gewiß, manche Verfasser (z. B. B. Minc, I. Konnik) sind geneigt, in der Bildung der Produktionspreise nicht nur das Resultat bestimmter, eben kapitalistischer Produktionsverhältnisse zu sehen, sondern auch die Entwicklung der Produktivkräfte überhaupt. Indes ist wohl klar, daß die Produktivkräfte an sich nicht das Wertgesetz bestimmen und noch weniger seine Modifizierung. Also sagt der höhere Entwicklungsstand der Produktivkräfte im Sozialismus im Vergleich zur einfachen Warenwirtschaft und zum Kapitalismus an sich gar nichts zugunsten der Notwendigkeit einer Modifizierung des Wertes als Preisbasis aus.

Aber vielleicht ist im System der sozialistischen Produktionsverhältnisse ein spezifischer Grund enthalten, der die genannte Modifikation notwendig macht? Manche Verfasser bemühen sich auch, einen solchen Grund aufzudecken, wobei jeder einen besonderen anführt.

B. Minc meint, daß die Preise für Produktionsmittel im Sozialismus keinerlei bestimmter gesetzmäßiger Regulierung unterliegen: „In der sozialistischen Ökonomik ... gibt es kein Gesetz, das die eine oder andere Verteilung des Gesamtwertes des Mehrprodukts auf die Preise der verschiedenen Produkte bestimmt." Folglich verneint B. Minc überhaupt dem Wesen nach das Wirken des Wertgesetzes in der entscheiden-

* Fußnote siehe Seite 374

Das war nur soweit möglich, wie uns die Abhängigkeit zwischen dem Umfang des Geldumlaufs und der Reproduktion *in jedem gegebenen Moment* interessierte. Aber die Verbindungen zwischen der sozialistischen Reproduktion und dem Geldumlauf schließen auch die Zusammenhänge zwischen der Erweiterung der Reproduktion und der entsprechenden Erweiterung des Geldumlaufs ein.

den Sphäre der sozialistischen Produktion. Es ist klar, daß das ein Bruch mit der Theorie der Warenproduktion ist, da es keine Warenproduktion ohne ein ihr immanentes Wertgesetz gibt. Und es ist kein Zufall, daß B. Minc annimmt, das Wertgesetz im Sozialismus „drücke sich nicht im Austausch oder in der Zirkulation der Produkte auf der Basis ihres Wertes aus". Er verwirft also das Wertgesetz und schlägt vor, sich vom Gesetz von Angebot und Nachfrage leiten zu lassen. In Wirklichkeit stellt B. Minc auf diesem Gebiet die alten Positionen der Vulgärökonomie wieder her. Makleod schreibt beispielsweise: „... nach dem allgemeinen politisch-ökonomischen Gesetz ist das Verhältnis zwischen Angebot und Nachfrage der einzige Regulator des Wertes." G. D. Makleod, Die Grundlagen der politischen Ökonomie (russ.). St. Petersburg 1865, S. 117. Eine ablehnende Haltung gegenüber dem Wertgesetz nimmt auch I. Konnik ein, der meint, daß der Wert im Sozialismus kein entscheidender Faktor der Preisbildung ist. Aber diese These hat nur wenige Anhänger. Weiter verbreitet ist die Idee, die Modifizierung des Wertes sei infolge der besonderen Bedingungen der sozialistischen Ökonomik notwendig. Eine Reihe von Ökonomen nimmt an, daß ein Warenaustausch nach dem Wert den Interessen der erweiterten Reproduktion widerspricht. Besonders scharf formuliert L. Maisenberg diesen Gedanken: „Im Sozialismus könnte ein Warenaustausch auf Basis des Wertes, der die Verteilung des in der materiellen Produktion geschaffenen gesamten Reineinkommens auf die sozialen Sektoren und die Zweige der sozialistischen Ökonomik proportional zu den Aufwendungen an lebendiger Arbeit voraussetzt, nicht die erforderlichen Bedingungen für die erweiterte Reproduktion gewährleisten." Maisenberg ist der Ansicht, daß der Preis unvermeidlich ein Umverteilungsinstrument sei. Aber auf den staatlichen Wirtschaftssektor angewandt, auf den ökonomischen Kreislauf in dessen Bereich, ist das überhaupt nicht notwendig, da Eigentümer des Gesamtprodukts und dabei auch des Nettoprodukts der Staat ist, der das Reinprodukt durch direkte Finanzmethoden umverteilt. Was aber die Beziehungen zwischen den Sektoren angeht, so hat unter bestimmten historischen Bedingungen tatsächlich die Notwendigkeit bestanden, die umverteilende Rolle der Preise auszunutzen. Auf der gegenwärtigen Entwicklungsetappe aber kann die Akkumulation des Wertes eines gewissen Teils des Mehrprodukts des genossenschaftlich-kollektivwirtschaftlichen Sektors für gesamtstaatliche Bedürfnisse durchaus mittels direkter Finanzmethoden erreicht werden. Andere Ökonomen verteidigen in verschiedenen Formen die These von der Notwendigkeit, den Wert in den Produktionspreis zu modifizieren (I. Malyschew, A. Kulikow u. a.). Ihr Hauptargument besteht darin, daß angeblich eine Preisbildung nach dem Wert die technisch weniger gut ausgerüsteten Produktionszweige in eine bessere Lage bringe, daß der höchste Gewinn in den Zweigen mit der niedrigsten organischen Zusammensetzung der Fonds realisiert werde und dies die Entwicklung rückständiger Zweige stimuliere. Die Gegenstandslosigkeit dieses Arguments liegt auf der Hand. In der Tat, je mehr lebendige Arbeit in dem betreffenden Zweig je Einheit des Produkts aufgewandt wird, um so mehr ist (bei sonst gleichen Bedingungen in bezug auf Intensität, sowie Qualifikation der Arbeit und Verhältnis der notwendigen zur Mehrarbeitszeit) in dieser Produkteneinheit an Wert enthalten und um so höher ist in ihr der Wert

Für den Geldumlauf ist der Unterschied von wesentlicher Bedeutung, ob der Wert des unproduktiv zu konsumierenden Teils des Mehrprodukts oder der Wert seines zu akkumulierenden Teils realisiert wird, im ersten Falle bleibt, wenn man von einem unveränderlichen Umfang der unproduktiven Konsumtion ausgeht, der Geldverkehr bei sonst gleichen Bedingungen ebenfalls unverändert. Anders ist es

des Mehrprodukts; also müßte bei der Preisbildung auf Basis des Wertes der Gewinn in dem betreffenden Betrieb ebenfalls um so größer sein.

Bedeutet das aber, daß für die technisch rückständigen Betriebe privilegierte Bedingungen geschaffen werden? Wenn die Bedingungen der erweiterten Reproduktion im Sozialismus durch die Höhe der Zweignormen für den Gewinn bestimmt würden, dann würde bei der fehlenden Konkurrenz und der Tendenz zum spontanen Ausgleich der Gewinnrate eine Preisbildung auf Grund des Wertes unausweichlich zu einer vorrangigen Entwicklung der Zweige führen, die den größten Gewinn abwerfen. Aber im Sozialismus wird die planmäßige erweiterte Reproduktion in Übereinstimmung mit den ökonomischen Gesetzen der sozialistischen Produktionsweise gelenkt und nicht nach der Gewinnrate der Zweige ausgerichtet. Das bestätigt sowohl die Theorie als auch die Praxis. Bei dem bestehenden Preissystem wird die höchste Gewinnrate bei der Leicht- und Lebensmittelindustrie erzielt. Im Jahre 1957 realisierten diese Industriezweige ohne die Umsatzsteuer ein Drittel des gesamten Gewinns der Industrie, obwohl sie nur über 12,6% der Produktionsfonds verfügten. Aber bekanntlich wird das Gesetz der vorrangigen Entwicklung der Zweige der Abteilung I in der UdSSR systematisch verwirklicht. Und das wird durch direkte finanzielle Umverteilung des Wertes des Mehrprodukts erreicht. Als Beispiel führen wir das Verhältnis der eigenen Ressourcen einer Reihe von Industriezweigen zu ihren Aufwendungen für die erweiterte Reproduktion im Jahre 1958 an. Die Tabelle ist im Werk von A. G. Swerew, Das Nationaleinkommen und das Finanzwesen der UdSSR, veröffentlicht. (Angaben in Mrd. Rbl.)

Industriezweige	Eingang von Mitteln			Ausnutzung von Mitteln				– zuwenig oder + zuviel Mittel
	Gewinn	Amortisation	Insgesamt	Investitionen	Zuwachs an Umlaufmitteln	Generalrep. aus Amort.	Insgesamt	
Eisenhüttenindustrie	3,7	4,1	*7,8*	12,1	0,4	1,7	*14,2*	– *6,4*
Buntmetallurgie	3,1	2,9	*6,0*	7,3	0,4	1,6	*9,3*	– *3,3*
Kohlenbergbau	–5,6	3,9	*–1,7*	15,8	0,2	2,5	*18,5*	– *20,2*
Erdöl und Erdgas	3,3	4,7	*8,0*	14,0	0,2	1,7	*15,9*	– *7,9*
Maschinenbau und sonstige Zweige der Gruppe	19,8	7,2	*27,0*	11,9	4,9	3,0	*19,8*	+ *7,2*
Holz-, Papier- und holzverarbeitende Industrie	4,4	2,1	*6,5*	7,8	0,5	1,8	*10,1*	– *3,6*
Baumaterialien	0,8	1,4	*2,2*	*4,8*	0,7	0,8	*6,3*	– *4,1*
Leichtindustrie	16,2	2,3	*18,5*	3,1	0,9	1,5	*5,5*	+ *13,0*
Nahrungsmittelindustrie	14,3	2,8	*17,1*	3,7	0,7	1,6	*6,0*	+ *11,1*
Fischindustrie	1,2	1,3	*2,5*	2,7	0,1	1,1	*3,9*	– *1,4*

bei der Akkumulation, selbst wenn jedesmal der gleiche Umfang des Nettoprodukts akkumuliert wird. Die Akkumulation bedeutet in jedem neuen Produktionszyklus (in jedem neuen Jahr) eine Erweiterung des Absatzes und der Warenzirkulation. Folglich löst die Akkumulation eine Erweiterung des Geldumlaufs, den Eintritt zusätzlichen Geldes in die Zirkulation aus, dessen ökonomische Bestimmung in der Realisierung des Wertes des akkumulierten und seinen Umlauf vollziehenden Teils

Es ist klar, daß der sozialistische Staat, der den Wert des Mehrprodukts mittels direkter Finanzmethoden umverteilt, den Einsatz dieses Wertes im erweiterten Reproduktionsprozeß in Übereinstimmung mit seinen Erfordernissen und nicht nach der Höhe der Gewinnrate gewährleistet.

Vielleicht erfordert die wirtschaftliche Rechnungsführung einen Ausgleich des Gewinns zwischen den Zweigen? Aber die wirtschaftliche Rechnungsführung stützt sich nicht auf eine Konkurrenz zwischen den Zweigen (da es diese im Sozialismus nicht gibt), sondern basiert auf dem System der materiellen Anreize, die auf eine Senkung des individuellen Wertes unter den gesellschaftlichen gerichtet sind, d. h., sie fordert direkt die Feststellung und Realisierung des gesellschaftlichen Wertes der Produkte des betreffenden Zweiges im Preis. So gibt es denn, wie wir sehen, in der sozialistischen Reproduktion keinen besonderen Grund, der eine Modifikation des Wertes als Preisbasis in den Produktionspreis verlangt. Daher erweist sich die These von Malyschew, daß „der Gewinn gleichmäßig verteilt werden und seine Höhe in den verschiedenen Zweigen der gesellschaftlichen Produktion im Prinzip gleich sein muß“, die von vielen Ökonomen geteilt wird, bei näherem Hinsehen als nichts anderes als ein willkürlicher Versuch, die Preisbildung im Sozialismus in mechanischer Analogie mit der Preisbildung nach dem Gesetz der Produktionspreise zu behandeln, das im Sozialismus nicht wirksam ist.

Die Ökonomik des Sozialismus erfordert eben mit Notwendigkeit eine Preisbildung auf der Basis des Wertes an sich. Erstens berücksichtigt die sozialistische Gesellschaft über den Preismechanismus die realen Aufwendungen an gesellschaftlicher Arbeit und gewährleistet einen äquivalenten Ersatz. Zweitens erhält die sozialistische Gesellschaft, nur wenn sie in den Preisen den vollen Wert realisiert, alle notwendigen ökonomischen Voraussetzungen für eine wissenschaftlich begründete Umverteilung des Wertes des Mehrprodukts. Drittens schafft die nichtmodifizierte Wertbasis die optimale Voraussetzung für die Wirksamkeit der materiellen Anreize, die auf der miteinander verbundenen Bewegung des individuellen und des gesellschaftlichen Wertes beruhen, und folglich die optimalen Voraussetzungen für die Wirksamkeit des Systems der wirtschaftlichen Rechnungsführung. Viertens schafft die Realisierung des vollen Wertes in den Preisen günstige Voraussetzungen für die Einführung der neuen Technik. Fünftens wird nur unter diesen Voraussetzungen die am meisten begründete Planung des Systems der Wertproportionen im gesamten Reproduktionsprozeß gewährleistet. Außerdem schaffen, wie wir gesehen haben, gerade die dem Wert angenäherten Preise optimale Bedingungen für das Funktionieren des Geldsystems und des Finanzsystems sowie für die Entwicklung einer Reihe anderer wirtschaftlicher Beziehungen.

So tritt also der Wert in seiner nicht modifizierten Form als die der sozialistischen Warenproduktion besonderer Art zuinnerst eigentümliche Preisbasis auf. — Eine besondere Analyse des Problems der Wertbasis der Preise ist in der Arbeit des Verfassers: Wert und Preis im Sozialismus (russ.), im Sammelband: Probleme der politischen Ökonomie des Sozialismus, Gospolitisdat, Ausgabe 1960, enthalten.

des Nettoprodukts besteht. Über den Kreditmechanismus stehen zusätzliche Geldmittel zur Verfügung, die für den Akkumulationsprozeß selbst notwendig sind.

Die reale Akkumulation der sozialistischen Volkswirtschaft spiegelt sich sowohl in der Geldakkumulation als auch in der Erweiterung der fungierenden Geldfonds wider. Hieraus ist jedoch nicht zu entnehmen, daß jede Erweiterung des Geldverkehrs einen Akkumulationsprozeß widerspiegelt.

Das gegenseitige Verhältnis zwischen der realen und der Geldakkumulation im Sozialismus unterscheidet sich grundlegend von einem solchen Verhältnis im Kapitalismus.

Der Kapitalismus mit seinem gewaltigen Überbau fiktiven Kapitals ist durch tiefe Widersprüche zwischen der Bewegung der Geldakkumulation und der realen Akkumulation gekennzeichnet. Im Ablauf des kapitalistischen Zyklus geht größtenteils eine direkt entgegengesetzte Bewegung zwischen der realen und der Geldakkumulation vor sich. Aber selbst in den Augenblicken, in denen die Dynamik der kapitalistischen Geldakkumulation irgendwie der Dynamik der realen Akkumulation entspricht, ist die Geldakkumulation durchaus nicht ein adäquater Ausdruck der realen Akkumulation.[46] Um so mehr bezieht sich das auf die Periode der allgemeinen Krise des Kapitalismus, die durch ein gewaltiges sprunghaftes Anwachsen des fiktiven Kapitels und durch verstärkte parasitäre Umwandlung der Struktur des gesellschaftlichen Kapitals gekennzeichnet ist. Es sei nur darauf hingewiesen, daß die Gesamtverschuldung der USA in der Nachkriegszeit unentwegt gestiegen ist und im Jahre 1959 846 Mrd. Dollar erreicht hat.[47] Das ist ein Vielfaches der Vorkriegsschuld und entspricht nahezu dem Umfang des Nationalvermögens des Landes. In den Aktiva der Bilanz der kapitalistischen Betriebe spielen das fiktive Kapital, Obligationen, Aktien usw. eine immer größere Rolle.

[45] Fußnote zu Seite 370
Die Akkumulationsintensität im Sozialismus ist für den Kapitalismus völlig unerreichbar. Das Sowjetvolk, das mit den Ausbeuterklassen jeden parasitären Verbrauch beseitigt hat und ein hohes sozialistisches Reproduktionstempo gewährleistet, brachte es auf eine jährliche Akkumulationsrate von 25 und mehr Prozent des Nationaleinkommens. Die Investitionen in die Volkswirtschaft betrugen in den Jahren 1952 bis 1958 1072 Mrd. Rbl. Im laufenden Siebenjahrplan werden die Investitionen um 81 bis 84% steigen und (zu vergleichbaren Preisen) 1940 bis 1970 Mrd. Rbl. betragen.

[46] „Die Akkumulation des Leihkapitals“, sagt Marx, „besteht einfach darin, daß Geld sich als verleihbares niederschlägt. Dieser Prozeß ist sehr verschieden von der wirklichen Verwandlung in Kapital; es ist nur die Akkumulation von Geld in einer Form, worin es in Kapital verwandelt werden kann. Diese Akkumulation kann aber, wie nachgewiesen, Momente ausdrücken, die von der wirklichen Akkumulation sehr verschieden sind. Bei beständiger Erweiterung der wirklichen Akkumulation kann diese erweiterte Akkumulation von Geldkapital teils ihr Resultat sein, teils das Resultat von Momenten, die sie begleiten, aber ganz von ihr verschieden sind, teils endlich auch das Resultat sogar von Stockungen der wirklichen Akkumulation.“ Karl Marx, Das Kapital. A. a. O., Bd. III, S. 552.

[47] „U. S. News and World Report“, 13. VI. 1960, S. 104.

Der sozialistische Wirtschaftskreislauf ist frei von einem fiktiven Wertüberbau, und schon das allein verändert entscheidend den Zusammenhang zwischen der realen Akkumulation und der Geldakkumulation. Die Geldakkumulation bringt die reale, durch keinerlei Überlagerung fiktiver Werte entstellte Akkumulation zum Ausdruck. Aber die sozialistische Geldakkumulation kann außerdem unter verschieden wirkenden Bedingungen des Geldumlaufs erfolgen, wenn sich die Forderungen der sozialistischen Ökonomik an diesen ändern. Es findet also auch eine relativ selbständige Bewegung der Geldmenge statt, die der Akkumulation dient.

Betrachten wir die wichtigsten Momente näher, die den wechselseitigen Zusammenhang zwischen der realen Akkumulation und der Geldzirkulation bestimmen.

Nehmen wir an, die reale Akkumulation erreicht in zwei Reproduktionszyklen folgende Werte:

	1. Zyklus	2. Zyklus
Gesamtakkumulation	*1000*	*2000*
davon Erhöhung der		
Elemente der Grundfonds	500	1000
der Umlauffonds	400	800
der Konsumtionsfonds	100	200

Wie wirkt sich nun der Umlauf des Wertes jedes der Bestandteile der realen Akkumulation auf den Geldumlauf aus?

Angenommen, das Geld vollzieht in einem Reproduktionszyklus durchschnittlich 10 Umschläge, und die Umschlagsbedingungen sind in beiden Zyklen die gleichen.

Die Verteilung und Bewegung des Wertes der akkumulierten Elemente der Grundfonds, die im ersten Zyklus einen Geldfonds von 50 erforderte, wird im zweiten Zyklus 105 benötigen: für die Verteilung und Bewegung des neu akkumulierten Wertes der Grundfonds 100 und für die Verteilung und Bewegung des Wertes des Amortisationsfonds, der im ersten Zyklus akkumuliert wurde, 5 (eine zehnjährige Amortisationsdauer angenommen). Indes wird der *zusätzliche* Geldfonds im zweiten Zyklus nicht 100, sondern nur 55 betragen. Die Sache ist so, daß 45 aus der Verteilung und Zirkulation des akkumulierten Grundfonds im ersten Zyklus freigesetzt werden. Das ist damit zu erklären, daß vom Wert der akkumulierten Teile der Grundfonds in Höhe von 500 50 in die Verteilung und den Umlauf des zweiten Zyklus eingehen (Amortisation), die Geld in Höhe von 5 des im ersten Zyklus zirkulierenden Geldfonds von 50 erfordern.

Die Bewegung des Wertes der neu akkumulierten Konsumtionsbestandteile im zweiten Zyklus erfordert 20. Da aber aus dem ersten Zyklus 10 freigesetzt werden, ist im zweiten Zyklus der Bedarf an zusätzliche Geldfonds für die Bewegung des Wertes dieser Akkumulationselemente gleich 10 (20—10).

Anders gestalten sich die Dinge bei dem zusätzlichen Geldfonds zur Distribution und Zirkulation des als Element der Umlauffonds akkumulierten Wertes. Dieser

Fonds wird in jedem Produktionszyklus voll und ganz umgeschlagen. Daher ist im zweiten Zyklus für die Distribution und Zirkulation des akkumulierten Wertes dieses Fonds ein zusätzlicher Geldfonds von 80 erforderlich.

So drückt sich also der gesamte zusätzliche Geldfonds für die Distribution und Zirkulation der im ersten und zweiten Zyklus geschaffenen realen Akkumulation, einzeln und für beide Zyklen zusammengenommen, in folgenden Größen aus:

Akkumulationselemente (die die Bildung zusätzlicher Geldfonds erfordern)	Zusätzlicher Geldfonds, der für die Distribution und Zirkulation der Akkumulationselemente erforderlich ist				
	1. Zyklus	2. Zyklus	1. und 2. Zyklus	Aus dem 1. Zyklus freigesetzt	Istbedarf im 2. Zyklus
Grundfonds	50	100	150	45	105
Umlauffonds	40	80	120	—	120
Konsumtionsfonds	10	20	30	10	20
Gesamtakkumulation	*100*	*200*	*300*	*55*	*245*

Folglich führt, den zusätzlichen, durch die Bildung der Amortisationsfonds hervorgerufenen Bedarf nicht gerechnet, nicht jede Akkumulation, sondern nur der Akkumulationszuwachs für die Grundfonds zur Bildung zusätzlicher Geldfonds. Alle sonstigen Elemente der realen Akkumulation in der Produktionssphäre (die Umlauffonds) erfordern eine Erweiterung des Geldumlaufs um den Betrag, der gleich dem vollen Bruttowert dieser Elemente in jedem Zyklus ist (selbstverständlich unter Berücksichtigung der Einsparung durch eine Erhöhung der Umlaufsgeschwindigkeit des Geldes). Hieraus ergibt sich, daß die Dynamik des Geldumlaufs von der Struktur der realen Akkumulation abhängt. Je größer der Anteil der Akkumulation ist, der den Grundfonds zugewiesen wird, um so weniger ist es notwendig, den gesamten Geldumlauffonds zu erweitern. Und umgekehrt, je höher der Anteil der übrigen Akkumulationselemente ist, um so mehr muß der Geldfonds erweitert werden.

Der reale Akkumulationsprozeß ruft einen entsprechenden Zuwachs der Geldmenge hervor. Dieser Zuwachs zerfällt in die zusätzliche Geldmenge im bargeldlosen Verkehr und in die Bargeldmenge. Dabei hängt das Verhältnis zwischen beiden in gewissem Maße vom Anteil des Wertes der akkumulierten Produktionsfonds und der von der Bevölkerung realisierten Konsumtionsfonds am Gesamtumfang der Akkumulation ab.[48]

Die Struktur der sozialistischen Wirtschaft setzt voraus, daß der überwiegende Teil der realen Akkumulation den Grundfonds zugewiesen wird. Der hohe Anteil der Investitionen in die Grundfonds bedeutet, daß der Bedarf an zusätzlichen Geldmitteln, mit deren Hilfe der Wert dieser Akkumulationen bewegt wird, in

48 Es muß betont werden, daß die sozialistische Wirtschaft, wenn sie entsprechend der Akkumulation den Geldfonds erweitert, frei von den unumgänglichen Kosten der bürgerlichen Akkumulation ist. In den kapitalistischen Ländern schlägt sich der Akkumulationsfonds in einem gewissen Umfange als Geldschatz nieder, dessen Bildung der Reproduktion zusätzlich Realwerte entzieht.

geringerem Maße wächst, als wenn die Investitionen anderen Zwecken zugeleitet würden.

So findet also die reale Akkumulation ihren Niederschlag in der Bewegung der Geldfonds. Aber die Geldform der Akkumulation ist in ihrer Bewegung relativ selbständig; eine Ausweitung oder Schrumpfung des Geldumlaufs kann (in gewissen Grenzen) unter Umständen der Bewegung der realen Akkumulation auch nicht entsprechen.

Das Geld dient auch dem individuellen Sparen. Gewisse Bargeldbeträge verbleiben als gespartes Bargeld in den Händen der Bevölkerung und fallen aus dem Bargeldumlauf heraus, ebenso wie die Beträge, die bargeldlos in der Form von Spareinlagen, Staatsanleihen usw. gespart werden. Außerdem benötigt aber auch der Mechanismus der Geldverrechnung selbst je nach den Bedingungen seines Funktionierens entsprechend größere oder geringere Geldmittelbeträge in der Zirkulation. Veränderungen in diesen Mechanismus können zur Ausweitung oder zur Schrumpfung des Geldumlaufs führen, unabhängig vom Verlauf des materiellen Reproduktionsprozesses und vom Umfang der Akkumulationen.[49]

Der Zusammenhang zwischen den Akkumulationen und dem Geldumlauf wird durch die Struktur der erweiterten Reproduktion bestimmend beeinflußt.

Betrachten wir die Bewegung des gesellschaftlichen Produkts in drei Reproduktionszyklen:

1. Zyklus	I	4000 c +	1000 v +	1000 m =	6000
	II	1500 c +	750 v +	750 m =	3000
2. Zyklus	I	4400 c +	1100 v +	1100 m =	6600
	II	1600 c +	800 v +	800 m =	3200
3. Zyklus	I	4900 c +	1225 v +	1225 m =	7350
	II	1700 c +	80 v +	850 m =	3400

Im Sozialismus wird ein Teil des Mehrprodukts (der Fonds m) für die Akkumulation und für den Bedarf der unproduktiven Konsumtion zentralisiert und umverteilt. In den angeführten Schemata macht der Fonds m im ersten Zyklus 1750 aus, im zweiten Zyklus 1900. Im ersten Zyklus ist für die Akkumulation in der Abteilung I 500 (400 c + 100 v) und in der Abteilung II 150 (100 c + 50 v) eingesetzt, zusammen 650. Für die unproduktive Konsumtion werden also 1100 verwendet. Aus dem Fonds m im zweiten Zyklus ist für die Akkumulation in der Abteilung I 625 (500 c + 125 v) und in der Abteilung II 150 (100 c + 50 v) eingesetzt, insgesamt 775. Für die unproduktive Konsumtion werden also 1125 verwendet.

Wenn die als Ergebnis der erweiterten Reproduktion ausgelösten Veränderungen im Zahlungsverkehr subsumiert werden, ergibt sich folgendes (die Methoden der Addition bleiben die gleichen):

49 Die Verrechnungen beanspruchen systematisch große Beträge. Den Hauptteil der Mittel der Wirtschaft für die Verrechnungen stellen die Bestände dar, die sich im internen Bankverkehr (zwischen den Filialen) niederschlagen. Das ist damit zu erklären, daß bei der Akzeptform der Verrechnungen sich auf den Passivkonten der Bank zeitweilig große Zahlungsbeträge der Käufer an ihre Lieferanten absetzen.

Wächst der Wert des gesellschaftlichen Produkts von 9000 im ersten Zyklus auf 9800 im zweiten Zyklus, also um 9 %, so erhöht sich der gesamte Zahlungsverkehr von 14 400 auf 15 675, also um 8,85 %, die erforderliche Geldmenge von 2010 auf 2178, also um 8,3 %, davon das Buchgeld von 1345 auf 1455 oder um 8,1 %, die Bargeldmenge von 665 auf 723 oder um 8,7 %.

Wie wir sehen, verändert sich die Gesamtmenge des für die Zirkulation erforderlichen Geldes sowohl für den bargeldlosen als auch für den Bargeldumlauf mit der Veränderung des Reproduktionsumfanges unterschiedlich.

Der Prozeß der erweiterten Reproduktion selbst verändert die Faktoren, welche die Umlaufsgeschwindigkeit bestimmen.

Als wir die Abhängigkeit des Volumens des Geldumlaufs vom erweiterten Reproduktionsprozeß betrachteten, gingen wir von der vollen zeitlichen Übereinstimmung des Eintritts des Geldes in die Zirkulation mit der Erhöhung der Elemente der materiellen Produktion aus, deren Realisierung dieses zusätzliche Geld erfordert. Aber der Ablauf des Reproduktionsprozesses selbst garantiert nicht automatisch eine solche Bilanzierung der Material- und Geldelemente.

Gesetzt den Fall, der akkumulierte Teil des Mehrprodukts wird für einen Investitionsbau verwendet, dessen Fertigungszeit über die Zyklen hinausgeht, in deren Verlauf Produktion und Konsumtion sich ausgleichen müssen; dann erhöht sich allein durch die planmäßig vorgesehene lange Belastung der volkswirtschaftlichen Reserven mit dem Investbau die Produktion der Abteilung II erst später. In diesem Falle kann sich infolge des Akkumulationsprozesses ein gewisser Teil des Geldes, der für zusätzliche Löhne zu verwenden ist, bis zu dem Augenblick als für die Zirkulation überflüssig erweisen, in dem die neuerrichteten Werke zu arbeiten beginnen und die Warenmasse für die Bevölkerung im erforderlichen Umfange erhöhen (wenn in den Wirtschaftsplänen nicht vorher entsprechende Materialvorräte vorgesehen sind).

Eine gewisse Nichtübereinstimmung zwischen dem Geldbedarf und der zirkulierenden Warenmenge kann zeitweilig auch in der laufenden Reproduktion durch saisonbedingte Schwankungen, durch Veränderungen im Verhältnis zwischen Produktionszeit und Zirkulationszeit, durch Akkumulation eines Teils des Nettoprodukts und der Amortisationsfonds bis zu ihrem Einsatz für neue Investitionsbauten usw. entstehen.[50]

Für den planmäßigen Fluß des Geldumlaufs ist also eine *gegenseitige zeitliche Bilanzierung aller sich erweiternden Reproduktionselemente* außerordentlich wich-

[50] Charakteristisch ist, daß die Gesamtsumme der Geldemission und des Geldabzuges aus der Zirkulation im Verlauf des Jahres den Gesamtzuwachs der Geldmenge, in der sich die endgültige Erweiterung der Reproduktion widerspiegelt, übersteigt. Hierin tritt die Elastizität der Geldzirkulation zutage. Marx hat auf den engen Zusammenhang der Gesetzmäßigkeiten des Reproduktionsablaufs mit der Elastizität der Geldzirkulation hingewiesen: „Die Elastizität der Geldzirkulation muß also groß genug sein, um sich diesem Wechsel von Ausdehnung und Zusammenziehung anzupassen." Karl Marx, Das Kapital. A. a. O., Bd. II, S. 339.

tig; sie wird durch eine Reihe planmäßiger Maßnahmen des sozialistischen Staates, darunter die Finanzplanung, erreicht.

Die Materialreserven ermöglichen es, einen zeitweiligen, durch den Bedarf der Akkumulation hervorgerufenen Mangel an Reproduktionselementen zu kompensieren. Das ist eine der wesentlichsten Seiten der planmäßigen Ausnutzung von Reserven in der Volkswirtschaft, besonders ihrer Ausnutzung zur Aufrechterhaltung eines stabilen Geldumlaufs.

Der Umfang des Zahlungsverkehrs und der diesen vermittelnden bargeldlosen Mittel ist auch durch die *Organisation* des Kredit- und Verrechnungssystems bedingt. Dies ist bei dem komplizierten System der Warenzirkulation und der Verteilungs- und Umverteilungsprozesse des Wertes des gesellschaftlichen Produkts und bei der Kreditform der Bewegung aller Geldströme von größter Bedeutung für die Ermittlung der Größe des Zahlungsverkehrs und der hierfür erforderlichen Buchgeldmenge. Das hängt damit zusammen, daß die Zahl der Umschläge oder die Geldumlaufsgeschwindigkeit nicht nur vom Reproduktionsprozeß selbst abhängt, sondern auch von den technisch-organisatorischen Faktoren der Geldumläufe.[51]

In welcher Weise wirkt nun in der sozialistischen Wirtschaft die Organisation der Verteilung und Umverteilung der Einnahmen auf den Umfang des Geldumlaufs?

Die Bewegung des Geldes vom Zahlungspflichtigen zum Empfänger bildet Geldströme. Ein erheblicher Teil dieser Geldströme verläuft, wie wir gesehen haben, in bargeldloser Form und bildet die Sphäre des bargeldlosen Umlaufs.[52]

Die Faktoren, durch die diese einzelnen Ströme gebildet werden, sind ebenso wie die Bewegungsgeschwindigkeit sehr unterschiedlich.

Betrachten wir die Geldströme, die durch die Zirkulation von Produktionsmitteln zwischen den Betrieben entstehen. In der sozialistischen Wirtschaft verläuft die Zirkulation der Produktionsmittel bei der materiell-technischen Versorgung — und infolgedessen auch die Bewegung des Geldes, das diese Zirkulation vermittelt — über die Absatz- und Versorgungsorgane, deren Zahl in der Regel von der Gewährleistung einer reibungslosen Versorgung mit Material und Ausrüstungen insgesamt abhängt. Trotzdem wird durch diese Organe die Realisierung der Produkte und der Geldumschlag kompliziert. Das Gesamtvolumen der zu realisierenden Produkte und des Geldumlaufs wird gewissermaßen multipliziert, und

[51] Marx sagt: „Raschrer Geldumlauf findet jedesmal statt, sobald eine größre Masse Transaktionen mit derselben Geldmasse vollzogen werden. Dies kann auch bei gleichen Reproduktionsperioden des Kapitals der Fall sein, infolge veränderter technischer Veranstaltungen für den Geldumlauf." Karl Marx, Das Kapital. A. a. O., Bd. II, S. 344.

[52] Am bargeldlosen Verkehr ist eine gewaltige Zahl von Betrieben und Institutionen, sowohl staatlichen als auch genossenschaftlich-kollektivwirtschaftlichen, beteiligt. Im Jahre 1957 besaßen mehr als 4 Millionen staatliche Betriebe und Institutionen sowie genossenschaftlich-kollektivwirtschaftliche Betriebe Konten bei der Staatsbank. — Vgl. Die Staatsbank der UdSSR (russ.). Gosfinisdat 1957, S. 251.

Geldströme werden nicht nur im unmittelbaren Zusammenhang mit der Bewegung der Produktion, sondern auch infolge der relativ selbständigen Bewegung des Geldes selbst gebildet. Der Verbraucherbetrieb hält sein Geld auf einem Konto bei einer Bankfiliale, die Zahlung wird durch Überweisung der Mittel von seinem Konto auf das Konto des Lieferbetriebes bei einer anderen Bankfiliale vorgenommen.

Außerdem werden die Geldverrechnungen durch kurzfristige Kredite verschiedener Art, die der Realisierung der Produkte dienen, erschwert. Schon die einfachste Kreditart, der Kredit für unterwegs befindliche Verrechnungsdokumente, verursacht eine Vielzahl zusätzlicher Geldströme. Die Kette von Zahlungen und dementsprechend von Geldströmen, die auf Grund anderer Kreditarten entstehen, ist noch komplizierter.

Auf diese Weise setzt sich der Gesamtumfang der Geldzirkulation, die durch die Realisierung der Warenproduktion der Abteilung I entsteht, aus vielen Geldströmen zwischen allen Gliedern zusammen, die die Bewegung und die Kreditierung der Produkte vermitteln. Dabei ist letztlich in jedem Glied der Geldstrom gleich dem Wert des zu realisierenden Produkts der Abteilung I. Mit anderen Worten, der gesamte Zahlungsumfang in dieser Sphäre ist gleich dem Wert des Produkts der Abteilung I, multipliziert mit einem Koeffizienten, dessen Größe von der Zahl der die Distribution vermittelnden Glieder und der Kredit- und Verrechnungsglieder abhängt.

Eine weitere Reihe von Geldströmen wird durch die Realisierung der Produkte der Abteilung II ausgelöst. Auch diese Ströme werden dadurch kompliziert, daß sie die vermittelnden Handels-, Kredit- und Verrechnungsglieder zu durchlaufen haben. Daher kann der Umfang der Zahlungen ausgedrückt werden als Umfang des Wertes des Produkts der Abteilung II, multipliziert mit einem Koeffizienten, der von der Zahl dieser Glieder abhängt.

Die Zirkulation der Waren der Abteilungen I und II löst den größten Teil der Geldzahlungen aus. Aber die Sphäre der Geldzirkulation ist, wie wir gesehen haben, breiter; sie setzt sich auch aus Geldströmen bei der Umverteilung des Nationaleinkommens zusammen. Alle diese Hauptströme gliedern sich in eine Vielzahl von zusätzlichen Strömen, deren Größe von der Art der Institution, der Verrechnungsform usw. abhängt. Der ursprüngliche Umfang dieser Ströme, der von dem Wert des zu realisierenden, zu verteilenden und umzuverteilenden Nationaleinkommens bestimmt wird, vermehrt sich also um ein Vielfaches.

Geldströme werden auch durch die Umverteilung des Amortisationsfonds ausgelöst (sowie durch die Umverteilung des Wertes der Ersatzelemente in den Fällen, in denen der Preis nicht die Produktionskosten ersetzt).

So ist also der gesamte volkswirtschaftliche Geldumlauf eine recht elastische und unbeständige Größe. Sie übersteigt erheblich die Basis, von der sie erzeugt wird, den Wert des zu realisierenden Produkts und den Wert des zu verteilenden und umzuverteilenden Nationaleinkommens.[53] *

* Fußnote siehe Seite 381

Da der Umfang des Zahlungsverkehrs nicht nur von ökonomischen, sondern auch von technisch-organisatorischen Faktoren bestimmt wird, unterliegt die Zusammensetzung der Geldmenge, die für den gesamten Geldumlauf erforderlich ist, ebenfalls dem Einfluß sowohl von *Faktoren, die in der Reproduktion selbst begründet sind, als auch von Faktoren, die durch die Technik der Organisation des Geldumlaufs bestimmt werden.*

Der ein gewaltiges Ausmaß besitzende bargeldlose Verkehr wird mit Hilfe einer relativ geringen Geldmenge abgewickelt. Alle Umsätze auf sämtlichen Verrechnungskonten der Staatsbank werden mit einer Geldmenge vorgenommen, die durchschnittlich 3 bis 4 Tagesumsätzen dieser Konten entspricht, sowohl in den Jahren der Vorkriegsfünfjahrpläne (im zweiten und dritten Fünfjahrplan) als auch unter den gegenwärtigen Bedingungen.[54] Eine 3- bis 4tägige Geldmenge für die Vermittlung des Bankverkehrs auf den Verrechnungskonten bedeutet, daß die Mittel auf den Konten 90 bis 120 Umschläge im Jahr vollziehen.

Die Tatsache, daß die Umlaufsgeschwindigkeit der Geldmenge trotz wesentlicher Veränderungen im Reproduktionsprozeß im Verlauf von fast einem Vierteljahr-

[53] Fußnote zu Seite 380
Es sei nur erwähnt, daß zu Beginn des dritten Fünfjahrplanes (1938) bei Umsätzen der Staatsbank auf Verrechnungskonten in Höhe von 682 Mrd. Rbl., zum Inkasso angenommenen Zahlungsforderungen von 229 Mrd. Rbl., Eingängen von Handelserlösen bei der Staatsbank von 138 Mrd. Rbl. und Ausreichung von Darlehen von 475 Mrd. Rbl. das Volumen der Umsätze der Staatsbank (ohne die Umsätze zwischen den Filialen) 2,7 Billionen Rbl. ausmachte, und unter Berücksichtigung der Umsätze zwischen den Filialen sogar 8,3 Billionen Rbl. „Geld und Kredit“ (russ.), Nr. 3, 4, 1939.
Der Umfang der bargeldlosen Umsätze der Staatsbank überstieg im Jahre 1958 den Vorkriegsstand um ein Mehrfaches.

[54] Laut Berichtsdaten aus den Jahren 1933 bis 1939 schwankten die Bestände der Mittel auf den Konten der Staatsbank zwischen 3,1 und 4,2 Tagesumsätzen. 1951 bis 1957 betrugen diese Bestände etwa 3,8 bis 4,4 Tagesumsätze. – Vgl. Die Staatsbank der UdSSR (russ.), Gosfinisdat 1957, S. 58; J. Schenger, Die Planung und die ökonomische Basis der Verrechnungskonten (russ.), in: „Geld und Kredit“, Nr. 1, 1938; S. Atlas, Die Planung der Geldressourcen der Staatsbank und der Geldmittel der Wirtschaftsorgane und Betriebe (russ.), in: „Die Planwirtschaft“, Nr. 9–10, 1937; N. Schabanowa, Die Ökonomik der Verrechnungskonten (russ.), in: „Geld und Kredit“, Nr. 6–7, 1940. – In den Vorkriegsberechnungen ist als Tagesumsatz angenommen der Debetumsatz auf den Verrechnungskonten für ein Jahr, geteilt durch die Zahl der Tage; als Tagesbestand auf dem Verrechnungskonto der Jahresdurchschnitt auf den Verrechnungskonten. Wie S. Atlas, der die betreffenden Berechnungen angestellt hat, mitteilt, „gehört zu der Summe der Zahlungsumsätze auf den Verrechnungskonten eine erhebliche Menge rein buchhalterischer Umsätze („Buchungen“), die keine realen wirtschaftlichen Transaktionen widerspiegeln. ... In der Summe der Umsätze spiegeln sich auch die spezifischen Besonderheiten der Organisation und Verrechnungstechnik der einzelnen Zweige der sozialistischen Wirtschaft wider.“ „Die Planwirtschaft“ (russ.), Nr. 9–10, 1937, S. 127. – Aber die Bereinigung des Umlaufs von „Buchungen“ ändert nichts an der Tatsache, daß der gesamte Zahlungsverkehr mit Hilfe eines Geld„vorrats“ in Höhe einiger Tagesumsätze abgewickelt wird.

hundert relativ wenig schwankt, besagt, daß die Umschlagsgeschwindigkeit vorherrschend von Faktoren der Organisation des Geldumlaufs bestimmt wird. Vor allem spielt hierbei der Ausgleich gegenseitiger Verrechnungen durch Aufrechnung gegenseitiger Forderungen eine große Rolle.

Wir haben oben gesehen, daß die Kreditemission vom Fassungsvermögen des Geldumlaufs bestimmt wird, das vom Umfang des Zahlungsverkehrs und von der Schnelligkeit der Geldbewegung in diesem Verkehr abhängt. Durch die sozialistische, rationelle Organisation der Verrechnungen wird eine steigende Umlaufsgeschwindigkeit der bargeldlosen Geldmittel bewirkt und damit die Buchgeldmasse wesentlich eingeschränkt. Das ist sehr wichtig, denn je größer das Umlaufvolumen ist, das mit der gegebenen Menge bargeldloser Mittel bewältigt wird, um so mehr wird erstens die Realisierungszeit der Produkte verkürzt und infolgedessen ein intensiverer Ablauf des Reproduktionsprozesses im ganzen erreicht; zweitens verringern sich die Möglichkeiten, in der Sphäre der Zirkulation, Verteilung und Umverteilung gegen die Pläne zu verstoßen, die Kontrolle durch den Rubel wird effektiver, und die Kanäle der außerplanmäßigen Umverteilung von Mitteln verengen sich.

4. Der Zusammenhang zwischen barem und unbarem Geldumlauf

Wenn die Sphäre des Bargeldumlaufs auch genau von der Sphäre des bargeldlosen Verkehrs abgegrenzt ist, so besteht doch zwischen beiden ein untrennbarer Zusammenhang. Sie beeinflussen sich gegenseitig.

Das im Zahlungsverkehr fungierende Bargeld dient folgenden Zwecken: a) der Bewegung des Wertes, der mit der Verteilung der Einkünfte verbunden ist, also für die Zahlungen der Betriebe und Institutionen an die Bevölkerung in der Form von Löhnen und anderen Einkünften und für die Zahlungen der Kollektivwirtschaften für Arbeitseinheiten; b) der Bewegung des Wertes, der mit einer Warenzirkulation zwischen dem staatlichen und genossenschaftlichen Handel einerseits und der Bevölkerung andererseits verbunden ist; c) der Bezahlung von Dienstleistungen; d) der Umverteilung des bereits auf Grund der Leistung verteilten Wertes, d. h. in der Hauptsache für Zahlungen der Bevölkerung an den Staatshaushalt; e) der Bewegung des Wertes im Zusammenhang mit der Warenzirkulation auf dem Kolchosmarkt und mit Dienstleistungen sowie im Zusammenhang mit der Umverteilung eines Teils des Wertes unmittelbar zwischen den einzelnen Bevölkerungsgruppen.

Der Bargeldverkehr wird im Sozialismus vervollkommnet, vereinfacht und zentralisiert.[55] Die Hauptströme des Bargeldes verlaufen von den Betrieben der Pro-

[55] Im Kapitalismus, in dem keine strenge Abgrenzung zwischen der Sphäre des bargeldlosen Verkehrs und des Bargeldumlaufs besteht und die Bargeldsphäre in gewissem Umfange den Umsatz der Waren der Abteilung I und die Großhandelsumsätze des gesellschaftlichen Gesamtprodukts umfaßt, gestaltet sich der gesamte Bargeldverkehr äußerst kompliziert. Aber selbst wenn man von der Tatsache absieht, daß das Bargeld gleich-

duktions- und Zirkulationssphäre und von den Institutionen der nichtproduzierenden Sphäre zur Bevölkerung und von dieser zu den staatlichen und genossenschaftlichen Handels- und Dienstleistungsbetrieben und teilweise zum Staatshaushalt.

Die einseitige Bewegung des Geldes vom Zahlungspflichtigen zum Empfänger für eine bestimmte Zeitspanne bildet den *Geldstrom*. Das Problem der Bargeldströme in der sozialistischen Volkswirtschaft und die Wechselbeziehung zwischen dem Umfang dieser Ströme sowie den Erscheinungen, die für ihren Verlauf typisch sind, und der für die Zirkulation erforderlichen Bargeldmenge stellt ein besonderes Gebiet der ökonomischen Forschung dar.[56] Wir betrachten aber nur die *Hauptströme* des Bargeldes und den *Zusammenhang* zwischen dem bargeldlosen und dem Bargeldumlauf.

Die Produktionsbetriebe, die nichtproduzierenden Institutionen usw. sind durch Geldströme mit fast allen Bevölkerungsgruppen verbunden, wenn auch nicht in gleichem Grade. Die staatlichen Betriebe der Produktions- und Zirkulationssphäre stehen hauptsächlich mit den Arbeitern und Angestellten in Verbindung. Auch ein gewisser Teil der in den Kollektivwirtschaften tätigen Bauernschaft, der Pensionäre und andere Gruppen der Bevölkerung arbeiten zeitweilig in Betrieben (Saisonarbeiten, einmalige Arbeiten, Lohnarbeiten). Auf Grund dieser Beziehungen ergeben sich entsprechende Geldzahlungen der staatlichen Betriebe an fast alle gesellschaftlichen Gruppen. Die Kollektivwirtschaften leisten Geldzahlungen an die Kollektivbauern und zum Teil auch an Arbeiter und Angestellte, die in den Kollektivwirtschaften beschäftigt sind (Facharbeiter, Brigaden qualifizierter Saisonarbeiter usw.). Auch diese Zahlungen lösen entsprechende Geldströme von den Kollektivwirtschaften zu den Kollektivbauern, Arbeitern und Angestellten aus. Genau die gleichen Beziehungen bestehen zwischen den nichtproduzierenden Institutionen und den verschiedenen Bevölkerungsgruppen. Und endlich ist das staatliche Finanzsystem, vor allem der Staatshaushalt, mit allen Schichten der Bevölkerung verbunden. Auf diese Weise bestehen zwischen allen Gliedern der Verteilung und Umverteilung einerseits und der Bevölkerung andererseits ökonomische Beziehungen, die entsprechende Geldströme erzeugen.

Auf Grund der gegenwärtig gehandhabten Planung der Bilanz der Geldeinnahmen und -ausgaben der Bevölkerung können die Organe, von denen die Bevölkerung Einkünfte erhält, zusammenfassend folgendermaßen klassifiziert werden: die staatlichen Betriebe und Institutionen der produzierenden und nichtproduzierenden Sphäre, die genossenschaftlich-kollektivwirtschaftlichen Betriebe und das staat-

zeitig in beiden Zirkulationssphären wirksam ist, wird sein Fungieren in der Sphäre, die die Produktion, den Handel und die Bevölkerung bei der Anschaffung von Konsumtionsmitteln verbindet, durch die ungeheure soziale Buntscheckigkeit der kapitalistischen Zirkulation, die komplizierte Verflechtung der Beziehungen zwischen Verkäufern und Käufern, durch Spekulation, Umsatz fiktiven Kapitals usw. außerordentlich erschwert.

56 Interessant sind auf diesem Gebiet die Werke von F. Michalewski für das Ende der Übergangsperiode und von G. Koslow für die Periode des Sozialismus. — Vgl. F. Michalewski, Zur Methodologie der Erforschung unserer Geldzirkulation (russ.), Moskau 1930; G. Koslow, Das Sowjetgeld (russ.), Gosfinisdat 1939.

liche Finanzsystem (der Staatshaushalt usw.). Bei Gruppierung der Bilanzpositionen nach dem ökonomischen Charakter der Zahlungen an die Bevölkerung müssen folgende Hauptgeldströme unterschieden werden: Löhne; Geldeinkünfte der Kollektivbauern von den Kollektivwirtschaften; Geldeinkünfte der Mitglieder der Genossenschaftsartels: Einnahmen aus dem Absatz landwirtschaftlicher Produkte; Pensionen, Unterstützungen, Stipendien; Zinszahlungen, Auslosungen, Versicherungsleistungen, Kredite usw.

Der Umfang eines jeden dieser Ströme und die Geschwindigkeit, mit der das Geld in ihnen zirkuliert, werden durch eine Reihe von Faktoren bestimmt. Beispielsweise hängt der Umfang des von den staatlichen Produktionsbetrieben zu den Arbeitern und Angestellten hin verlaufenden Stromes sowie die in diesem Geldstrom fungierende Geldmenge vom Umfang der Produktion ab, von der Struktur des erzeugten Produkts, von der Zahl der Arbeiter und Angestellten, von der Höhe der Löhne, von der Periodizität der Zahlungen usw. Der Geldstrom, der sich vom staatlichen Fonds für Sozialfürsorge aus zu den Pensionären hin bewegt, richtet sich nach dem Umfang der zu zahlenden Unterstützungen, nach der Zahl der Pensionäre, nach der Periodizität der Zahlungen und nach anderen Faktoren.

Bei gegebenem Umfang der Geldströme ist die von diesen absorbierte Geldmenge auch von einer Reihe technisch-organisatorischer Momente abhängig: von der Periodizität der Zahlungen, von deren Gleichmäßigkeit, vom zeitlichen Zusammentreffen der Geldeingänge mit dem Zahlungsbedarf usw.

Alle diese Faktoren bestimmen den „Kassenbestand“ bei den Betrieben und Institutionen, also die Bargeldmenge, die ständig die Geldkanäle füllt, welche von der Volkswirtschaft und den Institutionen der nichtproduzierenden Sphäre zur Bevölkerung führen. Diese Geldmenge ist verhältnismäßig gering, da einerseits die kassenmäßige Verwaltung der Volkswirtschaft bei der Staatsbank zentralisiert ist und infolgedessen der Zufluß von Bargeld von der Bank in die Kassen der einzelnen Zahlungspflichtigen nach Termin und Höhe sich im großen und ganzen mit ihrem Zahlungsbedarf deckt und andererseits die Zahlungen aller staatlichen Betriebe und Institutionen insgesamt verhältnismäßig gleichmäßig erfolgen. Dadurch wird eine maximale Einsparung von Bargeld in den Kassen der staatlichen Betriebe und Institutionen erreicht. Diese Bestände werden streng genormt.

Das meiste Bargeld ist für die Geldströme erforderlich, die von der Bevölkerung zu den staatlichen und genossenschaftlich-kollektivwirtschaftlichen Betrieben und Institutionen fließen. Dem Charakter dieser Zahlungen entsprechend, setzen sich bei der Bevölkerung ständig verhältnismäßig große Bargeldbeträge ab.

In der „Kasse“ der Bevölkerung wird das Geld nicht aufgeteilt in Geld für die laufende Zirkulation und in Geld, das als Sparmittel dient. Was zählt also zum zirkulierenden Geld?

Für Dienstleistungen und Anschaffungen von Waren sowie für finanzielle Leistungen gibt die Bevölkerung sowohl laufend und systematisch als auch mehr oder weniger unregelmäßig Geld aus. Für den Kauf von Lebensmitteln wird ständig von der Bevölkerung ein Tagessatz an Geldmitteln ausgegeben. Für die Anschaffung bestimmter Industriewaren ist jedoch die allmähliche Ansammlung von Geldbeträgen erforderlich, die in verhältnismäßig großen Intervallen ausgegeben werden.

Infolgedessen kann das Zurückhalten von Bargeld bei der Bevölkerung an sich nicht als Merkmal herangezogen werden, welches das *zirkulierende Geld* von dem Geld trennt, *das aus der Zirkulation herausgefallen ist.* Das zirkulierende Geld setzt sich zusammen aus dem Geld für die laufenden täglichen Ausgaben und aus dem Geld für die einmal im Monat, Quartal oder Jahr usw. zu leistenden Zahlungen (Miete, Anschaffung von Kleidung, Anschaffung von Wertgegenständen, wie Autos, Fernsehapparaten, Rundfunkgeräten usw.). Dieses Geld gehört zur Kategorie des zirkulierenden Geldes.

Die Gründe für die Unterteilung der sich in den Händen der Bevölkerung befindenden Geldmenge in zirkulierendes Geld und in Geld, das aus der Zirkulation herausgefallen ist, sind nicht in formalen Merkmalen, wie der Länge der Zeitspanne, für die das Geld in den Händen der Bevölkerung bleibt, sondern in den Reproduktionsbedingungen zu suchen. Im Reproduktionsprozeß selbst sind gewisse objektive Voraussetzungen für die Bildung von Geldersparnissen bei der Bevölkerung gegeben. Diese Ersparnisse spiegeln den steigenden materiellen Lebensstandard der Werktätigen, die Erhöhung ihrer Einnahmen wider. Sie sind gleich der Differenz zwischen den gesamten Geldeinnahmen und den gesamten Geldausgaben der Bevölkerung in einer bestimmten Zeit.[57]

Die zirkulierende Geldmenge kann als gesamter Geldvorrat der Bevölkerung plus Bestände in den Kassen der Betriebe und Organisationen minus Geldersparnisse der Bevölkerung im Rahmen der durch die Reproduktion bestimmten Verhältnisse festgestellt werden. Natürlich werden die Geldersparnisse zu irgendeinem Zeitpunkt realisiert, und das ersparte Geld wird zu einem aktiven Zirkulationselement. Daher müssen bei der Ermittlung der Geldersparnisse einerseits die laufenden Ersparnisse und andererseits die Geldbeträge, die aus früheren Ersparnissen in die Zirkulation gelangen, berücksichtigt werden.

Sämtliche Geldströme, die von der Bevölkerung ausgehen, können in einigen Gruppen zusammengefaßt werden: 1. Ströme von der Bevölkerung zu staatlichen und genossenschaftlichen Wirtschaftsorganisationen und -institutionen, für den Einkauf von Waren und Produkten in den Gaststätten und für Dienstleistungen; 2. Zahlungen an das Finanzsystem und freiwillige Zahlungen an gesellschaftliche Organisationen; 3. organisiertes Sparen (Erhöhung der Anleihen und Sparkasseneinlagen, Ratenzahlungen usw.); 4. Geldströme zwischen den einzelnen Bevölkerungsgruppen, mit denen gegenseitig verkaufte Waren und erwiesene Dienstleistungen bezahlt werden.

[57] Wenn Geldakkumulationen entstehen, weil dieses Geld nicht in notwendigen Waren realisiert werden kann, dann muß auf Grund einer ökonomischen Analyse unter Berücksichtigung der konkreten Reproduktionsverhältnisse festgestellt werden, in welchem Maße die Akkumulation sich aus Elementen normaler Ersparnisse zusammensetzt und in welchem Maße sie durch Unausgeglichenheit der Geld- und Warenzirkulation entstanden ist.

Die Höhe der für diese Geldströme erforderlichen Geldmenge hängt von einer ganzen Reihe von Faktoren ab: 1. von der Periodizität der Einkünfte der Bevölkerung; 2. vom Grade der Gleichmäßigkeit der Geldausgaben zwischen den Zahlungsperioden; 3. von der Verteilung der erzielten Einnahmen auf die Ausgaben innerhalb der gegebenen Zahlungsperiode und außerhalb derselben usw. Die Menge des zirkulierenden Bargeldes ist also von der Wechselwirkung vieler ökonomischer Bedingungen abhängig, die am Ende auch die Umlaufsgeschwindigkeit des Geldes bestimmen.

Ein Element der für den Umlauf erforderlichen Bargeldmenge ist auch das Geld, das zwischen den einzelnen Bevölkerungsgruppen zirkuliert. Die Realisierung von Waren auf dem kollektivwirtschaftlichen Markt, die Bezahlung von Dienstleistungen, die von der Bevölkerung selbst ausgeführt werden, usw. absorbieren ebenfalls ständig eine gewisse Geldmenge.[58] Aber von der in sich geschlossenen Bewegung einer verhältnismäßig geringen, zwischen den einzelnen Bevölkerungsgruppen zirkulierenden Geldmenge abgesehen, vollzieht sich die Bewegung des entscheidenden Teils des Bargeldes als ein das einheitliche Zentrum (die Staatsbank) durchlaufender gesellschaftlicher Kreislauf, der sich in viele einzelne Kreisläufe gliedert. Dabei sind sowohl die einzelnen Kreisläufe als auch der Gesamtkreislauf des Bargeldes eng mit der Bewegung des unbaren Geldes verflochten (siehe Kapitel V).

Betrachten wir diese Verflechtung der Kreisläufe des Bargeldes und des unbaren Geldes. Das Kettenglied, das die Bewegung der Bargeldmenge in die zentralisierte Kreislaufbewegung einschließt, ist die einheitliche Staatsbank, die, wie bereits bemerkt, in der Volkswirtschaft die Kassenfunktionen ausübt. Die Staatsbank erfaßt in ihren Kassen das Bargeld, das, von der Bevölkerung kommend, bei den staatlichen und genossenschaftlich-kollektivwirtschaftlichen Betrieben und Institutionen und beim staatlichen Finanzsystem eingeht. Andererseits führt die Staatsbank der Zirkulation das erforderliche Bargeld zu. Jeder Geldstrom beginnt und endet also in den Kassen der Staatsbank.

Betrachten wir den Strom, der von den Lohnzahlungen ausgeht. Die hierfür bestimmten Geldbeträge fließen von der Kasse der Bank zu den Betrieben und Institutionen und von diesen zur Bevölkerung. Dieses Geld wird von der Bevölkerung zum Erwerb von Waren und zur Bezahlung von Dienstleistungen der staatlichen Betriebe und Institutionen, der genossenschaftlich-kollektivwirtschaftlichen Betriebe sowie für Steuern usw. verausgabt. Zum Teil gelangt das Geld durch organisiertes Sparen in das Finanzsystem. Der ursprüngliche Strom teilt sich also in eine ganze Reihe von Strömen. In analoger Weise teilen sich alle übrigen Geldströme.[59] Aber wie oft die Ströme sich auch vervielfachen und verzweigen, am Ende

58 Es wäre verkehrt, dieses Element der Geldzirkulation nicht zu beachten. G. Koslow weist mit Recht darauf hin, daß das Geld, das unter der Bevölkerung zirkuliert, als spezifisches Element der zirkulierenden Geldmenge berücksichtigt werden muß. — Vgl. G. Koslow, Das Sowjetgeld (russ.), Moskau 1939.

59 In Anbetracht der in der Wirklichkeit äußerst komplizierten Verflechtung der sich teilenden Geldströme hat F. Michalewski es für möglich gehalten, die Geldströme als Kreisläufe des kürzesten Weges zu verallgemeinern: „Der Strom zeigt das Woher und

einer Reihe wechselseitig verbundener Ströme befindet sich die Kasse der Staatsbank. Da die Bewegung des Bargeldes auch bei den Kassen der Staatsbank beginnt, sieht es äußerlich so aus, als würde die Rückkehr des Bargeldes in die Kasse der Bank den Kreislauf abschließen. Aber in Wirklichkeit ist das nicht so.

Im Ausgangsstadium der Bewegung des Geldstromes geben die Kassen der Staatsbank Bargeld von den Konten der Betriebe und Institutionen sämtlicher Volkswirtschaftszweige und von den Konten der sozialen und kulturellen Sphäre her. Im Endstadium des Geldstromes nehmen die Kassen der Bank das Geld zugunsten der Konten vor allem der Einzelhandelsbetriebe und der Dienstleistungsbetriebe für die Bevölkerung sowie zugunsten der Konten des Staatshaushalts und anderer Finanzinstitute entgegen. Folglich vollzieht das Geld, obgleich seine Bewegung von der Kasse der Bank ausgegangen ist und wieder dorthin zurückkehrt, noch keinen Kreislauf. Es schließt nur seinen Weg in der Bargeldsphäre ab. Anschließend steht ihm noch eine Bewegung in der Sphäre des bargeldlosen Umlaufs bevor. Die Einzelhandelsbetriebe und Dienstleistungsorganisationen liefern den Bargelderlös an die Bank ab. Aber sie bezahlen die Produkte der Abteilung II, die sie über den Großhandel beziehen, bargeldlos; in der gleichen bargeldlosen Form bezahlen die Warenvermittlungsbetriebe und die Betriebe für die materiell-technische Versorgung die Produkte der Abteilungen I und II, die diese Geldmittel auf ihren Konten aufrechnen.

Die Bargeldströme sind also engstens mit den Buchgeldströmen verbunden. Diese Verbindung tritt auf doppelte Weise zutage: Erstens wird die Geschwindigkeit des einen oder anderen vollen Geldkreislaufs durch den Umschlag sowohl des Bargeldes als auch der bargeldlosen Mittel bestimmt, und zweitens hängt die zirkulierende Bargeldmenge in hohem Maße davon ab, ob der Bargeldumlauf wie auch der bargeldlose Verkehr reibungslos verlaufen. Stockungen im bargeldlosen Verkehr spiegeln Störungen im planmäßigen Ablauf des Reproduktionsprozesses wider, die in manchen Fällen zum Eintritt zusätzlicher Bargeldbeträge in die Zirkulation

Wohin des Geldes an, aber der Strom zeigt nicht die Art und Weise, wie das Geld wieder zu seinem Ausgangspunkt zurückkehrt. Indessen setzt sich jede Geldzirkulation aus einem System von Kreisläufen zusammen, und in jedem dieser Kreisläufe vollzieht das Geld durchschnittlich eine Kreislaufbewegung. Dabei ist das Geld natürlich nicht individuell, nicht im Sinne gerade der gegebenen Geldzeichen, sondern entpersönlicht zu verstehen. Beim Aufbau der Kreisläufe ist die Spaltung einiger Ströme unvermeidlich. ... Das Problem des Aufbaus der Kreisläufe läßt eine Reihe *verschiedener* Lösungen zu. Davon werden die aktuellsten Lösungen die einfachsten sein, bei denen das Geld sich auf den kürzesten Wegen bewegt und die Geldströme der minimalsten Spaltung unterworfen sind." F. Michalewski, Zur Methodologie der Erforschung unserer Geldzirkulation (russ.). Moskau 1930, S. 53.
Die Unzulänglichkeit dieser Behauptung besteht darin, daß erstens die Geldströme, obwohl für statistische, illustrative Zwecke auch eine vereinfachte Darstellung derselben möglich ist, in Wirklichkeit durchaus nicht den kürzesten Weg gehen und daß zweitens der Kreislauf nur mir Hilfe *bargeldloser Geldströme* vollendet wird. Der letztgenannte Umstand übt einen wesentlichen Einfluß auf die Geldbewegung im ganzen aus.

führen können, oder auch dazu, daß das im Umlauf gesetzte Geld nicht in die Kassen der Staatsbank zurückfließt.[60]

Angenommen, der Betrieb A hat Produkte an den Betrieb B geliefert, der aber die gelieferten Produkte aus irgendwelchen Gründen nicht termingemäß bezahlen kann. Trotzdem erfüllt der Betrieb A seine Lohnzahlungsverpflichtungen. Die Mittel hierfür muß er angesichts dessen, daß der Betrieb B nicht gezahlt hat, direkt oder indirekt als Kredit erhalten. Stockungen im normalen Kreislauf der bargeldlosen Mittel können in bestimmten Fällen die Ausgabe zusätzlicher Bargeldbeträge für den Umlauf erfordern.

Oder ein anderes Beispiel: Die Lieferung von Waren an eine Handelsorganisation wird unterbrochen, weil diese sie nicht rechtzeitig bargeldlos bezahlt. Das äußert sich im Volumen ihres Warenabsatzes und kann am Ende dazu führen, daß die Bank den planmäßig festgesetzten Bargelderlös nicht in voller Höhe erhält.

So spielt also der wechselseitige Zusammenhang zwischen dem bargeldlosen und dem Bargeldverkehr eine wesentliche Rolle, wenn man die Bewegung des Bargeldes feststellen will. Je größer der Anteil des bargeldlosen Verkehrs am gesamten Geldumlauf ist, desto mehr beeinflußt sein Zustand und seine Übereinstimmung mit den Erfordernissen der Volkswirtschaft relativ den Bargeldumlauf.

Die sozialistische Rekonstruktion der Volkswirtschaft hatte eine starke Schrumpfung des relativen Umfangs der Bargeldzahlungen zur Folge. Der Bargeldumlauf betrug in den Jahren 1927/1928 etwa 60 % des gesamten Zahlungsverkehrs der Volkswirtschaft. Dieser bedeutende Anteil der Bargeldzirkulation war dadurch bedingt, daß in der sowjetischen Ökonomik der Sektor der kleinen Warenwirtschaft existierte.[61]

Nach dem Siege des Sozialismus ist der Anteil des Bargeldumlaufs stark, und zwar auf ein Sechstel bis ein Fünftel der gesamten bargeldlosen Zahlen, gesunken.[62]

Die enge gegenseitige Abhängigkeit zwischen dem bargeldlosen und dem Bargeldumlauf setzt auch die engste Koordinierung der planmäßigen Lenkung beider Geld-

60 „... zwischen dem bargeldlosen und dem Bargeldverkehr, zwischen den bargeldlosen Zahlungsmitteln und dem Bargeld besteht eine enge Wechselwirkung. Das auf dem Verrechnungskonto bei der Bank eingezahlte Bargeld kann dem Betrieb künftig als Ressource bargeldloser Zahlungen dienen, andererseits können auch die als bargeldlose Verrechnung erhaltenen Mittel für Barzahlungen verwandt werden. Folglich kann die Bildung übermäßiger bargeldloser Zahlungsmittel Bedingungen schaffen, die überflüssige Bargeldausgaben begünstigen. Der Einfluß solcher Zahlungsmittel auf den Stand der Geldzirkulation kann sich auch darin äußern, daß die für die Wirtschaft überflüssigen bargeldlosen Zahlungsmittel zur Quelle der Verlangsamung des Umlaufs der Produktionsmittel oder der Waren werden. G. A. Schwarz, Bargeldlose gegenseitige Verrechnungen in der UdSSR (russ.). Gosfinisdat 1946, S. 22.

61 F. Michalewski, Zur Methodologie der Erforschung unserer Geldzirkulation (russ.). A. a. O., S. 42. – Auch in anderen Quellen wird ein Anteil des Bargeldes am Zahlungsverkehr genannt, der dieser Zahl sehr nahe kommt. Vgl. „Mitteilungsblatt für das Finanzwesen" (russ.), Nr. 5, 1929, S. 81.

62 „Das sowjetische Finanzwesen" (russ.), Nr. 3, 1940, S. 14.

umlaufsphären voraus. Sie wird durch die Einheitlichkeit der Planung der Finanzen und Lenkung der Kredit- und Bargeldumsätze erreicht.

Geld darf nur dann in die Zirkulation gelangen, wenn der Wirtschaftskreislauf es erfordert. Wird Geld in größerem Umfange in die Zirkulation geworfen, als dies für die Sphäre des bargeldlosen oder des Bargeldumlaufs erforderlich ist, dann wird damit die Übereinstimmung zwischen dem Geldumlauf und dem Bedarf der Volkswirtschaft gestört. Daher wird eine Ausweitung der zirkulierenden Geldmenge (sowohl des Bargeldes als auch der bargeldlosen Mittel) durch die *faktische* Ausweitung des Fassungsvermögens der entsprechenden Geldumlaufsphäre bedingt. Die Erweiterung der Reproduktion und der Eintritt großer Mengen des gesellschaftlichen Produkts in den Realisierungsprozeß ruft eine Erhöhung der Menge des zu verteilenden und umzuverteilenden Wertes hervor. Alles dies zieht auch ein entsprechendes Anwachsen der Geldmittel, die von der Bank zur Verfügung gestellt werden, nach sich.[63]

Zusätzliche Geldbeträge elastisch in die Zirkulation zu bringen und wieder aus der Zirkulation herauszuziehen — das ist die notwendige Form, in der letztlich der Geldumlauf gelenkt werden muß. *Die Elastizität des sozialistischen Geldumlaufs ergibt sich aus der Natur der sozialistischen Reproduktion selbst.*

Geld und Geldumlauf wurden in diesem Buch als unabdingbares und notwendiges Element der sozialistischen Ökonomik behandelt.

Welches sind nun die Perspektiven für das Fungieren des Geldes in der Wirtschaft eines sozialistischen Landes? Die Antwort auf diese Frage erteilt die marxistisch-leninistische politische Ökonomie auf Grund der Verallgemeinerung aller Erfahrungen, die bei der Entwicklung der sozialistischen Ökonomik und der Tendenzen dieser Entwicklung gemacht werden.

Die Geldwirtschaft, die Ausnutzung des Geldes in allen seinen Funktionen im erweiterten sozialistischen Reproduktionsprozeß insgesamt, der mit der Reali-

[63] „Das Spezifische bei der Umverteilung durch die Bank besteht darin, daß die Staatsbank, wenn sie der Wirtschaft neue Kredite einräumt, noch keine freien Geldmittel ‚bereitliegen' hat. Die erforderliche Freisetzung von Geldmitteln erfolgt im Wirtschaftskreislauf nur über die Ausnutzung der Bankdarlehen durch den Kreditempfänger und kommt darin zum Ausdruck, daß sich zusätzlich Geldreserven auf den Konten der Lieferanten, der Finanzorgane und der Handelsorganisationen niederschlagen, an die das Bargeld, das vom betreffenden Betrieb als Lohn usw. ausgezahlt wurde, als Erlösbestandteil zurückfließt. Der Bankkredit (um zunächst nicht von der Emission zu sprechen) ist durch die ökonomisch notwendige Freisetzung von Geldmitteln und durch Kassenbestände im Wirtschaftskreislauf begrenzt, aber diese Abhängigkeit äußert sich eigenartig, da die Bankkreditierung einer solchen Freisetzung vorausgeht und die hierfür notwendige Form der im Umlauf auf den Konten zirkulierenden Zahlungsmittel schafft." W. Batyrew, Über die Regulierung der Geldzirkulation (russ.), in: „Das sowjetische Finanzwesen", Nr. 4–5, 1944, S. 18.
So führt also das Geld- und Kreditsystem, indem es den erweiterten sozialistischen Reproduktionsbedingungen dient, dem Wirtschaftskreislauf durch planmäßige Berücksichtigung dieses steigenden Bedarfs die zusätzlich benötigte Geldmenge zu.

sierung der Warenproduktion der Volkswirtschaft, also mit dem ökonomischen Umsatz verbundene Geldumlauf, das sozialistische Finanzwesen, der Kredit usw. entwickeln und festigen sich mit der Entwicklung der sozialistischen Ökonomik. Mehr als das, die Festigung der Geldwirtschaft ist nicht nur Resultat, sondern auch notwendige Voraussetzung für die Entwicklung der sozialistischen Ökonomik.

Die neue Periode der ökonomischen Entwicklung der Sowjetunion setzt eine gesteigerte Bedeutung des Geldes in der sozialistischen Ökonomik voraus. Sie ist eine Periode des entfalteten Aufbaus des Kommunismus, die gekennzeichnet ist durch eine weitere schnelle Entwicklung der Grundlagen der sozialistischen Wirtschaft, vor allem der Schwerindustrie, im Verein mit einem steilen Aufschwung der Produktion von Massenbedarfsgütern und der landwirtschaftlichen Produktion und mit der Entwicklung des Sowjethandels, wodurch sich der Volkswohlstand schnell erhöht.

Der gewaltig wachsende ökonomische Umsatz der Produktionsmittel, die Erhöhung des Nationaleinkommens und seiner zu verteilenden und umzuverteilenden Teile wie auch der Einkünfte der Bevölkerung, die steigenden innerbetrieblichen Akkumulationen, das wachsende Volumen des Haushalts, die sich ständig weiterentwickelnde Umverteilung der Mittel über den Kredit usw. — all das verstärkt die volkswirtschaftliche Bedeutung des bargeldlosen und des Bargeldumlaufs und erhöht die Rolle des Geldes an allen seinen Funktionen.

Die Entwicklung der Landwirtschaft und die Steigerung der Bedarfsgüterproduktion ermöglichen eine schnelle Erhöhung der Warenproduktion für den Konsum. Auch der Anteil des Absatzes landwirtschaftlicher Produkte als Waren steigt beträchtlich. Das Volumen des Einzelhandelswarenumsatzes erhöht sich in außerordentlich schnellem Tempo.

Die Zunahme sowohl des Großhandels — als auch des Einzelhandelswarenumsatzes erweitert die Zirkulationssphäre des Sowjetgeldes, erhöht seine Bedeutung für die Vermittlung der ökonomischen Beziehungen zwischen Stadt und Land, zwischen dem staatlichen und dem genossenschaftlich-kollektivwirtschaftlichen Produktionssektor und der Konsumtionssphäre.

Die Entwicklung der sozialistischen Ökonomik in der Periode des entfalteten Aufbaus des Kommunismus bedeutet also keine Einengung der Wirkungssphäre des Geldes in der Volkswirtschaft und keine Herabsetzung der Rolle des Geldes in der Ökonomik. Im Gegenteil: Das Geld — so lehrt der Marxismus-Leninismus — *behält seine Bedeutung im Verlauf der ganzen Periode des Sozialismus* bis zum Eintritt der Gesellschaft in die zweite Phase des Kommunismus. Es ist daher eine der wichtigsten Aufgaben der Wirtschaftspolitik des Sowjetstaates, den Geldumlauf und die Stabilität des Rubels weiterhin zu festigen und die Vorzüge des sozialistischen Geldsystems immer vollständiger auszunutzen.

Der Kampf des Sowjetvolkes für eine kontinuierliche Steigerung der Arbeitsproduktivität, für die Erhöhung der Industrie- und Landwirtschaftsproduktion bei ständiger Senkung der Selbstkosten, für die Weiterentwicklung des Warenumsatzes, die Mobilisierung innerbetrieblicher Reserven durch Festigung der wirtschaftlichen Rechnungsführung und verstärkte Beachtung des Sparsamkeitsprinzips schaffen die materiellen Voraussetzungen für eine weitere Erhöhung der Kaufkraft des Rubels und für die Festigung seiner Stabilität.

Eine große Rolle spielt hierbei die wirksame Ausnutzung des Systems der Werthebel — der Finanzen, des Kredits, der Preise usw. — und der Hebel zur planmäßigen Lenkung der Geldzirkulation — der Bilanz der Geldeinnahmen und -ausgaben der Bevölkerung, des Kredit- und Bargeldplanes in Verbindung mit dem Staatshaushalt und den Finanzplänen der Volkswirtschaftszweige.

Die Dialektik der Entwicklung des Geldes in der Epoche des entfalteten Aufbaus des Kommunismus besteht darin, daß durch die allseitige Festigung der Geldzirkulation in der sozialistischen Gesellschaft und durch die Erhöhung der Bedeutung des Geldes in der Volkswirtschaft sein Verschwinden in dem Stadium vorbereitet wird, in dem die sozialistische Gesellschaft ihre Produktivkräfte und gesellschaftlichen Produktionsverhältnisse auf einen Stand gebracht haben wird, der den Eintritt in die zweite, die höchste Phase des Kommunismus sicherstellt. Bis zum Eintritt in diese Phase des Kommunismus werden Geld und Geldwirtschaft beibehalten; sie werden sich entwickeln und festigen und in der Ökonomik, die den Kommunismus aufbaut, eine wichtige Rolle spielen.